九间棚村志

平邑县九间棚村志编纂委员会　编

方志出版社
Publishing House of Local Records

图书在版编目（CIP）数据

九间棚村志 / 平邑县九间棚村志编纂委员会编 . --
北京：方志出版社，2021. 6
ISBN 978-7-5144-4775-0
Ⅰ . ①九… Ⅱ . ①平… Ⅲ . ①村史—平邑县 Ⅳ .
① K295.25
中国版本图书馆 CIP 数据核字 (2021) 第 198364 号

九间棚村志

编　　者：平邑县九间棚村志编纂委员会
责任编辑：陈　菁

出 版 者：方志出版社
地址　北京市朝阳区潘家园东里 9 号（国家方志馆 4 层）
邮编　100021
网址　http://www.zgfzcb.cn
发　　行：方志出版社发行中心
电话（010）67110500
经　　销：各地新华书店
设计制作：济南世同华印印刷有限责任公司
印　　刷：济南书来书往印刷有限公司

开　　本：889mm × 1194mm　1/16
印　　张：22.5
字　　数：600 千字
版　　次：2021 年 6 月第 1 版
印　　次：2021 年 6 月第 1 次印刷
印　　数：0001 ~ 2000 册

ISBN 978-7-5144-4775-0
定 价：388.00 元

九间棚精神石碑（2021年1月摄）

《九间棚村志》编纂委员会

主　　任：刘嘉坤
副 主 任：廉士东　陈凡莉
委　　员：（按姓名笔画排列）
　　　　　马九林　刘玉萍　曹传韵　甄德生　廉　永
顾　　问：刘德敬　李　锦　杨文学

《九间棚村志》审定委员会

名誉主审：唐少清　杨　岩
主　　审：刘嘉坤
副 主 审：廉士东　陈凡莉
委　　员：（按姓名笔画排列）
　　　　　马九林　刘玉萍　刘加好　刘丞铭　刘守文
　　　　　庄红兵　孟　彤　武京礼　曹传韵　黄晓理
　　　　　甄德生　廉　永　管彦蒙　翟茂江
特邀审稿：王笃银　于　芹　韩苏蔚

《九间棚村志》编纂人员

主　　编：曹传韵　甄德生
编　　辑：张洪建　刘加好
资料供稿：李　强　刘德香　廉　永　刘月凤　刘甲才
　　　　　刘甲友　刘甲全　刘甲新　刘立青　刘丞瑞
　　　　　陈凡莉　孟　彤　张　勇　武京礼　廉茂增
　　　　　翟茂江　孟令潇
摄　　影：曹传韵　潘景文　徐爱国　刘　平　李　伟
　　　　　王连海　杜　秋

九间棚村名片

全国先进基层党组织（1996 年 7 月授予）
全国先进村（2005 年 10 月授予）
全国农业旅游示范点（2005 年授予）
全国文明村（2009 年 1 月授予）
全国生态文化村（2011 年 9 月授予）
中国幸福村（2011 年 10 月授予）
中国避暑小镇（2012 年 7 月授予）
中国传统村落（2014 年 11 月授予）
中国乡村旅游模范村（2015 年授予）
国家 AAAA 级旅游景区（2019 年 12 月授予）
中国乡村旅游重点村（2020 年授予）
全国脱贫攻坚先进集体（2021 年 2 月授予）

山东省先进基层党组织（1991 年 6 月授予）
山东省文明村（1998 年 7 月授予）
山东省扶贫开发红旗单位（2002 年 3 月授予）
山东省基层党建工作示范点（2007 年 6 月授予）
2008 山东十佳旅游特色村（2009 年 1 月授予）
山东省宜居村庄（2015 年授予）
山东省沂蒙党性教育基地九间棚教学点（2016 年 6 月授予）
全省干事创业好班子（2016 年 7 月授予）
山东省休闲农业与乡村旅游示范点（2016 年授予）

临沂地区先进党支部（1988 年 1 月授予）
临沂市基层党建工作示范点（1999 年 7 月授予）
临沂市模范集体（2010 年 4 月授予）
平邑县先进基层党组织（1989 年 7 月授予）

序一

治世兴文，修志问道。《九间棚村志》是平邑县史上一部地方特色村志，其编纂出版是九间棚村精神文明建设的又一丰硕成果，是全县文化工作的一大喜事，可喜可贺。

志者，记也。纂史修志，是一项庄重、严谨、留传后世的伟业。九间棚村是一个有着 280 余年历史的山村，勤劳朴实的九间棚人，以坚毅的品格和与时俱进的奋斗精神，创造了九间棚精神。新中国成立后，九间棚人在中国共产党的领导下，以崭新的精神风貌致力于社会主义新农村建设，创造了永载史册的业绩。尤其是党的十一届三中全会以来，九间棚村历届“两委”班子带领村民，认真贯彻党的路线、方针、政策，团结协作，艰苦奋斗，攻坚克难，推动农林牧业和工商贸服务业迅猛发展，使九间棚村一跃成为全县小康示范村、文明村，并先后获得省级文明村、全国文明村、全国生态文化村、中国幸福村等荣誉称号；倾力打造的九间棚景区被评为国家 AAAA 级旅游景区、全国农业旅游示范点、中国传统村落、中国乡村旅游模范村。

《九间棚村志》的编辑出版，适应历史和现实需要，系统翔实地记述了九间棚建村以来特别是改革开放以来的巨大变化，实事求是地反映了九间棚人以改革为动力，向恶劣自然环境和贫困落后宣战，创造九间棚精神，建设文明富裕、和谐美满小康村的发展历程；也从一个村的角度反映了全县经济社会发展的辉煌成果，客观地揭示了改革开放是富民强县的必由之路这一硬道理。

欲知大道，必先知史。故修志贵在学志，学志贵在用志，用志贵在善举。从贯彻落实习近平新时代中国特色社会主义思想，《九间棚村志》实为平邑县一部活生生的新农村建设历史教科书。倘若能够以志资政，助力山清水秀幸福和谐市域副中心城市建设，则为九间棚村之大幸。

修志垂史，志以载道。文化是民族凝聚力和创造力的重要源泉。《九间棚村志》用文化传承历史，用文化建树形象，用文化教化后人，用文化凝结辉煌，功垂千秋。《九间棚村志》，让人们了解九间棚村的过去，洞悉九间棚村的今天；激励世世代代的九间棚人，发扬九间棚精神、沂蒙精神，把九间棚村建设得更加和谐美好！

平邑县人民政府县长 [signature]

2021 年 5 月

序 二

修志以存史，知史而鉴今。古人云："以古为镜，可以知兴替。"一方历史、地理、政治、经济、文化、社会，常以志记之，以求观兴衰，知得失，通古今，察未来。在进入新时代的历史节点上，我们村"两委"班子一致决定要把《九间棚村志》修好。

志书编修，是一项认识过去、服务当代、启迪未来的神圣事业。2019 年 1 月，组织成立九间棚村志编纂委员会。编纂过程分三个阶段：第一阶段学习修志理论，做到心中有数，有的放矢；第二阶段通过宣传，入户采访、座谈，搜集口述资料、查阅档案资料，写出长编稿；第三阶段进一步核查资料、求证问题疑点、充实地方特点，完成征求意见稿、修正稿、送审稿，定稿出版。综览全书，观点正确、资料翔实、归类得当；记述内容颇富经验借鉴性、教训诫勉性、百科常识性、阅读趣味性。故而自认该志是一部反映九间棚从历史到现在的社会制度变革、农业兴衰变化、金银花产业、旅游业发展、工商传承发展、经济体制强弱组合转型、文旅启航、人丁繁衍、生活由贫困到富裕的志书；它的出版为中国特色社会主义新农村建设提供了九间棚人的工作经验和挫折教训，警示并激励着我等当代人，牢记先祖之创成，站高望远，开拓前进，永不懈怠!

日出东方，光芒灿烂辉煌。《九间棚村志》新修，工程浩繁，内容涉及建置隶属、村域建设、天文地理、风土人情、党政社团、教体文卫、经济发展、金银花种植、九间棚精神传承等；记述时间跨越两个世纪，空间横布 1.68 平方千米，村民 288 人；事关全村行政百科，工作纷纭复杂，任务艰巨。要想把 200 多年来村中所历经的巨细史实搜罗归拢，创编出一部逻辑合理、章节目齐备的志书，实非易事。只有具备坚强的学习毅力，有为九间棚村群众当孺子牛的忘我精神，才能写出这部志书。

当前，我们正在党的十九大精神指引下，认真贯彻落实科学发展观，全面实施乡村振兴战略，奋力开创九间棚村建设的新局面。本志的出版，对于传承九间棚精神，陶冶村民情操，淳化民风，发展经济，繁荣社会，庆祝中国共产党百年华诞，都有着十分宝贵的价值和积极意义；《九间棚村志》必将激励世世代代的九间棚人热爱家乡，建设家园，焕发出昂扬奋发的创业热情，创造出更加富裕、文明的新生活，谱写九间棚人美好生活新篇章。愿《九间棚村志》能够成为广大读者了解、认识、研究九间棚的良师益友，也诚挚欢迎海内外各界朋友到九间棚观光、投资、开发、建设，使其成为一个更加繁荣、更加富饶、更加文明和谐的社会主义新农村。

记载过去，昭示未来，教育当代，启迪后人。村志成功付梓于任内，欣喜之余，特寄语于卷端，以示贺忱，谨以为序。

中共平邑县九间棚村委员会书记 刘嘉坤

2021 年 5 月

凡例

一、《九间棚村志》以马克思列宁主义、毛泽东思想、邓小平理论、“三个代表”重要思想、科学发展观、习近平新时代中国特色社会主义思想为指导，坚持辩证唯物主义和历史唯物主义的立场、观点和方法，记述九间棚村的自然、政治、经济、文化和社会诸方面的历史和现状。

二、上限自清乾隆六年（1741年）刘氏迁居始，下限至2020年12月；有关内容根据需要，适当上溯或下延，力求保持史实的完整性；重大事件的记述（包括图片、大事记）延至2021年3月。

三、采用章节体结构，个别章节的设置服从内容的需要，按照事以类聚，类为一志和横排门类、纵述史实的原则，结合社会分工，体现村级志书特点等因素确定。文字记述采用规范语体文、记述体，使用规范化汉字，数字用法、标点符号、计量单位分别执行最新国家标准，历史上使用的计量单位，如斗、石等，考虑到社会使用习惯，均不换算；所用数据首先以统计部门公布的数字为准，非统计部门管理的数字，以九间棚村原始档案为据；所记地名、机构、团体、职务等，均用当时的名称、全称或规范简称，人名直书其名，必要时在姓名前冠以职务。

四、按照临沂市第二轮志书编纂行文规范，综合运用述、记、志、传、录、图、表等体裁，以志为主记述各项事业，述以总摄全志，地图和图片除部分集中于志首外，其余随文穿插于相关文字之间或附近，力求图文并茂，扩大信息量，增强可读性。

五、大事记采用编年体，适当结合纪事本末体，记述九间棚村的大事、要事和新事、特事，以展示建村溯源、演变、发展。

六、入志人物，以九间棚籍为主，兼收为九间棚村发展做出贡献的客籍人物，坚持“生不立传”的原则；收录范围：行政科级以上职务，历任大队党支部委员、大队管委会委员，村“两委”会委员，九间棚集团公司负责人，中级职称知识分子，受县以上表彰的先进模范人物等。

七、《九间棚村志》资料主要采自村档案资料、地方镇档案资料、平邑县档案馆资料等志鉴资料；对部分老党员、干部、居民等当事人提供的口碑资料，经考证鉴别后录用，概不注明出处。

八、因清乾隆年间至1945年九间棚村隶属费县，根据历史情况，并考虑记述方便和村民习惯等因素记述；1946年4月16日，费县析地方、仲村、保太等乡镇置平邑县；“中华人民共和国成立前”与“中华人民共和国成立后”系指1949年10月1日中华人民共和国成立为界；以1978年12月中共十一届三中全会召开为界，称“改革开放前”或“改革开放后”；在记述中以时间的变化采用适当的名称。

九、对不便记入志书正文，但有重要存史和参考价值的资料，收入附录作为正文的补充和佐证；为方便读者阅读和检索，志后设索引，包括要目索引、人物索引和图表索引，分别按首字汉语拼音字母和所在页码先后次序排列。

◇ 1996年10月，中共山东省委副书记、省长李春亭（中）到九间棚村考察，中共临沂市委书记张守业（左），副书记、市长乔延春（右）陪同考察

◇ 2005年12月29日，中共山东省委副书记、省长韩寓群（前中）到九间棚村走访慰问老党员和困难群众

◇ 1989年11月，中共山东省委副书记、省长赵志浩（右一）考察九间棚村山区开发工作，平邑县委副书记、县长杨沛才（右二），县委常委、县委办公室主任彭继安（左一）陪同考察

◇ 2009年8月19日，司法部原部长高昌礼（中）到九间棚村考察，原中共临沂地委书记张守业（右二）、地方镇党委书记王忠（右一）陪同考察

◇ 2005年4月，中共山东省委原副书记王修智（左一）到九间棚村考察乡村旅游工作，临沂市委书记李群（右一）、市长连承敏（右二）陪同考察

◇ 2016年11月，山东省副省长赵润田（左二）到九间棚村考察水利建设工作，临沂市副市长尹长友（右二）陪同考察

◇ 2011年11月，中共临沂市委书记张少军（前右三）、临沂市市长张务锋（前右一）到九间棚集团药业公司考察

◇ 2019年5月24日，平邑县政协主席孙伟（前排左二）到九间棚村调研发扬九间棚精神工作

目　录

第九章　社会生活

第十章　人物 荣誉

附　录

编后记

概　述

九间棚村貌

九间棚欢迎您

春到九间棚（2014 年 5 月 摄）

九间棚位于平邑县地方镇天宝山区龙顶山上。2019年5月，实地测量南北最大纵距1500米，东西最大横距2345米，土地面积1.68平方千米；地貌属低山丘陵，自然环境属亚北温带季风性大陆气候，冬无严寒，夏无酷暑，春凉秋爽，四季分明，是适于人类居住的地方。改革开放后，九间棚村相继获得全县“先进党支部”“临沂市基层党建工作示范点、市级文明村”“山东省先进基层党组织、省级文明村”“全国先进基层党组织、全国文明村镇、全国生态文化村”等殊荣。2020年12月，全村98户288人，其中汉族287人，苗族1人。

龙顶山区、环境幽雅，文明村庄、传统优良

九间棚村以厚重的九间棚精神、改革开放的勃勃英姿、经济建设的辉煌成就而享誉平邑城乡。清乾隆六年（1741年）刘氏从白彦社滴水崖迁居龙顶山上，穴居石棚；日出而作，日落而息；春耕夏种，秋收冬藏；龙泉映月，繁衍生息；砌石为墙，分为九间，故名九间棚。后张氏、廉氏迁此，同耕平顶山，共饮龙泉水，联手擎日月，俯身拾春秋。

1949年10月1日，中华人民共和国成立的礼炮声翻开九间棚村历史的崭新一页。1961年1月，九间棚村党支部成立；在中国共产党的领导下，九间棚人以满腔热情和主人翁的姿态，跟着共产党走，与贫困抗争，向落后宣战，改造生存环境，互助合作，扫除文盲；人民公社，耕耘龙顶山，种植黄梨、山楂、金银花，农林牧副齐发展，兴办小学，传承文化；团结奋斗，自力更生，坚韧不拔，艰苦创业，创立九间棚精神。

九间棚村，地势西北高，东南低，由西北向东南倾斜，村域内坐落着海拔500米以上的山峰5座，为国家AAAA级风景旅游区；大自然的神奇造化，使龙顶山上有石棚、龙泉、老虎窝；朝阳洞、九间棚展览馆为山东省沂蒙党性教育基地教学点和红色旅游景点。村域内地层发育齐全，有太古宙泰山岩群，下古生界寒武系、奥陶系，上古生界石炭纪二叠纪，中生代侏罗纪、白垩纪，新生代第三、第四系；地质构造以断裂为主，褶皱发育，山峦起伏，沟壑纵横，土地瘠薄，木拙拱然；老虎窝峡谷长6千米，涧深192米，多处悬崖陡壁，人不可攀；险峻崎岖，幽静碧灵；万年石棚分九间，千年风水滴龙泉，百年古藤小圣堂……自然的神韵和人文的精华交相辉映，驰誉为沂蒙大地上的生态家园。

全村山地面积168公顷，利用率75%，其中耕地总面积12.5公顷，占7.44%；林地面积117.7公顷，占70.06%；经济林面积16.3公顷，占9.7%；村庄面积1.2公顷，占0.71%；道路面积4.5公顷，占2.68%；水利设施面积3.2公顷，占1.9%；荒山面积12.6公顷，占7.5%；土壤共有2个土类、2个土属、3个土种，主要由棕壤和褐土组成；矿产有石灰石、页岩等。

九间棚地处中纬度地带，属暖温带半湿润大陆性季风气候区，四季分明，光照适中，雨量偏少，无霜期长等。常年平均气温12.8℃，年平均日照时数2413小时，无霜期200天，年平均降水量713.5毫米，人均水资源占有量1360立方米，是全县平均数的1/6，是个严重缺水村。

村域内植物、生物种类较多，名特产品资源有金银花、寻骨风、山楂、梨、山核桃等，已探明的植物有270余种。九间棚盛产花生、谷子、高粱、绿豆、红豆，广泛栽培的农作物品种有26个。六不用（不用化肥、不用化学农药、不用激素、不用除草剂、不用转基因、不用地膜）金银花品质优良，誉满大江南北。畜牧产品以蒙山黑山羊、红山羊、草鸡有名，畜禽类品种23个；蒙山羊，耐粗放饲养、繁殖率高、抗病力强、肉裘兼优，是全国知名的优良品种。村域内野生动物有狼、兔、狐、黄鼬、山鸡、喜鹊等40余种。经济价值较高的中草药材品种60余种，蕴藏量大的有金银花、随寻风、全蝎、桔梗、首乌、灵芝、柏子仁、葛根、地丁等。

农业生产，群众命脉，林牧并举，金银花香

水润万物，地生百宝。九间棚村自古以农牧、林果业为主业。然而在那漫长的旧社会，落后的封建生产关系，阻碍和破坏了生产力的发展，腐朽的统治阶级的压迫和剥削扼制了劳动人民的聪明与智慧的发挥，九间棚人历尽艰辛坎坷，依旧过着贫困潦倒、饥寒交迫的生活。耕作粗放收获少，一年辛劳半年粮，春夏秋冬粗布裳，九间石棚风穿墙。

中华人民共和国成立后，历经土地改革、互助组、初级社、高级社、人民公社，村民走上了集体化的道路。农业学大寨，把整山治水作为发展农业的主攻方向，把粮食生产作为首要任务。修路、架电、修建蓄水池，在希望的田野里，九间棚人创造了九间棚精神，九间棚开始了由传统农耕向综合各业发展的新时期；广种高产、稳产的地瓜、谷子、红小豆等农作物，依靠科学种田，良种良法，间作套种，配方施肥，五谷杂粮优质高产。林果业依靠科学管理，人工授粉，疏花疏果，套袋转果，培育出黄梨、蜜桃、山楂等九间棚名产，培育出“北花一号”“九丰一号”做强做大金银花产业；1984年，全村人均果树不足10棵，绿化荒山、植树造林，栽种果树、果木养人；5年苦干，栽种果树2万株，绿化荒山95公顷。1995年，花满山、果满树，全村收获金银花1800千克，山楂、黄梨、桃、苹果、柿子、核桃300万千克，林果收入51万元，人均1255元。畜牧业依靠科学饲养，发展大棚养鸭、山坡树下养鸡、散养黑猪、庭院养牛，走在全县前列。依靠科技发展农业，九间棚有了金黄色的小米、绛红色的小豆、翠绿色的绿豆，小杂粮有豇豆、黑芝麻等；有香甜的黄梨，酸甜的山楂、地产中药材“六不用”金银花和经济、营养价值高的牛、羊、猪、鸡等特色产品；农业的增产增收，解决了村民的温饱问题。

中共十一届三中全会吹响了改革开放和经济建设的号角，九间棚人抓住机遇，迎接挑战，审视地理位置环境，适时调整产业结构，坚定地走科技兴农的道路，农林牧副齐发展。1983年，实行以家庭经营为主的联产承包责任制，村民调整农业产业结构，良种良法，配方施肥，地瓜产量“跨过黄河（亩产300千克）、越过长江（亩产400千克）”，谷子亩产381千克、大豆亩产195千克。村民人均收入由1963年的13.55元提高到1985年的372元再到2020年的27800元，年均增长33.47倍。

工副商贸，强村富民，旅游兴村，再攀高峰

九间棚的第二产业始于1964年，生产大队建起粉坊、面子坊、豆腐坊，从此祖祖辈辈靠种地为生的九间棚人有了自己的集体副业；1965年，集体副业收入500元。

改革开放，搞活经济。1984年，集体架电进村，村副业将柴油机换成电动机。1990年，村“两委”调整思路，制定“立足山上农林果，出山进城办工业”的发展规划，把着市场经济的脉搏，将九间棚经济发展的触角延伸到平邑县城；1991年，九间棚村进城办厂的第一个项目九间棚花岗石厂建成投产，当年完成产值385万元，实现利税40万元。1992年，成立九间棚集团公司，1993年4月，投资320万元，建设临工机械平邑配件厂，到1995年12月，相继建成九间棚塑料厂、九间棚实业开发总公司花岗石矿、九间棚金银花茶厂等7个工副业项目，完成总产值4530万元，实现利税102万元。1996年，集体办企业进行改制为民营企业。1997年3月，成立九间棚旅游公司，发展乡村旅游业，带动发展商贸饮食服务业；在党支部的领导下，九间棚村二、三产业齐发展，民营经济成为村域经济的生力军。绿树青山，金银花开，乡村旅游，风景独好。1990—2020年，全村投入资金1.5亿元，建设基础设施，发展乡村旅游业。2020年，九间棚投资控股（集团）下属企业21家，民营企业2户，集体固定资产2.5亿元；九间棚景区成功创建为国家AAAA级旅游景区。一个绿树青山、碧水蓝天、银花满山、路畅村美、政通人和的社会主义“四有一化”新农村崛起在沂蒙大地龙顶山上。

教科卫体，文化灿烂，精神文明，蓬勃发展

1963年8月，刘氏村民搬出穴居三代的2间石棚做学校，成立九间棚村小学；从此，九间棚人有了自己的学校，1966年，九间棚小学搬出石棚，告别石台子，搬进宽阔明亮的新教室。1992年，村集体投资6万元，建起第一栋二层楼房做学校。九间棚的文化体育事业与村史同长，中华人民共和国成立初期的村头文化、地头文化蓬勃发展；说古书、习武术、演京戏，到20世纪60年代的宣传队和棋类、健身操等，成为九间棚村靓丽的风景。文体活动的开展及高清电视、电脑、电话、手机进入普通百姓家，丰富了村民的文化生活，陶冶了村民的情操，成为九间棚人日常生活中必不可少的组成部分。

中华人民共和国成立前，村里卫生条件差，传染病多，缺医少药，疾病预防无条件，有病无钱治，请香烧纸，求神拜佛，上庙许愿，迷信思想严重危害着村民的身心健康。中华人民共和国成立后，党和政府重视农村医疗卫生事业，成立爱国卫生委员会，开展除害灭病运动；1966年，建立九间棚村卫生室，配备乡村医生。1967年，实行合作医疗，配备1名“赤脚医生”。2004年，实行农村医疗保险和大病统筹等新型农村合作医疗制度，妇女生育、老人社保等多项保障机制，从根本上保证了村民的医疗卫生健康。截止到2020年，村民的平均寿命76.9岁，较民国年间提高15.3岁，村民过上了丰衣足食、安康快乐的幸福生活。

架电修路，筑坝治水，艰苦创业，九间棚精神

1983年11月，九间棚人开始架电进村工程。县乡供电部门将高压供电线路架设至山下赵家庄，低压供电线路将由各大队筹资架设。党支部书记刘德敬安排刘嘉坤、廉茂增在家组织秋收的同时，进行集资架电准备，然后下山骑上自行车上乡进城争取县乡供电部门和架电施工队的支持，在闸口管理区第一个为九间棚村施工、通电。1000米的低压供电线路需要9根线杆，1根线杆12米长、重900千克；刘嘉坤组织20名青壮年劳动力用肩膀一根一根抬上山，在石灰岩上凿出1米见方1.2米深的石坑，将线杆立在悬崖陡壁之上。为了子孙后代不再使用油灯照明，全村人均集资79元。当低压输电线路牵到龙顶山时，架电资金用完，村集体没有钱购买变压器，大队干部再次集资1300元购买变压器，建起配电室。1984年春节，九间棚村通电。

20世纪70年代，九间棚村有2条羊肠小道出山进村，农副产品、生产物资全靠肩挑人抬进山、抬出扛进。1974年，大队民兵连修通九间棚至刘家埠土路，九间棚人有了第一条可通地排车的山路。1983年，架电成功的喜悦鼓舞了九间棚村干部群众；大队党支部书记刘嘉坤请县交通部门技术人员策划修路，平顶山至赵家庄的盘山路全长3000米，要盘悬崖越陡涧，需工程费5万元，搬动土石方3600立方米，仅凭全村170口人60个劳动力需要5年。5年太久，只争朝夕。1984年11月，全村凑集1.77万元，买来雷管、炸药，将路段实行抓阄分户划段承包制，九曲二十四道弯的上山路有古稀老人扬镐挖石的身影，有未成年儿童搬石填沟的举动，更有山下村庄亲朋好友的无私支援。大年三十正午，修路工地上有60余人在打炮眼、装炸药，开山放炮。日暮龙顶山，刘嘉坤检查完修路工地安全情况，站在二崖顶上听到最后一炮的声音后回家过年。没有施工机械，仅有镢头、镐头、铁锨、铁锤、炮钎、筐头子等原始工具，半年完成了修路工程。1988—1991年，九间棚对2条村路进行拓宽、硬化。1996年，为适应九间棚村旅游业的发展需要，修通马家岭至两泉庄旅游路，与地庞路连通，并逐年投入、硬化。2019年5月，两泉庄至林场路段铺筑沥青路面，安装钢制护栏。35年时间共修筑环山路12.5千米，硬化路面19.2万平方米。

中华人民共和国成立前，九间棚村没有一分水浇地，农村饮水依靠泉水，干旱年份泉水为公共资源，由专人看护按人头分水。1985年夏天，村“两委”开始规划建设水利工程。架电1500米，铺设管道1300米，建成梯门扬水站。路带渠，渠跟路，母子水池满山布。九间棚村民在刘嘉坤的带领下，用绳子拴在腰间挂在悬崖上用钢钎、锤头凿石头，用躯体和杠杆撬动石头，用双手、铁抓搬动石头，筑坝修渠，配套建成蓄水池42个，路带渠7千米，建成水浇田2公顷，47公顷果园、金银花园得到水灌支持。1995年，村自来水工程竣工，村民用上卫生自来水。2020年，全村共建设天潭、天湖两座小（2）型水库，天池、母池等蓄水池45个，修筑路带渠9千米，将山泉水、地表水引进蓄水池、水库，引灌到田间、果园。九间棚人成为山区农田水利建设的典范。

1986年7月9日，《大众日报》二版头条刊登《做山的主人》署名文章，报道九间棚村架电、修路、治水、摆脱贫困的事迹，引起各级党组织的重视，1986年10月，在全省山区开发会议上省长李昌安首次提出“九间棚精神”的概念；会后，临沂地委书记王渭田到九间棚村考察，总结九间棚村的党员们团结、拼搏、顽强、苦干、艰苦创业的精神；在地、县、乡、村四级有关人员参加的座谈会上，总结概括为“团结奋斗，自力更生，坚韧不拔，艰苦创业”的九间棚精神。1989年，新华社记者李锦到九间棚村驻村调研，写出长篇通讯，并形成内参呈送给党和国家领导人。1990年8月7日，中共中央政治局常委、中组部部长宋平在莱西召开的全国村级政权建设会议上听取九间棚村党支部书记刘嘉坤的发言后，对九间棚精神给予了充分肯定。2012年3月7日，在全国人大十一届五次会议上，习近平同志（时任中共中央政治局常委、国家副主席）听取刘嘉坤代表的发言后给予称赞。

民本民生，民风厚重，和谐环保，文明宜居

富裕了的九间棚村，注重民本民生、回报社会。治水、修路、绿化美化村容村貌，发放村民福利、拥军优属，提高村民的幸福指数；村服务中心、文化活动中心、卫生服务站、健身广场、图书室等设施配套完善。

九间棚人的生活。2020年村民人均收入2.78万元，储蓄存款余额560万元。村民消费结构发生明显变化，开始由量的满足转向质的追求，崇尚“吃讲营养，穿讲新潮，用讲高档，住讲舒适”，更加注重产品质量、品牌、包装等，用于发展和享受性消费的支出增加，彩电、冰箱、洗衣机、空调、电脑等耐用消费品已成为村民家庭生活中的普通用品，汽车等高档消费品在村民家庭中普及率达到65%以上。

九间棚人的住房由中华人民共和国成立前的户均1间石头草苫房，人均居住面积2.5平方米；到20世纪70年代的户均3间石墙草苫房，人均居住面积3.5平方米；到80年代的户均4间砖石结构红瓦房，人均6平方米；2016年，80%的村民进城务工，购买商品楼房。2019年，村民全部住进砖混结构瓦房、平房或二层楼房、多层楼房、电梯别墅，九间棚人有了自己的车库、储藏室、洗浴间；人均居住面积35平方米。

九间棚人的出行由1983年前的徒步，到1985年后的以自行车、拖拉机代步，到2005年全村拥有摩托车、机动三轮车、拖拉机、农用车、面包车、家用轿车等各种机动车辆32辆。2019年，村内有街、路19千米，县客运班车开到村路与赵家庄交汇处停车点，39户村民有家用轿车开到家门口，村民进县城交通便捷、畅通。

九间棚人的通信、电器设施。20世纪70年代，村民通信以书信为主，家用电器仅有手电筒一件，全村仅大队办公室有1部手摇磁石电话机。随着社会的发展和经济收入的增长，2020年，户均拥有数字程控电话或移动电话2.2部，电视机1.3台，电风扇2.5台，电炒锅1口，电冰箱0.8台，50%以上的村民购置洗衣机、电磁炉、空调机，15%的村民购置安装电脑、互联网。

九间棚人的福利。1960年始，军烈属、退伍军人、五保户、困难户享受福利。1988年后，军烈属、退伍军人、五保户、困难户享受双份福利和特别救助，村民统一购买保险；2010—2020年对60周岁以上的老年人实行社会基本养老保险全覆盖。

九间棚精神是沂蒙精神的重要组成部分，“团结奋斗，顽强拼搏，坚韧不拔，艰苦创业”是九间棚人架电、修路、治水、整山的真实写照；树立标杆，鼓足干劲，跟着红旗走，汗水写春秋。

发展金银花产业、乡村旅游业，建设社会主义新农村，九间棚的发展变化，离不开社会主义制度的优越性，更离不开历届村党政组织的有力领导。九间棚大队党支部成立于 1961 年 1 月，当时有党员 3 人；2012 年 3 月建立党委，2020 年 12 月有党员 71 人。党组织的不断发展壮大，新一届党委、村民委员会成员团结一致，传承、发扬九间棚精神，与时俱进，开拓创新，带领全体村民不断前进，用勤劳和智慧建设社会主义新九间棚村。

1961—2020 年部分年份九间棚村地区生产总值情况表

表 1　　　　单位：元、千克

年份	人均收入	粮食产量	果品产量	金银花产量	总收入	固定资产
1961	2.56	13484	846	170	402	36
1965	29.3	18597	596	200	19248	210
1970	37.6	24620	1265	320	25706	455
1975	41.2	27300	4860	430	28442	790
1980	161.7	31675	6280	650	30663	800
1985	372	39630	16284	800	74207	930
1990	479	46075	42075	1060	190650	12705
1995	1255	54720	63648	1800	62946650	5218000
2000	3755	42194	99470	2700	73002600	3670000
2005	6600	32928	175955	3100	83071800	15623900
2010	9350	24570	213647	6500	189910500	19865900
2015	18200	24288	481800	22100	383875000	237650000
2020	27800	15720	596070	31800	450026000	258860000

大事记

2019—2020 年冬春文化惠民·暖冬之旅开幕式暨九间棚成功创建国家 AAAA 级旅游景区发布会在龙顶山举行

清乾隆六年（1741 年）

刘爽曦居白彦社滴水崖村（今郑城镇），其子刘方海迁居禾山（龙顶山）。

清乾隆九年（1744 年）

夏、秋 雨水充沛，草木粮丰。

是年 刘廷超居白彦社滴水崖村，死后，其妻因生活所迫携子与弟廷孟同奔族兄迁居禾山穴居石棚。

清乾隆十三年（1748 年）

春 旱。

夏 大旱，蝗灾。

清乾隆二十七年（1762 年）

七月 大水。

刘班灿、刘玫灿成家立业，便用石块将石棚隔成九间分居，故取村名“九间棚”。

清乾隆五十一年（1786 年）

春、夏 大旱、大饥。

秋 清光绪版《费县志》载，大疫，人死十分之七。

是年 清光绪版《费县志》载民谣：“五十一年春，粮米贵似金；线穿黑豆长街卖，河里苲草分两觔。”一升米置换田地一亩，九间棚人居山而生。

清嘉庆元年（1796 年）

二月 地震。

夏 大疫。

清嘉庆八年（1803 年）

正月 大雪，石棚前积雪三尺。

夏 旱，蝗灾。

清嘉庆十八年（1813 年）

夏 大旱。

七月 改种荞麦。

八月初 陨霜，荞麦无收。

清嘉庆十九年（1814 年）

刘万杰避徭役从滴水崖村迁居禾山前石棚，因石棚前多栗树，故称栗树棚。

清嘉庆二十二年（1817 年）

张明壁携妻带四子从滕州东午门村迁居费县汪沟，其三子张焕成分迁九间棚村马家岭。

清道光二年（1822 年）

大旱，谷物绝收，仅有薯类少有收成。

清道光五年（1825 年）

五月 大旱，酷热。

春 热干风，金银花枝条烘干。

春、夏 疫灾。

八月 大雨。

冬 刘诚携妻带子从滴水崖迁居平顶山。

清道光十四年（1834 年）

春、夏 大旱。

秋 旱，飞蝗蔽日成灾。

清道光二十年（1840 年）

夏、秋 大雨连绵，山果丰稔。

冬月 费县设 4 乡（思圣、锦川、古费、忠义）35 社，九间棚村属锦川乡庄上社。

清道光二十二年（1842 年）

七月八日 大风、大雨夹带冰雹，伤害禾苗。

清道光二十七年（1847 年）

二月初八 雨，冰凌，树枝、草叶冻如琉璃。

是年 大旱，蝗灾。

清咸丰元年（1851 年）

二月二十八日 大雪，夜有雷声，山坡平地自然积雪四尺，鸟雀饥冻死亡无数。

八月初九 清廷公告豁免境内清道光二十九年（1849 年）前民欠银米。

清咸丰二年（1852 年）

四月 冰雹。

五月初二 气温骤降，冷如严冬，桃梨杏果冻伤无收，瓜豆幼苗冻死重种。

六月二十二日 因连年灾情，清廷展缓新旧额赋。

九月 秋旱。

十月初三 地震。

清咸丰三年（1853 年）

三月初七 地震，次日午时余震。

三月十五日 因连年遭雪、旱灾和地震等自然灾害，村民大饥，当局赈济村民一个月口粮。

夏 瘟病流行。

清咸丰五年（1855 年）

正月 雷电雨雪。

七月 大雨连下七天，石棚多生青苔、霉菌。

清咸丰六年（1856 年）

春 地震。

五至七月 大旱，蝗灾。

清咸丰七年（1857 年）

春 饥荒，半数村民一日两餐，以野菜为食。

九月 秋旱，蝗灾。

十一月 气温高，大雨伴有雷鸣。

清咸丰八年（1858 年）

二月 地震。

五月 地震有声。

六月 冰雹伤禾。

是年 彗星出现吴王崮上方。

清咸丰十年（1860 年）

五月 冰雹盖地，大如葡萄。

六月 飞蝗遍野，粮果受害，减产九成。

十一月 地震。

清同治元年（1862 年）

二月 黄雾。

四月 廉丕道分家得平顶山 10 亩山地 10 亩果园，为耕种便利从青阳庄迁居平顶山。

七月 大水。

闰八月二十八日夜 地震。

冬 暖冬，无冰。

清同治四年（1865 年）

正月十三日夜 雨夹雪，雷鸣惊人。

二月初五 雷电交作，冰雹大如银杏。

三月 地震，昼晦。

六月十三日夜 大风拔木。

是年 秋粮歉收。

清同治十一年（1872 年）

一月初三 风雨竟日夜，山坡流水。

是年 平邑“天芝堂”中药店东家张西泽之父，到大峪沟收购金银花等中药材，村民相约采收、售卖。

清同治十二年（1873 年）

一月初三 风雨交加，连续两天一夜，山间农田冲毁。

七月 大水。

秋 旱，秋粮减收。

清光绪二年（1876 年）

二月二十八日夜 大风。

三月初五 地震。

秋 大旱，蝗灾，秋粮减产八成。

冬 村民大饥，有 10 余口人下山逃荒讨饭。

清光绪三年（1877年）

五月 冰雹，大如葡萄，打伤麦田。

七月 大旱，蝗灾。

清光绪十三年（1887年）

五月 倒春寒，晚霜伤麦。

六月 牛瘟，村中耕牛伤六七。

清光绪十四年（1888年）

六月 地震。

七月 大旱，瘟疫流行。

八月 大雨。

冬月 大饥，半数村民断炊。

清光绪二十年（1894年）

二月初九 雨雪交加，结冰凌，飞禽走兽多饥冻死。

七月初十 陨石落于大峪沟。

九月 大旱，蝗虫遍山，农作物、山果、树叶遭灾歉收。

清光绪二十二年（1896年）

夏 牛瘟，至次年春十头耕牛仅存其二，影响农业生产。

冬月 费县设4乡（思圣、锦川、古费、忠义）42社，九间棚村属锦川乡庄上社赵家庄。

清光绪二十五年（1899年）

春 旱，秋蝗虫食谷禾，村民捕蝗虫烧食；秋粮减产八成。

七月 黏虫灾，食田禾。

清光绪二十六年（1900年）

春 大饥，村民食野菜、糠秕充饥。

夏初 伤寒病流行，2名村民被夺去生命。

十一月十八日 辰时，地震。

清光绪二十九年（1903年）

三月 大旱。

七月 大旱，夏粮歉收。

清光绪三十二年（1906年）

夏、秋 连旱，村内无豆。

八月十四日 地震。

九月初七 上溯，月明如昼，流星雨。

清光绪三十三年（1907年）

夏、秋 大旱，豆类作物绝产。

冬 牛瘟。

清宣统元年（1909年）

正月初一 夜雷电大雨。

六月初一 日食。

七月初 大雨接二连三，秋豆丰收。

七月十七日 日食。

夏 蝗蝻为灾。

秋 飞蝗食尽禾叶，粮食减产。

十一月二十七日 晨时，无云而雨；夜晚地震。

十二月二十一日 大雪封山。

清宣统二年（1910年）

一月二十六日 大雨、冰雹，毁民舍，伤人畜。

三月初七 大雨、大风、冰雹，伤害果木。

五月初五 雷电大作，疾风暴雨，毁坏果树。

六月十一日 暴雨，老虎沟瀑布如白练。

十二月三十日 大雨，有雷鸣。

是年 费县人丁统计，九间棚村10户49人，役丁1人。

清宣统三年（1911年）

一月二十九日 夜雷电交加，大雨滂沱。

七月 大旱，蝗灾。

1912年

3月 九间棚属天宝山区赵家庄保。

11月 邹县土匪抢劫辛庄，村民惊慌，单人不敢出山销售土特产品。

是年 赋税沿袭清制，民地每2.85公顷征银1两，九间棚村时有民地2.6公顷，共缴税银8分16厘。

1913年

夏 雨水丰沛，农作物丰产。

7月 山下土匪为患，村民不敢下山进城。

1914年

春、夏 大旱，连续半年无有效降雨，高温，蝗灾。

夏 赵家庄保为防土匪进村抢劫，经各族长共议建立红枪会。九间棚村刘学陆、刘学荣、廉德勤、张德祥轮流下山参会执勤。

1915年

2月 费县改征银为征银洋，银每两折银洋4元，全村地丁银1.25两，折合银洋5元。

7月 蝗灾，飞蝗自西南涌至，食光庄稼，村民以野菜根为食。

1916年

3—6月 干旱，蝗灾。

8月 因费县新安村地痞任某田、任某瑞勾结官府，在大峪沟设行征收梨税，中饱私囊，激起广大梨农不满。天宝山区梨农近万人抗梨捐，迫使费县知事布告乡农，取消强征梨税规定。

1917年

是年 村内少雨无雪，多种疫病流行，村民苦不堪言。

1918年

5—7月 雨水充沛，夏粮丰产。

1919年

5月 春旱，春种困难。

8月 蝗灾。

1920年

3月 民饥，村民断粮，挖草根充饥。

4月 春旱。

8—9月 秋旱，秋粮、山果歉收。

是年 大饥。

1922年

4月 大旱，连续4个月未下雨，春种困难。

1923年

3月 暴风。

7月9日 大暴雨，冲毁山地粮田。

1924年

春 暴风夹带沙尘，龙顶山上尘土飞扬，遮日蔽地。

3月 费县宣传女子放足，男子剪发辫活动。自此村内女孩子因农活需要不再缠足，男性因少下山仍蓄长发。

是年 山下村庄有天花病流行，村民不敢下山走亲访友。

1925年

8月 蝗灾，秋粮减产六成。

10月 大旱，村民卖耕牛粜米以维持生计。

1926年

5—8月 多雨，夏、秋作物丰收。

是年 土匪猖獗，村民日落即关门闭户，夜晚不敢点灯行走。

1927年

9月 大旱，蝗灾，秋粮歉收。

10月 费县人曹炳章编成《增订伪药条辨》。

冬 大饥，村民卖牛羊粜粮度日。

是年 土匪猖狂，市场萧条，民不聊生。

1928年

春 大旱，旱春作物无收。

4月23日 山东省废道，琅琊道撤销，费县直属山东省。县公署改称县政府，县知事改称县长。

5月 车庄（今流峪镇）人闫加秀派人相约收购地产金银花，村民制成干花前往售卖。

8月 大旱，蝗蝻遍地，田间谷类作物大多被吃光，秋季作物减产八成，多数农田绝产。

是月 费县区划调整，划为7个区42个乡。今平邑县境内有5个区20个乡，九间棚村属一区地方乡赵家庄保。

9—10月 雨水丰沛，荞麦丰产。

是月 费县户口调查，九间棚自然村有13户55人。

1929年

4月 冰雹。

5月 车庄人阎加秀在平邑集创办“六合堂”药店，批发零售中药材。并收购金银花、茵陈、栝楼等中药材。村民逢集便前往售卖，换取生产、生活所需。

9月 大暴雨，山坡粮田冲毁一半。

1931年

7月 大雨，山洪暴发，石棚进水，棚前流水成溪。

1935年

4月 县组建联庄会组织，县为总会，总会长由县长兼任。各区为分会，九间棚村属赵家庄甲。甲分4牌，牌分3组，组分3伍，每伍会员15人，凡18～45岁的男子，都有担当会员的义务。九间棚村设1伍，刘德顺任伍长。

5月 费县成立妇女放足委员会，提倡妇女放足，伍长刘德顺入户宣传。部分女性村民不再裹脚，已裹者可以解除（时称放脚）。

是月 冰雹，部分农作物受灾。

1937年

7月25日 大暴雨，山坡粮田多被冲毁。

秋 早霜，晚秋农作物减产五成。

1938年

1月19日 日军占领平邑镇。

7月19日 午时，日套九环，为罕见天象奇观。

1939年

2月26日 日军占领地方区，村民不敢下山进城。

3月 龙顶山上刮起7～11级大风，有小块石头随风飞跑，村民避居石棚，风停方敢出门。

1940年

5月 八路军115师师直机关及鲁南区党委移驻天宝山区中心地带的桃峪村、油篓村、巩家山一带，其中，某营部仓库选用村南山洞，村民积极配合，拥军支前。

6月 天宝山乡召开各界代表会议，成立乡抗日民主政府和动委会，组织村民抗日救国。

9月2日 八路军115师686团发起天宝山战斗，激战2个时，115师作战科长刘四喜及60余名战士牺牲。

9月 中共费南县委成立，张林夫任书记，赵家庄、九间棚村域隶属。

12月7日 日军田中联队、奉天联队3000余人，从平邑、地方、费县、梁邱、城后分路扫荡天宝山区根据地，杀害天宝山区民众2000余人，烧毁房屋1500多间。

1941年

3月21日 日军占领费县城，推行“治安强化运动”，实行联保、甲制，九间棚村属赵家庄保。

7月17日 八路军115师教导二旅，山东纵队一旅一、三团发起战斗，至22日，消灭刘桂堂一部，收复天宝山区。

7月 八路军某连为抗击日军开进九间棚村，在后阴泉子处宿营。

7—8月 村民廉德兰、孙福兰、徐芳兰等为驻村八路军战士连夜赶做军鞋20余双。

秋 大旱，秋粮减产。

1942年

3月30日 日军推行第四次“治安强化运动”，实施“治安肃正”“保甲制度”，封锁、蚕食沂蒙山区抗日根据地。

6月20日至8月26日 村域无有效降雨，大旱，蝗灾，农村吃水困难，粮食减产九成。

9月 中共鲁南区党委、鲁南区行署决定，将费南县所属之天宝山、泗彦两区划出，成立费西工委（又称天宝山工委）和费西办事处。九间棚村域隶属。1944年1月撤销。

1943年

3月23日 日军再次占领白彦，后于小营至南径一带修筑碉堡10个，村民生活在日军控制区边缘。

9月 伪费县公署按济南日伪训令，用伪钞在农村大量抢购粮食，强行向村民征购100余千克粮食。

11月15日 鲁南军区三、五团在费县柱子山村全歼刘桂堂部。

12月 费南县改称费县。

1944年

4月8日 北海银行鲁南分行在朝阳洞建立鲁南印钞厂，印制一角、贰角、伍角三种辅币。至1945年6月北海银行鲁南分行与鲁中总行印钞厂合并，迁出。

夏初 大旱，40天无雨，最高温达39℃。

朝阳洞，北海银行鲁南印钞分厂旧址（2019年9月 摄）

7月13日 暴雨成灾，冲毁田地1公顷。

8月 飞蝗突至，遮天蔽日。飞蝗过处庄稼颗粒无收。

1945年

8月7日 驻费县城日伪军逃往临沂，费县日伪政权垮散。

12月 赵家庄村级政权建立，刘德功任九间棚村庄长。

1946年

4月19日 费县改称平邑县，隶属鲁南行政公署一专署，赵家庄隶属。

7月 大水。

11月 九间棚村进行土改运动，村民实现了耕者有其田的愿望。

12月 全村有14户63口人。

1947年

1月2—18日 山东、华中野战军协同作战，发起鲁南战役，赵家庄派出担架1副，九间棚村出动1人支援前线。

7月24日 平邑县全境解放。

8月 中共鲁中南行政区建立白彦县，九间棚村隶属。

12月 村民向地方政府交军粮100千克，人均1.5千克。

1948年

8月9日 暴雨。

9月 秋雨连绵，秋粮丰收。

是月 人民币开始在九间棚村流通。

1949年

4月 开展土地改革，划分农村阶级成分。九间棚村14户，其中，中农2户，贫农12户。

春、夏、秋 连旱，全村夏、秋粮减产九成。

5月10日 县人民政府拨给九间棚村粮食

50千克，花生种10千克，解决困难户村民生产、生活困难和粮种缺少问题。

5月 村内天花、脑炎流行，有2名患者，经饮食金银花等及时预防、治疗，全部康复。

10月1日 平邑县属鲁中南行政区沂蒙专区。

10月 平邑县辖历东、福山、营山、由吾、崇固、丰山、天宝、黄山8个区，九间棚村隶属天宝区赵家庄。

11月24日 平邑县2.2万名民工参加导沭工程，九间棚村村民刘德香参加。

12月 九间棚村有14户61人。

1950年

1月 党员身份公开，九间棚村有党员1人（刘德成）。

3月 引种黑松、赤松种子，在龙顶山东、马家岭南种植。

6月 《中华人民共和国婚姻法》颁布实施，村内张贴标语，学习、贯彻执行。

1951年

4月12日 晚春寒，最低气温骤降至0℃。

6月27日 九间棚村开展“推行爱国公约，捐献飞机大炮，优待烈军属”爱国运动，村民踊跃捐款16万元（旧人民币）支援抗美援朝战争。

10月 全县召开贯彻落实《中华人民共和国婚姻法》保障妇女权益大会，要求全县人民学习、贯彻落实。乡工作队员向村民宣读法律原文，重点解释“一夫一妻”“男女平等”“取缔包办婚姻”等名词，并张贴标语宣传。

12月 全县土改结束，村民实现耕者有其田的愿望。15户村民领到县政府颁发的“土地所有权证书”。

1952年

1月 开展“反贪污、反浪费、反官僚主义”的“三反”运动。县工作队进驻天宝山乡赵家庄。

3月 刘德功组织4户村民成立变工组，互相帮助，发展生产。

4月中旬 村内发生流感、麻疹，通过饮服金银花汤进行预防，疫情基本控制，全村无死亡病例。

5月 村5公顷粮田遭受大风、雹灾，夏粮减收五成以上。

8月 连降暴雨，10公顷粮田歉收。

9月 县、区工作队进村帮助开展查田定产、丈量土地工作，改中亩为市亩，1市亩等于666.67平方米。

10月11日 初霜冻，中雪封地，村民园内白菜、萝卜被冻坏。

10月20日 根据县政府《关于大力推广速成识字法，广泛开展识字运动的计划》，在石棚前大树下设立识字班，李月荣任班长。

11月30日至12月5日 雨凇，路滑难行，树木遭受冻害。

1953年

2月 寒冬滴水成冰，村民年初一因寒冷没有出门互拜。

5月6日 雹灾，降雹最大直径达40毫米，全村4公顷地瓜遭重灾，重新栽种。

6月30日 全县第一次人口普查，九间棚村有15户70人，其中男性34人，女性36人，男女性别比为94.44。

7月 首次进行选民登记工作。

8月 刘德功互助组成立，到年底，全村共有3个互助组，占农户总数的71.4%。

8月10日至9月19日 连续40天连阴雨，谷子歉收。

9月 国家推行粮食统购统销政策，要求村民余粮卖给国家，平邑县集市禁止粮食自由买卖。

11月12日 突降中雪，6公顷红薯未收，藏埋于雪下。

11月 第十期导沭整沂（沭河、沂河）工程开始，村民刘德成参加。

12月 村干部组织男女青壮年办起“识字班”，刘德敬担任授课教师，组织中青年村民识字、学习文化。

1954年

2月 九间棚村首次参加普选人民代表工作，年满18周岁的贫下中农参加。

4月18—20日 低温、霜冻、倒春寒，气温降至0℃左右，冰霜冻坏小麦，小麦减产两成。

5月 刘德功互助组引种“胜利百号红薯”，在东山弯地种植0.3公顷，秋天亩产鲜红薯1450千克，比老品种增产1.5倍。翌年全村普及种植。

夏 大雨连连，粮果歉收。

9月15日 国家对布、棉线、针织品凭票供应，村民每人每年发布票1丈8尺（1960年为3尺3寸）。

10月10日 全县实行棉布按计划供应，村民凭布票购买。

1955年

3月1日 新版人民币由中国人民银行发行并在全国流通，村民按照国家规定统一兑换人民币（旧币值1万元兑换新币1元）。

4月6—9日 气温降至-1℃～-3℃，农作物受冻害。

5月 干旱，夏粮减收。

7月 阴雨20余天，秋季作物长势良好。

8月 村内发生牛流感，牛流感导致病牛5头，死亡1头。

10月1日 平邑县序数排列区名废除，改用地名，第一区改称地方区，九间棚村隶属。

秋 旱，秋粮歉收，上级政府拨给九间棚村救济粮60千克。

12月 九间棚初级农业合作社成立，刘德功任社长。

1956年

3月4日 初级社投入资金10元，购买新式步犁1张。

6月 初级社长向全社18周岁以上、有选举权的43名公民颁发选举证，选举县、区两级各界人民代表大会代表。

7月 县农业局推广使用化肥和新式农具，社长刘德功从县供销社领回德国产“狮马牌”肥田粉10千克，追施晚谷中，谷子长势良好，单产增收一倍。

7月29日 进行预备役登记，全村武装民兵登记入册。

8月2—3日 飓风加暴雨刮坏庄稼3公顷、房屋4间。

12月 社干部贯彻“鼓足干劲，力争上游，多快好省地建设社会主义”总路线，组织民兵、青年成立青年突击队，在马家岭开荒造地。

1957年

1月17日 九间棚村最低气温降至-18℃，多数村民蜗居石棚生火取暖。

1月 根据县、区部署，赵家庄高级农业社成立，隶属天宝山乡。九间棚村隶属称第五生产组，刘德功任副社长兼任第五生产组组长，全村入社土地9.67公顷，自此，完成了由农民个体所有制到社会主义集体所有制的转变。九间棚生产组仍独立安排生产、核算。

2月10日 国务院发出使用布票新规定：大、小童装及5寸以下的布一律实收布票，蚊帐布按2折收布票。

4月 霜冻。

5月 中国新民主主义青年团改称中国共产主义青年团，全村有团员2人（刘德才、刘甲训），隶属赵家庄团支部。

7月11—12日 暴风、暴雨，降水量达210毫米。

8月 秋雨丰沛，农作物丰收。

12月 九间棚村有18户80口人。

1958年

3月7日 区划改革，撤区并乡，全县撤销16个区的建制，改设25个乡镇。九间棚村属天宝山乡赵家庄村。

春 倒春寒。

8月 全县25个乡镇，合并为19个乡镇，天宝山乡并入地方镇。赵家庄、九间棚村隶属。

10 月 5—20 日 全县实现人民公社化，19 个乡镇改设为 16 个政社合一的人民公社。九间棚村属八一人民公社赵家庄生产大队。

10—12 月 秋季山上丰收的农作物多因收获不及时干落在田间，地瓜被大雪埋在田间冻坏、烂掉，导致丰年粮食不丰收。

11 月 5 日 按照上级兴办集体食堂的要求，九间棚村食堂在刘德敬家后场院 2 间草棚建成，全村 18 户村民一起吃食堂。

12 月初 按照中央“以钢为纲”的要求，小食堂并入大食堂，因九间棚村自然环境恶劣，第五生产队撤销，18 户村民按照自愿、投亲靠友的原则搬迁到赵家庄、和乐、北岭三个山下村定居、生活。

12 月 10 日 九间棚人除 2 名老年人外，带上耕牛、农具全部下山分居赵家庄、北岭、和乐 16 户村民家中，铁制饭锅交到赵家庄大队民兵室用于“大炼钢铁”。

1959 年

4 月 21—23 日 倒春寒。

5 月 政府号召停止使用十六两一斤的老秤，一律改为十两一斤的市秤。

12 月 刘德功被选为赵家庄大队副大队长、刘德敬任生产队会计；刘德明被选为赵家庄第二生产队队长、刘甲胜任副队长；刘德才被选为第四生产队队长（和乐村）；刘甲训被选为第三生产队会计（北岭村）、刘甲成被选为副队长。

1960 年

2 月 25 日 暴风雪，地面积雪 10 厘米，雀鸟无处觅食冻饿而亡，村民上山捡拾充饥。

11 月 19 日 农历十月初一，村民回山祭祖，共商回山自立生产。

11 月 25 日 迁到赵家庄及和乐、北岭 3 个村的 18 户村民迁回 18 户 83 人，其中刘德贵、刘德昌 2 户 6 口人自愿在和乐村落户。

12 月 新庄乡报请公社同意，设立九间棚生产大队管委会，刘德功任大队长。

1961 年

2 月 贯彻落实《农村人民公社条例》（60 条），公社实行三级（公社、生产大队、生产小队）所有，队为基础的管理体制。九间棚大队因人户少不设生产小队，称统子队。

3 月 干旱，春种困难。

4 月 1 日 经中共天宝山乡委员会批准，九间棚大队党支部成立，刘德敬任大队党支部书记。

4 月 村民口粮短缺，多数村民到田野挖野菜充饥。

5 月 1—5 日 倒春寒。

5 月 10 日 大队管委会落实《人民公社工作条例（草案）》，为社员每人划出 0.02 公顷自留地。同时为鼓励社员发展养殖业，饲养 1 头生猪划给 0.007 公顷饲料地，1 头母猪划给 0.01 公顷饲料地。自留地、饲料地由社员自主经营，其收入不顶口粮、不计征购，此举调动了社员生产积极性，全村经济形势得到初步扭转。

5 月 区划调整，全县 14 个人民公社改称 14 个区，区下设公社 101 个，公社下设生产大队，九间棚大队隶属天宝山乡人民公社。

7 月 雨水丰沛，全大队荞麦、瓜果丰收。

9—10 月 晚秋干旱一月之久，造成地瓜、花生等农作物减产五成。

11 月 大队粮食分配办法，有劳动工日带粮、肥料带粮、补助粮和奖励粮四种，全大队参加分配的人口 84 人，人均口粮 165 千克。

12 月 大队管委会根据社员需求，划出 11 块宅基地，由社员自备材料、互相帮工建起九间棚村第二代住房 11 处 25 间，多数村民告别穴居石棚生活，住上石头墙草苫房。

1962 年

2 月 按照县委、县人委指示精神，九间棚大队党支部、管委会做出决定，在三荒（荒山、荒坡、荒沟）地段允许社员利用闲余时间开荒种地，增加收入，不计口粮，改善贫困生活。原则是不准破坏集体田坝、山体植被。

7月13日 大雨。

8月7日 受8号台风影响，降大雨120毫米，农作物受风灾影响倒伏、减产。

9月15日至10月10日 连续阴雨，降水145毫米，地瓜、大豆丰收，大豆亩产达到41.5千克。

11月18—23日 雨夹雪，全大队未及收获的1公顷地瓜被大雪掩埋地中，雪后刨出时已冻坏。

1963年

2月25日 区划调整，全县设13个区，区下设92个人民公社，九间棚大队隶属地方区天宝山公社。

4月 农村社会主义教育运动开始，公社派“社教”工作组进驻九间棚村。

9月21日至12月7日 降雨43毫米，秋季农作物减产。

10月 村民刘德元在石棚东建成2间石头草苫房，全村最后一家从石棚中搬出。

11月 “社教”工作队转为“四清”工作队，组织大队干部和社员开展“四清”运动。

12月4日 全县林业确权发证工作结束，全大队20户社员领到林业确权证。

12月20—23日 县委召开四级干部会议，学习《中共中央关于农村社会主义教育运动的两个文件》，大队党支部书记刘德敬参加。

1964年

1月10日 全县社会主义教育运动开始，县委抽调429人组成工作队分赴各区帮助工作。赵家庄工作队兼管九间棚村。

3月 “四清”工作队对全大队阶级成分进行复查，将24户社员划分为贫雇农18户67人、下中农4户18人、中农2户7人。

4月2日 大雨，雨后大队组织社员突击春播、点种。

6月12日 雹灾。

6月30日 第二次全国人口普查工作开展。全大队共24户92人。1964年度出生5人（其中男3人，女2人），死亡2人。

6月底 全县党组织统计，九间棚大队党支部共有党员3人。

8月 九间棚村小学建立，14名适龄儿童入学，小学利用2间石棚作教室，武庆亮、张宗德（民师）任教师，为九间棚村置村史上第一所初级小学。

11月 大队响应县委号召，开展“农业学大寨”运动，集中15个劳动力在马家岭整修大寨田1.1公顷。

1965年

3月 全县开展“农业学大寨”运动，大队书记刘德敬带领班子成员到莒南县厉家寨学习治水、改土经验，当年组织民兵专业队开荒山、垒石坝930米，建梯田0.75公顷。

7月21—26日 村域连续降大雨3次，总降雨量230毫米，夏秋农作物生长良好。

8月 大队根据上级要求，选派社员张宗德参加县赤脚医生培训班。同年10月，结业后回村任赤脚医生。

9月4日 暴雨，半天内降雨120毫米。

12月 大队党支部、管委会统一规划，开展冬季农田基本建设。

1966年

1月 九间棚大队掀起“农业学大寨”高潮，在马家岭进行农田基本建设会战，一个冬春整改大寨式梯田1公顷。

3月4—7日 雨夹雪，气温骤降至 -2℃，东北风6 ~ 7级，形成“雪淞”、冰凌。

4月11—13日 县“首届天宝山梨花会”举办，会期3天，会址在两泉和辛庄，以物资交流为主，数万人赶会、游春、赏花、采风，其间，临沂等地4个剧团演出，上海电影制片厂夏天等5人拍摄纪录片。村民备上窖存黄梨及松菇、金银花、小杂粮等赶会交易。

4月14日 大风，最大风力10级。

7月 大队管委会投资80元建成2间石头草苫房，九间棚小学从石棚中搬出入住，九间棚小学新建是集体投资最大的第一个项目。

9月 九间棚村革命委员会成立，代替大队党政的职能，廉茂增任主任。

10月 “文化大革命”开始，大队开展破“四旧”，立“四新”运动。

秋 干旱严重。

11月 全村群众开展学习毛主席著作背诵“老三篇”唱语录歌、佩戴毛主席像章活动等。

12月 大队成立毛泽东思想文艺宣传队，廉茂增任队长。

1967年

7—8月 村域内仅降雨70毫米，秋季作物减产五成。

12月 大队成立毛泽东思想文艺宣传队到天宝山林场慰问演出。

1968年

初夏 干旱，秋旱，秋季作物减产七成。

5—7月 全县兴起背诵毛主席语录热潮，九间棚小学五年级学生刘嘉坤获得学区、公社、县第一名，并被选为全县活学活用毛泽东思想积极分子代表。

7月8日 平邑县活学活用毛泽东思想积极分子大会召开，年仅14岁的学生刘嘉坤参加，他是入会者年龄最小的一位。

10—12月 天宝山公社广播站架通到平顶山广播线路，社员户安装小喇叭收听平邑县广播站新闻节目。

12月 大队办公室安装中原牌电话机1部，由县邮电局负责安装，收费125.8元。

1969年

1月27—31日 雨凇，气温骤降形成冰凌，地面结冰。

6月 全大队地产金银花百余千克，售卖给平邑县药材公司。

12月 九间棚大队被天宝山公社评为农业学大寨先进单位。

1970年

2月 九间棚大队革命委员会党的核心领导小组成立，刘德敬任组长。领导小组按照县委要求，组织大队党员干部进行政治学习。

7月21—26日 连降暴雨，全大队夏粮丰收。

10月 九间棚大队改造有线广播传送线，28户社员安装小喇叭接收县广播站广播节目，占村民总户数的80%。

12月 昌里水库（时称红旗水库）动工兴建，翌年9月竣工。村民廉茂成、张宗德、刘德香参加施工。

1971年

2月7日 临沂县相公区平墩湖发生3.0级地震，深度120千米，距九间棚村85千米，村域有震感。

3月1—2日 雨凇，果园果树树枝被压断，受冻害减产。

3月 县、公社分配给大队统销粮120千克，大队按社员缺粮情况进行分配。

4月20日 区划调整，全县撤销13个区的建制，改设15个人民公社。

6—7月 村集体羊群患口蹄疫，大队要求饲养员给羊喂食金银花藤叶、孛孛丁，效果明显。

8月8—9日 暴雨。

1972年

2月 大队根据上级要求，创办九间棚大队合作医疗站，革委会主任廉茂增负责，赤脚医生张宗德。

3月29日至4月11日 低温、大风，春季作物受冻减产二成。

4月 春旱，连续45天未下雨，全村春播作物延期。

7月20日至8月28日 无有效降雨，夏、秋农作物受旱灾减产。

8月1日 根据平邑县革命委员会晚婚试行办法，村民实行男25周岁、女23周岁的晚婚晚育最低初婚年龄标准。

9月17日 大风、雹灾。

9月 大队党支部建立“三会一课”制度（党支部会、党小组会、党员会，党课）。

10月31日至11月6日 连降大雨，地瓜干霉烂严重。

1973年

6月23日 暴雨，全村累计降雨量139.5毫米，冲毁粮田堤坝300余米。

7月3—27日 连降暴雨。

7月22日 遭大风、暴雨、冰雹灾害，农作物减产三成。

12月 九间棚大队被中共平邑县委、县政府表彰为农业学大寨先进单位。

1974年

4月28日 大风。

6月20日 雹灾。

7月25日 暴雨。

7月 九间棚大队实行合作医疗制度，村卫生所并入赵家庄卫生所，村医由公社卫生院统一调配。

8月12—13日 暴雨，村境域内累计降雨量220.5毫米，山洪暴发。

12月 大队民兵修通马家岭至刘家埠村路，长2300米，宽3米，总用工560个。

1975年

8月14—15日 暴雨，境域内累计降雨量102.9毫米。

12月 大队掀起“农业学大寨”高潮，民兵组成专业队在民兵连长廉茂增的带领下，常年围山垒砌石坝，垦荒造田，栽种山楂、黄梨。

1976年

2月 大队按照县革委“建立县、公社、大队农业科学实验网”的规定，成立大队农科队，廉茂增任队长。

6月6日至7月22日 九间棚大队连续遭受雹灾、暴风、暴雨袭击，全大队3公顷粮田受灾，减产五成。

7月28日 大队贯彻县防震工作会议精神，成立防震工作领导小组，组织社员以户为单位在自家院落内搭建防震棚，供生活和住宿用，九间棚小学学生在室外上课。

1977年

5月13日 大风。

5月15日至6月28日 村域少雨干旱，夏季农作物减产五成。

11月4日 高考制度恢复后，大队2名应届高中毕业生参加高考。

11月 九间棚小学教学计划调整，注重教学质量，贫下中农管理学校的做法终止。

1978年

3月10日至6月27日 村域78天无雨；农作物干枯，夏季农作物减产九成。

7月1日 大风，刮坏梨、苹果树，果树减产五成。

1979年

1月28日 气温急剧下降，由15℃降至-8℃，先雨后雪，至29日凌晨，形成雨淞、冰凌灾害。

2月21日 村域遭霜冻危害。

3月21—22日 雨雪连续2日，冷空气形成冰凌，树枝多被冰坨压折。

4月上旬至5月中旬 低温、阴雨天气引发金银花黏虫病。

8月 少雨、干旱。

1980年

7月6日—27日 连续大风、暴雨，毁坏农田、农作物3公顷，黄梨减产。

12月 全大队有42户157人，党员7人，人均口粮179千克，人均收入128元。

1981年

春、秋 干旱，地瓜、谷子等作物减产。

6月 九间棚大队革命委员会撤销，恢复管理委员会体制。

12月 大队民兵治山专业队在马家岭整山造地0.4公顷，垒砌石坝570米。

1982年

1月 九间棚大队开始推行农业生产定额管理。

7月1日 零时，开展第三次全国人口普查，九间棚大队为一个普查点。普查结果：全大队有45户168人，其中男性86人，女性82人，性别比为104.88。

10月初 大队按照上级要求，推行家庭联产承包责任制，全大队12.2公顷耕地，按上、下两个级差，各占一半，人均0.07公顷分配到户。集体所属林木、牲畜、农机具承包或作价到户经营，农业税及“三提五统”随地亩到户。

10月中旬至11月上旬 阴雨连绵，全大队地瓜干霉烂三成。

12月 布票停止使用，布匹、棉线、衣物等可在市场上自由购买。

1983年

1—5月 大旱，村民饮水困难，果树、金银花因干旱减产。

4月 大队引进“中棉10号”优良品种，组织5户村民试播种棉花0.5公顷。秋获丰收，平均亩产皮棉37.2千克。

5月20日 13—17时，大风、大雨，冲毁山地农田、果园，造成农作物、经济林果减产。

8月7日 大风，最大风力10级，刮坏果树。

秋 粮食总产创历史新高，平均亩增产10千克，集体经营时需用30天完成的“三秋”任务，仅用2周即完成。

10月18日 大队党支部会议决定架电进村，7名党员分户宣传发动。

11月 九间棚村开始架电工作，党支部组织村民举全村之力，每人捐助79元，20个青年劳动力全力以赴抬线杆、崖壁上凿挖线杆坑，奋战40天，将高压输电线牵到龙顶山。

九间棚村架电上山（1983年12月 摄）

1984年

1月25日 九间棚村通电。

3月 县区划调整，社改区，区下设乡镇，天宝山人民公社改称天宝山乡，原区划不变，九间棚大队隶属不变。

6月3日至7月9日 连续暴雨。

7月 用槐树、柏树作杆将低压输电线从变压器房牵引到平顶山，使第二批7户村民用上电灯。

8月 农村体制改革，县政府决定，九间棚大队改称九间棚村，大队管委会改称村民委员会。

10月22日 九间棚村第一届村民委员会选举大会在村办公室前进行，张如意当选第一届村民委员会主任。

11月 九间棚村修路工程开始，按村民户、人口分成46个工段抓阄承包到户，全村男女老少齐上阵开展筑路。

1985年

1月 经中共天宝山乡委员会批准，村党支部班子调整，刘嘉坤任党支部书记。

3月22日 因修路与赵家庄等量、等质置换土地527平方米，梨树7棵。

3月 村“两委”会在县农业局和乡经管站的指导下，对原大队财务账目进行清查复核处理，并将清理结果向村民公布，账目由村里统一封存，入档保管。至此，“三级核算，队为基础”的管理体制结束。

4月 平顶山至赵家庄村路修通，长2800米、宽6米，大小24道弯的盘山路，正常情况下需要3年完成的工程量，九间棚人用5个月完成了通路任务。

7月 栗家棚自然村通电。

8月18日 受九号台风影响，村域内降大暴雨，新修成的村路被山洪冲断、路段毁坏18处。

10月 国家取消粮食统购统销，改为合同定购。全村完成合同定购粮220千克，与粮食统购统销时持平。

10月25日 村组织11人专业队修复被大雨冲毁的村路。

11月 村梯门泉扬水站工程开工，九间棚人强力拉开治水工程序幕。

12月30日 村至赵家庄水毁路修复，汽车开上龙顶山。

1986年

1月11日至5月4日 村域内仅降雨12毫米，村“两委”会组织村民抗旱春播。

6月12至7月27日 大风、暴雨，平顶山至赵家庄村路多处被洪水冲毁。

6月30日、7月3日 县长孟宪荣两次分别从林场、赵家庄步行至九间棚，了解九间棚村路况，拨出专款，调集闸口、两泉两个管理区13个村人力帮助修复水毁上山路，并将部分路段改造成两道筋路。

7月19日 《大众日报》发表潘静文、甄德生、宋继民报道“做山的主人”，介绍九间棚村艰苦创业的事迹。

10月 梯门泉扬水站工程建成，扬程102.5米将梯门泉水送到800米外母池中，分灌果园1.2公顷。

11月 从梯门泉扬水站配电室接电到马家岭，全村49户村民分3批全部通电。

1987年

3月19日 九间棚村第二届村民委员会换届选举，廉茂杰当选村委会主任。

3月下旬 低温、霜冻天气。

5月3日 低温霜冻，全村4公顷地瓜受灾，其中2公顷秧苗补栽。

5月 干旱，全村7公顷粮田受灾减产。

6月3日 雹灾，2公顷地瓜苗重栽，2.2公顷地瓜苗补栽，地瓜受灾减产三成。

7月 龙顶山东北蓄水池开工，翌年8月建成蓄水，称天池。

8月20日 村党支部书记刘嘉坤在中共平邑县第七次代表大会上当选县委委员。

9月24日 日环食。

11月 在马家岭石堰子、后官场开展整山造地冬季生产会战，全村男女劳力齐上阵，一个冬春垒砌石坝1020米，造地2.67公顷。

是月 年满16周岁以上的村民颁发第一代居民身份证，由县公安局地方派出所照相，上级公安部门制证。

12月15日 共青团山东省委书记杨传堂到九间棚村视察青年团工作。

12月 中共临沂地委书记王渭田到九间棚村考察，将九间棚精神概括为，团结奋斗，自力更生，坚韧不拔，艰苦创业。

是月 三年时间，全村累计使用义务工6万个，每年每个劳动力平均出义务工305个，总投资15万元，全村人均累计出资847元，搬动土石方13.7万立方米，完成电、路、水三大工程。同时发展经济林果8公顷，村民生活基本解决了温饱问题。

1988 年

1—4 月 大旱。

2 月 九间棚村被山东省人民政府授予“水利建设先进单位”称号。

6 月 农牧渔业部副部长许元全到九间棚考察。

6 月 28 日 中共临沂地委授予九间棚村党支部“先进党支部”称号。

7 月 15—16 日 大雨。

7 月 27 日 7 时 55 分，莒县陵阳发生 4.1 级地震，村民有震感。

10 月 5 日 九间棚村计划生育协会成立，廉茂杰任会长。

10 月 16 日 广西壮族自治区党委副书记刘明祖率团到九间棚村考察学习。

1989 年

3 月 11 日至 5 月 9 日 干旱，土壤失墒，春播受到影响。

4 月 山东省委书记姜春云等省领导在济南接见刘嘉坤等沂蒙精神报告团成员。

6 月 4—15 日 连降大雨 5 次，总降雨量 470 毫米。

6 月 30 日 中共临沂地委授予九间棚村党支部“先进基层党组织”称号。

7 月 15 日 村党员实行联户责任制，刘嘉坤、廉茂杰等 9 名党员分别联系 5 ~ 7 户村民。

9 月 1 日 九间棚小学搬迁进教学楼，新校址为村“两委”干部捐出 2 年报酬、村集体出料、村民义务出工建成的两层楼房，占地面积 500 平方米，一层 4 间，建筑面积 380 平方米。

9 月 22 日 商业部部长胡平到平邑县检查商业部扶贫工作情况，并到九间棚村调研。

10 月 1 日 国务院副秘书长李昌安、山东省省长赵志浩到九间棚村视察山区小水利建设工作。

10月6日 县委常委、组织部部长黄启才，县委常委、纪委书记张家业到九间棚村调研农村基层组织建设工作。

10 月 29 日 国家体委主任伍绍祖到平邑县调研体育工作。

10 月 新闻电视片《九间棚之路》由李锦撰写解说词、李敬堂等摄制，11 月，相继在临沂电视台和山东电视台播出。

11 月 6 日 在平邑县参加全省贫困地区经济开发工作会议的副省长马世忠带领与会人员在临沂地委书记王渭田和行署专员王久祜的陪同下到九间棚村参观考察。

11 月 21 日 中共临沂地委宣传部发出《关于在全区广泛开展学习九间棚活动的意见》

11 月 国务院扶贫开发办公室主任许林枫到九间棚村调研山区扶贫开发工作。

12 月 1 日 中共平邑县委、平邑县人民政府印发《关于在全县范围内广泛深入地开展学习九间棚精神的决定》。

12 月 16 日 临沂地委宣传部下发《关于在全区开展学习九间棚活动的意见》的通知。

12 月 18 日 中共中央政治局委员、国务委员、国家教委主任李铁映视察九间棚村，国家教委秘书长朱育理，山东省委副书记、省长赵志浩，副省长宋法棠陪同。

12 月 山东省副省长王乐泉陪同参加全国贫困山区经济开发会议的人员到九间棚村参观学习。

1990 年

1 月 25—27 日 中共山东省委常委、副省长高昌礼到九间棚村过春节。

2 月 7 日 临沂地委、行署决定，授予九间棚村等 105 个单位“全区农业先进集体”称号。

3 月 九间棚村被山东省精神文明建设委员会评为“省级文明单位”。

4 月 10 日 村党支部书记刘嘉坤在沂蒙精神报告团首场报告会上作题为《两个肩膀一双手，龙顶山上写春秋》的报告。

4 月 10—14 日 由村党支部书记刘嘉坤、莒南县相邸乡大峪崖村党支部书记闫维琛、苍山县大炉乡杨庄村党支部书记杨振刚、莒县柏崖乡杨家沟村党支部书记卢翠秀、沂南制鞋总厂厂长刘洪明等人组成的“沂蒙精神”报告团，先后为省直机关和济南市8000余名干部、群众作报告7场，引起强烈反响。

4月15日 第三届村民委员会换届选举，廉茂杰当选主任。

4月 山东省委组织部组织优秀党支部书记宣讲团在全省巡回演讲，村党支部书记刘嘉坤为宣讲团成员之一。

5月4日 数千名青少年不走公路爬陡坡，攀上龙顶山上的九间棚村，体味九间棚村民当年修路的艰苦生活。

5月9日 8时50分，龙顶山上空大风骤起，乌云遮天，电闪雷鸣，10分钟后，天色骤暗，能见度不足1米，持续约20分钟。

5月13日 大风夹冰雹，风力9级，春谷、地瓜受灾面积3公顷。

5月 国务院扶贫开发办公室顾问程金瑞到九间棚村调研扶贫开发工作。

是月 九间棚村党支部书记刘嘉坤被评为“全国农业劳动模范”。

6月13日 19时，暴雨，至次日12时止，降雨量170毫米，冲毁田坝31处。

6月11日 九间棚村村委会向村民颁发土地使用证。

6月12日 中共中央政治局常委、中组部部长宋平看了《人民日报》11日发表的《九间棚啊，你真了不起》的通讯，写信给中共山东省委书记姜春云，赞扬九间棚村共产党员公而忘私、带领村民艰苦创业的事迹。

7月1日 零时，全国第四次人口普查，全村按要求上报数据，全村有55户187人。

7月18日 九间棚村在天池中举办游泳比赛，23名村民报名参加。

7月22—30日 中国石油大学14名大学生到九间棚村进行民情民意调查活动。

7月 九间棚村党员活动室被评为“山东省先进党员活动室”。

8月1日 5时44分，苍山县城西北8千米处贾庄、尚庄一带发生4.4级地震，震中烈度为5度，村域有震感。

8月2—16日 暴雨，村内平均降雨量290毫米。

8月7日 全国农村基层组织工作会议在莱西召开，会议期间，中共中央政治局常委、中组部部长宋平接见刘嘉坤。

8月11日 中组部副部长赵宗鼐到平邑县调研，并为九间棚村题词。

9月 《九间棚事迹报道汇编（一）》由中共平邑县委宣传部编印成单行本，选编《宋平写信赞扬九间棚村党员》《九间棚啊、你真了不起》等16篇由新华社记者、《大众日报》记者等编写的稿件，宣传褒扬九间棚精神。

是月 九间棚村被山东省人民政府授予“农业先进集体”称号。

是月 村“两委”研究决定征用平邑镇二村、七村土地1.07万平方米建设九间棚村板材厂。

10月22日 山东省副省长王乐泉陪同陕西省省长白清才率领的考察团到九间棚村参观考察。

10月31日 安徽省委书记卢荣景、省长付希寿等12人考察团到九间棚参观。

是月 上海电影制片厂到九间棚拍摄电影《沂蒙山人》，翌年1月在全国公映。电影故事情节取自九间棚村党支部书记刘嘉坤带领全村党员、村民艰苦创业的事迹。

12月 党支部书记刘嘉坤到莒南县厉家寨村、龙口市下丁家村、河北省沙石峪村、辽宁省东方身村、山西省大寨村、天津市大邱庄、江苏省华西村学习发展农村经济的路子。

1991年

1月14日 全国人大常委会委员长乔石到费县宁家沟村视察，提出学习九间棚精神，建设好社会主义新农村的要求。

2月 九间棚村被山东省人民政府授予“农村工作先进集体”称号。

3月4日 山东省军区机关到九间棚村慰问演出。

3月 九间棚村被山东省精神文明建设委员

会授予“省级文明单位”称号。

4月 村党支部在1990年工作中取得优异成绩，被中共临沂地委授予“先进党支部”称号。

是月 副县长李鸿海陪同国家旅游局专家到九间棚调研乡村旅游开发工作。

5月10日 由省委宣传部、省社会科学联合会和临沂地委联合召开的山东省首届沂蒙精神理论讨论会在济南举行，会前，与会代表到九间棚村参观考察。

5月24—25日 暴雨，14小时降雨量120毫米，并伴有6～7级大风，暴雨造成高粱、谷子倒伏减产。

6月10—28日 大到暴雨，村域内降雨量达100毫米。

6月29日 中共临沂地委召开党建工作表彰大会，会上授予九间棚村党支部等94个基层党组织“先进基层党组织”称号，授予刘嘉坤等296人“优秀共产党员”称号。

6月 中共山东省委授予九间棚村党支部“先进党支部”称号。

7月23—25日 暴风雨，降雨量207毫米，为龙顶山1974年以来最大的暴风雨，石棚成水帘洞。

8月6日 村党支部书记刘嘉坤到魏刘庄乡北王庄村向劳动模范向华东、村党支部书记王传武学习村政管理经验。

9月23日 县委常委、常务副县长李德福到九间棚花岗石厂现场办公，协调指导生产。

11月7日 省委书记姜春云到九间棚村考察工作。

1992年

2月18日 九间棚村养殖场建立。

4月 村党支部被中共临沂地委表彰为“先进党支部”。

5月7日至7月11日 境内持续干旱，200毫米土层土壤含水量不足常年10%，春播作物萎蔫、枯死。

5月 九间棚村委办公楼落成，2层楼房设计，砖混结构，坐北朝南，总投资17万元，占地面积560平方米，建筑面积750平方米。一层作为村小学，二层为村委办公室。

6月15日 全国政协赴山东考察团39人，到平邑县视察小流域治理和九间棚村。

7月1日 临沂地区有293个农村党支部因工作政绩突出而被命名为九间棚式党支部。

7月28日 中共中央总书记江泽民在省委书记姜春云、省长赵志浩陪同下到临沂考察，并接见村党支部书记刘嘉坤和魏刘庄乡北王庄村党支部书记王传武。

9月11—13日 建设部在罗庄镇召开全国村镇建设经验交流会，与会代表参观九间棚村。

10月8日 《人民日报》发表季学坤题为《平邑县涌现大批先进党支部》的文章，文章记述了全县以九间棚党支部带领群众艰苦创业为榜样，促使3/4贫困村脱贫致富的故事。

10月 邓小平、江泽民、李鹏等党和国家领导人在京分别接见九间棚村党支部书记刘嘉坤，对九间棚村艰苦创业的精神给予赞扬。

1993年

4月10日 第四届村民委员会换届选举，廉茂杰当选主任。

4月 春旱，村域内仅降雨2次，累计17.5毫米，比常年减少45毫米。

5月 九间棚金银花茶厂建厂，占地面积2100平方米，建筑面积420平方米，注册资金5万元，法定代表人刘广胜。采用九间棚地产金银花为主原料，生产广胜牌金银花茶，当年产量1000千克。

6月8日 九间棚牌金银花茶获评中国保护消费者基金会推荐产品，并在平邑县城亚岱宾馆举行新闻发布会。

6月16日 全国劳动模范张国忠、王廷江等到九间棚村考察学习。

6月29日 中共中央政治局原常委宋平到临沂地区视察工作，参加地委召开的命名表彰九间棚式先进党支部和模范农村党支部书记大会。

6月30日 中共临沂地委决定，命名罗庄镇朱陈北村等281个党支部为第二批九间棚式先进党支部，刘嘉坤、王廷江等100人为全区模范农村党支部书记。

7月23—24日 广西壮族自治区党委、政府、人大常委会主要负责人率领的考察团一行38人到九间棚村考察学习。

8月4—5日 暴雨，村域内24小时降雨量121毫米。

12月 九间棚花岗石厂完成产值240万元，创利税28万元，利税相当于全村果品总收入。四个村办企业共实现年产值500万元。

1994年

5月12日 中共山东省委副书记、副省长李春亭到九间棚村考察，地、县领导陪同考察。

6月 九间棚村党支部被中共山东省委授予“先进基层党组织”称号。

7月30日 党支部书记刘嘉坤与刘同贵等到临沂、枣庄等地考察村办企业项目，规划集体经济发展路子。

9月7日 天宝山乡撤乡设镇，原行政区划不变，九间棚村隶属不变。

9月 全县程控电话并入临沂C3网，村民告别拨号电话机进入数字时代，电话号码由6位升为7位。

12月 村“两委”会研究决定将村民户承包的责任田流转回村集体管理，重新承包给在家里种地的农户，全村人人都有了增加收入的来源，解决了村民进城务工常请假回村种地、管理果树，山上种地的村民又想进城务工的问题。

1995年

1月11日 中共中央政治局候补委员、中央书记处书记温家宝到九间棚村视察，中共山东省委副书记、副省长陈建国及地、县领导陪同视察。

4月15—16日 省委副书记李文全到平邑县考察九间棚村及商城、利蒙公司、万利水泥厂、石膏板厂等项目，市、县领导陪同考察。

4月 九间棚村党支部书记刘嘉坤被评为全国劳动模范。

6月 九间棚村党支部被中共临沂市委授予“先进党支部”称号。

7月1日 中共中央政治局原常委、中组部原部长宋平到九间棚村考察农村党建工作。

7月 九间棚小学并入天宝山镇两泉庄中心小学。

9月20日 11时14分，苍山与费县交界处（北纬34°58'，东经118°15'，距九间棚村40千米）发生5.1级地震，震感明显。

12月 村委会制定《村规民约》经村民代表大会通过，共10章50条，从土地承包、村民宅基地管理、村务公开、社会治安、精神文明建设等方面对村规民约进行了规范。

1996年

3月15日 第五届村民委员会换届选举，廉茂杰当选村民委员会主任。

3月17日 全体党员和村民代表以无记名投票方法，选举产生村民代表议事会、党员代表议事会和村民理财小组。

3月 平邑县被中国特产之乡命名宣传活动组委会授予“中国金银花之乡”称号。

7月1日 在全国先进基层党组织、优秀党务工作者表彰大会上，九间棚村党支部被表彰为“全国先进基层党组织”。

12月 村“两委”响应县、镇号召，在全体村民中开展“十星级文明户”创建评选活动。经村“两委”提名，村民代表大会评选，全村共评出10户“十星级文明户”，占总户数的17%。

1997年

1月 九间棚村旅游风景区大门——龙门建成。

3月31日 九间棚村成立天宝山自然风景区旅游有限公司，法定代表人刘嘉坤。2005年10月20日更名为九间棚旅游开发有限公司。

3月 按照《山东省乡镇卫生院管理办法》，九间棚村实行新型农村合作医疗制度。

4月12日 纪念北海银行鲁南印钞厂创建

五十五周年座谈会在平邑县召开。

4月 临沂市人大常委会主任李祥栋到九间棚村视察乡村旅游工作。

6月 《九间棚事迹报道汇编（二）》由中共平邑县委宣传部编印成单行本，选编《高路入云端》《九间棚精神探析》等18篇宣传报道九间棚村艰苦创业、进城办企业、发展旅游业的事迹。

8月19—20日 受11号台风影响，村域降雨量达203.3毫米。

10月28日 省长李春亭参加全省农田水利基本建设现场会议，到平邑县现场听取九间棚工作汇报。

10月30日 中共中央政治局委员、中共山东省委书记吴官正到九间棚考察，市委书记张守业，县领导张之荣、颜廷瑞陪同。听取九间棚村工作汇报。

12月31日 全村党员10人，村民60户200人。

1998年

5月10日 全区移动电话并入全国漫游网，九间棚12户村民安装数字程控电话。

6月3日 大风、冰雹，风力达8级，持续35分钟，零星冰雹持续10分钟。

8月 全村57户村民领到土地经营权证书。

10月 按照县、镇要求，村政务建立"三支队伍"，实行"四大民主"，推行"六项公开"制度。

12月 全村工农业总产值2200万元，实现利税240万元，村民人均收入2130元。

1999年

1—5月 少雨干旱，村党支部组织村民抗旱保苗。

4月26日 九间棚第六届村民委员会进行换届选举，刘嘉坤当选村民委员会主任。

4月 北京九间棚农业科技园在北京顺义区南彩镇九王庄成立，占地面积31公顷，注册资金2000万元，法人代表刘嘉坤，总经理刘嘉太。种植苹果、梨、桃、杏、李子、大枣等精品水果和金银花，为观光、采摘、金银花种植、民俗村于一体的都市农业园区。

12月16日 村党支部按照县、镇两级部署，开展农村社会主义教育活动。

2000年

春至夏 大旱，全村农作物产量减产四成。

5月 村"两委"在全体村民中开展"致富思源，富而思进"教育活动，加强从严治党和干部作风建设。

7月 平邑县九间棚农业科技园有限公司在县工商局注册成立，注册资金2120万元，法定代表人刘嘉坤。

9月15日 平邑县委、县人大、县政府、县政协班子成员到九间棚村召开专题会议，研究九间棚村第二次创业问题。

10月17日 全国21世纪初扶贫开发研讨会在临沂召开，会议期间，与会人员到九间棚村参观考察金银花生产、小流域治理工作。

11月1日 第五次全国人口普查工作从零时开始。至10日，完成普查表登记任务。全村设1个普查小区，共有63户203口人，男性103人，女性100人。

12月29日 全县乡镇行政区划调整，由16镇10乡调整为14镇2乡，撤销天宝山、白马、岐山、羊城、张里、东阳、山阴、黄坡、庞庄、唐村岭等10个乡镇。天宝山镇整体并入地方镇，九间棚村隶属地方镇。

12月 村党支部书记刘嘉坤与特聘金银花种植专家沈华到新疆喀什考察金银花种植项目。

2001年

1月 中共九间棚村总支委员会成立，刘嘉坤任党总支书记。

3月 临沂市委组织各县区副县级以上干部到九间棚村开展"三讲"教育活动。

4月28日 村党总支书记刘嘉坤被评为全国劳动模范并参加全国劳动模范座谈会，在北京受到江泽民等党和国家领导人的接见。

5月2日 中组部原部长张全景到九间棚村考察，市、县领导陪同考察。

5月21日 刘嘉坤与黄晓理到大寨参观学习，寻找九间棚村发展路子。

6月26日 市政协副主席郑斯仁、中国林科院专家邓华平到九间棚村调研山区经济林、防护林发展情况。

6月 村党总支书记刘嘉坤被评为山东省优秀共产党员。

7月2日 大风，暴雨。

8月 中共平邑县委原副书记、原县长孟宪荣到九间棚村调研村路建设工作。

9月28日 刘嘉坤邀请中国农科院果树研究所所长王如谦等专家到九间棚农业科技园讲课，培训村民提高金银花种植技术。

11月 由平邑县九间棚农业科技园有限公司发起，经平邑县民政局批准，成立平邑县金银花协会，刘嘉坤当选会长。

2002年

3月 山东省扶贫开发办公室授予九间棚村"扶贫开发红旗单位"称号。

3月27日 九间棚村第七届村民委员会进行换届选举，采取无记名投票的方式，直接选举村委会班子。经过初选、差额等选举程序，选举出新一届村民委员会，刘立清当选村民委员会主任。

4月1日 全县村（居）民生活用电实行同网同价，九间棚村民生活用电每千瓦时0.52元。

4月 九间棚村被山东省扶贫开发领导小组评为"扶贫开发红旗村"。

5月 村党总支组织党员开展"共产党员先进性教育"活动。

10月3日 民政部常务副部长杨衍银到北京九间棚农业科技园调研。

2003年

3月6日 大雪，道路封冻，车辆难行。

3月12日 九间棚村"两委"成员参加义务植树活动。

4月 刘嘉坤与中国科学院植物研究所徐常青博士历经13年时间，选育出产量高、品质优、易采摘的金银花优良品种，取名"九丰一号"。

5月5日 九间棚严密布控防"非典"，实行划片责任到人管理制度。

6月3日 山东沂蒙山药业科技有限公司（后更名为山东九间棚农业科技有限公司）在临沂市工商局注册成立。

6月12日 中国金银花专业委员会筹委会成立，筹委会由刘嘉坤、高树阁、刘峰负责。

7月8—9日 山东省人大常委会副主任王克玉带领立法调研组到九间棚村科技示范园对省科学技术普及条例草案进行立法调研。临沂市人大常委会副主任王友忠、市政协副主席王秀君，平邑县委书记杜甲普，县委副书记、县长王林山，县人大常委会主任程新安等陪同调研。

8月26日至9月5日 连续降雨，村内道路7处被毁。秋粮、苹果、山楂、梨丰收。

10月20日 中共中央政治局原委员、中央军委原副主席迟浩田到九间棚村考察。

2004年

1月10日 平邑县地方标准《金银花规范化生产技术规范》（DB371326/T 001—2003）由平邑县质量技术监督局发布实施，九间棚村科技园按照标准组织生产。

2月 县委副书记徐化国到九间棚村调研农村党组织建设工作。

是月 九间棚村被确定为"临沂市百强小康示范村"。

4月7日 北京市顺义区南彩镇九王庄村"两委"成员到九间棚村考察学习，村党总支书记刘嘉坤介绍了九间棚村金银花产业发展情况。

4月21日 农历三月初三，平顶山气温29℃。

5月 平邑县九间棚农业科技园有限公司被临沂市政府命名为"农业产业化市重点龙头企业"。

7—9月 村民换发第二代居民身份证。

8月10日 中华全国工商业联合会农产品加工商会第一次会议召开，村党总支书记刘嘉坤当选会长。

8月18日 刘嘉坤邀请省内专家到九间棚集团论证金银花开发项目和“六不用”农产品发展前景。

12月5日 由平邑县九间棚农业科技园有限公司完成的多倍体金银花新品种“九丰一号”选育研究成果，通过山东省科技厅组织的科技成果鉴定，专家鉴定委员会鉴定意见认为该成果“达到金银花育种研究的国际领先水平”。

12月26日 九间棚村第八届村民委员会换届选举，刘嘉坤当选村民委员会主任。

12月 九间棚村按照《关于进一步健全村务公开民主管理制度推进村级工作规范化建设的意见》，实行村务公开。

是月 平邑县九间棚农业科技园有限公司被评为“全市科教兴市先进集体”。

是月 九间棚村投资并购山东岐黄中药饮片有限公司。

2005年

1月 九间棚村被山东省文明委表彰为“全省文明村”。

5月19日 中国经济林协会金银花专业委员会在北京成立，村党总支书记刘嘉坤当选为选理事长。

5月 临沂市金银花协会成立，村党总支书记刘嘉坤当选会长。

7月1日 村党总支召开全村党员大会，庆祝中国共产党成立八十四周年。

7月12日 村党总支召开全村党员大会，部署保持共产党员先进性教育活动。

7月31日 山东省信托投资公司董事长赵奎到九间棚考察项目，村党总支书记刘嘉坤详细介绍九间棚村现状和发展思路。

9月19—21日 大雨，村域降雨量198毫米，冲毁村路、农田、果园26处，直接经济损失2万余元。

10月 九间棚村在全国创建文明村镇工作中被中央精神文明建设指导委员会评为“先进村镇”。

12月12日 九丰一号金银花因产量高、抗干旱、耐瘠薄、抗病强、药效成分含量高等特点，通过山东省林木品种审定委员会审定为金银花林木良种，并向全国推广。

12月29日 中共山东省委副书记、省长韩寓群带领省委组织部、省民政厅等部门负责人，到九间棚村走访慰问老党员和困难群众，检查指导工作。

12月 九间棚村被全国工农业旅游示范点评定委员会评为“全国农业旅游示范点”。

2006年

2月9日 河东区汤头镇发生3.5级地震，村民有震感。

3月 九间棚农业科技园有限公司被临沂市委、市政府表彰为“临沂市十佳高新技术企业”。

4月4日 县粮食直补资金“沂蒙惠农一卡通”存折发放到村民手中。

4月7日 2006“中国乡村游”平邑县启动仪式暨九间棚全国农业旅游示范点揭牌仪式在九间棚天池广场举行，临沂市人大常委会副主任奚霞、市政府副市长蔺景和，中国罐头协会理事长梁仲康，中央电视台新闻中心编辑部副主任杜宝凤，全国人大代表张桂玉、鞠立民、马先富、刘伟，县委书记王林山，县委副书记、县长陈一兵，县人大常委会主任程新安等出席活动。

6月30日 平邑县庆祝中国共产党成立85周年暨保持共产党员先进性教育活动表彰大会召开，村党支部被授予“先进基层党组织”称号。

9月15日 平邑县九间棚农业科技园有限公司承担的“高产优质四倍体金银花GAP基地建设及产业化开发项目”被科学技术部评为国家星火计划项目。

12月31日 全村集体总收入309.8万元，

村民人均收入8769元。

是年 中共平邑县委、县政府在全县范围内开展“弘扬九间棚精神，解放思想大讨论”活动。2007年、2008年，连续三年开展此项活动。

2007年

1月 九间棚村被中央精神文明建设指导委员会评为全国文明村镇。

4月23日 在中央电视台举行的中国县域旅游品牌高峰论坛暨颁奖典礼上，九间棚景区入选“中国县域旅游品牌景区200强”。

6月 九间棚村被中共山东省委组织部评为“山东省基层党建工作示范点”。

8月17—18日 特大暴风雨，降雨量121毫米。

9月6日 平邑县金银花通过国家质检总局地理标志产品的评审，成为临沂市第一个获得国家地理标志保护的农产品。

9月 九间棚景区被全国旅游景区质量等级评定委员会评为国家AAA级旅游景区。

10月21日 九间棚村第九届村民委员会换届选举，刘嘉坤当选为村民委员会主任。

2008年

2月1日 村“两委”召开全体党员、村民代表大会，通报2007年度工作情况，印发新修订的《村规民约》，村党总支书记刘嘉坤对2007年度工作进行总结。

3月5—18日 第十一届全国人民代表大会第一次会议在北京召开，村党总支书记刘嘉坤代表出席会议。

5月13日 村党员、群众及村办企业职工踊跃捐款1200元，支援汶川特大地震灾区重建。

6月30日 村党总支召开全体党员和入党积极分子大会，重温入党誓词，并对全体党员进行民主评议。

2009年

1月 九间棚村被中央精神文明建设指导委员会评为“全国文明村镇”。

1月 九间棚村被山东省旅游行业协会、大众日报社评为“2008年度山东十佳旅游特色村”。

2月26日 中共平邑县委向全县基层党组织印发《关于在全县开展“弘扬九间棚精神科学发展创一流”主题实践活动的意见》。

2月 九间棚村被中共地方镇委员会、地方镇人民政府评为“2008年度科学发展先进集体”。

4月 重庆九间棚农业开发有限公司在重庆市武隆县成立。

5月12日 参加全国扶贫现场会的全体与会人员到九间棚村参观学习。

7月1日 平邑县举行庆祝中国共产党成立八十八周年暨先进集体先进个人表彰大会，村党总支书记刘嘉坤被表彰为“十佳”村党组织书记。

7月22日 日全食，境内日偏食初亏从8时22分至10时52分15秒复原，食甚2时30分15秒，遮挡率89.33%，最佳观测时间在9时33分59秒左右。内冕像时长达30分钟。日全食时，气温下降0.8℃，湿度略有上升。

9月 平邑县九间棚金银花专业合作社注册成立。

是月 村党总支书记刘嘉坤被评为“山东省100位为新中国成立和建设做出突出贡献的英模人物”。

10月 平邑县九间棚农业科技园有限公司“金银花种质资源库建设及开发利用研究”荣获临省市科学技术进步三等奖。

是月 国内甲流H1N1疫情蔓延，金银花销量攀升，是平时的几倍至十几倍，部分药店出现断货现象。

2010年

1月8日 天湖水库动工兴建，翌年6月竣工蓄水，天湖坝址海拔445米，总投资340万元，黏土心墙坝结构，内坝体采用混凝土，设计蓄水量10万立方米，兴利库容6万立方米，可浇灌8公顷果园，为九间棚村最大防洪灌溉工程。

1月 九间棚村投资5000万元与临沂市人

民医院合作建成金银花提取厂。

2月3日 山东九间棚农业科技有限公司成功举办首届企业文化暨专业知识大奖赛。

3月10日 14时，村境域飘来“太阳雪”，时间持续20分钟。

4月19日 全国人大常委会副委员长、农工党中央主席桑国卫视察九间棚金银花专业合作社，临沂市市长连承敏、县委书记王林山等陪同视察。

4月 平邑县九间棚金银花专业合作社被临沂市人民政府授予“临沂市模范集体”称号。

5月27—28日 首届“中国·平邑金银花节”在流峪镇举行，村党总支书记刘嘉坤等参加活动，九丰一号金银花展板备受与会人员关注。

6月28日 中央电视台在CCTV-7的《每日农经》栏目，以《吊起来的金银花》为题，对“九丰一号”金银花进行专题报道。

6月29日 平邑县九间棚旅游开发有限公司与国营天宝山林场签署《天宝山林场旅游开发合作合同书》，并经平邑县人民政府批复同意，通过租赁整合林场旅游资源，扩大九间棚景区范围，村党总支书记刘嘉坤出席活动。

7月 平邑县九间棚农业科技园有限公司被临沂市科技局、市财政局命名为“市级农业科技示范园”。

9月25日 九间棚村党总支书记刘嘉坤荣获“2010年中国十大三农经济新闻人物”称号。

是年 “天宝山山楂”获农业部农产品地理标志认证，九章棚村为山楂主产区，年产“六不用”优质山楂30万千克。

2011年

1月23日 九间棚集团公司第二届企业文化与专业知识大奖赛暨迎新春联欢晚会举行，公司全体员工、部分特邀嘉宾及员工亲属代表、九间棚村党员、群众代表200人参加活动。

4月1日 终雪。

4月12日 终霜冻。

4月13日 驻临沂全国人大代表赴九间棚调研座谈会在九间棚村召开。

4月21—22日 由山东九间棚农业科技有限公司发起并联合承办的首届中国金银花节暨金银花高峰论坛在临沂举办，村党总支书记刘嘉坤出席活动。

4月16日 九间棚村展览馆改造工程动工，翌年11月竣工开始布展。

5月21—22日 由九间棚集团协办的第二届中国金银花节暨金银花高峰论坛在临沂和平邑举办。

6月14日 九间棚村第十届村民委员会换届选举，刘嘉坤当选为村民委员会主任。

6月15日 中央电视台CCTV-2《生财有道》栏目以《老区里的致富“神花”》为题，对九间棚集团公司董事长刘嘉坤致力研究推广“九丰一号”金银花，发展金银花产业，带动农民致富的事迹进行专题报道。

6月28日 云南九间棚农业科技有限公司成立，占地面积6380.26平方米，主要经营金银花种苗繁育、推广服务、干鲜花回收、金银花有效成分提取、金银花茶初加工销售等。

6月 天潭水库竣工，坝址高程海拔354米，坝体为黏土心墙坝，坝底宽32米，顶宽21米，坝高42.8米，设计可蓄地表水10万立方米。

7月13日 国家中医药管理局副局长吴刚在省、市、县有关领导陪同下到山东九间棚药业有限公司考察，公司董事长刘嘉坤汇报了企业生产建设情况。

7月19—21日 大雨，连续31小时降雨117.6毫米。

7月25日 1时许，雷暴雨，雷鸣惊人，电闪耀目，3小时内降雨98.9毫米。

8月22日 3至8时许，大雾，平顶山能见度5～6米。

9月11—17日 中到大雨，中秋夜（12日）中雨。总降雨量达132毫米，为1952年以来降雨量最大，持续时间最长的一场秋雨。

9月23日 在第四届中国生态文化高峰论坛会上，九间棚村被授予“全国生态文化村”称号。村党总支书记刘嘉坤被授予“全国十大杰出村官”称号。

10月21日 少数民族村与中国特色村经济发展交流会在临沂市召开，来自全国各地参加第十一届全国“村长”论坛的55个少数民族村村干部、全国优秀大学生村干部代表到九间棚村参观考察。

10月21—22日 第十一届全国村主任论坛在临沂举行，九间棚村党总支书记刘嘉坤、副书记廉士东参加并在会上介绍九间棚发展情况。中国村社发展促进会特色村工作委员会、亚太农村社区发展促进会、亚太环境保护协会APEPA授予平邑县九间棚村“中国幸福村”称号，授予刘嘉坤“全国十大杰出村官”称号。

11月16日 临沂市副市长刘彦祥到九间棚金银花专业合作社考察工作。

11月 临沂市金银花产业发展成员第一次扩大会议在平邑县举行，与会人员先后参观九间棚金银花专业合作社、九间棚药业，并听取九间棚村党总支书记刘嘉坤作《九间棚打造金银花全产业链企业》的发言。

12月10日 月全食，从19时33分进入半影，月全食开始，夜空观察视线良好，可见亮度不同的星辰，20时45分开始初亏，22时06分食既，整个月亮成为一轮红月，至11日0时30分重新变回一轮圆月。

12月19日 由山东九间棚农业科技有限公司发起并注册成立的临沂市金银花研究院经临沂市民政局批准成立。

是年 “天宝山黄梨”被农业部认证为农产品地理标志，九间棚村主产区，年产优质黄梨10万千克。

2012年

1月15日 九间棚集团第三届企业文化、专业知识大奖赛暨迎新春文艺晚会举行。集团下属各企业员工、九间棚村部分党员和群众代表、平邑县九间棚金银花专业合作社部分社员代表及受表彰的员工和亲属代表近300人参加晚会。

2月 村党总支书记刘嘉坤获临沂市第十七届人民代表大会“优秀代表”称号。

3月17日 由山东省文化厅组织的部分山东重点剧目创作者采风团到九间棚村考察采风，临沂市文广新局副局长薛岩、李凡修，平邑县政府副县长王琨，县文广新局局长宋玉田，九间棚党总支书记刘嘉坤陪同考察。

3月30日 中共平邑县九间棚村委员会经中共平邑县委批准成立。

3月 国务院扶贫办副主任王国良到九间棚村调研扶贫开发工作。

4月11日 中共平邑县地方镇九间棚村委员会成立揭牌仪式在九间棚村举行，临沂市人大常委会副主任、市总工会主席孙丰刚，平邑县委书记丰程秀参加。

4月11日 2012中国欢乐健康游暨平邑“九间棚之春”乡村文化休闲游开幕式在九间棚村举行，临沂市人大常委会副主任、市总工会主席孙丰刚，市人大常委会民族宗教外事工作委员会主任贾华，市旅游局副调研员刘彦强，平邑县委书记丰程秀，县人大常委会党组书记、第一副主任廉茂岭，县委常委、常务副县长刘仕江，县人大常委会副主任刘玉山，县政府副县长杨秀秀，县政协副主席、地方镇党委书记王忠，中国村社发展促进会副秘书长杨秋生，九间棚村党委书记刘嘉坤等有关市县部门负责人出席开幕式。

4月13日 驻临沂全国人大代表调研座谈会在九间棚村召开，九间棚村党委书记刘嘉坤陪同调研并作情况汇报。

4月 平邑县九间棚金银花专业合作社被授予“山东省第一批省级示范社”称号。

5月18—20日 第三届中国（平邑）金银花节暨山东省道地药材文化节在平邑举办，九间棚农业科技有限公司承办，九间棚村党委书记刘嘉坤在会上作《发展金银花，造福全社会，九间棚打造金银花全产业链企业》发言。

5月30日 九间棚村党委党员代表会议在九间棚展览馆召开，县、镇有关领导及九间棚村62名党员参加会议，以无记名投票方式选举刘嘉坤任党委书记。

5月 蒙山黑山羊被农业部认定为农产品地理标志产品，蒙山黑山羊是肉、绒、毛、皮多用途品种，九间棚村为全县重点养殖村之一。

6月13日 在全国村主任论坛第八次执委会议上，九间棚村被确立为全国村主任论坛观察联系点。

6月26日 山东九间棚农业科技有限公司与临沂中小企业电子科技有限公司签订战略合作协议。

6月30日 “庆祝中国共产党建党91周年暨九间棚村党委成立知识竞赛”在九间棚科技园会议室举行。活动由山东九间棚农业科技有限公司、平邑县九间棚农业科技园有限公司、山东九间棚药业有限公司、平邑县九间棚旅游开发有限公司、平邑县金银花专业合作社、山东大陆药业有限公司共同举办，100多名员工参加，最终产生一等奖1名，二等奖2名，三等奖5名。

7月3日 中国人民银行平邑县支行党支部与九间棚村党委结对共建座谈会在九间棚精神展览馆举行，中国人民银行平邑县支行党支部书记邓强与九间棚村党委书记刘嘉坤签订双方结对共建协议书。

7月5日 九间棚金银花专业合作社获评“全省农民专业合作社示范社”。

2012年7月7日，大雨形成石棚瀑布

8月11—12日 由中国村社发展促进会举办“村长论坛走进九间棚”活动在九间棚村举行。中国村社发展促进会副会长兼执行秘书长沈泽江、环球网副总编石丁及部分网络达人走进九间棚村，实地体验新时代农村生活，交流研讨村庄建设等问题。

10月26日 “山东农业大学继续教育基地”挂牌仪式在平邑县九间棚农业科技园有限公司保太园区举行，山东农业大学继续教育学院院长亓乐秋、平邑县人大常委会副主任刘玉山、九间棚农业科技园有限公司董事长刘嘉坤、总经理廉士东及相关人员出席仪式。

10月28日 “2012中国避暑小镇”授牌仪式在九间棚村会议室举行，中国村社发展促进会名誉会长余展、副会长兼执行秘书长沈泽江，平邑县政协副主席、地方镇党委书记王忠，县旅游局局长东野广瑞等参加。

10月 九间棚村被评为“逍遥游——好客山东最美乡村”。

12月30日 经国家林业局林木品种审定委员会审定九丰一号金银花为“林木良种”。

2013年

1月19日 中国经济林协会金银花专业委员会换届大会在北京召开，刘嘉坤当选中国经济林协会第二届金银花专业委员会主任委员。

4月17日 中央组织部原部长、全国党建研究会顾问张全景到九间棚村考察调研。

5月22—23日 第三届中国（临沂）金银花节暨中国金银花产业发展论坛在蒙山平邑假日庄园举行，由临沂市金银花协会、平邑县农业局主办，山东九间棚农业科技（集团）有限公司等单位协办。

8月6日 山东省金银花行业协会成立大会暨第一次会员代表大会及一届一次理事会在平邑召开，省农业技术推广总站站长曲召令主持，九间棚村党委书记刘嘉坤当选副会长。

8月25日 九间棚村被中共临沂市委党校确定为“教学科研基地”。

9月9日—10日 全国人大代表、九间棚村党委书记、九间棚集团公司董事长刘嘉坤到甘肃省天水市实地考察金银花种植及中药材产业发展情况，在天水市委副书记、市政协主席杨维俊，副市长王钧陪同下考察甘谷县礼辛乡九丰一号金银花种植情况。

10月10日 九间棚村石棚遗迹被评为“山东省第四批省级文物保护单位”。

11月30日至12月1日 第十三届全国“村长”论坛在安徽省凤阳县召开。村党委书记刘嘉坤应邀参加会议，并被选为论坛执行主席，主持召开12月1日《中国村庄》发行仪式暨村庄改革与发展交流会，并在报告会上做报告。

12月27日 九间棚村获临沂市首届“最美乡村”称号。

12月 山东岐黄中药饮片有限公司获“市级农业产业化重点龙头企业”称号。

2014年

2月1日 省金银花协会在平邑召开一届二次常务理事会，同时为山东金银花网揭牌并召开通讯员工作会议。村党委书记刘嘉坤出席会议。

4月10—11日 “第十一届（2014）中外避暑旅游口碑金榜”发布，九间棚村以“人在花间、花在人间”入选“中国百佳避暑小镇”。

4月22日 山东省金银花行业协会农民合作社委员会产业提升座谈会在九间棚金银花专业合作社召开，村党委书记刘嘉坤参加会议。

5月20日 村民新农合本换卡工作完成，155名村民实现一人一张IC卡，取代一户一本纸质新型农村合作医疗证，参合村民到医疗机构就诊可持卡就医，刷卡报销，方便快捷。

5月25日 金银花新品种“九丰一号”示范与开发专家验收会在平邑召开，村党委书记刘嘉坤参加。

5月27日 中央文献研究室主任滕文生到九间棚金银花合作社调研农村专业合作社发展情况，九间棚集团党委书记刘嘉坤汇报九间棚金银花合作社的建立、运作和发展。滕文生就合作社的发展和市、县有关陪同人员及合作社管理人员进行座谈交流。

8月16日 省金银花协会成立一周年年会在平邑召开，村党委书记刘嘉坤参加。

8月23日 河北巨鹿县考察团到平邑考察金银花产业，在九间棚科技园详细了解九丰一号、北花一号生长习性。

9月 平邑县九间棚农业科技园有限公司被山东省林业厅评为“山东省林业龙头企业”。

10月14日 九间棚村被省住房和城乡建设厅公布为第一批省级传统村落名单。

11月17日 九间棚村第十一届村民委员会换届选举大会召开，应到选民152人，实到选民119人，经过公开、公正投票，选举陈凡莉为第十一届村民委员会主任。

11月26日 经传统村落保护发展委员会评审认定，住房和城乡建设部、文化部等7部局联合公布第三批中国传统村落名录，九间棚村入选。

12月13日 初冰，为1971年来最晚初冰时间。

12月 冬旱，入冬后至翌年1月25日，村域内无有效降雨、降雪。

2015年

2月19日 正月初一，春节逢雨水，村境内降雨10毫米。

3月31日至4月2日 九间棚村党委书记刘嘉坤率团到新疆喀什考察金银花种植加工项目，同山东省援疆指挥部，东营、泰安、济宁、日照四市指挥部及受援四县政府相关部门负责人进行座谈。

4月 北京清华同衡规划设计研究院做出的九间棚村传统村落保护发展规划通过评审。

是月 村党委书记刘嘉坤带领九间棚技术团队走进新疆盐碱地发展金银花产业。

5月15—17日 中国金银花产业创新发展大会暨第六届中国金银花文化艺术节在平邑举办，村党委书记刘嘉坤参加活动。

5月 村党委书记刘嘉坤带领技术团队选育出金银花新品种，经中国科学院植物研究所、中国医学科学院药用植物研究所、北京中医药大学等多家国内机构鉴定检测，命名为“北花一号”。

9月7日 中国经济林协会金银花专业委员会换届大会召开，村党委书记刘嘉坤再次当选会长。

11月6—7日 大雨，伴有电闪雷鸣，降水量35.6毫米，为1990年来冬季首次大雨。

11月23日 19时许，境域内飘起雪花，至次日17时，村域平均积雪15.2毫米，为1962年以来同期最大降雪，县气象部门连发寒潮蓝色预警、道路结冰红色预警、雾霾黄色预警，降雪导致气温降至-16°C，积雪日11天。

石棚瑞雪（2015年11月 摄）

12月15日 平邑金银花专业合作社联合社成立大会召开，由九间棚村金银花专业合作社和平邑县澳东中药材专业合作社、平邑县恒太金银花专业合作社、平邑旭日中药材专业合作社发起，并选举产生理事会、监事会。

是年 九间棚村获得“山东省宜居村庄”“中国乡村旅游模范村”称号。

2016年

1月6日 中共山东省金银花行业协会委员会在平邑县成立，选举产生山东省金银花行业协会党委会，村党委书记刘嘉坤当选书记。

1月6日 农历小寒，小雪，降雪量3毫米，气温-5℃～-7℃。

1月24日 晨，平邑县气象局连发道路结冰黄色预警、大风蓝色预警、寒潮蓝色预警三道预警信号，村内气温-16°C，一夜之间雪封龙顶山，创1962年来九间棚村气象史上最低气温。

2月1日 19时，九间棚村迎新春过大年晚会在九间棚集团会议室举行。

2月18日 临沂市委副书记、市长张术平到九间棚村调研工作。

4月14日 临沂市委常委、组织部部长姜仕礼到九间棚村考察。

4月18日 中共临沂市委副书记张宏伟到九间棚调研基层组织建设工作。

5月5—15日 俄罗斯红星剧团到龙顶山演出，助推九间棚村旅游业发展。

5月25日 住房和城乡建设部等部门公布2016年列入中央财政支持范围的中国传统村落名单，九间棚村入选，获得300万元资金支持。

6月27日 由平邑九间棚农业科技有限公司发起成立的临沂市金银花研究院获“民办非企业单位登记证书”。

7月 村境内平均气温26.1℃，比常年偏高0.7℃，高温极值35.9℃，创65年最热纪录。

7月5日 河南省漯河市参观团到九间棚村考察学习，村党委书记刘嘉坤介绍了九间棚村架电、修路、治水、整山和金银花产业发展情况。

8月11日 中共临沂市委书记林峰海到九间棚调研。

8月 九间棚集团公司在新疆塔克拉玛干沙漠试种金银花成功。

9月9日 沂蒙党性教育基地深化提升专题研讨会与会人员考察九间棚展览馆。

11月 平邑县九间棚农业科技园有限公司“金银花新品种——北花一号的选育研究与开发”荣获山东省科学技术进步二等奖。

12月 九间棚村获得“山东省休闲农业与乡村旅游示范点”称号。

2017年

1月22日 九间棚集团迎新春欢乐年会举行，集团全体员工、九间棚村党员、村民代表、特邀嘉宾等参加联欢会，以“祝福、欢乐、祥和”为主题，编排精彩节目回顾2016年的工作，鼓励全公司员工新的一年再创佳绩。

5月4日 临沂市委常委、纪委书记刘兴明到九间棚党性教育基地接受党性教育。

5月16—17日 第八届中国（平邑）金银花道地药材生态发展大会在平邑举办，村党委书记刘嘉坤参加。

7月13日 村党委书记刘嘉坤带领考察团成员到甘肃省通渭县李家店乡考察金银花产业发展情况，通渭县委副书记谢占武、副县长徐斌科陪同考察通渭县泰清园金银花农民专业合作社、通渭县三坪金银花种植专业合作社生产经营情况。

8月9日 德国友人到九间棚考察，村党委书记刘嘉坤陪同参观石棚旧址和九间棚展览馆，介绍了九间棚村的发展历程。

9月8日 山东省委常委、组织部部长杨东奇带领山东沂蒙党性教育基地深化提升专题研讨会与会人员到沂蒙党性教育基地九间棚教学点观摩指导。市委书记、市人大常委会主任林峰海，市委常委、组织部部长姜仕礼，市政府副市长、平邑县委书记侯晓滨，县委副书记、县长王君师陪同。

10月15日 省政府参事朱丽华到九间棚考察。

10月30日 市政府副市长张玉兰到九间棚调研山区小水利建设工作。

12月16日 山东省金银花行业协会第二次会员大会（换届）在平邑召开，会议由第一届会长程新安主持，村党委书记刘嘉坤当选轮值会长。

2018年

1月13日 九间棚村第十二届村民委员会换届选举，陈凡莉当选为村民委员会主任。

3月6日 市委书记王玉君到平邑县调研。

3月10日 临沂市老区建设促进会会长颜廷瑞等到九间棚村调研，村党委书记刘嘉坤汇报了九间棚村的发展历程和未来目标。

4月1—20日 平邑县九间棚梨花会在九间棚景区举行，同时举办赏花踏青、摄影创作、商品销售、美食品偿等特色活动。

4月11日 19时53分，平邑县北纬35°62′，东经117°76′发生3.1级地震，震源深度10千米，村民有震感。

4月15日 甘肃省定西市委副书记、市长戴超到九间棚村考察金银花种植、良种选育推广、中药饮片生产加工情况，村党委书记、九间棚集团董事长刘嘉坤陪同考察，带领参观九间棚展览馆、金银花育苗基地和大陆制药生产车间等。

4月28日 全市农业产业化龙头企业发展座谈议在九间棚村召开，与会人员参观九间棚展览馆。

5月17日 第八届中国（平邑）金银花节道地药材生态发展大会在平邑县开幕，九间棚村协办。

10月31日 平邑县城乡规划局在九间棚村组织召开《平邑县地方镇九间棚村规划（2018—2035年）》专家评审会，专家们实地查看现场，听取九间棚村的情况介绍和规划编制单位的方案汇报，审阅文本和图件，专家评审委员会原则通过该规划。

11月24日 山东省委书记刘家义在临沂沂蒙精神展览馆接见刘嘉坤等先模人物，要求九间棚村保持先进，取得新成绩。

12月1日 村“两委”决定编纂《九间棚志》。

12月30日 县人大常委会原副主任、山东省金银花行业协会会长程新安陪同甘肃省代表团到九间棚科技园考察北花一号金银花种植产业。

12月 九间棚农业科技园有限公司被认定为“山东省农业‘新六产’示范主体”。

2019年

1月13日 山东省金银花行业协会2018年年会在平邑召开，村党委书记刘嘉坤参加，协会授予山东九间棚集团公司、山东澳东药业科技有限公司等13家企业“先进理事单位奖”。

2月24日 临沂市旅游局局长解东、县委书记包华到九间棚调研乡村旅游开发工作，村党委书记刘嘉坤陪同调研。

4月27日 泰国企业家庄秋虹等到九间棚考察金银花项目，村党委书记刘嘉坤陪同调研。

5月24日 县政协主席孙伟到九间棚村考察乡村旅游和金银花产业。

6月27日 九间棚村寿山生态科技农场获得金银花有机转换认证证书。

6月 省金银花协会会员单位山东新大陆制药有限公司获“第十批农业产业化市级重点龙头企业”称号。

7月14日 市人大常委会常委、驻华强集团红领书记伏圣东带队到九间棚考察学习，并同九间棚村建立友好村关系。

8月4日 菱花味精董事长江保安到九间棚商谈“六不用”有机农业合作事宜，村党委书记刘嘉坤陪同参观九间棚“六不用”产业园。

8月30日 新疆喀什地区岳普湖县委书记曲连东、县长克衣色尔·克尤木到新疆九间棚金银花产业基地考察，同九间棚集团党委书记刘嘉坤共同探讨加快金银花产业发展等问题。

9月21日 村党委书记刘嘉坤获得“庆祝中华人民共和国成立70周年”纪念章。

9月 九间棚金银花产业化联合体被列为市级农业产业化联合体。

10月3日 临沂市政协副主席谭庆功到九间棚考察。

10月22—26日 九间棚电子商务有限公司参加第二十六届中国杨凌农业高新科技成果博览会。

11月10日 《建设报》主编陈军带领部分企业家到九间棚洽谈合作项目，村党委书记刘嘉坤详细推介了九间棚集团金银花品种选育、“六不用”有机农产品生产、九间棚牌金银花茶、金银花系列产品等项目。

11月21日 为深入推进“不忘初心、牢记使命”主题教育，平邑县“寻初心践使命，做九间棚精神传承人”巡回宣讲活动启动。新华社山东分社原副社长李锦和九间棚村党委书记刘嘉坤应邀出席并作九间棚精神专题辅导报告，平邑县委常委、组织部部长王康艳主持并讲话。

12月25日 2019—2020年冬春文化惠民季·暖冬之旅开幕式暨九间棚成功创建国家AAAA级旅游景区发布会在九间棚景区举行。

12月26日 九间棚村被评为国家森林乡村。

是年 九间棚集团公司生产的九间棚牌“六不用”金银花茶、金银花露、金银花酒、金银花口腔宝、金银花口腔抑菌膏、金银花沐浴露、金银花洗发水、金银花菌粉等系列新产品研发上市。

2020年

1月27日 按照上级要求，村“两委”召开会议部署新型冠状病毒感染的肺炎疫情防控工作，成立九间棚村应对新型冠状病毒感染肺炎疫情工作领导小组和值班分队，做好疫情防护知识宣传，加强与县防控部门的沟通、汇报。

1月28日至2月26日 村“两委”按照县、镇要求，在旅游区售票处设立2处检查点，村12名志愿者轮流值班。在科技楼门卫、九间棚新村小区门卫分别设立检查点。

2月14日 1时许，电闪雷鸣，降雨7.6毫米。

2月27日 疫情防控工作转入复工、开门经营阶段，进村2个检查岗撤除封锁线标志，但村内农家乐场馆、旅游区仍暂停营业。

2月28日 中雪，上山路积雪5厘米，马家岭地坝积雪8厘米。

3月30日 全村工作恢复正常运转，村民正常务农、务工经营。

4月 《平邑金银花志》经方志出版社审定出版发行，内文多处提到九间棚村农业科技园、九丰一号、北花一号金银花种植情况。

5月1日 疫情防控工作转好，九间棚旅游景区恢复运营。

7月14日 中共山东省委书记刘家义到新疆视察援疆工作，在喀什地区岳普湖县九间棚金银花产业精准扶贫项目基地，肯定九间棚村“北花一号”金银花落地新疆项目。

7月20日 临沂市政协原副主席朱兆彬到九间棚村调研康养宜居工作。

7月22日 中国社科院哲学研究所党委书记王立胜到九间棚调研。

8月6日 大到暴雨，村域降雨量112毫米，形成石棚瀑布。

8月7日 九间棚村与山工院举行莱西会议

30周年纪念活动，回忆莱西会议精神，参观九间棚村30年变化展览，并举行山东农业工程学院思想政治理论课教师实践研修基地、实践教学基地挂牌仪式。

10月4日 临沂市委书记王安德到九间棚调研乡村旅游开发和康养宜居工作，县委书记包华陪同调研。

10月15日 “临沂市关心下一代教育基地”在九间棚村挂牌。

10月23日 《沂蒙精神教育读本》向全县中小学生发放，初中读本第14课《擎天九间棚》全面介绍了九间棚精神的概念、实质和时代价值。

11月1日 第七次全国人口普查，全村入普98户288人，其中男性147人，女性141人，男女性别比104.26。受各种文化教育的275人，占总人口的95.49%。每百人中大专以上文化有18人。

11月18日 大雨，龙顶山降雨量43.7毫米，为中华人民共和国成立以来同期降雨量最大，利于农作物、经济林果过冬。

12月29日 大雪封山，气温降至–11℃～–12℃，为1960年来最寒冷天气，道路结冰，九间棚旅游景区暂停营业。

12月31日 九间棚村“两委”、集团公司召开动员大会，会议由县派红领书记张庆余主持，党委书记刘嘉坤具体讲解新时期党的建设对基层党支部和党员的新要求，号召全体党员在金银花产业和乡村旅游业中发挥先锋模范作用。

第一章　地理 环境

天生日月，地分东西。九间棚，集天地之精气，聚日月之灵光，抒村人之壮怀，寓龙顶山之意，初始村名厚重实在，显现九间棚人杰地灵之神韵。据《平邑县志》（2019 年版）及刘氏、张氏、廉氏族谱载九间棚历史风雨沧桑的 280 年。清乾隆六年（1741 年）刘氏迁居立村。清朝末年村域广袤，东起大峪沟流域辛庄，南接赵家庄，西连和尚崮，北至大巡山，村庄坐落在龙顶山上。

九间棚村地理西北高东南低，山地起伏。地质构造属华北地台、鲁西南台背斜、鲁南隆断区、天宝山单断凸起段，为第三纪、第四纪洪积低山丘陵。土壤类型为褐土、棕壤骨质土，植被类型为落叶阔叶林、灌草丛和栽培植被。气候温润，夏无酷暑，冬无严寒，光照充足，四季分明，1970—2020 年平均降雨量 713.5 毫米，历年平均气温 12.8℃，夏季平均气温 25.6℃，冬季平均气温 0℃以上，属暖温带季风型大陆性气候。但常有旱灾、大风、冰雹灾害性天气，对农业生产有一定影响。

天宝梨乡九间棚（2019 年 5 月 摄）

九间棚公路（2019 年 8 月 摄）

第一节　地理位置

九间棚位于平邑县地方镇，东起两泉流域至天宝山林场，南接大峪沟流域至赵家庄，西连和尚崮，北至两泉流域与大巡山相接。村庄坐落在龙顶山南麓，背依山顶，前朝山谷，西望轿子山。建筑群落布局依山傍势，高低错落，疏密有致。盘山公路南北依山而建，穿越村庄，南接赵家庄，北连马家岭。

位置

九间棚村民委员会距地庞路赵家庄停车点 3 千米，G327 国道地方镇汽车站 14 千米，日东高速 20 千米，蒙山高铁站 41 千米，平邑县火车站 47 千米，平邑县汽车站 44 千米，临沂飞机场 81 千米。村庄民居依地势建造，坐北朝南，路面硬化、亮化、美化，树木相映，遍植金银花、黄梨、松柏，游览、餐饮、生活等服务设施齐全，地理位置优越。

村域面积

2019 年 6 月，实地测量，南北最大纵距 1500 米（北点始自大巡山下，南点至赵家庄村北），东西最大横距 2345 米（东点始天宝山林场，西点至和尚崮分水线），周长 8690 米，面积 1.78 平方千米，占全县总面积的 0.1%。其中，村庄占地面积 1.2 公顷，道路占地面积 12.3 公顷，水域面积 0.97 公顷，耕地面积 11 公顷，经济林果面积 23.2 公顷，金银花种植面积 45 公顷，林地面积 85 公顷。自建村，村域面积在不同的历史时期略有不同。

清朝时期　清道光年间，九间棚村四至：北起大巡山，南至赵家庄北岭，东起辛庄，西至和尚崮。南北最大纵距 2100 米，东西最大横距 2650 米，面积 2.21 平方千米，耕地面积 5 公顷。

民国时期　1946 年，九间棚村四至、面积、耕地面积基本等同清宣统年间。北距石泉村大巡山 1350 米，南距赵家庄 500 米，东距辛庄 1100 米，西至铜石镇界和尚崮 1350 米，面积 2.05 平方千米，耕地面积 6.5 公顷。

九间棚大队　1960 年，九间棚大队四至范围、地域面积小于民国年间。民国时期，村庄四周部分土地为辛庄、赵家庄、石泉村的地主、富农兼并，土地改革时土地自然划转他村。1948—1959 年，村域四周少量四荒地被邻村开垦，部分划入天宝山国有林场。1960 年 12 月，村政组织建立后，对村域面积、耕地实行确权管理。

九间棚村　1983 年，实行土地家庭联产承包责任制。经平邑县、天宝山乡和村“两委”核准，九间棚村面积 1.78 平方千米，耕地面积 9 公顷。2020 年，九间棚村四至：东起辛庄，南接赵家庄、和乐，西连和尚崮至石泉村、大圣堂村，北至两泉流域与大巡山国有林场为界。

第二节　建置沿革

村名来历

据《刘氏族谱》载，清乾隆六年（1741 年）刘廷朴迁居禾山。清乾隆九年（1744 年）刘万仓死后，其妻被迫从滴水崖村携子同小叔刘遥携女到禾山投奔近支族亲。取石改造禾山石棚，分为两户，开始穴居、农垦生活。刘氏初建村时，因居龙顶山上、缺水，四周村民称为石棚，又称干山顶。后因人口增多，便将石棚隔成九间，得村名“九间棚”。

九间棚旧址（2009 年 6 月 摄）

地名普查

1980—2015 年，九间棚村共参加 2 次地名普查工作。1980 年 5 月，全国进行第一次地名普查工作，九间棚大队会计刘甲训，书记刘嘉坤参加，确定行政村名 1 个（九间棚），自然村名 4 个（九间棚、平顶山、马家岭、栗家棚），自然地理名称 10 个（龙顶山、平顶山、马家岭、石棚、老虎窝、梯门泉、石棚东泉、后阴泉子、和尚崮、北山）。2014 年，全国进行第二次地名普查工作，九间棚村刘月凤参加，确定行政村名 1 个（九间棚），居民点 2 个（九间棚、马家岭），自然地理名称 11 个（龙顶山、平顶山、马家岭、栗家棚、老虎窝、石棚、北山、梯门山、梯门泉、龙泉、后阴泉子）。人文地理名称 5 个（展览馆、龙门、天池、天潭、天湖）。

2019 年九间棚村地名一览表

表 1-1

地名	范围	地名	范围
梯门	梯门山南麓	童子涯	刘甲来地
马家岭	张宗青宅附近	丁亩瓜	天池附近
老虎窝	梯门南峡谷	大腰子	刘立堂地
上岭	六不用餐厅附近	后阴泉	刘甲文地附近
下井	农场打井的地方	生荒地	刘甲德地片
东南角	养猪场附近	勺家湾	李忠英地片
桃行	养猪场上边	赵家湾	廉茂杰地片
大白地	刘立华宅边	平顶山	原廉家自然村
老陵地	刘甲余宅附近	窑坑	原刘立华地片
麻麻大地	张伟宅附近	前坡	廉永家地片
山根	和尚崮下	里沟	旧址上边
南梁子	刘甲全宅附近	东梁子	新村地片
弯脖地	刘甲全宅下边	东园石场	刘振地片
趴趴蛋沟	刘甲全宅南	麻子林	三棵银杏树里边
三溜子地	刘甲青承包地	馒馒顶子	新村东片
后大湾	里大湾处	大地	公墓林
小老虎窝	天湖水库下	台子地	水池附近 刘卫东地片
大坡	天湖水库上	西梁子	大戏台西刘朋地
三梁子	二梁子西	兰沟湾	大戏台西
大洼	三梁子和 二梁子之间	西大沟	原刘甲学地
大梁子	刘立江地附近	黄泥泉	南膀

续表 1-1

地名	范围	地名	范围
二梁子	大梁子西	栗家棚	南膀西
头梁子	刘立坤地附近	小山	公墓林北
后小湾	刘立青地附近	二崖	刘甲锋、刘甲海地
八溜子地	刘甲艳地	红门崖跟	天潭水库下
龙顶山	村西	北胳了摔子	收费站北边
偏山崮	小土山西南	三角子地	收费站下边
小土山	龙顶山西	七分地	三角子地下
西山口	西山口	二崖	红门崖南
大巡山	村北	大山门	入村大路口

沿革

远在1万至2万年前，九间棚境内就有人类活动的足迹，商代属倪国，西周为郲国地，春秋时期属鲁国武城邑，战国时先属费国、鲁国，后属齐国，秦朝分属薛郡、琅琊郡，西汉属泰山郡南武阳县，南朝宋改南武阳县为武阳县，隋开皇十八年（598年）改武阳县为颛臾县，唐贞观元年（627年）撤颛臾县并入费县，此后历经五代十国、宋、元、明、清均属费县。至清光绪二十二年（1896年）冬月，费县设4乡（思圣、锦川、古费、忠义）42社，九间棚村属锦川乡庄上社赵家庄。民国初年，沿袭清制。1928年8月，费县划7个区42个乡519个保，九间棚村属一区地方乡赵家庄保。

1940年6月，中共山东分局以费县境内西部滋（阳）临（沂）公路为界，路北置费北县，路南置费南县。费南县抗日民主政府，驻地郑城、常庄、流峪一带，隶属鲁南专署，九间棚村属费南县天宝区赵家庄村。1942年7月，析费南县南境（今庞庄、临涧、山阴、白彦、魏庄）和滕县东部部分地区置费滕边办事处，又称鲁南实验县。11月，析费县天宝、由吾2个区置费西办事处，又称天宝山办事处。1943年11月撤销，复归费南县，由吾区划归温河县。12月，费南县改称费县，村仍属天宝区赵家庄村。12月，费南县改称费县，属鲁南专署。1944年8月，隶属鲁南行署第一专署。1946年4月16日，析费县西部地方、天宝、由吾等区置平邑县，九间棚隶属天宝区赵家庄村。1960年12月，九间棚建立村政组织。至2020年，九间棚村建村279年，实行村政自治59年。

区划

1949年10月，平邑县辖历东、福山、营山、由吾、崇固、丰山、天宝、黄山8个区，九间棚村属天宝区（七区）赵家庄。1952年3月至1956年2月，县区划经3次调整，全县辖1个镇15个区152个乡。1955年11月，天宝区（七区）并入地方区，九间棚村同属。

1958年3月7日，全县将1个镇15个区152个乡，合并为25个乡镇。10月7日，将25个乡镇合并为19个乡镇。10月底，改称16处政社合一的人民公社。1958年11月，九间棚生产组属八一人民公社天宝山乡赵家庄生产大队。1959年3月，全县16处人民公社并为14处，赵家庄生产大队设5个生产队，九间棚为第五生产队。

1960年12月，九间棚村从赵家庄析出，设立村级政权机构。

1963年2月，公社改称区，区下设管理区。九间棚大队属天宝山人民公社闸口管理区。1977年，全县设15处公社100个管理区，1037个生产大队，九间棚大队隶属未变。

1989年，全县辖7个镇19个乡。九间棚村隶属天宝山乡。1994年9月7日，天宝山乡撤乡设镇，2000年12月29日，全县10个乡16个镇撤并调整为2个乡14个镇，撤销天宝山镇，其行政区域并入地方镇，九间棚大队属地方镇。

2020年12月，平邑县设1个街道（平邑街道）13个镇（仲村、武台、保太、卞桥、地方、铜石、温水、流峪、郑城、白彦、临涧、丰阳、柏林），辖577个行政村，九间棚村属地方镇。

第三节　环境 资源

九间棚村枕尼山之脉，立龙顶山巅，盘山路宽阔通达，天湖、天潭、天池似明珠镶嵌其中。村域四季常青，三季花果飘香，植物资源丰富，气候宜人，海拔400米以上的山头7座，多呈东南、西北走向。

地质

九间棚村地处鲁中南丘陵泰沂蒙断块南部，地质、地貌深受构造、岩性和气候等内外应力和“尼山穹窿”的影响，地势凸凹、曲斜，西北高东南低，自西北向东南倾斜。地质为第三纪凸露岩、第四纪冲洪积而成的低山丘陵。

朝阳洞凸露灰质岩（2019年5月 摄）

地层　村域地层除第四纪覆盖外，主要有结晶基底变质岩系和沉积盖层两部分，其次为大面积出露的岩浆岩。古生代地层出露不全，仅有寒武纪、奥陶纪和石炭纪。中生代地层有侏罗纪和白垩纪。

凸起　村域被四海山单断凸起，尼山—白彦断阶、埕宁隆起的次级构造埕口凸起，构造由第四纪不整合覆盖，裸岩凸露，悬裸岩系第三纪地层。

凹陷　村域内老虎峪峡谷、东大沟为鄌部—葛沟断裂的次级构造，大致呈西东向，凹陷发育有浅薄的第三纪地层。

第四纪地层　平均厚度0.1～1.5米，由不同成因、不同物质成分的第四纪覆盖，覆盖面积占村域总面积的85%，总体由西北向东南逐渐加厚。成因由西北向东南由残坡积—洪坡积—洪淤积变化。下隐伏中奥陶纪中厚层灰质岩。

第三纪白彦组　按岩性分为三段，下段由灰白、灰黄、紫灰、紫粉红等色泥岩与砾岩组成，中段由灰、紫红、灰青泥岩与砾岩组成，上段基本由灰红色单成分中砾岩组成。此组岩层厚度约1800米，局部有出露。

构造

村域属华北地台鲁西地块Ⅱ级大地构造单元，鲁西拱断束断块隆起（Ⅲ级）。其Ⅳ级构造单元属尼山断束，尼山—白彦断阶（Ⅴ27）。

断裂构造　村域内断裂构造发育，位于上五井断裂南部、丰阳—郑城韧性剪切带中心，呈北西向带状展布，为近东西向组断裂。走向约北东40°，倾角60°～80°。

岩浆岩

村域内岩浆岩大面积出露于太古代基底和部分沉积盖层中。

太古代基底中的岩浆岩　主要岩性为黑云母斜长花岗岩、角闪岩、基性和中性脉岩。黑云母斜长花岗岩，主要分布于尼山背斜的西南翼，大圣堂—小圣堂。

沉积盖层中的岩浆岩　出露于村北与铜石

镇接合部，其岩性为闪长玢岩、正长斑岩等。

白彦组凸露页岩（2019 年 5 月 摄）

喷出岩 村域内零星分布，主要在龙顶山石棚—朝阳洞一带，老虎峪峡谷有出露。其岩性为安山岩、安山玄武岩、安山凝灰岩、凝灰角砾岩、粗面岩等。

地貌

九间棚地貌深受构造、岩性、气候等内外应力作用的控制和影响，地形西北高东南低，向东南倾斜，海拔 648 ~ 266 米，为第四纪残坡积层覆盖。

特征 村域地貌属四海山低山丘陵区，地势西北高，略向东南倾斜。和尚崮为海拔最高点 648 米，龙顶山为海拔第三高点 562.7 米，村东与天宝山国有林场交会处为最低点 265.6 米。由于受燕甘断裂的影响，在内外动力地质作用的综合塑造下，地表以遭受剥蚀为主，接受沉积为辅，形成侵蚀溶蚀低山丘陵。

九间棚村红门崖地貌（2018 年 10 月 摄）

类型 村域地貌类型主要有山、崮、沟、鞍部、山脊、洞。

山 村域内（含田园综合体内）海拔 500 米以上的山头有 6 座，属尼山山脉。

龙顶山 位于村西 390 米，因状似飞龙且山顶平坦而得名。东起小山，南接石棚，西连牛头山，北至天宝林场。东西走向，东西长 530 米，南北宽 350 米，面积 18.55 万平方米，海拔 562.7 米。山顶有 3 立方米孤石，下有 3 块石头支撑，山体为沉积岩结构，以石灰岩为主，属中寒武纪。植被以柏、刺槐、灌木为主，经济林以金银花、山楂、梨树为主。

龙顶山（2019 年 6 月 摄）

偏山崮 位于村西 790 米，龙顶山西 300 米，因山体南为悬崖、山头裸石凸露，北坡偏斜而得名。东起龙顶山，南接栗家棚，西连小山，北至两泉峪。南北走向，东西宽 160 米，南北长 600 米，面积 9.6 万平方米，主峰海拔 592 米。山体为沉积岩结构，以石灰岩为主，属中寒武纪石灰岩层。植被以侧柏、刺槐、灌木为主，经济林以金银花、山楂、梨树为主。

偏山崮（2019 年 6 月 摄）

小山　位于村西500米，因低于龙顶山得名。东起平顶山，南接龙顶山，西、北至两泉流域。南北走向，东西宽180米，南北长510米，面积9.18万平方米，主峰海拔505.1米。山体为沉积岩结构，以石灰岩为主，属中寒武纪石灰岩层。植被以侧柏、刺槐、灌木为主，经济林以金银花、山楂、梨树为主。

小山（2019年6月 摄）

土山　位于村西1100米，因地质构造得名。东起偏山崮，南接栗家棚，西连和尚崮，北至两泉峪口。东西走向，东西宽260米，南北长520米，面积13.52万平方米，主峰海拔563.8米。山体为沉积岩结构，以石灰岩为主，属中寒武纪石灰岩层。植被以侧柏、刺槐、灌木为主，经济林以金银花、山楂、梨树为主。

和尚崮　位于村西1650米、平邑县城南41千米，因山顶浑圆，犹似僧头故名。另说有一胡姓僧人为民除旱魃战死在崮顶，后人为纪念他取名和尚崮。东起牛头山后峪，南至月亮楼，西连石泉，北临大圣堂。南北走向，东西长870米，南北宽360米，面积2平方千米，主峰海拔648米。山体为沉积灰质岩结构，以石灰岩为主，属中寒武纪石灰岩层。植被以侧柏、刺槐、灌木为主，经济林以金银花、山楂、梨树为主。

大巡山　旧称大笋山，位于村东北1550米，远眺似笋而得名，后因吴王驻守吴王崮，为其警卫部队东巡界更名。东起小圣堂，南接两泉峪，西临大圣堂，北至甘草峪。东西走向，东西长590米，南北宽560米，面积5.5平方千米，主峰海拔590.5米。山体为沉积岩结构，以石灰岩为主，属中寒武纪石灰岩层，东西侧产泉华（俗称上水石），吸水性能好。植被以侧柏、刺槐、灌木为主，经济林木以金银花、山楂、梨树为主，山南坡朝阳洞为县级文物保护单位。

大巡山（2019年4月 摄）

峡谷　村域北有两条峡谷，称老虎窝峡谷、两泉峪峡谷。

老虎窝峡谷　俗称下沟，位于村北200米和尚崮东，因传说峡谷内有老虎洞得名。沟谷东西走向，纵深1.5千米，宽100～450米，海拔最高处545米，最低处243米，百米落差27.45米。村域内长度880米，最宽处260米，最窄处35米，面积11.62万平方米。谷壑主体为第四纪石灰岩层，有中寒武纪石灰岩凸露，属中寒武纪石灰岩层。植被以侧柏、刺槐、灌木为主，经济林以金银花、山楂、梨树为主。谷内峭壁凸露，林木参天，涧水汩汩。谷壑的尽头是瀑布深潭，一侧的潭壁上有两洞相连，传说旧为老虎窝。

老虎窝峡谷（2019年6月 摄）

两泉峪峡谷　位于村东北420米，因村得名。西东走向，西起和尚崮下，东至两泉庄，全长3470米，宽30～350米，总面积61万平方米，海拔最高处501米，最低处253米，百米落差7.15米。村域内长度1150米，最宽处245米，最窄处30米，面积14.26万平方米。其间建设1座小（2）型水库、4座塘坝工程，从西至东依次为天湖水库、上口塘坝、石水沟塘坝、水杉林塘坝、刘家埠塘坝，可蓄水量38万立方米。沟壑主体为第四纪石灰岩层。植被以侧柏、刺槐、灌木为主，经济林以金银花、山楂、梨树为主。

两泉峪峡谷（2019年6月 摄）

洞　村域内容积5立方米以上的洞有6个，主要由喀斯特地貌形成。

石棚　位于龙顶山东南坡，海拔455米，洞口向南，西北东南走向，长35米，高3米，深10米，容积1000立方米。因刘氏居住而得名。岩石结构石灰岩，属中寒武纪石灰岩层。棚顶、四旁植被良好，以侧柏、刺槐、灌木为主。石棚右首石牛、左首石龙在20世纪70年代被人为破坏，石龙东为龙泉，水质优良，为村民饮用水源。

栗家棚　位于偏山崮南坡，海拔435米，洞口向南，长28米，高2.5米，深6米，容积400立方米。因后山上多板栗树故称栗家棚。清末民国初为村民刘凤山居住。岩石结构石灰岩，属中寒武纪石灰岩层。棚顶、四旁植被良好，以板栗、侧柏、刺槐、灌木为主。西首有泉，水质优良，为村民饮用水源。泉东有古杏树1株，直径0.9米，杏早熟、个大、果甜，1980年人为砍伐。

栗家棚（2020年5月 摄）

朝阳洞　位于大巡山东南坡，洞口向南，中午阳光直射洞口故名。天然石洞，洞体上部为悬崖陡壁，洞口下为突兀而立的巨石。洞分2层，下层有一块巨大钟乳岩石块，露面图案若蛟龙出洞，若猛虎下山，惟妙惟肖。上层宽阔，长20米，高3米，深40米，底部面积220平方米，容积750立方米。洞口东20米处有一小洞，内有一眼泉水井，可供30人日饮用水。为市、县级文物保护单位。属中寒武纪石灰岩层，洞口外植被良好，以侧柏、刺槐、灌木为主。明朝监察御史、巡抚、诗人王雅量（1566—1633年，费县人），曾有《朝阳洞留题》诗：冒险途容足，探奇山尽头；悬崖千尺峻，古洞四时秋；泼泼泉连灶，层层石作楼；不嫌云湿重，竟日作淹留。《费县志》（光绪二十五年续修本）载：“咸丰之季，山人避寇于此，烬于火，石乳无存。”1944年4月至1946年3月，八路军北海银行鲁南印钞厂曾在洞内设印刷分厂，厂长刁如心。

北海银行鲁南印钞厂旧址（2019年6月 摄）

老虎窝　位于下沟西段，天潭水库坝体下部，洞口向东南，长2.1米，高0.9米，深5米，海拔312米。传说曾有老虎栖身得名。石灰岩结构，属中寒武纪石灰岩层。洞外植被较好。民国年间有狼占据出入，洞穴右侧悬崖高17米，汛期瀑布飞流直下，气势壮观，声闻百米，下为深水潭，攀岩（或从下沟攀入）至洞穴前，凉气袭人。

老虎窝（2020年5月 摄）

狼子洞　位于偏山崮子阳坡，因多黄鼬（俗称狼子）得名。洞口东南向，宽1.2米，高0.6米，深30余米，容积100余立方米，海拔470米。石灰岩结构，属中寒武纪石灰岩层。洞外植被良好，洞口小、内行3米，洞宽2～3米，1944—1946年，为八路军某营后勤仓库。1958年后山场由和乐自然村民耕种。

狼子洞（2020年5月 摄）

梯门洞　位于大巡山东南坡，洞口向东南，长1.3米，高1.2米，深10米，海拔410米。因山得名。石灰岩结构，属中寒武纪石灰岩层。洞外植被较差，洞口有泉1眼，名梯门泉。1986年，在洞口处建泵站1处，将梯门泉水扬程125米引入母池，供山顶农田、林果灌溉用水。

童子崖　位于龙顶山北，因传说有参童子得名。石灰岩质，崖高38米，崖顶面积1850平方米，土层厚0.1～1.2米，栽植马尾松1500株。1984年为刘德敬责任山，1985年夏栽种树苗1800株，1996年收归集体管理。

第四节　水　文

九间棚村水资源贫乏。1965—2020年，年平均降水量713.5毫米，年≥0.1毫米降水平均日数为93天，年≥50毫米降水最多日数11天，降水主要集中在6—9月，月降水量最大值出现在7月，为190.6毫米。年均地表水资源105万立方米，属严重缺水村。

雨雪

雨、雪为九间棚村主要降水来源。

雨　1970—2020年，九间棚村年平均降水量713.5毫米，最多年份降水量987.3毫米（2005年），最少年份降水仅380.5毫米（2002年）。年降水量四季分布不均，因村域具有明显的季风气候特征，造成各季度、各月份降水量分配极不均匀，年际变化较大。

春季少雨多风，夏季温高湿大，雨量集中，为全年降水最多季节，秋季气温下降迅速，降水变率较大，冬季寒冷干燥，雨雪稀少。村域内年平均降水天数83.5天。每年一月最少，月平均10.1毫米，日平均为0.34毫米。最多出现在7月份，为13天。降水量多集中于夏季，平均降水量430～490毫米，占年降水量的60%左右。其次是秋季，平均降水量120～140毫米，占年降水量的15.5%左右。冬季降水较少，仅占全年总降水量的4.5%左右。日最大降水量为239.5毫米（1970年7月23日），1小时最大降水量为72.5毫米（1968年7月20日），10分钟最大降水量为26.6毫米（1971年8月19日）。最长连续降水天数为12天（1970年7月19—30

日）。雨季一般始于6月中旬，止于9月上旬，总降水量550毫米左右，占全年降水量的65%。故村民有“七月十五（农历）定旱涝，八月十五定丰年”之说。

1965—2019年九间棚村年降水情况表

表1-2　　　　单位：毫米

年份	降水量	年份	降水量
1965	710.2	1993	791.5
1966	708.6	1994	800.7
1967	689	1995	713.5
1968	708.4	1996	670.4
1969	716.2	1997	671.1
1970	916	1998	925.8
1971	984	1999	586.9
1972	705.8	2000	735.6
1973	697.3	2001	657.2
1974	805.2	2002	380.5
1975	700.9	2003	905.8
1976	810.0	2004	831.7
1977	790.2	2005	987.3
1978	710.5	2006	541.9
1979	808.0	2007	769.5
1980	920.4	2008	724.8
1981	831.0	2009	880.3
1982	696.1	2010	684.6
1983	4389	2011	931.7
1984	553.8	2012	658.5
1985	746.5	2013	678.2
1986	459.1	2014	610.7
1987	654.1	2015	578.8
1988	635.7	2016	564.3
1989	587.2	2017	670.1
1990	935.7	2018	738.4
1991	895	2019	718.9
1992	594.6		

雪　降雪为九间棚村水源的第二大来源，一般出现在12月至翌年3月。降雪初日为12月6日左右，终日为翌年3月10日左右。最早降雪初日为1959年11月8日，最晚降雪终日是1961年5月5日。历年平均降雪9.5天，年度降雪天数最多24天（1968—1969年），降雪天数最少2天（2008—2009年）。全年平均降雪量37.5毫米，历年最多降雪量83.5毫米（1961—1962年），一日最大降雪量38.5毫米（1964年1月11日），最长连续降雪日数7天（1968年1月24—30日），

历年积雪初日为12月18日，终日在翌年4月16日（1969年）。平均积雪天数14.8天，最长连续积雪34.5天（1959年1月30日至3月4日），历年最大积雪厚度27厘米（1963年2月15日）。

九间棚村的历史上多有先下雨后下雪或雨、雪同时降的天气，村民俗称“薄屎雪”。若雪后气温升高，房屋顶上积雪化水从屋檐下滴，遇气温下降结成冰柱，村民俗称“滴溜子、琉琉簪”。

2000年后，冬季降雪的量次较20世纪50年代偏少。2010年2月10日18时50分，村域内开始降雪，至次日4时10分停止，村委办公室院内平均积雪13.5厘米，积雪天数8天，是1995年以来最大的一场降雪。降雪带来寒流，2010年春节前3天至正月初六，最低温度-10℃，是1990年以来最寒冷的一个春节。

九间棚凤凰苑雪景（2015年11月 摄）

2014年12月20日18时10分，村域内开始降雪，至次日6时50分止，平地积雪8.3厘米。2015年11月23日19时许，村域内飘起雪花，至次日下午5时止，红旗广场平均积雪13.5厘米，为1962年以来同期最大降雪，至25日仍降小雪，村内总降雪量22.8厘米。积雪日9天。

霜　1959—2020年，村域内多年平均无霜期212天；初霜一般在霜降前的3～5天，初霜最早为10月14日（1962年），最晚为11月18日（2008年）。终霜则在清明前后，终霜日最早为3月17日（1959年），最晚为5月7日（1963年）。最长无霜期和最短无霜期分别为215天和154天（1969年）。1980年后，由于气温有所升高，九间棚村无霜期有所延长。

泉

1992年，上海电影制片厂拍摄电影《沂蒙山人》，取景地在九间棚村，电影里有一个村民排队打水的片段，真实反映了20世纪70年代前干旱年景九间棚村民用水的艰难。2020年，村域内有山泉7处，为村域主要供水源。

龙泉　位于龙顶山石棚左50米，因泉体位于龙顶山得名。“龙泉”二字，为时任山东省副省长高昌礼题写。20世纪80年代前供全村饮水。1964年，集体投资100元，配套建成蓄水池，前为大蓄水池，泉水从小蓄水池溢出而入。1969年，扩建蓄水池，长5.3米，宽4.8米，深2.2米，可蓄水50立方米，左上部用水泥预制板覆盖，作人行道辅路。1985年，村通自来水工程后，供邻近果树灌溉用水。2000年后，因年降水量减少，用水量增大，泉水喷涌量减少。2020年，泉水年涌水量2000立方米左右。

龙泉（2019年5月 摄）

梯门泉　又名卧龙泉，位于梯门山南部山腰石门下部，因泉源隐蔽在大巡山内、泉体后壁似门，右侧石阶似梯子可攀登故得名梯门泉。1980年出水量8立方米/小时。1986年3月，集体投资3万元，配套建成扬水站，扬程102.5米，铺设管道500米，将泉水引进平顶山母池，可供3.67公顷粮田点播用水。1990年后，因年降水量减少，用水量增大，泉水喷涌量减少，枯水期出水量0.5立方米/小时，丰水期5立方米/小时。

梯门泉泵房（2019 年 5 月 摄）

后阴泉子　位于馍馍顶北坡，因处后崖北部岩石下得名。20 世纪 70 年代出水量 2 立方米 / 小时。1977 年，集体投资 500 元，在泉体下建设长 20 米，宽 5 米，深 1 米蓄水池，供果园打药和农作物点播用水。1990 年后，因年降水量减少，用水量增大，泉水喷涌量减少，枯水期有少量滴水，丰水期有少量泉水涌出。

后阴泉子（2020 年 5 月 摄）

梨树泉　位于望归树东北 30 米悬崖处，因树得名。20 世纪 70 年代出水量 2 立方米 / 小时。1987 年，由 9 户村民集资在东梁子建设 5 立方米水囤，将泉水引进后供 9 户村民用水。1995 年，集体投资 5000 元，进行改建配套，供村东 23 户村民饮用水，同时为天池水源之一。

黄泥泉　位于南膀，因水从石灰岩黄土隙中溢出得名。1973 年 6 月，大队民兵连修建成丰收水池，三角形，边长 11 米，底边长 18 米，深 5 米，丰水时期出水量 5 立方米 / 小时，可蓄水 50 立方米，可供 0.5 公顷山地点播用水。1984 年，修路时改建，可蓄水 40 立方米，底边为路带渠，水满溢于集水渠内，自流灌溉山下果园。

黄泥泉（2020 年 5 月 摄）

栗家棚泉　位于栗家棚西 10 米岩石根部，因栗家棚得名。泉水旺涌，水质良好，出水量 2 立方米 / 小时。

栗家棚泉（2019 年 5 月 摄）

张家泉　位于马家岭张宗青宅东 20 米石灰岩下，出水量 2 立方米 / 小时，供 3 户村民饮水。

平顶山泉　位于前坯凤凰园西南 50 米果园内，因山得名。常年涌水，出水量 3 立方米 / 小时，供平顶山 5 户村民饮用水，同时供农作物点播、果园打药用水。

井

2011—2020 年，九间棚村共钻建 7 眼深水井，均深在 210 ~ 300 米岩溶区，单井上水量 10 ~ 15 立方米 / 小时。

村东井　2011 年 4 月，由北京给水部队援建，深 300 米、井口 15 厘米，有少量出水，达不到配套要求报废，2014年村路加宽占用。

柏树林井　位于马家岭柏树林，2018年4月，由村民刘丞铭投资钻建。井深260米，上水量15立方米/小时，经检测水质达到饮用水标准，打井及部分配套共投资10万元，为九间棚村第二眼深水井。2019年，捐献给集体管理使用。

柏树林深水井（2019年5月 摄）

凤凰岭井　位于“六户人家”东，2018年11月，由市派第一书记帮扶钻建，井深270米、上水量10立方米/小时，经检测水质达到直接饮用标准。

平顶山井　位于平顶山，2018年11月，由市派第一书记帮扶钻建，井深270米、上水量10立方米/小时，经检测水质达到直接饮用标准。

前坯深井　位于前坯山坡，2019年11月开工钻建，翌年5月建成。井深290米，直径292毫米，每小时上水量15立方米，供农村用水、果园灌溉用水。

和尚崮井　位于东坡路北，2019年10月建成。井深416米，直径292毫米，每小时上水量10立方米，供果园灌溉用水。

和尚崮深水井钻建（2020年5月 摄）

里沟井　位于龙顶山石棚西北80米里沟，2019年10月，由市派第一书记帮扶建成。井深280米，直径292毫米，每小时上水量20立方米，供农村用水、果园灌溉用水。

里沟深水井出水（2019年11月 摄）

蓄水池

2020年，九间棚村共建设蓄水池65个，其中集体建设38个，可蓄地表水1.5万立方米。蓄水100立方米以上蓄水池16个，100立方米以下的小型蓄水池21个，可供6公顷农田点播用水。

天池　位于龙顶山东侧，海拔456米，1987年7月由村规划设计，1988年8月建成蓄水池，长40米，宽30米，深4米，可蓄地表水4500立方米。主体工程集体投资2万元，用时40天，投工2000个，蓄水池用水泥180吨，1500立方米石料砌成。相继建三级扬水站，扬程102.5米，修建4000米输水渠道，将梯门泉水源导入天池。在天池四面修建3个大型、21个小型蓄水池，形成“母子连环池”，可灌溉经济林果3.33公顷。

天池（2014年5月 摄）

栗家棚蓄水池 位于栗家棚，1984年由村民刘甲雨、刘甲平、刘甲锋投工投料建成，与泉水相连蓄水。蓄水池长7米，宽5米，深4米，可蓄水110立方米，可灌溉经济林果0.1公顷。1985年刘氏兄弟曾发展养鱼，年收成鱼35千克，后因效益差弃用，供果园灌溉用水。蓄水池右侧建有圆形水池，上口直径2.1米，可蓄水8立方米，可保障10人、百头大牲畜用水。

栗家棚蓄水池（2014年5月 摄）

2020年，村境建设2座小（2）型水库，设计总蓄存地表水20万立方米，实际可蓄水13万立方米，兴利库容10万立方米。

天潭水库 2010年3月开工，2011年6月建成蓄水，坝体黏土心墙、片石护坡，大坝高42米，坝底宽32米，顶宽21米，设计库容10万立方米，兴利库容6万立方米。总造价400万元，其中集体投资260万元，2017年上级扶持260万元进行除险加固，可灌溉经济林果9公顷。

天湖水库 2010年1月开工，同年6月建成蓄水。水库三角形，长150米，土质坝石料护迎水坡，坝体长86米，坝体最高30米，设计库容10万立方米，兴利库容4万立方米。总造价340万元，其中上级拨款280万元，可灌溉经济林果26.67公顷。

地下水

1998年调查，村域地质属太古界石灰岩、混合花岗岩、灰质岩、页岩，地质构造复杂，属特贫水区，未探查出富水层地下水。仅在200～300米岩层中钻探有不规则石灰岩裂隙岩溶水、片麻岩裂隙水，每小时出水量10～15立方米，开发价值小，利用率低。

第五节 气候 物候

气候特征

九间棚村地处平邑县东南部，属暖温带大陆性季风气候。四季分明，雨热同季，季风明显，光照充足，无霜期长，气候温和。春季干燥，少雨多风，易发生春旱。夏季高温高湿，炎热多雨。秋季秋高气爽，常有晚秋旱。冬季寒冷干燥，雨雪稀少。秋季气温高于春季气温。

春季 平均70天（3月30日至6月10日），因受蒙古高原寒冷气压的影响，气温回暖迟缓，少雨、干旱、多风。常发生春旱，村民有“春雨贵如油”的谚语。初春，北风多，常带来寒流，出现气温下降，易发生晚霜和倒春寒灾害，个别年份还出现“桃花雪”，形成冰凌、雾凇灾害。村民俗语“立了春，别欢喜，还有45天的冷天气”。仲、晚春，由于暖空气势力的不断增强，气温回升迅速，西南风渐多，空气干燥，中午气温有时高达30℃。干燥少雨，常出现春旱，影响春播。春季，东南风较少，东南风刮起，空气潮湿凉爽，带来春雨概率较大，有“春刮东南，夏刮北，秋刮西南等不到黑”的雨情谚语。春季，农民盼雨，一场春雨一场暖，雨后气温上升，天气渐暖。农作物盼雨，滋润生长。

夏季　平均85天（6月11日至9月5日），温度高，湿热多雨，雨热同季。6月为初夏，夏种时期，气候温和，雨量适中。7月中旬至8月上旬，为盛夏期，烈日炎炎，暑气逼人，有“热在三伏”之说，日平均气温25℃以上，极端最高气温达39℃。气压低，常有大雨、雷暴雨。此外，由于少数年份降水不均，时有伏旱发生。8月中下旬为夏末，天气仍炎热，但降雨量逐渐减少。夏季经常出现的灾害性天气有旱、风和冰雹。

秋季　平均60天（9月6日至11月5日），雨量减少，早晚气温下降快，空气凉爽。初秋，早晚天气凉爽，中午气温偏热，在10—16时，多年平均气温25℃左右，有秋老虎之说。仲秋，气温下降较快，昼热夜寒，秋风吹来，有凉意之感。晚秋，气温下降迅速，早晨，白露覆地，有寒冷之感，也常有霜冻发生，危害晚秋作物和蔬菜的生长。秋季降水变数较大，旱涝不均，有些年份，少雨，秋旱现象严重，造成作物减产。有的年份秋雨连绵，造成烂地瓜干现象。

冬季　平均150天（11月6日至次年3月30日），冬季长，寒冷干旱少雨雪，以干冷型天气为主，月平均气温在0℃以下，最冷在1月份，多年平均气温为-3.1℃。多年平均降水量11.2毫米，占全年降水量的4%。1998年后，暖冬现象明显，冬季平均天数减少。初冬，天气由暖渐冷，气候干燥。深冬，气候严寒，天寒地冻，村民谚语“一九二九不出手，三九四九冻冰冰”。冬季，北风较多，东北风刮起，会造成阴天或雨雪，有时风雨雪交加，形成树凌灾害。大雪降后，西北风尤为冷冽，常会形成寒流，气温骤降。

气温

九间棚村常年平均气温12.8℃，比全县偏低0.2℃～0.5℃，年内各月气温以7月份最高，平均气温25.3℃，1月份最低，平均气温-1.4℃。不同季节气温高低相差较大。

气温的季节变化　春季一般平均为13.1℃～13.8℃，夏季平均为24.6℃～25℃，伏天平均为27℃～29.5℃，秋季平均为14.2℃～14.8℃，冬季平均为1.7℃～2.1℃。11月份降温最快，日平均降温变幅可达4.7℃。4月份回暖最快，日平均升温变幅可达6.5℃。最热月出现在7月，月平均气温在25.2℃～26.1℃。最冷月在1月，月平均气温-0.5℃～-2.5℃。日平均气温≤0℃的寒冷期，初日为11月27—28日，终日为次年的3月1—3日。寒冷期最长125天（1968年11月9日至1969年3月12日），最短仅51天（1958年12月26日—1959年2月13日）。日平均气温≤-5℃的严寒期，初日为12月26日，终日为次年的1月30日，累年平均为35天。2008年，全年平均气温13.5℃，较常年偏高0.4℃，冬季则未出现严寒天气。2012年，全年平均气温13.6℃，较常年偏高0.3℃。2020年，全年平均气温13.6℃，较常年偏高0.7℃。2014年11月至2015年2月，特别是入冬一九至四九，气温较常年偏高2℃～4℃，是1960年后气温最高的一个冬天。日平均气温≥30℃的炎热期，一般出现在7月中旬至8月上旬，终日在9月中旬。日平均气温≥33℃的酷热期，一般出现在7月中下旬，平均7～10天。日平均最高气温，一般出现在6月下旬至7月下旬。

九间棚村气温日变化较为明显，一般情况下气温的日变化是出现一个最高点和一个最低点。最高气温出现在午后14—15时。最低气温出现的时间各季有所不同，冬季（1月）气温一日间的变化较其他各季明显，最低气温出现在8时左右；春季（4月）最低气温出现在6时左右；夏季（7月）气温一日间的变化较其他各季略小，最低气温出现在5时左右；秋季（10月）最低气温出现在6—7时。

气温极端值　年极端最高气温39.8℃，出现在2002年7月15日12—14时。极端最低温-21.9℃，出现在1967年1月15日3—7时。

光照

村域内光照充足，太阳年辐射量123.9千卡/平方厘米，一年中夏季（6—8月）最多，总辐射量为39.5千卡/平方厘米。春季（3—5月）

次之。冬季（12 月至次年 2 月）最少，总辐射量为 21.2 千卡 / 平方厘米。各月份总辐射量以 5 月份最多，为 16.5 千卡 / 平方厘米，12 月份最少，为 7.7 千卡 / 平方厘米。多年平均日照每天 6.93 小时，年平均日照时数 2535 小时，最多为 2593.8 小时（1962 年），最少为 2208.3 小时（2009 年）。1965 年 5 月最多，为 247.7 小时，2005 年 2 月最少，为 98.7 小时。年平均日照率为 57.8%，夏季为 48.1%，秋季为 63.0%，春、冬季在 50% 以上。月最大日照率为 63.1%（1963 年 10 月），月最小日照率为 42.0%（2014 年 2 月）。年日照百分率 53.32%，最大 10 月为 62.85%，最小 2 月为 51.2%。

2018 年九间棚村二十四节气太阳出没时间一览表

表 1–3

节气	日出	日没
立春	6 时 59 分	17 时 30 分
雨水	6 时 43 分	17 时 44 分
惊蛰	6 时 24 分	17 时 58 分
春分	6 时 03 分	18 时 11 分
清明	5 时 41 分	18 时 23 分
谷雨	5 时 20 分	18 时 36 分
立夏	5 时 02 分	18 时 50 分
小满	4 时 52 分	19 时 05 分
芒种	4 时 45 分	19 时 21 分
夏至	4 时 45 分	19 时 21 分
小暑	4 时 51 分	19 时 22 分
大暑	4 时 59 分	19 时 14 分
立秋	5 时 14 分	18 时 59 分
处暑	5 时 24 分	18 时 41 分
白露	5 时 36 分	18 时 19 分
秋分	5 时 48 分	17 时 56 分
寒露	6 时 0 分	17 时 34 分
霜降	6 时 14 分	17 时 14 分
立冬	6 时 28 分	16 时 59 分

续表 1–3

节气	日出	日没
小雪	6 时 43 分	16 时 49 分
大雪	6 时 57 分	16 时 45 分
冬至	7 时 07 分	16 时 53 分
小寒	7 时 09 分	16 时 58 分
大寒	7 时 08 分	17 时 13 分

1956—2020 年九间棚村
各月平均日照时数、日照率一览表

表 1–4　　单位：小时、%

月份	日照时数	日照百分率
1	118.12	50.05
2	162.6	51.2
3	201.62	59.72
4	220.03	60.13
5	232.49	61.78
6	232.92	59.89
7	221.73	54.23
8	213.07	55.92
9	215.73	60.49
10	210.18	62.85
11	193.67	59.11
12	190.84	58.57
全年	2544.79	57.83

气压

1961—2020 年，九间棚村年平均气压 996.5 百帕。1 月份最高 1005.8 百帕，7 月份最低 984.1 百帕。气压四季变化比较明显，一年中 1—7 月递减，8—12 月递增，其变化规律与气温年变化相反。每年 1 月份后气压逐渐降低，7 月份下降至最低值，7 月下旬后气压逐渐回升，至翌年 12 月份达到最高值。历年极端最高气压为 1021.5 百帕（1970 年 1 月 5 日），极端最低气压 981.5 百帕（2003 年 6 月 25 日）。多年平均最高 998.9 百帕（1989 年），最低 983.5 百帕（1977 年）。

风

九间棚村处季风气候区，受蒙古高压和太平洋副热带高压的影响，冬半年多偏西北风，夏半年多东南风，晚春初夏常有西南风，晚秋初冬时见东北风。全年中以夏季风力最大，年平均风速2.6 ~ 2.9米/秒，历年平均最大风速3.2米/秒。风力大于4.0米/秒的大风，累年平均出现10 ~ 16天。历年最大风11级，瞬时风速29.5米/秒（1974年6月20日）。主导风向为东南风和西北风，村民有“北风寒，南风暖，东风潮，西风干”的农谚。

云

1961—2020年，村内云的分布特点是白天多于夜间，13—15时云量最多，2—3时云量最少。夏季云量最多，6—8月平均总云量在5成以上，冬季云量最少，12月总云量1 ~ 2成。历年平均晴天（云量小于2.0成）为142.5天，阴天（云量大于8.0成）为104.3天。晴天最多148天（1951年），最少130天（1964年）。阴天最多140天（1964年），最少98天（1978年）。云量1月份最少，7月份最多。

湿度

1961—2020年，累年平均相对湿度57%。因受季节影响，空气干燥的春季相对湿度较小，夏季空气中水汽含量最多，相对湿度较大，秋冬季节，大陆季风开始活跃，湿度逐渐降低。7月份相对湿度最大，为68%左右。1月、2月、12月属干旱气候，4月、5月、10月、11月属半干旱气候，6月、9月属半湿润气候，7月、8月属湿润气候。相对湿度日变化量与气温的日变化相反，日出前为最高，12—15时最低。一年四季最大相对湿度出现的时间不一致，夏季提前，冬季推后。最大值一般春季出现在6时左右，冬季出现在7时左右。最小值一般春、冬季出现在15—16时，夏、秋季一般出现在14—15时。极端相对最小湿度44%，出现在1977年3月24日14时。

蒸发

1961—2020年，累年蒸发量（采用金属圆盆状的小型蒸发器测定）平均1649.5毫米，大于年平均降水量713.5毫米。最大年份蒸发量2061毫米（1966年），最小年份蒸发量1300.7毫米（1980年）。月、日蒸发量随着温度和风速的变化而变化。春季蒸发量最大，夏季次于春季，秋季至冬季逐渐减少。5月份蒸发量最大，为345.9毫米，1月份蒸发量最小，为60.5毫米。其变化规律：1月份后开始逐月递增，至7月份达到最大值，8月份以后逐渐减少，到次年1月降低到最小值。日最大蒸发量为19.5毫米（2008年7月4日）。历年各月平均蒸发量：2月81.8毫米，3月171.3毫米，4月258.3毫米，6月338.1毫米，7月240.5毫米，8月233.5毫米，9月184.8毫米，10月155.9毫米，11月95.6毫米，12月58.4毫米。

地温　冻土

地温　地面温度随气温的变化而变化。1961—2020年，九间棚村年平均地面温度12.8℃，全年月平均地面温度均在0℃以上，其中1月份最低为-2.8℃，5—10月各月都在平均值以上，8月份最高，为26.7℃左右。平均地面最高温度29.5℃，比全县平均地面最高温度低3.2℃。平均地面最低温度6.6℃，比全县地面平均最高温度低4.7℃。

地中温度也有所不同。5厘米地层地温历年平均为12.7℃，8月份最高，为24.4℃左右，1月份最低，为0.3℃左右。并随气温变化而出现相应的升降变化。

冰期　九间棚境内结冰初日，一般在11月1—5日，结冰初日最早为10月27日（1979年），结冰终日最晚为4月8日（1984年）。地下5厘米深处累年平均在12月23—25日开始冻结，至次年2月7—9日解冻，连续冻结期为45天，连续冻结期最长为82天（1973年12月7日至1974年2月27日），连续冻结期最短为33

天（2017 年 1 月 1 日至 2 月 2 日）。历年最深冻土 40 厘米（1980 年 2 月 10—12 日）。冰期平均 105 天。最长冰期为 150 天（1967 年），最短冰期为 97 天（2007 年）。2009 年，村内终冰日 3 月 24 日（农历二月二十八日），初冰日 11 月 12 日（农历九月二十六日）。2019 年，村内终冰日 3 月 19 日（农历二月十三日），初冰日 10 月 30 日（农历十月三日）。

树凌（2011 年 12 月 摄）

冻土　地面温度降到 0℃以下时，土壤开始出现冻结。出现冻土层的时间一般为 11 月下旬至翌年 2 月上旬。1975 年前，九间棚的冻土层达 30 厘米左右，地面冻裂的缝隙达 1.5 厘米左右。1990 年后，冻土层一般不超过 20 厘米，冻土时间亦有减少，初冻时间已由 10 月 15 日（1962 年）延至 12 月 4 日（2005 年）。最大冻土深度由 1961 年 1 月的 37 厘米减少到 2015 年的 11 厘米。

特殊天气

九间棚村域内的特殊天气主要有大风、雾、冰雹、雷暴等，这些特殊天气给农业生产、村民生活带来不良影响。1965—2019 年，上述特殊天气现象年平均出现日数：大风 4 天，雾 27 天（10 月最多为 8 天），冰雹 0.1 天（5 月、6 月均为 0.3 天），雷暴 22 天（7 月最多为 9 天）。干旱、暴雨、雷暴、冰雹、大风、低温冻害、寒潮、暴雪是影响九间棚村最严重的灾害性天气，每有发生即给村民造成一定的经济损失。

九间棚时辰

时辰是旧时计时的单位，古代人用“铜壶滴漏”的方法计时，把一昼夜分为十二时辰，即子、丑、寅、卯、辰、巳、午、未、酉、戌、亥。

时辰与地支　十二时辰对应于现时的二十四小时，分别以地支为名称，以夜 11 时为起算，半夜 11 时以前为一日，半夜 11 时以后为次日，半夜十一点到一点的时间为子时，一点到三点为丑时，三点到五点为寅时，以此类推。一个钟点叫作 1 个小时，分为四刻，一刻等于 15 分钟。

子时　夜半，又名子夜、中夜，十二时辰的第一个时辰。北京时间 23 时至次日 1 时。

丑时　鸡鸣，又名荒鸡：十二时辰的第二个时辰。北京时间 1—3 时。

寅时　平旦，又称黎明、日旦。寅时是夜与日的交替之际。北京时间 3—5 时。

卯时　日出，又名日始、破晓、旭日。指太阳刚刚露脸，冉冉初升的那段时间。北京时间 5—7 时。

辰时　食时，又名早食。古人“朝食”之时也就是吃早饭时间。北京时间 7—9 时。

巳时　隅中，又名日禺。临近中午的时候称为隅中。北京时间 9 时至 11 时。

午时　日中，又名日正、中午。北京时间 11—13 时。

未时　日昳，又名日跌、日央。太阳偏西为日跌。北京时间 13—15 时。

申时　哺时，又名日铺、夕食。北京时间 15—17 时。

酉时　日入，又名日落、日沉、傍晚。意为太阳落山的时候。北京时间 17—19 时。

戌时　黄昏，又名日夕、日暮、日晚。此时太阳已经落山，天将黑未黑。天地昏黄，万物朦胧，故称黄昏。北京时间 19—21 时。

亥时　人定，又名定昏。此时夜色已深，人们停止活动，安歇睡眠。人定也就是人静。北京时间 21—23 时。

更时对照　旧时人们将十二时辰中的戌、亥、子、丑、寅时五个时辰定为五更，即戌时，北京时间 19 时零分至 21 时零分为一更。亥时，北京时间 21 时零分至 23 时零分为二更。子时，北京时间 23 时零分至 1 时零分为三更。丑时，北京时间 1 时零分至 3 时零分为四更。寅时，北京时间 3 时零分至 5 时零分为五更。

九间棚时辰对照　九间棚村民对照十二时辰进行生产生活，形成习俗。子时俗称半夜门，丑时俗称鸡叫门，寅时俗称雾露明门，卯时俗称日头冒红门，辰时俗称饭食门，巳时俗称东南晌门或小晌午门，午时俗称晌午门，未时俗称晌午歪门，申时俗称日头西门，酉时俗称烧火时门，戌时俗称上黑影门，亥时俗称睡觉门。九间棚人勤劳、早起晚睡，一日生产生活一般在鸡叫门，即丑时，五更天起床、女人推磨，压碾，男人挑水、拾掇地，开始一天的劳作。雾露明门，即寅时下地干活。饭食门，即辰时收工吃早饭。晌午门，即午时收工吃午饭，在三伏天有歇晌的习惯，一般两刻钟。上黑影门，即戌时收工回家吃晚饭。睡觉门，即亥时，在拾掇完农具，准备好次日生产工具后上床休息、睡觉。在冬、春季节家庭妇女则要先伺候老人、孩子入睡后，纺棉花至半夜门，即子时方能上床睡觉。

物候

九间棚村域内的物候现象主要表现在动植物上，有农历三月“梨花开，田鼠出”“玄鸟来，蝼蛄鸣”的谚语。说的是农历三月天气已经回暖，梨树开花，田鼠也从地里出来觅食。农历三月燕子飞来，蝼蛄在田沟鸣叫了。

农作物候　高粱，清明下种，立秋收获，有“清明前十天不算早，清明后十天不算晚”“立秋三天遍山秫秸攒”之说。棉花，谷雨下种，夏至始花，立秋拾花，霜降拔柴，有“枣发芽，种棉花”“花见花，四十八（天）”农谚。瓜类、豆类一般在谷雨前后下种，有“谷雨前后，种瓜点豆”的农谚。头伏种萝卜（胡萝卜），二伏种菜，有“头伏萝卜二伏菜，三伏移栽大白菜”“夏至刨蒜，不刨就烂，立冬起葱，不起就空”的农谚。

树木物候　春分时节迎春花开，春分后杨树发芽，谷雨后刺槐发芽、金银花开，立夏到来紫藤开花，芒种蔷薇开花，立冬时节草木凋零。

1960—2020 年九间棚村主要树木物候期表

表 1-5

树木名称	芽开放期	叶展盛期	开花盛期	果成熟期	秋季叶变色期	落叶期	
						始	末
杨树	4 月上旬	4 月中旬	3 月中旬	4 月下旬	10 月中旬	10 月下旬	11 月下旬
刺槐	4 月中旬	4 月下旬	5 月中旬	8 月中旬	10 月中旬	10 月下旬	11 月中旬
梧桐	4 月中旬	4 月下旬	4 月中旬	10 月下旬	10 月下旬	10 月中旬	11 月中旬
侧柏	4 月中旬	5 月上旬	4 月上旬	9 月下旬	10 月下旬		
金银花	3 月中旬	3 月下旬	4 月上旬		9 月下旬	10 月上旬	11 月中旬
桃树	4 月中旬	4 月下旬	4 月上旬	7—9 月	9 月中旬	9 月下旬	10 月中旬

续表 1-5

树木名称	芽开放期	叶展盛期	开花盛期	果成熟期	秋季叶变色期	落叶期	
						始	末
杏树	3 月下旬	4 月上旬	3 月下旬	6—8 月	6—8 月	9 月中旬	10 月中旬
石榴树	4 月上旬	4 月中旬	5—8 月	7—10 月	10 月上旬	10 月中旬	11 月中旬
枣树	4 月上旬	5 月上旬	4 月下旬	9 月上旬	9 月下旬	10 月中旬	10 月下旬
银杏树	4 月下旬	5 月上旬	6 月下旬	9 月上旬	9 月中旬	10 月中旬	10 月下旬
梨树	3 月中旬	3 月下旬	4 月上旬	9 月	10 月上旬	10 月中旬	10 月下旬

动物类物候　3 月中旬燕子即行归来，有“春燕来，杨柳花开”的农谚，秋分之时返南方。春分青蛙出洞，谷雨始鸣，有“蛤蟆打哇哇，45 天吃谷馇”的谚语。夏至蝈蝈叫，大暑蚱蝉（俗名知了）劲叫。寒露时节鸿雁天空排阵飞，2 月下旬南返。鸡于春末夏初抱窝（孵雏），秋季换毛，有“鸡蛋缺八月不缺腊月”（鸡换毛期间不下蛋）之说。

燕子（2019 年 4 月 摄）

第六节　土壤 植被

九间棚村土地资源贫乏、土壤瘠薄，土壤类型为棕壤性褐土。植被主要为林业植被、农业植被，人工植被有人工栽种的树木、果树、花卉。

土壤

土壤在气候、地形、母质、生物和时间五大成土因素的综合作用下形成。九间棚村土壤类型有 1 个土种 2 个亚类，可利用面积 95 公顷；以棕壤性褐土为主。

棕壤性褐土　又名棕色森林土；俗称石碴土，由石灰岩、片麻岩等岩类风化而成，成土母质分布为岩类的残坡积物—坡洪积物—洪冲积物，质地中壤，通体棕色或棕褐色，剖面为粗骨土，土层浅薄，一般 0.3 ~ 0.5 米，最深大于 1 米，随地形而异。表土多为灰棕或淡灰棕色，粒状结构，含有大量的粗砂和砾石，砾石含量 20% ~ 25%，质地粗糙而松散，有机质含量 0.35%，pH（酸碱度）6.5，土地贫瘠。表土以下即为半风化母岩。土层之上为现代次生林下的棕壤凋落物层与腐殖质层存在，耕种之棕壤，因人类生产活动及侵蚀等原因，腐殖质层已不存在。村域面积 103 公顷，其中耕地面积 13 公顷，占总面积的 12.62%。易漏肥跑水，适宜种植地瓜、谷子、花生等耐旱农作物及柏树、槐树等防护林木和苹果、桃、梨、金银花等经济树木。2020 年，全村经济林面积 65 公顷，其中金银花面积 45 公顷。

棕壤（亚类）　面积 65 公顷，占全村土壤面积的 38.69%；其中耕地面积 4 公顷，占总面积的 2.38%。由洪积物母质发育形成，成土母质

棕壤骨质土（2019 年 6 月 摄）

为酸性岩坡洪积棕壤。另有少量人工堆积物，土厚度 0.7 ~ 1.2 米，表层多为轻壤，无石灰反应，有机质含量 0.7%，pH 值 6.5，湿润、松散、孔隙多，易漏肥漏水，适宜种植玉米、地瓜、花生、谷子等农作物，适宜树木生长。

土壤肥力　耕层适中的土壤物理性状良好，自然植被以侧柏为优势树种，农业种植以地瓜、谷子两年三作或一年一作。

土壤养分　土地耕作层土壤养分总体情况：严重缺磷、钾，氮素不足，有机质下等偏低，氮、磷、钾比例失调。

植被

九间棚村域植被分为自然植被、农业植被和人工植被。

草本植物有 20 科 100 余种。其中药用草本植物有 80 余种。野生药材植物 50 余种。龙顶山、天宝山林场，植被茂密，除部分裸岩外，林木覆盖率达 85%。生长的次生树种有乔木、灌木等。乔木主要有油松、赤松、麻栎、栓皮栎、五角枫、刺槐、槲栎、大叶白蜡、核桃楸、车厘子、华东椴、黑榆、山核桃、山樱桃、鹅耳枥属等，引种成功的树种有华北落叶松、黄波罗、水杉等。灌木主要有黄荆、野葡萄、绣线菊属、杜鹃属、胡枝子属、鼠李属等。草本植物主要有结缕草、鬼针草、葎草、马唐、萱草、卷柏、羊胡子草、苔草、黄背草、白草、蕨类等，药用木本植物主要有金银花、杜仲、酸枣等，药用草本植物主要有蒲公英、茵陈、艾蒿等。

植被类型　村域内主要有防护林植被、落叶阔叶林、经济林和水生植被 4 种类型。

防护林植被类型。黑松、侧柏—黄荆 + 胡枝子—黄背草 + 结缕草 + 蚊子草群落；黑松、侧柏 + 刺槐—黄荆 + 胡枝子 + 酸枣—黄背草 + 野古草群落；黑松、侧柏 + 麻栎 + 栓皮栎—胡枝子 + 黄荆 + 酸枣—黄背草 + 结缕草群落。

落叶阔叶林类型　分布在老虎窝峡谷、山沟、山坡，分为乔木树种混生型。主要乔木树种为柏树、刺槐、毛白杨、栓皮栎、麻栎、梧桐树、黄连木、柳、榆、楸树等。灌木多为胡枝子属、黄荆、酸枣等。草本主要有黄背草、结缕草、鸡眼草、马唐、地柏等。

经济林类型　主要有金银花、山楂、梨、蜜桃、苹果、核桃、柿子、花椒、石榴、葡萄、枣、杏、李子、樱桃等经济树种。多整成梯田集约经营，林下除间种少量农作物外，其他灌草较少，仅在空隙坎堰上生长有黄荆、酸枣、胡枝子、黄背草、鬼针草、艾蒿等，覆盖率 65% 左右。

山坡、山坳生长次生车梨子、树莓、荆棘（俗称酸枣子）、杠柳、柏树等灌木、树木。沟壑、路旁、墓地等处遍生马唐（俗称竖草芭子）、狗尾巴草（俗称毛衣穗子）、猫耳刀、茅草、香草、茌大萝等 100 余种杂草，形成成片的自然植被。杂草中尤以白茅、牛筋草和结缕草保持水土的能力强。

酸枣　又名棘、棘子、野枣、山枣、葛针

酸枣（2019 年 9 月 摄）

等，鼠李科枣属灌木植物，耐旱，野生于山坡、崖边，花的形态同枣花相似，果小密生，圆或椭圆形，味酸甜，种仁饱满可作中药。《神农本草经》记："主心腹寒热，邪结气聚，四肢酸痛湿痹。久服安五脏，轻身延年。"《名医别录》称其"补中，益肝气，坚筋骨，助阴气，能令人肥健"。三年经济困难时期村民采以充食，留取果核出售药材公司。

车厘子　又名车梨子，英译名樱桃，别名含桃、荆桃等，蔷薇科樱属植物，一年生木本植物，耐旱，遍生于山坡、崖边。是上市最早的一种乔木果实，其果实小而色艳，味道酸甜，既可鲜食，又可腌制或作为其他菜肴食品的点缀，备受青睐。

黄荆　又名荆棵、牡荆、荆条，马鞭草科落叶灌木，其果实（黄荆子）及根、茎、叶入药。四季均可采集，根、茎洗净切段晒干，叶、果阴干备用，叶亦可鲜食，为村域内生长最广泛、旺盛的灌木。其根外形沧桑有力，有较高的观赏价值，常被盆景爱好者培植成盆景。

黄荆（2019 年 6 月 摄）

杠柳　又名羊奶条、北五加皮、羊角桃等，属双子叶植物纲、落叶蔓性灌木。其特性喜光、耐旱、耐寒。根系分布较深，常丛生。初期生长茎直立，后渐匍匐或缠绕，长可达 1.5 米，主根圆柱状，外皮灰棕色，内皮浅黄色。叶卵状长圆形，长 5 ~ 9 厘米，宽 1.5 ~ 2.5 厘米，顶端渐尖，基部楔形，叶面深绿色，叶背淡绿色。中脉在叶面扁平，在叶背微凸起，叶柄长约 3 毫米。

生长于山坡、沟边、路边、灌丛中。药籍载：镇痛，除风湿。治风寒湿痹，脚膝拘挛，筋骨疼痛。

杠柳（2019 年 6 月 摄）

结缕草　又名狗皮草，为多年生草本植物，耐旱，遍生于山岭沟崖堰坡等处，地下根系发达，根根相连，形成网状根片，蔓生迅速，连片生长。和尚崮凹、后阴泉子东遍地生长。

狗尾草　俗名毛衣穗子，一年生草本植物，耐旱，遍生于河滩沟崖堰坡等处，地下根系发达，根根相连，形成网状根片，蔓生迅速，连片生长。山间沟边、经济林地旁等处遍地生长。

农业植被　为人工植被的主要形式，与村史同长，村民粮食作物种植类主要有地瓜、玉米、谷子、高粱、绿豆、扁豆等，经济作物多为花生、大豆、芝麻、瓜类（西瓜、甜瓜）、麻类等，蔬菜有大蒜、马铃薯、大白菜、生姜、辣椒、葱、菠菜、萝卜、茄子、黄瓜、西红柿、豆角等，经济林果主要有山楂、黄梨、蜜桃、苹果、金银花等。

水生植被　村域内水面面积较小，水生植物主要有芦苇、蒲、浮萍、水芹、水草等。多生长在沟壑谷底、泉体旁边。

人工植被　九间棚村民历史上就有营造人工植被的传统，墓林中遍植柏树、槲树等乔木，还在沟边、地堰乃至宅旁院内栽植杨树、榆树、槐树、梧桐树、桑树等用材和绿化树种，在易被洪水冲刷的沟边地头，则集中栽植白蜡条、紫穗槐等。中华人民共和国成立后，九间棚村民坚持在山坡、沟旁进行冬春或雨季造林。1960 年后，则在东西沟地堰边栽植地边桑、金针菜等，利用宜林地栽植各类果树和用材林。

第七节　自然资源

九间棚村自然资源有土地资源、水力资源、矿产资源和动植物资源等。

土地资源

清宣统年间，九间棚村总面积 2.1 平方千米，其中耕地 5 公顷。1948 年，土改时全村共有土地 7 公顷。

1992 年 5 月，土地资源调查，九间棚村总面积 168 公顷，其中耕地面积 10.5 公顷，占总面积的 6.25%；村庄居民户建设用地 26.5 公顷，占总面积的 15.77%；经济林、用材林面积 31.67 公顷，占总面积的 18.85%；道路交通用地 9.5 公顷，占总面积的 5.65%；防护林、沟壑面积 59 公顷，占总面积的 35.12%；水利设施用地面积 7 公顷，占总面积的 4.17%；其他用地面积 23.83 公顷，占总面积的 14.18%。全村土地资源分为两级：一级地 4.1 公顷，占全村耕地面积的 39%。主要分布在村庄东、南部，为棕壤土，土层中有障碍层次，适宜种植谷子、高粱、地瓜、花生、豆类等作物，个别邻近水源的地块可播种小麦、玉米。二级地 6.4 公顷，占全村耕地面积的 61%。主要分布在村北部、马家岭，为钙质岩坡洪积棕壤骨质土，土壤瘠薄，适宜种植地瓜、谷子、小杂粮等作物。

2020 年，全村土地资源与 1992 年相比，金银花园、果园面积增多 9 公顷，生态林面积增加 7 公顷，荒山面积全部绿化。

矿产资源

九间棚矿产资源贫乏，仅有 3 种矿产资源可利用。一是花岗岩，可供建筑用板材，总储量 1000 万立方米以上，为黑云母斜长石花岗岩。二是石灰岩，厚度大，石质欠佳，可用于建筑材料，总储量 2000 万立方米以上。三是页岩，有明显的薄层理构造，为钙质页岩，具有薄页状或薄片层状的节理，品位低，未形成矿脉、矿点，不具备开采价值。

生物资源

20 世纪 70 年代前，村域生物种类繁多，80 年代后，由于人口增多，农业、林果业用药剧增等，野生动植物因失去生存的条件而大量减少。2010 年后，村金银花、果品产业实行“六不用”生产标准，野生动植物量有所增加。2020 年，村域内野生植物资源有草本植物、木本植物和藤本类植物 3 类 100 余种，动物 5 纲 80 余种。

2019 年九间棚村主要植物情况表

表 1–6

植物种类	品种
木本植物	杨、柳、榆、松、侧柏、刺槐、国槐、棉槐、桐、黄栌、柞树、银杏、苹果、山楂、梨、枣、桃、樱桃、杏、核桃、柿子、花椒、香椿、李子、桑、车梨、荆、棘等
藤本植物	金银花、葡萄、野葡萄、紫藤、葛条、爬山虎、迎春、杠柳等
草本植物	柴草类以山草、茅草、蒿类为主，牧草类以骨节草、莠草、羊胡子草、翻白草、苍耳、蒺藜为主，药食草类以荠菜、蒲公英、苦菜、车前、小蓟、灰菜、马齿苋、龙须菜、金针菜、蓬子菜、地丁、桔梗等为主
水生植物	芦苇、蒲、莲藕、浮萍、扎菜、水草等

草本植物　以禾本科为主，其次是菊科、豆科，可分谷类、豆类、薯类、经济类、蔬菜类、瓜果类、野生类、药用类和观赏类等 30 余科 110 余种。

谷类植物　主要有谷子、高粱、荞麦等。

豆类植物　主要有黄豆、黑豆、绿豆、豌豆、红小豆等。

薯类植物　主要有地瓜、土豆、山药、芋头等。

经济类植物　主要有花生、棉花、芝麻、苘麻等。

蔬菜类植物　主要有白菜、萝卜、菠菜、韭菜、胡萝卜、茄子、辣椒、西红柿、豆角、包菜、菜花、南瓜、冬瓜、黄瓜、丝瓜、葱、姜、蒜等。

野生类植物　主要有结缕草（俗名狗皮草）、马唐（俗名竖草耙子）、牛筋草（俗名蹲倒驴）、白茅（俗名茅草）、蚊子草、鬼针草、鸡眼草（俗名掐不齐）、野绿豆、筛子底、舌出苗、野苘、野蒜、菟丝、拉拉秧、野麦子等。

野韭菜、里夹嘴、灰菜、野蒜

野生药用植物　主要有忍冬花、山菊花、丹参、葛根、翻白草、半夏、苍术、黄芪、癞蛤蟆棵、黄荆子、灯笼棵、茵陈、益母草、车前子、酸枣仁、剪股颖、薄荷、白头翁、香附、黄芩、蒲公英、大蓟、小蓟、远志、灵芝、蒺藜、马齿苋、艾蒿、紫苏、荠菜、猪牙草、地榆、柴胡、天南星、萱草、防风、卷柏、透骨草、老鹳草、草决明、鹅不食草、节骨草等50余种。

观赏类植物　主要有美人蕉、凤仙花（指甲桃子）、大丽菊（地瓜花）、青葙花（鸡冠花）、六点半（地雷花、懒老婆花）等。

木本植物　分属45科110属（包括变种），有乔木、灌木、藤本类。分布广泛的树种有侧柏树、松树类（赤松、油松、黑松）、刺槐、麻栎、黑杨、梧桐、楸树、栾树、女贞、核桃、板栗、桃树、山楂、樱桃、柿子、苹果、花椒、枣树、杏树、石榴、银杏、香椿、桑树等。

槐树　有国槐、刺槐（俗称洋槐树）之分，均属落叶乔木，国槐树冠球形庞大，枝多叶密，花期较长。槐米，芳香清雅，可做染料，也可做药材。槐豆，可采晒炒后作茶用。槐木可为梁为椽，做桌做椅，为优质木推车材料。刺槐树是近百年来发展的树种，因其耐瘠薄、抗旱，木质硬，其叶、花均可食用，颇受村民喜爱。

五月槐花开（2019年5月 摄）

柏树　村民直呼为松树，为裸子植物门，松柏纲，常绿乔木。树高可达20米，树皮红褐色，纵裂，小枝扁平，雌雄同株，球花单生枝顶，球果近卵形，种子长卵形，无翅。侧柏喜光，耐

柏树（2019年5月 摄）

荫、耐阴、耐干旱、耐贫瘠，生长缓慢，寿命长，木质软硬适中，细致，有香气，多用于建筑、家具、细木工等。种子、根、叶和树皮可入药。种子可榨油，供制皂、食用或药用。球果壳为民间制香原料。墓林中多种植柏树，远望苍翠一片，使人顿感肃穆。2020年，村域成片柏树林平顶山、龙顶山、小土山、马家岭北等7片100公顷，约15万株，最小半径均在10厘米以上，多栽植于20世纪50—60年代。

水杉树　属中生代白垩纪和新生代树种、杉科水杉属落叶乔木，国家一级保护植物，中国特有树种。村东水杉林为1966年从湖北省引进栽种，是北方地区引入最早、种植面积最大的一片水杉树林，2020年有206株，株半径0.65～0.9米。

水杉树（2019年6月 摄）

梨树　中华人民共和国成立初期，梨树为主要经济树木，1978年，全村有梨树1000棵，年产黄梨12万千克。石堑沟旁有1棵梨树年产黄梨400千克。2020年，为村民主要经济林树种，户户有栽种，有盛果期梨树200余棵，年产黄梨4万千克。

山楂　又名山里红，是村民栽培的传统果树之一。20世纪80年代前，九间棚山楂大多是地边、地堰、房前、屋后零星栽植。90年代初期，国内山楂市场价格连年走高，村民抓住商机栽种山楂树21公顷，年产山楂果68万千克。之后国内市场山楂供大于求，销售价格持续低落，部分果农逐渐毁掉山楂园，改种金银花。栽培品种有大敞口、歪把红、大五楞、大金星、山里红、小绵球和大绵球等。2020年，全村有山楂树1.2万棵，年产山楂果32万千克，为村内第一经济树木。

摘山楂（2019年10月 摄）

柿子　村民栽培的原生果树树种，在荒坡、地堰有百年古树分布，品种有馍馍柿、大扁柿、镜面柿、胎里红、锣盘柿等，为零星栽植。2020年，全村盛果期柿树有300余株，年产柿子3万千克。

柿子树（2018年11月 摄）

核桃　是村内坚果类果树树种，多为晚实核桃品种群，有百年古树1棵。1990年，引入新疆早实核桃，逐步形成早实核桃品种群。2019年，村域内零星栽植有300株，年产量1万千克。

藤本类植物　主要有葡萄、瓜蒌、葫芦、紫藤、爬山虎等。

葡萄　多在庭院中栽植，凡栽植者均搭葡萄架，品种有巨峰、红提、龙眼等。2019年，村域内山葡萄较多，从山中移植到庭院、街头做绿化、观赏苗木，村民栽种有百余株，村委会院内、村展览馆前均有栽种。

紫藤 别名藤萝、朱藤、黄环。属豆科、紫藤属，一种落叶攀缘缠绕性大藤本植物。位于小圣堂前山坡上，有连片上水石，倚石长出一株藤萝，主藤合抱粗，藤石相抱，盘曲嶙峋，交错缠绵，树根生入灰质岩中与岩石混为一体。据考证，藤萝寿同道观，历经500余个春秋，春季开花，青紫色蝶形花冠，美丽动人。

紫藤（2019年5月 摄）

水生植物 主要有芦苇、浮萍、水草、香蒲、莲藕等。

食用菌 村域内主要有香菇、平菇、鸡腿菇、松菇、银花菇、黑木耳等。

银花菇 又称金花菇、双花菇、银花莪子，九间棚村特产，为金银花木根部菌自然生成，食药兼用，为村民待客的上等珍馐，地方名产。

松菇 俗称莪子，为九间棚天然赤松林、油松林、黑松林牛肝菌科真菌褐环乳牛肝菌、点柄乳牛肝菌的子实体，含钾、铁等微量元素和丰富的维生素，含有松茸醇、异松茸醇等药用成分。

动物 20世纪70年代前，村域动物种类较多，野生动物种类有狼、野兔、麻雀等5纲60余种（包括亚种）。80年代后，由于人口增多，农业、林果业用药剧增等，野生动物因失去生存的条件而大量减少，大部分种类已经绝迹，小部分种类已濒临绝迹，自然界的生态平衡受到破坏。动物的种类、数量产生较大差异，常见陆栖动物有兽纲、爬行纲、两栖纲、鸟纲、昆虫类。有山东省重点保护兽类7种，分别是狼、狐、獾、黄鼬、果子狸、豹猫、麝鼹。

兽纲 分哺乳类、爬行动物类、软体动物类、节肢动物类、虫类五类。

哺乳类 分野生和家养两类。

野生类哺乳动物 主要有狼、獾、狐、野狸、黄鼬、野兔、蝙蝠、刺猬、鼠等。

狼 有大灰狼和小石狼之分，小石狼体型小，行动敏捷。20世纪50年代和尚崮、后阴泉子处常有小石狼出没，特别是每年农历的六月、腊月时节多见。有“六月六敬山神”，腊月里向宅外扔死牲畜（意为喂饱狼，使其免扰畜禽）的习俗。60年代主要栖息于山林中，80年代后罕见。

狼

獾 有人脚獾（五爪）、四脚獾（四爪）两种，挖洞穴居，活动于老虎窝峡谷、后阴泉子沟等野外，危害瓜、薯等农作物。2010年后仍有少量活动于龙顶山树林中。

狐狸 哺乳纲食肉目犬科动物，有红狐、赤狐和草狐之分，有敏锐的视觉、嗅觉和听觉，四肢修长奔跑快速（最快时速可达50千米），以鱼、鼠类、鸟类、昆虫类等小型动物为食，因袭击家禽，被村民视为不良动物。2010年，仍有少量活动于龙顶山、大巡山树林中。

黄鼬 俗称“黄鼠狼子”，小型食肉动物，主要以啮齿类动物为食，一只鼬一年可吃1500～3200只老鼠。栖息于野外或人迹稀少的院落草堆之中。有一般黄鼬和“乌嘴头子”（嘴上有黑色毛圈）之分。村民一般不驱赶捕杀。

黄鼬

刺猬　别名刺团、猬鼠、偷瓜獾、毛刺等。体背和体侧满布棘刺，头、尾和腹面被毛。吻尖长，尾短。前后足均5趾，爬行，受惊时，全身棘刺竖立，蜷成如刺球状，头和4足均不可见。昼伏夜出，食虫，兼食植物，冬眠。年产仔1～2胎，每胎3～6仔。栖息于野外或院落草堆之中，多夜间活动，村民一般不捕杀。

刺猬

蝙蝠　俗称"绵绵虎子"，栖息于房檐等处，夜间飞出活动，捕食昆虫。

野兔　俗称草兔、坡兔子，生于荒山、田间，常于春季啃食豆苗类植物，村民多下套捕捉，食肉。

鼠　为"四害"之首，有家鼠和田鼠之分，种类繁多，数量较大。家鼠损害粮食、物品，传播鼠疫等疾病。田鼠穴居田间，损害各种农作物。中华人民共和国成立后，村民按照上级要求，多次开展以灭鼠为中心的爱国卫生运动，减轻鼠害。

家畜类哺乳动物　主要有牛、马、驴、猪、羊、兔、狗、猫等。

牛　九间棚人世代饲养黄牛，用于耕地。村民护爱有加，平日精心饲养。集体所有制时建有专用牛棚，选配饲养员专人喂养。

耕牛

猪　20世纪90年代前，95%的村民户饲养，作为家庭副业，创造财富。人民公社时期，大队专门划出饲料地并将圈肥按数量记工分参与分配，以鼓励社员发展养猪，1976年，全村出栏生猪58头，其中集体养猪15头，积土肥60立方米。2019年，马家岭寿山农场养猪场散养黑猪108头，村民圈养15头。

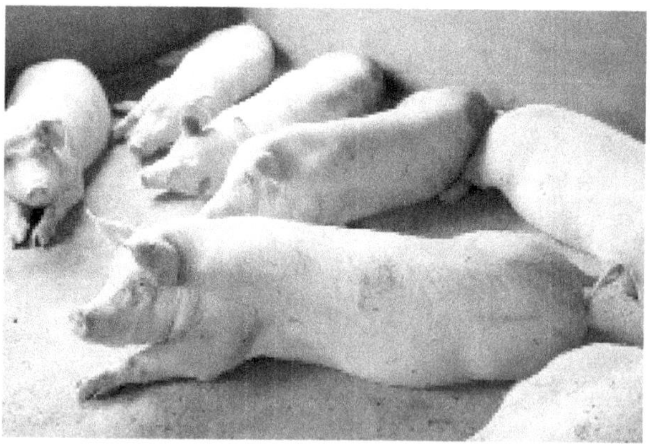

家庭养猪

羊　村民世代饲养，少者三五只，多者八九只，农作物秸秆做饲草，山坡、沟壑饲草丰富，羊粪是上乘的耩粪和底肥。1964年大队投资从县林场购买36头绵羊，1966年后改养山羊。1981年，全村有4群羊350只，均为村民个体所有，大队选派刘德明、刘德玉、张宗田、刘甲余、刘立华、刘甲军为羊倌。集体筹措修路资金，建立饲养场，羊倌由集体记工，每只成年羊集体付 2 元粪钱。土地私有制时期，九间棚人对外村羊群到村内山场放牧持欢迎态度，有的户主还为羊倌送上饭菜，让羊群在自家地中过宿、胙地积肥。土地集体所有制时期，九间棚大队集体羊群在山坡偏远地块中轮流胙地，省去运送土肥不便之劳。

山羊

兔　村民世代小规模或零星饲养，有长毛兔和肉食兔两类。肉食兔饲养粗放，繁殖能力强，生长速度快，农作物秸秆、秧蔓、槐树叶、金银花叶均可作饲料。其皮毛可制衣，肉质优于猪肉。在 20 世纪 70—90 年代村民进行规模化饲养长毛兔，村民廉茂元、刘立江等户各饲养长毛兔、肉食兔 30 ~ 50 只。

狗　九间棚村民世代均有养狗的习惯，多用于看家护院。1985—2005 年，村民年均饲养量 30 ~ 40 只。2000 年后，村民户饲养“京巴”等宠物狗增多。村民养狗户占 85%。

猫　历史上村民养猫多用于驱鼠，近年来主要作宠物饲养。

爬行动物类　均为野生，主要有蛇、蜥蜴、壁虎、蝎子、蚰蜒、蚯蚓、蜗牛等 20 余种。两栖爬行动物有青蛙、蟾蜍 2 种。20 世纪 60—80 年代，村域年产沂蒙全蝎 100 千克左右，每年谷雨时节部分儿童放学后，带上瓶子、夹子到龙顶山前坡捉蝎子，一个小时可捉拿 30 ~ 40 只，到山下供销社门市部售卖每只 0.01 ~ 0.02 元。90 年代后，因自然环境变化，蝎子存有量减少。

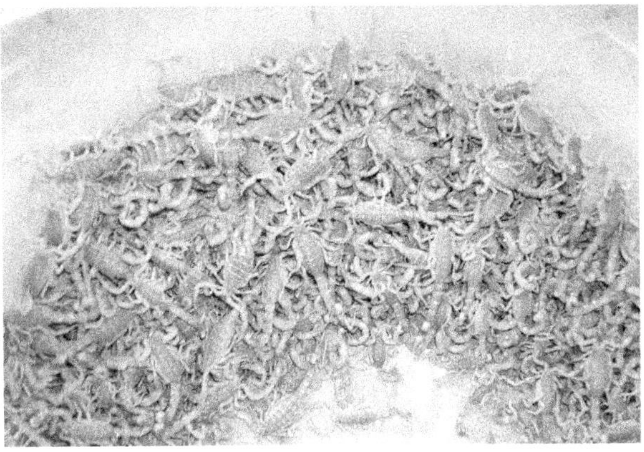

沂蒙全蝎（1995 年 5 月 摄）

软体动物类　主要有蜗牛、蚂蟥、蚯蚓、豆虫、毛虫、袋蛾等。

节肢动物类　主要有天牛、金龟子、蚂蚁、蜘蛛、萤火虫、蜻蜓、蝴蝶、蚊子、苍蝇、虱子、臭虫、跳蚤、蟑螂、蚜虫、蝈蝈、蝉、蝎子等。

鱼虾蟹类　村内淡水鱼类主要分布于水塘、沟汊汪塘，常见的有鲫鱼、麦穗鱼、窜条、咯吱唉、泥鳅、虾、螃蟹等 10 余种。

昆虫类　有 50 余种，可分益虫、害虫两类。

益虫　主要有螳螂、蚯蚓（俗称蛛溜船）、蜘蛛、七星瓢虫、蜜蜂等。

害虫　主要有蝗虫（俗称蚂蚱）、蝼蛄、蛴螬（金龟子）、蝴蝶、蛾子（美国白蛾、豆天蛾、旋花天蛾等）、黏虫（俗称五花虫）、蜗牛、地老

蝗虫（登倒山）

虎、钻心虫、星天牛、斑蝥、蚰蜒、萤火虫等。

九间棚村山林面积大，林多蝉多，夏日满山树林里蝉声一片。晚上乘凉之际摸蝉猴，早晨抓白蝉。村民称蝉为小地参，炒、炸、烧均可做成一道美味佳肴。

鸟类　九间棚村地处山区，村内植物种类多样，昆虫数量和种类较多，为鸟类提供了丰足的食物，主要是野生鸟类，家养的鸟类有鸽子、鹌鹑。

候鸟　主要有大雁、燕子、布谷鸟、白头翁等，特别是大雁，在20世纪70年代前，成群结队地布成“人字形”“一字形”从九间棚村上空飞过。21世纪后已罕见。

留鸟　主要有麻雀（俗称家雀子）、云雀（俗称亚兰子）、乌鸦（俗称黑老鸹）、喜鹊、斑鸠、啄木鸟（俗称参参姆子）、猫头鹰（俗称夜猫子）、画眉、野鸡、雕、苍鹰（俗称老鹰）、鹞子、小鹰子（雀鹰）、翠鸟、赫了姆子、打鱼郎子、黄鹂、腊嘴、大柳叶、草红莲、草白莲、白头翁、金翅鸟、青雀、草哨子。黄雀、凤头百灵被列为省重点保护野生动物。

对于各种益鸟，村民世代均有加以保护的习惯，世代相传“喜鹊叫喳喳，亲戚来到家”等俗语为村民保护鸟类起到一定的导向作用。

家禽类　主要有鸡、鸭、鹅等，以养鸡为主，1950—1970年全村年平均饲养量300 ~ 350只。1980—2000年全村年平均饲养量400 ~ 500只。1991—1992年，村集体在平顶山建起养鸡场，建8个大棚，每个棚养2500羽肉鸡，共2万羽，周期60天，每只盈利1.6元，每年养4期，成活率达93%。刘立青任场长，廉永任技术员。1993年，村民刘立堂承包，饲养蛋鸡、肉鸡，年缴承包费1.8万元。2015—2020年，寿山农场养草鸡300羽。用放养和自制饲料生产的九间棚草鸡蛋质量好、营养价值高，价格高于市场鸡蛋一倍。

水资源

九间棚村水资源贫乏，主要来自天然降水、塘坝、水池储水和泉水。天然降水主要是雨、雪，常年降水量平均713.5毫米，多年平均积雪23.5毫米。村境内7处山泉水供农村用水尚不足。“农业学大寨”期间，特别是改革开放后组织村民大搞农田水利建设，修塘坝、蓄水池，找山泉水，建引水渠、集水渠，基本解决全村用水困难。

2000年后，随着全球气温升高，天然降雨、雪减少，大雨、大雪量次减少。加之人口增多，村路交通、居住用地、经济林果用地增多，地表水储存减少，地下水枯竭寻觅不得，村域地表水资源短缺，村民农业用水全靠塘坝、水池储蓄地表水供给。全村地表水资源总量105万立方米，比全县人均水资源量少2/3，为严重缺水村。

地表水资源　九间棚地表水资源主要是天然降水，村域内天然降水产生的径流量，丰水年约为130万立方米，枯水年约为90万立方米，水利工程年拦蓄水总量30万立方米，占地表水年总量的28.57%，人均3620立方米。天然地表水化学性质比较稳定，属重碳酸盐型水。矿化度0.2 ~ 0.4克/升，属淡化水。pH值在7.7 ~ 8.1，呈弱碱性。总硬度2.5 ~ 24德国度，符合农村饮水及灌溉用水标准。

地下水资源　九间棚地处寒武纪灰岩、石灰岩岩溶裂隙积水区，地理位置高，岩溶裂隙不发育，水力连通性差，渗透性、富水性弱，含水岩层深，径流量小、少，单井日涌水量小于300立方米，为严重贫水区。

水质　村域地表水属重碳酸盐型水，矿化度0.3 ~ 0.35毫克/升，酸碱度6.3 ~ 7.2，呈弱碱性。总硬度7德国度 ~ 14德国度。水质良好。

风能、太阳能

风能　村域内风能资源丰富，常年平均风速3.5米/秒（3级），最大月份在4月份，3.9米/秒（3级）。

太阳能　村域内太阳能资源丰富，常年太阳辐射量120.5千卡/平方厘米，各月份总辐射量以3—5月份最多，12月、1月、2月份最少，多年平均日照6.7小时。1990年4户村民安装太阳能，用于洗浴。2000年，安装不同品牌、型号太阳能热水器35台。2020年，全村村民户安装太阳能热水器76台。主要供给村民洗浴用水。

第八节 自然灾害

九间棚村属典型的温带大陆性季风气候，历史上干旱、风灾频发。道光《费县志》载“土瘠民贫，鹑衣蜗居”“遇雨则澎湃而下，田庐荡洗；遇旱则众壑扬尘，田枯泽竭”的记述。遇大旱遍地生烟，田禾薄收，给村民造成沉重灾难。

清末民国初，自然灾害频发，以旱灾最重，风灾次之，十年九旱，农业减产，村民生活困难。

中华人民共和国成立后，党和政府重视防灾减灾，改善生产、生活和自然环境，进行农田水利建设，整地改土，预防自然灾害。

旱灾

旱灾，为九间棚村气象灾害之首，有“十春有九旱，伏旱占一半，晚秋常缺雨，旱灾年年见”之说，村域发生干旱频率较高，一年四季都有发生，发生频繁，持续时间长，危害重。20世纪70年代前，每遇大旱，村境仅有3处山泉日可涌水5担，为了保障农村用水，大队民兵连派人看守，用秤分水。

春旱　3—5月出现概率最高，一般十年九遇，对春播作物的生长影响较大，1957—2019年出现54次，频率87.1%。

秋旱　9—10月出现概率最高，一般三年两遇，“秋旱如刀刮”，危害较大，对春播作物的生长影响较大，1957—2019年出现44次，频率70.96%。

夏旱　一般出现在初夏，往往由春旱延续而来。个别年份夏季出现伏旱，一般三年一遇。1968年，夏季降雨偏少，造成秋季作物严重减产。

九间棚村的土地历年来怕旱不怕涝。民国前发生干旱，村民除用泥罐提取泉水保苗外，无任何其他积极办法。每遇大旱，造成粮田减产，年景歉收。

中华人民共和国成立后也多次出现大旱，集体组织人力抗旱保苗。1982年春旱，村民抗旱播种。1978年3月10日始，村域内连续78天无雨，大队党支部组织村民节水、找水，保证大旱之年农村用水。1986年4月8日至5月18日，村域内降雨12.2毫米，全村10公顷春播作物抗旱播种。1992年，九间棚村遭遇60年未遇特大旱灾，全村在抗旱中争取粮食不减产。1999年春、夏、秋三季连旱，村集体组织村民建水池，觅水源。

1847—2019年九间棚旱灾情况

表1-7

发生时间	灾情及防治措施
清道光二十七年（1847年7月）	大旱，夏、秋两季粮食作物减产七成
清咸丰二年（1852年）	大旱
清咸丰三年（1853年）	大旱
清咸丰七年（1857年）	旱
清同治十二年（1873年）	大旱
清光绪二年（1876年）	大旱
清光绪三年（1877年）	大旱，半数村民断粮；村民食野菜、树皮充饥
清光绪十三年（1887年）	夏旱
清光绪十四年（1888年）	春旱
清光绪十五年（1889年）	大旱
清光绪二十五年(1899年)	大旱，引发夏、秋蝗灾
清光绪三十三年(1907年)	夏、秋大旱，豆类作物基本绝产
1927年9月	大旱，农作物减产五成
1928年	大旱，引起蝗灾
1929年	大旱，春荒严重，村民半数人家断粮
1942年	大旱，粮食减产五成
1949年	春旱，夏季农作物减产
1953年8—9月无雨	大豆、玉米、地瓜减产

续表 1-7

发生时间	灾情及防治措施
1955 年，春、夏、秋	皆旱，秋季作物减产两成；合作社组织社员抗旱保粮
1959 年 8 月	秋季持续无雨，秋季作物减产八成
1963 年，初夏、秋	干旱，秋旱，秋季作物减产七成
1965 年，春、夏、秋	皆旱，秋季作物减产六成
1966 年	秋旱严重
1967 年 7—8 月	仅降雨 80 毫米，夏季作物减产
1968 年，初夏、秋	干旱，秋旱，秋季作物减产七成
1969 年 11 月至 1970 年 2 月 22 日	连续 140 天无大雨、雪，干旱影响农作物减产
1978 年 3 月 10 日至 6 月 26 日	连续 78 天无雨，夏旱连秋旱，豆类、地瓜减产
1981 年春、秋	春、秋旱，地瓜、大豆等作物减产七成
1982 年 1—5 月	大旱，抗旱浇地
1983 年 1—5 月	大旱，抗旱浇地
1988 年 1—4 月	大旱，抗旱浇地
1992 年 4 月 4 日至 5 月 29 日	干旱持续 85 天，农作物减产；抗旱浇地
1997 年 9—12 月	遭遇百年不遇干旱，全村农作物减产六成，农村饮水困难
1998 年春旱	全村农田因旱墒情差不能播种
1999 年春、夏、秋连旱	1—4 月村内共降雨 38 毫米，7—8 月降雨 178 毫米，8 月旱情再度发展，全村农作物减产六成
2000 年，高温少雨	全村农作物、果树受旱减产五成
2001 年 1—5 月	村域降雨 65 毫米，比正常年份减少 50%，地瓜、花生缺苗、减产

续表 1-7

发生时间	灾情及防治措施
2002 年 1 月 1 日至 3 月 20 日	村域累计降雨 19.2 毫米，降雨较常年同期减少 57%，春播缺墒、果树旱枯落叶，农村饮水困难
2004 年 1—4 月	村域降雨 38 毫米，较常年减少 59.7%，春播困难
2005 年 3—4 月	村域降雨 33.5 毫米，全村农作物、果树重旱减产
2006 年 3—6 月春旱，9—10 月秋旱	全村农作物、果树重旱减产八成
2008 年 2—3 月，春旱，10 月降雨偏少	全村农作物、果树重旱减产、减收
2010 年 9 月 11 日至 2011 年 2 月 26 日	村域累计降雨 13 毫米，比常年同期偏少 95%，为历史罕见的秋旱叠加冬春连旱，农村饮水、春耕春播困难
2011 年 12 月 8 日至 2012 年 3 月 16 日	村域降雨量 13.5 毫米，较常年同期偏少 80%，干旱农作物、果树减产九成
2014 年 12 月至 2015 年 2 月	冬旱，入冬后至翌年 1 月 25 日，村域内无降雨、降雪
2018 年 12 月至 2019 年 6 月	冬、春、夏初连旱，村域降水较常年减少 80%，夏季作物、果树减产六成

风灾

风灾是九间棚村农作物的主要灾害，有大风、干热风，其危害仅次于旱灾而居第二位。

干热风 俗称“西南火风”，多发生在春末夏初，5 月份为多发期，平均每年出现 4 ~ 6 天，最长持续 8 天（1962 年 5 月 17—25 日）。干热风使植物蒸腾加剧，水分失调，叶茎凋萎。刮干热风时温度高，湿度低，蒸发快，且春旱越重，干热风危害越大，危害农作物生长。

大风 春末、夏、仲秋为大风多发期，大风飞扬，常造成高粱、谷子等高秆农作物和经济果树倒伏减产。1974 年 6 月 20 日，大风，全村 3

公顷高粱、谷子全部倒伏，11户民房被毁。

1994年，汛期降雨过程伴有大风、冰雹，造成农作物、果树受灾减产。1996年6月13日23时至14日7时，村域降中到大雨，并伴有冰雹大风，果树受灾严重。1997年8月19—20日，受11号台风影响，大雨、大风，部分农田中高粱、谷子倒伏，果园受灾面积7公顷。2003年6月13日，大风冰雹，阵风7～8级，冰雹最大直径约4厘米，积雹厚度5厘米，降雹持续时间15分钟。农作物、果园成灾面积6公顷，直接经济损失20万元。2006年4月28日17时许，村域遭受强风暴袭击，夹带冰雹和雷雨，最大风力9级，村内停电10个小时。2007年7月11日18时许，大风，造成高粱、谷子倒伏，果园受灾面积5公顷，减产三成。2013年7月，大风，村内直径40厘米的槐树拦腰刮折。2008—2019年，出现7级以上大风天气5次3.5天，频率25.45%。

雹灾

冰雹，村民称为雹（俗音 bá）子，为九间棚第三自然灾害，且多发生在5—6月。对农作物、人畜均造成损害。村域历史上曾遭遇雹粒大如核桃、酸枣的冰雹袭击，降雹时间10～15分钟，造成部分农作物减产。1840—1990年的150年间，曾遭遇21次雹灾。1991—2019年的28年间，村内仅发生过3次轻微雹灾。

霜冻

倒春寒　多发生在4月中旬至5月上旬，造成低温淫雨、霜冻天气，3～5年发生1次。

1941年5月，倒春寒使春播作物冻伤，造成夏粮无收，重播荞麦收获甚微，重栽夏地瓜，又遇秋霜冻，夏秋作物减产八成。

2006年3月12—14日，受寒潮天气影响，村域气温明显下降，降温幅度9℃～11℃，最低气温降至–5℃，出现霜冻，道路结冰。杏、梨正处花蕾待放初期，温度的急剧下降造成霜冻危害。

2010年4月14日，低温冻害，村域出现雨雪天气，因正值梨树开花、挂果的关键时期，低温影响了果树生长、展花、挂果，造成减产四成。

雨凇　俗称冻雨、冰凌，多出现在11月至次年的3月间，持续时间2～5天，对农作物、果木危害较大，灾害性雨凇可冻死麦苗，压断电线、树枝，影响交通。1958—2019年，村域内7次遭到雨凇危害，其中3次较重。1966年3月6—7日，雨凇平均直径1.5厘米，压坏果树50余棵，房屋2间。1979年1月28—29日，先雨后雪，气温由14℃骤然降到–5℃～–8℃，随之出现冰凌灾害，压坏果树100余棵。

病虫灾

九间棚村域内病虫灾害主要有锈病、黄叶枯、烂根病等。虫灾主要有黏虫、蝗虫（俗称蚂蚱）、蛴螬、蚜虫、钻心虫、红蜘蛛、造桥虫、棉铃虫和地老虎等农作物害虫。病虫害的发生多受气候影响，给农业生产带来危害。

1900—1949年，村域内曾有7个年份发生蝗、蝻灾害。1927年9月，大旱，不计其数的飞蝗从北部天空飞至，农作物和树木花草叶子遭受侵食，部分农作物绝产。1950—1985年，发生各类病虫灾害20余次，年均农作物受害面积4公顷，造成农作物减产。1986年后，未发生一次蝗灾。2005年后，美国白蛾造成灾害。随着化学农药的广泛使用和科学防治，病虫的危害减轻，2006年后，村域内不见蝗虫。

地震

1840—2019年，村域内共发生有感地震13次，震中多位于北西向断裂构造与北东、北东东向构造的交叉复合部的平邑周边邻县，均属浅源地震。根据现有成果资料分析，村域内不存在发生中强地震的地质构造背景。

清咸丰九年（1859年）二月初八，费县南部5.25级地震，村民有震感，未造成直接经济损失和大的负面影响。

1969年7月18日13时24分50秒，渤海湾发生7.4级地震，村民有震感。1975年2月4日，辽宁海城发生7.3级地震，村民有震感。1976年7月27日夜，唐山发生7.8级大地震。大队成立抗震、防震工作指挥部，刘德敬任指挥，党支部委员为成员，民兵连长为联络员，以锣、鼓为号，组织社员按照上级要求，在空旷处户户搭建防震棚，用料是木质构成框架、苫草，一家人吃住都在里面。困难户、五保户由大队出料，民兵、团员义务出工帮助搭建。

1985年6月25日21时24分，武台发生3.7级地震，村民有震感。1990年8月1日5时44分，苍山县城西北8千米处贾庄、尚庄一带发生4.4级地震，村民有震感。1995年9月20日11时14分，费县、苍山交界处发生5.2级地震（震中在苍山县车辋乡），村民有震感。2006年2月9日，河东区汤头镇发生3.5级地震，村民微有震感。

第九节　环境保护

2008—2019年，九间棚村以创建文明、和谐、生态、环保村为目标，以净化、绿化、美化为重点，加强组织领导，建管并重；建立长效管理机制等，开展村域环境综合整治活动，提升九间棚村品牌。

20世纪80年代前的环境

20世纪80年代前的九间棚村，每年春季一到，候鸟归来，小燕子往返衔泥含草奔忙，在村民家屋檐下筑巢，布谷鸟呼唤村民及时播种，勿违农时。田间还有獾、兔、田鼠等小动物，有的可以被圈养、观赏，有的可以获得皮毛、油脂或食肉等。每逢夏秋之际，天气炎热，万物滋生。苍蝇、蚊子、蟑螂、蝎子、蜘蛛、蚂蚱（学名蝗虫）等给人类带来一定危害。老虎窝，有山葡萄、车厘子、酸枣，田间地头有灯笼草、野蒜等，这些野生植物年复一年地生长，无须剪枝、打药、驱虫，依旧枝繁叶茂，果实累累，味道甘美。酸枣成熟后晒干，碾压成酸枣面，是药材佳品。

20世纪80年代后的环境

化肥、农药污染　农作物施用化肥、农药，可以增产丰收，防治病虫害，但残留在农产品上的农药，对人类健康造成危害。村民施用的化肥80%是氮肥，其利用率不到1/3，剩余的2/3被淋溶或挥发到空气中。磷肥的污染主要是重金属。农药污染主要是有机磷、有机氯。有毒物质的残留，影响农产品质量。

1980—2000年，村民为防治农田病虫害，先后使用过六六六、滴滴涕等农药。这些农药，或水剂，或颗粒状，使用方法有喷洒，有拌种等。农药日积月累，残留在庄稼及土壤中。据不完全统计，全村年施用化肥15～30吨、农药1～1.5吨。

塑料垃圾污染　20世纪80年代后，塑料袋走进百姓家，广泛应用于村民生活中，成为“图省事”村民的生活用品。超市、商店、摊点购物，装蔬菜、水果、食品、衣服等，都使用塑料袋。用完之后随意丢弃，或装入垃圾后到处堆放。污染自然环境。地膜的使用，虽然使农作物增产，也造成土壤的污染。农作物秸秆上残留的地膜，被牲畜食用后，引发牲畜病变，继而危害人类。农田、经济林地常年使用农药、化肥防治果树病虫害，造成水生物、蝗虫基本绝迹。

环境治理与保护

环境保护是村民的生存之本，九间棚村民已经认识到与自然和谐相处的重要意义，在经济建设及自身社会活动中遵循自然规律，与大自然中的各种生物和谐相处。建设生态、美丽九间棚，已经成为九间棚人的共识。2010年后，村“两委”树立“两山”理念，实施绿水青山就是金山银山的规划，把环境卫生工作列入精神文明建设的内容，落实绿化、美化和环境卫生责任制，明确责任区和责任人。在果园、金银花种植上采用“六不用”模式。牛、羊牲畜实行圈养，封山造林；完善路带渠、水利网建设，发展田园综合体旅游产业。

第二章　村庄建设

九间棚村坐落在平邑县城东南部天宝山区，自建村以来，依靠林果、畜牧业立村，清道光年间形成九间棚、马家岭、平顶山、栗树坪4个居民点。村民居住石棚和低矮石头墙草房。中华人民共和国成立初期，村内有刘氏、张氏、廉氏15户人家，建有石头草房12户30余间，仍有3户穴居石棚。经过社会主义改造和建设，九间棚村的面貌发生巨大变化，特别是改革开放后，村庄建设日新月异，1983—2020年，村民共建设住宅50户4700平方米，其中拆迁还建4户，二层楼房23栋3900平方米。村庄道路硬化，绿荫成行，一年三季花开、四季常绿，人与自然和谐相居在龙顶山上。1991年后，九间棚村进城办企业，并在县城建立九间棚新村，务工的村民陆续迁到城里居住。2015年，九间棚村在平邑县城建设居民小区2处，有67户187人迁居楼房。

九间棚村展览馆星迹图（2018年8月 摄）

石棚

二代住房

三代住房

四代住房（廉茂增宅）

第一节 民 居

九间棚位于平邑县地方镇天宝山区，取地盖屋建房，讲究朝阳背阴避风，顺势地理。从建村至2020年，村民住房经历石棚、石头草苫房、石头砖瓦房、钢筋混凝土楼房四个发展阶段。

石棚

刘氏先民迁居之际，因缺少生产资料，利用天然石棚穴居。后因人口增多，遂用石块将石棚隔成3间、5间、9间，清同治年间形成九间棚。1912—1948年，石棚内有5户人家居住。

石棚旧址（2017年6月 摄）

石墙草房

民国年间，随着人口的增长，住房需求量增大，九间棚开始建设简陋的石头墙茅草房。1952年，村民刘德功在石棚前建石头墙茅草房2间，全家5口人搬出石棚住进二代住房。至1952年，共建设二代房14户31间，以碎石为材料，墙体干碴砌垒，茅草苫顶，建筑面积每间平均8～10平方米。

因生产力水平、条件的因素，多数村民住房低矮、狭窄，3间屋2架梁2个窗户石头干砌四面墙结构，两山和门两侧拔垛，窗台下用3～5层料石砌垒，房顶上部苫草（麦秸、黄草、谷秸），每间面积8～10平方米。1963年，全村共建设石木结构二代住房24户84间，总建筑面积1400平方米。九间棚人全部迁出石棚。

二代居民住房多为2～3间，基础为料石3～5层，片石砌墙，木板门、木棂窗、高粱秸耙、草苫，室内面积25～40平方米。

村民二代住房（2017年6月 摄）

石墙砖瓦房

20世纪60—70年代，村民的住房（主房）多为3～5间，院落占地面积200平方米左右，建筑材料选用石灰、石料、砖瓦，建筑工艺采用土木石结构，村民称为三代住房。条件富裕的户建有东、西厢房（各1～2间），有的在堂屋两头接建1间比堂屋低一点的配房（俗称挂耳子）。再用石块垒成院墙，建上门楼。每间东西长3～3.5米，南北宽3.5～4米，墙高2.5米左右。房屋的东西墙为山墙，有的兄弟或族人相邻两家共用1个山墙。房梁为等腰三角形木制框架，呈35度角，一般搭5～7根檩子。屋笆用秫秸（高粱秸秆）扎成坠子，排成屋笆，上用黄泥平面，泥面上苫草（谷秸、黄草等）。正屋房门多为实木制作，榫卯结构，结实耐用。窗户木格带棂，冬季纸糊遮风避寒。屋内用秫桔障子隔开为里间，外间做客厅。多数人家大都搭一个简易的草棚做锅屋（厨房），有的没有锅屋，做饭也在堂屋里。多没有门楼，有门楼的也多采用杂木打一个木架，固定在石头墙上，上面苫草。屋檐用砖瓦（俗称四不露茅），脊瓦下连苫草，衔接紧密，可防渗雨，屋顶面苫草斜平面拍平，抗风能力较好，不易积水。1982年，全村共建设石木结构三代住房37户110间。

村民三代房石墙瓦房（2017 年 12 月 摄）

砖混楼房

农村改革开放政策，使九间棚发生重大变化，农业经济发展，粮食丰收，村民收入提高。手中有积蓄的村民大部分用来建房，改善居住条件。

1987 年 10 月，村民刘甲训投资 3.2 万元，建设第一栋砖石混结构 2 层楼房，建筑面积 240 平方米。1988 年 10 月，九间棚村集体投资 2.6 万元，建设九间棚村小学，为第二处砖石混木结构 2 层楼，建筑面积 386 平方米。1997 年，投资 140 万元在县城建设第一栋楼房，砖混结构，共建设 20 户，标准为 89 平方米、105 平方米“三室两厅一卫”，部分村民首批住进楼房。2002 年，投资 500 万元，建设九间棚新村西区第二栋楼房，砖混结构，共建设 50 户，标准 120 平方米，为“三室二厅一卫”，建筑面积 6000 平方米，第二批村民住进楼房。2007 年，投资 800 万元，共建设 87 户，建设九间棚新村东区 3、4、5 号楼房，砖混结构，建筑面积 1.06 万平方米，第三批村民及周边村民相继住进楼房。2011 年 4 月，村集体投资 20 万元，建设九间棚村展览馆。至 2020 年 12 月，九间棚村集体、民户个人开发 2 层楼房 36 户，总建筑面积 7777 平方米，人均住房面积 47.3 平方米，为村民居住的四代住房。

20 世纪九间棚村居民建筑材料情况表

表 2-1

结构＼时代	时代		
	20 世纪 30—60 年代	20 世纪 70—90 年代	21 世纪
窗户	木质、纸糊	木质、玻璃、钢筋	塑钢、玻璃
墙体	石头、土坯、黄泥	石头、砖、钢筋、石灰、涂料	石头、砖、钢筋、压力承重空心砖、瓷瓦
屋顶	木梁、檩、高粱秸、黄草	水泥、钢筋、木梁、钢梁、瓦	水泥、钢筋
屋内地面	土面	土面、砖、水泥、瓷砖	砖、水泥、大理石、瓷砖、木地板
天井	土面、石板、天然石层	土面、水泥、片石、砖面	片石、砖面、水泥、彩砖

1990 年后，村民学习城镇村民建房经验，采用楼房设计、平房建造格式，布局合理，卧室、厨房、储藏室分设，提高了采光、利用率。

2020 年 12 月，村庄居民区有二代住房 5 位，三代住房 16 户，四代住房 57 户，新建别墅式二层楼房 23 户。村民村中和县城中均有房的 37 户。

第二节　村居规划建设

1978 年，九间棚村 40 户村民散居在 3 个片区，多数民房依地理形势建造，坐北朝南，大门多走东南门（俗称乾顺门）、西南门（俗称坤门）或东门（俗称朝阳门），有的户顺街、路开门。

村居规划

20世纪80年代前，村庄民居建设没有规划，村民在原宅基地拆建房屋，择日开工建造。因人口增加新建住宅，需向大队提出申请，经大队研究同意后，在指定位置、面积内根据地形、地理择日开工建造。村民房屋东一家，西一户，不成排，不成行，高低不一，宽窄不一，街巷狭窄弯曲，里拐外出，前凸后凹，高洼不平，出入极不方便。民房四周空闲地杂乱无章地栽植槐树、核桃树、枣树等，堆放着柴草垛、土石堆、粪堆。

村庄建设规划　1986年，平邑县乡（镇）、村建设规划制定出2图1书，即现状图、规划图和规划说明书。1989年，对原2图1书进行补充完善，制定出6图1书，即现状图、近期规划图、远期规划图、电力电讯规划图、供水排水图、道路绿化图和规划说明书。九间棚村按照村庄建设规划进行村庄布局建设。1991年，九间棚村“两委”班子根据村情做出整体发展规划，聘请县建设局规划设计院规划建设社会主义新九间棚。

宅基建设用地　改革开放后，村民新建住宅用地，须经申报上级批准。村“两委”严格按照上级政府部门的要求，制定新划宅基地条件，村民年满18周岁因结婚需要建房（包括男方入赘），回村落户的离退休干部、职工和军人，村内确无住宅的，原住宅影响村规划实施，需要拆迁的，发展集体经济需要拆迁的，发展集体经济招聘的技术人员确需住房的，需经“两委”研究通过，张榜公布，报上级审批，严格按照规划执行，严格执行一户一位宅基制度。

1985年后，全村婚龄青年增多，住房需求增大。村民新建住房需向村“两委”写出书面申请，经研究后，报乡建设办批准，方可放线开工。村民户宅基地基本建设面积16×16平方米。

村民建房用地使用证（左）、村民建房许可证（右）

传统村落保护发展规划

2015年4月，九间棚村民委员会委托北京清华同衡规划设计研究院有限公司对九间棚村传统村落保护发展进行规划，规划依据《山东省临沂市平邑县城市总体规划（2004—2020）》。

指导思想　以科学发展观指导规划编制工作。坚持保护为主，抢救第一，合理利用，加强管理，传承发展，弘扬艰苦奋斗精神的工作方针，科学处理遗产保护与社会综合发展，统筹安排各项设施，促进村庄与区域协调发展。保持以农民为规划的主体，切实从当地实际情况出发，做到尊重传统、生态传承。

规划原则　保护优先原则、整体性原则、彰显特色原则、以人为本原则、科学利用原则、规划衔接原则、经济化原则。

规划范围　规划研究范围为九间棚村的村域范围，共计6平方千米，其中重点规划范围为九间棚村老村建成区域，面积25.5公顷。在规划范围内进行保护、整治及其他各种建设活动，均应执行该规划。

规划期限　按照《传统村落保护发展规划编制基本要求（试行）》，传统村落保护发展规划建设周期为10年。规划期限2015—2024年，共分两期，近期2015—2017年；远期2018—2024年。

传统村落价值评估　自然选址。坐北朝南，依山势而建，沿等高线自然分布。人为选址。逃荒避难，有石棚可以栖居，有山泉可饮。聚落形态与街巷格局。九间棚村依山势呈阶梯状布局，呈东西向带状分布。村内的传统街巷主要位于村西的老村。

保护区划 规划将九间棚历史文化村落保护范围划分为两个层次：保护区、协调区。

保护区：以九间棚村老村为保护区，北至老村环村公路，南沿西至天潭水库，东至展览馆以东。具体区划边界以《保护区划图》为准，面积7.7公顷。

协调区：北至龙顶山顶峰，南至梨树果林，东至新村安置区以东，西至天潭水库。具体区划边界以《保护区划图》为准，总面积约17.8公顷。

保护措施 九间棚村山、林、水、田、村一体的整体格局，保护各要素的相对位置、规模及相互关系。保护周边山体、林地、田地以及重要景观的对位关系，因九间棚属于缺水的山区，应维持现已修建的水利工程，并保护水质禁止向溪内倾倒垃圾及其他污染物。

自然环境的保护 保护周边山体形态及植被。加强对村落与周边山体、山体与周边山体的对位关系，保护自然山体景观风貌。

保护村庄周边的果林及农田，保护现有耕地规模，禁止占用耕地进行商业及住宅建设开发。保护山泉水质，禁止倾倒垃圾及其他污染物。

建筑高度控制 保护区为原高控制区，新建建筑层数控制在1层，檐口高度原则上不高于2.7米，屋脊高度不得高于3.5米，屋顶可保持为传统的小青瓦或灰色的机制瓦。

传统民居处置 村民委员会对传统村落里的传统民居在产权不变的保护发展模式中采

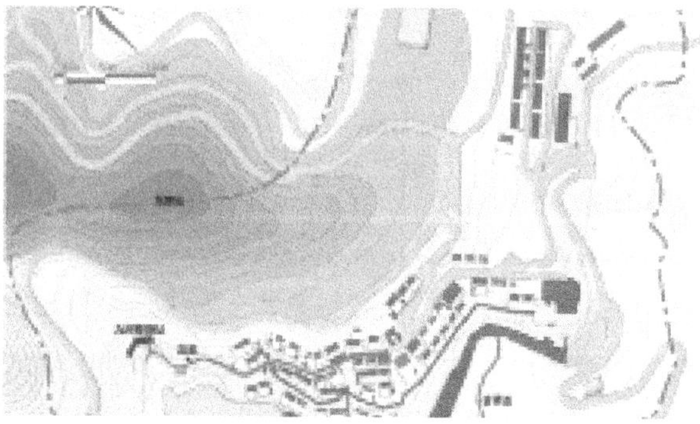

传统民居（2019年7月 摄）

取拥有者自主型、外部资本介入型、合作共赢型，分别将传统民居房屋使用权及所有权自持、分离、入股的形式。改变土地性质，通过征收置换，房屋产权归集体所有，由旅游公司主导进行运作。

环境保护 对古泉、古木名树、街道、泉水进行相应保护。

古泉保护 龙泉位于石棚左侧，是村内主要水源，全年有水，泉水清澈水质较好。保护措施：料石、水泥硬化，清理井边杂草，禁止乱倒污水污染井水。立牌保护并划定保护范围。

水系统保护 九间棚位于喀斯特地貌区，水量流失大，村内缺水，新修的水利工程主要是以混凝土筑成，风貌与自然不相协调，应采取适当的绿化、遮掩等措施，使之与自然环境相协调。

金银花产业 金银花产业作为九间棚的主导产业，挖掘发展其自身文化内涵，走一产三产融合，复合式体验的发展道路。建成标准“六不用”无公害金银花示范园，为国内外游客提供观光游览及科普示范。结合金银花功能及延伸出的文化内涵，发展养生保健等。

人居环境规划

2014年，九间棚村常住人口218人。由于九间棚村的区位优势及下一步金银花产业外延扩大、村内农产品深加工、旅游产业的发展，将吸引部分外来人员。

公共设施用地布局 规划区公共服务用地总面积0.81公顷，村庄面积1.03公顷。

行政办公 规划落实村委会用地1处，位于村落中部偏北，占地面积0.31公顷。

文化展览 现状保留文化用地3处，其中，村落西侧九间棚旧址占地面积600平方米，村中民俗馆占地面积230平方米，九间棚展览馆占地面积2700平方米。

商业服务 利用民居改造设置小型商业服务设施。2020年，有商业服务店铺16处，占地面积4600平方米。

医疗卫生　保留现状卫生室1处，占地面积250平方米。

道路系统规划　完善道路网，村内道路规划用地面积9890平方米。村内道路网保持原有格局，由村际道路、村内道路、传统巷道组成。

道路交通设施　在九间棚展览馆东南侧保留设置停车场1处，为旅游车辆和保护区居民生活生产车辆服务。

电力电信工程规划　供电负荷预测，规划供电电压等级380伏电缆沿村庄道路布置，近期为架空线，远期有条件时考虑埋地敷设。村庄以居住和田园综合体建设为主要功能，规划用电指标按人均居住用电量取每人2500千瓦时/年，村民照明用电量占总用电量的50%。

变电设施规划　村域采用一级供电模式，220伏、380伏电力线电力线。规划要求，中、低压配变设施全部纳入室内，采用无人值守式配电房和专用配电房。

电信规划　村内有线电视，全村广播、电视覆盖率100%。从旅游景观角度，规划考虑远期有条件情况下，部分电信管线地埋敷设，实现广播、电视、电话、网络全村覆盖。

环卫设施规划　生活垃圾预测，随着人口的增加和旅游景区建设，规划片区扩大，人们生活水平不断提高，垃圾产生量也不断增多，生活垃圾预测到2020年为3吨/日。

垃圾收集　规划3处垃圾收集点，分别服务南侧老区、北侧的安置区和马家岭旅游区，生活垃圾以垃圾箱收集为主，旅游景区主街按每隔100米，合理布置垃圾回收箱一组。

公共厕所　公共厕所服务半径为200～300米，2019年有5处公厕基本满足服务需求，规划对现有旱厕进行优化改造，与规划污水管网一体化考虑。设1处小型公厕，尽量利用现有建构筑物进行改建，新建星级公厕2处。

粪便处理　使用化粪池进行处理，处理后排入排污管道，用于农业、林果业生产。

道路清扫　为保证道路清洁，根据道路主次、人车流的多少等分为两个清扫等级。一级清扫路面，主要为老街及人流车流较多路面。二级清扫路面，其他道路。

绿化与景观规划

古树名木的保护措施　任何单位和个人不得以任何理由、任何方式砍伐和擅自移植古树名木，集体和个人所有的古树名木，未经村“两委”报备，并报上级相关部门批准的，不得买卖、转让。严禁损害古树名木的行为，在树上刻画、张贴或者悬挂物品；在施工等作业时借树木作为支撑物或者固定物；攀树、折枝、挖根摘采果实种子或者剥损树枝、树干、树皮。距树冠垂直投影2米的范围内堆放物料、挖坑取土、兴建临时设施建筑、倾倒有害污水、污物垃圾，动用明火或者排放烟气。擅自移植、砍伐、转让买卖。新建、改建、扩建的建筑工程影响古树名木生长的，建设单位必须提出避让和保护措施。建立古树名木档案。全面系统地查清古树名木的资源分布和生长状况，对确认的古树名木，要设置保护标志，划定保护范围，制定保护措施。对古树的生态环境、生长发育状况和保护现状进行动态监测和管理。开展古树的病虫害防治。坚持预防为主，综合防治，推广和采用以低毒无公害的生物农药为主，定期检查，适时防治，合理使用农药，注意保护天敌，减少环境污染等措施，开展古树的病虫害防治工作，增强树势。

绿地规划　村落背倚龙顶山，南望山谷梨乡林，西侧为天潭谷坊，北侧为天池谷坊。村落依山而建，上部老街景观，中部乡野景观与下部的自然景观通过纵向的轴线相连接，形成自然与人工完美结合的绿地系统。村庄绿地有一定的游憩设施和服务设施，兼有健全生态、美化景观、防灾减灾等综合作用的绿化用地，是村落整体环境水平和居民生活质量的一项重要指标。

村居建设

盖新房　村民有“打墙盖屋，邻里帮助”的习俗。家中要建新房，须选吉日鸣鞭动工。

亲友得知，皆备烟、酒、米、面等礼祝贺。

动工打基础时，一般要烧纸、放鞭炮，然后再动工。上梁选择吉日、摆桌子、烧纸、放鞭炮，门窗、脊、梁要贴大红对联，梁上写“上梁大吉”等，正堂屋檩上贴“吉星高照”，门框上贴“昨日太公从此过，说是今日好安门”，门头上贴“安门大吉”，窗头上贴“安窗大吉”。建房标准一般主房要比配房高、宽，大门位置一般选东或东南门。阳沟留在门的外侧，门里设影壁墙，厕所留在相对的一面（东南或西南角）。使用木板门、棂子窗。改革开放前，村民盖屋庄邻义务帮工（房主管饭），改革开放后，村民忙着务工挣钱，建房都找建筑公司，包工不包料。

村内插建　改革开放初期，村民大多数住在老一辈留下来的房屋中，房屋的翻盖、维修都在原基础上进行，原地拆原地建。也有少数人申请经大队同意在闲院及空闲地安排插建。1985年后，随着生产力水平的提高，村民生活逐步改善，人口的倍增，住房的需求使土地供应形成压力，大队党支部报请上级有关部门批准，陆续向村庄四周延伸建房。

1988年，村民刘甲训借鉴县城居民住房结构户型建起二层楼房。1993年，全村宅基地登记55户村民有宅基61位，按使用面积进行收费管理。至2020年，共建起23栋二层楼房，占全村总宅基位数的22.12%。

村民刘甲训建起全村第一栋2层楼房（2020年5月　摄）

第三节　基础设施建设

九间棚村基础设施建设涵盖集体办公场所、水利设施和街、路等，均以功能和区域特色命名。至2020年，共修筑硬化村路14.9千米，打机井7眼，新上3台200千伏安和3台315千伏安变压器，为招商引资、实现九间棚村的二次腾飞打下良好基础。

办公场所

1960年12月，九间棚大队成立，利用2间石棚做办公室。

大队办公室　1966年，集体组织木匠、石匠，砍伐木料、开采石料建起3间石头墙草苫房作办公室。原石棚2间作为集体粉房。

村办公室　1987年，村“两委”干部自动捐出2年的报酬，村集体出料、村民义务出工建2层楼房，占地面积500平方米，一层4间，建筑面积270平方米，走南门，用作小学教室。2楼4间，建筑面积190平方米，走北门，用作村委办公室，西首1间作医务室。1996年，村委实行旅游开发战略，在平顶山建起凤凰园居民区，计划搬迁散户入住。因进城办企业取得初步成效，部分村民迁居进城，村委办公室迁凤凰园。二层楼房改作旅游景区医务室。

九间棚村民委员会办公室（2019年7月　摄）

凤凰苑

位于龙顶山东北平顶山上，背靠松柏林，前临桃李果园。2006年规划建设，共建成6处9套独立居民户型格式，石墙灰瓦建筑，浑厚朴实，原计划搬迁 9 户居民使用。平邑县城九间棚新村开发后，改造为凤凰苑旅游接待中心，有 16 张床位，可容纳 100 余人就餐。

科技楼

位于平邑县城银花路西首，坐南向北，2011 年 3 月 19 日开工，由九间棚集团公司投资 2.2 亿元建设，东西长 345 米，南北宽 298 米，占地面积 10.29 公顷，6 层建筑面积 9655.31 平方米，主要用于集团业务办公及研发基地。另建设生产楼 7 栋，生产车间 2 座，总建筑面积 6 万平方米，主要用于生产、仓库、电商区、办公区，园区内栽种品种金银花 6667 平方米，栽种杨树、法国梧桐等绿化树木。路面硬化、美化、亮化。

路

改革开放前，九间棚村有 2 条羊肠小道出山，村前路至赵家庄，从村前至二崖为陡峭山路，自行车需要人扛着上下山。村东路至刘家埠，1985 年后因刘家埠村民种地阻断。1985 年，修通九赵路、平马路、旅游路，并 2 次进行拓宽改造，于 2003 年进行硬化、绿化，2020 年，全村共修筑村路 14.9 千米，其中水泥路面 11.9 千米，沥青路面 3 千米。

村前路　从村前至赵家庄，全长 2.25 千米，其中老梨树至二崖为陡峭山路，350 米长落差 130 米，部分路段为台阶，由人工在崖壁上凿成，仅容 1 人负重行走，为世代村民出山路。1985 年，新九赵路修通后弃用。老梨树至二崖段仍保留称望归路，教育后人不忘先人行路艰难。

村东路　从村东至刘家埠，长 3900 米，宽 2.1 米，1973—1974 年，由大队社员用 2 个冬春在原崎岖小路上拓宽修筑，可通行地排车、骑行自行车。1984 年实行土地家庭联产承包责任制后，刘家埠村段因其村民种地阻断。

九赵路　九间棚至赵家庄，水泥路面，长 2790 米，宽 6 米，一期工程投资 6 万元。1984 年 11 月规划，需工程费 5 万元，搬动土石方 3600 立方米，仅凭全村 170 口人 60 个劳动力需要 5 年时间，工程艰巨。实行抓阄分户划段承包制。没有施工机械，仅有镢头、镐头、铁锨、铁锤、炮钎、筐头子等原始工具。九间棚人拼命地干，需要 5 年的工程量，5 个月已完成。1985 年 6 月 1 日，全线贯通。

旅游路　九间棚至两泉庄与地庞路连通，长 12.34 米，宽 6 米，按照三级路标准建设，其中，平顶山至马家岭段，1995 年硬化，水泥路面，长 2120 米，宽 6 米。马家岭至两泉庄路段长 3.7 千米，宽 6 米，2013 年，进行改造、硬化、绿化。2019 年 5 月，对林场至两泉庄 1000 米路段铺筑沥青路面，路两侧进行护坡改造，安装钢制护栏 600 米。可通行 10 吨以下载重汽车。沿途景点有小圣堂、朝阳洞、君子林、天鹅湖等。

九赵路硬化　1985 年 8 月 18 日，九号台风带来暴雨将九间棚人修筑的路段冲毁 18 处，刘嘉坤带领筑路专业队用时 3 个月进行补修。1986 年 6 月 17 日，暴雨再次将九间棚人修筑的路段冲毁，村筑路专业队再次补修还未完成，7 月 27 日，暴雨又一次将路段大面积冲毁。县委书记綦敦祥鼓励刘嘉坤要继续带领九间棚村民补修水毁路段，县长孟庆荣 2 次现场办公，拨专款、调集闸口、两泉两个乡 13 个村 1000 人帮助修通水毁工程。1989 年，路段经过雨水冲刷落实，村“两委”组织村民进行骑脊硬化，在路间挖深 0.3 ~ 0.4 米、宽 0.5 米沟槽 2 条，间隔 1 米，填充片石硬化，共用石料 930 立方米。

1996 年后，对赵家庄至村卫生室路段进行改造、拓宽取直，硬化为水泥路面。

2003 年，在县交通局支持下对村路延伸段进行硬化，铺筑水泥路面 75 万平方米。2005—2008 年，按照县乡公路标准对九赵路进行护坡改造，路坝加固，安装钢制护栏 1100 米。道路、弯道指示牌 57 块，方向、景点指示牌 25 块，可通行 10 吨以下载重汽车。总投资 52 万元。

村路修筑硬化　1985—1991 年，九间棚村修路工程（含路带渠工程）共投入资金 52 万元，人均 2890 元，投工 6.86 万个，人均 381 个，搬动土石方 9550 立方米，人均 53 立方米。垒砌路基石

坝2190米，用石料1510立方米，修筑连通九赵路、旅游路，总里程14.9千米。1986年，进行天马路（天池—马家岭）3500米土路修筑及路带渠建设。2005年，投入10万元进行硬化，铺筑水泥路面1.4万平方米，每平方米造价58元，共投入81.2万元。2006—2020年，九间棚村对村路相继进行拓宽硬化，共完成4～5米宽、长5390米，每平方米造价61元，共投入150万元。同时对道路进行护坡、陡峭路段安装钢制护栏，重点路段安装太阳能路灯。

至2020年，全村共修筑、硬化路面14千米62万平方米，道路占地面积12.95公顷。与赵家庄、天宝山林场签订土地、山林、荒山场权属变更合同21份，兑换土地0.35公顷，有偿使用天宝山林场山林、荒山场0.71公顷。九间棚田园综合体内道路全部联通，并进行硬化、绿化、美化、亮化。

街

九间棚村位于龙顶山腰，村庄依山而建，地势凸凹，民房的规划、布局和结构不整齐，街巷共有4条，以地势顺坡而建。村中心街从村卫生室至龙泉两边为石沏、中间硬化水泥铺面，从卫生室至凤凰园分上、下2条为硬化水泥铺面，村前街从红旗广场至龙潭为硬化水泥铺面，部分路面为石板铺筑，总长度1260米，宽1.2～3.1米。

水利建设

1964年，九间棚人开始建设水利工程，改造龙泉，提高村民饮水卫生质量。农田水利建设上开始挖蓄水窖，积蓄地表水用于农作物点播。1985—2019年，全村水利工程建设分两个阶段。第一阶段，1985—2009年，引泉上山，修建扬水站、蓄水池，解决村民饮水困难和农作物点播用水问题。第二阶段，2010—2020年，拦蓄地表水，开发地下水，实现九间棚村水利化，解决村民饮水困难和农田、经济林果灌溉问题。

农田水利工程　中华人民共和国成立前，村民没有一分水浇地，完全是靠天耕种收获。1957年，集体化生产时期，村民开始引泉灌溉农田，但只是限于泉体周围，干旱年份泉水枯，无水可引。1985年，进行引泉灌溉工程，架电1500米，铺设管道1300米，建成梯门扬水站，并配套建成蓄水池42个，路带渠3千米，建成水浇田1公顷、7公顷果园得到水灌支持。

路带渠工程　九间棚村民在刘德敬、刘嘉坤的带领下，用钢钎凿石头，用躯体和杠杆撬动石头，用双手和类原始工具搬动土石，筑路修渠。在建设中，村民将产生的石头分拣分类使用，沿路内侧砌筑水渠，护坡、截排上坡地表水对路基的冲刷，引流水源灌溉农田、果园。修筑一段环山路，完成一段路带渠工程，并将其与前期工程接通。完成路带渠工程需石料556立方米，人均3.1立方米。每块石料需要高0.3米，厚0.1米，长0.3米以上，并打刷成5面光平面3面直角的料石。各村民户将料石运至指定地点，由村干部验收合格后，由刘德明负责组成11人石工组进行垒砌。至2020年，全村共修筑环山路12.5千米，完成路带渠工程4100米，集水渠5100米，将龙顶山地表水、山泉水汇集天池、天潭、天湖等蓄水工程中，引灌到田间、果园，九间棚人建立的路带渠、集水渠工程，成为沂蒙山区农田水利建设的典范。

集水渠工程　为保障天潭、天湖两座小（2）型水库蓄水库容，2011年10月，村党委书记刘嘉坤做出修建集水渠，连通天潭、天湖小（2）型水库的规划。以天潭、天湖两座水库为基点，沿龙顶山等高线分段建设，由刘甲新水利工程队承建，机械施工为主，人工辅助砌渠，垒砌高4.5～0.5米，底宽0.5～1.3米三面光集水渠，沿天潭水库至老虎窝、南崖、大匹下、三梁子、二梁子、头梁子、大梁子、后小湾、童子崖、大腰子、东岭口、石场、石坎膀、门顶到天湖水库，全长5100米，总投资160万元。部分水渠为三面光水渠，有效地收集从山顶至山坡地表水汇入，注入2座水库。

农村饮水工程　1986年10月，改造龙泉，建蓄水池，配套电机扬程50米、安装0.075米管道300米，基本满足50户村民用水需要。1987年始，村民饮用自来水价格每立方米0.5元。1996年村电工刘甲友承包，村民饮用自来水价格每立方米1元。2000年，村民饮用自来水价格每立方米1.5元。2010—2020年，村民饮用自来水价格每立方米2元。

扬水站　1984—1988年，全村共建设3处扬水站。

龙泉扬水站。位于林场，1984年4月建成，投资1200元，投工100个，扬程100米，输水12立方米/时，将林场谷坊水输送到300米外的马叉水遁，为全村饮水工程。

林场扬水站。位于林场，1988年10月建成，投资13万元，投工2200个，一级扬程560米，将林场谷坊水输送到400米外的梯门扬水站，为梯门扬水站提供水源支持。

梯门泉扬水站。位于梯门山前，1986年10月建成，扬程102.5米，将梯门泉水输送到800米外的母池中，然后经自流灌渠分流至子池中，浇灌3.7公顷果园。总投资12万元，投工2100个，搬动土石390立方米。

天潭水库　小（2）型水库，详见第一章第四节。

天湖水库　小（2）型水库，详见第一章第四节。

天池　大型蓄水池，详见第一章第四节。

2000年九间棚村蓄水池承包情况表

表2-2　　单位：元

名称	承包价	承包人
马家岭石眼水池	60	刘甲全
马家岭机站路下水池	60	张宗青
马家岭南沟水池	40	刘甲付
营场三梁子水池	40	—
营场二梁子水池	40	刘立坤
营场头梁子水池	40	—
大梁并水池	40	—
九间棚林后水池	80	葛纪芳
东梁子柿树旁水池	80	刘甲印
西山根水池	60	—
西大沟水池	300	—
棚前水池	100	—
石坝水池	300	刘甲学、刘立坤
东顶子石口水池	120	—
平顶山水池	80	—
窑坑	30	—
后阴泉子	30	—
小山水池	5	刘甲成
棚前东园扬水站	200	—
合计	1705	—

说明：机泵修理费、电费由承包人缴付，承包费每年一收，12月10日一次缴清，延期不缴者视为自动放弃

供电 用电

1983年10月，县村村通电工程10千伏地庞线输电高压线架到赵家庄，但九间棚村集体经济薄弱，进村低压线路仍缺部分资金，需要村民承担。党支部决定全村每人集资79元，架电进村。10千伏赵家庄接线点至村变压器线路费用需村承担，9根高压线杆由管理区统筹解决，由村负责抬运到指定地点，并负责挖坑竖立。党支部安排刘嘉坤、廉茂增负责，指定张宗德组织12人青壮年劳力抬杆上山，刘德明组织其余劳动力挖线坑、配合施工队立杆、架线。

抬线杆　从赵家庄接线点至村变压器线路共需9根高压线杆，其中12米1根，10米8根，每根线杆重900千克。张宗德选定刘甲全、刘甲友、刘甲学等人上山爬坡、过沟越涧，用一整天时间将第一根线杆抬运到指定位置。

村民抬电线杆上山（1983年11月 摄）

挖杆坑　9个线杆坑均在石灰岩上，刘德明根据工程量进行分工包干，限时保质完成。在石灰岩上凿挖1个上口1米长宽、深1.5米的线坑，2个整劳力需要10天完成，有的杆坑因地理位置需要打斜道，增加了工程量。

配电室　位于村前，由刘嘉坤负责同期完成。党支部书记刘德敬、大队干部刘嘉坤、廉茂增、刘甲训等集资买来配电盘，1984年的春节，村民用上电灯照明，从而结束了九间棚人祖祖辈辈用油灯照明的历史。

供电设施　村域供电设施有高压输电线路、低压送电线路、变压器等。

高压输电线路　1984—1990年，村副业生产、梯门泉扬水站和栗家棚、马家岭通电工程架设380伏高压输电线路11杆1500米。至2020年12月，全村架设380伏高压输电线路1.5万千米。

低压输电线路　1984年，全村架设220伏低压输电线路1万米，用于村民户照明。至2020年12月，全村共架设低压输电线路7500米。

变压器　1983年12月，架电至村办公室前安装30千伏安变压器1台。1991年，在林场新安装2台50千伏安变压器。到2020年，村域内共安装变压器7台，总容量700千伏安。

山后变压器（2019年6月 摄）

用电管理　自架电进村，村民户用电、村副业用电由集体统一管理，全村实行一户一表制度。2001年，九间棚进行农村电网改造，排除因线路老化对村民用电造成的安全隐患。按片划分电工组，统一管理。

1983年12月，九间棚村通电，刘甲太任电工，1989年刘宾接任电工，1995年10月刘甲友接任电工。1999年12月，由地方镇供电所统一考核选任电工，供电管理由镇供电所负责。

用电量　1985年，村民户照明用电量259.6千瓦时，年人均1.47千瓦时。多数户村民一户1个15瓦的灯泡，村民刘甲成月用电0.2千瓦时，月电费0.1元。1990年后，村民户家用电器逐年增加。1995年，村民户照明用电量915千瓦时，人均4.77千瓦时。2019年，村民户照明用电量13322.5千瓦时，人均46.75千瓦时，比1995年增长9.8倍。

1985—2020 年九间棚村用电情况表

表 2-3　　　　单位：千瓦时

年份	用电量			人均
	合计	照明用电	生产用电	
1985	1020	259.6	760.4	5.31
1986	1796	287.3	1508.7	9.98
1987	2608	295.4	2312.6	14.49
1988	3019	310.3	2708.7	16.77
1989	3981	320.6	3660.4	22.12
1990	4402	396.8	4005.2	24.06
1991	4619	470.2	4148.8	24.97
1992	5072	612.7	4459.3	27.12
1993	5100	690.1	4409.9	27.57
1994	6704	898.3	5805.7	41.38
1995	8001	915	7085	41.67.
1996	8619	1087	7532	44.2
1997	9414	1609	7805	46.37.
1998	9890	1953	7937	47.13
1999	10968	2180	8788	51.98
2000	12676	3152	9524	58.96
2001	14116	4154	9962	64.75
2002	16032	5201	10831	72.54
2003	17522	6020	11502	77.88
2004	20157	7086	13071	88.41
2005	22436	7912	14524	97.55
2006	23203	8200	15003	99.58
2007	26839	8967	17872	116.69
2008	28080	9015	19065	118.98
2009	30030	9329	20701	125.13
2010	30532	9530	21002	123.61
2011	31152	9954	21198	122.16
2012	32773	10618	22155	136.55
2013	33780	10780	23000	136.76
2014	35038	11032	24006	137.4
2015	36415	11654	24761	137.94
2016	37129	12031	25098	137.01
2017	37692	12555	25137	135.1
2018	38593	12911	25682	136.18
2019	40632.5	13322.5	27310	139.15
2020	40817	11742	29075	135.16

电费收取　1984年九间棚村照明用电电价每千瓦时0.16元，村办企业用电每千瓦时0.085元，农业灌溉用电每千瓦时0.0585元，集体共用电760.4千瓦时，支付电费44.48元。

2000年，村民用电电价为每千瓦时0.54元。2001年后，由平邑县供电公司地方供电站对村民用电实行统一管理，村民的电费按照平邑供电公司的规定一个月收取一次，村民照明用电电价每千瓦时0.55元。工业用电每千瓦时0.75元。2010—2020年，村民用电每千瓦时0.55元；工业用电分尖峰、峰、平、谷四个阶段付电费，尖峰、峰、平、谷用电分别是每千瓦时1.31元、1.16元、0.79元、0.44元。

安全用电　安全用电是村民的生产、生活大事，宣传安全用电常识，用电户不准私自接电线或插座，要求15岁以下儿童禁止进行用电作业。1990年4月，加强对村民安全用电的宣传，为减少个别户偷电跳闸全村停电的频率，全村分4个片安装二、三级触电保护装置各2个。对配电室进行改造，将高耗变压器改造成低耗变压器，木式配电盘改造成封闭式配电盘。并对入户低压线路进行改造，保证村民的安全用电。1984—2020年，九间棚村用电安全。

能源

燃料　改革开放前，村民常用的燃料有柴草、煤炭，主要用于生火做饭、取暖和农业、副业生产。

取火工具　1930年前，村民取火工具落后，人工用火镰、火石（燧石）、火头、火管等工具。火镰用钢板做成，长0.08 ~ 0.09米，宽0.025 ~ 0.03米，厚0.005米左右。火石用天然白色花岗石或牛角火石（鸡冠红燧石），火头用蒿杆或艾草、火纸制成。如使用火，可将易燃树叶、柴草（俗称引柴火）放在火头旁用嘴吹火头，取火。

1920年，火柴传入九间棚，时称“洋火”，中华人民共和国成立后改称“火柴”，但用火柴的只是少数人家，多数村民仍用火镰、火石取火。1930年后，村民逐步以火柴取代燧石取火，少数村民燧石取火一直沿用到20世纪60年代。

20世纪40年代，火柴在村民中普遍使用，至70年代每封（包）火柴10盒，每小盒96 ~ 100根，0.02元。70年代开始使用打火机，用汽油当燃料，用齿轮摩擦火石（人造合金）引火。90年代后，火柴的主导地位被液化气体打火机替代，用电子打火。

做饭　取暖　历来以柴草为主，大锅煮饭，小锅做菜，土坑取暖。从立秋后开始割草拾柴，晒干后堆成草垛存放在院内，以便常年使用。中华人民共和国成立后，随着社会的发展，村民开始烧煤做饭、取暖。最初用烟煤，后用无烟煤，20世纪80年代用蜂窝煤球，2020年，有45户村民使用液化气炒菜、做饭。

1985年，九间棚村修通路后，村民相继购进柴油机、拖拉机、汽车、摩托车，所用燃料为柴油、汽油、机油。

照明　清朝末年，九间棚村民照明使用火油灯、碗灯，或用黄草棒将蓖麻籽串成串点燃照明。碗灯有铁制、铜制、陶制，以棉籽油、豆油为燃料。贫困家庭多用蓖麻籽穿串点燃照明，富裕户家庭用蜡烛，外出照明用灯笼。民国年间，村民照明用燃油灯、蜡烛，有泥壶灯、提灯，燃料仍以豆油或棉籽油为主。1925年，改用煤油作燃料，灯具有瓶灯、罩子灯，马提灯是村民最早的铁制、玻璃罩、防风照明工具。中华人民共和国成立初期，村民照明仍以煤油灯为主，多用罩子灯，外出照明用马提灯、手电筒。

20世纪60—70年代，“农业学大寨”时期，村民夜间整山造地或召开社员大会用提灯、汽灯，有的村民使用噶斯灯（用电石作燃料，把电石放入特制的容器内，倒入水，经化学反应成乙炔气体经灯头点燃后用于照明）。1985年后，全村通电村民户用电灯照明，采用白炽灯或荧光灯。至20世纪90年代，电成为村民照明和生产、生活不可缺少的重要能源。

1998年，平顶山安装单杆顶式高压钠灯照明，并采用钟控、光控等自动装置。2017年6月，安装太阳能照明灯115盏。至2020年12月，全村共安装道路照明灯135盏，埋设地下照明路灯电缆2千米。年公共照明路灯用电量320千瓦时。

太阳能　20世纪80年代兴起利用太阳能，九间棚一些有条件的村民在自家平房或楼房顶上安装上太阳能热水器，用于洗浴、洗衣。2020年，村民户太阳能使用率75%以上，多用于家庭洗浴。

民居安装太阳能热水器（2019年5月 摄）

交通

1982年前，九间棚村的路是羊肠小道，不通车，没有交通设施。

村路　1976年前，村中道路全部是土路，崎岖凸凹。村庄连接山下赵家庄、辛庄的两条路为崎岖不平的羊肠小道。运输工具是一幅挑子两个筐头子。

1977年10月，大队组织民兵修通平顶山至刘家埠东场路，长2100米，宽2.5米。地方镇至天宝乡至庞庄路开通，村民步行下山至赵家庄候车点，可乘坐通往地方镇和平邑县城的班车。

1984年10月，开工修筑平顶山至赵家庄的土路。1988年12月改建成两道筋路，2000年10月，进行硬化，铺筑水泥路面。

村路（2016年4月 摄）

运输工具　1980年前，村民外出、走亲访友、农田劳作等以步行为主，运送货物选择人工肩挑背扛、人抬。村中有的羊肠小道，仅容单人行走，收获的庄稼，需肩挑背扛到地头路边，再用木推车运送回家。每次出山，村民早起出门，挑、抬着土特产品到山外集贸市场换取生产生活用品。主要运输工具有扁担、托子、绳、钩担、桶、筐头子等。

1960—2020年，九间棚村人力运输工具有胶轮手推车、自行车、人力三轮车等。

地排车　1965年，生产大队购置胶轮地排车1辆，因装载、运输农作物优于木推车受到社员青睐。1970年，大队共有地排车3辆，主要用于运土肥、农作物。

手推车　俗称木推车、独轮车。20世纪20年代前的手推车均是全木制，有车架子、车耳、车轮、车辋、棯决、开棍等部件。车架子由边楻、车屋子、车把、车小脚组成。车轮由木圈、木楻、木轮鼓、木车轴组成。车轮由车耳套住车轴镶安在车架上，要不时上油以润滑，车轴是活的，磨损后可随时更换。载重量视推车人体力而定，一般可装运200千克左右，笨重费力。30年代，胶轮木推车出现，结束了数千年木轮手推车的历史。合作化时期，使用胶轮木推车用于运送土杂肥、庄稼，是当时生产队主要的运输工具，载重量一般可达400～500千克。60年代，集体货物运输全部是手推车搬运。1984年，全大队共有胶轮手推车11把，其中个人户拥有6把。地排车3辆，小型铁制独轮车5个。

自行车　1975年，大队因工作需要投资153

金鹿牌自行车

元购买金鹿牌自行车1辆，寄存在山下赵家庄廉德海家中，主要供大队干部到公社、县城开会、采购生产资料用，村中会骑自行车的人数不多。1978年，村民刘甲才用171元购买长征牌自行车1辆。1985年，修通村路后，村民购买自行车用作主要交通工具。1987年，全村有31辆自行车，占村民户62%。2020年，全村有自行车20辆。

人力三轮车　1985年，村民刘甲会第一个购买非机动三轮车，铁制框架，前把中央装一胶轮，后箱装两胶轮，人力骑用，用于货物运输。2020年，全村有3辆。

20世纪90年代后，机动三轮车、电动车、摩托车、拖拉机、汽车成为村民出行的主要工具。2020年，全村有机动车辆105辆。

电动车　2000—2020年，电动车成为村民的主要出行工具，到2020年12月，全村拥有各类品牌电动车173辆，户均1.7辆。

摩托车　1987年，村民刘立堂购买幸福牌125摩托车1辆。其后兴起摩托车热，村中富裕人家多有购买，作为主要交通工具。2010年，全村在县交警部门登记挂牌的摩托车15辆，2020年，全村有摩托车12辆。

机动三轮车　有电动三轮车、柴油三轮车和汽油三轮车3种，品牌多种，功能是载人、运货。2020年，全村有机动三轮车7辆，其中电动三轮车3辆。

拖拉机　1985年1月，九间棚村修通连接山外公路的村路，村民刘立合与人合伙购买12马力拖拉机1台。随着农村经济的发展，购买拖拉机的村民逐年增多。到2020年，全村有11户村民购买拖拉机5辆，多数是潍坊和临沂产12马力四轮拖拉机，主要用于给建筑工地运砖、沙、石子等。

汽车　1991年，村委因招商引资和村办企业生产需要，购买天津产雁牌130汽车1辆。1990年塑料厂投资8.1万元，购买跃进131牌运输车1辆。2005—2010年，集体因生产需要购买9辆汽车。21世纪初，村民购买车辆由承重型运输车辆向小型家用汽车方向发展，由以跑运输为业向个人生活家用方面发展。至2020年，全村集体和个体拥有运输车6辆。

家用汽车　1995年，刘甲才因开办公司需要购买北京213吉普车1辆。1997年，投资19.7万元购买桑塔纳轿车1辆。从此，家用汽车进入村民生活，到2019年，村民在县交警部门登记挂牌的轿车、面包车65辆，有71人拥有驾照。有的村民一家拥有3辆轿车，有村民从事机械配件生产经营。

交通安全

九间棚村建成旅游强村，车流量大，交通安全任重道远。村“两委”配合有关部门适时进行交通安全法宣传教育、交通警示教育。

邮政

清末、民国时期，九间棚村的书信往来靠托人捎信。中华人民共和国成立后，邮电事业发展快速，村集体订阅报刊、包裹、信件周二送达。

信函 包裹　1980年，国家实行邮政编码制度，九间棚村的通信邮政编码为273306。普通信函贴上邮票，可投放到邮政信箱或直接投到天宝山邮政所，挂号信函、包裹到天宝山邮政所寄发。普通信函由邮递员直接送达到村，挂号信函、包裹到户签收。

报刊发行　1960—1984年，九间棚订阅书报或民信由邮递员投送到大队办公室，再由大队会计负责将平信分发到村民手中。

电信

1960—1978年，村民打电话、发电报要到天宝山邮电所。

固定电话　1970年9月，公社从刘家埠接线至九间棚大队，安装磁石电话机1部，安装在大

磁石摇把子电话机、大哥大

队党支部书记刘德敬家中。1985年移机至村委办公室。

1992年，因村办副业联系业务需要，在平邑花岗石厂办公室安装磁石电话1部。1997年后，程控电话进入九间棚村，电话装机量迅速发展，至2005年，全村共安装数字程控电话35部，电话入户率达到50%。

移动电话　20世纪90年代，移动通信业务开始在平邑城乡发展，1994年，村民刘甲才购买大哥大1部。2003年1月，小灵通业务上市经营，村民张如意因联系业务需要，购买小灵通1部。2004年，移动、联通两家公司在村内建立移动通讯发射基站，通话信号质量良好。2013年12月，小灵通业务转网到2G、3G通信。2014年后，村民手机使用量呈上升趋势。到2020年，村民持有手机量201部，占人口总数的66.56%。

电脑、互联网　2001年，村委因工作需要投入1.1万元购买联想“486”型电脑1台，此后陆续有村民购置电脑，除学习外还通过互联网获取信息并开展网上通信、网上经营业务。

2002年4月，互联网在九间棚村兴起。2004年，村党支部设有现代远程教育播放室，用网络系统对党员干部、村民开展政策法规、市场经济知识、致富实用技术等方面的培训教育。

2010—2020年，移动通信业务，包括语音、数据、多媒体等。移动通信、IP电话和互联网网络服务多样化，有全球通、神州行、动感地带、手机银行、彩信等百种移动数据和增值业务。村民实现了家庭无线高速上网的愿望，全村WLAN用户23户（不含县城九间棚新村居民区）。网络成为村民更快捷的通信方式。

绿化

九间棚村重视环境绿化、亮化，规划有绿化带、草地和花园，栽植树木，种植草坪，楼顶植绿，村域内共栽植各类绿化树木10多个品种1万多棵。种植各类花卉20多个品种2万株。

村庄绿化　中华人民共和国成立后，九间棚村响应上级号召，搞绿化建设。1966年集体组织整山造林2公顷。2000年后村委组织实施庭院绿化、公共绿化、村街绿化，先后栽种银杏树、青桐、雪松、杨树等3100棵。在村庄改造工程中，同步实施绿化工程，进行植树绿化。

道路绿化　九间棚村道路，栽种柳树、女贞、银杏、雪松、油松等绿化树木1100棵。

道路绿化（2019年5月 摄）

绿化品种　村域内种植绿化树木、花卉品种有银杏、广玉兰、木槿花、国槐、龙爪槐、芙蓉树、柏树、栾树、法桐、红枫、紫荆等树木品种30多个，间种冬青、月季花、黄杨、绿叶女贞、桂花、樱花、蔷薇、黄杨、竹子、常青藤、爬山虎等景观花木20多个品种。2008—2020年，共投入绿化资金2万元，栽种雪松、银杏、青桐等绿化树木2100棵，使村庄实现硬化、绿化、亮化、美化、净化。

古树名木

九间棚有槐树、柏树、水杉树、楸树、枫树等名木品种，经济树木中有梨树、核桃树、柿子树、银杏树等，藤木类中有紫藤、金银花、葡萄等。2020年，村境内有树高5米、直径0.3米以上的楸树10余棵，其中刘德香宅前、马家岭各有2棵树高12米、直径0.5米以上的楸树。龙顶山背阴部有成片枫树。

梨树　九间棚村多为黄梨品种。2019年，全村有50年以上梨树50余棵。望归树为刘氏村民迁居时栽种，有220余年树龄，树高6米，1米高处树围0.6米，树荫15平方米，年产黄梨100千克。

梨树（2019 年 4 月 摄）

核桃树　2020 年，全村有核桃树 300 余棵。村民张宗清宅前核桃树为其祖张焕成迁居时栽种，有 200 年树龄，树高 2.1 米，1 米高处树围 0.5 米，树荫 16 平方米，年生产核桃果 75 千克。

柿子树　村域内较大的 2 棵在马家岭村民张宗清的宅院后，称连理树，高 10 余米，1 米高处树围 1.1 米。2018 年，生产柿子 500 余千克。2019 年，村域内有百年以上树龄柿子树 10 株。

君迁子树　俗称软枣树，较大的 1 棵在村民张宗清宅院东，高 12 米，1 米高处树围 0.8 米，有 100 年树龄。

紫藤　位于小圣堂庙前，根部直径 0.5 米，与山石混为一体，分为 3 枝，长 10 余米，每年 4 月紫藤花开，香气四溢。

紫藤（2019 年 5 月 摄）

槐树　2020 年，村内有刺槐、国槐、龙爪槐 3 个品种 100 余棵，树龄最长、最大的 1 株在刘嘉坤宅院内，为其父刘德功建房时栽种。

马尾松　是九间棚村荒山造林的先锋树种。

柏树　村民多将多用于建筑、家具、细木工等。种子、根、叶和树皮可入药。用种子榨油，供制皂、食用或药用。

奇石

村域内奇石属园林石系列，有景观石、上水石、门石等。

红旗石　人为景观石，位于村展览馆前，红旗形状，长 5.65 米，宽 3.9 米，厚 1.1 米，重约 33.5 吨，上刻“九间棚虽然地处偏远，但风景这边独好”。

精神石　位于红旗广场南侧，正面镌刻：团结奋斗、顽强拼搏、坚忍不拔、艰苦创业十六个字和落款，高 6.5 米，底宽 2.66 米，顶宽 2.15 米，厚 1.2 米，重 39.77 吨。

天潭石　位于天潭小（2）型水库大坝左首，2011 年 6 月水库竣工时立石纪念，高 3.68 米，宽 3.3 米，厚 1.85 米，重约 31 吨。

纪念石　人为景观石，位于天潭水库西，1992 年，为纪念电影《沂蒙山人》拍摄而立，高 6.03 米，宽 3.9 米，厚 1.1 米，重约 36.5 吨。

仁寿石　位于天湖塘坝坝址南首，因形体遍布“寿”形石纹得名，高 5.6 米，宽 2.2 米，厚 2 米，重约 35 吨。

仁寿石（2019 年 5 月 摄）

六门石　位于马家岭寿山农场“六不用”金银花种植园，天然石灰岩石，高 4.8 米，宽 3.8 米，厚 0.9 米，凸露部分重约 27 吨。因巨石外形似汉字“六”，人工打制成石门，石门高 2.1 米，宽 1.4 米，称六门石。石门两侧各立 1 块园林石，为“六不用”金银花种植园标志。2019 年 4 月建成。沿石板路过六门石可达“六不用”金银花种植园、九间棚“六不用”餐馆。

六门石（2019 年 6 月 摄）

人文实体

村域内人文地理实体有民房、农家乐旅游景点、石碾、水利设施等。

毛泽东像　位于刘立堂宅前，1967 年建成，坐北向南，使用地产石灰岩料石，水泥钳缝，三层基石，两座发旋，宽 3.98 米，高 5 米，上半圆半径 1.5 米，上半圆中间为红太阳图案，两侧各 1 枚红五星，双面水泥沫面，正面为毛主席去安源国画像，背面为毛主席穿军装半身像（油画），两立柱条幅：毛主席万岁，共产党万岁。县宣传部、文化局技术指导，聘请专业画师作画，村民刘德明、刘德田等采用上等料石砌筑。

龙门　1996 年 12 月，由村委投资 3 万元建设，石质、钢筋混凝土结构，高 9 米、宽 15 米，“龙门”二字和两侧的对联“龙顶山龙虎斗地，九间棚九柱擎天”，占地面积 260 平方米。

红旗广场　位于石坎膀，东西长 65 米，南北宽 36 米，占地面积 2340 平方米，2011 年 3 月，由村委投资建设，石质、混凝土地面，北首为展览馆，西首为望归树，停车场，有 35 个停车位，因主题景观石形状像面旗帜而得名，象征着九间棚村作为农业战线的一面旗帜，将永远飘扬。

九间棚大戏台　位于天潭谷坊南侧广场，背倚龙顶山，2015 年 3 月，由村委投资建设，石质、混凝土台面。每逢节假日，有专业剧团在此演出。

场院　1963—1985 年，九间棚村 3 个居民区，均建有独立的场院，面积 320 ~ 700 平方米。场院边建有储粮囤、管护房。

场院（2019 年 5 月 摄）

第四节　异地开发

九间棚自建村以来，寻基立根坚强发展。1960 年 12 月，建立村级政权，艰苦创业，坚韧不拔，解决温饱，实现小康。1991 年，实施异地发展工程，拓展兴村富民之道。

九间棚新村

位于平邑城蒙山大道中段，1990 年 9 月，征用平邑镇二村、七村土地 10670 平方米建设九间棚花岗石厂。2007 年 3 月，厂址迁至城西蒙山大道西段，土地变更为商住用地，改建为九间棚新村。由刘甲才负责，宝业建筑公司承建 5 + 2 层

九间棚新村（2019 年 5 月 摄）

楼房（含地上车库、阁楼），3栋8个单元85户，总建筑面积8620平方米。

九间棚公寓，位于财源小区，1栋5层3个单元30户，建筑面积3150平方米。

金银花基地

1998—2019年，九间棚集团公司共在县内、省外租赁承包土地323.54公顷，建立发展金银花生产基地10处。

九间棚农业科技园　位于平邑县经济开发区002号，占地面积11.33公顷，2000年7月建立。详见第六章第三节“栽培园区”。

九间棚地方园　位于地方镇东固村，占地面积20公顷，1998年3月建立。详见第六章第三节“栽培园区”。

九间棚临涧园　位于临涧镇大卓村，占地面积8公顷，2016年1月建立。详见第六章第三节“栽培园区”。

九间棚保太园　位于保太镇武壤村，占地面积2.67公顷，2000年7月建立。详见第六章第三节“栽培园区”。

九间棚农业科技园　位于平邑县经济开发区002号，占地面积11.33公顷，2000年10月建立。详见第六章第三节“栽培园区”。

九间棚农业科技园北京分公司　位于北京市顺义区南彩镇九王庄村，占地面积30.67公顷，1999年4月建立。详见第六章第三节“栽培园区”。

九间棚农业科技园云南分公司　位于云南省大理白族自治州云龙县长新乡开发区，占地面积0.64公顷，2011年6月建立。详见第六章第三节“栽培园区”。

九间棚农业科技园甘肃分公司　位于甘肃省定西市通渭县李家店乡，占地面积218公顷，2012年建立。详见第六章第三节“栽培园区”。

九间棚农业科技园新疆分公司　位于新疆喀什岳普湖县泰岳工业园区，占地面积7.57公顷，2015年7月建立。详见第六章第三节“栽培园区”。

九间棚农业科技园贵州分公司　位于贵州省三都水族自治县大河镇，占地面积13.33公顷，2012年6月建立。主要经营金银花推广种植、苗木繁育、技术服务。

插花地兑换

1983—1999年，村集体因架电、修路先后与邻村的部分土地进行兑换调整，基本是等量兑换或以多换少，先后7次与赵家庄进行兑换1.13公顷。

1985年3月22日，修路与赵家庄置换土地527平方米，果树7棵，等量置换。

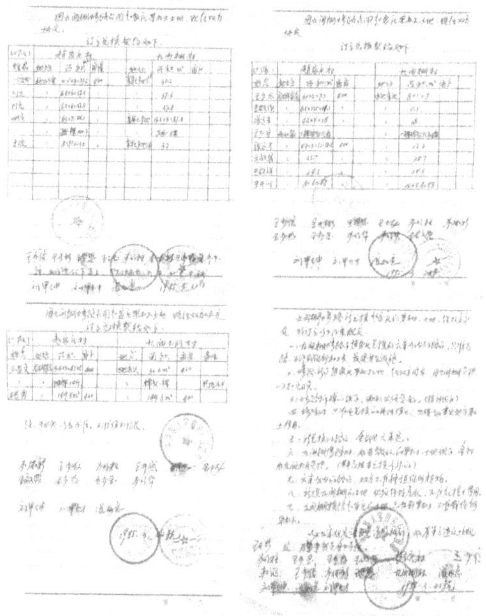

土地兑换契约

第五节　管理与服务

九间棚村主要围绕农村现代化发展的要求，积极探索村庄建设、管理、服务，为村民创造文明、和谐、方便、舒适的生产和生活环境。

村庄管理

为适应新形势发展的需要，提高村民的民主意识和法制观念，实现村民自我教育、自我管理和自我约束，保持村庄长期稳定的发展，经村“三支队伍”讨论，村民代表大会通过，制订《村规民约》和自治章程，让村民共同遵守、践行。

管理机构　九间棚村设立中共九间棚村委员会、九间棚村村民委员会和九间棚村议事委员会，任期均为3年，到期换届选举。

村党委　在地方镇党委的领导下开展工作，是村各类组织的领导核心，村民代表会议、村民委员会、村议事机构、村群团组织在村党委的领导下开展工作。

根据属地管理的原则，凡离退休党员、村民党员、尚未分配的大学生党员和民办企业党员、临时或长期无单位归属人员中党员的组织关系，均可转入村党组织，参与其中活动，发挥党员在村政管理中的先锋模范作用。

村群团组织、九间棚有限公司工会组织与村党组织的组建工作实行同步进行、同步发展。

村民委员会　村民代表大会由村年满18周岁，有选举权和被选举权的村民组成，其执行机构是根据《中华人民共和国村民委员会组织法》选举产生的村民委员会。

村民代表大会的根本性质是在村党委领导下的村民实行自我管理、自我教育、自我服务、自我监督的群众性自治组织。负责村日常事务的管理，对村属中介组织、村志愿者组织、物业管理组织及其他村组织负有综合管理、协调和监督的职能。在平邑县政府有关部门和地方镇的指导下，落实村民代表会议的决定决议，做好村政服务、卫生、文化、环境和治安等日常管理工作，引导和组织村民共建文明村、五好文明家庭等。向村议事机构、村民代表会议负责并报告工作。

村民议事委员会　是村民代表会议闭会期间的常设机构，由村内知名人士、人大代表、政协委员、村民代表组成，其职能：讨论、决定事关村公共利益的事项，对村民委员会及其他工作机构的工作进行监督和评议，提出意见和建议。

管理理念　根据村政特点，九间棚村管理理念定位：天人合一，绿色环保；文明和谐，阳光宜村；崇尚自然，超越一流；提升生活环境质量，保证可持续发展。

管理模式　坚持以人为本、统一协调、共驻共建的方针，在村服务、文化、环境上下功夫，创新村管理模式，使九间棚村达到环境优雅美丽、物质生活丰富便利、文化生活丰富多彩、村民安居乐业、安全祥和的目标。

管理原则　以人为本、服务村民，强化村党团群组织的服务功能，不断满足村民的社会需求，提高村民的生活质量和文明程度。责任统一、管理有序，明确职责和权利，加强管理优化服务。扩大民主、村民自治，实行民主选举、民主决策、民主管理、民主监督，逐步实现村民自我教育、自我管理、自我服务。因地制宜、循序渐进，从村民需要解决的热点、难点问题入手，有计划、有步骤地实现建设的发展目标。

管理目标　强化基础，通过组织外出学习、培训教育等，开阔眼界，拓展思路，推进村政建设的认识。利用村政宣传栏、广播等新闻媒体和过街帘等，宣传村政建设的目的、意义、工作原则和具体办法，形成人人关心村政建设、支持、参与村政建设。突出重点，根据村民生活需要，加大村政建设投入，加大村展览馆、文化活动中心、健身广场等设施配套、完善，提高服务水平。

创新机制　强化党组织在村政建设中的领导核心地位，加强村民委员会建设，按照有利于管理、有利于服务、有利于资源配置的原则，培养一批村文体骨干和思想政治工作者。同时，以村党、团支部为依托，成立志愿者服务队，参加各种服务组织和公益活动。

管理制度　2012年修订《村规民约》作为村民的行为指南。

九间棚村宣传栏（2016年9月 摄）

村规民约　2009年始，每年根据管理中遇到的实际问题，提交村“两委”会议研究，“三支队伍”讨论通过，逐步完善，由村民委员会监督执行。

治安管理　主要包括村治安保卫、民事调解及社会治安综合治理等工作。村安保工作由村委治安调解委员会和治安联防队负责。

治安联防队　2010年，按照《保安服务管理条例》，选配联防保安人员。治安联防队具备应对突发事件的能力，同时负责消防设施的看管、维护、操作使用，负责村境内路灯、花木、绿化草坪、宣传栏等公共绿化、亮化设施的看护工作。

组织群众性防范，预防扰乱村治安秩序的各种行为。向村民宣传法律、法规和村村规民约，协助政法、公安部门负责村境域内的治安等工作。

村风民风管理　村风民风体现地域文化，村务形象。九间棚村以弘扬沂蒙精神和“四德”建设为主导，加强村风民风管理。提倡精神文明建设，反对封建迷信思想及其他伤风败俗的行为，树立良好的社会风尚。严禁喜事大操大办，村民一律不准吃请。提倡丧事简办，一律实行火化。禁止吹喇叭、扎纸草等旧的传统陋俗。村民实行门前卫生三包。保持室内外环境卫生，注意个人衣着整洁。开展争做好媳妇、好妯娌、好婆婆，孝敬老人、教育子女、遵纪守法、互谅互让、和睦相处，争做文明家庭等项活动。

环境卫生管理

2009—2020年，开展环境卫生一体化管理，突出环境建设和养成教育，建设和谐宜村九间棚。

绿化管理　村域内道路旁以冬青、金银花为绿篱，内植月季、百日红、黄杨等，建人行道花池210个，面积270平方米。达到一年四季常青，春、夏、秋三季有花。2020年，村内栽植行道绿化树2100棵，街道绿化面积3000平方米。配备管理人员9人，对绿化树木、花卉进行量化目标管理。

卫生管理　组织村民开展健康教育和卫生知识培训，针对村域状况制定卫生管理制度。倡导村民树立讲究卫生光荣，不讲卫生为耻的文明卫生新风尚。村内无乱搭、乱盖、乱堆、乱放、乱扔、乱丢“六乱”行为，力争居民区内无鼠迹、蟑迹、蚊蝇滋生地。卫生保洁到位，配备专职保洁员9人，保持公共场所卫生整洁。

垃圾清理　2000年前，村民生活垃圾较少，垃圾经简易清理后，大部分作为农家肥料运往田地，其他靠焚烧土埋。2001—2020年，村内设立2处垃圾存放处，塑料专用垃圾箱105个，并组织人员定期打扫清运。

宅基地与房产管理

中华人民共和国成立前，村民宅基地属私有，房屋契约由官府验证，加盖官印。一般房屋契约注明东西南北四至的长度、宽度及附属等，房屋宅院买卖要写明契约，落款注明买卖双方、中间人、证明人，并加以验证。1950年，平邑县人民政府为巩固土地改革的胜利成果，确保私人财产的权利，以户为单位颁发土地房权证。

1956年，农业合作化、人民公社后，土地归集体所有，地面建筑及树木等附属物归个人所有。村民个人的房子可以买卖、转让、出租，树木可以自行砍伐或买卖、更新栽植。新建住宅占用地基，需要个人向大队申请，报公社（乡、镇）政府批准，由大队统一安排。原地拆旧房建新房的只需通知大队，不须报批。1986年6月25日，《中华人民共和国土地管理法》颁布实施后，村民建设新房，要按照村规划建设，需个人写出书面申请报村委，村委报乡（镇）土地管理部门批准，并发给批准通知书后方可施工。未经批准私自建房者按违法建筑处理。

宅基地管理　村民宅基地按照法律规定标准享受使用，实行一户一宅制度。

宅基地使用要求　村民一户只能拥有一处宅基地，面积不准超过山东省人民政府规定的标准，符合天宝山镇土地利用总体规划。出租、出卖房屋和非法转让房屋的，再申请宅基地不予批准。

宅基地管理内容 有宅基地使用权权属管理和计划、规划与整理管理，可分解为宅基地使用权审批、审查管理，宅基地占用超标管理，宅基地违法用地查处等。

宅基地权属管理 1991年2月，村“两委”按照国务院颁布的《中华人民共和国土地管理法实施条例》和县、乡（镇）要求，对村民宅基地的审批权限作了补充，村民使用宅基地由本人写出申请，村“两委”研究同意，报乡（镇）建办公室批准。

房屋权属管理 中华人民共和国成立前，村民宅基房产村民私有，房产转移时，政府收取契税。

中华人民共和国成立后，民房以两种形式存在，一是私有，有的是几代相传。至1970年，村民新建较少，多为修缮和翻建。1980年后新建房屋增多。二是公房，为集体行政办公用房、工副业生产用房。房屋管理由村民户自主经营。

房屋租赁 私房租赁租金租期由双方签订契约约定。2009年后，按照平邑县政府规定：房屋租赁由租赁双方平等协商，签订租赁合同，到房地产管理部门申请登记，办理租赁手续；租金，由租赁双方参照物价部门确定标准，按房屋的质量、用途商定。2009—2020年，有7户村民租赁房屋7位24间480平方米，每位每年租赁费500元，主要用于农家乐、文旅经营项目。

房产交易 中华人民共和国成立前，私房均为自由交易。中华人民共和国成立后，房产受法律保护，交易受政府监督，价格由双方议定。房管部门评定办理成交手续并收取一定的手续费。2005—2020年，全村共办理房屋交易监理3户，交易面积180平方米。交易价格500 ~ 2000元。

户籍管理

清末，村民户口由村公所年报，县衙户房负责户籍管理。民国时期，村民户口由村公所年报，县政府二科负责户籍管理。

中华人民共和国成立后，村民户口由县民政局负责。1951年，九间棚村民户籍归赵家庄管理，实行出生、死亡、迁出、迁入变动申报制度。1956年8月，人口“四项”管理制度由县公安局负责。1958年4月，村民新发户口簿，村民户口由公社、公安派出所、大队管理。1960年11月，九间棚村建立基层政权，社员户口管理由大队（村）会计负责，公社、乡（镇）公安派出所管理。

四项管理 1960年，根据《中华人民共和国户口管理条例》规定，户口管理项目有出生、死亡、迁出、迁入、分村并户、失踪、寻回、收养、认领、结婚、离婚、外出登记制度和公共户口管理制度，建立户口签约。九间棚每年进行一次人口户数申报。1982年第三次人口普查后，户籍工作管理实行簿册管理，由派出所统一管理，村委由文书进行监管。1990年始，实行家庭户口簿制度，村会计兼管户籍工作。

居民身份证 1987年3月，按照公安部规定，实行村民第一代身份证制度，凡年满18周岁的公民，均办理村民身份证，并由县公安部门统一发给村民户口簿。村委建立户籍档案。1988年12月，全村18周岁以上的公民全部制发村民一代身份证。

2008年，县公安部门对九间棚村民换发第二代村民身份证，2013年1月1日止，第一代村民身份证停止使用。

门牌制度

1985年11月，村“两委”根据天宝山乡政府《关于搞好全乡农村户口管理系统工程的实施意见》，实行门牌制度，对全村户籍进行清理，报乡、县统一制牌。2001年8月，再次进行规范，全村65户，牌号从马家岭至平顶山，并建立家庭档案，由村委会工作人员填写《家庭情况登记表》入档。2002年4月，按照《平邑县村民房屋权属登记实施细则》，实行村民房屋权属登记工作，全村共普查登记房屋宅基66位。并实行门牌号制度，其顺序从马家岭始至平顶山。2020年，全村民房屋权属登记82位。2004年，村民门牌号由县公安部门统一制牌编号，在镇派出所指导下上牌。全村登记村民户宅基 67 位。

档案管理

九间棚在县档案局具体指导下，加强档案管理，开发档案信息资源，为村建设服务。2018 年，村委对档案管理进行系统地搜集整理归档，专门设立档案室，配备档案橱。档案制度上墙，档案管理规范。村委会的文件材料，实行统一立卷，集中管理。2007 年 3 月，村中会计档案被县纪委调用查账，后由村委会从县纪委运回放入旅游公司存放，后丢失。

合同管理

合同管理作为村管理制度的重要内容之一，实施有效管理。

合同分类　村合同档案共分经济合同、工程合同、副业合同、承包合同、租赁合同、借贷合同六类。聘用合同是录用合同的一种，是指以职工雇用为目的，用人单位从社会上招收新职工时与被录用者依法签订的，缔结劳动关系并确定权利义务关系的合同。2010 年 10 月，村委规范聘用制合同档案，村委聘用人员全部签订合同。

管理内容　2010 年后，村合同管理实践四项工作。

规章制度　首先从完善制度入手，制定切实可行的合同管理制度，使管理工作有章可循。合同管理制度的主要内容：合同的归口管理，合同资信调查、签订、审批、会签、审查、登记、备案，法人授权委托办法，合同示范文本管理，合同专用章管理，合同履行与纠纷处理，合同定期统计与考核检查，合同管理人员培训，合同管理奖惩与挂钩考核等。村通过建立合同管理制度，做到管理层次清楚、职责明确、程序规范，从而使合同的签订、履行、考核、纠纷处理处于有效控制状态。

合同管理人员　由村委会主任具体负责，管理人员通过学习培训，掌握合同法律知识和签约技巧，增强责任感，提高其合同法律意识。

合同审查管理　把生产经营合同、土地租赁合同作为重点管理对象，从合同的项目论证、对方当事人资信调查、合同谈判、文本起草、修改、签约、履行或变更解除、纠纷处理的全过程，都由法律顾问部门参与，严格管理和控制，预防合同纠纷的发生，有效维护企业合法权益。

违约处理　一旦发生违约情形，法律顾问要区别情况，及时采用协商，仲裁或诉讼等方式，积极维护企业的合法权益，减少企业的经济损失。

合同签订　1985—2020 年，在发展生产中，村委会共签订合同 302 份。

防火防盗

1960 年 11 月至 1979 年 5 月，大队护林员刘德成。1979 年 6 月至 1985 年 5 月，大队护林员刘德元。1985 年 6 月至 2020 年，大队护林员刘甲锋。1989 年，村“两委”成立治安联防队，刘甲友任队长，刘甲印、刘甲福任专职消防员，在村东头建立治安岗亭，按照防火和消防要求，安装消防栓 1 处，主要公共设施配备灭火器和铁锨、水桶、沙堆等消防用具。设立消防宣传栏 1 处，邀请平邑消防大队官兵到村进行消防知识演练、宣传，引导村民防患于未然。

为做好防盗工作，2008 年 6 月，村集体投入 4 万元，建立 4 处监控点，重要位置安装摄像探头 24 个，建立九间棚村监控系统，并配备保安 8 人，进行 24 小时全天候监控和巡查，保证村民人身和财产安全。

服务

村各服务组织在村党委、村委会的领导和组织下开展社会化服务。村“两委”重点抓村服务站的建设与管理，开展面向老年人、儿童、残疾人、贫困户、优抚对象的社会救助和福利服务，面向村民的便民、利民服务。

服务内容　围绕村民的需求，开展多种形式和内容的服务，主要服务项目有民政优抚、村民福利、老年人补助金发放。为老年人提供包户服务、文化生活服务等。

水电服务 实施水网、电网改造，并有效地防止跑冒滴漏的产生，代收水费、电费，为村民进行维修服务。

户籍管理服务 为村民转入转出户籍证明，办理户籍注册、注销手续。

政策法规服务 调节村民、邻里之间的纠纷，通过调解工作宣传法律、法规和村规民约。

卫生服务 村民的卫生医药服务由村卫生服务站承担，为村民提供有效、经济、方便、综合集医疗、预防、保健、康复、健康教育、计划生育技术指导等服务。

志愿者服务 村志愿者发挥示范、带动作用，提高村民参与村建设的积极性。村“两委”制定鼓励村志愿者办法，引导村民自觉、主动地参加村志愿者活动，提高九间棚村的人气和亲和力。制订九间棚志愿者管理制度，用五章十九条规范村志愿者的机构、职责、权利与义务、服务范围和对象、保障与奖励、并采用星级评估考核的办法，赋予村志愿者荣誉。每一位村民从志愿者的星级中便可了解该志愿者为村民服务的数量、质量。

邻里

邻里互助倡议 九间棚村民素有互帮互助的传统美德，九间棚村广大村民参加“邻里互助”活动，以实际行动体现邻里之间的互相关爱和亲情友谊。

邻里互助公约 自觉维护邻里关系，互帮互助；爱护邻里共同空间，自清自律；遵行中华传统美德，善待邻里；慎养调教猫狗宠物，污物自清；装修房屋适时适度，不扰四邻；垃圾废物分类入箱，主动清扫；安全燃放烟花爆竹，顾及邻村；为人处事态度宽和，邻村团结，不散布流言；邻村之难雪中送炭，力所能及，不推脱敷衍。左邻右舍相知信任，户户相依，不坐观邻危，出门关闭，不遗患扰邻。

第三章　经　济

九间棚地处平邑县城东南部天宝山区，清朝至民国年间，村民从事农业生产为生。中华人民共和国成立后，九间棚人用自己勤劳的双手，整山造地栽种林果，用5年的艰苦奋斗解决了温饱问题，但村民经济收入仍然不高。刘嘉坤北上南下考察学习，结合村实际，提出“立足山上农林果，出山进城办工业”的发展思路。1991年后，九间棚村“两委”本着继续加强农业，积极推进工副业，大力发展商贸旅游业的思路。进行产业结构调整。在加强农业生产的同时，积极发展工副业生产，建成九间棚花岗石厂、九间棚机械配件厂、九间棚金银花茶厂，兴市场、做贸易，村域经济日益繁荣。1992年，九间棚村工副业超过农业成为主导产业，集体经济收入迈入双千万元村行列，村民生活状况从温饱型转向小康型。以“永不服输，永不停步，永不变色”的信念，不断学习、探索，在商品经济的大潮中选择做大做强金银花产业，发展乡村旅游产业为主导产业。2020年，九间棚村金银花产业链形成良种繁育、基地栽培、采摘加工、新产品开发、销售服务一条龙产业，全村工农业总产值4.5亿元，村民人均纯收入28700元。

九间棚集团2016年事业发展誓师动员大会

开山造地（2020 年 12 月 摄）

地瓜（2018 年 10 月 摄）

谷子（2019 年 10 月 摄）

山楂（2019 年 10 月 摄）

黄梨（2013 年 9 月 摄）

临工机械平邑配件厂（2019 年 10 月 摄）

山东新大陆制药有限公司口服液灌装轧盖车间（2019 年 7 月 摄）

第一节　农业生产

九间棚村自建村迄今，农业生产经历拓荒垦殖、开山造地，到中华人民共和国成立后的农业合作社，人民公社集体劳动和改革开放后的土地承包经营责任制三个发展阶段。

中华人民共和国成立前，九间棚村民沿袭小农经济生产方式，以家庭为单位，靠人力劳动和简单的农具耕种少量土地，种植的农作物主要有地瓜、谷子、高粱、荞麦、大豆、花生等，由于受封建土地所有制的束缚，农业以单一的粮食生产为主，品种单一，产量低下，且受旱、风、雹、虫害等自然灾害的侵害，三年两歉收，农业产量低而不稳，不能摆脱“靠天吃饭”的状况。民国年间的丰产年份，上等谷田亩产50千克左右，下等田亩产35千克左右。一遇干旱、雹灾等歉收年，全村一半农户缺粮。1930—1946年，粮价跌落，币价腾涨，半数村民年缺粮20～30日。

中华人民共和国成立后，党和政府重视农业生产，随着农业集体化的实行，土地实行集体所有制，实行小规模的农田水利建设，调整农作物布局，改进耕作制度，改良农作物品种、结构，实行科学种田，提高了农作物产量和抗御自然灾害的能力，粮食产量成倍增长。特别是改革开放后，在大农业框架下，调整农业产业结构，以粮为主，以副养农，以工强农，农、林、牧、副多种经营，全面发展。农田增产，农业增收，村民生活迈向小康。

土地所有制

封建土地所有制　清末、民国年间，土地私有制，村民谁垦谁有。中华人民共和国成立前，九间棚的上等土地基本为山下外村地主、富农占有，村民只占少量下等山坡地，产量低，难以维持生活，故有一半农户靠租种地主的地为生，过着半年糠菜半年粮的生活。而地主、富农绝大多数靠雇工剥削，出租土地，经营工商业，生活富足。村民与土地关系大致分为两种类型。

自耕型家庭拥有一定数量的土地，常年靠种地维持生活。有两种情况：一是家庭劳动力多，除完成农活外，夏、秋农忙季节抽空外出打短工，这样的农户占25%；二是家庭有一定数量的劳力，平时农活可以维持，但到夏、秋农活忙季时到外村请亲朋助收，这样的农户占30%。

租种型家庭仅有少量土地，不能维持生活，需租种土地度日。租种形式分两种，一是定租制，出租户将土地租给农民，租期一般3年，每年每亩缴租粮20～25千克，丰歉租额不变；二是分租制，租种地主的土地，按“五五”比例共同分配当年农产品，人工、牲畜、肥料、种子由佃户负责，地主负责缴纳地税，这种类型的农户占30%。

土地交易　清末、民国年间，土地是私有财产，可以自由买卖，其交易一直延续到土地改革时期。

兄弟分家土地分配　兄弟长大成家立业，生儿育女，需要分家另立锅灶，一般家庭多请舅父或族长主持，对家中房屋、粮食、财务、农具等均衡搭配。对土地分配，首先留出父母养老地，尔后按兄弟多少平均分配，请先生写好分单签名、画押，作为土地产权的凭证。

土地私人所有制　清末、民国年间，土地私有制是九间棚村长期存在的主要生产资料所有制形式。1949年，土改复查中有14户62人，其中贫雇农11户45人，拥有土地8.15公顷，人均占有土地0.18公顷。中农3户17人，拥有土地5.27公顷，人均占有土地0.31公顷。

土地私有制决定了九间棚土地使用的不合理性。部分少地的农民只有租种富户（俗称东家）的土地，有的甚至连同耕牛、种子一同租用，收获后需将收获物的五成（租用耕牛、种子的另外加交）交与富户，富户利用自己对土地的所有权占有贫苦农民的劳动成果，拥有的土地越多占有就越多，从而刺激了富户占有土地的欲望。他们千方百计地聚敛财富，购买土地，加速了土地向少数富户集中，也加速了贫困村民的破产程度。

地主对农民的剥削形式　土地改革前，地主

剥削农民的形式主要有地租、种子粮、份子粮、代种地、拨房工、送礼、高利贷等。

土地改革

1946—1951年，九间棚共进行两次土地改革运动。第一次于1946年9月开始，县土改工作队进驻赵家庄，进行宣传教育，调查研究，建立健全村农会组织，广泛掌握全村土地数量，将外村地主的3.33公顷土地没收分配给少地农户。第二次是1949年春，鲁中南行署和县土改工作队进驻赵家庄，开展土改复查。按人口统一分配土地原则，人均分配土地0.18公顷，山场、林地、果树0.21公顷。

互助合作

土地改革后，村民有了自己的土地，农业生产进一步发展。但是有的村民因家庭缺少劳动力、农具、种子、资金等原因，生产和生活仍有困难。1952年6月，刘德功、廉德勤、张德祥分别组织族人自愿结合，组成换工组。秋天，转为互助组，推选刘德功、张德祥任组长。互助组的互助办法是由组长召集组民以同时出工方式为主，有牛、木推车的户，帮助无牛、木推车的户运粪、运农作物等。劳动力富裕的户，帮助劳力少的户干农活，劳动1天为1个工，半天为半个工，时称“换工”。年终，由组长召集组民进行决算，进行换工补偿，不足部分，下年补齐。无牛户向有牛户交部分草料，时称“找草找料”。

初级农业生产合作社

1955年2月，3个互助组15户村民建起九间棚初级农业生产合作社，命名为九间棚社，刘德功任社长，其性质为农村合作经济组织。

初级农业社设社长、记工员（刘德敬）、保管员（刘德顺）各1人，由社员大会民主推荐产生，负责社中生产安排、土地等生产资料统筹、分红。土地、牲畜、农具等生产资料仍归个人所有，生产统一计划，集体经营。在初级社阶段，实行入社自愿、退社自由。村民自愿将土地和耕牛等生产资料入社，统一参加社内生产劳动。其分配办法按照“资源入社，土地入股，比例分红”“地四劳六”的原则。牲畜、农具折价入股，由社统一使用，给一定报酬。社员参加劳动，实行评工记分，以分计酬。财务民主管理，半年公布一次账目，接受群众监督。

土地集体所有制

高级农业生产合作社、人民公社时期，土地由合作经济组织共同组织耕种，归农民集体所有，从此改变了土地几千年私有制的性质，促进了生产力的发展。

高级农业生产合作社　1957年11月，九间棚初级农业生产合作社和未入社的2户一并转入赵家庄高级农业社，称地方区天宝山乡赵家庄高级农业生产合作社，九间棚村入社土地7.36公顷，耕牛5头。指导员王启富，社长张纪祥，副社长刘德功（九间棚人），会计王启山，李长青（和乐村人）、李京山（北岭村人）。

赵家庄高级农业社实行“土地归集体所有，按劳分配”，各生产组独立作业的原则，对牲畜、农具统一作价记账入社。根据农活轻重、技术含量、责任大小、辛苦程度等条件，划分各种劳动定额和劳动报酬。推行包工包产，定工定产、定成本、定生产、定财务开支、定牲畜饲养及牲畜、农具使用等。凡超额完成包产任务的，超产一成、二成、三成的分别以超产部分的70%、80%、90%归生产组所有，其余部分作为超产奖励，完不成定额生产指标则给予相应处罚。

高级社取消土地入股分红，主要生产资料归高级社所有。将初级社时期社员持有的分红股本、本金一次兑现，土地入社属集体所有，牲畜农具打价入股，全社定出入社股金标准，多余部分作为投资。年终分配除完成国家征购任务，留足种子、饲料粮外，其余部分按劳分配。

赵家庄高级农业社成立后，因受环境影响，采用生产组作业，粮田区域化播种，引进更新粮食作物品种，加强农田管理，粮食产量逐年提高。

生产大队　1958年10月29日，县委、县人民政府制定《关于建立人民公社的意见（草案）》，八一人民公社成立，赵家庄高级农业社转入，并改称赵家庄大队。此时土地全部实行社队集体所有。1959年1月，改称天宝山人民公社赵家庄大队，下设5个生产小队。1960年12月，九间棚析出建立生产大队，为二级独立核算经济主体。

家庭联产承包责任制　1982年，九间棚大队农业生产实行包产到户作业。1983年，实行家庭联产承包责任制，全大队13.35公顷耕地，按人口平均分配到户耕种承包。1985年3月，全村土地在原承包经营的基础上，按5%留出0.67公顷机动地外，其余分口粮田和责任田按人均全部承包到户耕种。承包期定为15年。设立2个村民小组，进行管理作业。

1988年，在第二轮土地承包中，村“两委”对部分承包地进行微调，死亡人口的土地收回，划给新生育增添的人口，全村无机动地，再后增人不增地，减人不减地。1994年12月，村“两委”与58户村民签订土地承包合同，对全村8.17公顷耕地进行明晰责任。

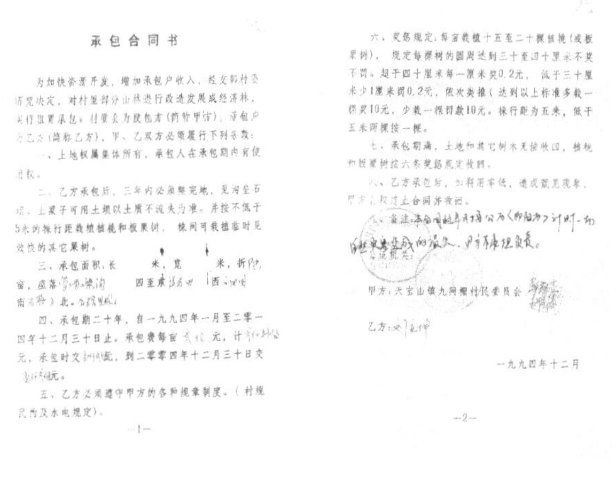
承包合同书

为加快资源开发，增加承包户收入，经支部村委研究决定，对村里部分山林进行改造发展成经济林，实行租赁承包……承包户为乙方（简称乙方），甲、乙双方必须履行下列条款：

一、土地权属集体所有，承包人在承包期内有使用权。

二、乙方承包后，三年内必须整完地，见沟垒石堰、土粱子可用土坝以土质不流失为准。并按不低于5米的株行距栽植板栗和板栗树，株间可栽植临时见效快的其它果树。

三、承包面积：长　　米，宽　　米，折　　亩，座落　　四至：东　　西　　南　　北。

四、承包期二十年，自一九九四年一月至二零一四年十二月三十日止。承包费每亩　　元，计　　元，承包时交　　，到二零零四年十二月三十日交　　元。

五、乙方必须遵守甲方的各种规章制度。（村规民约及水电规定）。

—1—

六、奖惩规定：每亩栽植十五至二十棵板栗（或板栗树），规定每棵树的圆周达到三十至四十厘米不奖不罚。超于四十厘米每一厘米奖0.2元，低于三十厘米少1厘米罚0.2元，依次类推（达到以上标准多栽一棵奖10元，少栽一棵罚款10元。株行距为五米，低于五米两棵按一棵。

七、承包期满，土地和其它树木无偿收回，板栗和板栗树按六条奖惩规定执行。

八、乙方承包后，如利用享低，造成荒芜现象，甲方有权终止合同并收回。

九、备注：……

公证机关：

甲方：天宝山镇九间棚村民委员会

乙方：

一九九四年十二月

—2—

1994年土地承包合同书

2003年3月1日，《中华人民共和国农村土地承包法》实施，全村土地承包经营走上依法管理的轨道。2004年7月30日《山东省实施〈中华人民共和国农村土地承包法〉办法》实行，村委会对土地承包进行梳理，并进行土地承包经营权证的补发工作。

土地

九间棚村耕地面积最多时期13.35公顷。长期以来，村民开山造地，繁衍生息。

耕地级差　2008—2010年，县农业部门按照农业部和山东省有关方案要求，对全县耕地地力进行调查和质量评价工作。九间棚村耕地地力等级为六级，土质薄，保肥力差，适宜种植薯类、谷类作物及林果、树木。

土质　村域土质分为棕壤骨质土、褐土骨质土两类。

棕壤骨质土　俗称黄石土，主要分布在平顶山、栗树棚、马家岭一带，片状分布，土层深0.1 ~ 0.5米，约占全村土地的63.5%，土质、团粒结构松散，土层薄，土壤容重1.93克/立方厘米。面积占全村总面积的2/3，适宜种植地瓜、谷子等耐旱农作物和经济林果。

褐土骨质土　俗称黄黏土，主要分布在老虎窝沟、两泉峪，面积占全村总面积的1/3。适宜种植地瓜、花生、小杂粮等耐旱农作物和经济林果、树木等。

土壤监测　1989年，县农业局对村域土地进行分块抽样监测，土壤理性化性状0 ~ 0.27米，有机质1.41% ~ 1.88%、全氮0.065%、全磷0.064%、碱解氮35ppm（ppm为百万分之一）、速效磷7.5ppm、速效钾51ppm。土壤酸碱度（pH值）7.7，土壤容重1.7 ~ 1.75克/立方厘米，土壤总空隙度53.1%。土壤生产力3级，适宜种植谷类、薯类作物及柏树、灌木等和梨、苹果、山楂、柿子、桃树、金银花等经济树木。

土地数量　清光绪年间，全村土地面积7公顷。1921年，有土地面积9公顷。1948年11月，土地改革时有土地面积11公顷。实行集体所有制后，土地为主要农业生产资料，在“一平二调”政策下，九间棚大队共调出土地0.3公顷。在与邻村插花地的调整中多是以多换少，减少土地0.6公顷。“农业学大寨”时期，村民开垦荒地，耕地面积稍有增加。1984年后，村集体修路、架电、发展水利占用土地1.7公顷。1983年，实行家庭联产承包责任制时有土地面积13.35公顷，按照政策规定以口粮田、责任田承包到户。

1949—2020年部分年份
九间棚村耕地、林果面积一览表

表3-1　　单位：公顷

年份	耕地面积		林果面积	
	总面积	人均	总面积	人均
1949	5.6	0.086	2.7	0.042
1950	6.8	0.094	2.8	0.039
1958	6.95	0.087	2.5	0.031
1960	7.56	0.09	3.2	0.038
1965	8.17	0.087	3.5	0.037
1970	8.36	0.073	4.1	0.036
1975	9.26	0.069	5.1	0.038
1978	11.35	0.076	6.5	0.043
1980	12.35	0.078	6.9	0.044
1983	13.35	0.078	7.5	0.05
1985	13.71	0.077	10.2	0.058
1987	12.59	0.078	14.6	0.069
1990	12.22	0.065	15.1	0.081
1995	12.32	0.061	17.4	0.051
1997	12.72	0.062	19.7	0.099
2000	13.89	0.064	20.2	0.099
2005	14.65	0.066	21.4	0.11
2010	15.39	0.066	21.6	0.092
2012	16.94	0.071	22.1	0.89
2015	18.81	0.073	23.7	0.095
2018	19.07	0.069	24.2	0.098
2020	20.45	0.071	31.6	0.11

地块名称　1961年，全大队有大小地块3100块7.6公顷，村民根据土地所处方位、地形、地貌、典故等，对全村的土地都冠以响亮的名字，有的一块地2个名，有的地名已沿袭5代人100余年。以村庄为方位，村东的土地称家东，村西的土地称家西，村北的土地称北山，村南的土地称南坡。全村所有土地均有沿袭的名称。1984年，全村土地的地名：黄泥泉、南膀、棚上、台子地、大地（0.2公顷）、东梁子、前匹、平顶山、赵家湾、佛家湾、童子崖、官场、马家岭、二崖、北个了拜子等。

土地整理

土地改革前，九间棚对土地面积习惯以大亩为计算单位，丈量土地时用弓。土改时丈量土地使用公尺，计算单位为市亩，1大亩折1.2市亩。改革开放后，使用公制单位，1市亩等于666平方米，15亩等于1公顷。

整山造地　中华人民共和国成立前，村民无力对土地进行规划、改良。1955—1958年农业生产合作化时期，为便于耕种，进行小面积整地，主要是削高填低，平整地面。

1961—1978年，人民公社时期，利用冬春农闲季节，集中劳力，整山造地，整地改土，在“农业学大寨”中，重点进行梯田建设。全村累计开辟山坡，造地5.8公顷，建成适种小麦、玉米梯田2公顷。1980—2020年，全村整山造地40公顷，栽种金银花和经济林。

山坡梯田（2016年1月 摄）

土地利用　20世纪50—70年代，全村农田受肥力制约，农作物种植多为一年一季一熟制，播种地瓜、高粱、谷子面积较大，约占总播种面积的70%。80年代，随着村民科学种田意识的增强，土地利用提高了复种指数，一年一熟制地瓜仍为主要种植作物。改革开放后，在临近水源、土层较厚的地块试种小麦、玉米，但因土肥、水资源条件差，产量低，种植面积小。一年两作主要种植生长期短的荞麦或栽培蔬菜。2010年，全村农作物播种面积5.17公顷，其中，地瓜种植面积3.16公顷，花生种植面积0.5公顷，小杂粮种植面积1.51公顷。

间作、套种 间作、套作是村民的传统经验，是九间棚在农业生产上的一项增产措施。主要是地瓜地里种芝麻、绿豆、大豆或高粱，以地瓜为主。1970年后，逐渐出现玉米间作大豆；间作方式多为2∶1，高粱套作大豆，谷子地套种高粱等。

玉米套种大豆（2015年7月 摄）

轮作 禾谷类作物轮作较为普遍，即第一年春播种高粱，第二年播种谷子。较好的地块第一年春播种谷子或高粱后，秋天播种冬小麦，次年夏收后，接种夏玉米、大豆或晚谷等作物，待秋天收获后，冬季休闲。二年三作的轮作制度基本上为两年一循环。

起垄、整畦 由于种植方式的变革，土地耕耙后，根据不同种植规格起垄整畦。如种植地瓜需起垄，种植小麦需整畦。

耪地、镇压 一般在农作物苗期、降雨或浇水后进行，用锄、二齿钩、三齿钩或小锄，疏松土壤、保墒增温，消灭杂草。高粱、谷子播种后，随时用轱辘子（石磙）进行镇压1～2遍。以利于种子进入土壤和提高发芽生长速度。

土地管理

清末、民国年间，土地归个人所有。中华人民共和国成立后至1952年成立互助组，通过土地改革实现耕者有其田，地权仍属个人。

1956年，成立初级农业社，土地入股，按股进行分配。1957年，成立高级农业社，土地入社，归集体所有。1984年，实行家庭联产承包责任制，土地属国有资源、归集体所有，分口粮田、责任田，由承包人经营。

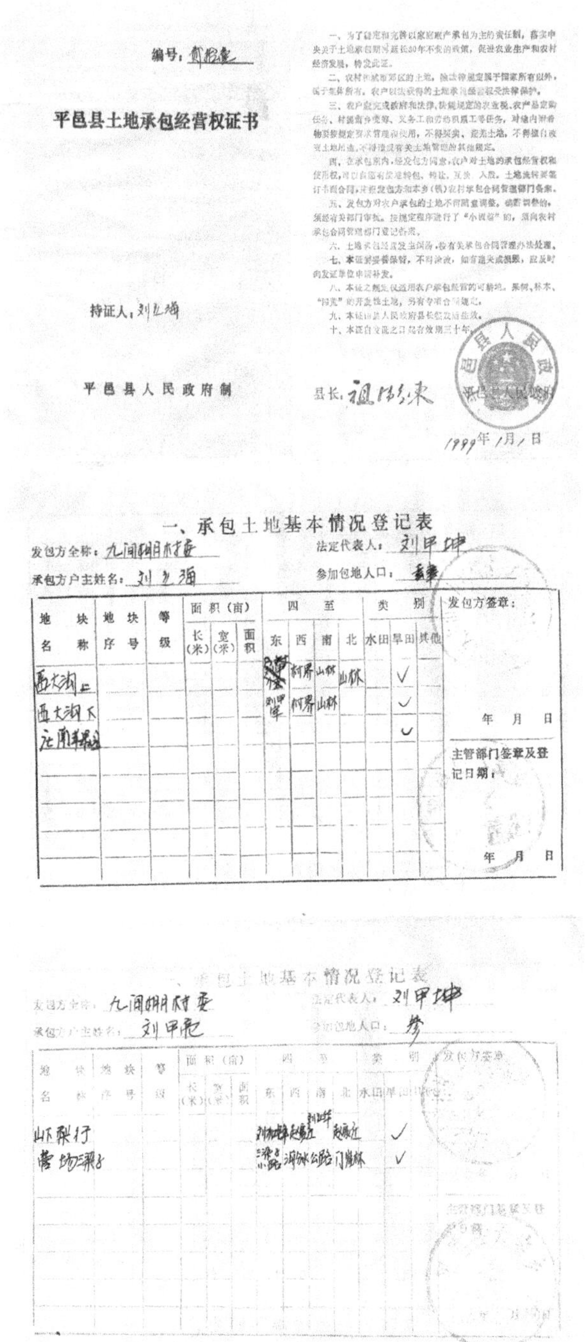

平邑县土地承包经营权证书

持证人：

平邑县人民政府制

县长：

年 月 日

一、承包土地基本情况登记表

发包方全称：九间棚村委 法定代表人：刘甲坤

承包方户主姓名： 参加包地人口：

1991年土地承包经营权证

自留地

1961 年，根据上级土地管理政策，经九间棚大队管委会研究以户为单位按人口均划 0.01 公顷自留地，全村人口 85 人，共划自留地 0.85 公顷。多是山坡、沟边狭窄小地块。自留地的耕种由村民自主经营，收入归己，不承担税赋。1970—1982 年，社员经营自留地 1.2 ~ 3.12 公顷，人均 0.02 公顷。1983 年，实行家庭联产承包责任制后，全村实行两田制（口粮田、责任田），自留地取消。

农业普查

中华人民共和国成立后，平邑县共进行两次农业普查，九间棚土地数量、耕地面积、畜禽数量等基本农业资料和数据入编。

第一次农业普查　由平邑县农业普查办公室主持完成，1996 年 1 月 1 日始，12 月 31 日完成，九间棚划为 1 个普查小区。主要对土地面积（包括耕地、园地、林地、山岭荒地）和村民基本情况、生产经营情况等进行普查。

第二次农业普查　2006 年 1 月始，12 月 31 日完成，由县农业局组织力量实施，九间棚划为 1 个普查小区，普查的项目：村域面积、耕地面积、农作物种植情况（包括粮田面积、经济林面积、用材林面积）、家畜情况（包括饲养品种、数量）、农户情况（包括人口数量、劳动力、从业方向）等。普查员刘立青。

农田水利建设

九间棚的土地历来怕旱不怕涝。土地私有制时期，村民注意“种地养地”“种地拾掇地”。每逢冬春季节，家家户户进行刨茅草、挖裸石、筑地坝等田间作业。土地集体所有制后，大队重视农业生产，大搞农田水利基本建设。

中华人民共和国成立前，村民只是在属于自己的田地里削高填低，整平精种，没有大面积、合理规划农田基本建设的条件。

荒山治理　人民公社化后，土地、生产资料实行集体所有制，生产力关系的改革，解决了一家一户所想而不能为的全方位规划、集中人力、物力投入，大规模进行农田基本建设。1964—2020 年，共进行 5 次整山造地活动，治理荒山 56 公顷，整理低山梯田 5.6 公顷，发展果园 13 公顷，“六不用”金银花种植园 33 公顷。

南膀建果园　1964 年 3 月，大队党支部组织社员在南膀改造荒山 1.1 公顷，垒砌石坝地堰 230 米，高 1 ~ 2.5 米，宽 0.5 ~ 0.6 米，栽种苹果、黄梨、山楂。闸口管理区书记林化平上山总结九间棚的经验，在全公社推广。

马家岭会战　1975 年 10 月至 1976 年 3 月，大队党支部开展“农业学大寨”运动，对马家岭进行统一规划，搭建地屋子，全大队青壮年劳动力集体食住窝棚中，一个冬春垒砌石坝地堰 510 米，整山造地 2 公顷。1987 年，村党支部组织社员开展冬季生产大会战，在马家岭石堰子整山造地 2.67 公顷，栽种桃树、苹果、柿子。1975—2000 年，集体整山造地，集全村人力、物力，土法上马，土工作业，开挖石料 3500 立方米，垒砌山地石坝 5300 米，均高 1.3 米，马家岭十亩地坝长 710 米。

寿山农场　2000 年规划，村“两委”利用流转山地 40 公顷，租赁邻村荒山 450 公顷，实行机械化作业建设“六不用”金银花种植基地、生态养殖场，雇用挖掘机 2 台，对园区内山岭薄地、荒山场深挖 1 米，整理成条带，让其风化、闲置 1 年后，再次深翻、施用有机土杂肥，修筑水池、垒砌水渠，安装太阳能杀虫灯，种植无公害小杂粮、栽种九丰一号、北花一号金银花。农场四周为次生防护林，内修建环形生产路、生态养殖场、生态种植园。

垒砌石坝　1961—2020 年，在农田基本建设中共垒砌石坝 1.2 万米，其中集体经济时期，开荒山造地、垒砌石坝任务由大队民兵专业队负责，开山造地、发展林果 12.5 公顷，垒砌石坝每米平均用石头 0.6 立方米，用工 1.6 个，每个工日值 0.45 ~ 0.8 元。1983 年后，实行农业生产责任制，垒砌石坝多由村民户在承包山地中拓荒、小块并大块或修补塌陷进行，垒砌石坝，开石备料全部人工，每米平均用石头0.5立方米，用工0.5个，每个工日值2～10元。1996年实行土地流转后，垒砌石坝由土地经营户负责，使用机械作业提高效率。部分石坝仍需人工垒砌。2005年，每米平均用石头0.6立方米，用工0.4个，每个工日值20元。2019年每米平均用石头0.6立方米，用工0.33个，一个熟练工一天可垒砌石坝3米，每个工日值120元。

天湖石坝（2019年7月 摄）

水利设施建设　1983年前，全村没有水浇田。天旱年份，山沟、水汪干涸，农村用水困难，无水浇灌农作物。“农业学大寨”时期对山坡地进行保水改造，只是增加土层厚度，在田间地头掘坑蓄存地表水，改善点播面积8公顷。1970—1980年，全大队建设水窖27个。1985—2015年，建小（2）型水库2座，扬水站3处，建设路带渠4100米，增加粮田、果园灌溉面积12公顷。

蓄水池　1987年在马家岭建母池，1988年在龙顶山建设天池，后在各次高点、田间地头及果园边建设子池30个，并将子母池相连。将梯门泉水送进母池，后用二级扬程抽进天池，再通过天池分流到子池浇灌果树。在汛期子母池可蓄存地表水300立方米。

蓄水池（1988年5月 摄）

水渠　1968—2020年，全村共建石砌灌溉水渠3条，总长度8300米。

灌渠　1968—1972年修筑，从黄泥泉至南山嘴子，全长500米。集体修筑，渠道土方挖好后，选用石块、水泥钳缝，垒砌宽0.3米，铺底0.6米，墙高平均0.3～0.5米，宽0.3米，用石料110立方米。

路带灌渠　1985年6月至1986年12月修筑，从马家岭母池至天池，全长2700米。村民每人承担35米料石，每块石头5个平面，长0.5米以上，宽0.15～0.2米，高0.3米，渠道土方挖好后，分为2个施工组垒砌，组长刘甲元、刘甲学各带领一个施工组比着干，县水利部门提供10吨水泥用于钳缝，用石料243立方米。义务工修建。

天湖石坝、路带渠（2019年7月 摄）

集水渠　因村中缺水收集雨水得名，2011年10月至2012年7月修筑，从天湖至天潭，全长5100米。集体投资162万元，由九间棚村建筑公司承建，从开工备石料，浆砌石、灰浆抹面，用时9个月，用石料6500立方米，水泥474吨。

2020年，全村农田有效灌溉面积6公顷，在特大旱年份，全村耕地、经济林果仍无丰产保障。

水土保持　改革开放前，九间棚水土流失严重。夏、秋每逢大雨，山水横流，冲走土石。冬季到来，大风刮起，尘土飞扬。1962年开始，大队实施植树防护治理工程，1978—1989年，在东梁子、童子崖、马家岭挖1米见方树穴，栽种山楂、黄梨、苹果、蜜桃、柿子、核桃等经济林果22.6公顷，金银花23公顷。山坡、沟壑边栽种松树、柏树、枫树为主的防护林带，在龙顶山前山崖、后山崖栽种柏树、马尾松、火炬树16.5公顷。

农业生产责任制

1983年4月，将全村土地、果园按等级分类，按人均分配到户，承包期15年。村民刘立青3口人承包经营0.14公顷，分35块。1994年，实行小块并大块，进行水利配套工程。

实行家庭联产承包责任制，以农户为单位组织生产。1984年，村民刘立青、张宗田在庭院中养猪、养羊、养兔、养鸡，用农家肥作底肥，用化肥保产量，谷子亩产170千克，创九间棚村谷子亩产最高纪录，为全村公认种田能手。多数村民精心耕作自己的责任协田，使用良种良法，精耕细作，加大化学肥料的投入，精心管护，粮食产量和山楂、黄梨等果品产量显著提高。

1995年2月，村“两委”针对全村人口进城务工多、土地撂荒的情况，对部分“两田”进行调整，凡是1994年12月31日前正式迁出或注销户口者，将口粮田收回，补调给1995年12月31日前正式迁入户口者。空挂户口不分配口粮田。同时界定宅基地8寸滴水以外统归集体所有，任何村民、村民户不得以任何理由强占。1996年12月，按照上级土地流转精神，全村土地实行流转33.33公顷土地、果园集中承包给38户村民经营。其他户村民进城到公司务工。

1989年九间棚村土地联产承包合同情况表

表3-2

单位：人、公顷、元、千克

户主	人口	合同编号	两田及果园情况				费用情况					定购任务
			口粮田	承包田	果园	合计	农业税	教育附加	特产税	承包费	合计	
徐方兰		1	0.07	0.06	0.06	0.19	1	12.93	5.83	36.16	55.92	—
张宗青	5	2	0.13	0.15	0.28	0.56	4	51.72	23.32	144.64	223.68	28
刘德玉	3	3	0.2	0.21	0.18	0.59	2	25.86	11.66	72.32	111.84	16.8
刘甲雨	2	4	0.13	0.1	0.12	0.35	2	25.86	11.66	72.32	111.84	11.2
刘甲文	4	5	0.27	0.15	0.24	0.66	3	38.79	17.49	108.48	167.76	22.4
刘甲锋	4	6	0.27	0.21	0.09	0.57	4	51.72	23.32	144.64	223.68	22.4
刘甲德	3	7	0.13	0.2	0.18	0.51	3	38.79	17.49	108.48	167.76	16.8
刘甲全	3	8	0.2	0.1	0.6	0.9	4.3	55.6	25.07	155.49	240.46	16.8
刘甲余	1	9	0.13	0.1	0.45	0.68	1	12.93	5.83	36.16	55.92	5.6
刘甲明	3	10	0.2	0.18	0.45	0.83	3	38.79	17.49	108.48	167.76	16.8
刘甲青	5	11	0.33	0.2	0.9	0.53	4	51.72	23.32	144.64	223.68	28
刘甲合	3	12	0.2	0.18	0.54	0.92	3	38.79	17.49	108.48	167.76	16.8
张如才	2	13	0.14	0.12	0.36	0.72	2	25.86	11.66	72.32	111.84	11.2
李忠英	1	14	0.07	0.2	0.06	0.33	1	12.93	5.83	36.16	55.92	—
刘甲学	4	15	0.27	0.21	0.23	0.71	4	51.72	23.32	144.64	223.68	22.4
刘甲友	6	16	0.4	0.33	0.32	1.05	3	38.79	17.49	108.48	167.76	33.6
刘甲金	3	17	0.2	0.2	0.55	0.95	3	38.79	17.49	108.48	167.76	16.8
刘德田	2	18	0.13	0.01	0.12	0.35	4	25.86	11.66	72.32	111.84	11.2
刘德香	3	19	0.2	0.27	0.18	0.66	4	51.72	23.32	144.64	223.68	16.8
刘德义	2	20	0.13	0.01	0.12	0.36	3	38.79	17.49	108.48	167.76	11.2

续表 3-2

户主	人口	合同编号	两田及果园情况				费用情况					定购任务
			口粮田	承包田	果园	合计	农业税	教育附加	特产税	承包费	合计	
刘嘉坤	4	21	0.28	0.28	0.2	0.76	4.4	56.89	25.65	159.1	246.04	22.4
刘甲伍	2	22	0.13	0.14	0.08	0.35	3	38.79	17.49	108.48	167.76	11.2
刘甲伦	4	23	0.28	0.19	0.6	1.07	4	51.72	23.32	144.64	223.68	22.4
刘甲华	3	24	0.2	0.17	0.54	0.91	3	38.79	17.49	108.48	167.76	16.8
刘嘉太	3	25	0.2	0.15	0.08	0.43	3.3	42.67	19.24	119.33	184.54	16.8
刘甲平	3	26	0.2	0.2	0.18	0.58	3	38.79	17.49	108.48	167.76	16.8
夏成学	1	27	0.07	0.09	0.15	0.46	1	12.93	5.83	36.16	55.92	5.6
廉茂增	3	28	0.2	0.21	0.48	0.88	3	38.79	17.49	108.48	167.76	16.8
廉茂杰	2	29	0.13	0.43	0.07	0.63	4	51.72	23.32	144.64	223.68	11.2
张如义	3	30	0.2	0.21	0.54	0.95	3	38.79	17.49	108.48	167.76	16.8
廉士友	2	31	0.14	0.19	0.3	0.63	1	12.93	5.83	36.16	55.92	11.2
廉士军	3	32	0.2	0.2	0.55	0.96	3	38.79	17.49	108.48	167.76	16.8
孙付兰	1	33	0.07	0.1	0.15	0.32	1	12.93	5.83	36.16	55.92	5.6
刘甲德	3	34	0.2	0.2	0.18	0.58	2	25.86	11.66	72.32	111.84	16.8
廉茂元	4	35	0.29	0.3	0.26	0.56	4.85	63.2	28.5	176.7	273.25	22.4
刘甲付	3	36	0.2	0.2	0.18	0.58	2.91	37.92	17.1	106.02	163.95	16.8
刘德明	2	37	0.13	0.13	0.12	0.38	1.84	25.28	11.4	70.68	109.3	11.2
刘甲新	3	38	0.2	0.56	0.2	0.96	2.91	37.92	17.1	106.22	163.95	16.8
刘甲印	4	39	0.27	0.45	0.25	0.97	2.91	37.92	17.1	106.22	163.95	22.4
刘立全	2	40	0.15	0.15	0.3	0.6	1.17	15.17	6.84	42.4	65.58	11.2
刘甲元	4	41	0.4	0.2	0.35	0.95	3.88	50.56	22.8	141.36	218.6	22.4
张宗田	5	42	0.37	0.35	0.27	0.99	3.88	50.56	22.8	141.36	218.6	28
刘甲艳	5	43	0.33	0.2	0.33	0.86	3.88	50.56	22.8	141.36	218.6	28
刘加会	2	44	0.15	0.11	0.11	0.37	1.94	25.28	11.4	70.68	109.3	11.2
刘甲来	3	45	0.2	0.53	0.18	0.91	3.88	50.56	22.8	141.36	218.6	16.8
刘立青	4	47	0.27	0.58	0.23	1.08	3.88	50.56	22.8	141.36	218.6	22.4
刘甲军	4	48	0.27	0.2	0.24	0.71	2.91	37.92	17.1	106.22	163.95	22.4
刘德山	3	49	0.2	0.25	0.45	0.8	2.91	37.92	17.1	106.22	163.95	16.8
刘德敬	2	50	0.15	0.2	0.36	0.76	1.94	25.28	11.4	70.68	109.3	11.2
刘甲才	3	51	0.2	0.25	0.6	1.05	2.91	37.92	17.1	106.22	164.15	16.8
刘立华	4	52	0.27	0.2	0.26	0.73	2.91	37.92	17.1	106.22	164.15	22.4
刘立海	4	53	0.27	0.3	0.24	0.81	2.91	37.92	17.1	106.22	164.15	22.4
刘甲成	3	54	0.2	0.25	0.6	1.05	2.42	31.6	14.25	88.35	136.62	16.8
刘立合	2	55	0.15	0.2	0.3	0.65	2.91	37.92	17.1	106.22	163.95	11.2
刘立堂	4	56	0.27	0.2	0.24	0.71	4.17	54.35	24.51	151.96	234.99	22.4
刘德才	6	57	0.4	0.3	0.33	1.03	2.91	37.92	17.1	106.22	163.95	33.6
刘加好	2	58	0.15	0.2	0.36	0.76	2.91	37.92	17.1	106.22	163.95	16.8

续表 3-2

户主	人口	合同编号	两田及果园情况				费用情况					定购任务
			口粮田	承包田	果园	合计	农业税	教育附加	特产税	承包费	合计	
刘德兴	5	59	0.38	0.4	0.45	1.23	5.82	75.84	34.2	212.44	328.3	28
刘甲训	3	60	0.2	0.3	0.6	1.1	3.39	44.24	19.95	123.69	191.27	16.8
刘立坤	2	61	0.15	0.09	0.49	0.73	2.91	37.92	17.1	106.22	163.95	11.2
刘立才	4	62	0.31	0.3	0.54	1.18	4.07	53.08	23.94	148.43	229.52	22.4
刘甲国	2	63	0.14	0.25	0.13	0.13	1.94	25.28	11.4	70.68	109.3	11.2
刘甲海	2	64	0.14	0.26	0.3	0.7	1.94	25.28	11.4	70.68	109.3	11.2
刘甲宾	2	65	0.14	0.21	0.3	0.65	1	12.93	5.83	36.16	55.92	11.2
刘甲亮	3	66	0.2	0.2	0.18	0.58	2.91	37.92	17.1	106.02	163.95	16.8
刘立江	5	67	0.33	0.53	0.3	1.16	3.88	50.56	22.8	141.36	218.6	28
葛纪芳	3	68	0.2	0.4	0.18	0.78	2.91	37.92	17.1	106.02	163.95	16.8
刘甲永	3	69	0.2	0.1	0.18	0.48	2.91	37.92	17.1	106.02	163.95	16.8
张　伟	1	70	0.07	0.1	0.12	0.29	1	12.93	5.83	36.16	55.92	5.6
廉月香	3	71	0.3	0.23	0.18	0.71	2.91	37.92	17.1	106.02	163.95	16.8
刘德田	2	72	0.13	0.13	0.12	0.38	4	51.72	23.32	144.64	223.68	11.2
刘甲广	1	73	0.07	0.13	0.06	0.26	1	12.93	5.83	36.16	55.92	5.6
合计	187	—	15.28	16.05	20.7	52.03	209.3	2733.6	1214.3	7532.1	11689	1202.5

经济林承包

1983 年，村集体将经济林 32.93 公顷承包给廉茂杰、刘立江等 38 户村民经营，其中苹果园 0.5 公顷，山楂园 21 公顷，桃园 7 公顷，梨园 4.43 公顷，每年承包费 4 万元。

承包费需在每年农历十月十日前一次交清，拖欠 10 天视为自行终止承包合同。到期后，承包地内全部果树归集体所有，承包户无权砍伐，否则承担法律及赔偿责任。承包期内因国家或公益事业建设征用，青苗补偿款归承包户所有，土地赔偿款归集体所有。承包户不准建设长久住房或转包他人。

1993 年，集体收取承包费 1.1 万元。1994 年后，土地和经济林果进行流转，由集体统一开发、集约化承包经营、管理。

防护林管理

1983 年，集体主要防护林由集体统一管理，部分在村民户周围防护林，按照方便管护、村民自愿的原则，划片由村民户承包管理。1985—1993 年，针对村民户对防护林的管理不到位问题，村“两委”与承包户协商全部收回由集体统一管理。对收回后的部分荒山场规划建成寿山农场，采用“六不用”（不用农药、化肥、除草剂、地膜、转基因、激素）技术，种植地瓜、谷子、小杂粮、蔬菜和金银花，生态养殖场内饲养松子鸡、黑山羊、黑猪等畜禽。

1994—2003 年九间棚村经济林果承包情况表

表 3-3　　单位：公顷、元

户主	承包数	树种	承包额
张秀田	0.27	桃树、核桃	1600
唐宗庭	0.03	山楂、桃树	200
刘甲国	0.13	山楂、桃树	800
廉士章	1.33	桃树	8200
刘立华	0.67	山楂、梨树	4000
廉士坤	0.13	桃树	800
廉志瑞	0.33	桃树	2000
刘甲德	0.13	山楂	800
刘甲全	0.73	山楂	3500
刘立江	0.13	山楂	800

续表 3-3

户主	承包数	树种	承包额
李京卫	0.2	桃树	900
李忠宝	0.4	桃树	1800
刘甲艳	0.13	山楂	800
廉志刚	0.33	桃树	2000
廉 强	0.13	桃树	800
刘文永	0.27	梨、桃树	1600
李京红	0.4	山楂、桃树	2400
廉 俊	0.33	桃树	2000
刘立坤	0.4	山楂	2400
廉茂元	0.13	山楂、梨树	800
廉志群	0.13	桃树	800
廉志强	0.33	桃树	2000
刘甲印	0.13	山楂	800
廉茂杰	0.53	桃树	3200

生产工具

小农经济时期，村民日常生活用具，以满足生活之需为原则，简单、实用。土地私有制时期，村民不光要置备各种家庭用具，还要配备生产工具，如犁、耙、耩子、镢头、铁锨等。农业合作化后犁、耙、耩子、胶轮手推车、喷雾器等生产工具转到合作社，不足的由集体购置，家庭生产用具主要有铁锨、镢头、镰刀等。家庭常用工具还有筐头子、篼子、簸箕、勾担、扁担、罐子、水桶、铁锤、果树剪子等。20 世纪 60—80 年代初，是九间棚村历史上集体添置小型农业生产工具最多的一个时期。从事农业生产全靠人工，粮食作物耕种收割主要靠犁、耙、耧等，由耕牛牵引，镢、锨、镰刀、木杈、木耙、木锨、簸箕、扫帚等，由人工操作，荞麦、谷子人工用镰刀收割，费力大，工效低。

家庭联产承包责任制时期，村民以户为单位购买部分必需的劳动生产工具，如铁锨、镢头、喷雾器等。

耕作农具　改革开放前，村民使用的传统耕作、播种、田间管理农具有犁、耙、耧、锄等，用畜力或人力牵引着犁、耙耕整平地，用耧播种，用锄头锄草、松土，用镰刀收割庄稼，工具原始，生产落后，效率较低。

改革开放后，改用单铧犁、密植耧、手摇喷雾器、单管动力喷雾器、电动机等新式农具，局部提高了耕作和收获效率，改善了生产力和生产关系，提高生产效率。

犁　用于耕地、扶脊起垄。清末民国初耕地用犁由犁架、犁托头、犁把、犁牵、犁铧、铲头、犁底 7 部分组成，旧式犁把柄弓托均为木制，后改为木把、铁弓，托上牵引铁钩，木托铁底，犁底装有铲头（犁铧），上配生铁铸造的犁镜，人扶畜引（2 头牲畜），日耕 4 ~ 5 亩。老式犁笨重，操作费力、功效低，20 世纪 60 年代淘汰。人民公社时期使用新式 7 寸步犁，其特点较老式木犁轻便，深耕省力，功效提高。

耙　碎土和平整土地用具，用于耕后耙平、耙碎土坷垃。长方形木质框，有铁钉齿。耙有大小之分，大耙用于大田耕后耙平，长约 2.5 ~ 3 米，宽约 1 米，每根木框中均匀地钻 10 ~ 15 个孔，钉上铁齿，双畜牵引。小耙单畜牵引，用于整平畦面。

豁犁子　结构原理基本同于老式步犁，主要用于豁地、扶脊起垄。一般两人操作，一人扶柄，一人牵臂，一推一拉。适宜小面积地块作业。

镢头　木质长柄铁头农具，刨地、收获用具，有大镢头、小镢头和条镢、板镢之分。大镢头用于刨地、挑畦、起垄，收刨地瓜，男整劳力日刨地 0.03 公顷。小镢头用于刨穴点种、种菜。条镢用于开荒造地、挖漕、起石头。因山区地块碎石多，20 世纪 70 年代后村民多使用镢头改良后的二齿镢、三齿镢。

镐头　木质长柄铁头，开挖沟渠、起石头用具，有大镐头、小镐头之分。

铁钯　平整地面用的多是木头铁齿或铁头铁齿，装一长木柄，20 世纪 80 年代后长柄改为铁管，在管头上焊有钯头、铁齿，用于畦内平整土地。

铁锨　有平锨、铲锨、瓦锨、小铁锨 4 种型号，平锨、瓦锨用于起土装卸车，铲锨（尖头锨）用于翻地、挖渠和挖穴，小铁锨用于淘井、农作物点播等。

播种工具　传统的播种工具有耧，辅助工具有砘、覆膜器等。

耧　俗称耩子，有木质耩子、铁质耩子，又分为单腿、双腿、三腿耩子3种。木耧由耧把、耧腿、耧角、耧仓、搁啦蛋、扶手、仓门等部分组成。单腿耧又叫独腿耩子或叫单脚耩子，多用于追施肥料。双腿耧又叫双脚耩子，行距0.2～0.25米。多用于播种谷类、豆类作物。三腿耧村民较少使用。耩子均用人扶，人力或畜力牵引作业方式，畜力牵引一般日播种0.7～0.8公顷。耧仓后面有孔，内塞有木板片，叫耧仓板，可根据不同农作物控制下种量。

覆膜器　覆盖地膜专用工具，一般三人作业，一人推拉，两人压膜。多用于花生、棉花播种覆膜。

砘子　俗称轱辘子，有单、双、三石轮之分，双石轮由两个石轮和木轴组成，石轮中间有一方空，用于镶嵌木轴，有单砘和双砘之分，单轱辘有人推、拉两种。双轱辘有人拉、畜拉两种。双轱辘子，间隔0.2～0.25米，轱辘直径0.3米，圆盘形状，中间有木轴连接石锅子。谷子、高粱等作物播种滚压专用工具，形状像圆盘，在作物播种后在耩沟上滚压，使种子与土壤完全结合、保墒催芽，提高种子出芽率。

田间管理农具　传统的田间管理工具有锄、抓钩和喷雾器等。

锄　田间锄草工具，有耘锄、大锄、小锄、刮锄之分。耘锄分为单脚、双脚、三脚，即三角形铁质锄铲固定在木架上，呈三角形排列，使用畜力牵引，能把板结的土地划开，起中耕作用。单脚耘锄大，双脚耘锄平行装置。三脚耘锄前一后二。大锄由锄刃、锄钩、圆木手柄组成。用于田间耪茬、除草、松土保墒。小锄用于除草灭荒，间苗、垅眼除草。刮锄用于菜园畦间松土、除草。

抓钩　木柄铁钩，有双齿钩、三齿钩两种。多用于田间松土保墒。

收获工具　传统的收获工具主要有镰刀、镢头、收割机等。

镰刀　铁刃木柄，用于收割谷子、芝麻、荞麦等农作物，抪谷穗和割草等。20世纪80年代前，谷子、荞麦等作物收割主要靠人工使用镰刀，轻便灵活，每人每日手工使用镰刀可收割荞麦0.05公顷。

钎刀子　一种握在手中无把单刃器，用于收割高粱穗、谷穗的专用工具。

场间工具　场间农副产品加工工具有杈、耙、扫帚、木锨、竹耙、碌碡、簸箕、苫子、刮板、折子、囤、脱粒机、苫子、柴油机、电动机等。民谣“杈耙扫帚扬场锨，碌碡簸箕赶牛鞭”，包含了场间7种生产工具。

杈　有木质、铁质两种，木质由带杈树枝做成，长树枝当柄叫杈把，分杈做成变形叫杈股，有两股、三股木杈。用于挑麦子、豆类等农作物秸秆、翻晒庄稼。铁质杈有铁杆铁股一体的铁杈和木柄铁股铁杈。后来有3～5股杈，用木料做成，叫排杈。

耙　俗称沙（shà）耙，木柄木齿，用以耙梳或聚拢农作物，把粮食籽粒从碎散秸秆中沙出来。还可以将耙背着地把粮食推成堆或翻晒粮食。

扫帚　秫、黍穗、竹枝做成，有大小之分，形似孔雀尾，用于扫地、略场、堆积粮食。

木锨　木柄，胶合板头，用于扬场、堆积粮食。

碌碡　用石头凿成圆柱体形，长0.7～0.9米，两底中心有窝，用以安插半轴（俗称碌碡脐）拉转，半轴安装在一个方形木框上，名叫碌碡格子，有圆滑面、凸凹沟纹面两种，20世纪70年代前用于碾脱小麦、谷豆和压平土地的工具，可人拉或畜牵拉。

簸箕　柳编物品，用于放物、簸去粮食中的沙子粒、碎秸秆等，堆积粮食作物。

赶牛鞭　赶牛用的鞭子，皮质，也有麻绳、碎布条做成，木质短把，有长、短两种，长鞭用于耕地，短鞭用于使畜打场。

农用运输工具　传统的农用运输工具有扁担、托子、筐子、绳、席篓子、提篮、手推车、地排车、拖拉机、农用三轮车、农用汽车等。

扁（钩）担 用优质榆木、椿木、槐木等具有韧性和弹性的木料制成，椭圆形，长2～3米，宽0.07～0.1米，厚0.02～0.03米，两头尖而窄、薄，并钻有一小圆孔镶木梢，中部厚而宽。用时将物系于两头，利用人的肩膀做支点的担物工具，主要用于成捆庄稼、置入筐中物品的挑担运输，配套工具有托子、席篓子、筐子等。亦有比扁担稍短、窄、薄的钩担，一般长1.5～2米，宽0.05～0.07米，厚0.02～0.03米，两头钻有小圆孔，固定铁环、铁钩，用于挑水、挑土、挑粪等，配套工具有筐头子、篼子、提篮、瓦罐、木桶、铁桶等。

抬杠 用直径约0.05～0.06米的圆木制成，长2～2.5米，用时将物件系于中间，两人各抬一端运行。体壮者两人可抬100多千克；重量较大的物件，可多杠多人抬运。

筐头子 用棉槐条、蜡条、金银花枝条或树条编制而成，下部圆筐状，上部三条系盘错绞辫而成，为九间棚特有装物工具。有的去掉系，用4条苘绳交叉做系，村民俗称抬筐。

提篮 用树条编制而成，下部圆筐状或长方形，上部用两条系绞辫而成。

筐头子、筐、提篮子可根据实用有大、中、小之分。

篼子 用去皮的柳条和麻线、藤条编扎成半圆体状，上部用一条弯曲成“U”形的藤条或木棍做系，可以挎、挑和抬，根据用途其形状、个头大小不等，有可装50多千克的大篼子、装20多千克的中篼子、装3～5千克的小篼子，形状多为元宝形、椭圆形、圆形。

梢、罐子 为装水、物用具。梢，旧为木制水桶，后被陶瓷、铁质的瓦罐、铁梢及塑料桶替代。

罐子，即瓦罐，陶器，平底圆肚、圆口，两耳，可拴绳作系，也有铁制罐系，用于挑水、盛水，或装其他液体、粮食等物品，因易碎，后被铁梢、塑料桶替代。

托子、绳 托子，木制方框，用长0.4～0.5米，宽0.05～0.06米的两根方木和长0.3～0.4米、宽0.03～0.04米的两根方木铆成，长方木两头钻直径0.005米的圆孔，用于穿绳。绳长5～6米，旧时多为苘、麻制成，20世纪80—90年代多用尼龙绳。穿托子的绳俗称系子。

农副产品加工工具 传统的农副产品加工工具有两部分，一是家用农副产品加工工具，二是专用农副产品加工工具。20世纪40—80年代，农作物脱粒使用碌碡滚压。90年代使用脱粒机。农机具的改进，提高了生产效率，降低劳动强度，节约人力、时间，促进农业现代化。传统农副产品加工工具有碾、石臼、丝罗、筛子、铡刀、锅、铲子等。专用农副产品加工工具有玉米镘子、地瓜镘子、鏊子等。

地瓜镘子 切削地瓜干专用工具，长方形木板（一般0.7×0.2米），中间横向开一长方形孔，孔上方横向钉一镰刀片，背面长方形孔木棱为斜面。20世纪80年代，村民引进手摇转动式地瓜切片机（俗称转刀子），有入瓜仓、双刀转盘、摇把三个部分组成，可固定在长板凳上。可一人操作，一手握摇把转动双刀转盘，一手即时放入地瓜，切片效率较高。也可两人操作，效率更高。

鏊子 圆形，三条腿，摊制煎饼专用工具。有大、小之分，小鏊子半径0.42米，大鏊子半径0.5米。20世纪90年代，兴起烧煤球的手动转鏊子。

灌溉工具 清末、民国时期，村民使用瓦罐、铁桶提取泉水、汪水，用于农村生活用水，使用水抽子、木制水车取水灌溉农田、菜园。

20世纪60—80年代，使用柴油机、离心式水泵抽水浇地。20世纪90年代使用电动机械提水灌溉，有电机、离心泵、潜水泵等，逐步代替人力、畜力水车。

石料工具 九间棚村为山区农村，村民与山为伍，天天与石头交道，开（起）石头的工具有八磅锤、手锤、钢钎、钎子、楔、撬棍、铁抓、抬杠等。改革开放后，现代石料加工工具有电锤、电钻、电锯、碎石机、石子机等，功用多样，可将石料加工成各种异型石材、不同型号石子，用于建筑、装饰、砌石坝、筑路等。

传统农活

传统农业时期，农活项目较多，且有一定技术要求。

耕地　耕地分为春耕、秋耕，耕作方法基本一致，以秋耕为例。秋作物收获后及时倒茬，谷地耪茬子，高粱、玉米收后刨出作物根部，倒出茬后，再均匀铺撒土杂肥，耕牛、犁、耙备齐。耕地，分伏耕、分耕两种。伏耕，即犁把手右手扶犁，左肩搭鞭，扬鞭吆喝牲口，从地片中间一头插犁向前耕作，犁垡右翻，到地头后，从犁垡右侧插犁，顺时针往返耕地，形成隆起的扶脊，墒沟在地片两侧，打墒宽度一般在 10 米左右。分耕，是从地片两边插犁，逆时针序转圈排耕，墒沟在地片中间。耕地要求垡头（犁宽）宽窄一致，耕细耕匀，其宽度一般为 0.2 ~ 0.3 米，耕深 0.1 ~ 0.2 米。耕作效率，1 人 1 牛 1 天耕地 0.2 ~ 0.3 公顷。

耕地（1991 年 3 月　摄）

耙地　人站在耙上，用牲畜拉耙，把耕过的土地整平耙细。

播种　播种分为春播、夏播、秋播三种。民国时期，富裕人家播种多使用耩子，用驴、牛牵引或人工拉耩子播种。用畜牵引耩地需 3 人，日播种 0.9 ~ 1 公顷，人工拉耩子需 3 ~ 5 人，日播种 0.3 ~ 0.4 公顷。遇到旱情，墒情不好，需挑水、点播。

中华人民共和国成立后，播种谷子、高粱采用双腿耧，事先备好种子、种肥、安装好耩子拴好绳索。耧膛中倒满谷种，牲口拉耧，1 人扶耧、1 人傍畜（牵引牲口，按一定方向行走）。播种开始，先拔开耧锹头板，耩到地头，由扶耧者控制锹头板以防漏种。播种谷子也用双腿耧，播后砘压。纯种下地，耧膛靠近耧腿处，挡种板下游一缺口，安装播种针，播种针弯曲一头焊有圆形小铁锤，播种针中间用细绳拴在耧膛挡种板中上方。播种时种子倒入耧膛，扶耧人两手左右摇摆，使小铁锤带动播种针左右摇动，不断拨动种子，均匀淌入耧腿而下种。

砘地　高粱、谷子播种后进行砘地，使种子与土壤密切接触有利于出苗，特别是春播作物，春风多，易跑墒，经砘地进行保墒，种子与湿墒充分结合，利于发芽出齐苗。双轮石砘，按双腿耧宽度打好木架，将两个石砘按在木轴上，固定好木架，拴好绳子，人力拉着行进。春播墒情差，播种谷子一般砘压 1 ~ 2 遍。

间苗　定苗　间苗是指剔除不需要的农作物幼苗，在农作物种子完全出苗后，采用人为的方法去除多余幼苗的过程，使农田中保留所需苗数。定苗是指留下需要的农作物幼苗，间苗和定苗是同一作业的两个方面，间苗后农田中农作物幼苗数量基本稳定，则称之为定苗。如果农田农作物幼苗数量仍然超过要求苗数，需要再次去除多余幼苗。

间苗　谷苗间苗，俗语“七寸八寸埯，三颗四棵留”“索头埯”排列。即谷子出苗后 4 ~ 5 叶时进行间苗，选健壮苗，3 ~ 4 株为一簇，调角留苗，间距 8 厘米左右，留苗均匀一致。高粱间苗，俗称轧头苗，株距 30 厘米左右，留壮去弱，晒根防倒伏。玉米间苗，一般手工拔掉弱苗，留壮培根。

按场　粮食作物收获后进行场间脱粒。先将场间打扫干净，用锄将场面锄起，土层深 0.01 ~ 0.02 米，然后人拉或畜引碌碡（平滑面）往返转圈将场院轧细、轧平，再在碌碡后面绑上一捆细树枝条，人工牵引碌碡往返拖平，用扫帚将场内小瓦砾、石子扫净。后选傍晚用水泼均匀，第二天早晨在场内摊均麦糠，人工牵引碌碡，反复进行碴场，压至场面光滑。每逢雨后再进行按场、重压。

打苫子 备好麦秸或谷秸、单股麻绳、小木橛、1米和0.5米长圆形木杆各1根。将木橛钉在地面上，拴上两股麻绳。麻绳另一端分别拴在长木杆两端，呈三角形拉紧，2人操作，1人勒绳、不断续秸秆把，1人手握木杆拉紧，绳子上下翻动，当苫子打到所需长度为止，并将麻绳系紧剪断，以防脱落。

割谷子 谷子成熟后，准备镰刀，适时收割，运至场间。传统割谷子右手握镰，左手抓谷棵收割，自割、自打腰（yào）子、自捆。即将收割谷子10棵左右，从谷穗头取齐做成谷腰子捆谷。

打场 打场用牲畜、碌碡、木杈、扫帚、木耙等物具。打场前要摊场晒麦穗，将麦子均匀摆放场内，用木杈不断翻场，充分晒匀，达到干燥。用人拉或畜引碌碡（勾状），反复进行滚轧，用木杈不断翻动麦秸，当轧到麦秸发白、麦粒脱落时，翻场后再滚轧，反复滚轧多次。用木耙、竹耙交替将麦穰搂净，将小麦打堆，以备扬场。大豆、谷子、高粱等作物，也需用上述方法打场。

扬场 把已打好、带糠、杂碎秸秆的粮食用木锨迎风用力抛向上空，使粮、糠、杂物等分离。扬场是一项技术活，用力要有度，使粮食一线落下，另1人头戴席蔑子，用扫帚将秸秆等杂物撂到一边。

垛垛 不同的柴草、农作物秸秆，垛的形状不一样，谷秸、玉米秸多为圆锥形或方体锥帽形。垛垛要选地势较高的地方，以防水淹垛底，秸秆基部朝外，并排踏压，最后拿起垛顶（中间高），秸秆基部朝里，垛顶压实防风。

挖薯窖 选背风向阳，地势稍高的地方，挖长3～4米，宽1米，深2米左右的长方体坑，上面用木棒、高粱秸秆封顶、覆土0.1～0.2米，中间留一个0.6～0.7立方米的出口。平好窖底面，铺晒干的细沙土，“霜降”前后，刨出地瓜、晾干外皮，小心轻移放入窖内，以防伤皮，分层堆起。

打夯 20世纪80年代前村民建房、打土墙等，地基以人力方式用夯把地基砸实，防止房屋建造后因墙底松软导致的墙体塌陷或断裂。建房打夯通常3人以上合作完成作业，把一块石头两边用一长一短木棒绑牢，根据夯石的重量四周绑上绳子（一搬4根），一人手扶夯把，其余人一起拉紧（松）绳子，使夯上下浮动，砸实地面。人工打夯时须齐声高唱打夯号子以协调众人的动作。20世纪90年代后，夯实地基的工作改为机械夯实，俗称打电夯、打机夯。

担粪 将积累的农家肥运到地里，工具是一条扁担或勾担，2个筐头子，在改革开放前是九间棚人的传统农活。每年春秋两次运粪，一个劳动力要担30天300担以上。1985年前，村民的积肥都是用挑子担进田地，夏、秋两季收获担进家中。

剪枝 果树剪枝是九间棚村民的重要农活，男女均要学会。使用专用工具果树剪刀，对果树的徒长枝、下垂枝、背上枝、过密枝、病虫枝和弱小枝进行修剪、整形，培养树冠、花蕾，方法有短剪法、疏剪法、摘心法、拿枝法、弯枝法，分果树修剪有冬剪和夏剪两种。修剪原则“以轻为主，轻重结合；统筹兼顾，长短结合；因树修剪，随枝作形”。要根据不同树种、不同树龄、不同树体采用不同剪枝方法。

打石头 选好石窝，使用大锤、手锤、钎子、楔、镐头、镢头、锨，用镐头、镢头、锨，先将石窝的表层土石扒掉，找准石头层次、纹理，大锤、手锤、钎子、楔将石头分解起出。然后用手锤，钎子将石块打、刷成各种形状的料石，用于垒墙盖屋、砌渠或做地坝，较薄的片石用于苫屋、坠墙。打石头，是一项重体力、技术活，熟练工称石匠。20世纪50年代后，使用炸药放炮手段，减轻了起石头劳动强度，但好的料石被炸药的冲击力震成碎石。在80年代前，打石头是九间棚村民要学会的农活之一，村民天天与石头打交道，从年轻时候开始就学会垒石墙、石坝，有的妇女成为女石匠。

垒石坝 将石块打砸、整理，均衡地垒沏在地堰上。石坝宽0.5～0.6米，长随地势垒筑，有人工和机械垒筑两种，村内石坝最长一道 1035 米，最高处 2.87 米。

村民垒石坝（2017 年 8 月 摄）

农作物种植

种植业是九间棚农业的主要产业，因受天气、良种、肥料等诸多因素的影响，种植业成本较高，效益较低。

种植面积　民国年间，九间棚村有耕地面积 6 公顷，夏季作物种植面积 2 公顷，秋季作物种植面积4公顷。人民公社时期，全村耕地面积11公顷，夏季作物种植面积 4 公顷，其中夏谷种植面积 2 公顷。秋季作物种植面积 7 公顷，主要种植地瓜、谷子、大豆、棉花、花生及麻茼、蔬菜等。

种植结构和制度　清朝末年，村民种植各类粮食作物，少有村民种植瓜果蔬菜、茼麻等经济作物。

种植结构　九间棚村地处低山丘陵，荒山面积大，缺水少土，农作物种植以地瓜、谷子、荞麦为主，以高粱、小杂粮为辅，经济作物以大豆、花生、棉花为主。农具沿用旧制，种植沿用旧法，无机械、水利、杀虫等科学种植方法，收获不均。丰收年份上等田亩产 60 ~ 70 千克，下等田亩产 30 ~ 40 千克。

人民公社化时期，提倡科学种田，改良品种，增产增收。“农业学大寨”时整山造地，改造梯田。耕作条件得以改善。1963 年，全大队耕地面积 7.7 公顷，总播种面积 8.66 公顷，其中夏季作物播种面积 4.1 公顷，平均单产 54.5 千克；秋季作物播种面积 4.56 公顷，平均单产 63 千克，粮食总产量 7661 千克。随着种植结构的优化调整，地瓜、花生、大豆等作物种植面积有不同程度的增加，成为主要粮食作物。

改革开放后，村党政组织适应农业生产力的发展，加快种植结构、耕作制度调整，改良种植技术，全村耕地面积扩大，粮食产量逐年提高。1984 年，全村耕地面积 13.35 公顷，总播种面积 14 公顷，其中夏季作物播种面积 5.5 公顷，平均单产 75 千克；秋季作物播种面积 8.5 公顷，平均单产 89 千克；粮食总产量 17535 千克。

种植制度　1949—1984 年，为一年一作制。1980 年，引进夏中棉 10 号，同时，扩大经济林果种植面积，实行多种经营。在间作、套作、轮作方面，主要形式有地瓜套种大豆、绿豆，地瓜、花生轮作。1990—2000 年，推广农作物间作套种，种植效益不断增加。种植业生产突破了粮食种植单一结构，走上多元化种植的轨道。

粮食作物　中华人民共和国成立初期，九间棚农作物播种面积中谷子、高粱、地瓜约占 6 成，荞麦、绿豆约占 2 成，大豆、花生、棉花等经济作物约占 2 成。粮食作物是种植业的主体。1960—1970 年，全村在粮食作物中，逐渐以谷子、地瓜为主导，大豆、花生为辅种植。1971—2000 年，地瓜播种面积占粮食作物总播种面积的 80%。扩种蔬菜、棉花等经济作物。1975 年，全大队谷子种植面积 1.85 公顷，平均亩产 95 千克，总产 2636 千克。1985 年，全村粮田总面积 13.71 公顷，混合单产 103 千克，总产 2.12 万千克，是 1960 年的 2.9 倍，其中地瓜种植面积 7.2 公顷，平均单产 1307 千克（鲜地瓜），总产 14.12 万千克。1990 年后，以种植地瓜、谷子、花生为主，绿豆、豌豆等小杂粮零星种植。

地瓜。又名红薯、番薯，村民种植的主要粮食作物之一，清乾隆末年，村民在石棚前垦荒种植。因其旱涝保收，瓜、茎、叶皆可食用或作饲料，且其产量高于传统作物，故种植面积不断扩大。中华人民共和国成立初期，村民栽种白皮拖秧地瓜、黄心地瓜，秋收后挖"地瓜窖子"冬藏、鲜食。

中华人民共和国成立前，地瓜品种单一，多为长秧。另有瓜、茎、叶皆红的红瓤地瓜，品质优，但产量低。皮微红、瓤纯白，具有蔓长、筋多、根多、块小。管理时由于地瓜蔓易扎根，所以除锄地外，还要翻 2 ~ 3 遍秧蔓。20 世纪 40 —80 年代，地瓜是九间棚村村民的主粮，1958 年引进"胜利百号"新品种，进行大面积种植，并获得大丰收。1966 年代引进"大红袍""青农二号"等品种。1968 年，全大队种植地瓜 4 公顷，生产鲜地瓜 9 万千克，社员人均分配 650 千克。20 世纪 80 年代引进徐薯 18 号、"5245"和黄皮红心地瓜。每年霜冻前收获，收获后部分地瓜切片晒干，部分放入窖中贮存，以做煮食和留种。1987 年，全村种植地瓜 6.67 公顷，占全大队粮田面积的 80%，生产鲜地瓜 15 万千克，平均单产 1500 千克。2018 年，全村种植地瓜 2.5 公顷，生产鲜地瓜 7.32 万千克。

春、夏均可栽植，春地瓜一般在立夏时栽植，夏地瓜在芒种后栽植，秋天同时刨收、切片晒干或窖存。春地瓜比夏地瓜生长期长 60 多天，块大、淀粉含量高，产量高，收获后多切片晒干储存或制作淀粉用。夏地瓜与春地瓜相比淀粉含量、产量低，多作地瓜种或窖存煮食。村民有自留地时期，基本种植的作物是地瓜。1990 年后，因经济林果种植面积逐年加大，地瓜的栽种面积减少。2020 年，种植地瓜 2.1 公顷，生产鲜地瓜 11 万千克。

地瓜育苗（2018 年 5 月 摄）

谷子　成熟后金黄色，去皮后俗称小米。20 世纪 30—90 年代是九间棚主要粮食作物之一。谷子种类繁多，从生长时间区分，早熟者俗称"草（cào方言）谷子"，晚熟者称"�谷子"。

九间棚村民种植谷子的历史与建村史同长，1960 年，全村播种"大刀把""小刀把"谷子 2.1 公顷，占总播面积的 18.5%。平均亩产 87 千克。1980 年，播种谷子 3.7 公顷，占总播面积的 24.5%，单产 134.6 千克。1997 年，马家岭 0.1 公顷谷子产谷 350 千克，亩产 233 千克。

谷子有春播（俗称早谷）、夏播（俗称晚谷）之分。春播在谷雨、立夏间，处暑收割，农谚"处暑三日无生谷"。夏播在麦收时节芒种前后，生长期 70 天左右。播种时用耩子，播种后砘压。农谚"七宿麦子八宿谷，等到半月出黍黍"。谷苗出地 0.04 ~ 0.05 米时需要间苗（俗称剜谷苗子）。剜谷苗子需掌握"七寸芝麻八寸谷，鏊子腿，一二三的要领"，剜苗时需要专用工具"挖搽子"（一种固定于木棍上的成圆状的铁片）。待苗长到 4 米左右，需追肥并将垄中土堆于谷苗两边以防倒伏（俗称"封沟"）。

谷子是九间棚村民的主要作物，清末民国初，谷子曾是村民用以交换物品的中介物（时称"讲谷子"，即用谷子换物）。谷秸作牲畜饲料，建房时用于拧屋脊、护墙头等，还可打苫子做防雨、铺床之用。

高粱　俗称稷、黍秫，一年生草本作物，古代以稷为百谷之长。村民种植高粱的历史与建村史同长，以春播为主，清明播种，苗长到 0.05 米左右间苗，株距 0.2 米，处暑或立秋后收割（俗称砍高粱），秫秸捆好放于地中攒起，晾干后运回家中，其品种主要有"米帽子""大帽子""黑葶子""红葶子""三变色""老鸹埃""麦皮子""红秫桔"等。子实用石磨加工成糊状后做煎饼、窝窝、贴饼，曾一度为村民的主食，还是酿酒的上好原料。秸秆是建房的必需材料（打秫秸箔或做笆柴）。挑穗的长莛（俗称秫秸莛子）制作锅、缸盖、舀箅子（村民日常使用的一种圆编、可放置食物用具）的材料。

高粱（2010 年 10 月 摄）

1965 年，全大队种植高粱 2.2 公顷，占粮食总播种面积 11.3%。多系高秆红高粱，1966 年后多种杂交高粱。1975 年，全大队种植 2 公顷，占粮食总播种面积 9.4%，单产 81 ~ 84 千克。因高粱在九间棚适宜春播，影响复种指数和产量的提高，随着耕作制度的改革和村民生活水平的提高，种植面积逐年减少，2010 年后，仅有零星种植。

杂粮作物　杂粮作物是九间棚农田经营的次要作物，20 世纪 30—80 年代，种植面积 2 ~ 3 公顷，占作物种植面积的 15% ~ 16%。村民种植的主要小杂粮有荞麦、绿豆、红小豆、黍子、豇豆、芝麻等。

荞麦　别名花麦、三角麦、乌麦等，为一年生草本植物，生育期短，喜凉爽湿润，耐旱瘠不耐高温，畏霜冻，播种 3 ~ 5 天出苗，并快速地生长发育，当年可多次播种多次收获；茎直立，高 0.3 ~ 0.9 米，不分蘖，多分枝，叶三角形或卵状三角形，花白色，顶生或腋生，籽实三角形，去壳后磨面食用。

荞麦平均亩产 150 ~ 160 千克，蛋白质含量丰富，蛋白质中赖氨酸的含量比小麦和大米高 2 倍，含有 19 种氨基酸。

绿豆　为村民喜欢种植的“五小杂粮”之一，多在地瓜地间作或田间地头、零星种植，平均亩产 55 ~ 60 千克。可防暑降温，清热解毒。因产量低，收摘误工，只有零星种植。

红小豆　粒小、绛红色，成熟期短，多用于煮粥食用。因产量低，只有零星种植。

红小豆（2015 年 9 月 摄）

经济作物　九间棚村民种植的经济作物品种主要有棉花、大豆、花生、芝麻，其次有蓖麻、苘麻、红麻等。

大豆　是九间棚村民的传统种植作物，优质经济作物。豆子、豆皮均可食用，豆秸、豆荚、豆叶均可作牲畜饲料。因豆科作物根生根瘤菌，有固氮作用，种植及生长需肥量小，常与玉米、高粱间作套种。

计划经济时期，大豆是国家统购农产品之一，纳入集体种植计划。1963 年，全大队大豆种植面积 0.9 公顷，其中纯作 0.5 公顷，间作 0.4 公顷，亩产 40 千克。1970 年，种植 0.75 公顷，占农作物总播种面积的 10.67%，亩产 47 千克，总产 557.6 千克，完成国家征购任务 200 千克，留取种子 50 千克，饲料豆 20 千克，其余社员人均分配 2.1 千克。1995 年，实行生产责任制后，村民看重该作物的经济价值和粮食品质，间作套种面积扩大，引进鲁豆 5 号品种，亩产提高到 110 千克。1996—2020 年，大豆播种面积稳定在 1 ~ 1.2 公顷，平均单产在 95 ~ 100 千克。

大豆（2019 年 7 月 摄）

大豆的品种有黑豆、黄豆两类，民国年间种植的黑豆品种有“老鼠眼子”“大四粒”，黄豆品种有“平顶黄”“柳条青”“八月炸”“苦豆子”“爬蔓青”“大黄豆”等。1995—2010 年，村民主要种植的大豆品种有鲁豆 1、4、5 号和科丰 6 号。黑豆、茶豆是饲养牲畜的上等饲料。

九间棚人喜欢大豆，是因为大豆的用处多，可以做豆腐、豆浆、豆腐脑、生豆芽、煮咸菜豆子，做配料可以炒豆沫，还可以榨油，榨油后的豆饼可以做食品或精饲料，也是上等的肥料。

棉花　村民在清道光年间开始小面积种植，均为春播，产量低，自产自用为主，主要为土法纺线织布，做棉衣棉被用。20 世纪 50 年代种植的品种为斯字棉，棵大产量低，亩产皮棉 30 ~ 35 千克。1968 年，大队种植鲁棉 2 号 0.3 公顷，亩产籽棉提高到 50 千克。

棉花

棉花实现高产要确保“五苗”，即“早、全、齐、匀、壮”，早，就是适期播种，早出苗；全，就是不缺苗断垄，每亩播种 2500 ~ 3000 株；齐，就是棉籽萌发出苗整齐一致；匀，就是棉苗分布均匀一致；壮，就是棉苗生长稳健、根系生长迅速；最终实现早现蕾开花、早结铃吐絮。1975 年，开始用营养钵育苗，使棉花的生长期提前 2 周。亩产籽棉提高到 55 千克。1976—2018 年，棉花种植面积稳定在 0.4 ~ 0.5 公顷，亩均单产 50 ~ 60 千克。

花生　别名落花生，俗名果子。民国时期，村民种植的花生，果仁小、产量低。中华人民共和国成立后，推广早熟、生长期短、耐旱、高产的伏花生，产量逐年提高。1980 年，全大队播种花生 1.2 公顷，亩产 65 千克。总产 1170 千克，完成国家征购任务 500 千克，村民人均分配 5 千克。1995 年，引种“鲁花 9 号、10 号”良种，全村播种面积 2.1 公顷，亩产 90 千克。

花生米含油量 35% ~ 40%，是大豆的 2 倍，从花生仁中提取油脂呈淡黄色，透明、芳香宜人，是优质的食用油。花生营养价值高于鸡蛋、牛奶、肉类，产热量高于肉类，比牛奶高 20%，比鸡蛋高 40%，其他如蛋白质、钙、磷、铁等也都比牛奶、肉、蛋高，生食、炒食、煮食均可。

地膜花生（2019 年 8 月 摄）

芝麻　村民多在沟头地边零星种植，或在棉田、地瓜地套种，一般种植白芝麻或棕芝麻，亩产 40 ~ 45 千克。芝麻成熟后，用镰刀收割捆成捆，头朝上晒干，待芝麻蒴裂开口后，在地上铺上一块雨布或塑料布，将芝麻捆头朝下，用木棒敲打芝麻捆，芝麻粒就会落在布上，村民俗称“损芝麻”。

芝麻，一年生草本植物，茎直立，高约1米，总状花序顶生，花单生，种子扁圆，有白、黄、棕和黑色4种，白色的种子含油量较高，黑色的种子入药

芝麻可榨制香油，是制作麻汁的必用原料，供食用或制糕点。种子去皮称麻仁，烹饪上多用作辅料。芝麻盐是村民喜爱的调味品，炒制方法是将芝麻与食盐一同炒熟后，放到面板上用擀面轴擀成粉状。芝麻仁外面有一层稍硬的膜，把它碾碎才能使人体吸收到营养，炒制时不要炒煳。

蔴　又名大麻、汉麻、火麻，一年生直立草本，纤维用植物，高1～3米，叶掌状形、对生，花小色与茎相同，有雌、雄之分，雄株叫枲，雌株叫苴，结的种子叫麻种。麻在开花授粉后即可收割，去掉叶、头，扎捆联排沤入水中，沤熟发软后捞出剥下纤维叫“麻”，俗称“熟麻”，一片茎皮就是一纰麻或叫一个麻纰。麻收割后不经沤制，剥下来的茎皮叫生纰。

麻的茎皮纤维长而坚韧，用以织麻布或纺线，制绳索，编织渔网和造纸，是打麻绳织麻袋、生产麻布、纳鞋底的优质原料。种子榨油，含油量30%，可供做油漆、涂料等。

苘　一年生亚灌木状草本，高1～2米，叶互生、圆心形，花单生于叶腋、花萼杯状、黄色、花瓣倒卵形，蒴果半球形，种子肾形、嫩时白色，可生食，成熟干后褐色，花期7—8月。苘同蔴一样，成熟收割后，顺放静水中沤泡，然后剥下茎皮做纤维用，可编织麻袋、搓绳索、编麻鞋等。种子含油量15%～16%，供制皂、油漆、润滑油。麻秆色白轻巧，可做纸扎工艺品的骨架。

村民种植的经济类作物还有向蓖麻、日葵、芋头、黄烟等，均为零星种植。

粮食产购分配

私有制经济时期，九间棚人在私有土地上春耕秋收冬藏，没有粮食产购分配之说。集体所有制时期，九间棚人在集体组织下实行社会化生产，进行粮食产购分配。

农业合作化时期　1956年初级农业社，地瓜亩产537.5千克，高粱亩产58千克，谷子亩产65千克，荞麦亩产55千克，棉花亩产17千克，大豆亩产27.5千克，花生亩产37千克。粮食总产除完成国家定购任务和留足种子、储备粮外，按“地四人六”进行分配。

人民公社时期　粮食总产除完成国家定购任务和留足种子、储备粮、饲料粮外，按人口和工分进行分配。1965年，九间棚大队粮食分配比例为45 ∶ 55，集体粮田面积12.76公顷，平均单产71.5千克，总产1.37万千克。全年粮食分配：向国家交售公粮1010千克，留取种子粮2700千克（每亩留种15千克），储备粮550千克，留取饲料粮400千克，分配口粮10035.1千克，人均分配106.7千克。

1970年，全大队耕地面积12.8公顷，其中社员自留地3.1公顷。完成国家粮食征购任务1100千克，其中油料300千克。1978年，全大队总播种面积15.9公顷，其中，集体经营粮食作物播种面积12.8公顷，平均单产86.7千克，粮食总产16646.4千克；夏粮作物播种面积5.6公顷，平均单产72千克，粮食总产6048千克。

改革开放时期　1980年，全大队粮田面积13.5公顷，平均单产113千克，总产2.12万千克，其中，种植地瓜7.8公顷，平均单产1570千克（鲜地瓜），总产18.37万千克；谷子0.5公顷，平均单产92.5千克，总产694千克；大豆0.7公顷，平均单产43千克，总产451.5千克；花生1.3公顷，平均单产71千克（皮果），总产1384.5千克；棉花0.4公顷，平均单产39千克，总产234千克；其他杂粮1.29公顷，平均单产102.5千克，总产1.98万千克；麻类0.3公顷，平均单产 27 千克，总产 121.5 千克；蔬菜 0.11 公顷，果园 5.4 公顷。

1995 年，全村粮田面积 11.6 公顷，平均单产 172 千克，总产 2.99 万千克，其中，夏粮播种面积 5 公顷，秋粮播种面积 5.33 公顷，种植地瓜 6.58 公顷，平均单产 1500 千克，总产 14.81 万千克；谷子 1.3 公顷，平均单产 102.5 千克，总产 1999 千克；大豆 0.6 公顷，平均单产 49 千克，总产 441 千克；花生 1.03 公顷，平均单产 200 千克（皮果），总产 3090 千克；棉花 0.3 公顷，平均单产 43 千克，总产 193.5 千克；其他杂粮 0.6 公顷，平均单产 150 千克，总产 1350 千克；蔬菜 0.2 公顷。2005 年后，全村粮田面积大部分改种果园、金银花。

夏粮生产　夏季作物主要播种谷子、荞麦等。20 世纪 60—70 年代，九间棚大队年均种植面积 4 ~ 5 公顷，混合单产 95 ~ 100 千克；其中谷子 2 ~ 2.5 公顷，亩产 80 ~ 90 千克，高粱 1 公顷，亩产 65 ~ 70 千克；荞麦 1 ~ 1.5 公顷，亩产 70 ~ 80 千克。2010—2020 年，九间棚年均种植谷子 1 公顷，亩产 205 ~ 280 千克，高粱 0.2 ~ 0.3 公顷，亩产 135 ~ 150 千克；荞麦 0.1 ~ 0.2 公顷，亩产 110 ~ 125 千克；地瓜 5 ~ 6 公顷，亩产鲜地瓜 750 ~ 1105 千克。

秋粮生产　秋季作物主要播种地瓜、大豆、花生、棉花等。20 世纪 60—90 年代，全村年均种植面积 8 ~ 9 公顷，混合单产 140 ~ 245 千克，其中地瓜种植面积 6.5 ~ 7 公顷，亩产 210 ~ 215 千克（地瓜干）；谷子种植面积 1 ~ 2 公顷，亩产 90 ~ 95 千克；高粱种植面积 1 ~ 1.2 公顷，亩产 65 ~ 70 千克；花生种植面积 1.5 ~ 2 公顷，亩产 70 ~ 85 千克；大豆种植面积 1.5 ~ 2 公顷，亩产 70 ~ 75 千克；棉花种植面积 1.5 ~ 2 公顷，亩产 70 ~ 75 千克。

2000—2020 年，全村年均种植地瓜面积 2 ~ 3.5 公顷，亩产 1600 ~ 1700 千克（鲜地瓜）；高粱种植面积 0.5 ~ 0.6 公顷，亩产 105 ~ 140 千克；花生种植面积 1.5 ~ 2 公顷，亩产 95 ~ 155 千克；大豆种植面积 1.5 ~ 2 公顷，亩产 90 ~ 165 千克；棉花种植面积 1 公顷，亩产 70 ~ 75 千克。

杂粮生产　改革开放后，村民种植的小杂粮品种有绿豆、豇豆、红小豆、荞麦、芝麻等。1980—1990 年，村民年均种植绿豆 1 公顷，亩产量 65 千克；种植荞麦 1 公顷，亩产量 80 千克；零星种植豇豆、红小豆、芝麻等。1991—2018 年，全村小杂粮种植面积减少，但总产量增加，多是利用田间地头种植或套种，种植品种多为绿豆、豇豆、红小豆等，九间棚村小杂粮品质优良，倍受消费者喜爱。

农业技术推广

改革开放后，农业技术和农业机械化的推广，农业生产关系和生产力的变革，推动了农业生产快速发展，村民从传统农业迈向现代化农业。

科学种田　1965 年，改换良种，加强农作物的田间管理，粮食平均亩增产 10 千克。1969 年，引进鲁棉 1 号新品种，加强田间管理和病虫害防治，亩产籽棉提高到 60 千克。1985 年，引进徐薯 18 号品种，亩均增产 500 千克鲜地瓜。2010—2020 年，实行“六不用”模式种植金银花，亩产量 60 ~ 100 千克。

良种推广　农业合作化时期，谁家的农作物品种好，村民就帮助专收进行兑换。人民公社时期，实行良种优选法。1962 年，大队每亩谷子留取种子 4 千克，每亩高粱留取种子 4 千克，每亩地瓜留取种子 50 千克，每亩大豆留取种子 7 ~ 10 千克。要求高粱棵选、穗选，大豆棵选、粒选，谷子穗选，留足良种。

1965—2000 年，九间棚村先后推广引种地瓜、谷子、高粱、大豆、花生和部分瓜果、蔬菜优良品种 150 个。

种植技术　九间棚传统的种植技术为人工点种，民国年间使用八寸耩子，一年一熟的正茬作物多是地瓜地里套种绿豆、谷子地里套种高粱。中华人民共和国成立后，作物种植实行“土、肥、水、种、密、保、管、工”，村民革新种植技术，将八寸耩子改为六寸，实行轮作、套种。1985 年，全村耕地面积 12.5 公顷，其中粮食作物播种面积 12 公顷。

旱作农业技术　1980年始，九间棚村推广旱作农业增产技术，实行冬前或早春深耕深翻，建立有效的蓄墒、伫墒耕作制度，以土蓄水，有机肥与无机肥配合使用，提高土壤肥力，以肥积水，精播细管，种植耐旱作物，选用抗旱品种，以种节水。加强田间管理，采取镇压、划锄、地膜覆盖等措施，保墒保水。

合理密植　1965—1995年，谷子下种每亩1～1.25千克；地瓜每亩3300～3500棵；花生每亩6000～6500棵。1996—2018年，春地瓜亩植3000～3500株，夏地瓜亩植3500～4000株；地膜花生亩种7500～8000墩。

田间管理　谷子、大豆、棉花等作物的田间管理，首先是种子出土后均须查苗，如有缺苗断垄及时补种，苗期管理，繁简不一。高粱出苗后剔苗培土，中耕保墒，追肥，出现旱情及时灌溉。

农作物保护

1961—2020年，村域内经常发生的病虫害有20余种，其中病害10余种，虫害10余种，还有2种鼠类危害。

虫害　果树虫害主要有红蜘蛛、一代黏虫、麦蚜虫、吸浆虫、一代棉铃虫、金针虫等。玉米虫害主要有玉米螟、玉米蚜虫、二代黏虫、棉铃虫、地老虎等。地瓜虫害主要有甘薯天蛾、蛴螬、金针虫等。花生虫害主要有棉铃虫、花生叶螨、三代黏虫、蛴螬、金针虫等。大豆虫害主要有豆天蛾、造桥虫、食心虫、蚜虫等。棉花虫害主要有棉铃虫、造桥虫、棉蚜虫、地老虎、蓟马、育椿象等。蔬菜虫害主要有菜蚜虫、菜青虫、小菜蛾、红蜘蛛、韭蛆、地老虎、白粉虱等。

20世纪60年代前，黏虫（蚜蝗）、蝗虫、地下虫害（地老虎、蝼蛄、蛴螬、金针虫等）普遍发生，危害农作物，其防治全靠人工捕捉。地下害虫防治施用信石毒谷拌种。1963年8月，全村2.6公顷晚谷，发生黏虫，全村劳力田间剪卵块，经过5天捉捕，基本消灭。

20世纪70年代后，进入化学防治时期，提出“预防为主，综合防治”的方针，农作物病虫害均能做到及时预防和施治，虽屡次发生虫害，因有机氯、有机磷农药的使用，化学农药防治由点到面使用，防治措施及时、得力、有效，从未酿成大面积灾害。

病害　地瓜病害主要有茎线虫病、腐烂病、烂根病等。花生病害主要有花叶病、叶斑病、青枯病、锈病、根结线虫病等。大豆病害主要有病毒病、菟丝子等。棉花病害主要有立枯病、黄萎病、枯萎病、炭疽病、鱼斑病等。蔬菜病害主要有霜霉病及早、晚疫病和白粉病、炭疽病灰霉、枯萎病、叶霉病、叶枯病、病毒病等。

耕作防治　实行合理耕作，做好换茬，抑制寄生力强、迁移力小、寄生种类较少的病虫害发生。深耕改土，实行冬耕，打乱病虫害群落，减轻其危害程度。合理施肥，改善作物营养条件，提高抵抗病虫害的能力。采用种子包衣、选育抗病品种，实行合理密植，加强田间科学管理等方法来防治病虫害。

化学防治　20世纪60年代中期，始用少量滴滴涕、六六六粉拌毒沙防治地下害虫，70年代后被辛硫磷取代。为防治谷子白发病、高粱黑穗病，推广汞制剂西力生、赛力散、五氯硝基苯、六氯化苯等农药进行拌种防治。80年代初，砷制剂、汞制剂被淘汰，停止生产有机氯农药，而由新的有机磷、氯基甲酸酯、有机氮类及菊酯类农药替代。90年代后，推广“1605”“1059”“敌百虫”等有机磷农药。

金银花太阳能杀虫灯（2019年6月 摄）

生物防治　1979年，大队农科队植保员配合县植保站开始对害虫天敌进行资源普查，初步鉴定境域内害虫天敌资源共有2个纲、6个目、20个科、30多个虫种。如蚜虫天敌是七星瓢虫、龟纹瓢虫、异色瓢虫等，黏虫天敌是寄生蝇、赤眼蜂、土蜂、青蛙等。通过加强对青蛙、瓢虫的保护，减少农作物的病虫害。21世纪初，村域内禁止剧毒、高残留化学农药使用，金银花生产及粮食作物种植采用“六不用”标准。

主要农作物病虫害防治　中华人民共和国成立前，农作物发生病虫害时，一般采用人工捕捉。人民公社化后，随着科学技术的发展，根据农作物虫害的发生期，喷洒农药或播种时使用农药。

地瓜病虫害　主要有黑斑病、根结线虫病、根腐病、卷叶螟等。1959年，黑斑病随胜利百号品种引进传入，后普遍发生。线虫病在20世纪60年代传入。防治办法：用高锰酸钾水溶液浸种（浸泡10分钟）、高温催芽的方法防止黑斑病、根结线虫病。2000年后使用脱毒技术育苗。

谷子病虫害　谷子的害虫主要有粟灰螟、粟凹胫跳甲、金针虫、蝼蛄、地老虎、蛴螬、蚜虫、黏虫等，防治粟灰螟、粟凹胫跳甲、金针虫、蝼蛄、地老虎、蛴螬等，按种子重量2.5%应用种衣剂包衣。防治蚜虫用菊酯类药剂喷雾，或用50%的辟蚜雾可湿性粉剂2000～3000倍液，或吡虫啉可湿性粉剂1500倍液，亩用药液量40～50千克。防治黏虫用90%敌百虫晶体或20%氰戊菊酯乳油2500倍液喷雾。

配方施肥　20世纪60年代前，村民种地用土肥。70年代后，村民为求速效而简便省力，多用化肥。1975年后，村民开始使用磷酸二铵、硫酸钾复合肥。2010年后，村域果园、金银花园禁止使用剧毒、高残留化学农药。

农业机械

1976年，九间棚大队从天宝山国有林场购买二手柴油机1台8.82千瓦，借用粉碎机1台，用于农副产品加工。村副业有磨面机1台。1986年，购买泰山8.82千瓦拖拉机1辆，用于运输。购买电动机2台8千瓦，用于提水灌溉。1990—2017年，集体、个体先后购置农用三轮车、汽车等，用于农业、副业生产。为村民发展经济提供方便。

运输机械　九间棚村农业运输机械主要有拖拉机、农用车等。

拖拉机　1985—2020年，轮胎式拖拉机、三轮车是主要运输工具，载重量1～3吨。1983年，村民刘立合与人合伙投资3700元购买青岛12马力拖拉机1辆，用于运输。1986年后，村民刘甲友等购买12马力拖拉机用于运输。1989年，全村有小型拖拉机各5辆，总动力54千瓦。2002年，村民刘甲友投资1.25万元购买福田牌农用三轮车用于农业生产，2016年，全村有各种三轮农用车7辆，总动力94.5千瓦。2008年刘卫东投资8.7万购买运输车辆1辆，年运载量50万吨千米。

农用车　村民使用的多为小型农用汽车，主要用于农作物收获后运输、建筑材料和代步工具。1995—2018年，全村有农用汽车7辆。1990年后，农用三轮车是九间棚村民的主要农用机械，有柴油、汽油、电动3种，品牌有五征、时风、恒达、跃进、福田五星等，主要用于农作物收获后运输和代步工具。

灌溉机械　1973年，村集体购买离心式水泵机1台，配备195型柴油机用于旱田抽水灌溉。1986年3月，村集体为解决全村农村饮水困难，在梯门泉处建立小型电灌站，兼用农田灌溉，安装1台22千瓦电机。

农副产品加工机械　1975—1982年，有榨油机、面粉机、磨糊机、粉碎机。1982年，由廉茂杰、刘甲印承包面粉机、磨糊机、粉碎机。

电动机　1985年，全村有电动机2台11千瓦。2019年，发展到21台63.5千瓦。

柴油机　1973年9月，购进12马力柴油机1台，用于副业生产。1998年后因老化、多故障弃用。

半自动农具　村民使用的半自动农具有喷雾器、喷粉器等。1975年，全大队有潍坊产552丙型压缩式圆筒喷雾器2台。1982年，大队购买喷粉器1台，主要用于果园生产。1995年，村集体有喷雾器3台，个体有手动喷雾器35台。

压缩式喷雾器

农机服务　农机服务主要围绕农业耕种、收割、运输进行。农业机械的应用，减轻了村民的劳动强度，特别是解放了部分妇女劳动力。

肥料

村民种田使用的肥料主要有有机肥（俗称农家肥料）和无机肥（俗称化学肥料）两类。

有机肥料　俗称农家肥、土杂肥，含有丰富的有机质和多种元素，养分全、肥力稳、效果好、用途广，常用于基肥、追肥、种肥。主要有圈肥、沤肥、饼肥等，九间棚村民向来有使用农家肥的习惯，中华人民共和国成立前以大粪、圈肥等有机肥为主。1962—1981年，大队建大粪池，收集人粪尿进行发酵、拌土、晾晒施用。一般谷子、地瓜、高粱、花生每亩用肥500～800千克作底肥。

人畜粪尿　20世纪70年代前，多与土杂肥同栏沤制，晒干砸碎铺施底肥。少数农户单积晒成粪干，以作追肥。80年代，单积人粪尿建池发酵后用于蔬菜追肥。

圈肥　是在栏坑圈中经过沤积发酵的肥料，可细分为大粪、猪圈肥、牛圈肥、羊圈肥、鸡圈肥等，可作基肥或追肥，将羊圈肥晒干砸细拌种作“耩粪”。1980—2015年，村民建猪圈养猪积肥，定期运土垫圈，定期起圈肥，积堆发酵种地。据1986年10月，土壤普查结果，全村土壤有机质平均1.8%。实行生产责任制后，因牲畜饲养量下降，圈肥量减少。

土杂肥　农业合作化后，村民用拆除饭屋土坯砸碎、阳沟土等作土肥。

草木灰　20世纪50—60年代前，农户习惯将草木灰与圈肥一起沤制，导致磷、钾成分损失。70年代后，草木灰开始单积单施。

堆肥　主要是捡圈肥和土杂草物及人畜粪尿混合堆积发酵腐烂而成。常用于直接还田或沤制土杂肥还田。20世纪70年代，社员利用夏季高温多雨，野草、树叶丰富的条件，将铡碎的柴草、树叶及人粪尿混合均匀堆起，四周用泥密封，顶部呈平顶盆形加水沤制，秋种时作为基肥。

饼肥　主要为豆饼、花生饼、棉籽饼等，中华人民共和国成立前以豆饼为主，其次是棉籽饼，多用作饲料过腹还田，少部分豆饼可直接作肥料，用于瓜菜作物追肥或基肥。

无机肥料　主要有碳酸氢铵、过磷酸钙、尿素、磷酸二铵、NPK复合肥等，其特点是含养分高、肥效快、便于运输、使用简便等。化学肥料的使用，为粮食丰产提供了保证。1955年引进化学肥料硫酸铵、硝酸铵，村民称“洋粪”。

1960年后，硫酸铵、硝酸铵、过磷酸钙、硫酸钾等化学肥料逐步推广。1965年，开始使用氨水、碳酸氢铵、尿素、磷酸二铵，以上氮肥多用追肥或种肥。1970—1984年，亩施用氮肥15千克，磷肥3千克、钾肥0.5千克。村民种地、种菜已离不开化学肥料的支持。1970—1980年，随着农业产业结构的调整，粮田使用化肥量大幅上升，并相继出现专用复合肥、微生物肥、叶面肥等。1999年，全村农作物化肥施用面积12.2公顷，用量9.2吨，平均每公顷用量754.1千克。主要是碳酸氢铵、尿素、磷酸二铵、硫酸钾4种化学肥料。2000—2019年，提倡配方施肥，协调施肥中的氮、磷、钾等营养元素的比例，有机肥、无机肥混合使用，各种微肥、植物调节素被广泛应用。

氮肥　20世纪50年代，村民开始使用氮肥。1966年，硫酸铵用于追肥，亩施2千克左右。1967年，大队购买化肥300千克，每千克0.2元，用作谷子、花生底肥。

1967年3月，大队在石坎膀建设氨水池1个，工程由刘德明负责施工，开挖长、宽、深各

3米土坑。砌成圆柱形氨水池，底直径2.5米，上口直径0.6米，高2米，容量7立方米的氨水池。用于农作物及果园、菜园种植基肥和追肥。1968—1976年，大队用地排车将氨水运到赵家庄，后发动社员用氨水梢、泥缸挑到山上村中，存储氨水池中。1977年后，氨水因运输、储存不便停止使用。1979—2016年，全村无机肥料年使用量6000 ~ 15000千克，多为固体肥料。

1965—2020年
部分年份九间棚村化肥、农药施用情况表

表3-4　　单位：千克

年份	化肥	公顷均	农药	公顷均
1965	1650	78.65	80	3.2
1970	6000	104.85	260	11.2
1975	7100	122.34	900	37.6
1980	8100	152.39	1240	48.2
1985	9300	172.8	1340	49.6
1990	12010	287.38	1680	43
1995	11400	308.87	3000	70
2000	13700	317.4	2300	56.5
2005	16300	457.5	2890	54
2010	21000	750	1506	37.9
2015	6050	500	905	22.8
2020	5130	150	210	3.3

磷肥　20世纪70年代，开始施用过磷酸钙；80年代，施用钙镁磷、磷酸钙。1985年，全村使用磷肥1200千克，平均亩施磷肥3.2千克。

复合肥　20世纪90年代，施用磷酸二铵、三元素复合肥。1995年，全村使用复合化肥200千克，平均亩施肥0.9千克。2000年后，使用配方肥料，有谷子、地瓜、花生专用肥料。

地膜应用

1985年始，推广花生地膜覆盖技术，村民在较大、平坦的地块应用种植面积0.3公顷，亩增收18千克。后逐步被村民接受，1999—2009年，全村花生地膜播种面积年均1.8公顷，最大年份地膜播种面积年均2.6公顷。地膜覆盖技术还应用在蔬菜种植、林果生产上，村民种植早春土豆使用地膜覆盖技术增产明显。栽种果树幼苗时使用地膜覆盖保墒、防止虫害。

蔬菜生产

九间棚村地处山区，缺水，村民种植的蔬菜品种少，多为白菜、萝卜、葱等。1995年，村民刘甲锋、刘立华、刘甲全种植蔬菜，供给农家乐餐馆，效益良好。

白菜　古称“松菜”，俗称大白菜，十字花科芸薹属一、二年生草本植物，白菜味道鲜美，营养丰富，素有“菜中之王”的美称，是村民种植的传统家常菜。品种有“天津绿”“中白四号”等。一般在立秋种植，小雪前后收获，亩产2000 ~ 2500千克。

白菜（2018年10月 摄）

20世纪50—70年代，白菜是村民整个冬季可吃的蔬菜之一，在村民家中演变出炖、炒、腌、拌多种烧炒法。

萝卜　村民栽培、食用历史悠久。种子含油40%，可用于制肥皂或作润滑油。种子、鲜根、叶均可入药。生萝卜含淀粉酶，能助消化。村民种植的品种有红萝卜、青萝卜、白萝卜、水萝卜等。萝卜营养丰富、味道鲜美，既可炒、煮、凉拌，又可生吃，还可腌制泡菜、酱菜。

胡萝卜　又名红萝卜，营养丰富，含钙、磷、铁等矿物质，生食或熟食均可。还可腌制、酱渍、制干或作饲料。村民多于夏秋播种。

土豆　俗称地蛋，含有多种蛋白质和维生素，尤其是维生素和维生素 C，是除了谷物以外，用作替代主食的重要食物。

土豆（2019 年 8 月 摄）

大葱　又名长葱，是制作菜肴常用的调味品。村民种植的品种有分葱、楼葱、羊角葱、小葱、老葱等。

葱的主要营养成分是蛋白质、糖类、维生素 A、食物纤维以及磷、铁、镁等矿物质。葱可生吃，也可凉拌当小菜食用，作为调料，多用于荤、腥、膻及其他有异味的菜肴、汤羹中，对没有异味的菜肴、汤羹也起增味增香作用；葱与维生素 B1 含量较高的食品一起摄取，具有消除臭味的作用。因此像猪肉或羊肉等带有腥味的菜肴多使用葱来调味。

姜　根茎繁殖，穴栽或条栽。秋季采挖生姜时，选择肥厚、色浅黄，有光泽、无病虫伤疤的根茎作种姜，下窖贮藏或在室内与细沙分层堆放贮藏备用。姜芳香性辛辣、健胃，有发汗解表、温中止呕、温肺止痛等作用。在遭受冰雪、水湿、寒冷侵袭后，急以姜汤饮之，可增进血行，驱散寒邪。

大蒜　村民种植过的品种主要有苍山大蒜，20 世纪 60—90 年代马家岭、栗树坪有成片野生大蒜，村民常在劳动之余采撷食用。

辣椒　又名番椒、茄科辣椒属一年生草本植物，叶卵形、互生，花单生或簇生于叶腋或枝腋，花冠白色，浆果长指形或圆粒状，成熟时一般为红色，也有呈黄、青色等，有菜椒、甜椒等多种，主要供食用，也可以入药。

村民常种植的蔬菜还有韭菜、生菜、豆角、包菜、西红柿、芫荽、金针菜等，还用辣菜腌制咸菜，用大豆、绿豆生制豆芽等。

南瓜　谷雨前后播种，花期进行人工辅助授粉，保证坐瓜，果实膨大期适时、适当浇水，注意病虫害防治。村民家常南瓜饭有南瓜粥、绿豆南瓜汤、南瓜饭、南瓜饼等。

九间棚民历来有在宅旁院内栽植蔓生经济植物的习惯。每逢春夏，多栽植丝瓜、菜豆（俗称眉豆）、南瓜、葫芦、瓠子等，使其爬满墙（架），即可随时食用，又可遮光避暑、美化环境。

林果业

山间林荫，果树飘香。20 世纪 70—90 年代，九间棚村发展经济林 15 公顷，荒山造林 25 公顷。1999 年，全村林地面积 77.67 公顷，其中用材林面积 15.67 公顷、防护林面积 31 公顷、经济林面积 11 公顷，干、鲜果品总产量 10 万余千克，林木蓄存千余立方米。林果业总产值 7.2 万元，占农业总收入的 38.5%。

荒山绿化　1964 年 10 月，刘德功分管林业生产，按照党支部要求进行封山造森，栽种柏树、刺槐，树苗全部由县林业局提供。到 1968 年，全村封山造林 100 公顷。2005 年，九间棚村完成荒山绿化及荒山林网补植任务。种植树种有银杏、槐树、皂角树、油松、黑松、雪松、柏树、水杉等 10 多个绿化树种。

柏树　柏树为村民对于柏类植物的统称，包含侧柏、圆柏、扁柏、花柏等多个属种，村域内多为侧柏，20 世纪 50—70 年代，人工培植，2020 年有 30 公顷。侧柏喜光、喜湿润、耐寒、耐贫瘠，生长缓慢，寿命长。树高 10 ~ 20 米，枝叶浓密，树冠完全被枝叶包围，多为墨绿色的圆锥体；树皮红褐色，球花单生枝顶，球果近卵形，种子长卵形，可入药、制香。

刺槐　落叶乔木，双子叶植物纲，蝶形花科，高 5 ~ 25 米，树干呈暗灰色，小枝绿色，羽状复叶，圆锥花序顶生，花期4—6月。性耐寒，喜阳光，抗旱，较耐瘠薄。病虫害少，寿命长，材质坚硬，有弹性，纹理直，易加工，耐腐蚀。花蕾、叶可作染料，种子入药。村内栽种的槐树品种有刺槐、国槐、龙爪槐、金枝槐、金叶槐、紫花槐6个树种，2020年直径0.1米以上的槐树1100余棵。

槐树（2019年5月 摄）

杨树 村民栽种杨树是为使用木材，为境内栽种的主要树种之一。主要分植在四旁、沟壑，有毛白杨、速生杨、107杨等品种。2020年，村域有成材杨树200余棵。

经济林 九间棚村民有在庭院内外栽植经济树木的习惯，多为零星栽植。1966年春，大队党支部组织专业队在马家岭整山建梯田6公顷，栽种山楂、桃、柿子、梨树。1984年，村民人均10棵果树，林果收入占农业总收入的20%。1990年，村民人均果树200棵，林果收入成为村民户支柱产业。1994年1月，村"两委"将宜栽种经济林果的4.7公顷山地和1.6公顷零星防护林发展成经济林。2020年，全村共发展山楂园20公顷，金银花园70公顷，桃3.5公顷，梨园1.5公顷，年产果品300万千克。

山楂 别名红果、酸楂、山里红、小石榴，落叶乔木，叶子近于卵形，花白色，果实球形，深红色，有小斑点，味酸，食、药两用。山楂树适应性强，结果早，寿命长，即使在山岭薄地，也可生长旺盛，果实累累。山楂经济价值较高，是制作糕、露、汁、糖葫芦、罐头和酒类的上等原料。

山楂树（2018年10月 摄）

黄梨 多年生落叶乔木，幼树期主干树皮光滑，树龄增大后树皮变粗，纵裂或剥落。2年生以上枝灰黄或紫褐色。花芽较肥圆，呈棕红色或红褐色，花为伞房花序、两性花、白色、单瓣花瓣，叶芽小而尖，褐色，单叶互生，嫩叶绿色或红色，展叶后转为绿色。叶形为卵或长卵圆形。果实有圆、扁圆、椭圆、瓢形等。果肉白色，质脆多汁，果肉中有石细胞，种子黑褐色或近黑色。九间棚黄梨的特点个大、味香、脆甜、水分大、果形整齐均匀，味浓可口，耐贮存，色泽鲜亮，平均单果重150克，最大果重260克。含糖量9.98%，酸量0.12%，糖酸比值20.31。村民栽种有200年历史，主要品种有子母梨、绵梨、油绵梨、茬子梨、粗皮梨、长把梨等。野生种类称为樆，人工种植的称为梨。每年7—10月成熟上市。

蜜桃 九间棚特产，个头硕大，形态秀美，色泽鲜艳，皮薄肉嫩，果肉细腻，汁甜如蜜。2020年，村内主要品种有朝晖、红珊瑚、川中岛、秋红、寒露蜜、绿化九号、北京晚蜜等品种，年产量5万千克。其中冬桃年产量2万千克。

柿子 落叶乔木，叶子椭圆形，树干直立，高达10米，树冠庞大，花黄白色，浆果，扁圆形或圆柱形，9—10月成熟，橙黄色或黄色，美味多汁、含有丰富的胡萝卜素、维生素C、葡萄糖、果糖和钙、磷、铁等矿物质。柿树木质坚硬，是制作器具的上好木料。

九间棚村民栽培柿子树有200余年历史，早期品种有本地柿、馍馍柿。柿树嫁接后2～3年即可开始结果，5～6年进入盛果期，经济寿命达百年以上。2020年境内有100余棵，其中马家岭张宗青宅后2株柿树的树龄在百年以上。每到秋后，橘红的柿子挂满枝头，为九间棚村一大景观。20世纪40—70年代，村民多将收获的柿子去皮、放置在筛子内经白天日晒、夜晚霜露，晒软后逐天捏拿做成柿饼，以备春节祭祖和冬春待客，为上等果品。

国光苹果　九间棚有大国光、小国光两个系列，栽种于1966年2月，有360余棵。1970年总产3500千克，尤其是小国光以皮薄红艳、肉质淡黄、甜酸爽口闻名平邑城乡。

苹果（2018年5月 摄）

樱桃　落叶乔木，嫩枝无毛或微被毛，叶卵圆形至卵状椭圆形，总状花序，核果，近球形，红色，花期3—4月，果期5月。品种有红灯，早红，先锋等，特别是红灯个大色艳、紫红略带浅红，果把短小，口感甜中带点酸味，倍受消费者喜爱。

果树嫁接　主要有桃树、苹果、柿子、核桃、梨树嫁接，20世纪80年代后，在县果业局和镇果树办的指导下，村林业队对部分老品种果树进行改接换头技术，取得成功，大面积提高了果品的品质和产量。村中嫁接果树能手有刘嘉坤、刘甲成、刘德明等。

植桑养蚕　民国年间，九间棚村民植桑养蚕。1975年有张德祥、刘德玉、刘德元、廉德勤等8户，山地桑树100余棵，养3张蚕种，收获蚕茧55千克。1980年后停止饲养。

绿化树木　2020年，九间棚村栽种绿化树木有大叶女贞、紫叶女贞、银杏树、桂花、杜鹃、平安树、玉兰花、冬青等，主要栽植于平顶山、展览馆前及景区、景点处、主要旅游道两侧。

种植的花卉品种主要有芍药花、杜鹃花、月季花、兰花、大理花、菊花、凤仙花、地雷花、蝎子草、步步登高、鸡冠花等花卉20多个。

护林　1961年春，大队选派刘德成担任护林员，管理辖区内集体林木和防火防盗工作。1994—2020年，村民刘德元、刘甲锋、刘甲伍、刘甲学、张伟、刘立堂、刘立江等任护林员。其中自2015年起，村护林员实行招聘制，以公开招聘形式上岗。

1996年7月，村“两委”规定，村民在集体林场毁坏1棵树木，照价赔偿，并补栽10棵同类树木。在果树承包地私毁1棵果树，赔偿20元，并补栽2棵同类果树。

畜牧业

九间棚村畜牧业以家庭饲养畜禽为主，民国年间，仅有3户村民养牛3头、驴1头供役用，5户村民饲养羊、猪、兔、鸡、鸭是为吃肉、吃蛋，换钱贴补家用。1957年，5户村民饲养牛7头。1963—1985年，大牲畜由集体饲养，大队集体养牛7头、驴1头，村民户饲养羊60～90只、猪11～20头、鸡310～400只。2005年后，部分村民户迁居平邑县城九间棚新村，家庭饲养数量逐年减少。2019年，村民饲养猪3头，羊30只，鸡、鸭、鹅存养200余只。寿山农场饲养牛1头，猪60头，羊110只，鸡、鸭、鹅120只。全村畜牧业产值30万元，占农业总产值的35%。

家畜　村民主要饲养牛、驴、猪、羊。

牛村民饲养的牛品种为鲁西黄牛品系，毛色多为黄、栗、花等颜色。角型多为龙门角或扁担角。1954年，村民廉德勤饲养3头牛，由廉茂增放牧。1956年，初级农业合作社饲养耕牛8头，刘德兴任牛倌，夏天，带着刘甲全、刘家英、刘甲伦到栗树棚、马家岭放牧。1958年，村民饲养耕牛5头，用于农田耕耙。1965年，饲养耕牛6头，驴1头，用于农耕、副业生产。1991年后，全村大牲畜仅为零星饲养。

黄牛

牛槽，饲养耕牛用具（2000年10月 摄）

猪　村民养猪习惯为圈养，猪圈的形式为一半盖顶，供猪吃食、歇息，防止风吹、日晒、雨淋。一半露天，供猪排泄粪便，便于积肥。一头生猪饲养周期9～12个月，日增重0.2～0.3千克，每净增重1千克，消耗饲料5千克。

1964年，国家实行奖励养猪政策，社员每向国家销售一头肥猪奖励饲料粮50千克。1966年，大队在坝子上建猪圈11间，年饲养15～20头。1971年饲养35头。饲养员刘德兴、刘德元。

为鼓励社员养猪，大队实行“户养猪队包圈，斤猪斤粮”的管理办法，生猪出栏，按时兑现，对肥料以质论价记工分。饲养1头猪，全年可积农家肥5000千克以上，既肥田改良了土壤，又增加了社员收入。全村18户社员养猪，生猪存栏量21头，平均户存养1头。1976年，全大队生猪存栏45头，户均1.37头，其中集体饲养20头。1980年，全村生猪存栏量55头，其中母猪1头。1986年，全村有8户村民养猪10头。2016—2020年，寿山农场饲养黑猪80～100头。

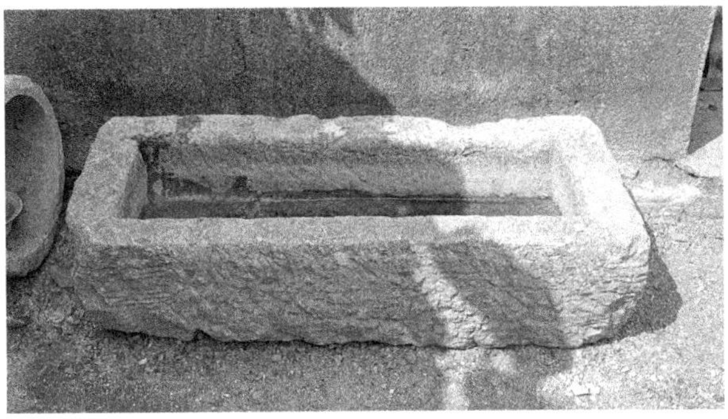

猪食槽（1995年9月 摄）

羊　九间棚村饲草丰富，村民有养羊的传统，以放养为主，圈养为辅。一般春、夏、秋三季由羊倌赶着羊群到荒山放牧，雨雪天圈养，饲料多为野生饲草和地瓜、花生秧。饲养的品种主要有山羊、绵羊。

村民养羊是作为家庭副业换钱补贴家用。1957年，九间棚初级农业合作社有5群羊600余只，村民刘德明、张宗田等为羊倌。村民利用广阔的山场，饲养山羊，积粪种地，卖钱建房。多数村民户饲养3～7只，在上工时牵到沟边、树林旁縻（mí，方言，意同系、栓）住，收工时牵回。1965年，全大队饲养山羊350只，羊出圈半个山坡，只见羊不见人，外村人称羊村，为大队主要收入项目。1968年，全大队有11群羊，每群50～70只。1970—1978年，村民户饲养70～100只，集体饲养山羊100～120只。1994年，村民户饲养山羊100余只，产羊毛50千克，出栏率65%。2020年，全村饲养山羊80只。九间棚黑山羊是地方优良羊种，耐粗放饲养，抗病，易管理。主要特征头短额宽，体大肥壮，以黑色、棕色为上乘，白色、青色次之。

山羊肌纤维细，硬度小，肉质细嫩，味道鲜美，膻味小，营养价值高，蛋白质含量在22.6%

以上，脂肪含量低于3%，胆固醇含量比猪肉低75%，比牛肉和绵羊肉低62%，含人体所需氨基酸15种以上，尤以谷氨酸含量高达11.03%。

黑山羊

家禽　村民主要饲养鸡、鸭、鹅，多为庭院散养。以养母鸡产蛋为主，公鸡用于打鸣报晓。村民通过鸡鸣确定时辰，安排劳作。

鸡　清末及民国年间，全村户户养鸡，贫苦人家靠养鸡换油、盐，卖只鸡换点零用钱。富裕户养鸡为的是吃肉、吃蛋，改善生活。在九间棚村鸡有“家庭小银行”之称。

改革开放前，村民户饲养草鸡品种，个头小，生长慢，下的蛋既小又少。主要靠自食草种、虫类等。生蛋期的饲料有高粱、谷糠，配有地瓜秧、干草秸秆粉等。

改革开放后，村民引进“黄玉”“红玉”“星杂288”“星杂579”等品种，体型大、生蛋多，产蛋量提高20%，饲养价值优于老品种草鸡。全村户户养鸡，1980年，饲养量450只，户均11只。1994年，村养殖场饲养2.62万只，其中蛋鸡1220只，肉鸡2.5万只，产蛋3600千克，肉4.31万千克。2019年，全村饲养蛋鸡310只，户均3只。

兔　村民饲养的品种有肉食兔、长毛兔，民国年间，村民养兔不多。改革开放后，村民利用村域荒山面积大，饲草丰富的优势，发展肉食兔，长毛兔。部分村民户把养兔作为家庭副业。1990年，全村养兔150只，其中长毛兔60只，肉食兔90只。2019年，全村养兔100只，其中长毛兔30只，肉食兔70只。

九间棚养殖场　位于九间棚村东山，1992年1月18日建场，占地面积2万平方米，注册资金50万元，法定代表人王开玺。主要养殖沂蒙黑猪、黑山羊、鸡、兔和珍奇动物。1993年，有员工30人。饲养肉食鸡8万只，年产值80万元，利税5万元。1997年关停。

1965—2020年部分年份九间棚村畜禽存养情况表

表3-5　　单位：头、只

年份	家畜					家禽				
	牛	驴	猪	羊	狗	长毛兔	肉食兔	鸡	鹅	鸭
1965	7	1	11	350	12	—	20	180	6	10
1970	8	2	32	96	15	—	30	215	10	16
1975	11	4	38	130	20	—	50	260	10	24
1980	12	1	35	145	25	20	70	280	15	20
1985	4	0	37	105	27	40	80	340	12	18
1990	5	0	43	110	30	60	90	410	10	15
1995	5	0	91	160	34	50	80	81000	12	20
2000	2	0	6	120	41	50	100	450	10	15
2005	1	0	8	140	30	40	120	400	15	22
2010	2	0	5	110	25	40	90	120	22	18
2015	0	0	70	100	20	30	60	100	15	20
2020	1	0	95	100	36	30	70	590	11	26

畜禽防疫　中华人民共和国成立前，村民饲养畜禽没有卫生防疫记录。中华人民共和国成立后，县、乡镇、村三级均建立禽畜预防系统，配备专业防疫人员，村民张宗德兼任畜禽防疫员。

畜禽疫病　1960—2020年，村内畜禽疫病有10余种，以消化系统疫病为主，有牛流行热、猪瘟、猪肺疫、猪流感、羊痘、羔羊痢疾、鸡瘟、禽霍乱、兔瘟等。

疫病防治　20世纪60—70年代，采取“预防为主，防治结合”的方针，平邑县实行禽畜预防证制度，特别对耕牛、生猪由公社兽医站进行定期防疫，仔猪和生猪凭预防证出售。1972年6月，村中出现猪瘟，病死6头。1974年7月，村内发生鸡白痢、鸡霍乱，瘟死百余只。同年，大队选派张宗德到公社兽医站培训，负责大队畜禽防疫。牛栏、猪栏定期喷洒石灰水消毒，定期对畜禽预防注射，村内没有大的畜禽疫病发生。

饲草饲料　九间棚村自然植被良好，草本植物丰富，全村年产饲草400万千克以上，可供500头大牲畜和1万只羊、兔食用。全村可牧面积200公顷，可载畜1万只。每到冬、春季无青饲草季节，地瓜秧、花生秧等则是牛、羊的饲草。村域内野生饲草有白羊草、鬼针草、野苜蓿、蒲公英、玉米草、茅草等百余种，农作物秸秆有谷子、豆类、薯类的秸秆、秧蔓、树叶等20余种。精饲料以粮食为主，主要有地瓜干、高粱、黑豆、豆饼等10余种。改革开放后，随着养鸡、养鸭等养殖专业户的产生，引进配合饲料，部分养殖户用草粉、农作物秸秆粉、豆饼、花生饼、地瓜干和饲料添加剂（鱼骨粉、动物骨粉）为主混合配置生产颗粒饲料。

九间棚寿山生态科技农场

位于九间棚村大湾塘坝北，因村得名，2010年建立，法定代表人刘嘉坤，经营项目种植，养殖、苗木培育推广、农产品加工、技术推广等。东至老虎窝大峡谷，西至轿车山东边界，北至大巡山生态林，南至龙顶山生态林，占地面积85公顷，建筑面积600平方米。为个体独资经营，产品采用“六不用”技术种植管理，栽种北花一号金银花品种，使用农家肥、豆粕、太阳能杀虫灯。养殖场使用自产地瓜干、玉米、大豆作饲料，饲养的猪、羊、草鸡10～15个月出栏。粪便无害化处理后用作农作物、林果、金银花底肥、追肥。2019—2020年，雇用2台挖掘机常年挖建“六不用”金银花园28公顷。2020年，经营收入270万元，利税3万元。

生态养猪场　位于寿山农场内，2010年6月建成，以地势用铁丝网围建，占地面积9.6公顷，建设管护房5间66平方米，大棚养猪暖圈310平方米，生态圈棚400平方米，饲养沂蒙黑猪150余头，其中种公猪2头、种母猪6头，年繁育仔猪120头左右，全部自繁自育，年出栏生猪100余头。饲养场内种植地瓜、金银花、蒲公英等野生植物，按区分期对育肥猪开放，让其自由采食，每日加喂一次“六不用”饲料，每头生猪饲养周期10～12个月。

生态养猪（2020年10月 摄）

生态养羊场　位于寿山农场内，2010年6月建成，以地势用铁丝网围建，占地面积6.67公顷，建设羊圈400平方米，饲养沂蒙黑山羊110只，其中繁育母山羊80只。饲养场内种植地瓜、金银花、饲草、蒲公英等野生植物，按区分期对羊群开放，让其自由采食，春、冬季每日加喂一次“六不用”饲料，每只商品羊饲养周期7～12个月。

生态养鸡场　位于寿山农场内，2010年5月建成，以地势用铁丝网、塑料网围建，占地面积3.2公顷，建设鸡棚200平方米，饲养草鸡300余只，其中公鸡200只，母鸡100余只，年出栏公鸡 200 头，生产鸡蛋 4000 千克；饲养鸭 50 只，鹅 30 只，年生产鸭蛋、鹅蛋 1000 千克。饲养场内种植松柏 400 余株，种植金银花、蒲公英等野生植物，让其自由采食，每日加喂一次“六不用”饲料，每只鸡饲养周期 10 ~ 12 个月。

第二节　副业生产

九间棚村集体副业始于 1964 年建起的棉花加工坊、油坊。

手工匠作

清末、民国年间，手工匠作行当“九佬十八匠”中，九间棚人占有 3 席（石匠、木匠、篾匠）。1985 年，九间棚村架电、修路、治水，培养出一批优秀的石匠、木匠。

石匠　是从事采集石料，将荒石加工成料石建造房屋的工匠。是村中传承时间最长久的职业。20 世纪 50—80 年代，九间棚的石匠有刘德明、刘德田、廉茂增等。石匠虽然是一项技术性工种，但大多数村民经过简单的训练后，都可以做。90 年代后，因建筑材料由以石头垒墙为主转为用砖、瓦，以砌砖、抹灰为主，石匠亦称泥瓦匠。

木匠　亦称“木工”，在制造家具、门窗、框架或其他木制品过程中用手工工具或机械工具进行操作的人。木匠是一种古老的行业，以木头为材料，用量具测量，伸展绳墨，铅笔画线，用锛刨平，制作成各式各样的家具或工艺品。建筑行业、装饰行业、广告行业等都离不开木匠。

20 世纪 60—70 年代，村民刘立海、刘甲太、刘甲才、张汝才精通木工手艺。改革开放后，全村木匠增多，成为村建筑队木工作业区骨干。21 世纪后，随着人们居住条件的提高，村民刘玉从事木工房屋装修，木匠由单纯做家具、门窗、盖房上梁转向房屋装饰等。

篾匠　利用农作物秸秆加工成生活用品出售，从业人员多为老年人和妇女，不用出大力气，也能赚钱。

笤帚是用脱去粒的黍子穗或脱去粒的高粱穗扎成，即可扫地面（长把笤帚），也可扫案面、扫碾（短把笤帚），是村民家庭用必备物品。刷帚（俗称饭帚）是用脱去粒的高粱穗扎成的，用来刷锅、刷碗，是农家过日子的必备之物。

扎笤帚用具是一根 2.5 ~ 3 米的绳子，一头拴在腰上，另一头系一根直径 0.1 ~ 0.2 米粗、0.2 ~ 0.3 米长的木棍，备好麻经子、笤帚苗，木板凳。座在木板凳上，双脚蹬住木棍、蹬紧绳子，将一束刷帚苗握紧，绕绳一圈，上下转动，将穗梗勒紧，再将麻经子一头插入绳与穗梗勒紧处，上下转动 1 ~ 2 圈，将麻经子系紧剪断，往复 3 ~ 4 次、绑扎 3 ~ 4 圈即可。扎笤帚比扎刷帚复杂一点，先将一小绺长挺笤帚苗扎成把，再把一小绺一小绺的短笤帚苗续扎，每绺笤帚苗与上一绺略长，摆出形状，扎 7 ~ 8 箍才行。

笤帚、刷帚用量大，20 世纪 60—70 年代，村民刘德明、刘德玉等常在冬闲季节扎制笤帚、刷帚到集市上售卖，变换生产、生活用品或零用钱。

作坊

民国年间，九间棚村小户少，家庭性质的作坊仅有豆腐坊、木炭窑。中华人民共和国成立后，集体副业生产发展粉坊、面子坊、油坊。

木炭。民国初年，村民刘学明学习烧制木炭技术，在平顶山前建土木炭窑，砍伐山中薪炭林烧制木炭。因市场需求量小，没有形成产量，废弃。

豆腐坊中华人民共和国成立初期，九间棚人把大豆作为经济作物种植。九间棚传统的豆腐制作工艺为人工酸浆豆腐，一般做法是经过选豆、泡豆、磨浆、杀沫、去渣、煮浆、点酸浆、压制成型等道工序。1965—1967 年，大队豆腐房一天做一包，刘德明、王启真做豆腐，刘甲全卖，1 千克大豆出 2.5 千克豆腐。改革开放后，村民刘立堂将做好的豆腐挑到山下农村换售，称作家庭副业。

把拣好的豆子放入瓷盆或缸里用清水泡，使豆子喝足水，并充分膨胀，夏天温度高，要防止把豆子泡涩了，影响豆腐品质。把泡开的豆子清洗干净，用石磨磨成稀糊状。20 世纪 80 年代后多用电动钢磨磨豆浆，90 年代后用大豆电动打浆机，豆汁、豆渣直接分离，减少滤浆程序，豆浆过粗或过细都影响出豆腐率。把磨好的豆浆用豆腐布袋子（用老粗布做成）过滤，方法是把磨好的豆浆用水瓢或舀子舀入布袋内，一手掐住布袋口，防止豆浆溢出，并不断提、晃、按压，另一只手把住布袋中腰，两手挤压滤出豆浆，让豆浆汁漏到过床子下方瓷盆或缸里，松开布袋倒出渣，再装入豆浆重复挤压，多次重复直至完成。然后把过滤好的豆浆放入大铁锅内煮，煮豆浆不能火太急，火太旺容易"漆锅"（糊锅），要用中火烧至快要开的时候改用温火。

酸浆豆腐制作的关键点在于用酸浆点豆腐，制作者用经验将一定量的酸浆水均匀地洒拌在煮沸的浆锅里，控制好酸浆量与浆锅中形成豆花的火候。点浆用的酸浆是由制豆腐过程中盛出来的浆水自身发酵作用变酸而来的，制作出来的豆腐，不含任何的添加剂和化学物质。点浆（卤）是一项技术工作，关系豆腐品质和色、味，点浆（卤）适中豆腐表面黄花色，香、鲜嫩，点老了板、涩，点嫩了腻、汰、无香味。然后，在筛子里铺上一层过滤布，把豆腐脑舀入，与筛子上口平时稍控水，系上滤布口，压上盖顶子，压上清洁卫生的重物，以使浆水慢慢地挤压出。自己食用的切成块，出售的一边售卖一边切块。

1990 年后，做豆腐的工艺简化，由人工到半自动化，全程 1 人可以操作，人工操作电动机、磨浆机，到生产出成品豆腐，一条龙生产，不用人工磨浆、虑浆等体力劳动。

粉坊　1963 年 9 月建立，是九间棚村第一个副业项目，地点设在石棚东首 2 间，刘德明负责，李月荣磨粉，刘景兰任技术员，有石磨 1 盘、驴 1 头（拉磨用），主要用地瓜（干）加工成粉再制作成粉皮，日用鲜地瓜 100 千克或地瓜干 40 千克，打粉 30 千克，日加工粉皮 30 ~ 35 千克。年生产干粉或粉皮 3000 千克，年收入 500 元。1970 —1980 年，大队粉坊常年用工 4 人，年收入 550 ~ 600 元。1981 年停产。

面子坊　1976 年 4 月建立，有 12 马力柴油机、粉碎机、磨面机各 1 台，地点在老学校东，主要进行面粉、地瓜干面和饲料加工，负责人廉茂杰，磨面工刘甲青。1974—1981 年，大队面子坊常年用工 2 人，年收入 100 元。1982 年，面粉坊由刘德才承包经营，大队不收承包费，为村民磨面只收电费。2011 年，面子坊停工，设备（磨面机、粉碎机）、房屋由集体收回。

第三节　工业生产

工业起步于 1991 年，党支部书记刘嘉坤带领村民在平邑县城建起九间棚花岗石厂、临沂工程机械平邑配件厂、九间棚塑料厂。1995 年，集体工副业产值 2265 万元，实现利税 175 万元。2000 年，全村企业法人单位 2 个，非企业法人单位 1 个，产业活动单位 1 个，个体工商经营户 8 个。2020 年，全村第工业总产值 4.49 亿元，利税 3500 万元。

集体企业

1991 年 9 月 17 日，党支部书记刘嘉坤带领骨干力量进城办厂，先后投入资金 690 万元，在县城建起花岗石厂、工程机械配件厂、塑料厂、金银花茶厂。1993 年，全村工副业产值 500 万元，收入 55 万元，其中，九间棚花岗石厂完成产值 240 万元，利税 28 万元，利税相当于全村山果的总收入。1995 年，集体工副业项目用工 315 人，其中村民 45 人，招聘社会工 270 人，年收入 81 万元。1996 年，进行企业改制 4 个村集体企业由个人承包，转换为民营企业。

九间棚花岗石厂　位于平邑县城蒙山大道中段，南接 327 国道。1990 年 7 月 18 日立项，征用平邑镇二村、七村土地 10670 平方米建厂。9 月破土动工，共投入 248 万元，其中征地费 16.02 万元，建设 3 个厂房，2 排职工宿舍共 14 间，1 排办公用房 7 间，1 排伙房 5 间，门卫 1 间，建筑

面积1500平方米。购置鿏锯3台，轮锯3台，研磨机7台，切割机1台，12月建成试运行，1991年1月1日投入生产，员工36人，其中管理人员6人。年产值385万元，利税40万元。法定代表人刘嘉坤。二期工程征地3330平方米，租用将军红矿山1座，储量6万立方米，五莲花矿1处，储量30万立方米。年产花岗石荒料3000立方米，加工20毫米、12毫米、10毫米的600、400、300板材5万平方米。年经营全国各地及进口板材2万平方米。主要生产优质将军红、五莲花、沂蒙青等十几个花色品种。1992年，内设技术中心、生产科、供销科、财务科、设备维修科、质监科、矿山管理科等，有职工108人。1993年，完成产值240万元，实现利税28万元。

九间棚花岗石厂生产车间（1991年10月 摄）

1995年改制，债务、债权328万元及场所、全部人财物由刘甲才承包经营。1997年，完成产值400万元，实现利税46万元，为全县民营企业利税大户，县政府奖励北京212吉普车1辆。2007年3月，厂址迁至城西327国道南，原厂址土地变更为商住用地，改建为九间棚新村。

临沂九间棚机械有限公司　位于平邑县城财源路北首，1992年4月建厂。征用平邑镇八埠庄土地1.33万平方米，建筑面积3000平方米。注册资金500万元，法定代表人张如意。主要为临沂工程机械厂、平邑通用机械厂、山东前进机械厂，清拖集团配套加工各种机械配件。1993年，内设技术中心、采购部、制造部、质量保证部、营销管理部、客户服务部、国际贸易部、管理部、财务部等，有职工76人。年生产总值400万元，利税40万元。1995年，由张如意承包经营。2000年，1个职工月加工配件2000件，工资1300元。2020年，公司内设技术研发中心、采购部、制造部、质量保证部、营销管理部客户服务部、财务部。有普通车床10台、铣床2台、钻床11台、大小插齿机20台，40T拉床1台，高频淬火设备1套，数控加工类机床50台，有职工90人，年产机械构件3000吨，产值3500万元，利税280万元。固定资产450万元。

九间棚机械有限公司机械生产车间

（2020年4月 摄）

九间棚塑料厂　位于平邑县城财源大道北首，南临327国道，北距兖石铁路平邑站1500米。1996年4月建厂，占地面积1.33万平方米，建筑面积2000平方米。注册资金200万元，法人代表翟茂江。主要生产壮苗牌、九间棚牌农膜、地膜、微地除草膜。1995年，为轻工业部农地膜定点生产厂，年产值300万元，利税20万元。1997年，内设技术中心、采购部、制造部、质量保证部、营销管理部、客户服务部、国际贸易部、管理部、财务部等，有职工35人。年生产农地膜3000吨，产值2700万元，利润150万元。2009年9月，改制为民营企业。

花岗石矿　九间棚实业开发总公司花岗石矿，位于五莲县街道镇一亩石村，1993年3月建矿。矿山面积4万平方米，储藏量50万立方米。法定代表人范加厚。1996年开采五莲花石料1万立方米，年产值180万元，利税6万元。

九间棚金银花茶厂 位于平邑县莲花商城内，1993年5月建厂，占地面积2100平方米，建筑面积420平方米，注册资金5万元，法定代表人刘广胜。采用平邑金银花为主要原料，经科学方法研制生产金银花熟茶。2014年3月，迁至平邑城开发区创业路北，齐鲁医院西天润塑料公司院内，法定代表人刘玉军，占地面积2600平方米，生产经营“九间棚”牌金银花茶系列产品；有标准化生产、包装、仓储车间。2018年，平邑九间棚寿山生态科技农场开发生产“九间棚”牌“六不用”金银花茶等系列产品，在2018首届临沂文创旅游产品大赛中获金奖。2019年3月，金银花茶厂迁至九间棚村。2020年，有职工21人，年产值500万元，利税50万元。

九间棚金银花茶厂生产车间（2017年8月 摄）

九间棚（控股）集团公司 位于平邑县城银花路西首，2011年6月成立，占地面积20公顷，建筑面积7万平方米；总投入资金2.33亿元，法定代表人刘嘉坤。公司以金银花产业为主营业务是集金银花优良品种选育与推广、中药饮片生产加工与销售、金银花等中药材提取、中西药生产、金银花茶生产与销售、农业生态旅游、电子商务于一体的综合性集团公司，分为金银花产业、中医药产业和乡村旅游三大产业板块。2019年更名称山东九间棚（控股）集团公司，2020年，集团辖平邑县九间棚农业科技园有限公司、山东岐黄中药饮片有限公司、山东新大陆制药有限公司、平邑县九间棚旅游开发有限公司、北京九间棚农业发展有限公司、云南省北花农业发展有限公司、甘肃方大九间棚科技发展有限公司、甘肃九间棚刘家峡科技发展有限公司、新疆九间棚农业科技有限公司、山东北花农业科技有限公司等21个子公司，内设技术中心、采购部、制造部、质量保证部、营销管理部、客户服务部、国际贸易部、管理部、财务部等，有职工300人；年产值4.5亿元，利税3500万元。公司设立博士后流动工作站和临沂市金银花研究院，以“发展金银花，造福全社会”为经营宗旨，以“做强做大金银花产业，争当金银花产业龙头”为发展目标，以高新科学技术为支撑。公司及所属企业先后获得临沂市科技兴市先进集体、临沂市农业产业化重点龙头企业、山东省高新技术企业。

九间棚药业公司 2004年9月，山东九间棚药业有限公司成立，占地面积5.5万平方米，法定代表人刘嘉坤，同年取得国家食品药品监督管理部门批准核发“药品生产许可证”“药品GMP证书”，系中国中药协会中药饮片专业委员会会员单位。依照药品GMP标准建设中药饮片生产区、中药材提取设备流水线加工区、仓储区、洁净区，配备先进的生产加工设备检测化验仪器。

山东岐黄中药饮片有限公司 位于流峪镇龙王河村，占地面积1.47公顷，建筑面积5000平方米，2004年12月，同县中医院联合创建，2010年3月改制，国有股退出，全部产权归属九间棚集团公司，注册资金3500万元，法定代表人刘嘉坤，总经理翟茂江。公司具有国家食品药品监督管理局批准核发的“药品生产许可证”“药品GMP证书”，主要开展金银花等中药材优良品种研究开发、生产基地建设，地产中药材购销及中药饮片加工销售，金银花等中药材有效成分提取等。公司与中国中医科学院中药研究所、中国医学科学院药用植物研究所、中国科学院植物研究所、北京中医药大学、山东中医药大学等科研院所和高等学校建立了长期合作关系，为临沂市“双50”企业。2010年1月，公司斥资5000万元新上中药材提取项目，建立大型的中药材提取流水线，采用国内外先进中药材提取设备和前处理各类工艺和手段，引进全自动和在线清洗设施，实现中药提取的现代化、智能化和一体化，主要生产高浓度金银花绿原酸、丹参酮和黄酮，具有年生产金银花绿原酸浸膏 500 吨（25%HPLC），金银花绿原酸干粉 100 吨，（98%—99%HPLC），可满足全国各大制药企业生产口服液及注射针剂的要求。2010 年，为平邑县纳税大户排位第 60 名，2011 年，上升至第 40 名。

山东新大陆制药有限公司　位于平邑县经济开发区银花路西段（经济开发区 002 号），1999 年 2 月 2 日成立，因公司搬迁工商变更得名，企业的前身是临沂中药厂和临沂制药厂，是一家中西药结合的现代化、综合性制药企业。2012 年，在企业改制中九间棚集团公司用 1900 万元收购大陆制药厂 135 个中西药生产文号，其中 1 个过期，1 个挂靠，67 个中成药、66 个西药。2013 年 11 月，公司由原厂址临沂搬迁至平邑县城的经济开发区新建厂区，占地面积 20 公顷，一期投资 2.33 亿元，建成科研楼、检测中心、生产车间、仓库、专家及员工宿舍楼、职工餐厅等 6 万平方米建设工程。2014 年 6 月建成投产，重点生产以金银花为主要原料的中成药。2015 年 10 月，红色财富（北京）投资基金管理有限公司和九间棚合作，共同推进公司的全面发展。公司拥有先进的自控粉碎机组、多功能提取罐、薄膜蒸发器、沸腾干燥制粒机、多功能铝塑包装机、全自动胶囊包装机和口服液自动灌装线等各种符合 GMP 标准的现代化生产设备，同时拥有完善的制药检测设备和科研技术力量。生产的中成药有片剂、丸剂，颗粒剂、酊剂、煎膏剂、糖浆剂、口服液、膏药等 8 个剂型，67 个品种。其中新产品“正心泰片”为“国家中药保护品种”，属国家三类新药，获得全国第八届发明展览银奖、国家中医药管理局科技进步三等奖、山东省星火科技进步二等奖。木香顺气丸、感冒清热颗粒、复方川贝精片获省优质产品称号。益母草颗粒、小活络丸获全国患者满意奖称号。西药产品有片剂、胶囊剂、口服溶液剂、口服液、乳剂等剂型 66 个品种，其中“茴拉西坦”已在西欧、南非诸多国家申请专利，是新型脑功能改善药，属国家二类新药。“威得口服液”（硫酸庆大霉素口服液）列入国家星火计划而开发的国家四类新药，属国内第一支抗生素口服液。鱼肝油乳申请国家专利，庆大霉素注射液获全国医生推荐用药称号，庆大霉素片、复方胃友、右旋糖酐注射液获省优质产品称号。2018 年产值 158.27 万元。2019 年 6 月，被授予“第十批农业产业化市级重点龙头企业”称号。

山东新大陆集团有限公司（2009 年 5 月 摄）

甘肃方大九间棚科技发展有限公司　位于甘肃省东乡县县开发区，2020 年 6 月建立，占地面积 6.8 公顷，建筑面积 1.3 万平方米，法定代表人刘卫兵，注册资金 1 亿元，其中九间棚集团公司甘肃刘家峡公司参股 2200 万元，主要开展金银花深加工项目。

甘肃九间棚刘家峡科技发展有限公司　位于甘肃省永靖县，2019 年 1 月建立，注册资金 1 亿元，法定代表人卜凡浩，董事长刘丞铭，占地面积 2 公顷，建筑面积 2785 平方米，固定资产 2900 万元。建设金银花种植基地 2000 公顷，烘烤房 5 处，鲜花收购点 31 处。2020 年产值 1.2 亿元，利税 1300 万元。

建筑业

改革开放前，社员修建房屋都是自备物料，请人帮工完成。包工结算形式有包工包料、包清工不包料和按实际工程量结算三种形式。包工包料，即建房户按照房屋大小、质量、计划工程量预算工程工料支出，协商议定工程费总额，支付给“瓦匠头”，由“瓦匠头”自负盈亏。包工不包料是建房户备齐全部建房物料，承建者只带工具上门建造或维修，建房户在开工、上梁或竣工时宴请师傅、小工作答谢。按实际工程量结算，即以工日结算，“瓦匠头”、大工、小工分别各得多少则以实际工作量为标准。

建筑队　2009年6月，成立九间棚村建筑队，刘甲新负责，主要承担村基本建设、民用房屋建筑。2011年4月注册，改称平邑县九间棚建筑有限公司，三级资质，承建五层以下工民建筑工程，2014年实现产值1200万元，利润60万元。

石料厂　1986年3月建立，位于村东南大山门，由村集体投资5万元购置柴油机、风钻、碎石机等设备，为修路、治水提供石料、各种型号石子用料，安排就业人员6人，廉茂增任负责人。当年生产石料300立方米，生产各种型号石子2300立方米。1987年，生产石料350立方米，生产各种型号石子2710立方米，完成产值8.16万元。1988年，由廉茂增承包经营。1990年后，为保护环境资源停止生产。

民营企业

2020年，九间棚村产值100万元以上的民营企业有2家，主要生产经营机械铸造加工。

平邑县润和机械有限公司　位于平邑县厚德路与通圣路交会处，1992年建成投产，占地面积6595平方米，建筑面积3000平方米。法定代表人刘立合，经营项目，机械铸造加工。东起 九间棚新村，南接八埠庄花岗石厂，西连通圣路，北与九间棚新村西区为界，注册资金200万元。主要产品装载机配件、收割机配件。2020年产值400万元，利税30万元。

临沂九间棚机械有限公司　位于平邑县厚德路北首，因原公司为九间棚村办企业得名，1992年建成投产，占地面积13986平方米，建筑面积1万平方米。法定代表人李晓鹏，经营项目为机械铸造加工。东起临工小区，南接物流公司，西连西环一路，北与公路为界，注册资金500万元，主要产品名称装载机配件、收割机配件、拖拉机配件。2020年，产值2200万元，利税150万元。

第四节　商贸　服务业

改革开放前，村内商贩经营只是在农闲时节携带山果，到山外贩卖。有的村民用手推车、地排车或自行车带着黄梨、山楂到江苏省连云港贩卖，取得微薄利润。改革开放后，九间棚村建起小卖铺，村民生活用品不用下山赶集上店即可采购到。2014年，成立九间棚电子商务有限公司，开办网上商店，销售九间棚牌特产。2020年，全村有个体经营商户2户，主要经营日用百货、烟酒糖茶等，年贸易额2万元。

商贸业

改革开放后，随着国家经营政策放开，经营网点逐年增多。杂货铺也升级为门市部、超市，经营范围日用百货、食品药品、烟酒糖茶、蔬菜副食、干鲜水果、种子等，方便了村民生产生活。

电子商务　山东九间棚电子商务有限公司，位于平邑县电商产业园三楼，2014年8月注册登记成立，因九间棚村得名，法定代表人陈凡莉，经营住址平邑县电商产业园，经营九间棚“六不用”农产品的销售业务。九间棚生态农场、农产品、金银花茶的网络经营与销售，九间棚绿色特产的网络经营与销售，淘宝村的建设和为淘宝客户搭建购物平台等业务。有办公室2处，仓库1处，占地面积1000平方米，建筑面积1000平方米，注册资金300万元，主要产品名称“六不用”金银花茶叶、口腔宝、金银花牙膏、猪肉、五谷杂粮及时令蔬菜等，2020年，销售收入500万元，利税12万元。

小卖铺　1978年，天宝供销社闸口门市部九间棚代销点建立，设在小学东头1间房屋，代销员廉茂杰，主要经营日用百货、副食。小卖铺均有货架、柜台，小百货放在柜台上，食盐、酱醋放在瓷罐中，货物品种少，多为村民生活日用品。1979 年代销员刘甲训，1982 年由刘甲训承包经营。2012 年刘立江改建为九间棚超市。

九间棚批发铺　位于县城汉阙路北段林业沿街楼，1994 年 5 月创办，注册资金 2000 元，法定代表人刘甲才，主要经营烟酒糖茶、副食，1995 年 12 月转包朱立东经营。1996 年营业额 3500 万元，2006 年 12 月关停。

服务业

改革开放前，九间棚村没有服务业。1987 年，九间棚村旅游服务业带动餐饮服务业发展。2011 年，村民刘甲新、刘甲才、刘立江等 12 户建起农家乐旅游服务点，开办饮食、住宿。

九间棚饭店　位于小学前 6 间民房，占地面积 60 平方米，建筑面积 50 平方米，法定代表人刘立堂。经营范围餐饮，4 张餐桌，接待能力 50 人，聘用厨师、服务员各 1 人。1987 年 5 月建成运营，2005 年改建农家乐，2019 年，营业额 50 万元，利税 1 万元，营业员 3 人。

凤凰苑　位于平顶山，占地面积 5100 平方米，建筑面积 600 平方米，由旅游公司经营。经营范围餐饮、住宿，接待能力 300 人，聘用厨师、服务员各 2 人，特色菜全羊汤、炒草鸡、馇豆腐等，1998 年 7 月建成运营，2017 年 7 月由刘刚承包经营，年承包费 7 万元。2020 年，营业额 80 万元，利税 6 万元。

六不用餐馆　位于马家岭寿山农场内，占地面积 1800 平方米，建筑面积 350 平方米，经营范围餐饮，接待能力 150 人，聘用厨师、服务员各 2 人，餐馆食材全部选用寿山农场生产的“六不用”蔬菜、肉（鸡、鸭、猪、羊、牛肉等）、蛋（鸡、鸭、鹅蛋）及野生菜、果品，特色菜全羊汤、香菇鸡、全猪宴等，2005 年 4 月建成运营，2020 年，营业额 60 万元，利税 3 万元。

第五节　经济管理

中华人民共和国成立后，人民当家做主。从封建社会的生产资料私有制过渡到社会主义的生产资料公有制，村民的收入项目增多，特别是集体经济的发展、分配成为村民的主要收入来源。

改革开放后，有的村民办起自主经营的公司、企业或商贸、饮食服务店铺，收入来源渠道广。经济支出有建房、购房、购车、保险和衣食住行、儿娶女嫁、走亲访友等生活消费。村民的精神面貌、生活习惯、民风民俗也正朝着更文明的方向发展。特别是改革开放后，九间棚村欣欣向荣、团结和谐。

经济综述

中华人民共和国成立前，村民的主要经济来源为销售黄梨、金银花、山楂等果品。中华人民共和国成立后，特别是改革开放后，村政组织以经济建设为中心，奔小康、建强村，使国民经济保持平稳发展，经济规模逐年壮大，村民生活大幅度提高，各项事业取得新进展。2020 年，全村经济总收入 4.5 亿元，人均总产值 14.9 万元，是 1978 年的 177.6 倍。村民人均纯收入 27800 元。

经济体制　中华人民共和国成立前，九间棚村以农业生产为主，以户为单位，各行其道，为封闭式农业生产经营模式。1961 年，实行集体经济所有制。1983 年，农村经济体制改革后，实行家庭联产承包责任制，实行 21 年的“三级所有，队为基础”人民公社体制，被以家庭联产承包责任制为基础的农村经济体制替代。1992 年后，九间棚村经济结构转型，进城办厂、发展乡村旅游业、兴办金银花产业；形成多种经济成分共存的体制。

生产管理　中华人民共和国成立后，到 1956 年，农业经营仍沿袭民国年间的小农生产经营模式，以农户为生产单位，一切生产事项的安排，均为农户自行运筹解决。互助合作及人民公社时期，生产管理逐步从无到有，走向规范。

初级农业社时期 1955年12月，九间棚村14户62人在刘德功带领下成立九间棚初级社。按照实行收支分配合理、劳动用工合理、工具使用合理的原则，土地统一耕作，收入按各户土地的数量、等级进行分配。统一劳动、合理用工，根据劳动力强弱和技术高低划定工分，按每户成员所得工分多少年终决算。按每户投入农具、耕牛等数量折价相兑，因各户之间的生产工具不同，每年实行统一作价、统一使用，年终决算。年终按每户成员所得工分和所投入生产工具、耕牛折价，按“地四劳六”分成。

高级农业社时期 1957年冬，赵家庄高级农业社成立，九间棚村初级农业社和未入社的3户村民一同加入赵家庄高级农业社。产业结构以粮食为主，生产资料方面发生变化。高级农业社成立管理委员会，全体社员的所有生产资料全部投入生产合作社，土地统一耕作、统一管理，各户的果树、牲畜、农具折价归合作社统一使用，全体社员凡有劳动能力者全部参加社里的各项劳动，其报酬是整劳动力每天劳动10小时记1个工10分，半劳动力最低4分。每天下午收工前评定当日工分，由记工员负责记于各人名下。社内收入的粮食和其他实物，粮食按每亩级数分配，其分配总数占32.3%。余下的粮食和实物统一按人口分配，作价入账年终进行决算，社员报酬按各户所得工分总数折价成现金，扣除社员分到的粮食和实物，余者以户为单位全部兑现给社员。

人民公社时期 1958年11月，赵家庄高级社改称赵家庄大队。

1961年，九间棚大队调整农业生产计划，产业结构以粮食为主，畜牧业、林果业、副业为辅。鼓励社员在不破坏生态的情况下，可以在自留地旁开垦荒山场，种植农作物，收入归己。

1978年后，九间棚大队产业结构重点转向粮食生产，同时恢复大队管理委员会机构和职能，废除革命委员会。大队管理委员会设大队长1人，开始发展队办副业、林果业、畜牧业。1983年，全村粮食包产到户，废除大队管理委员会体制，建立村民委员会机构。

计划管理 1963—1982年，每年年初大队讨论制定全年生产计划，农作物种植品种、亩数、产量和增产措施，畜牧养殖计划、积肥措施，经济总收入等。按照上级布置的国家、集体和个人三者利益关系进行分配。对所分配的口粮、工日工值等形成“一年早知道”计划表，并召开社员大会公布，让社员人人明白。大队长按照“一年早知道”计划，组织领导生产。大队干部必须对每年的农历二十四节气了如指掌，按节气来管理指导生产，不误农时。

生产资料 1957年，九间棚农业社共有17户80人，7.8公顷耕地，所有农具都是由各农户随带，土地和生产工具全部入社，除土地外其他入社牲畜、物品均作价入账。合作社入社农户共折价入社股金198.8元，其中贫农股金贷款130元。全社共交股份基金328.8元，每人平均5.11元。基金用社员折价物品扣出，不足部分记于社员往来账，以贫农贷款或劳动报酬扣回。

高级农业社社员入股资金在1958年的7月1日、9月10日，两次分红，每次每元分红平均0.1元。同时对贫农贷款进行两次归还，全村共11户贷款额95元，第一次有6户全部归还，5户归还一半。第二次分红的同时进行贫农贷款第二次归还，3户全部归还，2户尚欠贫农贷款各3元，在1962年实行三级核算时，经公社研究给予全部减免。

职业范畴 村民在长期的生产、生活中，进行的生产分工，随着历史的发展和进步，有的被并合，有的被淘汰，有的被替代。

九间棚村民以农业为主，改革开放后第二、三产业兴起，蓬勃发展。

第二产业中有石匠、泥瓦匠、木匠、水电工、钢筋工、铝合金工、装饰工、模具工、翻砂工、机械制造工。

第三产业中有店员、服务员、厨师、记账员、收银员、面点师、司机、售货员、经理。

九间棚已消失或正在消失的职业有弹棉花、货郎、代写书信、说书、放蜂人、铁匠、补锅、出租图书、哭丧婆、打煤饼、雕花匠、打更守业、篾匠、剃头挑子、泥瓦匠、江湖郎中、守墓人、织布匠、烧石灰、烧木炭、接生婆、草编、写碑文、奶妈、爆米花、民办教师、打猎人、打场。

经济结构

人民公社初期，九间棚村经济结构单一，其产业结构、分配结构、消费结构、技术结构、劳动力结构不合理。1991年后，村“两委”从建设“四有一化”新农村入手，着力调整经济结构主体，完善第二、三产业构成，合理有效地利用人力、物力、财力和自然资源，推动科技进步和劳动生产率提高，保持村域经济增长。

综合经济结构　1961年，在村集体经济总收入中，农林牧业年均收入占90%，副业年均收入占10%。进入20世纪70年代，九间棚人仍抱守着山岭薄地中刨食吃的小农经济思想，只是在林果业、畜牧业生产中迈开步伐，在整山造梯田中，栽种梨树、山楂。改革开放后，村“两委”贯彻落实中共中央关于农村改革的路线、方针、政策，改革农村经济体制，使全村的经济结构发生明显变化，村集体在大力发展粮食生产的同时，根据村域的实际条件，依靠科技发展经济林果、栽种金银花，鼓励村民发展家庭副业、旅游服务业，村民经济收入出现多样化。1983年，随着家庭联产承包责任制的推行，调动村民的生产积极性，村中专业户、联合体不断涌现，多种经营广泛开展。1983—1989年，全村架通了电、修通了路，创造了九间棚精神，燃起了村民致富奔小康梦想。1991年，党支部书记刘嘉坤领着村民进城建企业。1993年，全村工副业总值500万元，实现利税55万元，一跃超过第一产业2倍。到2010年，旅游兴村富民策略的落实，九间棚村第三产业年收入35万元，超出第一产业6万元。九间棚人的生活观念逐步改变，并融入中国梦、精准脱贫、社会主义新农村建设的进程中。

农业产业结构　清末、民国时期，九间棚在农业生产内部，种植业经济占主导地位，农业产业结构的特点是粮食生产为主，畜牧业和林果业为种植业的补充。以农业产值为100计算，种植业占34.3%，畜牧养殖业占25.7%，蔬菜、林果业占30%，家庭副业占10%。

中华人民共和国成立后，党和政府重视粮食生产。1956—1958年，实行初级社、高级社，种植业的比率上升，畜牧业和林果业的比率平稳，种植业占30%，畜牧养殖业占25%，林果业占35%，家庭副业占10%。20世纪60—70年代，片面强调以粮为纲，九间棚村粮食种植面积占耕地总面积的70%，仅有少量的油料作物。到80年代初，农业产业结构虽有调整，但种植业仍占30%，畜牧养殖业占27%，林果业占28%，集体工副业占15%。1983年后，土地承包给农民个人经营，各类种养加专业户大量涌现，村集体的果园也承包给个人经营，村农业产业结构发生变化，种植业所占比例下降到20%，畜牧养殖业上升到30%，林果业占30%，集体工副业占20%。1991年全村人均耕地0.13公顷，农业总收入仅占全村经济总收入的10%。在农业产业结构调整中种植业占20%，畜牧养殖业占30%，林果业占50%。

投资结构　1963年，人民公社实行“队为基础，三级所有”，至1983年，九间棚作为统子队不断投入资金购买耕牛和生产农具。大队固定资产投资结构重点向集体农业生产、农田水利建设方面投入。1984年，投入1.73万元修路进村，1985年投入2.35万元解决村民吃水难问题。1991年，投入248万元建设九间棚花岗石厂。1992年，投入500万元建设平邑工程机械平邑配件厂，投入50万元建设九间棚村养殖场。1994年，投入286万元建成九间棚实业开发总公司花岗石矿。1995年，投入120万元建设九间棚金银花茶厂。1996年，投入200万元建成九间棚塑料厂。1999年，投入60万元推进九间棚旅游开发项目。2000年，投入2.2亿元建成九间棚集团科技楼，建成博士流动工作站，培育研发九丰一号金银花新品种，推广种植1万公顷，发展飞企4个。

工副业产值结构 1960—1990年，九间棚村集体副业产值少。1991—2000年，全村贷款负债510万元。全村工副业产值比重呈上升趋势，1993年，全村工副业总产值2265万元，占全村经济总收入的98%。2010年全村工副业总产值3899.93万元，占全村经济总收入的99.2%。2020年，全村工副业总产值4.5亿元，占全村经济总收入的99.87%。

农业产值结构 1961—1989年，全村农业产值比重占主导地位。1961年，全大队农业总产值5.68万元，占全村经济总收入的90.6%。1978年，全大队农业总产值17.63万元，占全村经济总收入的83.9%。1989年，全村农业总产值42.7万元，占全村经济总收入的96.61%。1993年，全村农业总产值25.41万元，占全村经济总收入的4.38%。2000年，全村农业总产值27.81万元，占全村经济总收入的1.21%。2015年，全村农业总产值30.88万元，占全村经济总收入的0.45%。2020年，全村农业总产值61.5万元，占全村经济总收入的0.14%。

消费结构 中华人民共和国成立前，村民消费结构主要有家庭经营费用支出、生活性消费支出、税费支出，占家庭总收入的30%，置地产占家庭总收入的15%，建房消费占家庭总收入的45%。1950年，村民人均生活消费支出38.9元，其中食品消费支出2.1元，衣着消费支出4.5元，村住消费支出9.5元，家庭设备、用品消费支出10.8元，医疗、交通消费支出7.4元，文化、教育消费支出2.1元，其他消费支出2.5元。

1988年，村民人均消费总支出477.83元。其中家庭经营费用支出124.39元，固定资产支出9.53元，农业税支出8元，上交集体承包费14.22元，生活性消费支出307.8元，其他支出13.89元。

1998年，村民人均消费总支出622.96元，其中家庭经营费用支出207.71元，固定资产支出11.49元，农业税支出6.83元，上交集体承包20.5元，生活性消费支出355.33元，其他支出21.1元。

2008年，村民人均消费总支出3740元。其中家庭经营费用支出1362.04元，固定资产支出87.42元，生活性消费支出2042.25元，其他支出248.29元。

2020年，村民人均消费总支出5983.86元，其中家庭经营费用支出2362.33元，固定资产支出81.15元，生活性消费支出2588.91元，其他支出951.47元。

劳动力结构 1983年，农村经济体制改革，促使村内劳动力流动加快。1984年，全村第一产业劳动力比重为81.2%，第二产业为7.5%，第三产业为11.3%。1988年，全村第一产业劳动力比重为69.8%，第二产业为15.5%，第三产业为14.7%。“八五”期间，伴随着商品经济的快速增长，劳动力在三次产业中的配置发生了相应的变化。五年间，第一产业劳动力所占比重下降30个百分点，第二产业和第三产业分别上升21个和9个百分点。1995年，全村劳动力99人，其中男性67人，女性32人，农业用劳动力44人，工业用劳动力45人，餐饮服务业用劳动力10人。“九五”期间，第三产业逐渐成为吸纳劳动力的重要行业。五年间，第一产业劳动力比重下降5个百分点，第二产业下降4个百分点，第三产业上升7个百分点。“十一五”期间，第三产业进一步扩大，2018年，第三产业劳动力比重为45.6%，比1984年上升34.3个百分点，第一产业为17.1%，比1984年下降64.1个百分点，第二产业为37.3%，比1984年上升29.8个百分点。

村民收入 计划经济和市场经济时期，村民收入逐年增长。1961年，村民人均收入12.56元，1979年村民人均收入114.73元，是1961年的9.13倍。改革开放，村民收入成倍增长，1984年，村民人均收入307元；2020年，村民人均收入28700元，是1984年的93.48倍。

1961—2020 年九间棚村人均收入情况表

表 3-6

单位：千克、元

年份	粮食	果品	畜牧	金银花	人均纯收入
1961	132	9.5	0.4	175	12.56
1962	149	9.7	0.6	180	6.71
1963	163	8.2	0.6	160	13.55
1964	168	7.5	1.7	190	27.6
1965	176.2	7.4	5.2	200	29.3
1966	175.5	6.8	7.6	240	33.2
1967	181	7.6	8.5	260	35.8
1968	176	8.3	8.7	280	32.4
1969	177	9.4	11	300	36.9
1970	188	11	13	320	37.6
1971	185	12	18	360	49
1972	170	18	25	385	56.8
1973	172	19	24	400	51.9
1974	183	22	27.5	410	57.4
1975	180	26	25.3	430	41.2
1976	183	31	26	500	82.8
1977	185	35	31	575	96.3
1978	184	37	33.6	600	108.5
1979	181	39	35	620	114.73
1980	182	40	37.1	650	161.7
1981	187	44	28	675	227
1982	188	48	26	700	246
1983	187	52	31.9	720	275
1984	191	76	33	770	307
1985	207	92	35.2	800	372
1986	261	101	35.8	840	391
1987	307	149	46	890	420
1988	316	152	48	930	438
1989	310	163	51	980	465
1990	276	225	59	1060	479
1991	289	260	68	1100	867
1992	290	310	97	1350	1087
1993	276	321	112	1690	1190
1994	291	327	138	1760	1220
1995	285	332	172	1800	1255
1996	262	335	190	1960	1360

续表3-6

年份	粮食	果品	畜牧	金银花	人均纯收入
1997	230	343	203	2100	1585
1998	215	349	216	2320	2989
1999	206	351	230	2560	3208
2000	198	490	241	2700	3755
2001	185	575	190	2600	4688
2002	162	759	275	2800	5428
2003	160	776	262	2870	6271
2004	153	765	167	3050	6496
2005	149	805	175	3100	6600
2006	122	810	182	3143	7107
2007	128	836	166	3758	7976
2008	110	803	168	4380	8580
2009	107	860	167	5407	9027
2010	105	913	152	6500	9350
2011	100	970	273	8655	9681
2012	113	1090	260	9763	11953
2013	100	1253	245	10020	14120
2014	95	1550	236	13980	16750
2015	92	1825	131	15070	18009
2016	88	1790	126	18100	20581
2017	85	1655	118	20050	23080
2018	80	1774	115	22100	24860
2019	70	1885	112	30050	25400
2020	65	2210	100	42110	27800

20世纪70—90年代，九间棚村发展经济林11公顷，荒山造林13公顷。2020年，全村林地面积78.67公顷，其中用材林面积26.67公顷、防护林面积31公顷、经济林面积21公顷，干、鲜果品总产量30万千克，林木蓄存千余立方米。林果业总产值23.2万元，占农业总收入的37.72%。

经济普查　2004—2019年，全国共进行三次经济普查工作，九间棚均作为独立普查区，按照上级要求成立组织机构，划分调查小区，进行分类填表、核查、上报。

组织机构　第一次经济普查领导小组。组长刘嘉坤，普查员刘立青。第二次经济普查领导小组。组长刘嘉坤，普查员刘甲训。第三次经济普查领导小组。组长刘嘉坤，普查员刘玉萍。

普查对象　三次经济普查为村内从事第二、三产业活动的全部法人单位、产业活动单位和个体经营户。

普查范围　农林牧渔业（含有第二、三产业活动的单位）、采矿业、制造业、电力、燃气及水的生产和供应业、建筑业、交通运输、仓储和邮政业、信息传输、计算机服务和软件业、批发和零售业、住宿和饮食业、金融业、房地产业、租赁和商务服务业、科学研究、技术服务和地质勘查业、水利、环境和公共设施管理业，村民服务和其他服务业、教育、卫生、社会保障和社会福利业、文化、体育和娱乐业，以及公共管理和社会组织。

普查内容　核实法人单位和产业活动单位的基本信息，主要包括单位名称、单位代码、详细地址、行政区划代码、联系人、联系电话、主要业务活动、行业类别、登记注册情况、执行会计制度类别、单位类别、营业状态、产业活动单位数、年末从业人数、主要经济指标、资质等级等。

登记个体　经营户的基本信息，主要包括名称、详细地址、主要经营活动、行业类别、从业人员、营业收入、营业支出、领取营业执照情况等。

普查结果第一次经济普查，九间棚村共登记普查法人单位6个，涉第二、三产业行业4个单位，从业人员120人。第二次经济普查，九间棚村共登记普查法人单位8个，涉第二、三产业行业4个单位和2民营经济户，从业人员165人。第三次经济普查，九间棚村共登记普查法人单位11个，涉第二、三产业行业5个单位和4家民营经济户，从业人员230人。

投资与效益　1958年前，投资与效益情况无考。1959—1965年，人民公社化初期，集体资产投入仅是围绕农业生产进行，投资少，效益低。1966年，大队党支部、革委会集体研究投入75元，发展油坊、面子坊2个项目，方便村民生产生活。

固定资产投资　1965—1975年，全大队固定资产投资总额2100元。1976—1984年，全大队固定资产投资总额2.12万元。1985—2000年，全村固定资产投资总额910万元，其中，1992年，全村固定资产投资总额668万元。2001—2012年，全村固定资产投资总额2.33亿元，其中建设九间棚村科技楼投入2.2亿元。2013—2020年，全村固定资产投资总额5700万元。

经济质量　1965—1975年，全大队生产总值7万~8万元，年平均增长5.57%，无亏损记录。

1976—1984年，全大队生产总值8万~13万元，年平均增长6.8%。筹备架电工程，集体贷款1.8万元。

1985—1990年，全村生产总值7万~19万元，年平均增长10.52%。固定资产重点投向架电、修路、治水，集体贷款52万元。

1991—2000年，全村生产总值20万~7300万元，年平均增长9.97%。固定资产重点投向进城办企业花岗石厂、临工机械平邑配件厂、九间棚金银花茶厂等，集体贷款580万元。在市场经济中，村办企业因缺少科技型、管理型人才，部分企业出现亏损，经济质量欠佳。

2001—2020年，全村生产总值7450万~45863万元，年平均增长4.41%。固定资产重点投向市场建设、九间棚村科技楼工程、金银花品种改良、九间棚田园综合体建设、旅游开发和村民福利等，经济运行质量良性发展，逐年递增。

社会保障

政治保障　中华人民共和国成立前，村民种地、纳粮、缴税、出苦力，时常受统治者的剥削压迫。九间棚因村小人少，附属他村生存，保长、保甲均由他村产生，根本不代表村民的利益，更谈不上为村民办事。

中华人民共和国成立后，1960年12月，村民民主选举产生九间棚村行政组织。1954年人民代表大会制度和1984年村民代表会议制度的建立，村民选举自己的代表，参加村、乡（镇）、县各级人民代表大会，代表人民行使国家权力。

随着社会主义制度的不断完善，村民参政议政的权利逐步增强提升。村党政两套班子配备齐全，党员议事会、村民代表议事会、民主理财小组、村务公开监督小组各自发挥着重要作用。村内各项规章制度的建立、健全，重大事项决策等，都要通过村“两委”班子研究并经“三支队伍”通过后实施。

安全保障　中华人民共和国成立前，村民的生命财产经常受到威胁和侵害。20世纪20—30年代，盗匪猖獗，抢劫民财、绑架村民，人心惶惶，民不聊生。

中华人民共和国成立后，人民政权建立，党

和政府带领人民群众清盗匪、除恶霸，加强法治建设，壮大国家安保体系，严打各类犯罪分子，法律面前人人平等。

在社会主义建设时期，九间棚治安状况良好，从未发生过大的人身及财产受侵害事件，村民安心生产生活。特别是1990年后，管理保障有力，治安形势良好，村民素质提高，村内打架斗殴、倚强凌弱、仗势欺人等现象销声匿迹，社会治安秩序井然，为县、市、省三级平安建设先进村。

劳动保障　1991年后，随着经济建设的迅速发展，村政建立、健全管理规章制度，调动广大员工的积极性和凝聚力，村民委员会制定全体工作人员的工资标准、考勤、安全责任、医疗福利等待遇和《关于村“两委”及工作人员岗位工资补助标准》。明确规定村“两委”成员和村委工作人员的工资标准。

工资报酬　1960—1978年，大队干部工资报酬以工分代替参加分配。1979—1983年，大队干部工资报酬以工分加补贴两种形式相结合。1984—2005年，村干部的工资报酬由乡镇政府统一规定标准，从村提留中支出。2006年后，村干部的工资报酬由镇政府统一规定标准，从村集体收入中自筹解决。

工资标准　1983年，村党支部根据镇政府文件要求，研究决定村干部的工资补贴。党支部书记、村民委员会主任每人每年216元，大队会计、党支部委员、村委会委员及计划生育专职主任、兼职青年、民兵、妇女、治安、调解、计划生育等项工作人员工资每人每年160元。

1991—2020年，村执行工资标准。村“两委”成员工资标准，按照天宝山镇、地方镇文件规定执行。企业管理人员工资标准，按聘用级别工资、绩效工资执行。2020年，村“两委”成员工资标准平均每人每月1500元。工作人员的工资标准分岗位工资和绩效工资，按考勤分别计酬。

考勤制度　实行点名制度、请假制度、旷工制度、安全责任制度、奖励制度等，对全村干部职工的工资、福利待遇进行界定。

请假制度　村工作人员，每月全天出勤，请假1天，扣除当月平均数1天的工资。月请假超过10天（含10天），扣除当月平均天数的工资和全部补助、补贴。只发给当月上班天数的基本工资。

劳动工值　农业合作化时期限实行劳动评工制度。人民公社初期，实行供给制，一个整劳动力每月工资5.4元，2个月后停发。1962—1981年，实行“队为基础、三级核算”制度，劳动实行工分制，多劳多得。1957年，龙顶山社年终核算，1个工值0.32元。1964年，全大队共1.21万个工日参加分配，1个工值0.29元。1970年，全大队平均每个工值0.25元。1977年，全大队参加分配工日2.67万个，平均每个工值0.76元。1983年，全大队平均每个工值0.97元。

实行农业生产责任制后，农业用工以现金结算。村委工作人员按天宝山乡（镇）、地方镇政府规定，按年度领取报酬，村民种地、务工自食其力。1985年，全村农业用工每个工值1元。1991年，全村农业用工每个工值3.8元。1995年，全村农业用工每个工值5.4元。2000年，全村农业用工每个工值21元，建筑用工每个工值25元。2005年，全村建设用工每个小工工值30元，大工（技术工）每个工值50元。2010年，村内建设用工每个小工工值75元，大工（技术工）每个工值100元（免费提供午餐）。2020年，村内建设用工每个小工工值100元，大工（技术工）每个工值150～160元。

物质保障　清末、民国年间，村民的衣食住行是吃地瓜干、喝高粱糊饾，穿粗布衣衫，住石棚，娱乐活动是做游戏、下棋。

20世纪50—70年代，吃地瓜干煎饼，穿粗布自制衣服，住石头墙草苫房，人人享受教育，文化生活贫乏，可听收音机。

20世纪80—90年代，吃米饭、白面，穿花布、呢绒料，住宽敞瓦房、楼房，行有自行车、摩托车、汽车，人人享受教育，文化生活丰富多彩，收录机、电视机、电脑进入家庭。

衣　旧时，村民多穿手工纺制自染的粗布（俗称土布），一般有青、蓝、黑、白四色，男女均穿大襟褂子（男左女右），妇女的大襟褂子多镶沿条，年轻妇女为红、绿色，老年妇女为蓝色。少数较富裕的人家夏有单衣，冬有棉衣，多数贫穷人家没有季节性衣服，往往是拆了棉衣改单衣。夏天，男人大都穿裤衩，光脊梁，晒得黢黑。冬天戴棉帽，穿棉鞋或草窝子（白草、茅草或香蒲编成，里面填充碎麦穰取暖）。春秋穿粗布鞋，男子多穿鞋面上带有朝天钩的铲鞋（俗名蹬倒山），妇女穿绣花鞋，布底布帮，既不耐磨又怕水。

中华人民共和国成立初期，纺织业的崛起，淘汰了旧式织布机，村民把机织布称为“洋布”，从此穿上“洋布”衣裳。20世纪60年代后，布料质量、品种大大提升，线呢、花大呢、的确良、条子绒等中档布料占主导地位。随着生活条件的不断提高，村民的衣裳花样多了起来，春夏秋冬各季节各种衣服都有，穿衣问题彻底解决。

改革开放后，经济建设突飞猛进，村民生活逐渐富裕。市场上高级面料如高级毛料、针织、皮料等各式衣物，各式中高档皮鞋，村民的衣柜里皆有。从床上用品到身上衣裳、饰物焕然一新。

食　中华人民共和国成立前，良种、肥料缺乏，农业生产力、生产技术落后，粮食产量低。村民以地瓜、高粱、谷子为主食，加之糠菜度日，小麦、大米较少，收获点小麦专等过年过节或待客时食用，除了少数地多的人家能维持全年温饱外，大多数贫穷人家年年缺粮。

中华人民共和国成立后，政府重视发展农业、工副业，兴修水利，改良土壤、作物品种、种植结构和技术，大力发展肥料生产，粮食产量逐年提高，副食产品丰富多样。

20世纪70年代，谷子、高粱、地瓜产量逐年提高，村民不但能吃饱，饭食质量也不断提高。主食、副食从过去的地瓜干、窝头、高粱糊饾为主，变为小米煎饼、米饭、高粱面糊饾或面条。

改革开放后，村民生活富裕，以米（大米、小米）、面食为主食，以鸡、鱼、肉、蛋为副食。

住　中华人民共和国成立前，村民穴村石棚，村住条件较差。20世纪60年代的二代房，房屋结构高度不足3米，室内宽度不足4米，石头墙草苫房，木板门、木棂子窗，基础用石头干垒墙（石头间不用砂浆，干砌），又窄又矮，撒气漏风，阴暗潮湿，蚊叮虫咬，条件落后。人均村住面积不足4平方米。

20世纪70—80年代，村民建造的三代住房，石头墙草苫房结构基本未变，只是高度、宽度稍有增加，建房标准有所提高，房屋基础加深、加固，砌基础使用石灰砂浆，稳固性增强。房屋高度一般3米以上，宽度在5米左右。墙的四角和梁下砌砖柱或石柱，檐子用平瓦，屋头用砖瓦做成，俗称“四不露茅”。门窗开始使用玻璃材料，屋内采光好，宽敞明亮。

1990年后，村民开始建造砖瓦房或钢筋砖混结构平房。房高4米左右，宽度5～8米不等。水泥混合砂浆砌筑，抹灰。水泥地面，清洁卫生。木制或钢制（主要是钢窗）玻璃门窗，又宽又高，采光好，密封严实，空间大，宽敞明亮。提高了房屋的使用效果。2000年后，村民开始向空间发展，建起2层楼房，室内装修瓷地板砖、木地板、木墙裙、木门脸、铝合金门窗、装饰线等，标准越来越高。人均住房面积达到15平方米。

2011年，村“两委”带领村民在县城建起九间棚新村，全村45户村民喜迁新居，住进宽敞、明亮、洁净、配套齐全的新楼房。老村内27户村民建起石混结构二层楼房，建设风格、户型、内装、家具、家用电器同县城居民。

行　1984年前，村民出行都是步行，即使出远门也不例外。遇到女子出嫁、给病人看病等均是抬着走，无任何代步工具。村内道路是土路、石头路，常年缺乏管理和维修，路面经常年雨水冲刷，高低不平，行走困难。

1980年，大队为提高工作效率，用153.6元购买一辆金象牌自行车，只能寄存在山下亲属家中。1985年，九间棚打通到山下2.7千米村路，自行车拥有量增加，村集体购买拖拉机，除农用外还可以载人。村中街道和田间道路经集体拓宽、取直，平坦宽敞，行人、车辆行走方便。1990年后，村民出行以自行车、摩托车代步。2000年后，三轮车、电动车、摩托车成为村民出行的主要工具，小轿车开始进入村民家庭，村民出行十分方便。

劳动管理

九间棚的劳动管理是对辖区内劳动者的领导、计划、组织、协调和控制，2000年后，村“两委”对员工的录用、考核、调配、组织、安排、使用、工资、奖金和福利、工作绩效评价、岗位责任制及制定科学合理的劳动定额等方面管理实行制度化、规范化。

管理措施　农业合作化时期，劳动管理主要是实行定额记工，按农活劳动强度、数量确定工分，或包工到组或定额到人。由合作社主任管理生产、土地、农具、牲畜等，生产资料入股分红，按投劳计工计酬。按工序实行“三包四固定一奖”（包工、包产、包成本，固定土地、固定牲畜、固定农具、固定劳动力，年底决算超产奖）。

人民公社时期，实行“队为基础，三级核算”，大队管理人员挣工分。大队副业实行定人、定产管理，社员“四小”（小段计划、小段包工、小段作业、小段检查）管理办法。1966—1970年，强调劳动管理“突出政治”，批判工分挂帅，推行平时看劳动，按月评思想，年终评工分的“大寨式”劳动评工法，男整劳力一天10分工，女整劳力一天8分工，半劳力一天5分工，劳动力使用由大队统一安排。男整劳力16～60岁，其余为半劳力；女整劳力16～45岁。在农田水利建设中，实行小段包工，男女同工同酬。

家庭联产承包责任制时期，全村土地实行口粮田、责任田，果园承包给个人经营。集体公益事业用工实行义务工、建设工制度，按劳动力调剂。

劳动力情况　1965—2019年，九间棚随着人口数量的增多，劳动力资源也随之增加。在不同的时期，农业、工副业、服务业等用工也不相同。

1965—2020年部分年份九间棚村劳动力情况表

表3-7　　单位：人

年份	总劳动力数		劳动力分布						
	合计	女性	农林牧业	工副业	建筑业	运输业	商贸服务业	劳务输出	其他用工
1965	50	23	44	3	0	0	0	0	3
1970	61	29	54	4	0	0	0	0	3
1975	70	30	51	4	0	0	1	6	8
1980	81	32	50	4	0	0	2	7	18
1985	90	42	62	7	4	2	3	4	9
1990	96	42	61	8	4	2	4	6	10
1995	99	44	50	12	6	4	6	9	12
2000	103	46	48	31	3	4	10	2	5
2005	120	49	40	40	12	5	8	2	3
2010	116	53	40	50	10	6	7	0	3
2015	127	56	31	69	5	4	9	4	5
2020	130	54	20	80	5	4	10	6	5
备注	表内部分年份劳动力统计含男女半劳动力，社办企业用工数放在其他用工一栏中统计								

用工管理　农业合作化时期，劳动用工管理执行农活定人。人民公社初期，劳动报酬实行死分活评，提高生产效率。1960年，推行“三包一奖四固定”的经营管理办法，实行包工、包产、包成本，固定耕畜、农具、劳力和土地超产奖。生产管理推行小段计划、小段包工、小段作业、小组作业，提高了社员的劳动积极性。

1965 年九间棚大队包工包产情况表

表 3-8　　单位：公顷、千克、分

项目	地瓜	高粱	谷子	夏地瓜	小麦	玉米	绿豆	大豆	花生	棉花
亩数	3.19	1.5	1.2	0.65	0.4	1.2	0.7	1.4	1.4	1.1
包产	7334	2500	1786	2835	460	1750	420	1572	1650	580
包柴	3200	2520	1680	700	110	1690	336	1518	750	850
包工	14260	12250	7500	6230	8500	11500	8100	9610	9700	11000
备注	粮食总产（混合粮）20887 千克，秸秆柴草（混合）13354 千克，总工数 98650 分									

1969 年，开始“农业学大寨”，强调副业劳动力不得超过劳力总数的 15%，结果造成农业投入多，费用高，收入低，多数人出工不出力。1973 年，全大队有男女整半劳动力 64 人，其中男整劳动力 31 人、男半劳动力 6 人，女整半劳动力 27 人。90% 的劳动力从事农业生产，集体副业劳动力 3 人。1979 年，全大队有男女整半劳动力 80 人，其中女整半劳动力 37 人，耕种土地 8.4 公顷，其中集体经营 8.1 公顷，社员自营 0.3 公顷；总播种面积 8.6 公顷，其中集体播种面积 8.3 公顷；总用工 26325 个，其中社员投肥折工 3020 个，农田建设用工 1150 个，全大队人均工 175.5 个，平均工值 0.63 元。

1982 年，实行小组承包和个人承包，对承包者定产量，按计划分配种植品种，实行超计划奖，欠计划罚的办法，全村有劳动力 85 人（含男女半劳动力），粮田 12.4 公顷，人均到户实行大包干，联产承包责任制后家庭劳动力自主管理，自行安排“两田”生产，剩余劳力自主安排。土地收入归承包者，自主经营者收入归个人，就此取消了长达 25 年的工分制度。

1983 年，全村劳动力 89 人，其中女劳动力 39 人，从事农林牧业生产的 62 人，村办副业生产的 4 人，外出务工的 12 人。1998 年，全村有劳动力 105 人，其中女劳动力 46 人，上学人数 7 人，参加农业劳动人数 43 人，务工人数 45 人，从事交通运输业 3 人，商贸业 12 人。

工分管理　1966 年，全大队实干工 14375 个，人粪尿折合工分 83 个，猪粪尿折合工 1317 个，大队干部补贴工分 403 个，军烈属优待工 321 个，共计参加分配工 16499 个。全队人口平均工 173.67 个，平均分值 0.23 元。1967 年，大队一个工日值 0.25 元。

1975 年，全大队参加分配工日 22329 个，其中社员投肥折工 2536 个，大队干部补贴工 671 个，军烈属优待工 310 个，全大队人口平均工 165.4 个，平均工值 0.36 元。

1982 年，全大队实干工 29345 个，社员投肥折工 833 个，大队干部补贴工 1107 个，军烈属优待工 210 个，合计参加分配工 31495 个。人口平均工 194.41 个，平均工值 0.8 元，其中一组工值 0.79 元，二组工值 0.81 元。

1985—1990 年，实行农业生产责任制，农忙季节缺少劳动力的农户需要雇佣季节工或钟点工帮助果树人工授粉、采摘金银花、摘果，每天 2 ~ 3 元，另需提供午饭。1991—2000 年，雇佣季节工每天 4 ~ 5 元，另需提供午饭。2001—2010 年，农业生产用工每天 10 ~ 20 元，劳动强度大、技术工每天 30 ~ 50 元。2011—2020 年，雇佣季节工采收金银花实行计件付酬，每千克 5 ~ 10 元，熟练工每天可收入 100 ~ 160 元。

补助工　1963—1981 年，在计划经济中，补助工、优待工为非生产支出的最大项目，每年的补助工占总用工数的 0.5% ~ 0.6%，为村民的主要负担之一。

军烈属优待工　1964 年，全大队社员每人平均出劳动工 27 个，大队党支部、管委会决定给烈属优待 150 个，军属优待工 50 个工。根据上级分配政策，高于社员一般生活 10% 左右。军烈属的优待工分由公益金中开支。

困难户照顾工　1965年全大队照顾困难户2户，照顾工20个，照顾工分从公益金中开支。

劳动报酬　农业社时期。初、高级农业社时期劳动报酬实行工分制，由社委会评定，男整劳力出勤劳动一天为一个工，记10分；男半劳力出勤劳动一天为一个工，记5分；女整劳力出勤劳动一天为一个工，记6分；女半劳力出勤劳动一天为一个工，记3分。劳动定额包工按数量进行。人民公社时期。实行工分制，评定方法基本同农业社时期相同。

惠农政策　2000年后，国家实行种粮补贴、农资综合补贴政策，包括化肥、柴油、种子、农机等。2007年，国家财政拨出276亿元补贴农业粮食生产。全国平均每亩补贴41元。是年九间棚村民受惠国家粮补资金780元，人均4.95元。

外出劳务用工　20世纪60—90年代，九间棚村民参加省、县、乡（镇）三级建设工程和农田水利建设等，出动民工200人次2300个工日，支付资金380元。

县级建设用工　九间棚村村民共参加昌里水库、石兖铁路平邑段等4项县级工程建设，总出动民工37人次，出工630个，支付现金120元。

昌里水库　又称红旗水库，1970年12月，按照县政府要求，九间棚大队选派2人参加昌里水库筑建工程，历经9个月，共出工530个。

石（臼）兖（州）铁路　1981年4月，石兖铁路平邑段及平邑火车站开工建设，县调大队民工2人，出工21天，总出工40个。

乡（镇）级建设用工　九间棚村民共参加公路修筑、天宝山流域治理工程、农田水利建设等项工程建设，总出动民工82人次，出工1100个，支付资金60元。

闸口民兵连农田水利建设工程　1973年3月至1974年10月，九间棚大队按照公社部署，调刘甲全参加基建民兵连会战，总出工530个。

“两工”管理

1983年实行家庭联产承包责任制后，对集体事业建设用工和公益事业用工实行建设工和义务工（简称“两工”）制度，2002年，全村共有人口211人，扣除残疾人数、60岁以上老年人数、17周岁以下学生、儿童数、军烈属照顾人数，实有劳动力96人，共用“两工”3725个，实有劳动力人均38.8个。

劳动用工与保护

劳动用工　生产资料（土地）私有制时期，村民在自己的土地上耕作，用工自主安排，收获的粮食、柴草、蔬菜等就是自己的劳动报酬（除去交税和摊派后）。租种地主土地的村民，用工自主，但收获的粮食、柴草、蔬菜一部分用于交地租，一部分为自己的劳动报酬，农闲时挑脚力，做小买卖，出长、短工挣钱粮就算是额外收入。遇到歉年借贷或逃荒要饭。

农业生产用工　初级社成立后，实行劳动工分制度，社员参加社里劳动，按照工分多少分粮、分柴。多打粮多分，减收少分，完全靠天吃饭。闲时在分得自留地、自留园里种点小杂粮或蔬菜，或做点小生意补贴生活。

高级社到人民公社，分配制度按劳分配，实行工分制，多劳多得，村民凭力气取得报酬。随着粮食产量的不断提高，再加上多种经营的收入，社员不但分到粮、柴、菜，还可以分到钱。社员因公负伤，大队生产队还给予一定照顾和补助。1965年全大人总收入1.12万元，扣除生产费、管理费、公积金、公益金，实分配数5965元，全大队共用工2.13万个，工日0.28元。

1966—1982年，农业生产用工由大队组织。1978年，全大队总用工3.61万个，工日0.32元。

劳动保护　1995年，村办花岗石厂和临工机械平邑配件厂等村办企业，制定劳动安全防范措施，并根据国家工伤事故处理规定制订较全面的规章制度，以保证职工安全生产。

安全培训　组织职工学习安全操作规程，提高职工的安全意识和自我保护意识，树立安全第一的思想观念，不安全就不生产。

安全生产　1992—2019年，九间棚村有限公司实行安全生产目标责任制，村委会与各企业负责人签订安全生产目标责任书，确定各企业负责人为安全生产第一责任人，对本企业单位安全生产目标责任全面负责。

劳保用品 按时发放和指导用好劳动保护用品，如工作服、手套、安全帽、安全带、绝缘防护品等，安装机电设备，设置漏电掉闸装置，及时检查设备的完好程度和制动装置，及时排除隐患故障。

收益分配

农业化合化时期，九间棚村村民收入较低，全村人均山地0.1公顷，收入33元，生活只能保障温饱。1959—1961年，自然灾害加人为盲目违时生产，造成粮食歉收，全大队收益低，粮食断月，致使村民挖野菜充饥。人民公社时期，社员生活全部依靠集体收入分配，九间棚大队社员工值在天宝山公社24生产大队中属集体收益分配较高的一类。改革开放后，村民在党的富民政策指引下，实行家庭联产承包责任制，多种经营，收益大幅度提高。1980年，村民工值0.95元，人均收入分配21.6元。到2018年，村民人均收入提高到21700元，村民收益实现多元化，达到小康水平。

经济收入 中华人民共和国成立前，九间棚村民依靠耕种土地维持生活。由于生产力低下，平均亩产量50千克左右，而且土地全部是山岭薄地，广种薄收，多数村民过着贫苦生活。

1958年，实行人民公社化后，九间棚村的农、林、牧业得到发展，社员收入有所增加。1965年，九间棚村隶属天宝山人民公社，全大队人均收入45.16元。20世纪70年代，社员收入虽有提高，但幅度较小，增长缓慢。一个整劳动力的日工分值0.28 ~ 0.5元，1970年0.28元，人均纯收入44元。1975年0.36元，人均纯收入49.11元。1981年1.12元，人均纯收入217元。比1970年增长4.93倍。

1992年，因部分村民进城务工，部分土地荒弃，村“两委”根据上级政策，召开“三支队伍”会议通过，实行土地流转，凡是进城务工的村民户，自愿将1984年时的“两田”收回，重新划分给37户务农户耕种，进一步提高了村民对土地投入的积极性。2000年，全村人均收入3755元，2015年全村人均收入18200元，15年增长4.85倍。2020年，全村人均收入27800元，比1985年增长74.73倍。

土地与产出 九间棚村民的生活状况历来各不相同，不同家庭的人员也多有差异，各个历史时期更有天壤之别。中华人民共和国成立前，村民的主要收入来源为土地产出。历史上九间棚村以山地广袤而闻名，盛产林果、金银花、小杂粮。

土地私有制时期 土地的人均占有量悬殊，勤劳人家连年垦荒，山地积累较多，少数人家满足现状，土地偏少。村民人均0.1 ~ 0.45公顷。

土地占有的数量和质量直接决定了村民年收入的不均衡，1949年，九间棚14户62人，粮食单产43.6千克，总产7576千克，人均占有126千克，但按照占有土地的比例，该年度贫雇农人均粮食占有量仅为87千克（含各种税赋在内）。

家庭经营收入 土地私有制时期、计划经济时期、市场经济时期家庭经营收入有所不同。土地私有制时期，村民主要以农业为主，以种地为生。中华人民共和国成立前，部分勤劳的村民农忙种地，农闲垦荒、下山贩卖山果、松菇等土特产品，购回生产、生活所需物资。少数思想守旧的村民靠给地多的帮工挣点吃喝。少数有手艺的人做起石匠，女的在家纺线、纳鞋底、做鞋。1948年，全村14户57人，拥有耕地5.5公顷，人均粮食137.6千克。村民生产生活呈现“三、四、六”特点：村庄有4个村民居住点，刘、张、廉三姓为主组成，每个家庭有4 ~ 6口人，耕种4 ~ 6亩地，种植4 ~ 6种庄稼，缴纳4 ~ 6种税，居住4 ~ 6间草房。

劳动 在农业上主要是垦荒、耕地、播种、施肥、锄草、收割、晾晒，人均占有土地0.2公

顷，主要种植地瓜、高粱、谷子、大豆等庄稼，以满足自家生活之需。妇女在家庭生活中，是承担纺纱织布、洗衣做饭、缝衣做鞋、养鸡喂猪、拾柴挖菜、清扫卫生、养老育幼等。

1963年人均收入粮食107千克，人均收入36元，劳动工值0.29元。1978年人均收入粮食195千克，人均收入103元，劳动工值0.53元。1986年人均收入粮食205千克，人均收入395元，平均工值0.9元。2000年，村民人均收入粮食200千克，人均收入3755元，平均工值12元。2020年，村民人均收入粮食100千克，人均收入28700元，平均工值110元。

收入　村民收入主要来自农业，有粮食作物种植、林果业和家庭养鸡、猪、羊等。计划经济时期。人民政府重视农业生产，关心人民生活，互助组、合作社，村民生产积极性高涨，生产工具、基础设施、品种技术、产量收入均有明显提高。从高级社到人民公社，集体公有制经济特征鲜明，土地、耕牛等生产资料归集体所有，社员分组劳动，劳动收入实行工分制，按劳分配。经大跃进、农业学大寨等运动，农田水利建设、农作物品种改良、生产技术改进，生产力水平提高，粮食稳步增产增收；村民文化水平、住房条件、生活质量有所改善提高。1982年，全村45户168口人，耕地面积13公顷，人均口粮185千克，人均年收入193元，人均住房面积10.5平方米，温饱问题基本解决。

计划经济时期村民除在生产队参加劳动挣工分外，还可在自留地里耕种农作物。农业劳动，包括耕地、播种、施肥、锄草、除虫、收割、晾晒，主要种植地瓜、高粱、谷子、大豆等作物。养殖业作为家庭副业逐步扩大，除传统的养鸡、鸭、鹅外，还养猪、羊、兔等，村民户户养猪。工副业劳动，集体办副业有粉房、面子房，容纳劳动力5人。在计划经济时期，妇女作为主要劳动力季节性地参加田间农活管理、劳动，从家庭走向“三大生产”的舞台；家庭妇女同时兼顾洗衣做饭、养鸡喂猪、清扫卫生、养老育幼等。

生活状况　民国年间，村民生活在贫困状态，半数村民居住石棚，半数村民居住石头墙草苫房，主食地瓜及地瓜干面蒸制窝头，穿粗布衣衫，布鞋，时属下等生活水平。

中华人民共和国成立后，村民生产积极性空前高涨，辛勤劳动换来好收成，除上缴公粮之外，村民向政府出售余粮，可获得售粮补贴收入。1955—1958年，随着农业社会主义改造，九间棚村成立初级农业合作社、高级农业合作社，采取工分制，村民干完活当天评工记分，村民始有分配收入。1960—1982年，大队组织多数社员以农业为主，少数社员从事副业生产，不论从事农业或者副业的生产人员，按照每人从事的工活定额，实行小包工计工分办法。完成的工活多，得工分就多，反之得工分就少。每10分工为一个劳动日，年终，依据每个家庭完成的劳动日数量参加收益分配。村民创造的农副业收入，除去上缴税费，扣除各项成本后的剩余部分，就是村民们应当分配的劳动所得。年人均分红12～110元。

其他收入　清末、民国年间，村民除土地产出的收入外，另有贩卖山果、林畜等土特产品收入来源。在村民中流传着“3亩果、2亩田”和“要想发，栽银花、养母猪”等经营俗语。

中华人民共和国成立后，九间棚于1950年完成了土地改革。1956年始，进行农业合作化运动，村民统一参加集体生产劳动，统一评工记分，参与社内分配。1960—1970年，九间棚每个劳动日工值0.15～0.37元（时猪肉价为0.94元/千克、地瓜干0.21元/千克）。除此之外，按照政府规定，为每户村民划出一定数量的自留地（人均0.01公顷），村民可利用空闲时间种植，收入归己。另有部分村民开垦“四荒”零星地，收入也完全归己。1983年，九间棚全面推行土地承包责任制，村民自主经营，粮食产量大幅度增加，收入不断增加。1984年后，村民发展经济林果种植、养殖业。1986年，村民刘甲学、张宗青等勤劳致富成为全村首批万元户。

收益分配　九间棚村民的收入主要有农业、林果业、畜牧业、村办副业等，按照“多劳多得”的分配原则，以生产队和家庭为单元进行核算。不同的环境和不同的劳动经营管理，收益分配存在差异。

互助合作时期收益分配　农业生产互助组、初级农业生产合作社和高级农业生产合作社的三个不同时期的收益分配各不相同。

互助组收益分配　1953年，刘德功成立互助组，其特点是互助帮工种地，分散经营，分户受益，每户仍为一个生产经营单位。在收益分配上只是年终按照各户出工、出畜、出农具情况以工换工或以工换畜相互找平，找不平的则以粮、草、款补平，分配简单明了。

农业生产合作社收益分配　1956年，九间棚村成立农业生产合作社（初级社），其特点是土地入股，劳动力分红。其农业收入中公积金占8%，土地分红占42%，劳动力分红占50%。1957年，九间棚村成立高级农业生产合作社，其特点是村民的土地、耕畜、大农具作价归集体所有，实行统一经营，集体管理。农业收入实行按劳分配、多劳多得的原则，将总收入的60%～70%分配给社员，对军烈属、困难户给予适当照顾和补助，让其保持基本生活水平。

人民公社时期收益分配　1959—1983年，实行人民公社收益分配制度，按照兼顾国家、集体、个人三者利益关系为基本分配原则。首先是国家利益，主要体现在上缴农业税和粮食统购任务，粮食收获后，首先缴纳公粮，留足种子、饲料粮外，一般按人口、工分七、三比例分配给社员，即粮食分配比例按人口分70%，按劳动工分分30%。人民公社时期的收益分配主要是口粮分配和现金分配，总收入中扣除生产费用、管理费用，即为现金分配部分。在总分配中，九间棚大队规定：第一交足国家农业税金，一般占总收入的3%；第二扣除总收入的10%作为公积金，用于生产建设事业支出；第三扣除总收入的2%作为公益金，用于集体公益事业支出；第四扣除一定比例的固定资产折旧费，以保证集体固定资产的维修和更新，一般占总收入的2%；第五扣除总收入的15%作为集体积累；剩余部分就是社员分配，所分配的全部金额被总用工日除开，即是每个工日（10分为一个工日）工值。

1963年，全大队耕地面积9.3公顷，播种粮食作物9公顷，单产145.3千克，总产1.97万千克，其中地瓜干1.22万千克，大豆3100千克。总留取饲料粮2160千克，其中耕牛7头，每头留取饲料粮80千克，共留取饲料粮560千克，生猪等其他共留取饲料粮1600千克，储备粮200千克。翌年计划播种粮食作物9.5公顷，每公顷预留330千克种子，总预留3200千克种子。国家征购1000千克。

1967年，九间棚大队收入分配决算方案。年终分配首先正确地处理好国家、集体和个人三者之间的关系，扣留方面的比例，随着生产的发展，收入逐年增加，在此基础上，用提留部分和公积金发展生产提高社员的物质生活，社会主义分配原则，按劳取酬，多劳多得的分配办法。对四属五保户家属，根据上级分配政策，结合九间棚大队的实际情况进行优待和协助，对于部分困难的社员加以照顾。

农业生产机具　1982年，农业机械总动力8.82千瓦，柴油机1台，磨面机1台，粉碎机1台，人力喷雾器2部，农用水泵2个，新式步犁2张，耙2盘，牛7头。

畜牧生产　1982年，全大队养猪71头，其中集体喂养8头，母猪4头，公猪1头，每户平均1.1头。养羊190只，其中集体喂养90只，户均3.4只。

林果生产　1982年，共有果园8公顷，果树1600棵，其中梨树800棵、苹果200株、山楂400棵、核桃树80棵、柿子树90棵，果品总产量7万千克，集体栽植防护林3.2万棵。

改革开放时期收益分配　改革开放初期集体收益分配沿用计划经济时期的方法，1983年实行家庭联产承包责任制后，土地联产承包到户，集体副业、小水利设施进行改革承包、拍卖，收益部分主要用于全村公益事业建设，部分用于完成“三提五统”补差和村常规性费用支出。1979—1991年，集体经济薄弱，收益少，有9个年份集体负债经营，农业税及“三提五统”任务需要村民户按人口和土地数负担。1992—2020年，集体注重发展企业和商贸饮食服务业，先后建起花岗石厂、机械配件厂、金银花茶厂，并在平邑县城建设沿街商品房、村民小区3处，为子孙后代在县城发展奠定基础。通过招商引资发展工副业、金银花产业、乡村旅游业，集体经济步入良性发展轨道，集体收益主要用于村中道路硬化、绿化、美化、村行政办公场所建设、乡村旅游景点建设等公益事业。

1983年收益分配　全大队经济总收入65100元，其中农业收入37100元，林业收入9870元，牧业收入11030元，副业收入7100元。分配支出17445元，生产费用13100元，其中农业生产费8500元，副业生产费3500元，管理费1100元。上缴国家税金390元，农业税320元，提取公积金560元，公益金550元，折旧基金120元，社员分配2415元，人均分配23元。人均分配粮食180.3千克，其中小麦3千克，地瓜干107.6千克，杂粮72千克。

1985年收益分配　全村48户177人，男女整半劳动力92人，其中女整、半劳动力45名。副业组1个，经营劳动力4名，经营粉坊、面子坊。播种粮食作物9.3公顷，平均单产187千克，总产2.61万千克，比1978年增产19.2%，留取饲料粮2000千克，种子粮5100千克，国家征购公粮1050千克，全村人均口粮184千克，比1975年增加4千克，增幅2.22%。经济收入13.42万元，人均收入372元。

1965—2020年部分年份九间棚村集体收益分配情况表

表3-9　　　　单位：元、千克

年份	总收入			总支出			总分配		
	总收入	农业	工副业	总支出	生产费	管理费	税额	口粮	人均收入
1965	29248	22830	6418	9706.4	7988	1778.4	385	176.2	29.3
1970	77706	69804	7902	24865	21075	2850	940	177	37.6
1975	108402	99588	8814	42200	37850	3200	1150	180	41.2
1980	206630	197423	9207	72940	60140	9700	3100	179	128
1985	442070	426968	15102	385620	371000	11020	3600	175	372
1990	906500	877765	28735	414350	398750	11500	31000	191	885
1993	5788500	254070	5534430	461000	447800	13200	50000	180	1190
1995	22946650	298150	22648500	2671000	2649550	21450	185100	195	1255
2000	23002600	278065	22724535	1375500	1356830	18670	197000	210	3755
2005	33071800	306180	32765620	1259000	1232770	26230	210500	235	5988
2010	39310560	311250	38999310	1100000	1069000	31000	186350	226	9350
2011	33189540	306580	32882960	1346500	1315850	30650	191400	205	10800
2012	34207350	298740	34908610	1462870	1433010	29860	192400	200	13070
2013	36298690	301562	35997128	1518380	1489545	28835	197920	190	15088

续表 3-9

年份	总收入			总支出			总分配		
	总收入	农业	工副业	总支出	生产费	管理费	税额	口粮	人均收入
2014	42309670	303230	42006440	1626700	1595624	31076	198580	185	16750
2015	68387500	308798	67078702	1700530	1673690	26840	203250	180	18200
2016	99501030	314360	98186670	1879600	1850495	29105	210061	175	19915
2017	140507600	320937	140186663	2089500	2058368	31132	210456	170	20017
2018	321650000	335871	318014009	3300120	2267033	33087	219000	168	21700
2019	420075000	446520	416120680	3507800	2473920	33880	238500	156	25400
2020	450163000	615000	449548000	3981500	3238900	35010	310500	130	27800

1965—1984 年九间棚村粮食收益分配表

表 3-10

单位：千克

年份	粮食总收入	其中夏粮	向国家交售		集体扣留				社员分配			
			合计	其中夏粮	合计	其中			秋粮总数	每人平均	夏粮总数	每人平均
						种子	储备粮	饲料粮				
1965	20550	7300	1000	—	8050	4050	2200	1800	12000	126	5520	55.2
1968	28600	7100	1000	—	7900	4100	2100	1700	13600	120	6100	56
1970	23710	7200	1010	100	8200	4150	2300	1750	14500	193	6350	55
1971	32100	7350	1010	100	8300	4300	2200	1800	15800	125	6990	60
1972	33360	7510	1010	100	8650	4500	2300	1850	16500	110	7200	60
1973	34270	7480	1020	150	8750	4700	2400	1650	17500	116	7000	56
1974	34970	7610	1020	150	8750	4600	2450	1700	18100	120	7100	63
1975	33990	7600	1020	150	8950	4700	2450	1800	18900	130	7000	50
1976	36700	7800	1050	150	9400	5000	2500	1900	19100	132	7150	51
1977	38550	7810	1050	150	9550	5000	2600	1950	20800	135	7150	50
1978	42350	7905	1050	150	9700	5100	2650	2000	24500	130	7100	54
1979	47100	7910	1050	150	9850	5100	2650	2100	28700	125	7500	51
1980	49700	8120	1050	150	10050	5300	2700	2100	31000	133	7600	49
1981	53600	8500	1100	200	10100	5200	2800	2200	34500	136	7900	51
1982	54500	8600	1100	200	10300	5200	2850	2300	35000	138	8100	50
1983	57100	8750	1100	200	10800	5500	2900	2400	36000	135	9200	52
1984	57950	8820	1100	200	11000	5500	3000	2500	36500	140	9350	51

粮食分配 1963年粮食分配情况。全年粮食总产量17487千克，其中大豆1720千克，地瓜23700千克折地瓜干7900千克，比上年每亩增产3.1千克。首先留足种子粮和饲料粮，余者全部分配。共留取种子粮2750千克，饲料粮1300千克，储备粮400千克，社员分配13037千克，占粮食总数的75%，每人平均144.85千克。

分配办法，根据上级指示精神，结合大队实际情况，按人定量等分75%，按劳分配20%，按肥分5%。按等定量共分5等，1岁，按平均口粮的35%；2～4岁，按平均口粮的45%；5～9岁，按平均口粮的60%；10～14岁，按平均口粮的75%；15岁以上，按平均口粮分配。

1970年，夏、秋粮分配情况：全大队夏粮播种面积3公顷，单产160千克，总产7200千克，每亩留取种子15千克，共留取种子675千克，完成国家定购任务、留足饲料粮、储备粮，人均分配55千克。秋粮播种面积5.1公顷，单产189.5千克，总产14500千克；其中高粱播种面积0.5公顷，单产74.5千克，总产558.75千克；谷子播种面积0.6公顷，单产76千克，总产684千克；大豆播种面积0.8公顷，单产51千克，总产612千克；小麦播种面积1.2公顷，单产52千克，总产936千克；杂粮播种面积1.1公顷，单产40千克，总产660千克；地瓜种植面积4.5公顷，单产327千克，总产2.21万千克。每公顷留取种子300千克，共留取种子1530千克，留取饲料粮、储备粮、完成公粮等，人均分配193千克。

1980年，全大队粮食总产4.97万千克，留取种子5300千克，留取饲料粮2100千克，完成国家定购任务1050千克，社员分配4125千克，人均分配262千克。

现金分配 1964年现金收入分配。全年总收入51300元，其中农业收入24720元，果树收入11050元，畜牧收入13210元，其他收入2320元。生产总支出7568元，占总收入14.75%。管理费支出1540元，占总收入的3%；农业税支出350元，占总收入的0.68%；公积金提出2565元，占总收入5%；公益金提出1550元，占总收入的3%，社员分配部分2810元，占总收入的5.5%，每人平均28元，比1963年平均增加2.7元。

1970年现金收入分配 全年总收入77715元，其中农业收入36239元，果树收入18652元，畜牧收入20093元，其他收入2731元。生产总支出21075元，占总收入27.16%。管理费支出2850元，占总收入的3.67%；农业税支出940元，占总收入的1.2%；公积金提出4270元，占总收入5.56%；公益金提出2500元，占总收入的3.22%，社员分配部分4437元，占总收入的5.72%，每人平均37.6元，比1969年平均增加3.05元。

1982年现金收入分配 全年总收入107813元，其中农业收入46638元，果树收入24673元，畜牧收入29192元，其他收入7310元。生产总支出35190元，占总收入32.87%。管理费支出11000元，占总收入的10.27%；农业税支出3500元，占总收入的3.27%；公积金提出6500元，占总收入6.1%；公益金提出3500元，占总收入的3.27%，社员分配部分51300元，占总收入的47.92%，每人平均285元，比上年平均增加21.6元。

村民户收入 实行家庭联产承包责任制后，村民户收入高低不等，出现两极分化，1985—2020年，村“两委”在鼓励村民勤劳致富中，号召先富者帮助困难户实现脱贫摘帽。

生活与消费 计划经济时期，村民消费水平较低，主要农机具、种子、化肥由大队集体购买，集体拥有、使用；部分生产、生活物资由国家供应，凭票购买；村民消费主要是购买生活用品，消费约占总收入的2/5左右；再是建房屋及儿娶女嫁。1980年，70%以上的户银行有存款，60%以上的户建设起三代居房。1983年后，九间棚村实行土地联产承包责任制，把土地按人口平均分配给村民；村民在粮食种植上有了自主权。根据土壤情况，宜粮则粮，宜果则果，充分发挥土地优势，取得最大经济效益。

市场经济时期。村民收入大幅度提高，其消费水平发生较大变化，衣食住行投入增大；生活消费水平约占总收入的1/5左右，住房消费约占总收入的3/5以上，高档家用电器、出行工具、通信工具等方面的消费水平也有大幅度提高。贷款消费在少数村民家庭中兴起，主要是用于购买房产、汽车等。1984—1990年，村民以务农为主，发展林果业、畜牧养殖业。1991年，九间棚村进城办企业，实施工副业兴村富民的战略，但农业耕种仍以地瓜、小杂粮种植、花生、大豆等农作物为主，林果业有梨、山楂、苹果等，畜牧业以养殖羊、兔为主；村整体经济转型为工富业，旅游观光业兴起，村民投资、创业、就业途径拓宽。村民收入、居住、消费、娱乐、养老保险为代表的生活水平和质量不断提高；但受市场经济结构调整、生产技术进步等影响，村民（尤其是中青年）劳动职业结构发生较大变化；现代新生活，村民在希望的九间棚村描绘文明富裕的新篇章。2000年，富裕户家庭增多。人口多，劳动力多，有家庭副业或匠作手艺，收入多于支出。村民年收入100万元以上的户有3户，50万元以上的户有6户，占总户数的14.29%。中等户家庭，人口少，劳动力少，收入、支出平衡；村民年收入10万元的户有35户，占总户数的55.54%。2020年，村民年收入10万元以上的户有63户，占总户数的64.28%；年收入5万元的户有81户，占总户数的82.65%。村民衣食无忧，基本普及高中（中专）教育，享受养老、医疗保险，在上学、服兵役、节日等方面均享受诸多福利。

生产费用

土地私有制时期的生产费用主要有购买生产工具和种子两项支出。1961年，大队生产费用有购买生产工具、种子、化肥、农药，农业机械用油、修理费等。1962年，九间棚大队生产费用31元，占总费用的61%，占集体总收入的15%。

1970年，九间棚大队生产费用817元，占全部费用的69%，占集体总收入的28.6%。主要开支有购买旧柴油机1部，粉碎机1部和购买种子、化肥、农药等。1981年，全大队有整半劳动力87人，实现总工日28096个，其中社员投肥折工3120个，人均19.5个，平均工值1.12元。集体生产费用2791元，占总收入的23.17%。

1983年，实行家庭联产承包责任制，全村架电、修路、治水、农业科技培训等支出列入生产费用，生产费用仍呈上升趋势。1990年，村集体生产费用39.88万元，占总收入的43.99%，占总支出的96.25%。1995年，村集体生产费用1109.3万元，占总收入的48.34%，占总支出的97.2%。2000年，村集体生产费用1182万元，占总收入的51.38%，占总支出的95%。2010年，村集体生产费用1106元，占总收入的28.13%，占总支出的85%。2020年，村集体生产费用2115万元，占总收入的4.7%，占总支出的81%。

集体资产管理

人民公社时期“队为基础，三级核算”管理体制形成后，集体资产管理成为关系村政组织建设、集体经济发展和民本民生的重要内容。1998年，村“两委”对全村集体资产进行产权登记，建档立卡，实行专人管理。1999—2019年，九间棚村集体资产管理以提缴固定资产折旧基金为主要内容计划的管理制度。

管理机构　人民公社时期，集体资产由大队管委会管理，“文化大革命”期间，大队革委会代行管委会的职能，对集体资产行使管理权，大队设会计、保管员具体负责集体资产的管理。1984年，九间棚村民委员会建立后，集体资产的管理由村民委员会对集体资产行使管理权。

管理内容　主要包括固定资产的新增、转移、借用、归还、维修、计算折旧率及残值率等。对某一件资产的管理包括固定资产名称、购入日期、保管（使用部门）等内容。

折旧年限。九间棚村固定资产按平均年限法进行折旧，折旧计算公式：某固定资产月折旧率 =（1－净残值率）÷（固定资产折旧年限×12），某固定资产月折旧额=固定资产原值×月折旧率。房屋、建筑物，折旧年限为20年；机器设备折旧年限，电脑设备按5年，中央空调按10年，通信设备按5年；交通运输工具折旧年限，汽车按5年；家具用具设备折旧年限，按6年；电器及影视设备折旧年限，照相机、彩电按5年；文体娱乐设备折旧年限按5年；其他设备折旧年限，根据使用特性而定。

固定资产 九间棚村固定资产有房屋、建筑物、工程机械、农机、运输工具及与生产、经营有关的设备、器具、工具和单位价值在100元以上，使用年限超过2年的办公桌椅等。

1963—1982年，九间棚大队集体固定资产主要有柴油机、粉碎机、磨面机等副业加工机械和学校、集体办公室、办公桌椅等，大队集体资产管理由会计、保管员负责，建立固定资产登记簿，实行出入库凭证和折旧制度。1993年，全村固定资产70万元；1996年，全村固定资产122万元；1998年4月12日，村集体将聚龙山庄前2层楼房12间及室内设施、用具划转旅游公司使用，由村委会经办人廉茂杰、刘立青与旅游公司接收人张勇、肖庆申签字立据。至2020年，九间棚村集体固定资产3.2亿元，主要有行政办公楼、科技楼、办公桌椅、电器设备、公务用车、建筑机械、沿街商品房等。

市场经济时期资产管理 1983 2020年，九间棚村集体固定资产主要有行政办公设施，商品房，供水、供电设施，建筑机械、器材，文化活动场所、设施、设备等。村委会分工一名委员主管集体固定资产的管理和使用，设会计、保管员具体负责管理。对专项固定资产实行目标责任制，分别由公司管理。

第六节 财税 金融

财务

清末、民国初期，九间棚村无财会管理人员。1961年，九间棚大队设立会计岗位。

财务管理 1961—2020年，九间棚村集体设会计、出纳和保管员进行财务管理。人民公社时期，九间棚大队为独立核算单位，设会计、出纳和保管员，每个岗位由1人担任。会计要经过公社专业培训，由公社负责财务的主任和财政所负责监管业务。生产大队的业务，有大队长负责审批，会计管账，出纳管钱，保管员管实物。会计、出纳和保管实行工分补贴为酬。“四清”运动时，大队建立贫协组织，收支凭证由大队长签批后，还须由贫协委员审查盖章后才能生效。实物仓库实行三把锁制度，由大队长、贫协委员和保管员各执一把。1985年后，执行天宝山乡制定的村级财务管理制度。2005年后，执行地方镇《关于村级财务管理的暂行规定》，实行民主理财、村级财务“双代管”和财务人员管理规定。

1961—1982年，实行队为基础，三级核算管理体制，九间棚大队建立财务管理制度，配备财会人员，分设会计、出纳兼保管员岗位。九间棚大队会计刘甲训，现金出纳兼保管员刘德香。

1983年1月至1990年12月，九间棚村会计刘加才、张如意、刘立青，现金出纳兼保管员刘月凤。

山东九间棚（控股）集团公司财会人员 2013年10月至2014年4月，财务经理崔宝龙，出纳徐丽。2014年5月至2016年6月，财务总监刘丽，出纳徐丽。2016年7月至2019年12月，财务总监崔宝龙，主管会计李新华，出纳赵静、马英格。

九间棚农业科技园有限公司财会人员 2000年至2009年12月，主管会计徐同庆，出纳徐丕业。2010年1月至2014年6月，主管会计廉志霞，出纳胡丽；2014年7月至2019年12月，主管会计胡丽、朱向辉，出纳刘德香。

九间棚农业科技有限公司财会人员 2008至2013年12月，主管会计崔宝龙，出纳王道华、孙春丽。2014年1月至2015年12月，财务经理：刘丽，出纳徐丽；2016年1月至2019年12月，财务经理崔宝龙，主管会计李新华。

九间棚花岗石厂财会人员 1991年，九间棚村花岗石厂开业，配备专职财会人员，刘甲伦、刘甲华先后任会计，刘经本任出纳员兼任保管员。

临工平邑机械配件厂财会人员　1993年，临工平邑机械配件厂开业，配备专职财会人员，刘甲伦、刘经本、李怀美先后任会计，李德玲、石立娇先后任出纳员兼任保管员。

九间棚旅游公司财会人员　1997年3月至2004年5月，天宝山自然风景区旅游有限公司会计郑树明、李京传，出纳员刘甲斌、齐可兴。2013年5月至2015年3月，九间棚旅游开发有限公司会计王玉洪，出纳员王静。2013年4月至2019年12月，九间棚旅游开发有限公司会计李通、王玉洪、许树启、徐同庆，出纳员徐莉、刘东、廉庆红、王静。

管理制度　大队财务实行收支审批制度，粮物实行队长批条，会计凭条办理出入库手续，保管凭出入库单开锁出入库。生产队账目实行日清月结，记账单必须附原始凭据，严禁白条记账。会计每月清账一次，按时公布；要求出纳无会计出具的现金出库单不得随意支付现金。大队库存现金限制在30～50元，超出部分送银行存付。

财会人员管理　财会人员须做到日清月结，管账的不管钱，管钱的不管账。及时结账核对，达到账册相符，账实相符。加强单据管理，严防涂改或私制单据下账。一切收支必须二联单或三联单。

财务“双代管”　1990年按照上级要求实行村级账务、资金由乡镇代管。1995—2020年，村财务工作严格按照地方镇经管站农村财务“双代管”制度进行民主理财。对村级账务实行公开制度，每季度公开一次，对全村收支情况张榜上墙让群众监督。

开支限权。大队长有10元的批准权限，10元以上有大队管委会研究，其他行业杜绝借支，在付款时见字或书面借据方可付款。

财务审计。1998年村委按照上级要求，在天宝山镇经管站包村人员的帮助下实行年度、月财务审计制度，村财务收支业务单据经镇经管站人员审查盖章后方可下账。2002—2009年，实行统一预算审批、统一定额采购、统一决算审计、统一记账公开的“四统一”财务管理制度。

税费

清末、民国年间，主要有田赋、商税、当铺税、盐税等；村民俗称“皇粮”。历史上，以土地为课税标准的称地税，以人口为课税标准的称丁税，以户为课税标准的称户税，另有工商税、契税、盐税等。

清末税赋　清光绪年间，村民缴纳的赋税有田赋、牙杂税银、契税银、烟酒税银等，尚有附征，名曰火耗。光绪末年，九间棚村实有粮田12亩（大亩），多为三级二等，征收系数为二级中等，每亩征银2分7厘，编制田赋正银3两2分4厘。

差徭费　清光绪元年（1875年）颁布《赋役全书》，差徭皆官发价雇募，民众份额承担，地丁钱粮皆加取耗，每两一钱。

契税　又称田房契税，清光绪三十年（1904年），村民卖契、典契约均按每两纳税5分。宣统元年（1909年）改为每银1两，买契收银9分，典契收银6分。

民国时期　民国前期税制沿用清制，主要税课有田赋、杂税等。1913年始，田赋改征银圆。村民要缴纳土地增值税、地丁银损和特别繁多的杂税。1935年改革田赋，将原用地丁银两等名目改为第一、二期，原征银两改征国币，按亩征收。主要税种有田赋、杂税、杂捐。

民国纸币

军粮抗日战争时期的粮食征购主要为军粮。1942年，省战时工作推行委员会对《暂时条例》

作了修正，禁止按亩摊派，决定按产量征收，标准为：产量每人每年不足100斤者不负担，101斤为起征点。本次修正，九间棚村民受益较大。

公粮 1945年4月，山东省行政委员会公布《山东省征收公粮条例》，其办法：一是按每人平均地亩计算，二是按每人平均所得土地收入计算，两种办法都可以折合产量，分为五个等户，九间棚村为五等户，人均缴纳公粮3～5千克。

1946年后，民主政府改征农业税为征收公粮。中华人民共和国成立后，根据山东省人民政府《农业税征收暂行办法》，县政府把公粮、田赋、公草和附加粮改为农业税，与乡村附加粮一起征收，每亩公粮15千克，田赋2.5千克，柴草2.5千克，附加粮3千克。1948年10月11日，费县全境解放后，人民政府为使国民休养生息，促使农业生产快速发展，废除了旧中国各种形式的征粮名目，制定了国家征收粮（称为公粮）的政策。

1950年1月，中央人民政府政务院颁布《全国税收实施细则》，实行"以率计征，依法减免"的政策。分为40级，按级计算税率。农业收入以土地常年产量计算，遭自然灾害，调查属实后，酌情减免，其他问题，如人口计算法、地方附加比例、烈军属、老弱病残优待等，均作详细规定。1953年，政务院将税制修正为16种，平邑县征收8种。九间棚村村民缴纳屠宰税、牲畜交易税、农业税、农林特产税4种。1961年，九间棚大队向国家缴售农业税11元，农林特产税25元。

1965年，政府规定农村人均口粮150千克为起征点，不足者改缴代金或豁免。九间棚大队粮食亩产不足150千克，免征公粮。

1971年，实行一定5年不变的政策，依上5年的平均产量推算"常产"，税率为15%。1973年，税制改革，全国共13种税种，平邑县征收5种。1983年，实行土地联产承包责任制，责任田按人口进行承包，负担农业税和"三提五统"费用。

1985年，按照《中华人民共和国农业税条例》，改革税制，实行以村计征，个体户单征。全村计税土地11.8公顷，计税土地常产160千克，依率计征2.5千克。仍以粮食交纳，货币结算的办法，规定每千克标准粮价格0.4元。以后，国家对标准粮价格作了几次调整，1994年，每千克标准粮价格调整为1元。2006年后，国家取消农业税，公粮征购任务同时取消，并同时实行种粮补贴工程。

农业税 旧称赋税，农业合作化后，农业税一律由集体统一缴纳。人民公社化后，农业税改按人民公社征收。改革开放后农业税按地亩数、人口以户为单位征收。

1982年，全村人口168人，耕地面积13.3公顷，人均0.08公顷，共上缴农业税351.45元，人均负担2.09元，缴费比数每公顷26.42元，占人均纯收入的1.35%。智力障碍、残疾人等减免农业税人数3人。1989年，全村缴纳农业税185元，人均负担1元，农林特产税1078.55元，人均5.83元；上缴乡教育附加2392.05元，人均12.93元。其中第一生产小组共有30户96人，农业税人均0.97元，农林特产税人均5.7元，教育附加费人均12.64元，土地承包费人均35.34元；第二生产小组共有35户96人，农业税人均1元，农林特产税人均5.83元，教育附加费人均12.93元，土地承包费人均36.16元。

1990年，全村人口187人，耕地面积13.2公顷，上缴农业税389.4元，缴税比数每公顷29.5元，占人均纯收入的2.02%。2002年，全村共有人口211人，耕地面积12.6公顷，共上缴农业税232.1元，人均1.1元，缴税比数每公顷18.4元。

2006年1月1日，国家废止《中华人民共和国农业税条例》，同时一并取消"三提五统"及其他各项规费和杂费，全部免征牧业税，同时对粮田进行补贴。

三提五统 农村税费改革使"三提五统"成为历史性的词汇，农民负担减轻，而当"农业税"从村民的生活中消失时，九间棚村民得到丰厚的实惠，生产力获得空前解放。

统筹费 村民所缴的统筹费由"三提五统"八个内容组成，"三提五统"中的"三提"，是指农户上交给村级行政单位的三种提留费用，包括公积金、公益金和管理费。公积金用于农田水利基本建设，购置生产性固定资产，兴办集体企业；公益金用于“五保户”的供养，对特别困难户的补助及其他集体福利事业；管理费用于村干部报酬和生产管理开支。“五统”是指农民上交给乡镇一级政府的五项统筹，包括农村教育统筹、计划生育统筹、优抚对象统筹、民兵训练统筹和乡村道路建设统筹。“三提五统”费不得超过村民上一年人均纯收入的5%，“三提”和“五统”一般各占总额的50%。1985—2005年，村民农业税和“三提五统”费全部由集体承担代缴。

1984年，九间棚村缴纳“三提五统”费用1410元，人均8.55元。1985年，全村人均承担“三提五统”费33元。1990年，全村人口183人，耕地面积8.2公顷，缴纳“三提五统”费4740元，人均负担25.9元，占人均纯收入的2.5%。1995年，人均承担“三提五统”费47元，其中教育附加费2800元，人均17元。

1998年，全村缴“三提五统”费17950元，其中“三提”费8650元，五统费分别为：乡村两级办学统筹费3000元、计划生育统筹费2000元、民政统筹费1500元、民兵训练统筹费700元、乡村道路修建统筹费2100元，人均负担89.75元，缴税比数每亩107.43元，占人均纯收入的4.9%。

2004年，全村承担“三提五统”任务17789元，人均81.6元，占人均纯收入的3.5%。2006年随农业税同时取消。

农业税变革清政府推行“田、赋、催、科”四法，田赋分地赋和丁赋，规定分期缴纳。民国时期仍沿用清制，田赋开始为银、米两科；银以两计，米以斗计。

中华人民共和国成立后，国家开始计征农业税，根据《中华人民共和国农业税条例》，逐渐形成了具有鲜明特色的农业税制度。

1958年，国家实行统购统销。1959—1961年，三年自然灾害，粮食减产，村民歉收，生活困难，国家除全部免除农业税外，还对农民发放返销粮（俗称救济粮），保证了村民的基本生存所需粮食，体现了党和政府的关怀。1965年始，国家仍实行“三定”（定产、定购、定销）政策。1985年，国家取消粮油统购统销，改为合同定购。1987年，粮油征购实行“三挂钩”（平价化肥、平价柴油、预订购金）。1991年5月1日始，粮油购销实行议购议销，粮食经营逐步放开，粮票停止使用。2003年，国家取消粮油定购任务，农民对自己种的粮食，有权自行处理。

1961—1985年，大队种植棉花，每年向国家缴售皮棉50～60千克，种植棉花面积最多的是1973年、1975年和1977年，种植面积3.2公顷，向国家缴售皮棉1000千克。

中华人民共和国成立初期，国民经济以农业为主，政府收入主要依赖农业的贡献。1958年，国家出台《中华人民共和国农业税条例》。2000年，农业税收入分别占全县、乡（镇）一般财政收入的12.7%和32.7%，是县、乡（镇）财政收入的重要来源。1982年前，村农业税是以公粮代税的形式，以生产队为单位上缴，实行家庭联产承包责任制后，农业税费按人口和承包土地数分摊到户。

2002年4月，县委、县政府实行“三取消、两调整、一改革”办法，即取消乡统筹费、农村教育集资等专门面向农民征收的行政事业性收费和政府性基金、集资；取消屠宰税，同时取消原随屠宰税征收的其他所有收费项目；逐步取消“两工（建设工、义务工）”，并规定2002年不超过25个，2003年不超过20个，2004年不超过15个，从2005年起全部取消。取消“两工”后，村级发展公益事业需要筹资、筹劳的，实行“一事一议”的办法，由村委会提出用工意见，村民会议通过后实施。“一事一议”用工实行上限控制，每年每个劳动力负担的劳务不得超过10个。遇有特大防洪、抢险救灾等紧急任务时用工，需经县人民政府批准。

国家农业税改革经历两个阶段，第一阶段（2000—2003年），主要目标是减轻、规范、稳定农业税和“三提五统”费额。第二阶段（2004—2005年），主要目标是逐步降低农业税。2006

年，取消农业税。

农业税减免 1962年，计税总值230元，应缴费13.8元，县人民委员会减免大队农业税粮50千克。1979年，减免农业税12元。

2003年8月，地方镇农税所根据农业税征收政策和村“两委”会呈报，对全村70岁以上村民和2户残疾、家庭困难户减免农业税，共减免农业税530元，其中70岁以上村民5人，人均减免农业税75.6元。

信贷

民国时期，政府不对农民发放贷款，此间放贷的主要是钱庄、商号、地主富豪，且都是高利贷，利率高，如“驴打滚”“印子钱”等。

民间借贷 九间棚村民间借贷有两种情况：一种为亲戚朋友间相互帮助，借贷者因临时急用，或因缺乏资本，亲朋给予借款，解决暂时困难，一般不计息。此种借贷方式，在九间棚及民间普遍流行，并一直延续。另一种以谋取高利息为目的，民国时期广为流行，贫寒人家遭受意外天灾人祸，即向地主、富农借贷。这一时期盛行的借贷形式有四种。一是抵押借贷，即以借贷人的土地或房屋作抵押借贷，到期无力偿还本息，债主有权没收借贷人的土地或房屋。二是利滚利，亦叫“驴打滚”，借贷人到期无力偿还，债主即将利息变为本钱，利上加利，合并计息。二是劳役利，即借贷人借钱之后，给借主服劳役，以劳代利，直至还清本息为止。四是青苗债，在每年春天青黄不接时，生活困难的贫苦村民家中断粮，为果腹只得借贷、借粮维持生活，待粮食收获后，除去归还借贷、借粮外，所剩不足维持一年生计。1962—2020年，农村信贷主要由农行、信用社按每年国民经济需要向生产队或群众发放贷款，有农业贷款、农民贷款、商业贷款、乡镇企业贷款。

农民贷款 1957年，成立农业合作社时，对入社有困难的群众发放低息和无息贫农贷款。并提供种子、化肥、农药、农具、耕牛等贷款，给予无息优惠待遇。1958年3月，九间棚高级农业社向中国人民银行平邑县支行申请贷款50元，购买农具，月息7厘，一年还清。

人民公社化后，国家每年都向生产队提前发放粮油定购基金，扶持农业生产。

1970—1990年，村民贷款较少。1991年后，消费贷款兴起，部分村民申请消费贷款购买商品房、汽车或用于商贸经营。村民户中消费贷款约占9%，基本上是抵押性质贷款，均有偿还能力。

农业贷款 20世纪60年代，支持社队恢复生产发放贷款，大队因购买耕牛、农资向农业银行申请了贷款，并及时进行偿还。80年代发放贷款坚持“社队自力更生为主，国家支援为辅”及到期归还的原则，贷款给社队发展多种经营。实行农业生产责任制后，信用社开始发放承包户贷款，支持专业户发展特色种植、规模养殖。

乡镇企业贷款 20世纪80年代，社队集体副业起步，农行积极支持，发放贷款，对符合“三就两为”（就地取材、就地加工、就地销售，为农业、为人民生活）原则的村办企业给予贷款，村花岗石厂、临工机械平邑配件厂均实行贷款发展。90年代乡镇企业贷款方式由担保单位改为财产抵押、存单抵押或实物抵押。

基本建设投资和贷款 1991—1999年，全村用于基本建设投资贷款570万元，累计支付利息63.2万元。2000—2015年，在经济发展中，因资金周转、建设制药厂、金银花苗木繁育基地等，先后贷款3笔210万元，先后偿还本息22.67万元。至2020年12月，村集体累计基本建设投资贷款余额1950万元。

货币

清朝末年，费县地方流通的货币有制钱、铜圆、银圆、银角和纸币。

民国时期，流通的货币有孙中山半身侧面像的开国纪念币和孙中山骑马的银圆，袁世凯头像银圆、蒋介石头像银圆（重6钱8一枚）和铜圆。当时孙中山半身侧面像银圆和蒋介石头像银圆等值与袁世凯头像银圆95折。1元可买面粉20千克（当时面粉价每千克3角6分）。

1934 年，南京国民政府使用纸币（村民称金圆券），票面额有 10 元、5 元、1 元，辅币有 1 角的镍币，1 分的铜制币。银圆、铜圆从此不再市面上流通。

日军侵占费县时期，中国联合准备银行发行“联银券”，面额有 100 元、10 元、5 元、1 元，辅币（镍币）有 5 角、2 角、1 角。

1939—1948 年，费县流通“北海银行”发行的“北海币”和“中国人民银行”发行的“人民币”。

制钱　即铜钱，圆形方孔，上面铸有朝代、年代，一枚一文。村中流通的有乾隆、嘉庆、道光、同治、光绪、宣统通宝等。

铜圆　俗称铜板（无孔），清末村中流通的有“大清通宝、光绪通宝”。清代铜圆分 4 种，大号四钱，兑制钱二十文；次者二钱，兑制钱十文；再次者一钱，兑制钱五文；最小号者重四分，兑制钱二文；与清代铜币混合使用。

银圆　清光绪十三年（1887 年），清政府铸造“光绪元宝”；1890 年在广东铸造的五分、一角、五角的银角；1912 年，民国政府铸造孙中山半身像（重 6 钱 8 一枚）开国纪念币；1913 年，铸造的帆船图案银圆；1915 年，袁世凯铸造的袁世凯头像“袁大头”（重 7 钱 2 一枚）；在村中均有流通。

法币　为民国政府指定银行印制发行的纸币。1934 年，法币与银圆、铜币混合流通。1935 年，南京政府规定以中央、中国、交通、农民银行发行的纸币为“法币”，禁止银圆、铜币在市面上流通。民间白银圆、银圆、铜币由中央银行收兑。法币面额有 1 角、2 角、5 角、1 元、5 元、10 元 6 种，后因法币贬值，印刷发行 100 元、500 元、1000 元、5000 元、1 万元 5 种。1948 年 8 月，国民党政府发行“金圆券”代替法币。“金圆券”与法币的兑换比价为 1∶300 万元。

人民政府货币　1935—1949 年，村内有流通券、北海币、冀币、边币、人民币流通市场。

北海币　1937 年至 1940 年 7 月，鲁中地区抗日民主政权发行的“农民合作社流通券”境内有流通。1938 年秋，北海银行发行北海币，境内有流通。1940 年 7 月，山东省战时工作推行委员会再版发行北海币，在境内始与法币混合流通，后取代法币。时北海币面值有 5 分、1 角、2 角、5 角、1 元、2 元、5 元、10 元 8 种。

人民币　1948 年 12 月 1 日，中国人民银行成立并发行第一套法定人民币（俗称旧人民币），以元为单位，以“￥”为代号，共 12 种面额 62 种版别，其中 1 元券 2 种、5 元券 4 种、10 元券 4 种、20 元券 7 种、50 元券 7 种、100 元券 10 种、200 元券 5 种、500 元券 6 种、1000 元券 6 种、5000 元券 5 种、1 万元券 4 种、5 万元券 2 种。1949 年初，人民币与其他货币定期兑换。规定人民币对冀币、北海币为 1∶100 元，对边币为 1∶1000 元，对西北币为 1∶2000 元。1951 年 4 月全部收清各解放区发行的地方性货币。

第一套人民币

1955 年 3 月 1 日，发行第二套人民币，同时收回第一套人民币。规定第二套人民币 1 元兑换第一套人民币 1 万元。新币面额有 1 元、2 元、3 元、5 元、10 元 5 种，辅币有 1 分、2 分、5 分、1 角、2 角、5 角 6 种。

1957 年 12 月 1 日，中国人民银行发行金属铸币（简称硬币）为辅币，有一分、二分、五分三种。规定硬币比值与纸分币等值流通。1961 年 3 月 25 日和 1962 年 4 月 20 日分别发行了黑色一元券和棕色五元券，其中三元、五元、十元三种面额券由苏联代印。此后人民币作为唯一的法定货币流通。人民币的单位为元，辅币单位为角、分，一元等于十角，一角等于十分。

1962 年 4 月 20 日，第三套“60 版”人民币（俗称大团结）发行，票面额有 10 元、5 元、1 元和 5 角、2 角、1 角，分币有纸币、硬币两种，面额有 1 分、2 分、5 分等 7 种面额、13 种版别，其中 1 角券别有 4 种（包括 1 种硬币），2 角、5 角，1 元有纸币、硬币 2 种。1966 年和 1967 年，又先后两次对 1 角纸币进行改版。1980 年 9 月 15 日，发行 1 角、2 角金属币、5 角的铜制辅币和 1 元的镍币，村民中有少量存有。

1987 年 4 月 27 日，第四套“80 版”人民币发行，共有 1 角、2 角和 5 角、1 元、2 元、5 元、10 元、50 元、100 元 9 种面额，其中 1 角、5 角、1 元有纸币、硬币 2 种。1992 年 8 月 20 日，发行了改版后的“80 版”50、100 元券，在全国流通。村民中有少量存有。

1999 年 10 月 1 日，第五套人民币发行，取代第四套人民币。共有 1 角、5 角、1 元、5 元、10 元、20 元、50 元、100 元八种面额，其中 1 角、5 角、1 元有纸币、硬币 2 种。2005 年 8 月 31 日，第五套人民币第二版发行，现正流通使用。票面额有 100 元、50 元、10 元、5 元、1 元和 1 元、5 分、2 分、1 分的镍币及 5 角、1 角的铜币，5 角、1 角的纸币。2015 年 11 月 12 日，中国人民银行发行新版 100 元人民币，在防伪技术上有进行改进，逐步取代第二版 100 元票面额流通市场。

债券

中华人民共和国成立后，在社会主义改造和建设中，中央人民政府先后发行国家经济建设公债和国库券，部分村民自愿认购，支援了国家重点项目建设。

国家经济建设公债　1954 年，中央人民政府发行国家经济建设公债，发行对象为个人，到 1958 年共发行 5 期，每期 8 年，分 8 次偿还，年利率为 4%。村民刘德功、刘德敬购买，每人 5 ~ 10 元。1958 年 5 月 29 日政务院第 77 次会议决定，停止发行。

国库券　中华人民共和国国库券（简称国库券）于 1981 年开始发行，主要向国有企业、党政机关部门分配发行，其他单位和个人也可以自愿认购，5—6 月交款，7 月 1 日起计息，年利率为 4%。面额为 10 元、100 元、1000 元、1 万元、10 万元、100 万元 6 种，为期 10 年；在发行到第六个年度开始偿还，本息一次付清。

1982 年，开始向个人发行国库券，年利率为 8%。面额为 1 元、5 元、10 元、100 元、1000 元、1 万元 6 种，还本息从第六个年开始偿还，分 5 年 5 次偿还，本息一次付清。1984 年 11 月 27 日，对其利率和付本息办法进行调整，年息单位购买的 5%，个人购买的 9%，并规定单位购买的可以在银行抵押贷款，个人购买的可以在 1 年后从银行兑现，购买超过 1000 元可以在银行挂失。1985 年发行的国库券，5 年后一次还本付息，不作货币流通，不得自由买卖。1985 年发行的国库券由村民自愿认购。

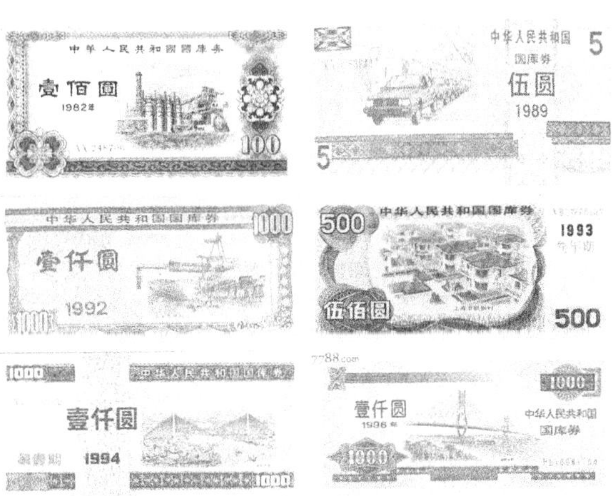

国库券

储蓄

中华人民共和国成立初期，城郊信用合作社主要办理折实（粮食）存款，月息一般为 2 分 ~ 2.5 分，利率高于银行，低于私人借贷。1953 年冬，折实存款向货币存款过渡，货币存款种类分活期、定期两类，有零存整取、整存零取、三个月、半年、一年等，原则是“存款自愿，取款自由，存款有息，为储户保密”。随着村民生活的不断提高，特别是改革开放以来，农村经济活跃，储蓄余额持续攀升。存款利率也随着经济的发展不断变动。

营业网点　民国年间，山下地方有钱庄、当铺，均是私人开办，以获取高利率为目的。九间棚村民无人到钱庄、当铺去借贷。

改革开放后，九间棚经济快速发展，1992年，平邑县农村信用社在九间棚村设代办点，聘用刘甲训为代办员。

储蓄业务　中华人民共和国成立初期，九间棚村民生活没有彻底解决温饱问题，集体和个人没有存款记录。1968年3月，有村民到银行存款。20世纪60年代，集体所有制度建立，九间棚大队集体经济起步，银行营业中方有九间棚大队的户名，且存款余额微少。

改革开放后，村民勤劳致富，大多数村民有余款，开始到银行存储。1978年12月，全大队储蓄存款1.5万元，村民人均储蓄98.57元，其中大队集体余款4530.26元。2018年12月，村民存款余额1100万元，有的户个人存款余额20万元以上，村民户户有存款。

保险

改革开放后，保险业兴起，到2020年，财产保险公司、人寿保险公司等分支机构业务员在村内招揽业务，设立人身平安、家庭财产、学生人身伤害、车辆保险等险种10多个，村民参保率达12%。

1988年，平邑县人保公司在九间棚小学开展中小学生平安保险、人身保险。1989年，开展计划生育保险。1992—2018年，保险公司开办的险种和村民参与的保险有人身保险8种及意外伤害保险、集体养老保险、个体养老保险、机动车辆保险、家庭财产保险、种植业保险、养殖业保险等27种。

社会养老保险　2005年8月，村“两委”按照县有关部门要求，为村干部和企业管理人员购买社会养老保险，缴纳额度按10年工龄以上每年每人补缴100元。至2019年，全村参加社会养老保险12人。

村民基本养老保险　2010年，九间棚实现村民养老保险制度全覆盖。男年满60周岁，女年满55周岁的参保村民，国家为每个参保人员建立养老保险个人账户，每年每人可按月领取养老保险金。

村民生活最低保障　对于家庭人均收入低于全县最低生活保障标准的村民，纳入村民最低生活保障范围，所需资金由县财政支出。至2019年12月，村民有3名老年人、残疾人、未成年人享受村民生活最低保障待遇，分3个档每年每人领取救助资金960元、1080元、1200元。

车辆保险　至2019年12月，全村拥有机动车辆的72个户主全部参加车辆强制保险。

医疗保险　1999—2020年，村集体为每人全额缴纳合作医疗保险，其中2008年为每人缴10元，2009年为每人缴20元，2010年为每人缴50元，2011年为每人缴60元，2012年为每人缴70元，2013年为每人缴100元，2015年为每人缴150元，2020年为每人缴200元。2019年，九间棚集团寿山农场实行积分制管理，农场员工每人每月养老保险金600元。

物价

清光绪年间，1块银圆可买3.2市斤（1斤市为16两）猪肉、15.2市斤面粉、22.5市斤谷子。

民国年间，物价总趋势为累年递涨，以生活用品为甚。日军侵占费县期间，物价直升，粮食、燃料、肉蛋等类商品分别比1931年上涨16倍、2倍和5倍。1938年，小米每升0.9元，高粱每升0.5元。1945年，小米每升17元，高粱每升12元。缺粮户村民用花生壳、地瓜秧充饥。1946—1948年，通货膨胀，物价飞涨。小米24万元（国民党中央纸币）1千克，猪肉32万元1千克。1949—1954年，物价有所波动。

1955—1959年，市场物价高于牌价1～2倍。1957年，白布每尺0.28元，蓝布每尺0.33元，煤油每千克0.76元，地瓜干每千克0.13元，豆饼每千克0.16元，牛肉每千克0.4元，猪肉每千克0.6元。

计划经济时期的粮票、布票、油票

1955—1993 年，九间棚村民使用过布票、粮票、油票、烟票、猪肉票、煤油票、糖票、茶叶票、火柴票、自行车票等 10 余种，使用最普遍是布票，1953 年实行，按人口数分配，1985 年停止使用。

1961 年九间棚部分物品购销价格一览表

表 3-11　　　　单位：元

品名	单位	购价	销价
地瓜干	千克	0.136	0.142
玉米	千克	0.165	0.167
谷子	千克	0.166	0.168
小米	千克	0.224	0.226
小麦	千克	0.234	0.235
黄豆	千克	0.258	0.261
花生油	千克	1.446	1.455
豆油	千克	1.426	1.438
铁丝	千克	2.80	2.96
铁勺子	把	0.80	0.90
棉种	千克	0.40	0.90
锄	张	1.10	1.20
食盐	千克	0.27	0.28
煤油	千克	0.74	0.76
火柴	小盒	0.02	0.02

1979—1984 年，按照“计划经济为主，市场调节为辅”的原则，国家对粮食、油料、棉花等 18 种农副产品提高了收购价格，同时化肥、农药、农机产品、水泥等农业生产资料的价格降低；农民进一步得到实惠。1981 年 11 月起，烟、酒价格提高 5 个百分点左右。

1983 年 1 月，化纤、棉布价格提高，并对三类日用工业品实行工商协议定价，前后分 3 批、11 类、1038 种小商品的价格全部放开。1985 年 1 月，政府停止对农副产品统购统销，实行合同订购和市场价收购，小麦、玉米、生猪等收购价格提高，猪肉销售价格按市场动态价全部放开，自由买卖。水产品、果品、禽蛋全部取消派购，实行议购议销。1986 年，酱油、食醋、奶粉、钙奶饼干等类食品价格提高 5% ~ 10%。

随着改革开放的不断深入和社会经济的快速发展，人民生活水平提高，商品价格在政府的宏观调控下由市场决定，总体趋势为逐年提高。

2019 年九间棚村部分“六不用”物品物价一览表

表 3-12　　　　单位：千克、元

品名	批发价	零售价	品名	批发价	零售价
小米	5.10	6.00	青椒	3.3	3.6
大豆	5.20	5.50	黄梨	3.2	3.8
高粱	3.10	3.44	白菜	1.0	1.2
特二粉	3.0	3.20	萝卜	1.1	1.3
面条	3.30	3.50	芹菜	2.1	2.8
玉米面	2.40	2.60	韭菜	2.8	3.0
小米面	5.85	6.70	菠菜	1.6	1.8
大米	2.50	2.76	西红柿	2.2	2.5
绿豆	7.50	9.12	藕	3.7	4.0
酱油	3.60	4.00	大葱	3.0	3.5
醋	3.10	3.80	生姜	3.8	4.2
花生仁	9.50	11.60	黄瓜	2.5	2.8
花生油	23.5	27.60	丝瓜	2.6	3.0
香油	26.60	28.80	黄豆芽	2.1	2.3
馒头	2.6	2.80	土豆	2.2	2.4
锅饼	3.1	3.4	山药	2.6	3.1
煎饼	4.1	4.6	冬枣	3.2	3.5
猪肉	25.0	50	山楂	4.0	4.2
牛肉	35.0	90	冬桃	2.4	2.6
羊肉	36.0	96	金银花	55.0	70.0

市场经济时期，农副产品、生活物资丰富，市场供应充足，粮棉油、肉蛋奶等种类多，村民消费崇尚绿色、品牌。

度量衡

清光绪三十四年（1908 年），清颁布度量衡制和推行章程。1928 年，中华民国政府公布度量衡法，规定采用“万国公制”为标准制。中华人民共和国成立后采用市制。1984 年始，国务院发布命令，采用法定单位。

度　以寸、尺、丈为单位，以十为进位制。1 米＝10 分米＝100 厘米＝1000 毫米。度具有尺（木制、塑料的）、皮尺等。20 世纪 60 年代前，常用尺子分两类：一类为帛布尺，包含裁缝用尺、土工用尺和木工用尺。裁缝用尺每尺折合今公制 64 厘米，土工用尺每尺折合今公制 32 厘米，木工用尺又称鲁班尺，每尺折合公制 46 厘米。另一类即标准尺，每尺折合 33.33 厘米。自 60 年代始，帛布尺和木工尺逐渐废弃不再使用，统一为市尺。90 年代始，公制单位替代市制单位，但市制单位至今仍有沿用。

量　量制，以仑、合、升、斗、桶（斛）为单位，以十为进位制。量具有升、斗等。20 世纪 50 年代前，九间棚村的量具分升、斗两类，有固定容积，借出与归还皆取同一器。升含合，每升容积，以高粱为例，折重约 10 千克，每斗容积折重约 100 千克，量具升有大、中、小升三种，为十进位制，1 斗＝10 升＝100 合，1 升等于 5 千克；量大时用棉或毛线织成的口袋，一口袋容 3 升～3.5 升，大者 5 升。升、斗两种容器，在 20 世纪 60 年代后逐渐废止。

北海币

衡　衡制，以铢、两、斤、均、石为单位，进位是 24 铢为 1 两，16 两为 1 斤，30 斤为 1 均，4 均为 1 石。1970 年后，十六进位制的秤逐渐被淘汰，改斤、两，为十进位制。衡器有秤、戥子、磅、电子秤等。

20 世纪 50 年代，村中所用衡器分老秤、新秤两类。斤以上、两以下单位为十进位制，唯斤、两间为十六进位，即 1 斤＝16 两。两类同为杆式秤，秤杆用枣木、核桃木、紫檀木等刮制钉星，配以铁砣。新秤一斤折合老秤十二两八钱左右，即老秤 100 斤约等于新秤 124 斤左右。

20 世纪 80 年代后，采用公制，毫克、克、千克、吨，即 1 吨＝1000 千克，1 千克＝1000 克＝2 市斤，1 克＝10 毫克。

计量单位

长度　长度单位。民国至 20 世纪 60 年代使用市制单位，长度用白布尺，俗称老尺。70 年代后使用公制单位。

换算关系　0.6 尺（白布尺）＝1 市尺，1.8 尺（白布尺）＝1 米，2 华里＝1 千米，1 华里＝150 丈，1 丈＝10 尺，1 尺＝10 寸，1 寸＝10 分，3 市尺＝1 米。

市制单位　长度：1 丈＝10 尺，1 尺＝10 寸，1 寸＝10 分，1 分＝10 厘，1 厘＝10 毫，1 毫＝10 丝，1 丝＝10 忽，1 忽＝10 微，1 微＝10 纤。

公制单位　长度：1 千米＝1000 米，1 米 =100 厘米，1 厘米＝10 毫米。

面积　旧制采用平方尺、平方丈，新制采用平方米、平方千米。面积单位：1 平方丈＝100 平方尺，1 平方尺＝100 平方寸，1 平方寸＝100 平方分，1 平方分＝100 平方厘，1 平方厘＝100 平方毫，1 平方毫＝100 平方丝。

地积单位 1 顷＝100 亩，1 亩＝10 分，1 分＝10 厘，1 亩＝60 平方丈≈666.67 平方米，1

亩＝240杆子（平方），1杆子＝3尺。

1平方千米＝1000平方米，1平方米＝100平方分米，1平方分米＝100平方厘米，1平方厘米＝100平方毫米。

容量　1石＝10斗，1斗＝10升，1升＝10合（音格），1合＝10勺，1勺＝10撮。1斛（音胡）＝200斤（100千克），1升＝10合＝8斤＝4公斤（千克）。

体积单位　1立方丈＝1000立方尺，1立方尺＝1000立方寸，1立方寸＝1000立方分，1立方分＝1000立方厘，1立方厘＝1000立方毫。

质量　采用10进位制计算。

老秤1斤＝1市斤＝16两，1两＝10钱，1钱＝10分，1千克＝2市斤＝1000克＝2.205磅，1磅＝16盎司＝0.45千克＝0.907市斤。

戥（音等，专秤金银）子秤，1市斤＝18两，1两＝10钱，1钱＝10分。

常用数字　自建村迄今，村民使用的数字有汉文数字、罗马文数字、阿拉伯文数字。

中文数字　一、二、三、四、五、六、七、八、九、十、一百、一千、一万、一亿等。

壹、贰、叁、肆、伍、陆、柒、捌、玖、拾，拾壹，壹百，壹千，壹万，壹亿，拾亿，百亿，千亿。

罗马文数字　Ⅰ、Ⅱ、Ⅲ、Ⅳ、Ⅴ、Ⅵ、Ⅶ、Ⅷ、Ⅸ、Ⅹ、Ⅺ、Ⅻ等。

阿拉伯文数字　1、2、3、4、5、6、7、8、9、10、100、1000、10000等。

第四章　金银花产业

金银花是九间棚村传统种植项目，传统道地中药材，药食兼用品种。2000年后，村“两委”把金银花种植当作支柱产业经营，成立九间棚农业科技有限公司，建立保太、地方、临涧金银花种植园和博士流动工作站，繁育推广金银花优良品种并成功育成九丰一号、北花一号金银花优良品种，在进行大面积推广种植基础上，实施精准扶贫项目，面向新疆、甘肃、云南、贵州等地推广种植金银花3000公顷，使种植区农民亩增收5000～10000元。配套建设九间棚金银花烘烤厂、九间棚金银花茶厂、九间棚金银花食品厂、大陆制药有限公司、山东岐黄中药饮片有限公司，生产金银花茶、金银花食品、金银花药品等5大系列200余个品种。2019年，九间棚村按照GAP标准建设“六不用”金银花种植园70公顷，年产量3万千克以上，九间棚村形成良种研究选育—育苗推广种植—产品回收购销流通—药品食品研发生产的金银花全产业链。

九丰一号金银花扩种工作会议（2011年5月 摄）

金银花（2019 年 5 月 摄）

采收金银花（2017 年 5 月 摄）

晾晒金银花（2018 年 5 月 摄）

金银花销售（2018 年 6 月 摄）

2015 年 9 月 7 日，举行中国经济林协会金银花专业委员会换届会

第一节　金银花

名称源流

金银花名最早记载于《履巉岩本草》（王介著），为国内现存最早的彩色本草图谱，其下卷中载："鹭鸶藤，性温无毒，治筋骨疼痛，捣为细末，每服二钱，热酒调服……一名金银花。"宋代苏轼、沈括《苏沈内翰良方》载"金银花"，并注释"四月开花，极芬，香闻数步，初开色白，数日则变黄，每黄白相间，故名金银花"。《本草纲目》（明代李时珍著）对金银花的解释："忍冬在处有之，附树延蔓，茎微紫色，对节生叶。叶似薜荔而青，有涩毛。三四月开花，长寸许，一蒂两花二瓣，一大一小，如半边状，长蕊。花初开者，蕊瓣俱色白，经二三日，则色变黄。新旧相参，黄白相映，故呼金银花，气甚芬芳。"

形态特征

金银花，多年生半常绿缠绕、匍匐茎灌木，根系发达，枝条密丛生，幼枝暗红褐色，小枝细长，中空，藤为褐色至赤褐色，卵形叶子对生，下部常无毛。叶纸质，卵形至短圆状卵形，长 0.03 ~ 0.05 米，顶端尖或渐尖，基部圆或近心形，有糙缘毛，上面深绿色，下面淡绿色，小枝上部叶通常两面均密被短糙毛，下部叶常平滑无毛而下面多少带青灰色。叶柄长 0.005 ~ 0.008 米。

夏季开花，苞片叶状，总花梗单生于小枝上部叶腋，与叶柄等长或稍短，下方者长 0.03 ~ 0.04 米，并夹杂腺毛。大苞片叶状，卵形至椭圆形，长 0.02 ~ 0.03 米，两面均有短柔毛或有时近无毛。小苞片顶端圆形或截形，长约 0.001 毫米，为萼筒的 1/2 ~ 4/5，有短糙毛和腺毛。萼筒长约 0.002 毫米，无毛，萼齿卵状三角形，顶端尖而有长毛，外面和边缘都有密毛。花冠白色，有时基部向阳面呈微红，后变黄色，长 0.03 ~ 0.045 厘米，唇形，筒稍长于唇瓣，上唇裂片顶端钝形，下唇带状而反曲，雄蕊和花柱均高出花冠。主花期 4—6 月（夏、秋季亦开花）。

花蕾呈棒状，上粗下细，外面黄白色或淡绿色，密生短柔毛。花萼细小，黄绿色，先端 5 裂，裂片边缘有毛。开放花朵筒状，先端二唇形，雄蕊 5，附于筒壁，黄色，雌蕊 1，子房无毛。气味淡清香，微苦。

果实圆形，直径 0.006 ~ 0.007 米，熟时蓝黑色，有光泽。种子卵圆形或椭圆形，褐色，长约 3 毫米，中部有一凸起的脊，两侧有浅横沟纹。果熟期 10—11 月。

金银花植物形态

适应环境

适应性广，湿润、肥沃的砂质壤土最佳，水分、土壤等环境与金银花的产量和品质密切相关。生长在阳坡的金银花的叶、花蕾、茎的绿原酸含量均高于阴坡的同类产品。九间棚村本土种植面积 60 公顷，飞地种植面积 6667 公顷，年产优质"六不用"金银花 30 吨。

土壤　金银花对土壤的适应性广，全国各地、山区、平原、丘陵均能栽培，在酸性、中性、碱性土壤中均能生长，但其产量与品质受土壤质地和性质的影响，在含盐量 1 ~ 7 克 / 千克浓度下影响较小，盐浓度大于 7 克 / 千克会影响金银花生长，在含量 3.5 克 / 千克以下的盐碱土壤中正常生长，耐瘠性强，在荒山、地埂、田边、堤坝、房前屋后均可种植，土壤有机质含量0.3%～0.6%均可生长、现蕾。黏重土壤和潮湿空气，金银花易患根腐病、白绢病、叶斑病、褐斑病、白粉病。中性或偏碱性、土质疏松、肥沃、排水良好的砂质壤土或棕壤土，透气性好，昼夜温差大，有利于有效成分积累，适宜金银花生长。九间棚村土壤成分最适宜金银花生长。

温度　金银花喜温耐寒，不同的温度环境对其生长生理状况、有效物质的累积有较大影响。在温度3℃以下，金银花处于休眠状态，生理活动微弱，生长处于缓慢状态。5℃以上开始萌芽，抽生新枝。16℃以上新梢生长快速、并开始孕育花蕾，20℃左右花蕾生长发育良好，适宜生长温度15℃～25℃。冬季-30℃低温可存活，-10℃左右气温下仍有部分叶子保持青绿色，“凌冬不凋”。

光照　金银花喜长日照，年日照1800～1900小时，每天日照时数7～8小时为宜。忌树荫弱光，在荫蔽处生长不良，光照不足会使枝嫩细长，叶小，缠绕性增加，花蕾分化数量减少。光照充足枝条上花的数量较多。坡度和坡向影响金银花单株产量，以坡度平缓且小于15℃，阳坡、半阳坡为适宜生态环境。

水分　村民农谚：涝死庄稼旱死瓜，不会影响金银花。金银花根系发达，耐旱性强，保持体内水分平衡的能力较强，适度干旱有利于花蕾增重、体内绿原酸和黄酮物质的积累，随着干旱程度的加重，在水分胁迫条件下，金银花的枝条伸长受到抑制，花蕾小且不饱满、总产量降低；多雨潮湿，病虫害重，金银花质量低，含水量高，干燥难度大。花期土壤含水量维持在16.2%左右，有利于金银花绿原酸保持在较高的水平，提高金银花药用品质。

生长习性

金银花，有“三喜、三耐、三忌”习性（即喜温光、氧气、棕壤土，耐寒冷、干旱、瘠薄，忌树荫弱光、黏重土壤、多雨潮湿），根系繁密发达，萌蘖性强，茎蔓着地即能生根，每年春夏两次发梢。九间棚村气候、土壤、水分适宜栽培金银花，生长寿命30～40年。

根　金银花根系发达，主、侧、须、毛根齐全，主根粗壮，侧根、须根密布，构成密集的根系网，毛细根多，再生能力强。根系可深入地下1～1.5米，主要集中在30厘米以内的上层土壤中，根幅1～2.5米，最大3.4米，水平分布大于垂直分布。3年生花墩根系直径0.8～1米，根深0.3～0.35米，主要根系分布在0.05～0.2米深的表土层中，须根则多在0.05～0.1米的表土层中生长。

在九间棚村，金银花的根系沿山体岩缝下扎，深度达9米，向四周伸长12米以上，在山岭坡地的土层中纵横交错，具有固土和吸收水分、养分的能力。一年中根系生长有2次高峰期，一次在4—5月，另一次在7—9月，11月根系停止生长。根的分枝一年能出现3～5次，吸收根寿命短，须根易老化死亡。故每年冬季和夏季宜翻耕植株周围土壤，以利于根系的更新。

茎枝　自然状态下，金银花茎枝长2～4米，最长达7米。茎叶覆盖度大，在地堰、梯田软埂、荒坡、山坡及瘠薄丘陵进行栽植，可固坡护堤。群体相互连接形成绿色植障，可拦截雨水，防止径流冲刷。金银花茎多分枝，密丛生，三年生花墩能生长出200多个枝条。随着枝条木质化程度提高，枝条髓腔逐渐变小。当老枝新茎皮生出，老茎皮则逐渐呈长条状剥落，每年一次。主茎和侧茎构成地上部分的骨架，因品种不同，茎枝匍匐或直立，枝条分散不缠绕，或上部极缠绕，多右缠。忍冬枝条还有落地生根习性，扦插枝和触地枝在适宜温湿度下，15天即可生根，且生长快速。芽对生，尖圆形，分鳞芽和裸芽两种。鳞芽越冬，棕褐色，外被鳞片，长0.004～0.006米，直径0.002米，与枝条成45度角；裸芽绿色，夏、秋季萌发，长0.003～0.004米。

叶　金银花单叶对生，卵形至长卵状椭圆形，两面被短毛，上面深绿色，下面浅绿色。花枝上的叶由基部到第一个着花节逐步增大，而从第一个着花节至枝梢又依次减小。7年生植株叶长0.03～0.051米，叶宽0.021～0.035米，平均单叶面积11.4平方厘米。通常，提高植株单位叶面积，可增大植株吸收光照面积，达到增产目的。

花　金银花芽在新抽生枝条分化完成后，随后不断发育，花蕾有多级枝多次分化特点，一年可产多茬花。3月初为花芽萌动期，3月底为展叶期，5月初为现蕾期，5月中旬为盛花期，村民俗语“四月初八采银花”（农历）。头茬花质量最佳，约占全年产量的70%。6月下旬至7月中旬开放二茬花，7月下旬至8月下旬开放三茬花，9月中旬至10月初为四茬花。

九间棚地产金银花发育过程可分为6个时期：幼蕾期、三青期、二白期、大白期、银花期和金花期。幼蕾期至三青期的发育时间较长，而三青期到金花期，每两期之间仅差1天。

幼蕾期，花蕾初现期，全体绿色，长度0.02米以下。三青期，花蕾青绿色，长度0.02米以上，顶端膨大，采摘始期。二白期，花蕾下部黄绿色，上部白色，长0.035米左右，中上部略膨大，为最佳采收期。大白期，花开放前的最后一期，花蕾变白色，基部淡黄绿色，花蕾达到最长，中部以上显著膨大而变泡，采收末期，在晒干过程中常有开放。银花期，花蕾初开，呈白色，具清香气。金花期，花蕾开后，由白转黄至金黄色，以后凋落。不同时期花或花蕾的重量、有效成分的含量均有差异。以绿原酸和木樨草苷含量为指标，三青期＞二白期＞大白期，结合产量和质量综合考虑，金银花采收应为三青期至大白期的花蕾期。平邑金银花历来以二白期为最佳采收期，食用的金银花常为带有清香气的银花、金花。

金银花更新性强，具有多级分枝、多次分化花芽的开花习性，而花蕾仅着生于新生枝条上，新生的枝条过长或过密直接影响花蕾的形成。因此，合理施肥和修剪是丰产的关键。

果实　种子　浆果，幼时绿色，成熟时蓝绿色，有光泽，近圆形，直径0.006～0.007米。果熟期10—11月。种子小，形状不规则扁平状，表面较光滑有光泽，棕黑色。种子含有糖类、脂肪、蛋白质，种皮含绿原酸。种子有一定程度的休眠性，寿命短且不易久藏，经-3.4℃～4.2℃低温处理130天，发芽率可达70.5%，最低萌发温度7℃～10℃，最适萌发温度20℃～30℃，储藏时间越长，发芽率越低。

主要价值

金银花是传统的药食兼用植物，药用功能：清热解毒、疏散风热，主治痈肿疔疮、热毒血痢、风热感冒、温病发热。

观赏价值　金银花因匍匐生长能力比攀缘生长能力强，故更适合于在林下、林缘、建筑物北侧等处做植被栽培，还可以做绿化矮墙，亦可以利用其缠绕能力制作花篮、花架、花柱及缠绕假山石等。优点是蔓生长量大、管理粗放；缺点是蔓与蔓缠绕，视觉杂乱无章。

经济价值　金银花作为商品、药材出售主要来源于栽培品种，俗称“东银花、济银花”，供销全国并出口。野生品种称“山银花”或“上银花”，一般自产自销，亦有少量外调。2019年，九间棚村生产“六不用”金银花3万千克，培育九丰一号、北花一号等优质苗木5亿株，全部销往全国各地，实现生产总值2.5亿元。

第二节　品　种

金银花本草名“忍冬”，最早记载于东晋时期葛洪著《肘后备急方》。金银花适应性强（凌冬不凋），自然分布广，蒙山一带自古蕴藏丰富的野生金银花资源，是金银花自然分布中心。金银花因枝芽变异和有性杂交，自然形成多品系多品种，经过自然变异及人为定向选育，金银花原植物的生物学特性及外部形态发生变异，遗传基因资源不断丰富，从而形成多个农家品种或品系，在各产区被赋予不同的名称，并广泛种植。

20世纪60年代，九间棚村金银花的种质资源有三大类（大毛花、鸡爪花、线花）5个农家品种，史称“济银花”或“东银花”。改革开放后，随着市场需求量的增加，金银花生产快速发展。2012—2020 年，九间棚金银花新品种九丰一号、北花一号，被新疆、甘肃、宁夏、云南、贵州、四川等 27 个省、（自治）区、（直辖）市引种。

野生忍冬

多年生半常绿藤本，植株成片生长，枝条长，蔓生或匍匐，通常缠绕他物生长，节处常生有不定根，节间长，表面密被黄褐色开展的硬直糙毛、腺毛和短柔毛。叶绿色，叶片卵形、椭圆形、椭圆状卵形或卵状披针形，全缘，长 0.03 ~ 0.07 米，宽约 0.025 米，两面均密被毛，花蕾成对疏生于叶腋，二白期花蕾长 0.02 ~ 0.04 米，最粗处直径约 0.0025 米。表面疏被毛。苞片叶状，卵形至椭圆形，长 0.02 ~ 0.03 米，雄蕊和花柱均高出花冠，花期 4—6 月。

传统种质资源

因地产金银花品种间的形态区分不甚明显，而同一农家品种因环境和栽培技术的差异也会发生形态变化，地产金银花农家品种同名异物、同物异名现象比较普遍。不同农家品种金银花药材的产量和质量均呈差异。

分类　种质资源是育种工作的基础，掌握种质资源的数量和质量可决定育种目标能否实现。村民在生产实践中积累良种选育经验和鉴别依据，1980—2000 年，九间棚村金银花有 3 个品系 7 个农家品种。

分布　九间棚产区地属山地丘陵，金银花成墩栽培于梯田、地堰中。生产的金银花花蕊为五雄一雌，用沸水冲泡，花针能站立，清香味美，堪称珍品。

品系　综合金银花植株形态以生长势、枝条缠绕与否、毛被多少、叶片形态、花蕾着生方式、有无二茬花及多茬花等植物形态特征，划分为毛花系、鸡爪花系、麻叶系、线花系和秧花系五个品系。毛花系包括大毛花、小毛花、叶里齐等；鸡爪花系包括小鸡爪花、大鸡爪花、红裤腿（红鸡爪）、牻牛儿腿、小毛腿、米花子等；线花系包括细毛针（大线花）、小线花；麻叶系包括大麻叶、麻针（小麻叶）、鹅翎筒；秧花系包括红梗子、秧花子、野生忍冬等。

九间棚产金银花花蕊 5 雄 1 雌蕊

传统品种

大毛花、鸡爪花为九间棚村金银花传统优良品种。

大毛花　俗称毛花，植物形态：多年生半常绿藤本，大型花墩，直径 0.95 ~ 1.4 米，株高 0.5 ~ 0.7 米，生长旺盛，深绿至黄绿色；枝条密丛生，粗壮，长 0.4 ~ 1.05 米，直径 0.002 ~ 0.003 米，中部以上或自中下部向上缠绕，密被毛。叶绿色；叶片长椭圆形、狭长椭圆形至狭卵形，长 0.045 ~ 0.085 米、宽 0.026 ~ 0.045 米，两面密被茸毛；质厚，手感绵软，花成对疏生叶腋；花蕾肥大，中上部弯曲，二白期花蕾长 0.025 ~ 0.04 米，最粗处直径 0.0022 ~ 0.004 米；密被毛，大白期 0.04 ~ 0.05 米，中部以上 1/2 向内弯曲且空泡；苞片卵形，长 0.011 ~ 0.028 米，宽 0.006 ~ 0.017 米，密被毛，千蕾鲜重 0.12 ~ 0.125 千克；花期晚，二茬花少见；为主流农家品种、优良品种。

大毛花是平邑县向省外支援金银花最多的农家品种，20 世纪 60—80 年代，全国有 27 个省、市的 200 多个县，先后引种平邑金银花。平邑县曾选派百余名金银花技术人员分赴江西、江苏、安徽、河南、河北、湖北等地传授栽培技术 1 ~

3年。70年代，河南省宜阳、伊川、栾川、巩县等引种平邑金银花。1989年，河北省巨鹿县堤村引种平邑大毛花，经修剪形成茎直立生长的“巨花一号”，并在平原地区大面积种植，成为中国金银花三大主产地之一。

大毛花植物形态

大毛花，根系发达，抗干旱，耐瘠薄，适宜于山岭薄地生长，利于水土保持、护堤护坡和栽植绿化，因其花墩大而松散、绒毛多而得名。枝条长而粗壮，发枝多、节间长、缠绕性强，极易拖秧；叶片绿色，大而肥厚，绒毛密长，手感绵软，平均单叶面积0.000862平方米，光合作用面积大，有利于增加光合产物与干物质的积累。花蕾肥大，千蕾鲜重0.1206千克，头茬花产量50千克/亩。肥沃土地栽种，采用单枝扦插，可使匍匐花墩生长成直立灌木，是选育金银花优良品种的母本植物。

药材性状。花蕾呈棒状，细长圆柱形，较饱满，略弯曲，匙状或略平直，长0.024 ~ 0.031米，先端1/3 ~ 2/5以上膨大，直径0.0025 ~ 0.0035米，向下渐细，直径约0.012毫米。少见花蕾筒中部以下呈微波状弯曲，表面淡黄色，有较明显的纵脉纹直达基部，毛茸浓密，手感绵软，有腺毛、非腺毛，毛茸较长。花萼细小，淡绿色，先端5裂，裂片及边缘有毛。花蕾壁厚，握之略有顶手感。剖开后可见雄蕊花药有5个，集中于上端最粗处，长约0.003米。气味淡清香，微苦。

小毛花　植物形态。多年生半常绿藤本，花墩大，直径1.1 ~ 1.6米，株高0.4 ~ 0.55米，无主干；枝条密丛生且斜蔓生，长0.25 ~ 0.95米，上部略缠绕；叶深绿色，叶片卵形或卵状长方形，长0.046 ~ 0.074米，宽0.032 ~ 0.046米，两面密被毛茸，质厚，手感略绵软；花蕾成对着生于叶腋，大白、二白和三青期明显可分，二白期花蕾长0.029 ~ 0.043米，最粗处直径0.025 ~ 0.004米，大白期达到最长，在中部以上1/3处向内弯曲并空泡，表面密被短毛绒，苞片狭卵形，长0.01 ~ 0.022米，宽0.007 ~ 0.019米。

小毛花植物形态

药材性状。花蕾呈棒状，细长圆柱形，饱满，两侧微压扁或不扁，中上部近1/4微内折，下端较平直，长0.023 ~ 0.03米，先端1/3以上膨大，直径0.002 ~ 0.0025米，向下渐细，直径约0.001米，极少数花蕾筒呈波状弯曲。表面淡黄色，略显纵向脉纹，密被毛茸腺毛和非腺毛。花萼细小，绿色，长约0.002米，先端5裂，紧贴于花冠筒，裂片边缘具毛。花蕾壁厚，手握略有顶手感。剖开后雄蕊花药5个，黄色、长约0.0028米，气味清香、微苦。

鸡爪花　墩形高桩紧凑，有效枝多，花蕾集中，簇生于花枝顶端，呈鸡爪状故名，便于采摘，丰产性能好，适于密植。有大鸡爪花、小鸡爪花两个品种。

小鸡爪花。根系发达，抗干旱，耐瘠薄，适宜于山岭薄地。花墩较小，直立而紧凑，主干明显，适宜于修剪成单株密植。花枝多，节间较短，拖秧少，叶片密集。花蕾簇集于花枝顶端，形成倒鸡爪形，便于采摘而得名。结花早，现蕾期比大毛花早2 ~ 3天，花针略小。一年内有多茬花，头茬花开花数均值4901.6 ± 1850.07，在不同农家品种金银花中最高。头茬花产量52.1千克/亩，绿原酸含量2.03%，木樨草苷含量0.19%。栽植于瘠薄山地的小鸡爪花全株呈黄绿色，叶片和花蕾较小。栽植于较肥沃土地的小鸡爪花全株绿色，叶片和花蕾较大，为平邑金银花产区的主流农家品种和传统优良品种。

植物形态。多年生半常绿藤本，花墩中型，直径 0.92 ~ 1.16 米，株高 0.44 ~ 0.53 米，植株枝条细弱成簇，全株黄绿色；枝条长 0.24 ~ 0.63 米，直径 0.002 ~ 0.003 米，先端不缠绕，表面被毛。叶黄绿色。叶片宽披针形或卵状披针形，长 0.037 ~ 0.066 米、宽 0.017 ~ 0.036 米，表面疏被毛，略革质。花蕾成对集生于茎顶叶腋，大白、二白、三青期分明，上端 2/3 处内弯，形似倒鸡爪。二白期花蕾长 0.028 ~ 0.04 米，最粗处直径 0.025 ~ 0.035 米，花蕾管壁厚而质实。大白期长可达 0.044 米。苞片狭卵形，长 0.01 ~ 0.021 米、宽 0.004 ~ 0.011 米，每年有多茬花。为传统优良品种和主流品种。

小鸡爪花植物形态

药材性状。花蕾呈细长棒状，多呈镰状弯曲或微弯曲，长 0.021 ~ 0.03 米，自先端向下，常自 0.005 ~ 0.008 米处弯折成镰状，有的仅微弯，横折部分为最粗处，直径 0.002 ~ 0.003 米。向下渐细，直径约 0.0012 米。三青期最粗部位仅长 0.004 ~ 0.005 米。表面淡黄白色，密被腺毛及非腺毛，毛茸较短，至大白期上部较稀疏，有纵向脉纹直达基部；花萼淡绿色，裂片边缘有白色短毛。极少数下部花冠筒呈微波状弯曲。质略硬脆，手握略有顶手感。剖开花蕾，花药集中于最粗处，长约 0.0033 米，花丝微弯曲，向花蕾弯折的方向弯曲。气味清香、微苦。

大鸡爪花　植物形态。多年生半常绿木质藤本，花墩较大，三年生植株直径 0.75 ~ 1.15 米，株高 0.6 ~ 0.75 米，全株绿色。枝条长 0.3 ~ 0.7 米，直径 0.002 ~ 0.003 米，近丛生，少而松散，长短不一，斜升略直立，先端稍有缠绕，密被毛。叶绿色。叶片椭圆形或长椭圆形，长 0.045 ~ 0.062 米、宽 0.027 ~ 0.039 米，基部略心形、被毛，略革质而厚。花集中枝端排列，形似倒鸡爪。花蕾较平直，三青、二白、大白三期分明，二白期花蕾长 0.028 ~ 0.041 米，最粗处直径 0.0022 ~ 0.0032 米，大白期长达 0.047 米，上部略膨大、被毛。苞片狭卵形，长 0.01 ~ 0.022 米、宽 0.006 ~ 0.016 米，有二茬花。

药材性状。花蕾呈细长棒状，微弯或略平直，长 0.022 ~ 0.032 米，先端 1/3 以上部位膨大，直径 0.002 ~ 0.022 米，常于增粗处微弯或直立，向下渐细，直径 0.0008 ~ 0.001 米。表面棕黄色，密被毛茸，幼蕾毛茸更密集，花萼细小，长约 0.002 毫米，裂片斜伸，缘毛长而密。气味淡清香、微苦。

大鸡爪花植物形态

品种选育

2005—2017 年，九间棚农业科技园有限公司培育并通过省或国家品种审定委员会审定或授予新品种权证的金银花林木新品种 2 个。在中国科学院植物所、中国农科院、中国林科院、山东农业大学等科研院校支持下，蒋高明、徐常青、韩兴国等同九间棚农业科技园达成合作协议，在九间棚农业科技园进行金银花新品种培育、研发、选育试验，中科院植物所博士生徐常青在导师蒋高明等指导下，在九间棚农业科技园对金银花新品种进行深入的选育试验和试栽，与刘嘉坤及公司员工共同培育出“九丰一号”“北花一号”金银花新品种。

九丰一号　以传统品种大毛花为亲本，采用多倍体育种技术，在九间棚农业科技园历时 13 年研发，经秋水仙素处理，染色体加倍而形成的四倍体植株，具有多倍体植物器官巨型性特征，根系发达，老茎深褐色，直立性强。枝条粗壮，蔓生，长

0.29 ~ 0.92 米，直径 0.0029 ~ 0.0051 米，节间长约 0.046 米，上部极缠绕，通常搭架管理；幼枝绿色，密被粗硬长绒毛。二年生植株花枝占 91.7%，三年生植株花枝达 99%。叶片椭圆形或长椭圆形，基部略心形，长 0.049 ~ 0.073 米、宽 0.036 ~ 0.051 米，厚约 0.00172 毫米。叶片浓绿色，两面密被长绒毛，叶柄长 0.0075 米；花成对着生于叶腋间，花蕾较长，二白期花蕾长 0.028 ~ 0.05 米，最粗处直径0.032 ~ 0.061 米，大白期至最长可达0.065 米，中部以上微弯而空泡。苞片卵形至狭卵形，长 0.011 ~ 0.033 米、宽 0.006 ~ 0.024 米。一茬花花期五月中、下旬，占全年总产量的 70% 以上，有二茬花。成功选育出来的四倍体金银花优良品种，选育人徐长青、沈华、谭忠、黄晓理、刘嘉坤、廉士东、刘甲太、廉茂法。

1990 年，与中国科学院植物研究所进行研培工作。1993 年秋，用秋水仙素处理优质大毛花种苗，选留优良变异植株。1995 年春，进行大田移栽，经两年的观察试验，1997 年确认变异株性状稳定，丰产性好。在科技园保太园区进行快速扦插繁殖和示范种植，具有明显的多倍体植物器官巨型性特征，表现为花蕾肥大，茎枝粗壮，叶片厚大，叶色浓绿，绒毛多，节间短，结花枝多，徒长枝少。与传统品种相 + 比较，具有以下优势。

产量高　花针个大，花蕾 般长 0.049 米，最长达 0.065 米，千针鲜花重 0.31 千克（大毛花 0.1204 千克，鸡爪花 0.104 千克）。3 ~ 4 年生密植丰产园，亩产干花 150 ~ 200 千克，比传统品种大毛花亩产增产 50% 以上。

有效成分含量高　木樨草苷和绿原酸是金银花的主要有效成分，经国家药监机构化验分析，“九丰一号”金银花的木樨草苷含量 0.16%，绿原酸含量达 4.3%，超过现行《中国药典》规定的绿原酸、木樨草苷含量的标准。

采收工效高　采摘花蕾要靠手工进行，传统品种如大毛花，每人每天可采鲜花 5 ~ 10 千克，而“九丰一号”金银花因花针大、蕾壁厚、花束集中，每人每天可采鲜花 15 ~ 25 千克。

抗逆性、适应性强　“九丰一号”金银花，抗旱耐涝，耐寒性强，高抗病虫害。既适于山区丘陵栽植，也适于土质肥沃的平原地块发展，其根系发达，是防风固沙、保持水土的理想植物，其绒毛浓密粗长，吸尘效果好，抗污染能力强，且花香浓郁、芬芳宜人，具有较高的观赏价值和环保功用，是城市绿化的优良苗木。2004 年 9 月，经中国科学院植物研究所实验室鉴定，九丰一号金银花染色体核型为 2n = 36，属染色体加倍后的四倍体金银花新品种（普通品种金银花染色体核型为 2n = 18）。花蕾经中国药品生物制品检定所指纹图谱鉴定，与亲本大毛花完全一致，属《中国药典》（2005 年版）规定的正品金银花，保持了传统金银花药材的道地性。2004 年 12 月，通过山东省科技厅科学技术成果鉴定（鲁科成鉴字［2004］第 813 号），专家鉴定委员会认为“该品种达到金银花育种研究的国际领先水平”，被评定为国家级“林木良种”，定名为“九丰一号”。2005 年 12 月，通过山东省林业厅林木良种审定，授予苗木良种证书（鲁 S-SV-LJ-004-2005）；开始在北京、重庆、广东、云南、湖南、青海推广种植。2006 年，被科技部列为国家级星火计划项目。2011 年 11 月，九丰一号金银花种苗获优质产品奖（山东省林业局鲁林产字［2011］459 号）。

“九丰一号”林木良种证

"九丰一号"金银花，从形态上与传统品种比较：根深、茎粗、叶大而厚、顶部尖，毛多；花蕾硕大，花壁厚，毛长，花针长比亲本大1倍，花瓣厚度是亲本的2.17倍，千蕾鲜花重是亲本的2.19倍，千蕾干花重是亲本的1.79倍，花蕾中绿原酸含量等有效成分比亲本有大幅提高。还具有极强的适应性和抗逆性，茎叶粗大，叶色浓绿，光合作用强，茎叶绒毛粗硬而长，尤其幼叶绒毛粗长，极抗忍冬圆尾蚜，叶片蜡质层厚而多，根系发达，具有极强的抗旱、耐瘠薄能力，具有很强的水土保持、防风固沙能力。"九丰一号"金银花生命周期可达40年以上，正常情况下，种植3年后进入丰产期，亩纯收入可保持在6000元以上。到2020年，推广种植6667公顷。

"九丰一号"金银花（2010年5月 摄）

北花一号　金银花优良品种，是山东道地金银花主产区传统品种"大毛花"的自然变异种，由山东九间棚集团公司采用系统育种方法，经过10年定向培育而成；2015年4月，命名为"北花一号"。其品质保留传统品种大毛花的抗旱、耐寒、耐瘠薄、耐盐碱等优点，花蕾可长达10～15天不开花，延长采摘期。

花蕾期长、采摘方便　大白期花蕾10～15天不开花，延长最佳采摘期，一般每茬花季集中采收2～3次，避免雨天采摘不便弃采减收、晾晒不便霉烂变质等弊端。花枝节间短，叶片下垂，花蕾大、集中外露、簇生叶腋和枝顶，人工采摘方便，可大把采收，每人每天可采鲜花40～50千克，晒成干花8～10千克，采摘工效提高3～4倍，按亩产干花100千克计算，可节省采摘成本3000元。

成分含量高　经中国医学科学院等机构鉴定，北花一号金银花绿原酸含量3.2%，《中国药典》规定高，比传统品种大毛花高6.7%和77.8%。

花蕾大、产量高，徒长枝少　两年以上花墩基本是结花枝，且花蕾大、花针长，花蕾期长、开花头少，头茬花千蕾鲜花重310克左右，是大毛花的2.5倍。花蕾期长，产量高，密植丰产园盛花期亩产干花100～150千克，比传统品种大毛花增产30%以上。所采鲜花可自然晾晒或机械杀青烘烤，干花整齐洁净外观好。

抗逆性强、直立性好、适应性广　北花一号金银花保留了传统品种大毛花的抗旱、耐寒、耐瘠薄、耐盐碱等优点，可在山区旱地、沟边地堰、边疆荒漠地区栽植，具备主干直立性好、易培育成树形金银花，枝条节间短，叶片下垂，花墩外围枝蔓中上部花蕾集中，花蕾硕大，方便田间管理和鲜花采摘，提高通风透光性和金银花开花量，也适宜平原地区、密植丰产园发展，为生态绿化、美化城镇、旅游观光的优良植物。

金银花绿色生态生产技术示范与推广（2019YQ025），山东省农业科技园区产业提升项目，经费100万元，时间为2019—2022年，所在园区平邑金银花省级农业科技园，承担单位山东省农业科学院农产品研究所，合作单位平邑县九间棚农业科技园有限公司、平邑县九间棚金银花专业合作社，主持人倪大鹏。

品种推广

九间棚金银花栽培历史逾200年，2015年9月25日，村党委书记刘嘉坤到云南省农业干部学院为250名村（社区）培训学员讲授金银花种植技术。2016年，甘肃省定西市遭遇有气象记录50年不遇大旱，造成玉米等作物几乎绝收，本草元合作社2013年在蔡铺村建立基地集中种植3.33

公顷金银花进入生长盛花期，长势旺盛，每亩获得5000多元的收入。在该合作社的带动下，周边64户贫困户分散种植13.33公顷，以“专业合作社+基地+农户”的运作模式，推广金银花种植面积40公顷。

2017年7月13日，山东省金银花行业协会党委书记、山东九间棚投资有限公司董事长刘嘉坤带领考察团成员，山东九间棚投资有限公司总经理张建平，山东九间棚投资有限公司董事长助理、新疆九间棚农业科技有限公司总经理马九林到甘肃省通渭县李家店乡考察金银花产业发展情况，县委副书记谢占武、县政府副县长徐斌科及县农牧林业局局长郑顺吉、甘肃九间棚农业科技有限公司总经理翟玉生、乡党委书记张建胜、分管副乡长王国强陪同考察姚川村金银花产业发展示范基地、姚川村泰清园金银花农民专业合作社，实地查看金银花长势，了解金银花鲜花采摘收购，指导解决金银花产业发展存在的困难和问题。

2017年，李家店乡落实金银花种植面积93公顷，涉及农户283户，其中涵盖建档立卡贫困户119户，共调运栽植北花1号63.9万株、九丰2号35.9万株。其中姚川村共5个组132户538人，建档立卡贫困户34户167人，有耕地面积155.2公顷，植金银花35.72公顷，涉及79户308人，占总户数的59.8%、57.2%，涵盖建档立卡贫困户34户167人，占建档立卡贫困户的100%。并设立鲜花收购点，按鲜花16元/千克、干花收购价100元/千克进行收购。

第三节 栽培管理

大面积种植始于清嘉庆初年，《费县志》[清光绪二十二年（1896年）版]载：“花有黄白故名金银花，从前有之，不过采以代茶，至嘉庆初，商旅贩往他处，辄获厚利，不数年，山角水湄栽植几遍。”迄今二百多年，是中国正品金银花的原产地和主产区，种植品种多样，传统品种有大毛花、小毛花、鸡爪花等。所产金银花以花蕾大、色泽纯正、绿原酸和木樨草苷含量高而享誉国内外。野生金银花多分布于蒙山地区，自清嘉庆初年开始人工栽培，遍布蒙山、尼山地区的郑城、铜石、流峪、保太、地方等地。

中华人民共和国成立前，蒙山地区金银花年产量不足10万千克。中华人民共和国成立后，金银花产量逐年增加，因质量上乘被国家列为主要生产基地。1966年，全县金银花总产量20万千克，其中九间棚金银花产量15.8千克。20世纪60—70年代，集体经济以粮为纲，金银花品种培育、产品开发滞后，造成金银花生产出现2次“栽了刨，刨了栽”的现象。改革开放后，实行农业生产责任制，九间棚村推行“花随地走，谁栽谁有”，并应用新的田间管理技术，使老花墩更新复壮，新花墩快速发展，培育新的优良品种，金银花产量大幅度上升。1983年全村金银花产量58千克。1988年，全村散生栽培金银花1700墩，密植金银花0.3公顷，产量150千克。2005年后，通过龙头企业、合作社形式带动、推动金银花产业发展。合作社组织生产经营，形成“企业+基地+合作社+农户”生产经营模式。按照GAP标准建设金银花种植示范园20公顷，通过GAP认证10公顷。2019年，全村发展金银花40公顷，年产量4000千克，占全县总产量的2.67%。发展飞地金银花产业园8个6667公顷，年产量900万千克。

金银花种植适宜区域

金银花适应性较强，在全国大部分地区的平原、丘陵、山区均可种植，云贵高原是最适宜种植的区域。寒冷的内蒙古及新疆、西藏、青海等部分地区不宜发展金银花。排水不畅的涝洼地块易造成涝灾，不宜发展金银花种植业。

土壤处理

土壤是金银花生长的基础，土壤保持疏松，通透性良好，保水保肥力强，有利于金银花的生长发育。九间棚村金银花栽植在丘陵山地，多为褐砾土，土层薄、碎小石块多，排水通气良好，保肥保水力差，有机质含量0.3%～0.6%，水土流失严重。土壤改良的重点是水土保持，在每年的冬春农闲季节对植有金银花的梯田地堰、水平阶、鱼鳞坑进行检查整修，按等高线进行整理，尽量达到水平，提高水土保持能力。为防止土壤板结，提高保肥保水能力，实行六不用技术种植管理，金银花园地每3年深翻1次，深度0.4～0.5米。方法为距主干0.2～0.3米处出沟，渐次外延，将表土和基肥混合翻入地下，整平地面，一次完成，为根系生长发育创造条件。

土壤耕作　六不用金银花园地每年冬春要结合施基肥进行深刨、扩穴、清墩等管理，深度2.5～3米，拾净杂草碎石块，整平地面。土壤耕作能加深耕作层，增加土壤的通透性和蓄水能力，同时消灭地下越冬害虫。

杂草控制　中耕除草是夏季管理的一项经常性工作，一年内进行2～3次，利于抗旱保墒，清除杂草，节省养分，促进花墩壮旺。21世纪初，推广生态种植模式，多采用生草、留草、控草的方法，创造生态多样性，改善田间生态环境，调节昆虫生态平衡，有利于抑制病虫害发生。为控制杂草，生产上推广覆盖无纺布、黑地膜、粉碎的作物秸秆等物料，同时提高抗旱能力和土壤肥力。

育苗

金银花的繁殖方法有两种，有性繁殖，用种子育苗移栽；无性繁殖，压条栽培和插条育苗移栽，生产中以无性繁殖为主。

种子繁殖　种子育苗移栽，始于20世纪60年代，盛于70年代。选择土层疏松，排水良好，近水源的肥沃沙壤土做育苗圃，每平方米施堆肥4千克，深翻0.3米，整成宽1米左右的平畦备用。4月播种，将种子在35℃～40℃温水中浸泡24小时，取出置入2～3倍细湿沙中催芽，等裂口达30%左右时播种。在畦上按行距0.21～0.22米开沟播种，覆土0.01米，每2天喷水1次，10余日即可出苗，秋后或第2年春季移栽，每公顷用种子1.5千克。因费工费时、成本高，1985年后停用。

扦插繁殖　俗称压条栽培，已沿用200余年。在准备好的育苗圃中进行畦苗，一般在清明后至霜降节气间均可扦插育苗，育苗选用1～2年生无病虫害、直径0.002～0.004米的健壮枝条做插条，太老太嫩的枝条成活率低，不宜采用，截成0.2～0.3米，摘去下部叶片作插条，每个插条要有3个以上的叶节，随剪随用。夏秋育苗要保留2～4个叶片，开沟深0.2米，插条应斜放沟内，按株距0.02米、行距0.25米要求扦插，埋土时要露出一对叶芽，踏实，浇透水，2～3个星期后即可生根，30天后追施适量氮肥，4～6个月后种苗育成可移栽。栽植地的土壤要求与育苗地类同。

大暑至立秋节气间插条育苗因汛期土壤水分大，易造成插条入土部沤烂成活率降低。

移栽

金银花适应性强，对土壤的选择性广，酸性，盐碱地均能生长，以土层较厚的沙质壤土为佳。山坡、梯田、地堰、堤坝、瘠薄的丘陵均可栽培。因其根系发达，生根力强，为较好的固土保水植物。

中华人民共和国成立后，村民将金银花作为多种经营的主产业，制定“一花六果”（金银花，山楂、梨、苹果、桃、柿子、核桃）发展计划，刘嘉坤提出“想发家，多栽金银花”的口号。改革开放后，村“两委”成立九间棚金银花生产协会，聘请县科技部门技术员进村办班讲解金银花栽培管理技术，指导村民施肥、剪枝、治虫，采摘加工，“花随地走，谁栽谁有”长期不变，全村金银花栽培管理技术具全县领先水平。

金银花为推广精细化管理，采用先育苗后移栽方式，按株栽植。2018年，种植667平方米金银花，需一次投入3150元种苗费，当年可收入1000～3000元，第二年可收入

3000 ~ 5000 元，第三年进入盛花期后可收入5000元以上。种植一次，可生长、收益20 ~ 30年。

选地与整地　种植金银花的地块要耕翻整理，施足基肥。平原、低洼地块可采取起垄或畦田方式种植。山区丘陵可根据地势，沿等高线起垄或挖鱼鳞穴栽植。为便于管理，整地时要做到利于灌水、排水。定植前施入充足的底肥，一般做法是结合耕翻亩施有机肥4000 ~ 5000千克。2017年，九间棚村寿山农场利用流转荒山40公顷，租赁邻村荒山45公顷，建立六不用金银花生产园。用挖掘机将荒山深翻1米，建成条带，使其风化闲置1年后，进行深耕、施用有机土杂肥，安装高效太阳能杀虫灯，栽种北花一号金银花。

定植　一年四季只要土地不结冻，均可栽植金银花，以春秋季节栽植最宜，成活率高。栽植时挖长、宽、深各0.3米左右的穴坑，放入苗木，保持直立状态，覆上疏松细土并压紧踏实（黏土地不宜压实过紧），浇足水，待水分下渗无明水后，再培土封墩，恢复垄形或整成穴盘，以便田间管理。培土后苗木栽植深度0.15米左右。在干旱地区和干旱季节，可采用地膜覆盖栽植，抗旱保墒效果更佳。苗木栽植时不要在穴中直接施用化学肥料，以免烧苗或影响缓苗期生长。

合理密植　金银花群体结构的合理化一般通过前期密植、后期修整，使群体内植株对光温水气肥的竞争调整到总体效益最大化，以提高群体的通风透光性和水肥利用率，实现植株群体结构和密度合理化。利用空间和土地养分及水分，改变幼龄期低产状况，相对缩短幼龄期，使群体盛花提前到栽后的2 ~ 3年；“六不用”金银花适宜密植栽培，比传统栽种每亩用苗高5% ~ 10%，行距、株距缩小0.05米。

栽植时挑选健壮的秧苗　山岭地栽植的规格是墩距0.8 ~ 1米，行距1 ~ 1.5米，挖坑0.2 ~ 0.3米，放苗5棵，摆成一字形或三角形，用活土将秧苗固定踏实，水渗下去后，再覆一层土保湿，然后迎着山坡围一半月形围堰，以蓄积坡上下来的雨水，利于秧苗成活及生长。

平地栽培按墩距1 ~ 1.5米，行距1.5 ~ 2米，每穴放苗4 ~ 6棵，梅花形摆放，其他栽种要求与山岭地相同。覆土后在苗的四周修一圆形围堰用来蓄积雨水。地膜覆盖栽培是干旱地区确保移栽成活的办法。金银花也可单株种植，但此方式投产稍晚，成园后易采收，方便管理，适合高肥水地块。

栽培模式　根据金银花的生长习性，规模化种植推广的栽培模式有“簇墩形、篱架吊蔓形、主干树形、立杆辅助形”4种。“六不用”金银花的栽培模式有“簇墩形、主干树形、立杆辅助形”3种。

九间棚村金银花种植模式经济效益情况表

表4-1　　　　单位：米、株

模式	适种区域	土地利用率	空间利用率	管理成本	管理难度	进入丰产期	株（墩）行距	每墩载苗数量	每亩用苗数量
簇墩形	山地丘陵	高	低	低	低	2 ~ 4年	1 × 1.5	2 ~ 3	888 ~ 1332
篱架吊蔓形	低山丘陵	高	高	高	中	3 ~ 5年	1.5 × 0.5	1	888
主干树形	平原丘陵	中	中	高	高	3 ~ 5年	0.5 × 0.75	1	1776
立杆辅助	平原丘陵	中	中	高	高	3 ~ 5年	1 × 1.5	3	1332

说明：后两种形态均可在丘陵地种植，但要求丘陵地比较平缓

簇墩形　适于山区丘陵地块及风沙地、地边地堰等采用，在平原地块采用簇墩形需起垄或畦田栽植。省工省事，管理技术简便。同时，由于每墩栽植多株金银花苗木，定植后具有自身更新、连绵不断的生命力。

整地后依据地势起垄，植行距1.5米，间距0.7米，栽种时，打12厘米深，6厘米宽的洞穴，每穴呈放射状定植2～3株种苗，取土覆在金银花上面，两边压实，每公顷6660墩。定植后形成株行距1×1.5米布局。

簇墩形

篱架吊蔓形　株距0.5米、行距1.5米单株定植，每亩栽植888株，主栽模式南北向，以利通风透光，定植时参考区域风向等气候情况，避免因垂直风向起架造成劲风匍匐。行间每隔8米左右立高2米水泥杆1根（其中埋入地下0.5米），在水泥杆地面以上0.7米和0.14米处各拉一条钢丝形成篱架。每株金银花选留1～2条主蔓，对主蔓以外的枝条剪除。待主蔓生长到0.3米后，分别用布条将其吊拉到钢丝上。布条结扣可系在主蔓上的侧枝基部并适当疏松留有余地，吊拉不宜过紧。待主蔓依附布条长到顶部钢丝以上0.2米后，进行上部摘心、下部距地面0.2米以下抹除萌芽，使选留的主蔓尽快成长为粗壮直立的灌木体。

金银花篱架吊蔓栽培是平邑县九间棚农业科技园有限公司研究开发的金银花栽培新技术，适应九丰一号金银花高产耐肥水的特点，适宜在土质肥沃的平原地块采用。由于吊蔓立体生长，可充分利用立体空间，通风透光，产量高，质量好，又便于采花和修剪。

主干树形　单株栽植，分层留枝，最终形成金字塔形树体结构。单株定植，在植株近旁，插立竹竿，竹竿高出地面1.25米。选留主蔓，绑在竹竿上攀附生长，其余枝蔓全部剪除。待主蔓超过1.25米时摘心，促发分枝。对主蔓地面0.3米以下萌芽、萌蘖，随时抹除。由此向上选留3～4层分枝，通过3～4年的时间，生长期修剪和冬季修剪相结合，培养出主干及主干延长枝粗壮，其上着生12～15个主枝的主干树形冠体结构。栽植时株行距0.5米×0.75米，每亩栽苗1776株。栽植后第3～4年，根据金银花长势情况分别隔株去株、隔行去行，移除植株另外选地栽植或对外出售。最终定植后株行距为1米×1.5米，每亩保留444株。措施：插竿绑扶、强行定干、分层留枝、逐年完善、移植。

绑扶　对单株定植的金银花，在植株旁插一竹竿或木棍，竿长1.3～1.5米，选取主蔓或一条比较粗壮的枝蔓作为主干，绑缚在竹竿上。定干。栽植缓苗后对主干以外的萌芽、枝蔓抹除，力促主干发育。待主蔓长到0.5～0.6米时摘心，促使侧芽萌生。

主干树形栽种模式适于平原地区、低洼潮湿地块采用，具有充分利用地面以上空间发展、树体通风透光、提高产量和质量、管理和采花方便等优点。因是单株树形栽植，老龄花墩如因病虫危害等造成枯死缺株，需通过移植补栽，长势参差不齐，影响产量。

主干树形

立杆辅助形墩　行距1米×1.5米，每亩栽植444墩，每墩三角形栽苗3株，在植株旁立杆做架，让茎蔓攀缘架上。一般用三根竹竿插埋土中，形成1.3米左右稳定的三角支架。将三株金银花主蔓各攀附一竿，每株再适当选留部分分枝，通过逐年冬季修剪和生长期修剪，最终形成三株鼎立环绕、枝条分布均匀、株内通风透光的丰产墩形。

中华人民共和国成立前，村民对金银花只栽不管，不施肥、修剪、治虫，任其自然生长，产量低而不稳，金银花产业发展缓慢。改革开放后，金银花生产要求保护农业生态环境，讲究科学合理施肥。

肥料作用　施肥对植株生长发育和化学成分含量都有一定影响。据山东中医药大学徐凌川研究，复合肥与氮肥对忍冬植株的生长有明显的促进作用，而磷钾对其影响不大。施肥对其生长情况的影响，还明显地表现在叶片上。施氮肥者叶色最绿，其次是施复合肥者，其他无明显差别，氮肥和复合肥可显著提高忍冬植株叶片中叶绿素的含量。氮、磷、钾及复合肥均可促进忍冬植株花芽的分化，显著提高花朵数量，从而使金银花药材的产量得到显著提高。肥料除对花芽数量及药材产量有影响外，还可延迟金银花花期，尤其氮肥最为明显。施氮肥和复合肥均可促进忍冬植株的生长，并使其叶色浓绿，其他肥料影响不明显；氮、磷、钾及复合肥均可促进忍冬植株花芽的分化，促进的大小顺序是氮肥＞复合肥＞磷肥＞钾肥。

磷肥可显著提高忍冬叶中绿原酸的含量，而氮肥、钾肥、复合肥均能使忍冬叶中绿原酸含量降低。氮肥可显著提高叶中可溶性糖的含量，而钾肥却能降低叶中可溶性糖的含量。氮肥和复合肥还能使忍冬叶内的游离氨基酸含量有大幅度提高。磷肥能使花中绿原酸含量提高14.44%，氮肥使其降低6.78%；磷肥能使花中可溶性糖的含量降低21.54%，其他肥料影响不明显；氮、磷、钾及复合肥均可提高花中游离氨基酸的含量，其中氮肥及复合肥影响较为明显，分别提高145.46%和58.25%。氮肥能使叶、花中绿原酸含量分别降低32.99%和6.78%，而磷肥却能使叶、花中绿原酸含量分别提高8.68%和14.44%，这就表明，在栽培生产中要在施用氮肥的同时，适当多施磷肥，这样既能促进植株花芽分化的数量，又能促进绿原酸在花蕾中的合成，在增产的同时保证药材的质量。在栽培生产中，施用氮肥虽然降低了忍冬叶、花中绿原酸的含量，但能使叶、花的产量大幅提高，还能提高叶、花中可溶性糖、游离氨基酸等营养成分的含量。因此，如将忍冬叶、花用于食品、饮料，则可考虑多施氮肥及复合肥，一方面可提高产品的营养价值；另一方面，由于绿原酸含量降低，还有助于使液体饮料不产生或少产生沉淀。

肥料种类　分为有机肥和无机肥两类。

有机肥料主要有各类圈肥、堆肥、绿肥等，内含腐殖质和植物生长所需的多种元素，对改良土壤理化性状，降低土壤容重，增加保水保肥能力有重要作用。肥效慢，有效期长，主要用作基肥。无机肥料主要是单元素化肥或三元素复合肥，氮肥如尿素、硫氨、碳氨等，磷肥如过磷酸钙，钾肥如硫酸钾，无机肥的特点是肥效快，有效期短，主要用于生长期追肥和叶面喷肥。施肥方法一般分为基肥和追肥两种。基肥以有机肥为主，化肥为辅。追肥多用无机肥。施肥的原则是以有机肥为主，无机肥为辅；基肥为主，追肥为辅；平衡施肥，均衡营养，实现优质高产。

基肥　在耕翻上地或栽植苗木时施用，主要作用是供给金银花生长期所需要的养分，改良土壤，培肥地力。一般亩施优质腐熟畜禽圈肥等有机肥料1000～1500千克、复混化肥40～50千克。施用方法可选用撒施、环状沟施、放射沟施、月牙沟施等方式。撒施并耕翻入土，肥料与土壤拌匀后深埋，深度0.3～0.4米，肥料不接触根系。渡过缓苗期的苗木周围环状沟施或挖坑穴施。在冬初土壤封冻前或早春金银花萌芽前，每亩沟施或穴施腐熟有机肥4000～5000千克（每墩施用8～10千克）。

追肥　在金银花生长期进行，对新栽植金银花，要在缓苗后及时追施提苗肥。施肥种类以氮素化肥为主，复混肥料为辅。施肥量一般亩施化肥 30 ~ 40 千克（每墩 0.05 ~ 0.06 千克）。此后，可视金银花长势情况再予追施 1 次，施肥量酌情增加。

栽植后 1 ~ 2 年内，是金银花植株发育定型期，多施人畜粪、草木灰、尿素、硫酸钾等肥料。栽植 2 ~ 3 年后，每年初春，应多施畜杂肥、厩肥、饼肥、过磷酸钙等肥料。第一茬花采收后即应追适量氮、磷、钾复合肥料，为下茬花提供充足的养分。每年早春萌芽后和第一批花收完时，开环沟浇施人粪尿、化肥等。施肥处理对金银花营养生长的促进作用大小顺序为：尿素 + 磷酸二氢铵，硫酸钾复合肥，尿素，碳酸氢铵，其中尿素 + 磷酸二氢铵、硫酸钾复合肥、尿素能够显著提高金银花产量，每墩追肥以追施尿素 + 磷酸二铵（0.15+0.1 千克）或 0.25 千克硫酸钾复合肥。

多年生金银花，一般在春季萌芽前后及每茬花采摘后施用追肥并及时浇水，如无水浇条件则应选择降雨前后施用。施肥种类以氮肥、氮磷钾复合肥及复混肥为主。施肥量亩施复合肥 50 ~ 80 千克（或每墩 0.1 ~ 0.15 千克）。

冬初追施基肥

追肥方法分为穴施和沟施　穴施要多穴少施，即挖穴数量要多、每穴施肥量要少。沟施又分为放射状沟施、月牙形沟施和环状沟施。一般穴深或沟深 0.2 ~ 0.4 米，距主根 0.2 米以外，不能太近，以防损伤主根。施肥后要将沟穴内的肥料与土壤充分拌匀，并在封土后浇足水分。没有水浇条件的地块可在降雨前后进行追施。

九丰一号金银花春季萌芽早（比普通品种早 5 ~ 7 天），头茬花量大（占全年花量的 70%），盛花期过后更应注意及时追肥。否则，夏秋季节可能出现老叶收缩卷曲、早衰变黄等现象。

限用及禁用肥料　根据国家《中药材生产质量管理规范（试行）》要求，中药材生产要有限度地使用化学肥料，禁止使用城市生活垃圾、工业垃圾及医院垃圾。对畜禽养殖场含有火碱成分的肥料和含氯化肥不宜使用。

施肥时期　基肥在 10 月至第二年 3 月，据试验，秋冬施比春施效果好，追肥是在发芽后及一、二、三茬花采收后进行，一年可追 4 次。施肥方法有撒施和沟施 2 种。撒施就是将肥料均匀地撒入园中，结合深刨翻入土中。该法施肥范围大，肥料分布均匀，利于根系吸收。同时，因施肥较浅，易引根上延。

九间棚村金银花种植氮、磷、钾施肥用量与产量关系对照情况表

表 4–2　　　　单位：千克、%

肥料种类	墩肥量	鲜花产量	增产率
尿素	0.02	0.32	1.5
	0.03	0.38	22.8
	0.04	0.42	35.4
	0.05	0.43	38.2
过磷酸钙	0.015	0.33	4.8
	0.025	0.36	14.4
	0.035	0.36	15
硫酸钾	0.01	0.32	4.1
	0.02	0.38	22.8
	0.03	0.41	30.9
CK	—	0.31	0

说明：调查墩数 100 墩，施肥量为元素纯量

施肥方式　开沟施肥，分为环状沟施、月牙沟施、放射沟施、穴施 4 种。穴施，花农又称满天星施肥法。一般沟宽为 3 米，深 4 米，长度根据情况而定。将肥料施入沟内与土混匀，上边覆土。施肥

量为一般成龄墩圈肥 5 ~ 7.5 千克。追肥每次尿素 0.03 ~ 0.05 千克。在墩势相同等条件下，分别施尿素 0.02 千克、0.03 千克、0.04 千克、0.05 千克，每墩鲜花重量分别为 0.315 千克、0.381 千克、0.420 千克、0.4286 千克，产量随施肥量的增加而递增。施过磷酸钙 0.015 千克、0.025 千克、0.035 千克和施硫酸钾 0.01 千克、0.02 千克、0.03 千克，都收到良好的增产效果。氮、磷、钾单因子增产作用试验结果是氮肥 > 磷肥 > 钾肥，配合施用的增产效果是氮磷 > 氮钾 > 磷钾。结论是对金银花增施氮肥，墩势壮旺，发枝多，产量高。

叶面施肥　又称根外追肥，其特点为收效快，养分利率高，节省劳力。一年中可多次进行，也可结合打药进行，方法是将尿素、叶肥、磷酸二氢钾等溶于水中，一般为 300 ~ 400 倍，用喷雾器喷洒叶面，通过气孔吸收利用。

穴贮施肥　用玉米秸或其他作物的秸秆扎成直径 0.2 米粗的草把，截成长 0.35 米一个，先用人尿或水泡透，然后在墩冠外缘 0.2 米处，挖深 0.4 米，直径 0.25 米的圆穴，将草把放入，四周用土培好。用 0.025 千克尿素撒于上面，浇水 2.5 ~ 3 千克，最后上面盖一石板或培土，以后每隔 10 天浇水 1 次，加尿素 0.025 千克，至 4 月下旬育蕾期止。穴贮时间：3 月上旬开始，每株 1 穴。每年变换位置，4 年一循环。

使用绿肥　绿肥是解决金银花生产中有机肥不足的途径，作物的秸秆、杂草回田是有限的，在金银花地块周围，种植绿肥作物，不仅优化生态环境，还能增加有机肥源，常种植的绿肥作物主要有草木樨、毛叶苕子、箭舌豌豆、棉槐、紫花苜蓿等。

田间管理

金银花的田间管理以中耕除草、追施肥料、水分管理、消除病虫害为主。

中耕除草　中耕除草是金银花生长季节一项经常性的管理工作，一年进行 2 ~ 3 次，通过划锄清除杂草，抗旱保墒。金银花系多年生药食兼用植物，栽植后生产期 10 年以上，为生产优质无公害金银花产品，避免农药在土壤和金银花植株中双重残留并逐年积累，因此在金银花生产中禁用除草剂、剧毒农药。山地中耕除草一般使用锄、人工进行，熟练工每日可完成 0.15 公顷。金银花产业园可采用机械化进行中耕除草。

中耕除草（2020 年 4 月 摄）

水分管理　金银花较耐干旱，特大干旱年份，需要人工灌溉。采用引水漫灌、微灌或滴灌。

浇水　金银花在生长发育过程中，需要供应一定的水分，但从总体生长过程看，金银花喜干燥气候，尤其在金银花的育蕾过程中，若供水过多，会造成有效成分降低。在育蕾期，宁旱勿涝。金银花的需水时期是在一年的两头。分别为：萌动水，于春季芽子萌动期（3 月上旬）浇水，而且要灌足，可提前发芽育蕾 2 ~ 3 天，花墩生长旺盛；封冻水，在初冬浇灌，适宜挖沟漫灌，浇水方法为先开沟，后浇水，等水渗下后封土。根据情况，也可喷灌、滴灌，推广肥水一体化技术。早春不宜大水漫灌。

排水　山区丘陵地势复杂，每逢雨季，山泉喷涌、地表水溢流，常有冲刷积水现象。平原地带地势平坦，常遇积水涝灾。育苗地块、种植大田雨季做好排好工作，防止水土流失和地堰冲坏；方法是在园地四周挖好排水沟，平坦地带沿路设置排水沟，以路带渠。

整形修剪

金银花是一种喜光性、多年生植物，一年多次分枝，自然更新能力强，花蕾着生在新枝上，自然生长的金银花，由于植株生长茂密，通风透光不良，叶子容易发黄脱落，易生病虫害，结花数量少，结花枝条尽管能够继续生长，但不能再孕蕾结花，只有在已结花母枝上发出新的枝条，才能进行花芽分化形成花蕾。整形，即通过修理枝条，使花墩有一个合理形态结构和良好的骨干枝，修剪是在整形基础上对各类枝条的生长发育进行调节，整形和修剪两项技术相互关联。

整形修剪原则　因枝修剪，随墩造型，做到“有形不死、无形不乱”。长远规划，全面安排。平衡墩势，通风透光。整形修剪使骨干布局合理，通风透光，墩势健壮。更新墩势，延长寿命。合理密植，便于管理。减少病虫，提高产量和品质。根据不同栽培模式要求、花龄长短和长势情况，决定修剪或保留的枝条及其修剪程度，随枝就势，适当调控，诱导成形，合理分布，以利通风透光。幼龄花墩以促进早发快长、培育骨干枝条、争取早期丰产为目标，适当轻剪培壮。对成龄花墩和过旺花墩，则适当重剪，以利丰产稳产。平衡墩势，通风透光，对各级骨干枝条要扶弱抑强、促控结合，促进均衡发展，形成圆满紧凑墩形。针对不同的栽培模式和造型要求，采取不同的整形修剪方法。通过合理修剪，有效地控制株型和枝条的生长发育，促进新枝的萌发、花芽的分化和花蕾的形成。同等条件下，修剪比不修剪，增产 14% ~ 44.9%。通过整形修剪，实现金银花丰产、优质、延长寿命目标。

枝条类型　主干指地面至上部分枝处的一段。骨干枝指组成墩冠骨干架构的永久性枝，按枝龄可分为一、二、三级骨干枝。徒长枝指生长直立粗壮，节间长，芽子瘪，组织不充分的枝条，常由根茎部或骨干枝基部生出。结花母枝指上年春或夏生出的紫红色或褐色枝条，基径在 0.5 厘米以上，能抽生花枝的枝条。新梢是当年生出的枝条，一年可多次发生，春、夏梢比较粗壮，秋梢细弱。有效枝和无效枝当年生能抽生出花蕾或花枝的枝条，一般较粗壮。不结花的叫无效枝，一般比较细弱。基芽是生于 1 ~ 2 年生枝条基部的定芽，5 ~ 6 个芽围生，芽体健壮饱满，抽生枝条茁壮，是调整骨干枝的主要枝条。不定芽是在主干或骨干枝上萌发的芽子，易萌发，生出的枝条多为徒长枝。

修剪方法　主要有短截、疏枝、缩剪、摘心抹芽。短截是将一年生枝条剪去一段，分为轻短截和重短截两种。在枝条的 4 ~ 5 节处短截叫轻短截，在枝条的 2 ~ 3 节处短截为重短截。疏枝是把一个枝条从基部剪除。通常用于一些密挤枝条和细弱枝条，利于改善通风透光照条件。缩剪是对多生秧枝，剪去一部分或大部分的方法。摘心抹芽是在生长季节把新梢的顶心摘除叫摘心，对新梢摘心有促进二次枝生长和提前育蕾的作用。抹芽就是对某些部位长出后也没有用处的基芽或不定芽提前抹除，节省养分，利于墩内透光。

墩形结构　主要有自然圆头形和伞状形。自然圆头形，主干 1 个，高 2 米左右，一级骨干枝 2 ~ 3 个，二级骨干枝 7 ~ 11 个，三级骨干枝 18 ~ 25 个，结花母枝 80 ~ 100 个，自然均匀地分布在主干上。墩高 1 ~ 1.2 米，冠径 0.8 ~ 1 米。优点是空间利用率高，通风透光、丰产性能好，适于密植。缺点是整形难，结花晚。伞状形，主干 3 个，高 0.15 ~ 0.2 米，一级骨干枝 6 ~ 7 个，二级骨干枝 12 ~ 15 个，三级骨干枝 20 ~ 30 个，结花母枝 80 ~ 120 个。上下左右均匀排列，不拘一格，墩高 0.8 ~ 1 米，冠径 1.2 ~ 1.4 米，上大下小像一把伞。优点是成型早，收效快。缺点是花秧易着地，常有捂秧现象。

休眠期修剪　气温降至零摄氏度以下，在 12 月至翌年的 2 月下旬，金银花进入休眠期，选留健壮的结花母枝，剪除老弱枝、病虫枝、交叉枝、下垂枝、过密枝、枯死枝。对徒长枝短截可培养新的骨干枝，如此不断去旧更新，可使花墩直立变小，保持旺盛的生命力，留下的结花母枝总数掌握在山岭地每墩 100 ~ 120 个，肥沃地每墩 120 ~ 150 个。4 年以下花墩为幼年花墩，修剪的主要任务是选留骨干枝和培育墩形，第一年选留健壮的枝条，在 3 ~ 5 个叶节处剪掉，留作一级骨干枝，每墩留 6 ~ 8 个，其余的剪掉。此后 2 年要先整形后修剪，可拉枝开张角度，在一级骨干枝条上选留 2、3 级骨干枝，旺条轻截留 3 ~

5节，弱枝重截留2～3节，短截后的枝条称为结花母枝，3年以下的花墩留50～80个结花母枝，4年花墩可留100个左右。结花母枝分布要均匀，间距0.08～0.1米，5年以上的花墩墩型已经整好。20年以上的花墩逐渐衰老，修剪时除留足结花母枝外，主要是进行骨干枝更新复壮，多生新枝，使其墩龄老而枝龄小，方可保持产量。方法是疏截并用，抑前促后。修剪后，要进行清墩整穴，结合深翻有计划地进行断根，可促进根系的发育，提高根系的活力，增加产量，关键是每次断根的量不要超过总根量的1/4。把清墩的枯枝落叶掩埋，可有效消灭藏身的虫卵，防止病虫害的发生，又可作沤肥改土。修剪完后进行清园，病虫枝要掩埋或焚烧，壮枝可用做育苗。

绿期修剪 头茬花后进行生长期修剪，又称绿期修剪。金银花的花蕾都生在新枝上，已结过花的枝条不再结花。对已开过花的枝条适当短截，促新枝萌发和新花蕾形成，有利于多茬花的形成，故绿剪以修枝短截为主。第一次绿剪在头茬花后的5月下旬，对超过0.6米的长枝、弱枝、缠绕枝条，留3～4个节间进行短截，对过密枝和徒长枝进行疏除，其余枝条轻剪或不剪。根据墩势和地力，每墩选留100～150个结花母枝，结合修剪，要注意除去虫害枝，修剪后要及时清园。绿剪每年2～3次，可采3～4茬花。

生长期整形修剪 金银花萌芽后至落叶前，主要技术措施：抹芽、摘心、短截、插杆、绑缚、吊蔓等，关键的修剪时期为第一茬花采摘后（平邑县在6月上旬）。技术要求：轻剪为主。对超过0.6米的结过花的枝条，留3～4个节间短截，其余枝条不剪。

簇墩形生长期修剪对新栽植的金银花，待其主蔓生长到0.5米左右时，在枝蔓的0.3米处（留4～5个节间）剪去上部新梢，促发分枝，快速成型。对2年生金银花，在盛花期后进行2次修剪，促进形成多茬花，提高产量。在头茬花后7～10天剪春梢，一般在6月上旬进行。第二次在7月中旬二茬花后剪夏梢。生长期修剪以轻剪为主，要剪除徒长枝、病弱枝、干枯枝，对壮枝和长枝留4～5节短截，对短枝条不剪。冬季修剪，定植后生长一年以上的金银花每年都要冬剪，从12月至翌年金银花萌芽前均可进行，对花墩上直立和斜生枝条留0.3～0.4米剪截，并疏除过密枝、细弱枝、枯老枝，剪除地面上的匍匐枝。通过多年生长和整形修剪，最终每株保留一级骨干枝3～4条，二级骨干枝7～10条，三级骨干枝18～25条，结花母枝80～120条，形成自然圆头状簇墩形结构。

篱架吊蔓形生长期修剪 每茬花后，对超过0.6米的长枝，留3～4个节间短截，同时疏除过密枝、徒长枝，其余枝条轻剪或不剪。冬季修剪，在主蔓高1.5米处剪截（高出钢丝拉线0.1米左右），对主蔓上的侧生枝条留3～5个节间短截，使主蔓上着生12～15个主枝。疏除过密枝、枯死枝，做到株密枝不密，以利通风透光。

主干树形修剪 对超出1.5米高度以上的枝条进行短截，对主蔓上的侧生枝条留3～5个节间短截，疏除过密枝、细弱枝、枯死枝，主蔓距地面0.2米以下侧生枝条全部疏除。

金银花主干树形修剪前（左）、修剪后（右）

分层留枝 栽植1～2年距地面0.3～0.4米主干上，环绕主干从不同方向分别选留3～4条分枝，培养第一层主枝，其余萌芽和分枝随时抹除。栽植第1年，主干及预留的第一层主枝以外的其他枝条可暂时保留，以便早期丰产；在栽植后第2～3年，在主干的第一层主枝上方0.1～0.3米处，环绕主干再从不同方向选留3～4条分枝，培养第二层主枝，其余萌芽和分枝随时抹除。以后每年如此培养，直至形成主干及其延长枝高度达到1.3～1.5米，其上着生12～15个主枝，上下共分3～4层上小下大塔松状形。每层主枝修剪时要求主枝形成向上倾斜生长的态势，对主枝基部的侧枝可留1～2个节间、主枝外侧的侧枝保留3～4个节间修剪，并剪去病弱枝、下垂枝、徒长枝、枯老枝。按照主干树形目标对墩形树势适当调控、逐年完善，最终培养出主干粗壮，各层分枝间隔分布，主干、各层分枝及侧分枝错落有致的主干树形冠体结构。

冬季整形修剪　主要对簇墩形、篱架吊蔓形、主干树形、立杆辅助形进行整形修剪，结合剪枝进行整形，原则是以肥水管理为基础，整体促进，利用空间，增加枝叶量，使株型更加合理，并且能明显地增花高产。剪枝后的开花时间相对集中，便于采收加工，一般剪后能使枝条直立，去掉细弱枝与基生枝有利于新花的形成。

簇墩形　不可修剪过重，修剪后必须保留0.3～0.4米枝条长度。对花墩上直立和斜生枝条留0.3～0.4米剪截，疏除过密枝、细弱枝、枯老枝，剪除地面上的匍匐枝。成龄丰产花墩，每墩保留80～120个枝条，形成自然圆头状簇墩形冠体结构。

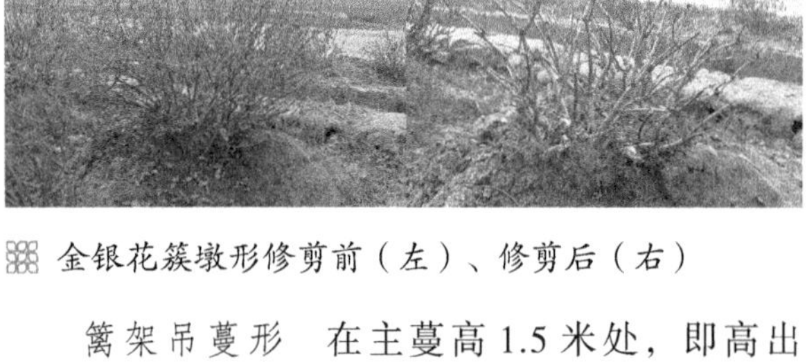

金银花簇墩形修剪前（左）、修剪后（右）

篱架吊蔓形　在主蔓高1.5米处，即高出上面钢丝拉线1米处短截。对主蔓上的侧生枝条留3～5个节间短截，疏除过密枝、细弱枝、枯死枝。成龄植株主蔓上着生12～15个侧生分枝，主蔓距地面0.2米以内侧生枝条全部疏除。

病虫害防治

春夏之交，金银花进入生长旺期，多雨潮湿条件下易发生病害，叶部病害主要有忍冬褐斑病、白粉病、叶斑病、炭疽病、锈病，根部及根茎部病害主要有根腐病、白绢病等病害发生后，应及时防治，否则会影响到金银花长势、产量、品质。金银花常见的地上害虫有蚜虫、尺蠖，地下害虫有蛴螬。病虫害防治是确保丰收的主要措施。

病害防治　金银花常见的病害有10多种，对不同的病害应采取不同的措施对症用药，因地防治。

白粉病　病原菌为忍冬叉丝壳病菌以子囊壳在病残体上越冬，第二年子囊壳释放子囊孢子进行初侵染，发病后病部产生分生孢子进行再侵染，温暖干燥或株间荫蔽易发病，施用氮肥过多，干湿交替发病重。

症状及危害　叶病斑初为白色小点，后扩展为白色粉状斑，后期整叶布满白粉层，严重时发黄变形甚至落叶。茎部病斑褐色，不规则形，上生有白粉。花扭曲，严重时脱落，导致金银花产量和品质降低。主要危害叶片、茎和花。

防治方法　选用抗病品种，加强栽培管理，合理密植，整形修剪，改善通风、透气、透光条件；科学施肥，增施磷钾有机肥，提高植株抗病力。适时灌溉，雨后及时排水。移栽前用1：1：150～200波尔多液浸种5～10分钟。发芽前用1～3度石硫合剂或50%多菌灵悬浮剂1200～1500倍喷雾防治。发病初期用15%三唑酮（粉锈宁）可湿性粉剂1500～2000倍液或75%百菌清可湿性粉剂800～1000倍液喷雾防治，每7天1次，连喷2～3次。

褐斑病　病原为鼠李尾孢真菌，叶上病斑呈圆形或受叶脉所限呈多角形，黄褐色，直径0.005～0.02米。潮湿时背面生有灰色霉状物，病菌以分生孢子梗和分生孢子在病叶上越冬，翌春条件适宜时产生分生孢子引起初侵染和再侵染。多雨潮湿有利于发病，植株生长衰弱时发生严重。多发生于生长季的中后期，7—8 月为发病盛期。

症状及危害。发病初期叶片上出现黄褐色小斑，后期数个小斑融合一起，呈圆形或受叶脉所限呈多角形的病斑。一般先由下部叶片开始发病，逐渐向上发展。潮湿时，叶背生有灰色的霜状物。干燥时，病斑中间部分容易破裂。主要危害叶片，病害严重时，叶片早期枯黄脱落，高温、多雨潮湿有利于发病，植株生长衰弱时发生的严重。褐斑病是危害较为严重的病害。

防治方法。对发生在金银花枝叶上的褐斑病，可在发病初期喷施多菌灵、多抗霉素等杀菌剂进行防治。生长季节修剪掉弱枝及徒长枝，增施有机肥，提高植株抗病力。发病初期喷 1 ∶ 1.5 ∶ 200 ~ 300 的波尔多液，或退菌特 600 ~ 800 倍液或代森锰锌可湿性粉剂 800 倍液等，药剂要交替使用，每隔 7 ~ 10 天 1 次，视病情连喷 2 ~ 3 次。发病初期可摘除病叶，防病害扩大感染，秋末冬初结合修剪，清除病枝，清扫地面落叶集中烧毁或深埋。

根腐病　病原为尖孢镰刀菌，以分生孢子在土壤或种根上越冬，成为翌年发病的初次侵染源。病菌通过土壤和灌溉水传播，由地下害虫造成的伤口侵入植株根部，然后向地上部蔓延。

症状及危害。主要危害金银花输导组织，造成枝条、叶片枯萎死亡，最后导致整个植株枯黄死亡。一般 6—7 月高温多雨期间为发病盛期。

防治方法。加强栽培管理，控制施用氮肥，多施磷钾肥，促进树势生长健壮，提高植株的抗病能力。发病初期每千克用 2% 农抗 120 水剂 0.1 千克，或 50% 托布津 1000 倍液，每 15 天喷药 1 次，连续 3 ~ 4 次。用罗邦萎治或天达恶霉灵 + 福美双灌根。注意清除枯株病叶，集中烧毁病株，以防病害扩大感染。

炭疽病　潮湿时着生橙红色点状粘状物，为大量聚集的分生孢子。主要危害叶片。防治。清除枯枝落叶、病枝，集中烧毁。发病期喷施 1 ∶ 1 ∶ 100 波尔多液，每隔 7 ~ 10 天施 1 次，连喷 2 ~ 3 次。

锈病　初期下部叶片的背面产生锈褐色微隆起的小疱斑，破裂后散发出铁锈色粉末，为病菌的夏孢子，后期叶片上产生暗褐色疱斑，为病菌的冬孢子堆。主要危害叶片，发病严重时，叶片枯死。防治。冬剪后，清洁田园，集中处理田间病残枝叶，烧毁或深埋，可消灭越冬病菌。注意排水，降低田间湿度，减轻发病。增施磷、钾肥，增强植株抗病力。发病期喷施 25% 粉锈宁乳剂 1000 ~ 1500 倍液，或 65% 代森锌 500 倍液等，药剂要交替使用，每隔 7 ~ 10 天喷 1 次，连喷 2 ~ 3 次。

白绢病　发病初期在离地面 0.05 ~ 0.1 米的根茎部出现褐色斑点，逐渐扩大至整个茎部，从病部长出一层白色菌丝，使金银花皮层逐渐腐烂，并向下蔓延，有时菌丝可蔓延到病部周围的地面，后期菌丝形成菌核，初为白色，后变棕色，形状大小如菜籽。菌核在土壤中越冬，依靠菌丝蔓延和苗木带病传播。主要危害植株基部和根部。防治。春秋天扒土晾根，深 0.2 ~ 0.3 米，并刮治病部，用波尔多液或 99.8% 硫酸铜晶体 1000 倍液灌根，10 天后再培土，或用 95% 敌克松（敌磺钠）可湿性粉剂 0.0042 千克加 20 千克细土敷根部。在病株周围挖深 0.3 米的沟，加以封锁，防止蔓延。

虫害　金银花常见虫害有 10 余种，金银花叶蜂、透翅天蛾、尺蠖是金银花的食叶害虫，天牛、豹纹木蠹蛾、芳香木蠹蛾以蛀食枝条为害，常导致花墩死亡，一旦发生，要及时根除消灭，严防扩散。长期使用化学农药容易诱发病虫的抗药性，导致过量农药残留，影响金银花的品质。

蚜虫　俗称“蜜虫、腻虫”，在金银花萌芽后至开花时，对嫩叶和花蕾进行危害。症状及危害。蚜虫多发生在孕蕾采花期，集中于金银花幼叶背面吸食叶片汁液，使叶片蜷缩发黄，花蕾畸形。危害过程中分泌蜜露，导致煤烟病发生，造成生长停止，严重影响金银花的产量

和质量。防治方法。春季松土、除草时，将枯枝、烂叶集中烧毁或埋掉，消灭越冬蚜虫，减少迁移的虫源。发生初期，可选用吡虫啉（蚜虱净）、阿维菌素（虫螨克）、高效氯氟氰菊酯等低毒、低残留农药单独或混合喷施。主要药剂有50%敌敌畏乳油1000倍，20%杀灭菊酯或2.5%溴氰菊酯2000倍液。每隔7～10天1次，连续2～3次。现蕾期发现蚜虫，不可施药，可用烟草0.5千克+水20千克煮1小时左右，过滤放凉后喷施。采花期发现蚜虫，可用洗衣粉1千克兑水10千克或用酒精1千克兑水100千克喷施。

红蜘蛛　多群集于金银花叶片背面吐丝结网为害，喜欢高温干燥环境，繁殖能力强，最快约5天就可繁殖一代，每年可繁殖13代，以卵越冬，越冬卵一般在3月初开始孵化，4代后危害金银花叶片。危害方式以口器刺入叶片内吮吸汁液，使叶片出现灰黄色斑点、枯黄、脱落。

木蠹蛾类　分为芳香木蠹蛾、豹纹木蠹蛾等，数量较少，但常导致花墩死亡，一旦发现，要及时拔除消灭，以防扩散。

豹纹木蠹蛾，每年发生1代，以高龄幼虫在寄主下部茎干内越冬，少数在根部越冬。越冬幼虫翌年4月上旬开始活动、取食，5月底为化蛹盛期，6月上旬开始羽化成虫，7月上、中旬为幼虫孵化盛期，11月幼虫停止取食，进入越冬状态。初孵幼虫吐丝分散，选择枝条上部枝杈或嫩梢处蛀入，以后幼虫由枝条上部向下部蛀食。越冬幼虫恢复取食时，自基部向上为害，幼虫，赤褐色，体长0.03～0.04米。卵，长圆形，未受精卵米黄色，受精卵粉红色。蛹，裸蛹体长0.019～0.024米，赤褐色，背面有锯齿状横带，尾具短臀刺。

症状及危害。主要危害枝条，幼虫多在枝条或主干内皮层下为害，被害枝条枯萎，新抽嫩梢短，不能现蕾开花。幼虫常自枝杈或嫩梢的叶腋处蛀入，向上蛀食，受害新梢很快枯萎，幼虫以后向下转移，再次蛀入嫩枝内，继续向下蛀食。被害枝条内部被咬成孔洞。

太阳能电源杀虫灯（2019年6月 摄）

防治方法。清除杂草、枯枝，发现虫害叶片，及时摘除烧毁。可选用1.8%阿维菌素乳油、0.3%印楝素乳油1500～2000倍液、10%浏阳霉素乳油1000～1500倍液、2.5%华光霉素400～600倍液、1.8%农克螨乳油2000液喷雾，重点喷洒叶片背面。结合冬、夏修剪，剪除虫枝、弱枝，特别是在夏季，剪掉枯萎的新梢和排有细屑状虫粪的新受害枝条。6月后，利用成虫趋光性，进行灯光诱杀。7月中、下旬为幼虫孵化盛期，为幼虫的药剂防治适时期，可用20%灭幼脲悬浮剂500倍液或0.5%楝素乳油600倍液喷雾，喷洒于枝条中、上部杀灭幼虫。

芳香木蠹蛾　2～3年生成1代，成虫在植株茎干中下部裂缝处产卵，并分泌黏液把卵粘在一起呈块状。6月下旬至7月上旬为幼虫孵化盛期，刚孵化的幼虫开始群集在孵化处周围。初孵幼虫粉红色，老熟幼虫体长0.008～0.01米，背面紫红色，体侧黄红色，头部黑色，前胸背板淡黄色，体粗壮略扁平，体表疏生黄褐色短刚毛，并具有蝶形深褐色大斑。幼虫受惊后散发一种特有的芳香气味，4月中旬幼虫向下活动分散蛀入木质部危害。9—10月幼虫接近老熟，离开被害植株，转移到新植株上钻入木质部进行越冬。第二年春暖后，越冬幼虫钻入0.05～0.06米深的土层中做窝，吐丝作茧化蛹，蛹期30～45天。5月下旬至6月上旬成虫羽化，夜间活动交尾产卵。

综合防治。春季清株整穴时闻有异香，则

说明有芳香木蠹蛾幼虫，可人工捉拿。春季发芽前，结合清墩整穴，在金银花主干基部周围撒施1%的敌百虫粉剂，每墩0.015～0.018千克，然后培土。5—6月成虫出土期，用灯光诱杀，减少虫源。

银花叶蜂　每年发生5代，以老熟幼虫在土中结茧化蛹越冬，次年3月上旬成虫羽化，飞到有花蜜和有蚜虫的地方取食花蜜和蚜虫分泌的蜜露。成虫晴天活动，阴雨天栖息在枝叶下不动。羽化3～4天后，雌虫开始产卵。产卵于平行于叶缘的叶面表皮下，单粒或2～3粒卵产在一起。产卵处的叶组织呈水渍状，后呈黑褐色。初孵幼虫在嫩叶上自边缘向内吃成缺刻，吃光全叶片以后再迁移到邻近的叶片取食。幼虫老熟后爬下植株，钻入0.005～0.01米深的表土层中或杂草叶间吐丝结茧化蛹。严重时可将全株叶片吃光，使植株不能开花，受害枝条易枯死。银花叶蜂一年发生5代，以老熟幼虫在土中结茧化蛹越冬。次年3月上旬成虫羽化，飞到有花蜜和有蚜虫的地方取食花蜜和蚜虫分泌的蜜露。幼虫主要危害嫩叶，以第一和第二代为害严重，叶厚、茸毛长而硬的金银花品种发生较轻。

防治方法。加强田园管理，及时清除枯叶；冬季复垦土壤以杀死部分虫蛹，或冬、春季在树下挖虫茧，减少越冬虫源。幼虫发生为害期喷施90%敌百虫1000倍液，或25%速灭菊酯1000倍液。

蛴螬　幼虫主要取食金银花根系韧皮部，严重时导致金银花整株死亡。蛴螬多一年一代，其成虫为金龟子，白天栖息于树叶上，夜晚取食植物嫩芽和幼叶，6—7月于金银花根部土壤中产卵，7月为卵孵化盛期，孵化的幼虫于8—9月进入3龄幼虫暴食期，10月下旬随着气温降低，老熟幼虫下移，在地下0.5～1米深处越冬。翌年3—4月随着气温回升，老熟幼虫逐渐上移返回土壤表层活动，继续危害金银花根部，5—6月老熟幼虫羽化为成虫金龟子。金龟子成虫具有趋光性，可于6月、7月、8月在田间安放黑光灯对成虫进行诱杀，7—9月幼虫期，在田间土壤中施用生防线虫对幼虫进行生物防治。

银花尺蠖　每年发生3代，老熟幼虫和蛹在近表土层的枯叶下越冬。翌年，日平均气温达10℃以上时，越冬蛹3月下旬羽化，越冬幼虫3月下旬化蛹，各代幼虫于4月中旬、5月下旬、8月中旬和9月下旬相继羽化为成虫。第一代幼虫盛发期在5月上中旬，第二代盛期在7月上中旬，第三代盛发期在9月下旬、10月上旬。羽化后随即于晚间交配、产卵，卵多散产于叶背。

症状及危害。幼虫为寡食性害虫，只取食叶片，影响花芽分化，造成金银花严重减产。老龄幼虫在表土地以及花墩基部枯叶中化蛹，低龄幼虫在叶背面啃食叶肉，使叶面出现许多透明小斑。3龄幼虫开始蚕食叶片，使叶片出现不规则的缺刻。5龄幼虫进入暴食阶段，为害严重。

防治方法。选用氯氰菊酯、敌敌畏等防治，结合冬春季修剪，整穴清墩，清除地面枯枝落叶，消灭越冬幼虫和蛹，减少越冬虫源，降低虫口基数。在幼虫发生期，利用幼虫的假死习性进行人工捕杀，降低虫口密度。化蛾后可采用灯光诱杀。幼虫发生初期，可每亩用2.5%鱼藤酮300～500倍液进行防治。防治时还可选喷20%灭幼脲悬浮剂500～1000倍液，生物农药2.5%莱喜1500倍液。第一代幼虫发生为害盛期正值采花季节，施药应尽可能提前，以4月下旬至5月上旬为宜，并选用高效、低毒、低残留的农药。

农药

选择使用高效、低毒、低残留的农药，禁止使用氧化乐果、甲胺磷等高毒或高残留农药，采花前15天至采花期间，停止使用农药。每种农药在金银花生长期内只允许使用1次。混配的农药只允许选用符合国家农药安全使用标准的农药，禁止使用剧毒农药。

农药种类及性质　按原料来源分类有生物源农药、无机农药、有机合成农药、微生物农药。

生物源农药　指直接利用生物活体或生物代谢过程中产生的具有生物活性的物质，或从

生物体中提取出的物质作为防治病、虫、草害的农药。

植物源农药 指以植物为原料，经过溶剂提取而制成的农药。具有对人畜安全，对药用植物没有药害和污染，可就地取材等优点。植物源农药是当前大力推广的绿色中药材发展的农药。包括杀虫剂鱼藤酮、除虫菊素、茼蒿素、烟碱、植物油乳剂、杀菌剂大蒜素、驱避剂苦楝素、川楝素、增效剂芝麻素。

微生物源农药 包括农用抗生素和活体微生物或其代谢物的农药，其有效物质是细菌、病毒、真菌孢子或抗生素。此类农药使用后无污染，不伤害天敌，对人畜无毒，长期使用不产生抗药性，但作用较缓慢。其中农用抗生素防治真菌病害的有灭瘟素、春雷霉素、多抗霉素、井冈霉素、农抗 120 等。防治螨类的有浏阳霉素、华光霉素。活体微生物农药真菌剂有绿僵菌、鲁保 1 号。细菌剂如苏云金杆菌、乳状芽孢杆菌。拮抗菌剂如“5406”、菜丰宁 B1。

矿物源农药 俗称无机农药，分为矿物油乳剂和无机杀螨杀菌剂。矿物油乳剂，由天然矿物质中提取的油乳剂。如低磺酸值机油乳剂、蒽油乳膏、煤油乳膏等。无机杀螨杀菌剂，又分铜制剂，包括硫酸铜、氧氯化铜、氢氧化铜、波尔多液；硫制剂，包括硫悬浮剂、可湿性硫黄、石硫合剂。

有机合成农药 用化学方法生产的有机化合物，种类多、药效高、用途广。包括杀虫杀螨剂、杀菌剂、除草剂等。

禁用农药 按照《农药安全使用规定》，剧毒、高毒、高残留或具有“三致”（致癌、致畸、致突变）的农药不能在中药材生产中使用。氧化乐果、甲胺磷等高毒或高残留农药不得在中药材上使用。杀虫脒、除草醚等 23 种农药严禁在各类作物上使用，甲胺磷等 19 种高毒农药不得在金银花上使用。从采花前15天至采花期间，停止使用农药。

“六不用”金银花种植模式

“六不用”金银花是指在金银花生产加工过程中，不用化肥、不用农药、不用地膜、不用除草剂、不用人工合成激素、不用转基因种子的农业模式。

传统种植金银花“六用”的危害主要有六项。

化肥的危害 大量施用化肥，会使土壤团粒结构遭到破坏，土壤板结，造成金银花的产量、品质下降，易使金银花、土壤中硝酸盐含量超标，亚硝酸盐为强致癌物质。会造成土壤的有益菌、蚯蚓大量死亡。越使用化肥，地力就越下降，就越依赖化肥，形成恶性循环。

化学农药的危害 大范围、高浓度、高强度地使用杀虫剂，虽暂时控制虫害，却同时误伤许多害虫的天敌，破坏了自然生态平衡，会造成一些病虫害更加猖獗地爆发。造成金银花产品污染，农药残留超标，食物进入人体，危害身体健康。农民用喷雾器喷农药，喷出来的就是毒。农药气雾飘浮在空气中，沾染人体，污染大气，会使人得病或致癌。农田被雨水冲刷、渗透，进而污染地下和地表水源。

地膜的危害 地膜覆盖就是对土壤的“白色污染”，地膜覆盖农田有 40% 的残膜留在土壤中，在 0.15 ~ 0.2 米土壤层形成不易透水、透气性较差的难耕作层。燃烧后的农膜，产生二噁英气体，具有极强的致癌性。

除草剂的危害 致癌、致畸、致突变，国际癌症研究机构根据动物实验确证，广泛使用的除草剂具有明显的致癌性。

人工合成激素的危害 人工合成激素，会影响人体的神经系统、生殖系统，引发肿瘤。

转基因的危害 转基因食品中至少含有 bt 毒蛋白和草甘膦 2 种非食物成分，人畜长期食用后可降低免疫力。2015 年初，世界卫生组织公布一份研究报告，认为草甘膦可能致癌。

“六不用”种植，是农业生产的未来和方向，是生产有机农产品的关键措施。

“六不用”种植基地。将建成金银花种植基地进行改良、休茬 1 年，然后按照低山丘陵特点，整理地块，做好灌溉、排水渠道，成墩种植。栽植时挑选健壮的种苗。山岭地栽植的规

铺设控草布

施用中药药渣

无人机飞防

蒋高明教授察看六不用金银花生产情况

格是墩距 0.9 米，行距 1.1 米，每墩放苗 5 棵，摆成三角形，用活土将种苗固定踏实，浇定植水，迎着山坡围半月形围堰；每公顷安装太阳能高效杀虫灯 4 盏。通过中耕除草、剪枝进行田间管理。

用优良新品种代替传统老品种。九间棚集团公司培育的金银花新品种九丰一号、北花一号金银花，优点是大白期花蕾长达 10 ~ 15 天不开花，延长了最佳采摘期，提高采花效率，降低人工成本，有效成分含量高，道地正品，是金银花改良增效首选品种。

用有机肥料代替化学肥料。常用的有机肥料：发酵的豆肥、牲畜圈肥、饼肥、微生物菌肥；中药药渣是种植金银花的上乘有机肥料。

用生物制剂（生物农药）+ 振频杀虫灯 + 无人机飞防，防治病虫害。

人工锄草 + 机械除草 + 防草布控草。

“六不用”种植管理。根据作物生长需要加强有机肥的追施，生物农药的喷洒，适时检查太阳能杀虫灯的工作状态，人工捉拿零星虫害，根除虫害的源头，适时中耕划锄、保墒，保障金银花正常生长。

园区

种植金银花当年即可结花收益，第二年亩收入 2000 元以上，第三年后达到盛花期年亩收入 5000 ~ 10000 元。2020 年，九间棚集团共发展金银花种植园区 8 个，金银花种植面积 6667 公顷，年产优质金银花 1200 万千克。

平邑县九间棚农业科技园有限公司　位于平邑县城银花路西首经济开发区 002 号，2000 年 7

月 10 日成立，注册资金 2120 万元，法定代表人刘嘉坤，经营项目名优林果、药材、苗木的培育推广、采集。金银花鲜花制干及干花购销。技术咨询服务。主要产品名称“北花一号”金银花苗木、“九丰一号”金银花苗木。2010 年，公司员工 23 人，总资产 3250 万元，固定资产 974 万元。2017 年，营业收入 1918 万元。2019 年，营业收入 3989 万元。

园区拥有集生产加工及低温储藏、科研培训、办公生活于一体的占地面积 2000 平方米的综合楼 1 座，并配套建设占地面积 108 平方米的滚筒杀青室和占地面积 160 平方米的鲜花处理室，引进国内先进的滚筒杀青机、百叶烘干机等金银花杀青烘烤设备，研究成功国内先进的“金银花高温杀青快速烘干法”，获得 3 项国家专利。

2007 年被平邑县人民政府批准为“县级农业科技示范园”，2009 年被省委组织部命名为“省级农村党员干部科技知识培训示范基地”“金银花 GAP 种植科技示范园区”。

地方园区　位于 327 国道和省道汶泗路之间，资红路纵贯其中，交通便利。1998 年 3 月，租赁东固村土地 20 公顷，种植水晶梨、蜜桃，1999 年始种植金银花。种苗繁育推广、技术培训、咨询服务、科研示范于一体的综合性园区。

九间棚农业科技园地方园区（2001 年 9 月　摄）

九间棚园区　位于九间棚村，种植面积 13 公顷，栽种北花一号、九丰一号金银花品种，年产优质金银花 2.1 万千克。

九间棚六不用金银花园第 13 区（2020 年 5 月　摄）

临涧园区　位于临涧镇大卓村。2016 年 1 月，租赁大卓村土地 8 公顷，建成北花一号金银花苗圃基地，是北花一号金银花种苗繁育推广、技术培训、咨询服务、科研示范于一体的综合性园区。年生产 1000 万株种苗。2018 年，调出北花一号金银花种苗 700 万株，收入 560 万元。2019 年，调出北花一号金银花种苗 800 万株，收入 480 万元。

九间棚临涧园区（2019 年 8 月　摄）

山东北花农业科技有限公司　2015 年 8 月成立，以“开发金银花，造福全社会”为宗旨，以选育推广金银花优良品种为主营业务，以“让全国金银花种植者都种上优良金银花品种，让国内外金银花需求者都买到优质金银花原料，让全世界金银花消费者都用上放心金银花产品”为目标。依托中国科学院植物研究所、中国医学科学院药用植物研究所等国家级科研院所和高等院校，聘请中国科学院植物研究所首席研究员、博士研究生导师蒋高明教授和北京中医药大学李卫东研究员等知名专家学者为高级技术顾问，广揽金银花产业精英和技术人才，致力打造国内金银花领域的一流科技水平，创建中国金银花行业科技型领军企业。专注北花一号金银花新品种研发选育、苗木繁育和种植推广，拥有北花一号金银花新品种自主知识产权。公司及其关联企业和成员单位在山东、北京、甘肃、新疆、云南、河北、陕西等地，拥有金银花育苗推广和种植示范基地10处，推广种植北花一号金银花6667公顷。

九间棚农业科技园有限公司北京分公司　位于顺义区南彩镇九王庄村，月亮湾东北方向，跨顺平快速路两侧，占地面积30.67公顷，1999年4月成立，注册资金100万元，法人代表刘嘉坤，总经理刘甲太。租赁费每公顷年3600元，租赁期40年，至2039年4月1日止。2000年始，种植苹果、黄金梨、蜜桃、杏、李子、大枣等水果和金银花，5月下旬，金银花盛开进入采摘期，6月下旬，各种水果陆续成熟上市，被北京市列为“百家定点采摘园”之一。建成集观光、采摘、金银花种植、民俗村于一体的都市农业园区。年长期雇用九王庄24个劳动力，其中女工18人，果树技术员1人。2011年，分11块承包经营。2013年，公司成立北京九间棚金银花种植专业合作社，建立九丰一号金银花示范基地。

九间棚农业科技园北京基地（2017年8月 摄）

河北九间棚农业科技有限公司　位于河北省衡水市，2020年7月成立，注册资本500万元，隶属山东九间棚集团控股下属子公司，公司依托山东九间棚集团的金银花行业品牌、优良品种、技术力量等优势，经营范围为金银花及地产中药材育苗、推广、种植、销售以及相关技术、信息服务；金银花鲜花制干及干花购销；经济林果苗木、造林苗木、城镇绿化苗木、花卉苗木繁育、推广。抢抓中医药产业发展机遇，配合当地政府部门的农业产业结构调整和脱贫攻坚精准扶贫举措，2020年在枣强县发展“北花一号”金银花705.73公顷，实现全县建档立卡贫困户人均一亩金银花，成为衡水市金银花面积过万亩的第一县，为该县发展特色高效经济产业、带动贫困农民长期持续增收奠定产业基础。

云南省北花农业发展有限公司　位于云南省大理州云龙县，经营住址：云南省大理白族自治州云龙县长新乡开发区，2011年6月28日成立，法定代表人崔宝龙，占地面积6380.26平方米（长191.59米，宽37.43米），建筑面积4073.65平方米，注册资金5000万元。主要经营，金银花种苗繁育、推广服务，干鲜花回收金银花有效成分提取，金银花茶初加工销售，金银花饮料、食品、保健品、药品深加工及销售；中药材农副产品购销，农业技术咨询、研究开发及服务。2018年，栽种北花一号、九丰一号金银花1333公顷，年产优质金银花2000吨，产值555万元，利税75.3万元。

云南省北花农业发展有限公司办公楼（2017年11月 摄）

九间棚农业科技园有限公司甘肃分公司　位于甘肃省定西市，2012年成立，经过4年的推广，在定西市6县1区不同海拔高度、不同气候环境条件的43个村，累计进行215公顷试验、示范。根据43个种植点的生长表现，总结、制定西北地区完整的金银花栽植管理技术规程，摸索出适合金银花产业化发展的全产业链运作模式。

2013 年，定西市筹资 300 万元从九间棚集团公司农业科技园引进抗旱耐寒、适应性强“九丰 1 号”金银花 97 万株，试验栽植 68.33 公顷。经过三年的探索，在政府扶持、公司运作、试验示范等综合推动，划定出全市适宜金银花栽植的区域，推广栽植金银花 218 公顷。2016 年 10 月，公司与定西市通渭县政府签订发展金银花产业的合作协议。2017 年 4 月始，在通渭县 11 个乡镇 132 个村 5551 户农户（其中建档立卡贫困户 2089 户），种植北花一号 1067 公顷，在通渭县李店乡建设种苗基地 20 公顷，阳光大棚 135 个 5.4 万平方米。建设金银花初加工厂 11 座，占地面积 18.67 公顷，配备专用设备 195 台。公司从种植地块选址、种植前培训、种植中技术指导、种植后田间管理到鲜花收购等措施，在当地党委、政府和广大种植户的支持下，金银花栽植成活率 95% 以上，实现当年种植当年产花的效果。

甘肃刘家峡九间棚公司（2020 年 3 月 摄）

2018 年，甘肃九间棚集团金银花深加工厂建成，占地面积 8 公顷，建筑面积 1.6 万平方米，进行金银花回收及深加工，金银花茶和金银花凉茶加工项目投产。2020 年 7 月 14—16 日，山东省委书记刘家义率领党政代表团到新疆考察对接并召开山东省与新疆维吾尔自治区及新疆生产建设兵团对口支援工作会议，考察期间，刘家义专门察看九间棚新疆公司金银花产业化项目，并给予充分肯定。

新疆九间棚农业科技有限公司　位于新疆喀什岳普湖县泰岳工业园区新矿路 5-1 号，2015 年 7 月成立，注册资金 2000 万元，法定代表人刘嘉坤，占地面积 75676.43 平方米（长 320 米，宽 236 米），建筑面积 16040.33 平方米。九间棚人抢抓“一带一路”发展机遇，参与山东援疆建设，本着“让政府放心、让农户收益、让公司发展”的原则，结合国家精准扶贫政策，通过发展金银花种植—回收—初深加工和塔克拉玛干荒漠化治理全产业项目，带动广大种植户脱贫致富。2018 年，栽种北花一号、九丰一号金银花 1333.33 公顷，年产优质金银花 30 吨，产值 300 万元，利税 5000 元。新疆岳普湖县在泰安市援疆指挥部的协调下，同九间棚集团签订 3 年协议，发展金银花 6667 公顷，2020 年，种植 347 公顷，当年栽种，当年收益。

九间棚金银花专业合作社

2009 年 9 月，在平邑县工商局注册登记，法定代表人刘嘉坤。聘请中国科学院植物研究所首席研究员、博士生导师蒋高明等 6 名学者组成专家顾问组。主营业务：九丰一号、北花一号金银花等中药材的种植、销售及相关技术、信息服务，引进、试验、推广金银花等中药材新品种、新技术、新成果，组织采购、供应成员所需的农业生产资料。2019 年，有会员单位 4 个（平邑县九间棚农业科技园有限公司、山东岐黄中药饮片有限公司、山东九间棚农业科技有限公司、平邑县金银花协会），农民成员 600 个，出资总额 100 万元。合作社在临涧镇巩家村等周边发展“九丰一号”金银花生产基地 334 公顷，通过开展参观考察、培训学习、建立烘干加工厂、发展基地、鲜花回收、干花购销等工作。合作社以服务成员、谋求全体成员的共同利益为宗旨，内设四部一组（行政部、生产技术部、营销部、财务部、专家顾问组），实行“一次首付、二次返利、三次分红”的利益分配机制。

九间棚金银花专业合作社

精准扶贫工程

2014年，在开展精准扶贫工程中，九间棚集团公司响应国家号召，调集公司骨干力量，先后建起北京、新疆、甘肃、云南、贵州5个金银花种植园区，推广种植北花1号等金银花优良品种1.34万公顷。影响并带动周边地区10万余人依托金银花产业，实现脱贫致富。

昂格特勒克村　2017年，九间棚集团帮扶新疆喀什地区麦盖提县昂格特勒克乡、昂格特勒克村种植金银花产业。

吉安县示范户　2010年3月，江西省吉安县谭高源种植0.13公顷九丰一号金银花，2011年，亩产鲜花250千克，收入3000元，实现翌年获益的目标。

平邑县示范户　2009年2月，平邑县张兆春夫妇采用篱架吊蔓种植方式种植0.2公顷九丰一号金银花，用一年生苗2664株，2010年6月第一茬收干花210千克，亩收入3350元。

阳春示范户　2009年5月，广东阳春曾俊钦引种0.2公顷九丰一号金银花，栽植第二年产干花200千克，收入1.5万元。

通渭基地　2014年6月，定西市委研究室到通渭县襄南乡瓦洒村燕通农牧业金银花种植基地考察后，撰写《以金银花为媒学习弘扬九间棚精神助力脱贫攻坚——山东省平邑县九间棚村考察报告》印发全市，推动金银花产业在定西的发展。国家扶贫办将九间棚金银花产业纳入国家扶贫项目，建设九间棚金银花产业3个基地6.67万公顷。

第四节　采摘 加工 贮藏

九间棚村位于中国金银花之乡的平邑县，地产金银花数量大、质量优、采摘期长。机械烘烤加工好的金银花，呈黄绿色，晒干或阴干的呈黄白色。金银花收益高，两年生花苗，秋栽春收益，效益每年翻1倍，到第五年亩产鲜花蕾500千克，收益1万元。适时采收、合理加工和安全贮藏是影响金银花质量等级和安全的重要环节。提高产品的附加值，要从采收、加工、包装、贮藏和运输等综合考虑，使生产、加工、销售系统化、规范化，以提高产品档次，实现效益最大化。

采摘

金银花的采收季节、时期、时间、方式，是影响金银花产量、品质和生产成本的重要因素。及时采摘含苞未放的二白期花蕾为宜，采摘的鲜花要及时晒干或烘干，并在干燥后妥善保存。九间棚村金银花的花期，一般从5月中旬至10月中旬，约155天，可采收四茬花。头茬花出现在5月中下旬，持续15天，花量大（约占全年花量的70%）、品质优。二茬花、三茬花、四茬花分别在7月上中旬、8月中旬和10月上中旬出现，产量逐茬递减。适采期在每天上午集中采摘，待花蕾上部膨大呈白色时为最佳，采摘过早影响产量，下午则花蕾开放影响质量。最佳采收时间7—13时，此时采收花蕾不易开放，养分足、气味浓、颜色好。下午采收应在太阳落山前结束，因金银花的开放受光照制约，太阳落后成熟花蕾开放，影响质量。采摘要求不带幼蕾，不带叶子，采后放入条编或竹编篮子内，不能放入塑料袋、深桶内，以免鲜花捂闷发热、变色变质，集中的时候不可堆成大堆，应摊开放置，放置时间最长不要超过4小时。一般5千克鲜花干燥成1千克干花。金银花全部为人工采摘，村内采花能手半日可采花15 ~ 18千克。

采收季节　村民农谚“四月八采银花”，是

指农历小满前后头茬花采收的季节。1981年前，管理粗放，花期在“小满”前后出现1次高峰。1982年后，实施“六改”综合管理措施，花期呈波浪式，既连续不断，又有浪头高峰。当第一次浪头高峰过后，随着3次绿期修剪，相继出现3次浪头高峰。村民把这4次浪头高峰形成的花蕾分别称之为“头茬花”“二茬花”“三茬花”“四茬花”。头茬花最丰，占全年总产量的70%以上，余则逐茬递减，俗称“二花子”。5月的头茬花，质量最佳。

采收金银花（2019年5月 摄）

2016年山东省地方标准《地理标志产品·平邑金银花》，三青期为采摘始期，二白期为主要采摘时期，大白期为采摘末期；采摘的花蕾轻放，盛具用竹篮或条筐。二白期的花蕾（二白针），看上去比较饱满，顶端呈乳白色，基部呈绿白色，为最佳采收期，晒干后成色好。大白期的花蕾，呈黄白色，一般在傍晚前开放。开放的花漂亮好看，带有清香气，宜作茶饮、食品、化妆品，但作为药材，质量等级下降，因此一般花开放前采收，每天日落前采完。《中国药典》载，金银花表面黄白色或绿白色。平邑金银花呈黄白色、绿白色，与药典记载的颜色完全一致。

采收时间　金银花中各种氨基酸的含量，在不同的发育阶段有一定变化，但总的趋势是发育越高，其含量越低。可溶性糖含量随着发育期而上升，银花期达到最大量，金花期有所下降。作为保健品，在银花期采收，花中可溶性糖含量最高。以金花为原料时，可根据保健品的功效，在二白期至银花期采收。在一日之内，忍冬叶中的可溶性糖含量上午不断提高，在12—14时达到最大，此后不断下降，至19时有所回升。花中可溶糖在11时达到最大。忍冬叶的游离氨基酸含量清晨不断提高，至15时达到最高值，此后呈下降趋势。花中游离氨基酸含量在11时左右达到最大。以金银花叶为原料提取有效成分生产保健品时，应以13—15时采摘为佳。以花为原料时，11时采收最好。

采收方式　以人工采收为主，机械采收较少。中华人民共和国成立前，金银花墩数少，产量低，全部由花农人工自采。中华人民共和国成立后，随着农业合作社的发展，多由男女半劳力集体采摘。20世纪60年代，廉茂红日采鲜花20千克，比其他人多采1倍为九间棚采花能手。村内流行的《采花歌》《采花舞》，集中反映了采摘金银花的繁忙和欢乐景象。1983年后，金银花墩随田承包到户，实行分散自采，人手少者，多到非花区雇人帮工。每当金银花含苞待放时，村农便争分夺秒地采摘。一般每人每天平均采摘9 ~ 10千克的鲜花。平均每5千克鲜花晒1千克干花。县金银花果茶发展促进中心和省金银花协会调查结果显示，金银花种植成本的80%为采摘成本。

加工

传统加工法，是《中国药典》（1963年版）规定的加工方法，“夏初采摘花蕾，晒干即得”。采摘的金银花晾晒在背风向阳的场里，石板或席子上，撒薄摊匀，一般当日晒，翌日收。晒时应尽量不翻动，以免花蕾断碎及变黑。但对天气依赖性强，气温太高或遇到阴雨天都会影响加工金银花的质量。1970年后，多采用筐晒法，每筐可晒鲜花3 ~ 3.5千克。

金银花鲜花干燥　主要有自然晾晒、烤房烘烤、杀青烘烤三种干燥方法。杀青烘干法加工的金银花质量最好。20世纪70年代前，村民还采用沸水杀青和炒制杀青加工金银花的方法，但产量低，品质劣。

干燥方式　主要有自然晒干和人工烘干两种。九间棚村以自然晒晾为主，干花颜色主要呈现黄白色、绿白色，具有明显的清香气。采收季节，如遇阴雨天气，则采取烘干方式。

自然晾晒法　采摘的鲜花要及时晾晒，可均匀地摊撒在浅筐内或苇箔上或水泥地面、平房顶上，厚度1厘米左右，在阳光下进行晾晒。自然晾晒、干燥后的金银花呈黄白色，可放置塑料袋内扎口保存。因“九丰一号”金银花花蕾肥大、蕾壁厚，自然晾晒干燥时间要较普通品种延长0.5～1天。一般第一天晒，夜间用篷布或塑料布遮盖，防受潮或下雨，1.5～2天即可晒干。

1980年后，筐晒方法普及，干花质量提高。一次晒干的金银花10天后再晒一次，完全干燥后可储藏待售。1990年后，多数用条筐、苇席或纱网等方法晾晒。晒干的金银花用手抓握之有声，一捏即碎，一折即断即为晒干。

九间棚金银花以采摘含苞待放的二白针和大白针为主，多采用传统晾晒方式干燥，表面黄白色、绿白色，气味清香，挥发油等成分含量高。

金银花自然晾晒（2019年6月 摄）

阴干法　是将金银花薄摊置阴凉通风处自然干燥，是古代本草文献上记载的加工方法之一。阴干法加工金银花的质量受天气影响较大，加工后的金银花含水量较高不利于贮存，且生产周期长，无法适应社会化大生产的需要。20世纪70年代前，为村民常用的加工金银花方法之一。

烘干法　采用温度由低到高变温烘烤，加工的金银花外观、内在质量较好。始于1965年，由临沂地区药材站和平邑县药材公司的生产人员，在流峪公社谭家庄大队建烘房试烘成功，之后在全县逐步推开。1975年，九间棚大队在县药材公司技术员指导下，在平顶山建成标准金银花烘烤房1座，烘干程序：预烘、装花、增温、通风、出炕等。

初烘干时，30℃～35℃烘2小时后，温度升至40℃左右，经5～10小时后，把温度升至55℃左右，使花迅速干燥即成。烘干过程不能用手或其他东西翻动，否则花易变成黑褐色，未干时不能停烘，否则将发热变质。2010年前，多采用煤球炉烘干方式，污染环境，硫易超标，影响金银花的品质。之后，县金银花果茶管理办公室、省金银花协会推广无公害烘干技术，并于2016年制定发布山东省地方标准，规范干燥技术措施。

九间棚农业科技公司经过多年试验，成功开发出金银花“高温杀青烘干法”。将采摘的金银花花蕾，先用滚筒杀青机杀青，再用烘干机烘烤干燥。这样，不受天气影响和晾晒场地限制，加工效率大幅度提高。杀青干燥的金银花外观呈绿白色，绿原酸等有效成分含量比自然晾晒的提高30%以上。同时，高温杀灭虫卵，金银花的耐储性增强。该项成果先后获得3项国家专利。

村民常用的烘干方法有三种，一是三段变温烘干法，花蕾塌架阶段，由室内常温很快升至温度37℃～40℃，使干湿球温度差保持在6℃～8℃，经过4～5小时，花体软缩塌架后，打开排气窗和进风口，使室内湿气迅速排出。花蕾缩身阶段，温度升高到45℃～48℃，使室内干湿球温度差保持在8℃～10℃，经过10小时。花蕾干燥阶段，温度上升至50℃～55℃，经过8～9小时，花蕾即可完全干燥。

除具体的工艺参数存在差别外，不同地区金银花烘烤时所用的加工设施也有差异。烘烤工艺及设备的科学性，加工出来的金银花质量优秀，尚无人进行研究比较。

2015年，九间棚引进金银花百叶箱烘干机、全自动烘干机各2套，生产加工的金银花成色好、质量优。

烤房烘烤　适于农户烘烤干燥少量金银花，可利用闲置房屋等改建而成，平时不烘烤金银花仍可作为其他房屋使用。特点是可大可小、因陋就简、简便易行、投资少、见效快、一房多用。新建简易烘干房以平房为佳，建设面积以9平方米左右为宜（视金银花产量大小而定）。加热设备一般为普通蜂窝煤炉，每3平方米放置1个煤炉，最好加装烟筒向室外抽排废气以防对金银花造成污染。所烤鲜花以三青期或二白期金银花为宜。烘干房内初温达40℃～45℃时，将金银花筐分层放置烘烤架上，预烘3～4小时待金银花鲜花定色定型后，再将温度升至50℃～60℃，直到烘至手握金银花感到顶手并有响声、花针折之易断、手搓可成粉末时即可下炕，一般需要24小时左右。金银花下炕后，放在室温下晾5～10分钟，待热量散尽后再装袋存放。

金银花烘干（2018年5月 摄）

杀青烘干法　2000—2019年，为九间棚科技有限公司生产加工金银花的主要方法。具体可分滚筒杀青、蒸汽杀青、微波杀青、红外线杀青4种方法。

机械杀青烘烤金银花主要工艺流程。先将金银花鲜花在滚筒杀青机中高温快速杀青90秒，再转至百页烘干机中烘干12～18分钟。

金银花含有多酚氧化酶等酶类，初加工时如过高的烘干温度、频繁的翻动等，容易激活多酚氧化酶的活性，造成绿原酸的大量氧化缩合而损失，花的颜色也变成褐色、黑色，杀青是金银花加工的第一道工序，通过在短时间内快速升温来破坏和钝化鲜花中酶类的活性，从而保证多酚类物质在后续加工过程中的稳定，提升金银花的加工质量。

烘干方式主要有低温梯度烘干、高温杀青烘干、微波杀青烘干等。低温梯度方式，将鲜花蕾均匀撒在盛花器具内，厚1厘米左右，置于干燥清洁的烘房（箱）内，经塌架、缩身、干燥3个阶段烘干。塌架阶段，温度要控制在7℃～40℃，经历4～5小时，打开排气窗和进风口，迅速排出室内湿气。缩身阶段，升温到45℃～49℃，约经10小时，花体干缩。干燥阶段，升温到50℃～55℃，历经8～9小时后即可干燥。机械杀青烘干，将鲜花蕾置于滚筒杀青机中高温220℃～280℃快速杀青，杀青时间为40秒左右，再转至百叶烘干箱中90℃～110℃烘烤30～40分钟，即可完成干燥。

由于金银花采摘时期的空气湿度、花蕾含水量等存在差异，故金银花烘干方式、温度、时间应依据具体情况具体选择。随着烘干技术进步和机械制造工艺改进，可通过设定烘干程序、时间、温度等参数，操作更加方便，且节约劳动力。通过烘干的金银花，大白针多呈黄白色，二白针为绿白色，三青期为青绿色。

净选分级　金银花采摘干燥后，多采用风选、手选、色选等方式进行净选分级。山东省地方标准《地理标志产品·平邑金银花》，根据花的形状、色泽、开放花率、黑头黑条率、枝叶率等指标，将平邑金银花划分为特级、一级、二级、三级、四级5个质量等级。

九间棚金银花产品质量等级划分情况表

表 4–3

项目	指标				
	特级	一级	二级	三级	四级
性状	花蕾饱满、匀整	花蕾饱满、较匀整，有少许开放花	花蕾饱满、尚匀整，有少量开放花	花蕾饱满、尚匀整，有少部分开放花	欠匀整，有部分开放花
色泽	黄白色、绿白色或青绿色，色泽一致、鲜亮	黄白色、绿白色或青绿色，色泽一致	黄白色、绿白色或青绿色，色泽稍暗淡	黄白色、绿白色或青绿色，色泽颜色暗淡	色泽不分
开放花比率	0	≦ 3	≦ 8	≦ 15	≦ 25
黑头、黑条率	0	0	≦ 5	≦ 10	≦ 30
枝叶率	0	0.5 ≧	≦ 1	≦ 3	≦ 8

贮藏

采用分级贮存，晒干、烘干的金银花，10 ~ 15 天后易回潮，需复晒 1 次。然后经过分选，去掉杂质，分级存放。将充分干燥后的金银花，放入不透光的塑料袋内，扎口封存，储藏于空气干燥的库房内即可。

加工后的金银花要妥善保管贮藏，否则易发霉、生虫变质。金银花含水量、使用包装材料和仓储条件等都影响贮藏质量。花农多将干燥的金银花放入干净的塑料袋扎紧。

含水量　金银花含水量在 12% 以下，即可装袋密封储藏。若长时间存放含水量应降至 9% ~ 10%。晒干、烘干的金银花，如不及时密封储藏，往往容易回潮，需再晾晒 1 次。

包装　金银花一般应分选，去掉杂质，分级，包装，标示后存放。包装物应洁净、干燥、无污染。内装金银花最大质量 2.5 千克以下时，可选用厚度不小于 0.03 毫米的聚乙烯塑料袋膜；内装金银花最大质量 2.5 ~ 25 千克时，可选用厚度不小于 0.08 毫米的聚乙烯塑料袋膜；内装金银花最大质量超过 25 千克时，可选用厚度不小于 0.1 毫米的聚乙烯塑料袋膜。外包装应附标签，注明品名、产地、等级、批次、规格、数量、采收日期、初加工日期、加工单位、检验员编号等，并附产品合格证。

仓储　金银花仓储应符合《中药材仓储管理规范》（SB/T11094—2014）要求。金银花原药密封后，可在常温库存放。

金银花中药饮片则要求在阴凉库贮存。中药材在贮藏过程中，容易发生虫蛀、霉变、变色、走油、挥散走气、失鲜和风化等变质现象，其中虫蛀现象最为常见，金银花贮藏期也易受虫害，受害后花朵变碎，并杂有虫粪，有时被蛾类吐丝缠绕成团。金银花贮藏害虫主要有药材甲、锯谷盗、烟草甲等。

第五节　开发应用

九间棚金银花花蕾肥大，色泽纯正，味道清香，花茎、叶中也含绿原酸，其含量分别为 0.9%、3%。20 世纪 80 年代，山东省中医药研究所等单位化验，九间棚金银花花蕾绿原酸的含量平均 5.8% ~ 6.7%，挥发油含量 0.18%，其所含皂甙为外地金银花所没有。2015 年，九间棚集团形成良种研究选育、育苗推广种植、产品回收购销流通、药品食品研发生产的金银花全产业链龙头企业。

改革开放前，九间棚村金银花由县药材公司和供销社收购，全部供应国内药用和出口，没有开发综合利用。特别是金银花茎、叶一直被当作柴草、饲草。1988年，金银花的花、茎、叶综合加工利用被国家食品协会列为重点开发项目，被省科委列为“短平快”星火计划项目。

科学研究

2010年后，九间棚集团公司成立专门研究机构，聘请省内外专家，与相关科研单位建立产学研合作机制，开展金银花应用研究，取得成果和专利50余项。

临沂市金银花研究院　位于平邑县城金花路西段，2011年2月19日，经临沂市民政局批准登记成立，法定代表人刘嘉坤。主要推广金银花的培育、研发和成果推广应用及产业化发展，与中国科学院植物研究所、中国医学科学院药用植物研究所、中国中医科学院、北京中医药大学等院校及科研单位建立长期合作关系，优选传统道地金银花品种大毛花的自然变异品种，培育出北花一号金银花，荣获临沂市科技技术进步二等奖。

博士后流动工作站　2004年1月，由中科院植物所和九间棚农业科技园有限公司联合成立，聘请中国科学院植物研究所首席研究员、博士生导师蒋高明教授等知名专家学者为高级顾问。工作及试验地点分别设在九间棚农业科技园保太园区、郑城园区和九间棚集团。有6位博士后先后到工作站开展工作，承担参加九间棚农业科技园10项课题研究和金银花新品种选育和推广。进行金银花生态效益试验研究、金银花系列产品深加工试验、九间棚生态保护及旅游开发等研究。

中科院植物所博士徐常青在导师蒋高明指导下，对九间棚农业科技园金银花新品种进行选育试验和试栽，同刘嘉坤共同培育出“九丰1号”金银花新品种。

专题试验研究　2006年，中国科学院植物研究所承担并实施北京市科委“北京市门头沟区生态恢复总体规划与试验示范工程”和“金银花用于门头沟区生态修复的试验研究”项目。博士后流动工作站在蒋高明研究员的组织下，委派在读博士徐常青、李卫东和九间棚科技园廉士东、黄晓理、刘嘉太等具体负责，在北京市门头沟区进行金银花生态修复试验。研究结果表明，在公路边坡、煤矸石区、石灰窑、采石场等4个废弃地类型，依靠自然力不能恢复植被，采用其他方法或成本过高或效果不够理想的情况下，引种金银花作为绿化先锋植物，平均成活率99.2%，具有使示范区快速复绿、当年成景和群落快速形成的潜力，并具有对不同退化迹地的适应能力和恢复效果。且成本低，关键技术易于掌握，后续管理简单，便于大面积推广。通过对金银花抗旱和抗热能力的生理机制研究，发现四倍体金银花新品种九丰1号具有较强的抗旱和抗热能力。建议将金银花作为生态绿化先锋植物，用于门头沟等区县相关废弃地进行生态修复和生态绿化。

资源库建设　工作站在九间棚农业科技园、九间棚村建立金银花种质资源库，引种金银花种质资源51份，建成金银花种质资源标本、图像、文字等系统完整的数据库，研究培育适宜绿化“九丰2号”金银花新品种。建成规模大，管理规范，收录金银花种质资源范围广，具有较强代表性金银花种质资源库。

忍冬种质研究　九间棚村域内忍冬科植物共有不同种质15个，可简分为毛花系、鸡爪花系和野生花系3个品系。不同种质金银花植株花粉粒电镜扫描观察表明，表面刺的密度、长短、粗细，花粉粒赤道轴长，花粉粒萌发孔长等方面具有明显的不同，部分种质之间具有显著性差异。不同种质金银花植株同工酶酶谱研究认为实际存在的种质是15个，可以此为基础进行定向选育形成生产上的优良品种。绿原酸含量测定测定结果显示，不同种质金银花植株花蕾中的绿原酸含量表现出较大的差异，在测定的种质中，高者含量2.54%，低者含量0.8%，相差3.18倍。

2005年5月，全县采集忍冬科植物忍冬10个种质干燥花蕾样品进行化验木樨草苷的含量，表明10个不同种质金银花中木樨草苷的含量为0.08%～0.22%。不同种质金银花中木樨草苷的含量存在着较大差异。

深加工产品配方试验　为开发金银花深加工产品、延伸金银花产业链条，中科院植物所九间棚博士后流动工作站参与九间棚科技园对金银花深加工产品进行试验研究，重点在金银花有效成分木樨草苷、绿原酸等提取，做了大量配方试验和产品投放市场满意度调查，为九间棚进行金银花系列产品深加工打下基础。

专利产品

滚筒杀青机　家用新型专利，2010年9月29日，由中华人民共和国国家知识产权局颁发“实用新型专利证书”（证书号第1549637号），发明人：刘嘉坤、廉士东、杨晓、郝军、谢衍峰、卜凡浩，专利号：ZL201 2 0115665.4，专利申请日：2010年2月9日，专利权人：平邑县九间棚农业科技园有限公司，授权公告日：2010年9月29日。

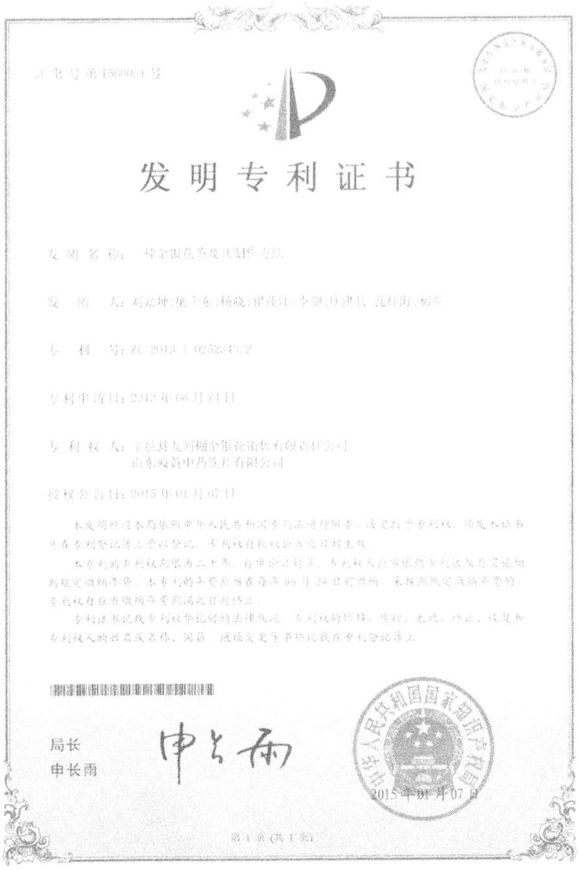

金银花茶专利证书

金银花高温杀青快速烘干法　一种金银花高温杀青快速烘干的方法，2011年5月25日，由国家知识产权局颁发“发明专利证书”（证书号第784834号），发明人：刘嘉坤、廉士东、杨晓、郝军、谢衍峰、卜凡浩，专利号：ZL2010 1 111411X，专利申请日：2010年2月9日，专利权人：平邑县九间棚农业科技园有限公司，授权公告日：2011年5月25日。

金银花茶制作方法　2015年1月7日，由国家知识产权局颁发“发明专利证书”（证书号第1560031号），发明人：刘嘉坤、廉士东、杨晓、翟茂江、李璐、庄洪兵、孔祥海、郝军，专利号：ZL201310252343.2，专利申请日：2013年6月24日，专利权人：平邑县九间棚金银花销售有限责任公司、山东岐黄中药饮片有限公司，授权公告日：2015年1月7日。

金银花烘干机　实用新型专利，2010年12月29日，由中华人民共和国国家知识产权局颁发“实用新型专利证书”（证书号第1639512号），发明人：刘嘉坤、廉士东、杨晓、郝军、谢衍峰、卜凡浩，专利号：ZL2010　2 0115682.8，专利申请日：2010年2月9日，专利权人：平邑县九间棚农业科技园有限公司，授权公告日：2010年12月29日。

深加工

金银花应用领域广泛，种植业、养殖业、保健食品产业、饮料产业、兽药产业、化工产业、日用品产业、园艺产业普遍使用。

种植业　金银花适应性强，栽培方法简单，适宜大面积推广，经济附加值高，收益大，可最大限度地调整山地丘陵地带产业结构，让金银花带动山区贫困户实现精准脱贫。

园艺产业　金银花为多年生藤本植物，单叶对生，呈宽披针形至卵状椭圆形，叶片冬月不落，初春叶腋之中又生新叶，青翠、碧绿。春夏着花时节，花香芬芳，可用于制作各式盆景，可栽植在攀附物旁，用以攀附篱垣、花廊、山石等进行绿化点缀，可在假山旁、窗前、门口等处实行墩栽，用于赏花、造景、庭院绿化美化。

新六产示范　2018年12月，平邑县九间棚农业科技园有限公司，被省农业农村厅认定为山东省农业“新六产”示范主体。农业“新六产”是指第一产业接二连三、向后延伸，第二产业接一连三、双向延伸，第三产业接二连一、向前延伸，一产的一份收入，经过二产加工增值为两份收入，再通过三产的营销服务形成三倍收益，综合起来是六份收入，产生乘数效益，实现一二三产融合发展。突出农村电商和乡村旅游“两大重点”，推动终端型、体验型、智慧型、循环型“四型发展”，形成全环节提升、全链条增值、全产业融合的农业“新六产”发展格局。2019年，全县“新六产”产业3个。

质量标准

为提高药食兼用金银花质量标准，九间棚集团参与平邑县实施“绿色生产、三产融合、标准引领、品牌带动”和“生态优先、创新驱动、标准引领、品牌赋能”战略，发挥标准引领对促进金银花产业规范发展的作用。2004—2007年，承担实施国家标准化管理委员会金银花标准化示范区项目。2015年8月，省金银花协会成立质量与标准工程技术研究中心。2019年，《中医药金银花》国际标准新闻发布会在平邑举行，填补临沂市国际标准空白。山东省金银花技术标准创新基地被列为“省级创新基地”项目，共制定实施各类标准20余项，初步建立标准体系和全程追溯体系，通过“3G”质量认证企业36家，居全国首位。

标准体系　2000年后，围绕金银花生产经营不同环节，参与制定国际标准、行业标准、地方标准、团体标准，至2019年达20余项。

地方标准　平邑县地方标准《金银花规范化生产技术规范》2003年12月1日发布，2004年1月10日实施。该标准由平邑县科技局提出，县科技局、县林业局、县质量技术监督局起草。

团体标准　中国医药保健品进出口商会团体标准《植物提取物金银花提取物（5%绿原酸）》，2017年6月21日发布，7月1日实施。该标准由中国医药保健品进出口商会提出，中华人民共和国商务部归口，山东禾本堂生物科技有限公司、北京师范大学化学学院、中国中药协会金银花专业委员会、山东省金银花行业协会起草。该标准规定金银花提取物（5%绿原酸）的技术要求、检验方法、检验规则、包装、运输、贮存和保质期要求，适用于忍冬的干燥花蕾或带初开的花为原料，经提取、过滤、浓缩、干燥等工序制成的金银花提取物（5%绿原酸）。

质量认证　2000年后，为提升中药材及药品生产、经营质量管理水平，重点加强中药材生产质量管理规范（GAP）、药品生产质量管理规范（GMP）、药品经管质量管理规范（GSP）认证（简称“3G”认证）。至2019年，九间棚集团公司通过GMP认证企业2家、GSP认证企业1家。

金银花质量　金银花商品以花蕾为佳，花蕾以肥大、色青白、握之干净者为佳。5—6月间采收，择晴天早晨露水刚干时摘取花蕾，置于芦席、石棚或场上摊开晾晒或通风阴干，以1～2天内晒干为好。晒花时切勿翻动，否则花色变黑而降低质量，至九成干，拣去枝叶杂质即可。忌在烈日下曝晒，阴天可微火烘干，但花色较暗，不如晒干或阴干色佳。

金银花药用价值和保健用途广泛，社会需求量大。金银花的成色不同，药用效果也不同，成色较好的金银花药效好，价值相对高。金银花商品国家标准分为四等。

一等，货干，花蕾呈棒状，上粗下细，略弯曲，表面绿白色，花冠厚稍硬，握之有顶手感；气清香，味甘微苦。开放花朵、破裂花蕾及黄条不超过5%。无黑条、黑头、枝叶、杂质、虫蛀、霉变。

二等，与一等基本相同，唯开放花朵不超过5%。破裂花蕾及黄条不超过10%。

三等，货干，花蕾呈棒状，上粗下细，略弯曲，表面绿白色或黄白色，花冠厚质硬，握之有顶手感。气清香，味甘微苦。开放花朵、黑头不超过 30%。无枝叶、杂质、虫蛀、霉变。

四等，货干。花蕾或开放花朵兼有，色泽不分。枝叶不超过 3%，无杂质、虫蛀、霉变。

第六节　商贸 市场

金银花产业带动商贸市场，促进地方经济发展。计划经济时期，金银花市场由国家主导、购销。改革开放后，市场经济带动金银花商贸市场多元化发展，国有、集体、个体民营，由单一收购干花到金银花产品的深加工、开发应用，商贸市场快速发展。

商贸

民间贸易　清代、民国年间，金银花等中药材的购销贸易多在民间进行，当地的店堂药铺主要分布在平邑、地方、仲村等较大的集镇。花农采集金银花以药易物，或售给药商、药店。药店药商收购的地产药材除自用外，主要运往上海、天津、济南、济宁等地进行销售或换回所需药材，其中外销最多的药材为金银花、连翘、全蝎等。

民间药铺　清乾隆五十六年（1791 年），江西南昌府人陈干都在平邑镇开办泰元堂中药店，主营金银花等中药批发零售。嘉庆元年（1796 年），商旅把金银花贩往他处。同治年间，陕西华阴县人张西泽之父在平邑镇开办天芝堂中药店，主营金银花等中药批发零售。光绪二十六年（1900 年），新泰县人张锡极在仲村开设致远堂中药店，主营金银花等中草药批发零售。1928 年，车庄（今属流峪镇）人闫嘉秀，将当地所产金银花贩往上海义诚药行，年销 300 余包。1929 年，闫嘉秀在平邑街开设六合堂中药店，挂牌收购金银花，转销滕县金银花行，年购销额 3 万～10 万元。1933 年，六合堂等店堂药铺出口金银花 500 包，在天津、滕州等地开办六合堂分店。1934 年 10 月后，六合堂更名为同德堂。1945 年 3 月前，平邑当地无官方医药机构，一些散在的药店全为私人开办，多以代代相传，师徒相托的形式延续营业。

金银花购销　1945 年 4 月，鲁南军区后勤生产股在平邑接管六合堂后，成立颐合堂，经营金银花等中药材的购销。中华人民共和国成立后，金银花中药材购销由县供销合作社经营，1956 年 9 月，平邑县供销合作社中药材经理部从平邑县供销合作社中析出，建立中国药材公司山东省平邑县公司，行政隶属于县卫生科，西药供应属临沂，中药购销业务归济宁，设 1 个零售部，1 个批发部。经营中药 365 种，中成药 13 种，西药 162 种。1957 年 6 月，中国药材公司山东省平邑县公司更名为山东省平邑县药材公司。1986 年 9 月，山东省药材公司平邑县公司，改称为山东省平邑县药材公司，内设 5 个科，6 个药材经营部，1 个批发部，2 个零售部，1 个收购部，1 个金银花研究所，1 个饮片加工厂。1987—2020 年，平邑县金银花收购数量稳定在 150 万～1500 万千克。

1949—2019 年部分年份平邑县金银花收购数量情况表

表 4-4　　　　单位：千克

年份	产量	收购量	九间棚村产量
1949	155000	100000	130
1957	260000	210000	150
1960	230000	207000	170
1965	220000	184000	200
1970	390000	330000	320
1975	635000	578000	430

续表 4-4

年份	产量	收购量	九间棚村产量
1980	810000	667000	650
1985	1620000	1104500	800
1990	2270800	1500000	1060
1995	3764000	1600700	1800
2000	5319500	2275500	2700
2005	6805000	2530000	3100
2010	7765000	4667000	6500
2015	8429000	6756000	15070
2016	9564200	8173200	18100
2017	10317000	9836000	20050
2018	13668500	12550000	22100
2019	15532000	14980000	30050

专业市场

1986—2008年，平邑县民营金银花市场交易活跃，数量达千余家。同时，因不定时不定点交易，多次出现掺杂使假现象，金银花质量安全受到威胁。2009年，成立金银花产业组织机构，政府多部门合作，引导扶持企业建设运营专业交易市场，实现定时定点交易。同时，政府部门派驻监管机构，省金银花协会加强行业自律，较好地规范市场交易行为。

中供电商平邑中心　中国供销集团再生资源交易所中药材电子商务平邑服务中心，2013年12月7日，北京金银花电子交易平台建设项目座谈会后，中国供销集团大连再生资源交易所专家到平邑考察，同九间棚集团合作开发金银花电子交易项目。2014年5月18日，举行中国供销集团再生资源交易所中药材电子商务平邑服务中心及平邑（岐黄）仓储中心、平邑（澳东）仓储中心揭牌成立。主要经营金银花及制品业务。

平邑县金银花市场

对外贸易

清代乾隆年间，平邑县金银花药材即有出口。1933年，六合堂等药铺出口金银花500包。中华人民共和国成立后，特别是1955—1983年，药材实行统购统销，平邑地产金银花中药材除供国内需求外，还承担国家对外贸易任务，由省外贸公司每年从平邑调拨金银花出口，1979年调拨出口20万千克。1981年前为直线调拨，由县药材公司直线结算。1982年改为直线调拨，由临沂药材站曲线结算。金银花主要出口到日本、韩国及新加坡、泰国、马来西亚等国家。金银花茶出口始于20世纪90年代，销往东南亚、西欧等地区，年出口创汇10万美元。

网站

随着互联网、物联网、电子商务、移动通信和大数据技术的快速发展，金银花产业紧跟时代步伐，创办官方网站、旗舰店、特产馆等，开发价格指数，发布权威信息，提升九间棚金银花价格话语权、品牌知名度。

山东金银花网　2013年5月18日，由平邑县农业局注册。2014年2月11日，山东金银花网在平邑县揭牌。6月16日，山东金银花网微信公众号通过认证。

中国金银花网　2013年12月1日，山东省金银花行业协会注册金银花网。2016年1月14日，中国金银花网微信公众号通过认证。5月，中国金银花网揭牌运行。

品牌电商

借助互联网电商平台，拓展九间棚金银花品牌产品网上销售，提高九间棚品牌知名度和产品市场占有率。

特产电商超市　2018年5月10日，平邑品牌特产电商超市开业试运营。县农业局、县工商局、县电商办组织山东九间棚金银花茶业有限公司、平邑县鲁蒙茶业专业合作社、山东立泰农业科技有限公司“平邑金银花”品牌产品入驻。平邑品牌特产电商超市由平邑德才职专规范运营管理，2019年11月，因电商产业园重新调整，停止运营。

平邑金银花旗舰店　2019年7月16日，县农业农村局、县金银花果茶发展促进中心、省金银花协会组织相关企业召开平邑金银花品牌文创暨品牌特产店座谈会。7月27—28日，县农业农村局、县金银花果茶发展促进中心、省金银花协会陪同广东省佛冈县电子商务协会考察平邑金银花产业，并洽谈电商合作。8月，省金银花协会注册“平邑金银花旗舰店”微信公众号。7月27—28日，广东省佛冈县电子商务协会到平邑考察金银花产业，组织召开洽谈会，达成合作协议，成立广东省高资堂农业科技有限公司，共同开发“平邑金银花旗舰店”京东店、天猫店。9月1日，山东省金银花协会授权广东省高资堂农业科技有限公司开办运营“平邑金银花旗舰店”天猫店、京东店和京东自营店，期限3年。11月14日，平邑金银花旗舰店京东店获批。23日，平邑金银花生晒茶在平邑金银花旗舰店京东店上线。12月28日，平邑金银花五宝养生茶、三宝花草茶在平邑金银花旗舰店京东店上线。

平邑扶贫馆　2019年3月，县农业农村局、县金银花果茶发展促进中心、县电商办和京东云商谈开发运营京东中国特产平邑扶贫馆。4月9日，县扶贫开发领导小组办公室授权平邑九间棚寿山生态科技农场运营京东中国特产平邑扶贫馆。5月18日，在平邑举行第十届中国（平邑）金银花产业发展峰会，京东中国特产平邑扶贫馆上线。

第七节　金银花文化

九间棚集团以“开发金银花，造福全社会”为宗旨，以“让全国金银花种植者都种上最优良的金银花品种，需求者都买到最优质的金银花原料，消费者都用上最放心的金银花产品”为目标，研发新品种，建立基地，推广栽种，进行深加工服务，形成丰厚的金银花文化。2010—2020年，协办十届中国（平邑）金银花节（论坛、产业发展峰会）、三届“沂蒙花海、金银花乡”金银花摄影暨航拍大赛。

县花评选

1992年，平邑县金银花产量200万千克，占全国总产量的40%，享有“金银花之乡”盛名。栽培金银花不占耕地，能保持生态平衡，防止水土流失，绿化效果好，经济效益高，社会效益佳。1993年4月9日，平邑县第十三届人民代表大会常务委员会第一次会议通过命名金银花为县花的决定。

金银花节

2010—2020年，共举办10届中国（平邑）金银花节，成为推介平邑金银花的重要载体。

首届中国·平邑金银花节　2010年5月27—28日，在流峪镇举办，平邑县委、县政府主办，由县委宣传部、流峪镇人民政府承办，市人大常委会副主任祖卫东、副市长王晓嫚、中国新闻社山东站站长王鲁平等出席，山东省药材有限公司、哈药集团等40多家制药企业负责人，中新社、《经济日报》《光明日报》《大众日报》等20多家新闻媒体参加，县委书记王林山主持，县长陈一兵介绍平邑县金银花产业发展情况，山东省药材有限公司韩福东代表参会客商发言。并成功举办金银花采摘比赛、商贸洽谈签约仪式、乡村大世界互动节目等活动，向海内外推介平邑县金银花。

首届中国金银花节暨金银花高峰论坛　2011年5月21—22日在临沂、平邑举办。主题为“发展金银花产业增进人类健康”，主办单位为中国中医药科技开发交流中心、中国经济林协会、卫生部人才交流服务中心、临沂市人民政府，承办单位为平邑县委、县政府，中国经济林协会金银花专业委员会，山东省九间棚农业科技园有限公司等。5月21日下午，新闻发布和招商引资推介会在华盛江泉大酒店举行。发布会由林业部原副部长、中国经济林协会原会长刘广运主持，中国中医药科技开发交流中心党组书记魏伟介绍节会筹备情况及日程安排。招商引资推介会上观看平邑招商引资宣传片，推介平邑县重点产业招商项目。

节会期间，在华盛江泉大酒店举办“金银花产业新技术、新产品和新成果展示”。5月21日晚，首届中国金银花节暨金银花高峰论坛开幕式在沂河湖心岛举行，副市长刘彦祥主持开幕式，国家中医药管理局原副局长张鸿魁讲话，市长张务锋致辞，卫生部原副部长张凤楼，林业部原副部长、中国经济林协会原会长刘广运。中国工程院院士、中国中医科学院首席研究员、医学实验研究中心主任李连达，市委副书记申长友共同启动首届中国金银花节暨金银花高峰论坛。参加开幕式的领导、嘉宾有中国经济林协会会长张志达、卫生部人才交流服务中心主任刘金峰等。5月22日上午，中国金银花高峰论坛在华盛江泉大酒店举行，国家中医药管理局原副局长张鸿魁致辞，中国中医科学院朱晓新、山东中医药大学教授李峰主持，中科院植物研究所蒋高明宣读贺信，并作《金银花在退化生态系统修复中的应用》报告，中国医科院药用植物研究所陈君作《中国金银花产业现状与挑战》报告，中国医药保健品进出口商会罗扬作《中药国际贸易形势分析》报告，中国中医科学院边宝林作《金银花古今研究概述》报告，山东中医药大学张永清作《山东金银花种质资源状况与良种选育研究进展》报告，广安门医院危剑安作《金银花在艾滋病临床治疗中的应用》报告，望京医院罗侃作《金银花的药用价值及临床应用》报告，加拿大天然药业马元春作《植物药复方制剂质量控制展望》报告，县长马祥营作《平邑金银花产业现状及发展战略》报告，中国经济林协会金银花专业委员会理事长刘嘉坤作《遵守法典，正本清源，推动全国金银花产业健康发展》报告，中国经济林协会金银花专业委员会秘书长刘锋倡议签署《中国正品金银花责任联盟宣言》。

5月22日下午，入会人员考察保太九间棚科技示范园、九间棚药业有限公司、流峪金银花密植园、郯城金银花物流港。

第二届中国（临沂）金银花节暨山东省道地药材文化节　2012年5月18—20日在平邑举办，省卫生厅、省中医药管理局、市政府主办，县委、县政府承办，山东省中医药大学、山东省中医药研究院、山东九间棚农业科技有限公司等协办。18日下午，新闻发布会在平邑沂州国际饭店召开。19日上午，开幕式在平邑莲花山广场举行。国家中医药管理局科技司副司长李昱、省中医药管理局局长武继彪、市政协主席徐涛、副市长赵爱华出席开幕式，李昱提出，国家把现代中药在内的生物产业纳入战略性新兴产业，从发展现代产业体系、经济结构战略性调整和促进经济长期平稳较快发展的高度，进一步优化产业结构，拓宽融资渠道，推动山东经济社会平稳较快发展。以花为媒，以节会友，促进金银花产业发展、推动道地药材的临床应用，打造新的齐鲁中医药文化品牌。高峰论坛由中国中医科学院中药研究所副所长朱晓新主持，叶祖光作《金银花保健品的研发及综合利用》报告、张永清作《山东省道地药材生产现状、存在问题与解决办法》报告、赵渤年作《发展道地药材产业，传承地道中药文化》报告、刘嘉坤作《发展金银花，造福全社会，九间棚打造金银花产业链企业》报告。19 日下午，入会人员参观考察流峪道地药材密植园、九间棚药业有限公司、中医医院中药标本和自制制剂展室、九间棚科技示范园，并参加《金银花开》电影开机仪式。

2013 年 5 月，第三届中国（临沂）金银花节暨中国金银花产业发展论坛在平邑举行

第三届中国（临沂）金银花节暨金银花产业发展论坛　2013 年 5 月 22 日在蒙山举办，由临沂市金银花协会、平邑县农业局主办，山东九间棚农业科技有限公司等单位协办。市委常委、副市长尹长友等出席。山东九间棚农业科技有限公司、黑龙江澳利达医药集团、鲁南制药、江中集团、广药王老吉大健康、深圳和顺堂药业、珍宝岛药业、康缘药业、北京同仁堂药业、哈尔滨一洲药业、山东福胶集团等数十家国内知名药企及中央电视台、《中国企业报》社、山东文学社、《沂蒙晚报》等媒体单位参加开幕式。

中国金银花产业发展论坛由中科院植物研究所研究员蒋高明主持，李昌平作《农业四阶段及其政策策略选择》演讲。蒋高明作《从生态文明高度谈发展有机中药材的现实意义》报告，中国医学科学院药用植物研究所副研究员徐常青作《金银花与山银花化学成分及基于元素分析的药性分析》报告。与会人员还就金银花产业目前的发展现状、存在问题、发展前景进行座谈讨论。举办北京中医药大学金银花研究基地、黑龙江澳利达医药集团金银花生产基地、黑龙江珍宝岛药业股份有限公司金银花生产基地、临沂大学金银花研发博士工作站在山东九间棚农业科技（集团）有限公司的挂牌仪式。

第五届中国（平邑）金银花节　2014 年 5 月 17—18 日在平邑举办，由省金银花协会、中国中药协会、全国健工委主办，山东九间棚集团、山东澳东药业、上水银花集团、山东美东药业集团协办。节会主题：求真务实，引领创新。宣传口号：金银双花、誉满中华。主旨内容：行业盛会助发展、专家研讨树高端、欢乐歌舞庆节日、产品推介展销会、打造产业升级版。17—18 日，金银花系列产品展示在莲花山广场展示。17 日下午，举行山东省金银花行业协会专家委员会暨顾问组成立揭牌仪式，召开山东省金银花行业协会一届二次理事会。专家论坛由山东中医药大学药学院副院长、省金银花协会副会长张永清主持，全国健工委秘书长李志海作《金银花产业与生态健康》报告，中国中医科学院中药研究所研究员、中药质量控制技术国家工程实验室主任王智民作《金银花质量安全控制》报告，天津大学高文远教授作《金银花产品研发》报告，陈永作《金银花电子商务》报告。

中国金银花产业创新发展大会暨第六届中国金银花文化艺术节　2015 年 5 月 15—17 日在平邑举办，由山东省金银花行业协会、中国中药协会、山东九间棚集团、中国中医科学院中药研究所主办。节会主题：互联、共享、合作、创新。主旨内容：电子商务、品牌战略、标准建设、追溯体系、产地规范、科技文化、信息平台、产业联盟。16日上午，开幕式在平邑沂州国际饭店举办，由程新安主持，王霞致欢迎辞，中国中药协会会长房书亭、中国中医科学院原副院长杨友群致辞。房书亭和康美药业廖开际为康美（深圳）电子商务有限公司平邑服务站揭牌，宣布金银花在康美e药谷上线。商务部市场秩序司巡视员温再兴和康美（深圳）电子商务有限公司总经理廖开际为中国（平邑）金银花价格指数揭牌。廖开际和省金银花协会副会长刘嘉坤为金银花价格监测点（郯城）和平邑金银花价格监测点（流峪）授牌。专家报告会由张永清主持，付晓作《金银花产业与行业协会创新发展模式》报告，廖开际作《中药材贸易与电子商务思考》报告，临沂国际商品交易中心杜平作《构建多元化服务体系助推金银花产业升级》报告，中国医学科学院王文全作《金银花GAP基地建设及质量控制》报告。下午，由付晓主持，温再兴作《金银花流通追溯体系建设》报告，中国蔬菜协会袁才勇作《认证在中药材产业发展中的作用》报告，杭州甲骨文科技有限公司钟友明作《平邑金银花O2O全流程溯源》报告，山东农业大学教授张丽霞《浅谈金银花加工的几个问题》报告，张永清作《金银花研究进展》报告，并进行金银花大宗交易实战培训。节会期间，举办品牌产品及文艺作品展会。

全国道地药材食药产业转型升级研讨会暨第七届中国金银花文化艺术节 2016年5月13—15日在平邑举办。主办单位为省金银花协会、中国中药协会、中国民族医药学会国际交流与合作分会、中国中医科学院中药研究所、山东中医药大学。承办单位为九间棚集团、山东澳东药业集团。

第八届中国（平邑）金银花道地药材生态发展大会 2017年5月16—17日在平邑县举办，中国中药协会金银花专业委员会、山东广播电视台农科频道、新华网山东频道主办，山东省金银花行业协会承办。节会主题：生态文明、三产融合、品牌战略、标准引领。现场观摩，沂蒙山区优势道地药材研究成果报告会，以平邑县花“金银花”为主题的电影创作启动仪式，“沂蒙花海·平邑近人”金银花主题摄影暨航拍大赛，“沂蒙花海·平邑金银花”篝火歌舞晚会。15日晚，平邑县首届“巾帼新诗会·金银花季”在平邑一中举行；中国国家话剧院一级演员于黛琴朗诵《我爱家乡的金银花》。16日下午举行，2017中国（平邑）金银花产业标准化发展论坛，中国标准科技集团总经理赵宏春就金银花产业的标准化发展等作主题演讲，《中国标准化》杂志社与平邑县政府签订标准化战略合作框架协议。

第九届中国（平邑）金银花道地药材生态发展大会 2018年5月12日在平邑举办，由中国中药协会金银花专业委员会、国家中药材产业技术体系济南综合试验站、省农业技术推广总站、省现代农业产业技术体系中药材创新团队主办，省金银花协会、市中药材产业创新团队、山东广播电视台农科频道、平邑新媒体协会承办。节会主题：培育新动能·发展新六产，主旨内容：现场观摩、开幕式、三产融合发展报告会和“沂蒙花海·平邑近人”金银花季摄影航拍大赛及摄影作品展。

第十届中国（平邑）金银花产业发展峰会 2019年5月18日在平邑举办，由中国中药协会金银花专业委员会、国家中药材产业技术体系济南综合试验站、省农业技术推广总站、市农业农村局主办，省金银花协会、山东中医药大学、临沂大学、京东云、山东广播电视台农科频道、山东大众海蓝信息科技有限公司承办。节会主题：高质量发展，品牌化赋能。主旨内容：现场观摩，中国（平邑）金银花健康产业园奠基仪式，峰会开幕式，金银花国际标准新闻发布会，京东中国特产平邑扶贫馆上线新闻发布会，中药产业高质量发展报告会，第三届“沂蒙花海·金银花乡”摄影航拍大赛暨作品展。

18日下午，京东中国特产平邑扶贫馆上线新闻发布会，平邑县地方镇九间棚村党委书记、九间棚集团董事长刘嘉坤介绍京东中国特产平邑扶贫馆情况。京东中国特产平邑扶贫馆上线启动。

第十届中国（平邑）金银花产业发展峰会（2019年5月 摄）

地理标志商标

地理标志产品保护　九间棚村属于平邑县"地理标志产品平邑金银花"的保护范围，金银花地理标志产品保护、质量技术要求包括产地条件、品种、育苗、栽培管理、采摘、烘焙干燥、质量特色等。

商标注册　2009年9月，国家商标局颁发商标注册证（第7128692号），平邑金银花注册为第5类证明商标，注册人：平邑县金银花标准化种植协会，注册有效期限：2009年9月14日至2019年9月13日。

商标管理、使用和维权　实行"平邑金银花"专权管理、授权使用、全链监督、维权保护"四梁八柱法"。规范使用"平邑金银花"标志标识。山东省金银花行业协会与杭州甲骨文科技有限公司、浙江甲骨文超级码科技股份有限公司合作开发"平邑金银花防伪溯源管理系统"，并由县协会统一印制、管理、授权"平邑金银花防伪溯源码"。围绕金银花产品瓶贴、包装盒、手提袋、包装袋贴，获得四项外观设计专利。

金银花协会

平邑县金银花协会　2001年11月，以九间棚农业科技园为依托发起成立平邑县金银花协会。2005年，九间棚集团聘任中科院植物所首席研究员蒋高明为高级顾问。2月19日，在平邑县政府招待所召开"中科院平邑九间棚农业科技发展战略研讨会"。5月19日，成立中国经济林协会金银花专业委员会，协会办公地点设在中科院植物所，蒋高明被选为副理事长、刘嘉坤被推选为理事长，中国植物学会理事长、中国科学院植物研究所所长韩兴国教授被聘为顾问，植物所在读博士徐常青、李卫东等参与协会工作。开展金银花品种换代、栽培管理技术、干银花采收、等级划定、购销以及初加工等基础性工作。选派科研技术人员到九间棚金银花科技园指导示范，提高花农的科技意识和金银花科技管理水平。

六不用金银花协会　2010年4月成立。

会长：刘嘉坤。副会长：黄晓理、刘甲太、李平、张继华、孟庆启。秘书长：廉士东。副秘书长：马九林、杨晓。理事：马九林、王文芹、王东林、王继森、付化平、刘甲平、刘守文、刘嘉太、刘嘉坤、孙士本、孙君全、孙恒平、庄洪兵、李东升、张继华、陈启发、孟庆启、孟宪忠、邱立明、赵吉永、徐丕业、徐同庆、徐兴国、桂伟普、黄晓理、廉士东、程明臣、杨晓。

山东省金银花协会　2013年4月16日，通过省民政厅名称核准，7月2日，省民政厅正式批准平邑县筹办成立山东省金银花协会。

第一次会员代表大会　2013年8月6日，在平邑召开山东省金银花行业协会成立大会暨第一次会员代表大会及一届一次理事会。会议由省农业技术推广总站曲召令主持，会议议程16项：县人大常委会第一副主任、党组书记廉茂岭致欢迎词；省民间组织管理局副处长韩学斌宣读《山东省民政厅关于同意筹备成立山东省金银花行业协会的批复》；山东省金银花行业协会筹备委员会秘书长付晓作协会筹备工作报告，宣读《山东省金银花行业协会章程（草案）》《山东省金银花行业协会组织机构和负责人选举办法》《山东省金银花行业协会会费收取和管理使用办法（草案）》和《山东省金银花行业协会人事管理办法（草案）》，并进行说明解释；表决通过《山东省金银花行业协会章程（草案）》；表决通过《山东省金银花行业协会组织机构和负责人选举办法》；表决通过《山东省金银花行业协会会费收取和管理使用办法》；表决通过《山东省金银花行业协会人事管理办法》；选举产生协会一届一次理事会；召开协会一届一次理事会，选举产生协会常务理事会；选举产生协会会长、副会长和秘书长；山东省金银花行业协会第一届会长发言；平邑县委副书记、县长马祥营致辞。

第二次会员代表大会　2017 年 12 月 16 日，山东省金银花行业协会第二次会员大会（换届）在平邑沂州国际饭店第二会议室召开，应到 124 人，实到 89 人，会议由第一届会长程新安主持。协会秘书长付晓作第一届理事会工作报告、财务工作报告、换届筹备工作报告；会议表决通过《第二届会员大会会议议程》《换届选举办法》《山东省金银花行业协会章程（草案）》《会费收取管理与使用管理办法（草案）》，选举产生第二届理事会、监事会、轮值会长、副会长、秘书长、监事长、副监事长、副秘书长，分支机构负责人，提名通过名誉会长等。

金银花诗词赋

中华人民共和国成立后，平邑县的诗歌创作中涌现大量歌颂金银花的诗歌，《人民日报》《山东文学》《当代诗歌》等报刊先后刊载。2012 年 7 月，九间棚村“两委”举办金银花诗歌、散文采风活动，来自全国的 7 名诗歌、散文家对九间棚金银花进行讴歌、赞美。

散文

历史上，以散文形式描写金银花的作品比较少见。中华人民共和国成立后，随着金银花的药用价值的提高和市场开发的蓬勃发展，平邑县很多作家采用散文形式，从不同角度对金银花开发利用、环境保护、药物价值、经济价值等进行深入细致的描写。

第五章　教科卫体

九间棚村民有重教兴学、培育人才的优良传统。1964 年建立九间棚村小学，为兴村富民培育出一批人才，1987 年，村党支部投入 3 万元，建设二层楼校舍，并统一定做新课桌和坐凳，是全县最好的村级小学教室。九间棚人种地讲经验，栽果树讲方法，注重科技兴农、兴林、兴牧，选育出九丰 1 号、北花 1 号金银花优良品种。1964 年，九间棚村卫生所建立，指导村民开展爱国卫生运动，预防各类疫病的发生，村民健康水平显著提高。九间棚村人在生产、生活中强身健体，跳绳、踢毽子等。2010 年，建成文体健身广场，组织村民、员工开展健身活动。

开课

1985 年九间棚小学教室旧址

九间棚国学读经班开笔仪式（2016 年 7 月 摄）

第一节　教　育

九间棚人重视文化知识，奉行耕读继世，诚信做人。1963年建立九间棚小学，全村适龄儿童全部入学读书，至2020年，全村受过中等以上文化教育的村民占10%，初级中学以上文化教育的村民70%。村民科技素质显著提高，达到农林牧技术员水平的有70余人。

幼儿教育

九间棚村的幼儿教育，一向在家庭中进行。农忙时节，为了抢农活、赶收割，多由家庭中的老人为儿媳、孙媳照顾子女，老人将幼儿集中起来后，教唱民谣儿歌、学说顺口溜等。

1987年，在天宝山乡妇联幼儿辅导员的指导下，利用村小学1间房子，建起九间棚村幼儿园（时称学前班），刘加好兼任幼儿教师，首批招收6～7岁幼儿9人，每天定时上课，主要教授数字和简单汉字的认识，10以内的加减法，做些简单的儿童游戏。

1990—1994年，九间棚村幼儿教育使用正规教材，进行识字、拼音、数字教学，幼师李京爱。逐年逐步增加了部分幼儿喜爱的，并对幼儿身心健康成长有益的儿童玩具，有开发儿童智力的积木、有益于健身活动的跳线，儿童喜欢玩的小皮球、小足球、乒乓球等。1994年7月，因生源减少九间棚村幼儿园停办。

幼师报酬　1990—1994年，由村集体每月发12元生活补助费。缺额部分由乡镇政府从全镇教育统筹费中发放。

小学教育

1947—1950年，村民刘德敬、张荣德、刘德义到新庄小学读书，教师孔传普。

1964年9月，九间棚小学建立，校舍在石棚中，招收学生14人，其中女生5人，教师吴庆亮、张宗德（民师）。因九间棚村办学条件差，教师频繁更换。1969年9月，九间棚小学一年级招收11名适龄儿童入学，其中女生3人，教师刘甲训（民办代课教师）。1970年，村小学教师李丹同（下乡知识青年）。1971年春节后，因教师未归，九间棚小学停办。1972年夏，公社教育组派公办教师李化伦任九间棚村小学教师。同年，九间棚小学五年级毕业生10人，有8人考取初中到闸口联中读书（刘甲莲、刘甲青、刘甲印、刘甲武、刘甲才、刘立青、刘立杰、刘立江）。

1975年春天，九间棚小学因无教师停课3个月。至秋季开学，和乐小学教师李凤楼1人兼职2所小学教师，隔日分别为两所小学学生教课，少数学生跟随教师赶到和乐村小学听课。同年，九间棚小学五年级毕业生11人，有6人考上初中（刘月凤、刘月香、刘甲太、刘甲合、刘立和、张如意）。

1980年9月，刘加好初中毕业回村任九间棚小学民办教师，公办教师王开勋带班。1982年8月，王开勋调任赵家庄小学任教。

1995年8月，按照县教育部门整合教育资源意见，撤销九间棚小学，并入天宝中心小学。

村“两委”为应对学校并迁后低年级适龄儿童就读，投资2万元购买黑豹改装车1辆，聘用司机接送学生。1996年，投资2000元，在两泉小学内建2间学生宿舍，让学生住校，每周六放学、周一入校由原教师刘家好陪同行程3000米回家、入校。2000年后，学生入学由学生家长负责接送。

校舍　1964年8月至1966年11月，在石棚中教学，大队在石棚前建1间石头墙草苫房为任课教师宿舍，石棚冬暖夏凉，唯一缺陷为光线阴暗，学生因时上课，较好地解决了日出前、日落后光线阴暗的问题。

石棚校舍

1966年10月，大队筹集资金建设石头墙红瓦房4间，占地面积150平方米，建筑面积37平方米，将小学从石棚中迁出，3间为教室，1间为任课教师办公室兼做宿舍。

1987年，村“两委”干部自动捐出2年的报酬、村集体出料、村民义务出工建2层楼房，占地面积500平方米，一层4间，建筑面积380平方米。1989年8月，新学期开学将小学搬迁进一层，2间为教室，1间为任课教师办公室，1间为任课教师宿舍。

1989年11月18日，国家教委主任李铁映到九间棚村视察，拨20万元专款建设九间棚村小学教学楼，由村“两委”负责施工，石混结构，2层楼房，建筑面积520平方米。1990年3月开工，1992年5月竣工，一楼三间教室，二楼为图书室、音体美教室、教师宿舍，校舍改建为九间棚村卫生室。1995年7月，九间棚小学并入天宝镇两泉庄中心小学。

九间棚小学教学楼（1995年5月 摄）

学制　1963—1967年，小学学制实行6年制，入学年龄为7周岁。1968年春实行5年一贯制，同时改秋季始业为春季始业。1974年，恢复秋季始业。1986年4月《中华人民共和国义务教育法》颁布，九间棚小学实行5年制。入学年龄自1987年秋季招生开始逐步由7周岁向6周岁过渡。

课程　1967年，小学设语文、算术，每天4节课。1972年，每周设政治课2节，语文、算术课，一、二、三年级写字课2节，四、五年级作文课2节；一、二、三年级算术7节，四、五年级算术8节；设体育、革命文艺课各1节。1990年后，设立自然、思品、音乐课。

教材　1963—1971年，九间棚小学采用教育部编第二套小学教材；1972—1978年，使用山东省编5年制小学教材。1978年9月至1981年，采用教育部编第五套小学教材。1982年9月始，九间棚小学采用教育部编全日制5年制修订本教材。

教学方法　沿用传统的注入式教学法，注重读、背、讲、写。重视在课堂上发挥教师的主导作用。1966—1976年“文化大革命”期间，实行开门办学，贫下中农管理学校，学校组织学生参加社会活动，开卷考试。1978年，提倡学校以教学为中心。1984年，贯彻教育“三个面向”（面向现代化、面向世界、面向未来）的指示。在教学方法上运用“启发式”教学。

复式教学　九间棚小学自建校始至并入天宝山中心小学，始终采用复式教学，隔年招生，一至五年级学生同在一间教室内上课。曾有4个年份出现三级复式班。

考试制度　九间棚小学沿用百分制计分法的学科考试，小学毕业后，经考试合格升入初中。1987—1993年，小学毕业生升初中实行全县统考制度。

教师　1964—1995年，九间棚小学先后有11名教师任教，分别是张宗德（1963—1965年民师）、武庆亮（1963年至1967年7月）、李曰同（1967年9月至1969年7月）、李化伦（1969年8月至1975年12月）、李月蓉（1970年9月至1972年8月民师）、刘立青（1972年9月至1978年8月民师）、廉吉贵（1976年1月至1977年12月）、彭廷顺（1978年1月至1978年7月）、王开勋（1978年8月至1982年7月）、刘加好（1980年8月至1995年7月）、任加营（1992年8月至1994年7月）。

学生用具　1963—1993年，九间棚小学学生用具有石板、石笔、钢笔、圆珠笔、铅笔、墨水、作业本、书包、直尺、三角尺等。

九间棚小学 1963—1995 年部分年份在校学生情况表

表 5-1　　单位：人

年份	一年级	二年级	三年级	四年级	五年级
1963	18	—	—	—	—
1965	10	—	17	—	—
1967	9	—	10	—	16
1969	7	—	9	—	9
1971	10	—	7	—	—
1973	10	—	10	—	7
1975	10	—	10	—	9
1978	15	—	10		9
1982	7	—	—	—	14
1986	8	—	7	—	—
1990	12	—	—	8	—
1992	11	—	12	—	—
1994	13	—	—	—	—
1995	7	—	—	13	—

成人教育

中华人民共和国成立前，村民生活在温饱线上，教育滞后，多数人是文盲，村中上过私塾、小学的人屈指可数。中华人民共和国成立后，党和政府重视发展农村成人教育事业，提高农民文化素质，先后成立识字班、冬学、夜校等。九间棚村成人教育始于1950年11月，以识字为目的。1994年，开展农业实用技术培训，以提高村民致富技能为目标。1997年，村党支部书记刘嘉坤为提升自身素质、提高基层党政工作能力和参政议政能力，自费考取北京大学光华管理学院，师从经济学家厉以宁教授，边学习边实践。

扫盲教育　1950—1978年，村民通过识字班、冬学、民校，提高了文化素质，基本扫除文盲。

识字班　1950年11月，在石棚前草棚中开班，教师刘德敬。全村部分中青年男女参加学习识字，教学时间以晚上为主，廉茂俊任识字班班长。人民政府提倡男女平等，村中女青年参加学习。

冬学　1950—1952年，在冬季农闲季节的晚上举办的学习班，用石棚做课堂，由刘德敬兼任教师，以生产、生活中的常用字为学习内容，以识字为主，学习度、量、衡常识。全村有刘德香、刘德明等12人参加学习，通过夜校、扫盲班学习，部分村民脱盲，有的达到小学文化水平。

民校　1952年2月停办冬学，九间棚村“夜校”改称民校，民校教师从村内选拔，由县集中培训后，回村进行知识传授。一般晚上1 ~ 2个小时，在校学员年龄大多为15 ~ 40岁年龄段的青壮年。

1957年夏，村民刘德敬为村扫盲班教师，利用中午1个小时在石棚前树下，1个小黑板、1根粉笔，学习2 ~ 3个汉字，学唱一首农歌。村民刘甲成、刘甲全等人参加。1958年，夜校停办。1960—1963年，每年冬闲时节，开办夜校点，刘甲训任教师，有10 ~ 12人参加学习。1965年，大队提出扫除文盲达到50%的目标，把组织有劳动能力的村民学习提到与生产劳动同等重要的位置。大队长刘德功让兼职民师把识字小黑板带到田间地头，利用劳动空间休息的时间学习10分钟，每日学认1个字，效果良好。

1966年，民校每周固定1个晚上2个小时，主要以政治学习为主，识字、读报，学习《毛主席语录》，大队给夜校教师记1分工。1975年冬，九间棚大队按照上级要求，再掀扫盲高潮，16岁以上50岁以下不识字的男女社员，全部进夜校学习识字。

科技教育　民国年间，九间棚村是以户为单位的个体生产格局，其农业技术的传播以能者为师，种地能手有刘德明、刘德玉、刘甲成等人。中华人民共和国成立后，对农业技术的要求逐年提高，有组织、有领导地传授农业科技知识成为时代的新特点，九间棚村先后选派刘甲付、刘甲伦等10余人到平邑县果树站学习果树种植技术。各业技术能手不断涌现，石匠有刘德明，木匠有刘甲才、刘立海，养牛能手有刘德兴、刘甲成，养猪能手有刘德兴、刘德元，养鸡能手有刘立青、廉永等。

1995年，村党支部在中共平邑县委组织部党员电化教育中心的指导下，投入3000元，购进录像机、彩色电视机等电教设备，对党员和全体村民进行政策法规教育和农业、副业实用技术教育，增强村民科技致富的能力。至2000年，全村开展以学习农业实用技术为主的成人教育，采取观看党员电教片，聘请县果业局农艺师现场辅导等方式，学习时间每月第1周的周一上午2～3个小时。重点开设果树管理、金银花栽培技术等课程。

专业培训　1990—1996年，党支部书刘嘉坤联系临沂市（地区）交警支队，免费为九间棚村培训汽车驾驶员4人（刘立合、刘甲宾、刘彬、刘甲广）。

学历教育　1991—2020年，九间棚共有6人参加学历教育，取得成人教育大专学历证书。1990—1991年，党支部书刘嘉坤争取省教委支持，选送刘甲才、刘甲青到山东省农干院学习2年，学杂费全免，2人均取得大专学历。1997—1999年，刘嘉坤自费到北京大学光华管理学院学习经济管理，取得学士学位。2016—2018年，陈凡莉自费考取山东师范大学成人函授班汉语言文学专业，取得大学本科学历。

村教育委员会　2012年，村党委按照上级要求成立村教育委员会，下设“九校一室”（村党校、村民学校、村老年学校、村青少年法律学校、村科普学校、村团校、村残疾人素质培训学校、村人口学校、村家长学校、村图书室），经常性地开展各类人员的教育、培训活动，提高村民文化素质。通过党员干部现代远程教育示范基地开展村民科普教育活动，提高村民经济管理知识和致富技能。

第二节　科　技

九间棚人在生产、生活中学科技、用科技，靠科技发展致富，已成为新的时尚。20世纪50—70年代，引进良种和先进农机具，改良耕作制度；引进化学肥料，配方施肥，改良土壤肥力；引进化学农药，防治病虫害；科学种田、增产增收的思想深深地印在村民的心里。改革开放后，注重发展高效农业，改变“单一种植”“一年一收”的传统生产习俗，实行立体种植、地膜覆盖、推广良种、配方施肥、喷灌滴灌、发展庭院经济、应用塑料大棚等，拓宽农业发展领域，提高了农业的经济效益和生态效益。果品生产，破除“重栽轻管”的观念，推广科学剪枝、嫁接换头、人工授粉、疏花疏果等新技术，提高了果品的产量和质量。在养殖、商贸等方面，均注重科技的带动作用。1985年后，村“两委”注重科技引领农林牧业发展，引种地瓜、花生、玉米、黄梨、山楂、蜜桃等农经、林果新品种77个。建立博士流动工作站，成功研发金银花新品种九丰1号、北花1号，大面积推广六不用金银花种植模式，在科技兴农、兴工、兴林、兴牧、治水、整山方面均取得良好效果。

科技组织

1966年，建立大队科普领导小组，实施农业科普推广工作。1966—1970年，刘德香任组长。1971—2020年，刘嘉坤任组长。在马家岭进行农作物良种繁育、粮食作物高产实验，进行谷子地套种高粱和地瓜套种绿豆增产实验，在苹果、梨、桃、杏树上实行嫁接、改接换头，效果明显。

科普协会　2001年，九间棚科普协会成立，同时修订协会章程，成立协会组织。

九间棚村科普协会（2001—2010年）

会　长：刘嘉坤

成　员：刘甲新、张如意

九间棚村科普协会（2011—2020年）

会　长：刘嘉坤

副会长：陈凡莉

成　员：廉永、王静

科普协会章程　2001年10月，九间棚科学技术普及协会制定工作章程，共用6章14条明确了村科学技术普及协会的性质，在村党总支、村委会领导下以提高村民素质和村文明程度为中心，充分发挥和利用村现有的科普资源，弘扬科学精神，普及科学知识，传播科学思想，把科技发展的最新成果及时广泛地普及到村民中去。

科普学校　2008年7月，村民委员会成立科普学校。制定科普学校教学计划。

校长刘嘉坤，教员陈凡莉、廉士东、翟茂江。

2008—2019年，村科普学校教学活动每年开展2次科普讲座，1次科普教育活动，动员村民参加村志愿者队伍，开展义务科普宣传。

科普工作　贯彻落实《中华人民共和国科学技术普及法》，实施《全民科学素质行动计划纲要》（以下简称《纲要》），围绕全村科普工作重点，组织科普志愿者活动，推动科普事业发展。活动安排如下。

宣传活动　《全民科学素质行动计划纲要》宣传活动每年3月份组织志愿者采取发放宣传资料、专题讲座等形式开展《纲要》专题宣传活动，提高广大居民对《纲要》的认识和了解。

“科技活动周”　每年5月中旬，组织志愿者在村内设立咨询台开展科普咨询、宣传活动，发放相关技术资料。

“全国科普日”活动　每年9月中旬，按照县科协“全国科普日”活动方案的统一部署，组织志愿者参加各项主题活动。组织志愿者队伍中的中高级技术人才认真开展科普宣传、咨询、技术讲座等活动。

“科普进村”活动　每年11月份，组织志愿者开展科普知识讲座、健康知识宣传、赠送生活常识资料等。举办家庭安全隐患自查与治理演示活动，使村民不出家门便学会如何使用灭火器和如何防火防灾的科普知识，提高村民防火意识。对村育龄妇女进行科普知识宣传，发放资料和计划生育用具，宣传优生优育，使生育文化和婚育新风进户。在开展各项活动的同时，发挥橱窗、黑板报和科普栏的宣传作用。开展各种健康小知识活动、科普知识和禁毒多方面的宣传，并定期更换宣传内容。

科技应用

九间棚重视科技成果的推广应用，在农业种植、副业生产中都有广泛的应用、创新，为发展农业、集体企业带来丰厚的利益。2015—2020年，推广应用“六不用”生产技术，发展金银花、小杂粮、经济林果生产取德良好效益。

传统农业技术　中华人民共和国成立前，九间棚村种植业无科技成果应用，一般老农凭祖辈传留和个人经验，总结出一整套农作物种植的方法并世代相传。在选种方面，村民讲究“好种出好苗”。对谷子、高粱等作物种了多采用穗选法，用葫芦头等器具单独存放。

旧时农具皆以人、畜为动力，多由铁匠、木匠制作。耕作工具有锄、镢、锨等手用工具外，主要有畜力牵引的犁、耙。旧式步犁，木铁辕，下安犁尖、犁镜、犁尖用以开垦，犁镜用以翻土，犁镜需要生铁铸成。耙为长方木架，下排铁制耙齿，用以耙碎犁起的土坷垃，荡平耕作层。无畜力者只能人工镢刨锨铲，铁耙荡平以播种。播种多用两腿耩子或开沟撒播。

清朝时期，村民的提水工具主要用泥罐肩挑或人抬，脱粒工具主要为碌碡，在谷场中畜力或人拉动碾压脱粒。无场的农户只能用棍子在空地上捶打。农产品加工工具经历了石碓、石磙、石碾、石磨的发展过程。运输工具主要用担子、托子、绳子，人抬肩挑为主。各类工具多粗陋笨重，费时费力，劳动强度大，效率低。

农业科技推广应用　1960年前，九间棚村民完全是靠天吃饭。农业以种植高粱、谷子、地瓜、大豆为主，其次是小杂粮。一年只种一季，产量低而不稳，正常年景亩产50千克左右，灾年更少。

良种引进与培育　中华人民共和国成立后，九间棚村民推广应用科技成果是从引进良种和使用化肥开始的。1953年，引进“胜利百号”地瓜品种，取得明显的增产效益。初级社时，村民采取自选、自育的传统育种法。从县农业局调来棉花新品种“斯字棉”、地瓜“胜利百号”。1953—1956年，村民刘德功栽种的胜利百号地瓜，亩产达到1400千克，折合地瓜干400千克，产量翻了一番。

1970年，大队种子田实验组，用水平栽插法，栽种“一窝红”地瓜0.3公顷，秋后收获时亩产达1700千克，创全村历史上地瓜高产纪录。之后品种不断更新，引进高粱品种有“原杂10号”，地瓜品种有“徐薯18号”等，据不完全统计，从1953年引进“胜利百号”地瓜品种，到2018年引进谷子、高粱、花生、豆类、薯类等10个农作物品系140个优良品种，平均每年引进2.1个。金银花品种从引进大毛花、鸡爪花到发展培育九丰1号、北花1号品种，成为全县良种培育“排头兵”。

间作　1965年后，九间棚村实行高粱地里带大豆，地瓜地里间种大豆、芝麻（隔一沟种一行）。由于大豆收的早，根瘤菌转化快，软化土壤，促进高粱、地瓜增收。

1970年，大队在谷子地里套种高粱，谷子亩产97.8千克，增产10.2千克，每亩增收高粱21.5千克。在地瓜地里套种大豆，亩增收大豆11.5千克。

化学肥料使用　1957年，村民使用肥田粉，粮食作物明显增产，其中谷子增产更加明显，平均亩增产量21千克。此后硝酸铵、过磷酸钙、硫酸钾、磷酸二铵、尿素及专用复合肥等化肥逐渐推广，为提升全村粮食单项增产、集体增收提供强力支持。

林果业科技应用　农业生产合作化时期，九间棚大队马家岭、栗树棚建立苹果园、山楂园、梨园，栽种山楂、梨、苹果、核桃、柿子、花椒等果木品种。20世纪80年代，推广果树嫁接和土、肥、水管理新技术。90年代开始在果园中推广旱作果园技术，推动全村林果业的发展。

苹果套袋（2015年5月 摄）

畜牧养殖业科技应用　20世纪60年代中期，全村养猪业大发展，引进长白猪、巴克夏猪种与本地土种猪杂交，提高了生猪饲养经济效益。80年代引进丹麦优质长毛兔与本地兔杂交培育出优质沂蒙长毛兔品种。90年代引进波尔山羊与蒙山羊杂交培育出耐粗放饲养、繁殖力强、生长快的杂交羊。在肉牛、大棚鸭、鸡等畜禽规模化饲养方面，九间棚村均取得了明显的经济效益。在不同的时期，伴随着农业的发展，九间棚村进行了农业生产工具的改良和农业机械化的推广应用。1957年，购进单管喷雾器在大秋作物农田开始使用。1965年，大队副业开始使用柴油机。1980—2000年，使用各种井用潜水泵、手摇喷雾器、磨面机、粉碎机、电动机等。2001—2020年，先后推广使用的农机有木工机械、挖掘机、装载机等。20世纪50年代，推广市斤、市尺度量。取缔老式“斗、升”、土布尺等量具。提水用具泥罐被铁桶取代。60年代初推广千克秤，逐步取缔老式秤（16两秤），耕地推广新式步犁。70年代推广6寸耪，80年代推广覆膜机，营养钵育种。

农具改良　九间棚村民根据山地农业特点改进耩子、抓钩、二齿、三齿等，方便了耕作，提高了功效。

耧　俗称耩子，为九间棚民传统的播种工具，1960年前使用的是8寸耩子（俗称老八寸，大爬垅）。1962年改为使用6寸与8寸混合下种，即在马家岭较大的地块上使用6寸耧，而在龙顶山梯田仍使用8寸耩子下种。6寸耧要比8寸耧增1/4的播幅，提高土地利用率。

抓钩　九间棚村的土地为钙质岩坡洪积淋溶粗骨褐土，村民根据生产需要将板镢改进成二齿抓钩，用于刨地、刨地瓜、刨高粱茬子时省工、省力。还将二齿钩子改进成三齿钩子，用于谷子地划锄、棉田松土，效益明显。

科技队伍

九间棚果园建成后，先后引种黄梨、大国光、小国光、金帅、红香蕉等新品种。在果园管理中培养刘嘉坤、刘甲付、刘甲伦等技术员。改革开放后，村“两委”通过送出去学习先进园艺技术，请进来办班培训，手把手地请果树专家教授剪枝、嫁接新工艺。还通过电化教育学习果园管理技术。至2019年，全村共有30人达到农业技术员水平。

科技园

平邑县九间棚农业科技园有限公司，1999年建立，位于九间棚村，占地面积21公顷，法定代表人刘嘉坤。公司以金银花产业化研发和农业生态旅游为主导产业，聘请中国科学院植物研究所首席研究员、博士生导师蒋高明教授等知名专家学者为高级顾问，设立博士后流动工作站，成为中国金银花产业龙头企业。

公司发挥平邑县“中国金银花之乡”资源优势，与中科院植物所联合培育北花1号金银花新品种，产量是传统品种“大毛花”的1.5～2倍，有效成分木樨草苷含量提高44%、绿原酸含量提高30%，通过省科技厅科技成果鉴定和省林业局林木良种审定，是国内金银花更新换代的理想品种。

2020年，公司拥有北京九间棚农业科技园等5个科技园区和平邑县九间棚旅游开发有限公司、金银花精品茶厂2个分支机构，并在全国十几个省区建立2000公顷合作示范基地，形成集优质金银花及农林果苗木培育与推广、园林设计与绿化、农业旅游、金银花系列产品深加工于一体的综合性集团公司，先后被评定为“山东省高新技术企业”“临沂市农业产业化重点龙头企业”“临沂市科教兴市先进集体”。

第三节　卫生医药

清朝时期，村民没有讲究卫生的条件和习惯，村民清洁卫生的活动是日常洗洁衣物及节日扫除房舍、器具等。村民虽然缺乏讲究卫生的条件，但村内垃圾、污水较少，只是房屋矮小阴暗潮湿，老鼠、蚊子、苍蝇等疾病传媒大量滋生，村民不但要忍受贫困的折磨，还要深受害虫的侵扰。流感、疟疾、麻疹、痢疾、百日咳等传染性疾病肆无忌惮地残害着村民的生命。

中华人民共和国成立后，国家医疗卫生事业迅速发展，20世纪60年代，卫生员改称“赤脚医生”。赤脚医生制度，为保护社员身体健康发挥积极作用。1981年10月，赤脚医生改称乡村医生，2010年，村卫生服务室建起村民健康档案。随着人民生活水平的提高和医疗卫生事业的发展，村民人均寿命从民国年间的52.5岁，延长到21世纪初的73.6岁。

卫生场所

清末、民国时期，费县未设立卫生管理机构，医卫人员自主经营 。村内无医疗网点和从医人员，处于缺医少药状况。村民患病小病撑，大病扛，由于疾病得不到及时治疗，落下后遗症、早亡的人多，特别是幼儿成活率偏低。1964年，经县卫生部门批准成立九间棚卫生室，张宗德任卫生员，半天坐诊半天参加集体劳动，一天记10分工。诊所设在刘德敬1间东屋中。1979年8月，张如意高中毕业后，经天宝公社卫生院短期培训，回村任卫生员。1992年，张如意进城办企业，村卫生所中断。2004年村卫生所恢复，由左天厚承包经营。

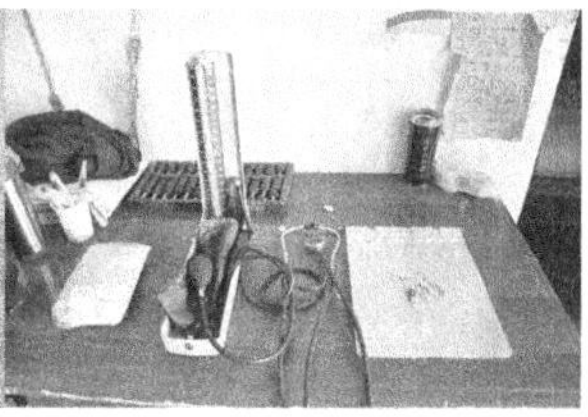

20世纪60—70年代九间棚卫生所出诊箱（左），听诊器、血压计（右）

医术

传统医术　清末、民国年间，村内主要以民间单方验方治病为主。村民偶有小病运用世代相传的土方医治，自身掌握单验方的，找一味或数味常见的中草药，煎汤服用，加以治疗。如自己不能掌握医方，则请郎中诊断，兑方抓药，煮汤施治。经过长期的实践经验积累，村中中医医术方面主要有扎针、拔罐、刮痧、刮眼、艾灸等。

西医　1914年，地方基督教堂设西药房，九间棚村开始有村民前往求医，疗效快、效果好。但当时西医医疗技术仅限于运用西药，“打针加吃药”。1965年，村民张宗德经县卫生部门培训后，配发1个药箱，运用西医治疗常见疾病。但当时受行医条件、医术等限制，只有赤脚医生背着药箱到各家治病，偶遇患者，破皮红伤者用“红汞”、碘酒涂抹或上消炎药粉包扎，头痛发烧者用“阿司匹林”治疗。1974年7月，实行合作医疗制度，村卫生所医务人员经培训后，医术不断提高，在使用体温表、血压计、听诊器等医疗器械的同时对症施药。

医药

旧时的医药多为自购、自制的中草药，价格时高时低，当时村民中流传“黄金有价药无价”的俗语。20世纪50—90年代，九间棚村中草药材丰富，龙顶山上、老虎窝沟两侧的山坡、沟旁生长着200余种草本、木本植物，其中有近百种草本、木本植物可入药，在《本草纲目》《医学启源》《中药材手册》等医药典籍中可查考。

地产中草药　九间棚村山地广阔，盛产忍冬、绞股蓝、丹参、益母草、薄荷等中草药材。可分为植物、动物、微生物、矿物4类120余种，有采集全株或茎、花、种子、果实、根块等，如徐长卿、鬼箭羽（俗名刮头毕子）、桑白皮（俗名桑树皮）、槐花、荠菜、癞蛤蟆草等，金银花、车前子、何首乌、寻骨风、艾叶等。药材较为常见、常用。

培植　村民人工培植中草药材有着悠久的历史，从建村延续至今，始于自发，多为使用方便，在房前屋后种植有益母草、何首乌、金银花、菊花等。中华人民共和国成立后，有少数村民零星种植。

培植方法　主要采取引种、野生变家种、家养等形式。1958—1990年，全村有10多户村民零星种植中草药材10多个品种，2000年后少数居民在花盆中栽种赏花。村绿化带内栽种的中草药材有金银花、益母草、何首乌、顺筋龙、菊花、白果、竹叶、玫瑰等20多个品种。

加工炮制　村民对中草药材加工炮制方法多是跟中医师学习而来，因是零星种植，数量少，一直采用人工切片加工，很难保证质量。加工炮制一般分两步，一是切片晒干后，通过手工拣、挑、刷、刮、剔、去皮、去核等，选出优质的备用；二是采用炒、焙、焖、煨等方法，使之用于配方。2004年9月，九间棚集团建立岐黄制药厂，专业生产以金银花配方为主的中成药加工厂。

药品来源　个体行医时期，一般由病人家属持处方到药铺、药房取药。自有村卫生室始，逐渐建立起自属的药房。一般西药、中草药均从平邑县药材公司购进。20世纪70年代，青霉素、链霉素等紧俏药品按计划供应，远不能满足需求。合作医疗停办后，所进药品均遵照《中华人民共和国药品管理法》要求，通过正规渠道购买双批号（后为三批号）合格药品。

药品监督　九间棚卫生所按照国家医疗机构

有关规定，从正规渠道采购药品，严格按照药品入库、核销、盘存等工作流程操作。定期接受上级医疗卫生单位和食品药监部门的检查和考核。实行药品专人负责、专人管理，台账签名负责制。在药品入库中，做到票据与药品相一致。严查储存、保管关，做到药品不发霉、不过期。严把药品销售关，严格按照无差错医师处方拿药。

卫生防疫

清末，村内没有卫生防疫措施，村中曾有传染病发生，如肺结核、细菌性痢疾、麻疹、水痘、百日咳、疟疾等。当时由于卫生医疗条件差，药品缺乏，大多靠中医中药治疗，有些病人因得不到及时治疗形成传染源或不治而亡。

民国时期，群众性的卫生防疫工作无资料可考，抗日战争和解放战争时期，清洁卫生工作只停留在以户为单位打扫庭院卫生，将人、畜粪尿、垃圾堆放在一起。发现猪瘟、鸡瘟进行隔离圈养，把病死畜禽深埋地下。

中华人民共和国成立后，人民政府号召大力开展以灭病除害为中心的清洁卫生和防疫工作。特别是改革开放后，与县、乡镇医疗部门建立联系，对传染性疾病早预防，免费为村民查体，减少了各种疾病的发生。

卫生与防疫　旧时九间棚多数村民对于疾病防治一无经济条件，二无思想意识。对于小病，多采取“挺一挺就过去”的态度。一旦小病酿成大病，也只能“挨活一天算一天”。只有少数村民，遇上大病方到城里求医。旧时，九间棚的流行传染病主要有天花、霍乱等瘟疫（俗称瘟人）和疟疾（俗称痞寒）、肺结核（俗称痨病）、流行性腮腺炎（俗称痄腮）、红眼病（俗称害眼）、鼓症（俗称水肿）等。对于各种流行性疾病，患者及亲属不能积极防治，有的迷信巫术，往往耽误时间错过最佳治疗时机而造成悲剧。

中华人民共和国成立后，村中卫生防疫工作由县卫生防疫股负责，主要开展以接种牛痘为主的预防接种和细菌性痢疾、麻疹等传染病防治。

1978年，大队党支部按照上级要求，带领卫生所人员、小学老师组织适龄儿童集体到公社卫生院进行麻疹、脊髓灰质炎、百日咳等疫苗的防疫注射。

1983年，队改村后，村委有1名委员分管卫生防疫工作。1992年秋，村党支部在市、县卫生防疫部门的指导下，建立起村级卫生防疫体系，在2003年“非典”、2008年秋“手足口病”、2009年春“甲型H1N1流感”等防疫工作中，村委按照上级要求启动村级卫生防疫体系，“两委”干部定岗定责，分工包片，较好地完成了防疫工作任务。

2004年5月，根据卫生部的有关指示，恢复农村合作医疗制度，九间棚卫生室隶属于地方镇卫生医院，承担全体村民的疾病防治任务。

传染病防治　中华人民共和国成立前，村中曾有麻疹、疟疾、菌痢等传染病流行，因医疗条件差，患者无钱医治，更无预防措施，各种传染病均有死亡病例。

百日咳　中华人民共和国成立前，百日咳在村内曾有流行。中华人民共和国成立后，因医疗卫生条件的改善，其发病率下降。1973年后，县卫生防疫部门接种百日咳、白喉、破伤风三联制剂疫苗，对百日咳进行了有效防治。1980年9月，县卫生部门将“百日咳、白喉、破伤风”三联制剂疫苗纳入儿童基础免疫项目之一。1987年后，全村“百、白、破”三联制剂，由过去一年接种1次，改为一年接种2次，全村儿童接种率达到100%，1990—2019年无病例发生。

细菌性痢疾　中华人民共和国成立前，由于村民生活困难，卫生环境差，每年春、夏、秋季节，村民中常有细菌性痢疾流行，重症患者常因防治不当影响生产劳动。中华人民共和国成立后，随着村民生活水平的不断提高，“除四害，讲卫生”“两灭三管五改”（灭蚊蝇、灭鼠，管水、管饮食、管粪便，改造厕所、栏圈、鸡舍、改造水井、改造灶台）活动的开展，全村环境卫生、个人卫生和饮食卫生条件不断改善，加之各种抗生素药物的应用，发病率逐年下降。

麻疹　急性呼吸道传染病，多发生于10岁

以下儿童。中华人民共和国成立前，村中每年春天时有流行，患者常并发肺炎。1985年前，即在麻疹疫苗问世前，村民对麻疹的防治主要用中草药。

1956年，国家提出“推迟发病年龄，防止并发症，降低死亡率”的防治方针，加强对病人的护理，实行家庭隔离和紫草汤口服等预防效果良好。1986年4月，开始在村儿童中接种麻疹减毒活疫苗。1987年3月，实行冷链麻疹疫苗，对全村适龄儿童进行麻苗接种，使麻疹发病率逐年下降。1986—2019年，全村无发病病例。

流行性脊髓灰质炎　20世纪50—80年代，脊髓灰质炎在村内曾有发生3例。1962年6月，村民首次服用脊灰疫苗20人份，1966年，全村15岁以下服用脊灰疫苗，没有发生疫情。

甲型H1N1流感　2009年，村委要求居民预防甲型H1N1流感，从生活细节入手，一是要搞好个人卫生，最重要的是勤洗手，尤其是打过喷嚏后一定要洗手，用水和肥皂洗，冲水时间10～15秒；二是戴口罩，甲流主要是通过飞沫传播，戴口罩防范效果较好；三是多吃青菜，提高免疫力。

新冠肺炎防控　2020年1月底，湖北省武汉市发生新型冠状病毒性肺炎疫情，全国紧急防控。29日，九间棚景区大门关闭，并要求村民登记来自疫区人员，停止一切拜年、聚餐、走亲防友活动，居家隔离，出门戴口罩。在生活中做到勤洗手、保持良好的呼吸道卫生习惯、增强体质和免疫力、保持环境清洁和通风，如出现呼吸道感染症状如咳嗽、流涕、发热等，应居家隔离休息，持续发热不退或症状加重时及早报告、就医。

地方病防治

疟疾　中华人民共和国成立前，村内曾流行过疟疾。1959—1970年，全村有20余人次患疟疾，占人口总数的8.3%。村卫生员在上级防疫部门的指导下，免费向社员供药，效果良好。

狂犬病　中华人民共和国成立前，村内曾发生过2例被疯狗咬伤发病死亡病例。中华人民共和国成立后，党和政府号召全民科学养犬，特别是20世纪90年代后，村民养犬需要申报，由公安部门对家犬实行挂牌登记，注射狂犬疫苗，并对狗咬伤者及时注射狂犬疫苗的预防措施，防止狂犬病危害村民的健康。1980—2015年，全村共被狗咬伤者15人，由于及时注射疫苗，无发病病例。

卫生保健

清末、民国年间，村民的温饱问题尚未解决，对卫生保健根本无暇顾及。在流传方法上，多采用代代身传口授的办法。

中华人民共和国成立后，随着社会的发展，九间棚村民的卫生保健水平不断提高。历届村委班子把卫生保健工作列入议事日程，由一名村委委员具体分工。2000年后，在村党组织的统一领导下，青年团、妇代会、老年协会、计划生育协会等通力协作，全村卫生保健工作完成初级卫生保健各项指标。

妇幼卫生保健　九间棚坚持把妇幼保健列为全村卫生保健工作的重点，把妇女儿童列为卫生保健的特殊群体。对于青春期女性，村妇代会组织开展适合自身特点的文化体育活动，并采用各类形式进行青春期卫生教育，不断促进女性的身心健康。中华人民共和国成立前，产妇分娩沿用民间旧法接生，难产、滞产等情况时有发生，新生儿因破伤风等而死亡率较高。20世纪50—70年代，村民徐焕英为村内半职业接生员。1976年，廉茂俊经平邑卫生部门培训后任村接生员，采用无菌接生方法，虽设备简陋，只有剪刀和接生盆，但由于消毒等工作严格彻底，无责任婴儿死亡和孕妇死亡发生。

妇女劳动保护　1966年始，实行四期（经期、孕期、产期、哺乳期）劳动保护。集体生产劳动中安排妇女劳动时坚持“三调三不调”（经期调干不调湿，孕期调轻不调重，哺乳期调近不调远）的劳动卫生制度。1975年后，产妇均到县、镇医院生产。同时，加强对妇女“五期”（经期、怀孕期、产褥期、哺乳期、更年期）保健宣传，收到良好效果。

实行家庭联产承包责任制后，妇女根据“四期”情况，自己安排农活。1992年始，村办企业制定妇女保健指标，使广大务工妇女的身心健康得到保障。妇女用品从无到有逐渐增多，且质量好、品牌多，手纸已由消毒无菌卫生纸替代。

妇女健康查体　1990年，村妇代会配合计划生育办公室对每位妇女逐一建立卫生保健档案，每季度进行一次健康查体。并通过定期举办保健讲座、发放明白纸等方法，使育龄妇女明确卫生保健的内容，落实卫生保健的措施。

2007年后，村计划生育服务室定期开展针对不同年龄段妇女的健康教育，如哺乳期妇女开展“婴幼儿母乳喂养的教育讲座”，育龄期妇女开展“女性保健知识及计划生育宣传教育讲座”，更年期妇女开展“中老年妇女养生座谈会”，每年举办2期，通过开展健康教育讲座、发放宣传单、组织座谈会等形式宣传妇女保健，提高妇女自身的健康知识，为搞好计划生育工作提供宣传支持。

儿童保健　九间棚村逐步完善和实施计划免疫。中华人民共和国成立初期，重点为预防天花，接种牛痘疫苗。1966年始，给全村婴幼儿服用脊髓灰质炎糖丸。

婴幼儿接种免疫

20世纪70年代，儿童中肠道寄生虫病比较普遍，经过宣传防虫常识和免费发放驱虫药，到1989年，肠道寄生虫基本绝迹。1990—2000年，新生儿普遍接种卡介疫苗，防疫针、预防骨髓灰质炎糖丸等多数在学校集体注射、散发。1991年后，全村儿童免疫率达95%以上。1997年始，村每年按时给婴幼儿预防接种麻疹、乙型脑炎、传染性肝炎等15种疫苗。儿童接种疫苗是保证儿童健康的第一道防线，全村适龄儿童防疫和保健由地方镇卫生院承担。

老年人保健　2000—2020年，村老年人保健工作，每年组织60岁以上老年人查体1次。查体项目包括普通体格检查项目和五官科（耳、鼻、喉、眼等），特殊检查项目包括血糖、血脂、肝功、心电图、B超、尿常规等。2010年，村“两委”在地方卫生院的指导下，建立起老年人健康档案，特别对60岁以上的“四慢”病人的档案进行规范管理。

合作医疗与医疗保险

1958—2020年，九间棚村先后三次实行合作医疗管理制度，对促进全村医疗卫生事业的发展和保障村民的身心健康起到推动作用。

合作医疗　1958年10月至1961年，人民公社初期，由天宝山人民公社合作医疗站负责对全大队的贫下中农进行大病统筹、报销制度。

1970年9月至1974年7月，开始实行农村合作医疗制度。其组织方法是，大队设管理小组，由大队党支部书记、民兵连长、妇女主任、贫协主席、大队会计、赤脚医生组成管理小组，大队党支部书记任组长。

医疗保险　2004年，根据地方镇《新型农村合作医疗管理办法》要求，对村民实行合作医疗保险制度。2004—2020年，村“两委”会每年为村民每人缴纳医疗保险费10～60元。村民在医疗保险范围内免费就医。2019年，村委为286名村民每人缴纳150元，共缴纳医疗保险费4.29万元。

公共卫生

中华人民共和国成立前的公共卫生，处于村民自发维护的自然状态。中华人民共和国成立后，人民政府号召大力开展以灭病除害为中心的清洁卫生工作。开展“一捕”（捕捉老鼠）、“四净”（个人、院落、室内、村街要干净）、“五灭”

（消灭蝇、蚊、虱、臭虫、跳蚤）等。

爱卫领导小组　1970年9月，大队党支部按照上级要求，成立九间棚大队爱卫会。1990年，村成立卫生管理小组。1991—2020年，村成立爱国卫生领导小组、除“四害”领导小组等，全方位地组织村民开展爱国卫生活动。

爱卫制度　2000年，村“两委”制定爱卫工作制度，与“除四害”工作相结合，以爱国卫生教育与创文明村相结合，提高村民爱国卫生健康意识。加强对村内环境卫生整治、清理工作，保持卫生清洁，保障村民生产生活及健康质量。落实各项措施并和创建“文明单位”“文明村庄”相结合，确保门前实行“五包”责任制工作扎实有效开展。加强日常监督管理工作。督导小组定期对村内的环境卫生督导检查落实。加强组织领导，落实工作计划，制定工作措施，确保创卫工作顺利进行，职责任务落实责任到人。

2011年，建立健全村卫生管理制度，从六个方面规范村民的卫生行为习惯。要求居民宣传贯彻和落实爱国卫生工作方针，定期参加学习各种卫生知识讲座。积极参加除“四害”活动。保持村域内环境整洁，无卫生死角及“四害”滋生场所，日常清扫保洁和垃圾日清。保持村域内道路平整，无坑洼，无破损，卫生设施完善，绿化美化。开展社区卫生服务工作，辖区内无乱设摊点现象。居民区内禁止乱建乱搭，乱圈乱占，违章饲养禽畜，无乱堆乱放，乱张贴广告现象。

爱国卫生运动　中华人民共和国成立前，村民的卫生意识淡薄，衣食住行不讲究，因缺水存在衣服长久不换洗等现象。

中华人民共和国成立后，党和政府重视卫生工作，移风易俗，掀起群众性爱国卫生运动。1952年，九间棚村的爱国卫生运动，以清扫街道、靓化村貌、改造厕所为主，旨在清除老鼠、蚊蝇滋生地。全村掀起以除“四害”为重点的“五灭八净”爱国卫生运动。

1970年10月，爱国卫生活动的重点转向除“四害”，号召村民灭鼠、预防传染疾病，普遍使用“铁猫”（老鼠夹子）、“苍蝇拍子”等方法捕杀老鼠、蚊蝇。

1975—1985年，大队爱卫会开展“三清除、四改良”活动，即清除垃圾、清除粪堆、清除杂草，对厕所、畜圈、禽窝、院落进行改良。开展“两管一灭”（管水、管粪、灭蚊蝇）爱国卫生活动，整治村容村貌，对村路、庭院、学校等公共场所进行改造，种花植树，基本达到清洁、卫生、美化、绿化的标准。提倡饭前、便后要洗手，食物入厨。

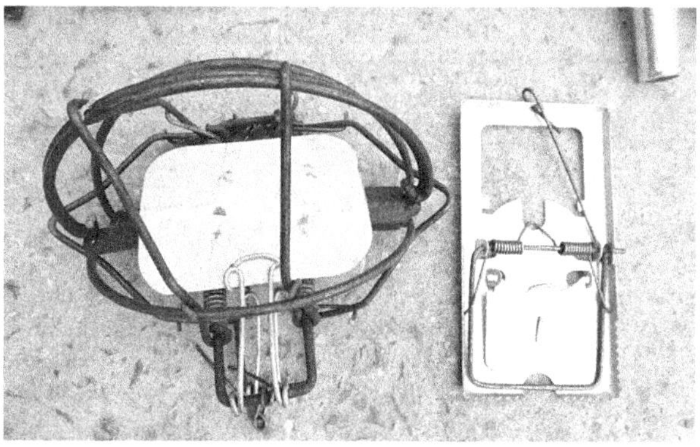

“铁猫”

环卫一体化　2008年，按照环卫一体化的要求，配备环境卫生保洁员2人，统一规划，统一安排，科学有序地开展村环境卫生一体化工作，从思想上提高村民环境卫生意识，村内环境卫生初步达到了“五化”（硬化、绿化、净化、美化、亮化）标准。2019年，村配备环卫工3人，放置垃圾箱12处30个，配备机动清运车辆1辆。适时将垃圾清理分类，运往镇垃圾处理厂进行处理。

饮水卫生　传统方式。1984年前，村民吃水一直沿用泉水，用肩挑人抬取水。凡地上取水处，村民自觉保护取水处的公共卫生，不在水源边洗菜、洗涤衣物等物品，不让牛、羊等动物靠近。偶有违反者，自受众人谴责。1986年10月，村民饮用卫生自来水。

厕所改造　2000年后，九间棚村旅游业快速发展，各旅游景点建起11处配套洗手间，其中有5处建成星级无障碍标准。

天潭洗手间外景（2020 年 5 月 摄）

第四节　体　育

九间棚村民的体育活动形式多样，丰富多彩。清末、民国时期，村民的体育活动多属于劳动娱乐与游戏相联系的自发性活动，有摔跤、踢毽子、跳绳及各种棋类活动。集体劳动期间，还进行搬石头比赛、担挑子比赛。改革开放后，随着经济的快速发展，村内的健身、体育设施逐渐增多，许多居民利用劳动空闲时间进行体育锻炼。

民间体育

民间传统体育活动有棋类、跳绳、踢毽子、打瓦、对石牌、打腊门等，棋类活动灵活多样，有安四、安六、中国象棋、军棋、跳棋等，其中安四、安六简便易行，用石块、草棒就可以摆阵对弈，村民农闲或小憩可随时随地进行。

棋类　九间棚村民间流传的棋类有安四、安六、憋死牛等，这些棋类活动简单易学，既增强智力又陶冶情操。集体劳动间歇，树荫下一坐，利用身边的石子和柴草棒做棋子，均为 2 人对弈，规则简单易行。改革开放后，随着村民生活水平的提高及生活方式、环境的变化，简易的棋类活动逐渐被中国象棋、军棋、跳棋等取而代之。

跳棋　棋子分为六种颜色，每种颜色 10 枚，刚好可以放满一个角，2 ~ 6 人可以同时游戏、对弈。规则：“相邻跳”，棋子的移动可以一步步在有直线连接的相邻六个方向进行，如果相邻位置上有任何方的一个棋子，直线方向下一个位置是空的，则可以直接跳到该空位上，跳的过程中，只要相同条件满足就可以连续进行。

牌类　九间棚民间流传的牌类有麻将牌、扑克牌、骨牌等，扑克牌普及率较高，打扑克有打百分、争上游、升级、保皇、够级等，2 ~ 6 人均可进行打扑克。

球类　有乒乓球、羽毛球、排球、篮球等，乒乓球倍受广大村民和青少年的喜爱，村小学乒乓球台为水泥预制台面，下用 2 块石头支撑。村文体活动室有标准木质乒乓球台案 1 套。2020 年，村民中有 20 余人爱好乒乓球项目，普及率 15%。中小学生普及率 60% 以上。

其他类　九间棚村民的体育活动面广，项目多，在儿童中流行弹杏核、打瓦等，在少年、青年女性中流行踢毽子、跳绳、放风筝等。1966—1978 年，大队团支部组织团员开展挑担子比赛。

体育活动场所

2015—2020 年，九间棚村建设 3 处体育活动场所，在九间棚花园建设 1 处体育活动场所。随着体育设施日益完善，参加锻炼身体的人数日益增多，人人注重健康，个个追求健美。

自然体育活动场　龙顶山、梯门山、红旗广场等为村民天然体育活动场所，登山、慢跑均可。夏天的天池，是游泳爱好者锻炼身体的好去处。

体育活动场　2005—2019 年，为改善村民的生活环境，提高生活质量，增强村民体质，集体投资 1.3 万元，建立室外体育活动场所 2 处。安装体育活动器械 11 种 27 件。

1990 年 8 月，村“两委”在建成的天池中举办游泳比赛，23 名村民报名参加。

第六章　文　化

九间棚村自然风光秀丽，文化生活丰富多彩。在历史的传承中，儒家文化、民俗文化、宗教文化融为一体，在长期的生产、生活中，用文化统领生产、生活，赋予内涵，流传下来许多充满浓郁文化气息的民谣和传说。中华人民共和国成立后，村民的文艺爱好得以发扬光大，艰苦奋斗的“实干”文化，与时俱进的“进取”文化，从小到大的“金银花”文化，从无到有的“旅游”文化，铸就特色鲜明的九间棚精神。建起九间棚展览馆、民俗馆，立起宣传用语石碑 11 块，形成九间棚村的村域特色文化。

2015 年九间棚村迎新春过大年联欢会

九间棚村大戏台

全国老促会参观团到九间棚村考察学习

第一节　文　化

九间棚人热爱文化活动，清朝、民国年间，村民的文化娱乐活动以乡土题材的社火、节日文化为主，尽管村民文化娱乐活动缺乏条件，但每逢春节，部分村民仍自发地组织起来，因陋就简，开展文娱活动。

中华人民共和国成立后，村民的文化娱乐活动逐步增多，藏书由家传几本到村图书室藏书3000多册。1991年后，村“两委”班子坚持以经济建设为中心，“三个文明”（政治文明、精神文明、物质文明）一起抓，全村经济腾飞，文化事业发展，村民自编、自演，歌唱九间棚村新生活。

文学艺术

民国年间，村民生活困难，村内少有读书、藏书者，村中藏书者有3户，书籍不足10册。读书者不足十分之一。断文识字者3～5人，契约、族谱、信笺、流水账等文字的记载多使用毛笔和桑皮纸、宣纸书写而成。改革开放后，村民用勤劳的双手改变了传统的读写方式，引起社会和各级新闻媒体的关注，九间棚精神被中央及省、市级多家媒体连续报道。

读写　中华人民共和国成立前，村民文化生活单调，书报阅读未普及，书刊之类，就是富裕人家也仅是一年买上1本“老皇历”。

中华人民共和国成立初期，扫盲活动使60%以上的村民参加学习。计划经济时期的生产报表、统计表等多使用钢笔、铅笔、圆珠笔、蘸笔等在白纸、信纸上书写。村中50%以上村民扫除文盲，书信成为异地亲友交流的主要形式。改革开放后，成人教育、职业教育普及，村民文化水平、科技水平提高。

图书家庭藏书　数量不多，多为学生课本、族谱及科技类图书、文学小说等，1966—1976年，大队向每户发放《毛主席语录》《毛泽东选集》各1套，供社员学习。2019年，村民藏书100册以上的有刘嘉坤、刘加好、刘甲才、刘承瑞等10多户。原新华社记者李锦投入5.5万元，在村中建立李锦书屋，藏书1.5万册。

李锦书屋

摄影　20世纪70—80年代，村民只有在结婚、送子参军、学生毕业时照相留念。村民个人照相一般到地方或平邑县城照相馆，多为黑白片。1995年，村民刘甲才购买红星牌照相机一部，是九间棚村第一个持有照相机的村民。

1990年后，照相从黑白发展到彩色，从胶卷照相机发展到数码照相机。2015年后，全村多数人手机具有照相功能。2011年5月，九间棚集团赞助第二届“沂蒙花海、平邑近人”金银花摄影暨航拍大赛，全县有46名摄影家和摄影爱好者参加，为九间棚景区留下百余幅经典图片。村民了解构图原理，有一定拍摄技巧的摄影爱好者有10余人，个人拥有数码相机10余部。1997年，村民刘甲才用1.2万元购买索尼摄像机1部。

书法　绘画　清末、民国年间，村民的书法主要表现在春节写对联、福字，婚嫁写喜联、囍字。改革开放后，九间棚小学在四、五年级班中开设硬笔、软笔书法课，每周一节。村民中爱好书法的有张宗德、刘加好、刘甲华等。

改革开放后，九间棚村小学开设绘画课，主要学习铅笔素描、蜡笔画等简单绘画技巧，提高学生综合素质。

民间工艺　九间棚村民间工艺有剪纸、土布印花、扎彩等。

剪纸　村民李月荣、廉茂红、刘月凤等通晓剪纸艺术，内容有年年有余、红双喜、蝴蝶、云字头等。

刺绣　九间棚村称为“绣花”。无论人物、花鸟虫鱼、汉字等图案，在九间棚村民的刺绣中统称为“花”。绣花在清朝、民国年间是九间棚少女和青年妇女必须学的一项技能。女孩出嫁前要自己动手刺绣嫁衣、枕套、肚兜、头巾、绣鞋、鞋垫、坐垫和儿童衣帽，如虎头鞋、虎头帽、斗篷，吸烟人用的烟袋包子、钱包及牲口身上的褡裢、布袋等，其图案多系花鸟虫鱼、红双喜之类。

中华人民共和国成立后，刺绣工艺随着时代的发展更加丰富多样。20 世纪 90 年代后，有的村民开始用电脑绘图或下载图案，工艺不断向新、精、美方面发展。

民间创作　九间棚村民世代辛勤劳作，对生活充满热爱，在日常生产、生活中创作和留传下动听的故事。改革开放后，村民在龙顶山上写出团结奋斗、顽强拼搏、坚忍不拔、艰苦创业的九间棚新篇章。

故事　俗称“呱儿”，九间棚村民创作的此类故事涉及历史、奇案等方面，但大多数作品都是弘扬正义，鞭挞邪恶，劝人向善。如故事：嚓咣嚓咣斗斗飞。

传说“嚓咣嚓咣斗斗飞”，是九间棚村民特有的幼儿教育方式。“嚓咣嚓咣”源自民间打击乐器“钹”发出的声音，一般的音符节奏是“嚓咣嚓咣嚓嚓咣”“咣嚓咣嚓咣咣嚓”“斗斗飞”，源自乡村生活，两鸡相斗，两头相对，四目斗斗，最后扑棱一下子飞开。为民间常见的情景。20 世纪 20—60 年代，九间棚村民的物质和文化生活贫乏，但村民们都乐意“嚓咣嚓咣斗斗飞”的幼教方式，启蒙自己的孩子。两拳相握，拇指上伸相对，一开一合作相击状，口中念叨“嚓咣嚓咣”，拍两下，猛然两手夸张地分开，口中念叨“斗斗飞——”哄逗幼儿嬉笑。如此手、口并用，有形、有声、有节奏、有表情，是九间棚村民幼儿启蒙教育的最好形式，一代一代村民沿袭200 余年，迄今仍可推为形、声相配节奏、表情的上佳教学启蒙方式。

剪纸——春耕图（梅凤）

剪纸——金银花（马路）

民谣　民谣合辙押韵，短小精悍。有的世代流传，如《小老鼠上灯台》《小家雀尾巴长》等，有的则为特定历史时期的即兴作品，如《做军鞋》《庄稼汉》《两块石头夹块肉》等。

民歌　九间棚村民传唱的民歌一般套用山东民歌小调的曲调，但词多为自己的即兴创作，如《大锔缸》《锔漏子担儿》等。流传较广的是《沂蒙山小调》《拥军歌》等地方民歌。

村民在一定的历史时期内都有许多口才较好者，即兴编一些“快板儿”（俗称顺口溜），既丰富了村民的文化生活，又具有一定的思想教育意义。2007 年，九间棚人实现小康生活，村民通过《十唱共产党》，唱出了九间棚的时代变化，展现新时代九间棚村民的精神风貌。九间棚人从十个方面歌唱幸福新生活、感谢党和政府的关怀，歌颂社会主义制度的优越性。

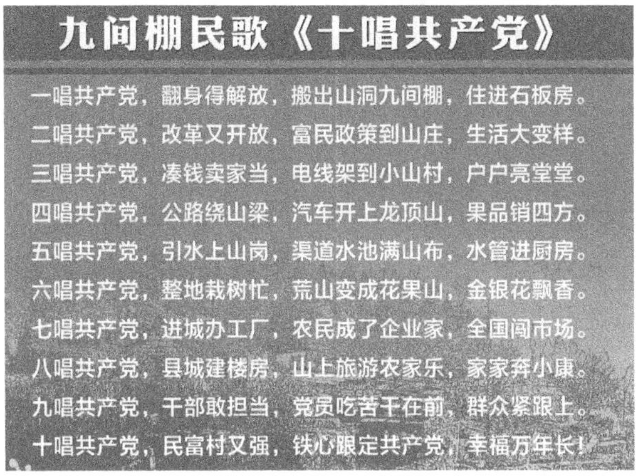

《十唱共产党》

视听　有线广播。1968年10月，天宝山公社广播放大站向九间棚大队架设广播线路，12月，九间棚大队有线广播入户率90%，接收公社广播放大站的信号，播送中央、省及县自办节目，主要内容有时事新闻、理论天地、文娱节目、天气预报等。这一时期广播喇叭成为村民茶余饭后的话题。收听率最高的是天气预报，特别是大队干部和中青年人，通过收听天气预报，安排生产、生活及经营项目。

广播室　1975年9月，九间棚购进一台50瓦扩大器，带2个高音喇叭。广播室一天两次开放，转播县广播电台节目，提示社员按时吃饭，出工，平时还转播中央人民广播电台和山东人民广播电台的新闻节目。村干部还利用广播下通知、讲村中大事、农作物播种、供销社供应物资等。当时的广播室大喇叭，在无电话的时代，起到通信的作用，承担着上传下达的任务。

收（音）录机　收音机有电子管和晶体管两类，品牌、样式繁多。1950—1980年间有台式的、便携式的，有直流供电（蓄电池）和交流供电（用220伏50赫兹照明用电）2种，还有收扩放机，用于会议讲话扩音。1968年3月，村民廉茂元购买收音机1台。

1978年，大队用13.8元购买飞跃牌收音机1部用于教学、收听新闻。随着电视机的普及，村民中收音机的拥有数量下降，但随着晶体管、集成块等先进技术的应用，收音机体积小（有扣式、笔式），便于携带，操作简单，收听方便的优势，很多村民随身携带，随时收听。有的村在劳动时把收音机挂在树上边劳动边收听。

电视机　到2008年全村普及率100%。看电视，成为村民的主要娱乐活动，也是村民了解国内、国际新闻、学习科技知识、提高文化素质的主渠道，并成为少儿学前教育的工具。在饭中、饭前或其他休息时间，开启电视，根据个人的爱

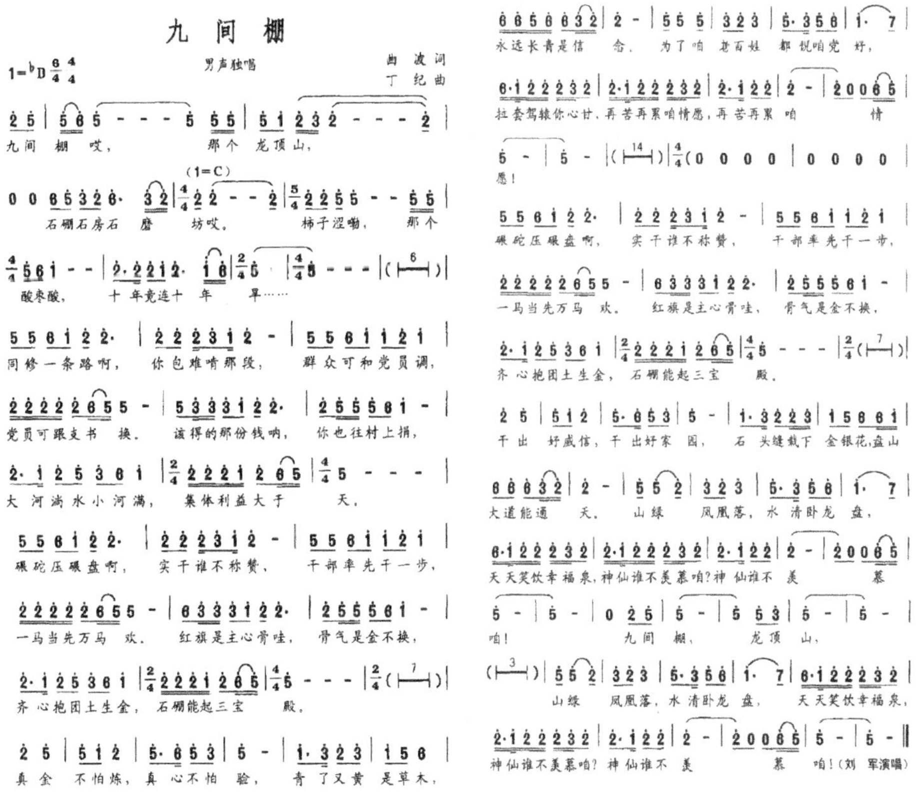

《九间棚》

好，选择不同的频道，收看自己喜欢的节目。

黑白电视机　1984年11月，村民刘甲训用320元购买泰山牌14英寸黑白电视机1台。1985—1990年，全村有26户村民购买黑白电视机。2000年，全村有黑白电视机47台。2001年后，黑白电视机逐步被彩色电视机替代。

黑白电视机——1984年，村民刘甲训购买

彩色电视机　1993年，村民刘甲训购买第一台彩色电视机，在院里架设4米多高的室外天线收看到山东电视台和中央电视台两套节目。2001年始，大屏幕多功能电视进入家庭。2020年，全村98户，有122台电视机，平均每户1.25台。

液晶电视机　2004年，大屏幕液晶高清晰电视机进入村民户中。2020年，全村有大屏幕液晶高清晰电视机65台，占村民户66.33%。

20世纪60年代的广播喇叭

有线电视　2000年，平邑县有线电视普及到村，部分村民换成有线电视线路，由县广播电视局专人负责管理，年收视费132元。2010年，将有线电视改为数字电视，安上机顶盒，不但能收看到体育、戏曲、文艺节目等，而且还能收看到信息、股市等60多个频道的电视节目，还可通过有线电视上网炒股、营销、聊天等。每个机顶盒年收视费265元。

电影　1960年11月，县电影放映队在赵家庄大队放映故事片《鸡毛信》《追鱼》，这是九间棚村民第一次在离家最近的地方看电影。村里的青年人争相观看，有的是闭门锁户全家出动。

20世纪70—80年代，天宝山公社电影放映队，巡回到各生产大队放映电影，社员一年能看到2～3次电影。每年电影放映费60～120元，大队从公益金中支出。90年代，随着电视机的普及，村民在电视上可看到电影，特别是中央电视台第六套节目电影频道的开播，在家中就可看电影。

1990年8月，电影《沂蒙山人》在九间棚村开机，导演赵焕章。剧中主人公以九间棚村党支部书记刘嘉坤和村党员为原型，记叙了九间棚人架电、修路、治水的感人事迹。

电影《沂蒙山人》在九间棚村开机（1990年8月 摄）

电视　1989年11月，李锦撰写解说词、李敬堂等摄制的新闻电视片《九间棚之路》，在临沂电视台和山东电视台播出。

网络　至2019年12月，村集体及居民拥有电脑21台，宽带网户18户，广泛应用于自动化办公、学习、查找资料、商贸、经营管理等，普及率22%。

台式收音机——20世纪70年代的产品

报纸杂志 1961年，九间棚大队订《农村大众》《农业知识》各1份。1965年，九间棚大队订阅《临沂大众》《大众日报》2份报纸，《农业知识》1份杂志。全年订价76.2元。1970年，大队订阅《临沂大众》《农业知识》一报一刊。1990年，村民委员会订阅《大众日报》《临沂日报》《山东法制报》《支部生活》三报一刊。2019年，村民委员会、九间棚集团订阅《人民日报》《大众日报》《临沂日报》《平邑新闻》《支部生活》《党员干部之友》等11报5刊，订报费用1.1万元，为村民委员会主要支出之一。

除此之外，九间棚村民对乐器也多有涉猎，主要有二胡、笛子、箫、唢呐和鼓、锣等打击乐器。

特色文化

旅游文化 20世纪80年代前，九间棚村是个相对封闭的小山村，路、电不通，村民生活中没有旅游这一名词。1984年4月，平邑县梨花节，九间棚人迎来了首批进村赏花登山的游客。1999年3月，村“两委”成立九间棚村旅游公司，发展乡村旅游事业，用文化统领旅游景区、景点建设，潘正松、甄德生等为九间棚村旅游景点配写30余首诗文，概括了景点的人文奇观。

金银花文化 九间棚村在金银花种植中，善于利用丰富的传统文化促进金银花产业，通过诗词歌赋赞美金银花的价值，举办金银花节、金银花文化论坛，推动金银花产业的种植规模、产品质量提升，使金银花文化从无到有，从小到大，成为九间棚文化事业重要组成部分。1995—2019年，共形成金银花诗词歌赋、小说、戏剧30余篇（部），摄影作品500余幅。

文化活动

九间棚村农耕文化悠久，村民娱乐活动丰富多彩，代代相传，形成地方特色。从集体游戏到双人游戏，有拍巴掌（拍手）、老鹰抓小鸡（叼小鸡）、丢手绢（丢毽子）、藏猫猴（捉迷藏）、抓子等，陶冶了村民的情操，彰显居民的智慧。

游戏 村民的游戏有儿童游戏、青少年游戏和成人游戏。20世纪50—80年代，九间棚的儿童娱乐游戏有老鹰抓小鸡、拍手、弹杏核、跳房、斗鸡、丢手绢等。

青少年游戏 有捉迷藏、抓子、跳房、打陀螺、弹杏核等。

成人游戏 有呼啦圈、虚拟游戏等。进入21世纪后，网络游戏盛行，有打牌、下棋、聊天等，村中青年一代男女皆爱。

宣传队 1966年12月，大队成立毛泽东思想文艺宣传队，廉茂增任队长，张宗德任副队长。排练京剧《红灯记》片断、《三个老汉学毛选》等。参加《红灯记》片断演出的演员有张宗德（饰李玉和）、廉茂红（饰李铁梅）、刘甲月（饰李奶奶）、刘甲伦（饰王连举）、廉茂增（饰鸠山）等。三句半演职人员：李月荣、廉茂俊、王恩兰、李忠英。宣传队排练的节目除在本村演出外，还代表大队到天宝山林场慰问演出。

迎春晚会 2014—2018年，九间棚村、九间棚集团连续5年举办迎新春过大年春节联欢晚会，组织村民、集团公司员工编排文艺节目会演，并聘请县电视台节目主持人和专业剧团助演。同时对村“两委”、集团公司全年工作进行总结，提出下一年度集团公司及各分公司发展目标，对“发展经济功臣”和文明户、好媳妇、好婆婆进行表彰奖励。

文化设施 九间棚村的文化设施有图书室、宣传栏、黑板报等。

九间棚展览馆（2019年10月 摄）

展览馆 占地面积2300平方米，建筑面积

1350平方米，原址为九间棚小学。2013年，村“两委”投资80万元对进行改造、内装饰，由甄德生、武京礼、庄红兵、郝军组织资料、图片、实物，制作展板。2015年5月提升，由济南大成文化公司设计布展。

宣传栏　九间棚的宣传栏起于20世纪60年代“农业学大寨”时期，有田间地头宣传栏、移动宣传栏、固定宣传栏。改革开放后，宣传栏的形式更加多样化，有木制、铁制、铝合金框架、喷绘写真等，内容有民风民俗教育、孝文化宣传、法制教育、计划生育宣传、村务公开、科技信息等，更加丰富多彩。由专人负责编辑、书写、管理，定期更换内容，以宣传群众之用。

常用新词选

改革开放拉开了九间棚人新生活的序幕，“上山、镑地、压地瓜、摘果子、割豆子、打场、赶集”等代代传承的经典词语已被接踵而来的“上班、上楼、上网、超市、交电话费、电子商务”等新的名词、新的流行语替代。

夏时制（夏令时）　1986年4月，全国实行夏令时，具体做法是：每年从四月中旬第一个星期日的凌晨二时整（北京时间），将时钟拨快1小时，即将表针由2时拨到3时，夏令时开始。到九月中旬第一个星期日的凌晨二时整（北京夏令时），再将时钟表针拨回1小时，即将表钟由2时拨至1时，夏令时结束。1992年，夏时制停止使用。

六不用　一种绿色无公害的金银花种植模式，在农作物、金银花生产中不使用化学肥料、剧毒农药、地膜、除草剂、人工合成激素、转基因种子。

第七章 旅 游

1989年5月，村“两委”提出发展旅游事业，要求全体村民培植旅游支柱产业，带动和促进第三产业快速发展。全村旅游业围绕“四建设”（龙顶山景区、朝阳洞景区、小圣堂景区、和尚崮景区建设）“两优化”（旅游环境、服务质量优化）、“两增加”（旅游人数、旅游收入增加）的目标，组织实施“旅游发展年”活动，搭乘平邑县金银花节、天宝梨花节直通车，用九间棚精神打造九间棚特色旅游产业，展示社会主义新农村建设成果。2015年，九间棚旅游业按照县委、县政府加快建设生态县的战略，开展质量管理年活动，综合整治旅游市场秩序，旅游经济运行质量进一步提高，九间棚精神发祥地、北海银行鲁南印钞分厂等景区、景点，构成九间棚精神、红色旅游、生态旅游、休闲度假、康养旅游五个品牌，拥有金银花系列茶叶、茶具，平邑黑山羊，龙顶山草鸡，沂蒙全蝎等旅游商品。旅游从业人员46人。2019年12月，成功创建为国家AAAA级旅游区，共接待国内外游客6.57万人次，实现旅游业收入300万元，占全村经济总收入的7.13%。

九间棚景区（2019年5月 摄）

九间棚村（2019 年 5 月 摄）

客人来到龙顶山（2016 年 5 月 摄）

第一节 旅游资源

九间棚村旅游资源丰富，九间棚景区为国家AAAA级旅游景区，被评为全国文明村、全国农业旅游示范点、山东省十佳旅游特色村、中国县域旅游品牌景区200强。至2020年，先后接待除西藏外的全国各地参观者1000万人次。

自然资源

九间棚村山体植被良好，龙顶山、和尚崮、大巡山、老虎沟峪、两泉峪峡谷自然风光秀丽，春天千顷梨花、桃花竞相开放，红白相映，花香诱人。夏天绿树成荫，凉爽，为绿色天然氧吧。秋天硕果累累，红的山楂、柿子，黄的甜梨，满山遍野。冬天大雪封山，白雪皑皑，山崖冰挂、透着精灵。

人文资源

石棚为省级文物保护单位，村庄依山而建，清一色的石头墙房错落有致，田园综合体内有朝阳洞、小圣堂、展览馆等十六处名胜景点，构成九间棚人文旅游资源。

景区资源

九间棚景区，位于县境东南部天宝山区，是九间棚精神的发源地，九间棚旧址为省级重点文物保护单位。景区内有巧夺天工的山川美景，有创业发展的成就展现，有淳朴厚道的沂蒙乡村风情，花果飘香的果园、朴实的民俗民风，是自然景观与人文景观紧密结合的经典景区。

景区各类开发建设以保护生态环境为宗旨，对护林防火和旅游安全常抓不懈。保护森林资源及景点，禁止捕杀狩猎山中珍奇名贵动物，对古树名木、山泉、奇石岩壁、庙宇等景点划片、挂牌、建档，落实到人。景区内加强国家生态公益林和省级生态公益林的管理，调整林业生产结构，控制林木采伐。实行集体林权制度改革，让农民依法享有林地的使用权、经营权和林木的所有权、处置权、收益权，维护林业经营者的合法权益，调动全社会造林、营林和护林的积极性。

第二节 旅游开发

九间棚坚持“大旅游、大产业、大市场”的发展战略，统一规划、分步实施、突出重点、特色，可持续发展的原则，加快旅游基础设施和配套服务设施建设，将资源优势变为产业优势，推动全村经济建设和各项社会事业的发展。

组织领导

1996年3月，成立九间棚村旅游开发领导小组，刘嘉坤任组长，同时成立九间棚村旅游开发公司，打造弘扬九间棚精神和红色旅游、生态旅游、绿色旅游、乡村旅游为主的红色传统教育、农业观光旅游业。

接待组办 为适应宣传九间棚精神，推广典型的大环境，1989年6月，平邑县成立九间棚接待领导小组办公室，承担县外各地到九间棚参观学习的接待、引导任务。1992年12月，改称平邑县接待办公室，县人大常委会副主任李才笃、县政协副主席庄立忠具体负责。高玉宝，任永福，时海森先后任办公室主任，工作人员有蔡玉江、宋汉银、乔尚杰、欧阳加胜、武卫华等9人。1994年7月撤并。

接待小组 1989年11月，天宝山乡成立九间棚接待领导小组，对接县九间棚接待领导小组办公室协同工作，承担县外各地到九间棚参观学习的接待、引导任务。乡人大工作室主任王汉修任组长，乡政府文书张勇任副组长，工作人员孙乃龙、胡启峰，九间棚村配备工作人员廉永、刘甲永。1994年7月撤销。

九间棚旅游开发有限公司 位于九间棚村，因核心景区九间棚旧址得名，1997年3月31日成立，始称天宝山自然风景区旅游有限公司，占地面积1467公顷，建筑面积1.5万平方米。注册资金10万元，法定代表人刘嘉坤，2005年10月，更名为九间棚旅游开发有限公司。经营项目

旅游景区、景点设计、开发、经营，餐饮、住宿服务，土特产加工、销售，物业管理，卫生保洁服务。主要品牌红色教育研学游、乡村旅游等。

1997年3月至2004年5月，天宝山自然风景区旅游有限公司总经理刘嘉坤（兼），副总经理廉士东（兼）、张勇、张传兴（兼），会计郑树明、李京传，出纳员刘甲斌、齐可兴，工作人员肖庆申、廉士林、李华、王勇。

2004年6月至2006年9月，天宝山自然风景区旅游有限公司总经理刘嘉坤（兼），副总经理马九林，员工刘滨、刘慧、李娜。

2006年10月至2007年10月，九间棚旅游开发有限公司总经理刘嘉坤（兼），副总经理孟晓林。

2007年11月至2009年5月，九间棚旅游开发有限公司总经理刘嘉坤（兼），副总经理刘甲新。

2009年5月至2013年7月，九间棚旅游开发有限公司总经理刘嘉坤（兼），副总经理庄洪兵。

2013年5月至2015年3月，九间棚旅游开发有限公司总经理刘嘉坤（兼），副总经理武京礼、庄洪兵，会计王玉洪，工作人员26人。

2015年4月至2017年1月，九间棚旅游开发有限公司工作由廉士东主持。

2017年2月至2019年12月，九间棚旅游开发有限公司总经理翟茂江，副总经理刘丞瑞、马秋霞、廉永、刘甲友，工程师陈宗阳，总经理助理刘丞毓，工作人员46人。

1998年4月12日，村“两委”将东梁子2层楼房划转旅游公司使用，包括前院及楼房内全部设施，经办人廉茂杰、刘立青，接收人张勇、肖庆申。2016年，通过举办春季梨花节、山楂采摘节以及暑期夏令营活动，实现年累计接待游客240万人次，加之景区统一经营管理的特色农家乐餐饮服务以及纯生态绿色农场项目，年实现门票、餐饮、特产销售收入3600万元。2019年，旅游公司年接待游客量26万人，旅游收入300万元，利税10万元，其中门票收入200万元。

规划编制

高起点规划，全方位打造九间棚旅游景点。1998年，《九间棚旅游发展总体规划》由北京清华同衡规划设计研究院编制完成，为平邑县第一个村级旅游发展总体规划。景点规划分为展览馆、石棚、天池、朝阳洞、平顶山、马家岭、栗树棚、小圣堂、和尚崮九个部分。2010年，根据旅游业发展需要，进行九间棚田园综合体整体规划。规划范围，东起天宝山，南至大峪沟流域，西接吴王崮，北到大巡山，景区东西长3千米，南北宽1千米，规划面积30平方千米。其中，规划面积28.3平方千米，涉及和乐、北岭、大圣堂、石泉、辛庄、闸口6个村庄和天宝山林场，共86.67公顷。租赁50年，2011年12月31日至2061年12月30日。

2017年，九间棚村邀请青岛市旅游规划建设设计研究院策划设计“九间棚村庄规划”，抢抓全域旅游发展机遇，高质量、精准选商招商，按照新规划的特色花果聚集区、传统民居、康体寿养度假区、农事体验区、教育培训拓展区和旅游生活服务区六大功能分区，开工建设九间棚沂蒙党性教育基地食宿设施等新项目，着力打造新时代山区农村持续振兴的齐鲁样板。

2018年10月31日，平邑县城乡规划局在九间棚村组织召开《平邑县地方镇九间棚村村庄规划（2018—2035年）》专家评审会，评审委员会由山东城市建设职业学院、山东省城乡规划设计研究院、同圆设计集团有限公司、济宁市规划设计研究院等单位的专家组成，平邑县发改局、旅发委、林业局、天宝山国有林场、国土资源局、环保局、住建局、交通运输局、农业局、水利局、文广新局、农业综合开发办公室、县委党性教育工作办公室、县委农工办、供电公司、地方镇人民政府、九间棚村委等单位的负责人参加会议。

专家们实地查看现场，听取九间棚村的情况介绍和规划编制单位的方案汇报，认真审阅文本和图件，一致认为，该规划指导思想明确，基础资料比较翔实，内容比较全面，基本符合国家、省、市有关村庄规划编制的要求，专家评审委员会原则通过该规划。为进一步完善该规划，专家们提出意见和建议。

旅游资源开发

1996年3月，村“两委”决定建立“九间棚村旅游区”，并向县委、县政府及有关部门写出申请报告。得到县政府批准后，村“两委”组建班子，一期工程投入300万元，对石棚、天池、朝阳洞、小圣堂等景点进行全面开发，对道路、供电、交通、服务业等设施进行重点建设。1997年1月，投资5万元建成九间棚旅游风景区山门，命名为龙门。

修建旅游路　2000年，建设九间棚田园综合体项目，村“两委”投资310万元对平顶山至两泉村旅游路进行拓宽改造，铺筑水泥路面、沥青路面，安装钢质护栏、标准路标、景点指示牌，将景区景点连接通，并与地庞路接通。

服务设施建设　对景区内3处农家乐提升改造，马家岭餐馆采用“六不用”食材全部为寿山农场生产。投资70万元按照5A级标准对5处卫生间进行改造。

2005年，九间棚旅游风景区被国家旅游局批准为“国家农业旅游示范点”、中国县域旅游品牌景区200强、临沂市红色旅游景区、沂蒙精神教育基地。2014年，投资2000万元，修通后山15千米环山路，将天宝山国有林场部分资源纳入景区。2015年，投资40万元完善道路、景点指

春到九间棚（2019年4月 摄）

示标识牌建设。2016年，投资500万元修建道路两旁安全护栏，停车场有5处，可同时停放1000辆车中小型汽车。

2017年，九间棚旅游区，把经营性重要旅游项目列入基建重点，把非经营性的重要旅游项目列入投资计划，初步形成旅游开发主体多元化、旅游投入市场化运作机制。2019年12月25日，九间棚景区被确定为国家AAAA级旅游景区。

九间棚景区导游石（左）门票（右）

旅游推介

九间棚旅游景区，位于天宝梨乡中心，自然风光优美，人文古迹众多，春华秋实，四季宜人，被中外游人誉为“中国最大的天然花园”。景区主要景点有九间棚旧址，北海银行鲁南印钞厂旧址——朝阳洞，九间棚人艰苦创业修筑的引水工程——龙顶山天池，人工栽种的水杉林等人文景观和自然景观。

1986—2020年，先后有9位党和国家领导人、160多位省部级干部、56所大学的师生和8个国家的外国朋友，年均50万人次到九间棚村视察指导、考察调研、学习取经、接受传统教育、观光旅游。

春到九间棚　赏花之旅路线图。时间：3月20日至4月20日。路线：平邑县城—地方镇327国道与地庞路（地方—庞庄）交会处—向南沿地庞路至赵家庄—向北沿旅游路至龙门景点—九间棚展览馆—石棚—天池—和尚崮—朝阳洞—水杉林—小圣堂—至旅游路返程。

夏到九间棚　生态之旅路线图。平邑县城—地方镇327国道与地庞路交会处—向南沿地庞路至两泉村—向西沿旅游路至小圣堂—朝阳洞—水杉林—九间棚展览馆—品尝九间棚特色小吃—游览石棚、天池、天湖—体验采摘园—沿盘山路至

龙门景点—返程。

秋到九间棚　自驾车双日游路线图。D1：平邑县城自然博物馆—地方镇左宗棠纪念地—九间棚田园综合体—体验农家乐食宿。D2：攀登龙顶山、和尚崮—参观九间棚展览馆，进行多媒体教学—游览石棚、天池、天湖—体验采摘园、品尝九间棚特色小吃—游览朝阳洞、小圣堂—返程。

秋到九间棚（2019 年 10 月 摄）

冬到九间棚　红色之旅路线图。平邑县城—地方镇 327 国道与地庞路交会处—向南沿地庞路至两泉村—向西沿旅游路至朝阳洞—水杉林—九间棚展览馆—品尝九间棚特色小吃—游览石棚、天池、天湖—天宝山战斗遗址—返程。

第三节　景区建设

1997—2004 年，进行九间棚旧址修复，新建景点洗手间 3 处，停车场 3 处，1500 平方米，对朝阳洞、小圣堂景点改造，向县工商、税务部门申办企业法人、营业执照，制定景区门票并通过县物价部门批准。开展收集村民生产、生活用具，做好村史馆建设准备工作。景区基础建设投入主要来自每年的梨花节门票收入和职工的集资。2004—2006 年，提升景区景点改造、二代房规整修，设置垃圾箱，安置景区景点指示牌、旅游路弯道凸面镜，成功创建国家农业示范点，设计印制规范门票。2016—2019 年，规范旅游管理，提升服务标准。九间棚景区基础设施完善，接待能力有容纳 50 人和 20 人的会议室各 1 处，是小型培训、会议、休闲旅游的理想去处。

旅游景点

九间棚景区，范围包括九间棚村及所在的天宝山区。3333 公顷果园连成一片，春华秋实，四季宜人。尤其是阳春三月，梨花盛开，漫山遍野，铺雪堆玉，间以桃红松翠，置身其间，芳香扑鼻，如在画中，被中外游人誉为“中国最大的天然花园”。金秋十月，遍山硕果，黄梨、仙桃、山楂、李子，似珍珠玛瑙，挂满枝头，果香袭人。景区既有巧夺天工的山川美景、淳朴厚道的乡村风情，又蕴含以艰苦创业闻名全国的九间棚精神，堪称自然景观与人文景观紧密结合的经典景区。

景区主要自然景观有和尚崮、老虎窝等，主要人文景观有元代道观小圣堂、九间棚旧址、九间棚老村落、九间棚纪念馆、水杉林，展现九间棚人艰苦创业的工程有龙顶山天池、天潭水库、天湖水库、路带渠、景区环线道路等。2020 年，九间棚景区建设旅游景点 25 个，旅游示范景点 5 个。中心景区景点有九间棚旧址、天湖水库、九间棚村落、龙泉、天潭水库、红旗广场、九间棚村展览馆、天池、金银花种植园、山楂种植园、黄梨园旅游示范点，田园综合体景区景点有北海银行鲁南印钞厂分厂旧址朝阳洞、小圣堂等，人文景观有百年藤萝树、望归树等自然景观。

农业旅游示范点　九间棚景区农业旅游示范点建设金银花种植园、山楂园、梨园、百草园、采摘园、寿山农场、农事体验区等示范点 7 个。

采摘园　位于游客接待中心周边，面积 3.33 公顷，早熟品种有樱桃、麦黄杏、甜油桃、桑葚子，中熟品种有葡萄、甜桃、水晶梨、甜石榴，晚熟品种有野葡萄、山楂、冬桃等。到九间棚景区采摘园采摘水果，是游客的一大乐事、趣事。

金银花种植园　面积 67 公顷，属石灰岩山区，种植九丰1号、北花1号品种金银花，采用六不用管理方式，年产优质金银花3.15万千克，是平邑县重点金银花产地。2013年，被县政府列为农业可持续发展项目，荣获“中国优质金银花金奖”。2016年，被评定为省级农业旅游示范点。

金银花种植园（2017年5月 摄）

黄梨园旅游示范点　面积2公顷，九间棚传统果树之一，第二大果树资源，栽培品种有黄花梨、黄金梨、丰水梨、子母梨、爱宕梨等，多为山坡散种，年产黄梨50余吨，其中古梨树320余棵，望归树有150年树龄。

黄梨种植园（2019年5月 摄）

山楂种植园　面积10公顷，九间棚传统果树之一，第一大果树资源，栽培品种有敞口、大货、莱芜黑红、歪把红，大五楞、大金星、山里红、小绵球和大绵球等，年产山楂150余吨。九间棚产山楂砧木为野山楂，原生种，果小、品质优、爽口润肺。九间棚寿山生态科技农场生产的九间棚牌六不用山楂罐头，市场年销量20万吨。

山楂种植园（2019年10月 摄）

红色旅游示范点　朝阳洞位于大巡山前，属石灰岩山区，是抗日战争时期北海银行鲁南印钞厂分厂旧址，市级文物保护单位。

生态旅游示范点　九间棚村所在天宝山区是闻名中外的黄梨之乡，3333公顷梨园连成一片，绵延十余千米，梨树成林，环境优美，风景秀丽。每逢阳春三月，数百万棵梨树竞相开放，漫山遍野，铺雪堆玉，间以桃红、柳绿、松青，把九间棚景区装扮得绚丽多姿，置身其间，如在画中。

特色旅游景点　九间棚景区为国家AAAA级旅游景区，主要景点有石牛耕山、龙顶双花、兰花芬芳、圣堂泉涌、朝阳洞光、龙泉漱玉、歇龙凉石、虎窝瀑布、梯门泉声、双花拥泉、崖壁望归、连理双果、君子立林、石棚书声、天池映月、风景独好，每个景点都有一个故事传说，诗情画意蕴含其中。

九间棚村旧址　位于龙顶山前半山腰，天然山洞，东西长33米、深9米、高3米，面积300平方米。棚内外原有石龙、石虎、石牛自然景观。清乾隆年间，刘姓迁居石棚，拓荒启育山林，繁衍子孙，砌石为墙将石棚分为九间。2018年，建成平邑县青少年学生教育基地，第四批山东省文物保护单位。

石棚春秋

磷火狼荒二百年，石寮窟垒忆从前。
鹑衣遮体丝绝缕，瓦灶生苔炊断烟。
解困三通乃首务，发祥四句立格言。
双花隆誉凭实力，科技兴商响宇寰。（潘正松）

西江月·石棚春秋

古洞立身幽暗，弱泉悭吝懒涌。
雨欺霜打刺骨风，填腹野果活命。
血热党员奋起，志坚群众建功。
劈山开路效愚公，村至小康气纵。（甄德生）

展览馆　位于红旗广场北侧，2011年4月，在原九间棚小学、村办公室的基础上改建，占地面积4000平方米，建筑面积1100平方米。2015年5月，改造提升为山东省干部教育培训基地，更名为九间棚展览馆。由北京清华同衡规划设计研究院设计进行布展。内设序厅、主展厅、报告厅，通过文字、图片、音响、实物等形式展示九间棚村的村史、艰苦创业的历程和发展成就，展望更加辉煌的未来。展览厅正门悬挂牌匾“九间棚展览馆”。

展馆

展忆当年苦与拼，嘉宾感厉泪沾巾。
精神抖擞搏风雨，史料鲜活带血痕。
树立基层拔地起，心关社稷啸龙吟。
人生大课今从始，传统承扬切笃勤。（潘正松）

展馆流光

有幸青石筑馆，纷繁历史存阅。祖先拓路育稼禾，共度荒年岁月。

手握钢钎结茧，膀压扁担出血。拓荒负重辟新辙，像入凌烟画阁。（甄德生）

李锦书屋　位于大石板路西段，天潭水库东侧，2013年由村民住宅改建而成，石头墙瓦房，正屋5间，长16米、宽5.7米，院落面积157平方米。内藏科技、文艺、小说等类图书1.5万册，由李锦投资建设、命名。

李锦书屋

山顶白云持护，篱边香卉绕栏。
赫煌赤日炙人寰，此处寒松相伴。
架上子集经史，腹中宏著巨篇。
常忧国事虑民安，见问是否吃饭？（甄德生）

民俗馆　位于村中，2015年，在原九间棚小学基础上改建，占地面积240平方米，建筑面积140平方米。共收集九间棚村民生产工具、生活用具860件，分设农耕文化、民俗文化等部分。

龙顶山天池　位于龙顶山东北700米处，1988年春，九间棚人奋战40天，投工2000多个，用水泥180吨，石料1500立方米，砌成长40米，宽30米，深4米，可蓄水4500立方米的长方形蓄水池。

崮顶天池（二首）

（一）

绝佳崮顶好登临，鹭影晴辉池底云。
曩岁熏蒸泉亦旱，流年疲苦梦都贫。
千般谋划思能变，百事发祥水是魂。
春到镜湖波潋滟，天涯访客乐陶津。（潘正松）

（二）

崮上天池巅踞，周遭诸阜揖拱。
水高不共众俗同，常近霞光鹤影。
曾几乱石遍布，凿山全赖愚公。
一泓清澈万门通，润物活人添景。（甄德生）

连理树　位于马家岭张宗青宅后，由2棵百年柿树组成，树根相连植入岩石中，树干通直，相距2米，高约15米，树冠空中交错穿插，遮阴333平方米。秋天满树柿子像一盏盏红灯笼挂满枝头，远眺树顶红彤彤，近看红柿心扉甜。为九间棚十大景观之一。

连理树（2019年10月 摄）

德至连理（二首）

（一）

十里繁荫望若霓，葳蕤三百世间稀。
云端瑞木祈膏雨，崮顶乌龙卧瘦泥。
尽历风霜兄弟在，饱尝劫难凤凰栖。
德从造化虬姿挺，胜似夫妻梦不移。（潘正松）

（二）

红壤同心共脉，蓝天搭臂交枝。

百年爱恋死生依，不舍神仙知己。

合力中兴家道，共煦大众福祺。

懿德动地感天时，凤舞树都连理。（甄德生）

朝阳洞　位于大巡山南坡崖壁上，天宝山林场小圣堂西500米，石乳洞，分上、下两层，洞东西30米，南北深21米，高4米，下层有一巨大石壁，上有各种图案，若巨龙腾跃，若猛兽奔驰，若芙蓉出水，像一幅巨大的浮雕。上层洞窟宽敞，可容数百人。《费县志》载，洞门西侧，立有石碑，上面镌刻明代进士、诗人、追赠户部右侍郎王雅量游此作《朝阳洞留题》诗。诗云："冒险途容足，探奇山尽头。悬崖千尺峻，古洞四时秋。泼泼泉连灶，层层石作楼。不嫌云湿重，竟日作淹留。"洞口东20米有一山泉可供30人日饮用水，洞周围植被茂密，洞口狭小，易于隐蔽，洞内宽阔可容百人。

抗日战争时期，八路军北海银行总行委派刁如心率领12人在朝阳洞创建北海银行鲁南印钞厂分厂，印发1元以下北海币纸币辅币，当年搭棚立柱所凿的石窟遗迹清晰可见。现已成为金融界的教育基地。2011年9月7日，被平邑县人民政府公布为县级文物保护单位。2015年1月30日，被平邑县人民政府公布为第一批重点抗日战争遗址。

朝阳洞旧址（2019年5月）

西江月·朝阳金辉（二首）

（一）

僻隐侠踪尚可寻，洞悬神崮仰干云。

天梯折转硝烟色，剑壁参差弹雨痕。

忍忆峥嵘刀淬血，愧生安逸泪霑襟。

朝阳遗宝金光射，照彻寰球态势新。（潘正松）

（二）

绝壁云封雾障，门前黍谷流香。天梯挂壁洞生凉，薪火流年相傍。

倭寇狼烟骤起，陶源铸币作饷。不识枪炮好儿郎，洒血抛头疆场。（甄德生）

老虎窝峡谷　位于村西北1500米处，因传说谷内有老虎窝得名。峡谷东西向，西起龙顶山，东至辛庄，全长1500米，宽100～450米，村境长880米。谷壑主体为第四纪石灰岩层，有中寒武纪石灰岩凸露，植被良好，以侧柏、刺槐、灌木为主，经济林以山楂、梨树、金银花为主，谷内常年流水，生长小鱼、虾蟹。

老虎窝峡谷（2020年5月 摄）

峡谷虎啸

崮峻两峰夹涧，谷深幽洞藏雏。寻常一啸裂山肤，万兽胆寒心惧。

九江恤忧渡虎，三郡革弊还珠。龙潭虎穴现通衢，万紫千红花树。（甄德生）

西江月·云岚浮翠

暑热登高望远，恰逢薄物烟岚。千山万壑掩真颜，犹抱琵琶遮面。

龙顶偏头相挽，巡峰吴崮襟连。清风一阵暗袭来，锦缎突然扯断。（甄德生）

卧龙泉　又名梯门泉，位于梯门山南坡山腰

崖壁中，洞口面向东南，宽1.5米、深10米，高1.2米，泉水从洞口流出，因地形地貌得名，又因其隐蔽洞内被村民形象地称为“卧龙泉”。1986年，泉口处修建配电室、建扬水站，扬程102.5米将泉水送上龙顶山母池。为九间棚十大景观之一。

卧龙神泉

巉崖百丈卧神泉，飞架长虹①饮九天。万载蛟窟通海气，一泓命脉润流年②。风吟浚壑林涛滚，梦涌江潮月影圆。但使荒畴容旷济，喷珠漱玉自潺湲。（潘正松）

注：①虹：引水管道飞架如虹。②润流年：指缓解九间棚干旱缺水。

西江月·神泉卧龙

处远鸟飞难到，居高猿健不攀。龙泉悬挂天门边，自古荒流漫涣。

涸鲋不甘死路，愚公矢志移山，三级提送龙飞天，禹舜丰碑立涧。（甄德生）

水杉林　位于村东700米，占地面积6666平方米，1966年从湖北省引种，是北方地区引入最早、种植面积最大的一片。2019年，有206株，株直径0.65～0.9米，胸径1.5米，高30米。水杉树属中生代白垩纪和新生代树种、杉科水杉属落叶乔木，国家一级保护植物，对空气中的二氧化硫等有害气体抗性和吸滞粉尘的能力强。被称为君子林。

彬彬君子

嘉木卓拔百亩荫，直从谷底起千寻。
安贫独抱凌云志，守土不失壮士心。
寒暑轮回磨韧性，风雷激荡砺艰贞。
家国栋干真君子，布演神兵待将军。（潘正松）

君子林（2019年5月 摄）

西江月·杉树成荫

背靠巉岩云捧，面临碧水竹拥。根扎大地探龙宫，无欲独舒天性。

材大舰船梁栋，质坚础柱久恒。隆冬一夜暴雪凌，利剑向天纵横。（甄德生）

藤萝　又名紫藤，位于九间棚村北山谷小圣堂前，根部同岩石浑然一体，主藤与岩石盘曲嶙峋，交错缠绵，如龙腾飞，遮阴面积333平方米，开花时节满目珠宝气色，游者心扉溢香。树龄200年以上。四周三面环山，地势险要，林木茂密参天。土改时划归九间棚村，后归属新建天宝山国有林场。2000年村与林场达成协议，划归九间棚旅游公司经营。

紫藤（2019年5月 摄）

百年紫藤

灵峰岫壑隐谪仙，神蟒禅栖不记年。
坐忘虬根石化木，飞升鹤羽势凌烟。
华阳洞口蟠桃落，小圣堂东斗柄旋。
直入青虚三百丈，十风五雨祐巡山。

（潘正松）

西江月·紫藤挽云

根老力扎破壁，枝虬直刺苍穹。风餐露宿忘年功，山野游龙戏凤。

不做温软香梦，只修芳卉紫藤。罹危无惧笑八风，春到半山香纵。（甄德生）

小圣堂　位于大巡山前半山腰，道观，传说始建于元代，占地面积900平方米。明清时皆重修过，有重建碑3通，原有正殿、配殿、山门等

20余间，20世纪50年代人为拆除，修建蓄水池。2019年有3间殿堂。道观三面环山，背倚陡峭山崖，周围古树参天，林密幽静。内有山泉，清流汩汩，道观前有百年古藤萝树。

小圣堂（2019年5月 摄）

元观圣堂

古柏萧森胜境空，烟溪有韵抚谁听。
黎民散乱经兵燹，碑碣依稀辩姓名。
残瓦何辜一矢地，回眸难舍万山松。
蓬莱不许红尘到，只把清幽锁碧丛。（潘正松）

西江月·圣堂溢彩

观踞大山龙脉，殿迎紫气东来。门前赤水漱青苔，闲阅黄庭自在。

朝驾青牛溟海，暮乘白鹤蓬莱。壶中天地费疑猜，通贯浑元三界。（甄德生）

九间棚路。全长13.5千米，分九赵路（九间棚—赵家庄）、平马路（平顶山—马家岭）、盘山路、旅游路（马家岭—地庞路）4段，道路崎岖、陡峭、多弯，路面宽6米，1985—2019年建成。

盘山路（2019年5月 摄）

云外天路

群峰乱矗入青岚，万仞葱茏四百旋。
蛇径飘忽云上下，窭民往复命空悬。
忍涂肝脑开天路，争散家资破险关。
吉树望归成好景，熙雍拍客正流连。（潘正松）

西江月·云外天路

磐古高山闭塞，村庄壁洞孤悬。九折途险步履艰，无奈抚膺长叹。

壮士五丁开路，党员九柱擎天。三山两壑尽相连，天路云衢通现。（甄德生）

梯田　九间棚梯田围山而建，沿山坡等高线布局，外噘嘴，倒流水，石头垒砌石坝，富有山区特色。

九间棚梯田（2019年9月 摄）

山市蜃楼

浩荡群峰似海，巍峨高岱如船。蜃楼海市雨霁天，此景夜来才现。

山岳无根缥缈，城郭有序俨然。老农伺药伴犊犬，更有路人寒暄。（甄德生）

梯田如画

远看坡田似挂，近观地埂如梯。农人田作弄花枝，赛马村童树底。

自古荆石密布，造田立志成畦，手足茧退几层皮，拓荒哪人惜力？（甄德生）

田园旅游综合体景点　九间棚景区田园综合体旅游规划面积28平方千米，建设游览景点10个，富有山区特色。

天宝山　位于村东7千米，主峰海拔541米，东西两面悬崖陡峭，南北与其他山峰相接。峰顶平坦宽阔，方圆3千米，山体植被茂密，松柏、楝槐，荆棵丛生。山巅有民国初期立“一乡之望”等石碑，清咸丰年间，重修苏仙祠遗址尚存。《费县志》载，天宝山旧名苏家崮，清咸丰年间，近处村民在山上建立围寨，贼屡攻来，在危急时刻，似有天公相助，其他山寨俱破，唯此山寨巍然屹立。此后，村民重修苏仙祠于朝阳处，并将苏家崮更名天保山。天宝山，即为天保山的谐音。

远眺挂心橛（2019年5月 摄）

梨花节　改革开放后，平邑县复设梨花节，每年4月5日开幕，会期30天，至5月5日闭幕。天宝山梨花会自民国初年开会，迄今有100余年历史，阳春农历三月，4000公顷梨花盛开，漫山遍野一片雪白，如雪似潮，被游人誉为亚洲最大的天然花园。进入九间棚景区，犹入人间仙境，人在画中，香浸心脾，神清气爽。

梨乡堆雪（二首）

（一）

云乡芳信怎安排，东圃琼华一处开。
万顷人潮连雪涌，千家愿景倚云栽。
春濡水墨山衔瑞，秋染金苞喜入怀。
古邑民猷夺造化，绿环经济铸头牌。（潘正松）

注：绿环经济，即绿色有机环保循环经济。

（二）

密密匝匝塞路，熙熙攘攘拥波。莺飞燕舞闹陂坡，香艳缤纷花国。

一夜温风暖雨，明朝瑞雪覆坡。不与群卉等同说，浩气透天凛冽。（甄德生）

第四节　旅游服务

1996年4月，九间棚村旅游服务公司成立。负责全村旅游规划、开发建设，对外旅游宣传促销，对景区内景点、农家乐饭店、旅游行业管理和开发建设。2019年，内设办公室、行业管理科、投诉科、市场科等科室，有工作人员46人。

导游队伍

2009年，九间棚村开始组建导游队伍，导游员主要是九间棚村展览馆的讲解员。2010年，有1名导游员考取国导证成为九间棚村第一批导游员。2015—2020年，九间棚旅游服务公司共聘用导游人员5人。其中景区（点）讲解员4名，取得旅行社经理证、部门经理证人员1人。导游队伍中以女性为主、专职导游人员占40%。

医疗救护站

位于村内，占地面积240平方米，配备医护工作人员2人。

旅游商品

九间棚旅游服务景区服务点，位于红旗广场西，2017年10月，由旅游公司投资兴建，由6个商店经营土特产、旅游产品，有地产金银花茶、黄梨、山楂果、米豆皮子、野菜、松菇、山楂干等有机生态山果、蔬菜，地产中草药有金银花、何首乌根等，玩物器具有桃木剑、桃木葫芦等各种桃木雕刻、12生肖纪念品。

农家乐

景区按照“红色旅游，绿色民宿”原则，突出低碳、节能和环保理念，统一建设品牌农家乐，共吸纳农户30户，可同时接纳300人食宿。实现服务人性化，器具统一化，卫生安全化，质量标准化。

凤凰苑 位于龙顶山东凤凰岭，2005—2008年，由村集体投资260余万元建设，2009年竣工投入使用，建筑为沂蒙山传统民居特色，石墙灰瓦，浑厚朴实。客房宽敞明亮、设施完备，24小时空调、热水服务，空调、有线电视、无线网络齐全，内设中、高、低档房间，农家乐餐厅，日接待住宿游客30人，100余人会务、300人餐饮。特色菜有香菇炖草鸡、野菜渣豆腐、全羊汤、凉拌野菜、香椿芽炒鸡蛋、冰糖雪梨等。

六不用餐馆 位于九间棚景区马家岭，可接待100人就餐。特色菜为六不用香菇炖草鸡、野菜渣豆腐、草鸡蛋、全羊汤、凉拌野菜、香椿芽炒鸡蛋等。

山顶人家 位于九间棚景区内，可接待100人会务，10人住宿，200人就餐。特色菜有草鸡蛋、全羊汤、香椿芽炒鸡蛋等。

儒家饭店 位于国营天宝山林场，可同时接待70人就餐。特色菜有香菇炖草鸡、山鸡蛋、全羊汤、南瓜饭等，餐厅食材全部为“六不用”产品。

松林农家乐 位于九间棚生态农场松林内，可同时接待40人就餐。特色小吃有山珍、炖鸡、炒鸡、全羊汤等。

天潭酒家 位于天潭水库上方，可同时接待10人住宿，20人就餐。特色菜有香菇炖山鸡、山鸡蛋、全羊汤、南瓜饭等。

洗手间 九间棚旅游服务景区设立洗手间16处，分别位于16个旅游景点的方便位置，附近设置明显指示牌，外部建筑构型以旅游景区洗手间传统建设，并结合九间棚旅游服务景区的特点建造，内部设施按照国家AAAA级旅游景区标准配置、管理。全部设施由九间棚旅游开发有限公司配备管理和保洁人员管理。

景区管理

1989年，九间棚村旅游业开始发展。1997年5月，天宝山自然风景区旅游有限公司制定人员分工、职责及工资、专项支出规定，加强景区建设和人财物管理。

2004年，九间棚村旅游公司根据《导游人员管理条例》，规范景区经营摊位和个体餐饮等经营行为，创造舒适的消费环境。

2009—2019年，根据《旅行社管理条例》《导游人员管理条例》《山东省旅游条例》规定，组织从业人员参加省、市、县组织的各类专业培训和比赛，提高从业人员素质。2011年，按照县委、县政府《平邑县旅游企业量化考核管理办法》，组织旅游公司管理人员7人参加平邑县旅游企业管理人员培训班，对企业职工进行培训。2013年10月1日《中华人民共和国旅游法》实施，旅游业管理上升为法治化轨道。

旅游市场

加大旅游市场营销力度，以九间棚景区为依托，通过媒体宣传、网络宣传等方式，集中对外宣传推介，邀请媒体记者到九间棚采访，在新闻媒体上发表九间棚旅游稿件，取得市场宣传效果。

2018年，制定《关于加强九间棚旅游宣传工作的通知》，以九间棚宣传为龙头，打造九间棚品牌。客源市场从市内为主转向省内外，过夜游客比例达到1%。自驾车旅游、周末休闲游逐步成为客源主体。2015年，建立农家乐示范点5个，强化九间棚旅游品牌特色。

2000—2020年部分年份九间棚村旅游情况表

表7-1 单位：人、元

年份	游客数	门票收入	门票单人额度
2000	35000	31500	10
2005	33000	28900	10
2008	32700	30100	10
2010	31000	53800	30
2011	33500	751000	30
2012	37000	830000	30
2013	58000	1290000	50

续表 7-1

年份	游客数	门票收入	门票单人额度
2014	58800	1330000	50
2015	74000	1660000	50
2016	83000	1830000	50
2017	159000	2150000	50
2018	161000	2236000	50
2019	165000	2355000	50
2020	116000	1520000	50

资源保护

1998 年，编制《九间棚旅游发展总体规划》，要求景区建设项目服从规划，不符合规划的不建设，服务设施建设无规划的不批建，使景区各类开发建设有条不紊，保护了生态环境。贯彻“安全第一”的方针，对护林防火和旅游安全常抓不懈。保护森林资源以及景点，禁止捕杀狩猎山中野生动物，对古树名木、奇石岩壁等景点挂牌、建档，落实到人。

2019 年，根据九间棚景区旅游发展需要，编制《九间棚田园综合体整体规划》。景区内加强国家生态公益林和省级生态公益林的管理，调整林业生产结构，控制林木采伐。实行集体林权制度改革，让村民依法享有林地的使用权、经营权和林木的所有权、处置权、收益权，维护林业经营者的合法权益，调动全体村民造林、营林和护林的积极性。

景区内建设项目，坚持以保护林木资源和生态环境为前提，严格按有关林业法规和政策，办理林地占用审批手续，杜绝违反林业法规政策私占林地和滥伐林木行为发生。至 2019 年，投资 2 万元，完成两期中幼林抚育项目总面积 3.7 公顷，投资 150 万元，完成寿山农场、六不用金银花种植园 40 公顷。在景点服务区栽植银杏、常绿树、山竹等 2 公顷。投资 600 万元，建成天潭、天湖 2 座小（2）型水库，拦蓄地表水 20 万立方米，改善生态环境。旅游路栽种梨、山楂、槐树等行道树 2100 株，美化景区环境。

旅游路绿化（2018 年 5 月 摄）

第八章　九间棚精神

20世纪80年代初，改革开放的春风吹进天宝山区，仅有40户人家的九间棚村在党支部书记刘嘉坤的带领下，发出“团结奋斗、顽强拼搏、坚韧不拔、艰苦创业”的时代强音，7名共产党员振臂高挥，克服缺少资金、机械、人力和技术的困难，架电、修路、治水、整山，兴工富民，九间棚人用双手握着镰刀和锤头在海拔562.7米的龙顶山上铭刻建设社会主义新农村的蓝图。九间棚村党支部被中央组织部命名为“全国先进基层党组织”。1989年11月21日，中共临沂地委宣传部发出《关于在全区广泛开展学习九间棚活动的意见》。1989年12月1日，中共平邑县委做出《关于开展向九间棚学习的决定》。1991年1月，临沂地区在全区基层党组织中开展创建“九间棚式党支部”活动，并连续4年表彰“九间棚式先进基层党组织”988个。

九间棚村的共产党员，怀抱“忠于党，忠于人民，忠于事业”的坚定信念，以“不怕吃亏，不怕吃苦，不怕吃气”的品德，“永不服输，永不停步，永不变色”的意志，使九间棚村实现由一个贫困的小山村向现代化企业集团和“沂蒙明珠”的历史转变。

伟大的时代呼唤伟大的精神，九间棚精神在架电、修路、治水、整山中孕育而生，在一代代九间棚人的传承弘扬中，不断被赋予新的时代内涵。守正、拼搏、创新。随着时代的发展，九间棚人在建设文明、富强、生态、文化的征程上、在乡村振兴和精准扶贫工程中不断赋予“九间棚精神”新的内涵，闪耀着历久弥新的时代光辉，彰显九间棚精神的时代特色和持久生命力。

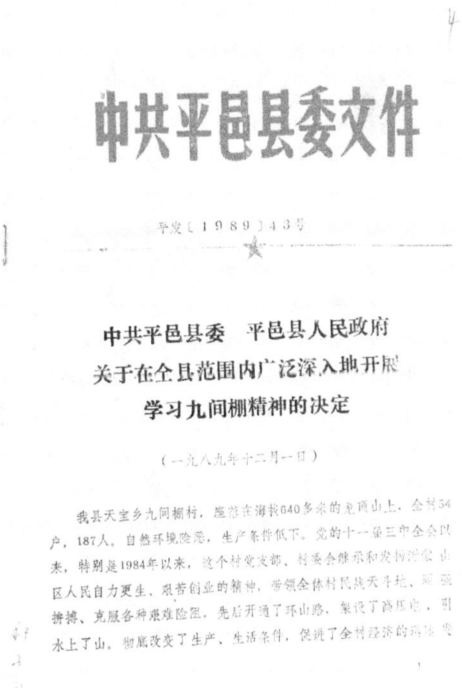

中共平邑县委文件

平发〔1989〕43号

中共平邑县委　平邑县人民政府
关于在全县范围内广泛深入地开展
学习九间棚精神的决定

（一九八九年十二月一日）

我县天宝乡九间棚村，座落在海拔640多米的龙顶山上，全村54户，187人。自然环境险恶，生产条件低下。党的十一届三中全会以来，特别是1984年以来，这个村党支部、村委会继承和发扬沂蒙山区人民自力更生、艰苦创业的精神，带领全体村民战天斗地，顽强拼搏、克服各种艰难险阻，先后开通了环山路，架设了高压电，引水上了山，彻底改变了生产、生活条件，促进了全村经济的迅速发

中共平邑县委做出《关于在全县范围内广泛深入地开展学习九间棚精神的决定》影印件

雕塑——九间棚人

第一节　形成基础

九间棚精神概念产生的历史过程，经过初建村时期的萌芽，形成村庄时期的孕育和革命战争年代及中华人民共和国成立初期的催生，到改革开放初期的总结提出，经历了百余年的过程。是对沂蒙山区人民坚定跟着党走、无怨无悔，党为人民谋幸福历史的进程总结，是党的群众路线的结晶，是九间棚村民坚决拥护共产党领导的真实写照。

萌芽期

18世纪中期，刘遥居滴水崖村，死后其妻子为了生存被迫携两子两侄女在小叔的帮助下东迁5千米，穴居龙顶山石棚生活。艰苦的生存环境，使刘氏子女自幼养成自强、吃苦、拼搏、奋斗、诚信的品德。60年后，三代人的拼搏刘氏有了自己的村名“九间棚”。

200余年来，九间棚人在龙顶山上繁衍生息，淳朴坚韧、憨厚诚实、重情厚义，在生产力不发达的情况下，无数的艰难险阻，恶劣的自然环境，造就九间棚人自强不息的禀性。

形成期

九间棚精神作为 种社会主义思想体系和精神风范，形成于革命战争年代，成熟于改革开放初期。中国共产党是九间棚精神的引领者、主导者和组织创造者。

抗日战争时期　1940年6月，八路军115师某团1营驻左廉庄（今和乐村），村民刘学明、刘学民筹粮拥军。深明大义的九间棚人，为求翻身得中华人民共和国成立，竭力支前，村民刘德付、张德功踊跃参军，为中华人民共和国的诞生捐躯。1942年9月，北海银行鲁南制币厂迁至大巡山下朝阳洞。

中华人民共和国成立战争时期　1946年3月，村民刘德成参加华东野战军。1948年2月23日，村民刘德功、刘德兴参加支前民兵团，南下支前。10月，村民刘德明、刘德山参加支前民兵团，支援淮海战役。

思想基础　九间棚精神根植于沂蒙丰富的历史文化土壤，是中华民族精神的具体体现。鲁文化的“敦厚重礼、仁爱诚信”，楚文化“豪放精明”的特质，在生活交融中被九间棚人所吸收，积淀在思想基础结构中，为九间棚精神的产生奠定文化基础。

自强不息、顽强拼搏、忠公体国是九间棚人在历史中形成的道德义务观。随着历史的发展，九间棚人世代相袭，并不断加以发展、完善、升华。在长期的历史进程中，在与大自然进行抗争和同反动势力进行斗争的过程中，九间棚人逐步形成追求光明、变革图强的创业传统。

中华人民共和国成立后，九间棚人继续发扬战争年代的革命精神，进行社会主义改造和建设，开山造地，栽种经济林果，发展畜牧业，创造了许多建设社会主义新农村的经验，成为天宝山区的一面红旗。在“农业学大寨”中，九间棚人肩膀扛着镢头，手中拿着锤头、钢钎，刨石头、垒坝堰8000余米，开山造地30余公顷，栽种果树11公顷。催生了九间棚精神，为沂蒙精神的丰富发展注入时代内涵。改革开放后，架电、修路、治水，九间棚人把发扬革命传统同弘扬时代精神结合起来，形成具有时代特征的九间棚精神。

文化基础　厚重的齐鲁传统文化，对九间棚人产生了潜移默化的重要作用和影响。在精忠报国、厚孝持家的历史文化氛围中，九间棚人世代相袭，并不断加以发展、完善和升华。在九间棚精神建构过程中，齐鲁文化支持着红色革命文化，红色革命文化又不断强化、提升着齐鲁文化。

民俗风尚，是九间棚村传统文化的重要组成部分。生育之喜有在大门之上“挂红”的习俗。“挂红”习俗寓含着儒家学说强烈的历史使命感，期望新生男儿将来能为国建功立业。深厚的伦理，不论在社会动乱时期还是经济繁荣的今天，都得以积极继承并加以创新发展，使其稳定传续。秉承优秀传统文化的基因，百余年来一脉传承的理念，奠定了九间棚人的理想观念和价值取向的基础。造就了九间棚人尚道义、重气节、厚德、守正和永不服输的品质。为九间棚精神的孕育提供最为原始的素材。

社会基础　在农耕文化发展中，儒家提倡的“处世之德”是其社会底色，九间棚人公忠体国、明辨是非，疾恶向善、重情重义、知恩图报，是九间棚精神产生的社会土壤。近代史上，九间棚匪患横行祸害乡里，《费县志》载，1916—1945 年，费县境内有名的股匪 20 多股，有的称霸一方，有的与日军勾结，敲诈乡邻、鱼肉百姓。自然灾害频发，旱、风、虫、雹等自然灾害交替发生，颗粒无收年份连续积累，民众生活苦不堪言。长年战乱和土匪经济盘剥，尤其是日军入侵后，“扫荡”“拉网”“铁壁合围”频繁，以至田园荒芜，门庭凋落，群众流离失所。

1940 年 9 月 2 日，115 师 686 团打响天宝山战斗，消灭日伪廉德三部，带领人民群众减租减息，开展大生产运动。打击地方恶霸势力，消除匪患。面对凶残的日本侵略者，人民军队不怕流血牺牲，奋起英勇杀敌。九间棚人选择和实践的社会价值导向，形成九间棚人独具特色的文化性格：对国家忠心耿耿，视民族利益高于一切，热爱祖国，维护统一。在社会主义改造和建设中，九间棚人一如既往地听党的话、跟党走，中华人民共和国成立思想、科学发展、见义勇为、拥军支边，九间棚精神不断丰富和发展，也不断继承和弘扬。

社会背景　1983—1987 年，九间棚的党员们在刘德敬、刘嘉坤带领下开始架电、修路、治水、整地、栽树的五年计划。自筹资金 1.7 万元，用 20 天的时间将 9 根 900 多千克重的水泥电线杆用肩膀抬到山上，用双手竖在山巅，架电进村。3.5 千米环山路筑路工程平常需用 3 年时间，九间棚人只用 5 个月完成。在治水上，更是以超人的毅力以山泉为源，引水上山建设路带渠、集水渠，册坡挖水窖拦蓄地表水，鞍部打水井，利用地下水，实现高山水利化。九间棚人以承包责任制的方式治理荒山 14 公顷，整治山地 20 公顷。栽植水土保持林 11 公顷，栽种经济林果 2 万棵，人均果树 110 棵。人均收入由不足百元提高到 800 余元。拼搏、苦干、创造，九间棚精神被各级组织、新闻媒体从大山深处推广到全省、全国。

初始概念

九间棚精神的具体表述，是一个随着实践的不断深化而提升的过程。1983—1986 年，九间棚村党支部书记刘德敬、刘嘉坤带领全体村民架电、修路、引水上山，摆脱贫困的事迹被上级新闻媒体报道。1987 年 10 月，在全省山区开发会议上省长李昌安首次提出“九间棚精神”的概念。会后，临沂地委书记王渭田到九间棚村考察，走着崎岖不平的盘山路，听完平邑县委书记綦敦祥和村党支部书记刘嘉坤的汇报后，王渭田找到了农村党支部学习的榜样，团结、拼搏、顽强、苦干、艰苦创业，就是共产党员的精神。在地、县、乡、村四级有关人员参加的座谈会上，总结概括为“团结奋斗、自力更生、坚韧不拔、艰苦创业”。

1989 年 8—10 月，新华社记者李锦到九间棚村采风，写出长篇调查《九根擎天柱》，发表在《人民日报》上。电视记者李敬堂拍摄成新闻电视片《九间棚之路》，在山东电视台与临沂电视台播放。同年 12 月 12 日，临沂地委委员、宣传部部长李祥栋在《临沂日报》发表《发扬老区优势，弘扬沂蒙精神》文章，将九间棚精神升华为沂蒙精神。

1990 年 8 月 7 日，中共中央政治局常委、中组部部长宋平在莱西召开的全国村级政权建设会议上听取九间棚村党支部书记刘嘉坤的发言。

新华社记者李锦参加莱西工作会议，并将宣传九间棚典型的意义写信寄给临沂地委书记王渭田，建议宣传九间棚精神同弘扬沂蒙精神相结合。

实质

九间棚精神，是中华文化地域性的一种文化

现象。她植根于中华民族优秀的文化传统，诞生于抗日战争、中华人民共和国成立战争时期，升华于社会主义改造和建设时期，发展于改革开放时期，是九间棚人在中国共产党的领导下，逐步砥砺淬炼的具有浓郁地方色彩的精神瑰宝。

九间棚精神是对沂蒙精神的继承丰富和创新发展，具有密不可分、一脉相承的源流关系，是建设中国特色社会主义新农村的经典之作。

九间棚精神是与时俱进的，是在不断地发展之中，新的时期具有新的发展内涵，爱国、创业、苦干、实干、拼搏、奉献、廉洁、勤政，村“两委”团结战斗、务实拼搏、优质服务、再创新高，带领全体村民大力发展集体经济，走共同富裕的道路。1989 年 12 月，进一步概括为“团结奋斗、顽强拼搏、坚韧不拔、艰苦创业”16 个字。

九间棚精神的产生的本源是为了生存，穴居石棚，开山造田，顽强拼搏；为了一粟一果，日出而作，日落而息，不畏艰辛；为了水源，开山辟岭，勇于开拓，滴水之恩，涌泉相报；为了光明，团结奋斗，抬杆攀崖，牵线过涧；为了脚下有路，为了小康生活，艰苦创业，进城办企，坚韧不拔。

团结奋斗的创业精神　九间棚人有追求进步、开拓创新，敢于走前人没走过的路、做前人没有做过的事的秉性。清乾隆年间，刘氏先祖母宁肯携子女穴居石棚，开山造地，也不租种地主土地受其剥削、压迫。直到建立天宝山革命根据地，九间棚人在先进思想的指引下，九间棚人朴素的阶级感情得到了升华，转化为无产阶级的政治觉悟。抗战期间，九间棚人始终站在对敌斗争的最前线，配合共产党八路军，奋不顾身，英勇杀敌。中华人民共和国成立战争中，九间棚人高举革命旗帜，吃苦在前，流血在前，全力以赴支援前线，直至取得彻底胜利。中华人民共和国成立后，九间棚人响应党的号召，坚定走互助组、合作化的道路。在一穷二白的基础上办起九间棚初级农业合作社。15 户人家轮起镐头向龙顶山宣战，筑石坝、造梯田。

改革开放后，九间棚人从贫困的起点起步，勒紧腰带搞工程，党支部书记刘德敬、刘嘉坤懂得发扬艰苦奋斗、自力更生的意义，心甘情愿地吃大苦、耐大劳，带领全体村民经过 6 年的奋斗，投资 23 万元，投工 10 万个，挺起脊梁，架电、修路、治水，创造出新时期的典范，九间棚精神。进入 90 年代，九间棚人抓住机遇迅速发展，依靠自力更生，艰苦创业，克服困难，建成九间棚石材厂、机械配件厂、金银花茶厂等村办企业。1998 年，全村工农业总产值 2200 万元，实现利税 240 万元，农民人均纯收入 2989 元。2015 年，九间棚集团成为山东省金银花产业龙头企业，全国金银花产业主要推动者。到 2020 年，在北京、新疆、云南、贵州、甘肃等地建立 5 处金银花产业基地。调整结构，建设高科技含量的企业、农业科技园，参与国家西部大开发、精准扶贫工程，巩固金银花产业链。

九间棚的创业之路，伴随时代的发展而变化。一次创业架电、修路、治水、整山，二次创业转型发展工副业。新世纪，九间棚丰富创业内容，增添了生态、旅游和金银花产业开发。艰苦创业是九间棚精神生生不息的精髓，正是因为艰苦创业，九间棚村在 35 年中保持住了“标杆”和“旗帜”的荣誉。

顽强拼搏的奋斗精神　中华人民共和国成立后，九间棚人开山造地，垒坝围田，播种五谷，建设新民居。改革开放，实行包产到户，栽种果园，遍种金银花。以家庭承包经营责任制的形式，取代“三级所有，队为基础”的体制。家庭联产承包经营责任制的建立，改变了过去统一指挥、集中劳力、共同分配的体制，形成“分户经营、自负盈亏、自我发展”新的经营管理模式。调动了村民的生产积极性。在此基础上，调整农村产业结构，发挥山区特色，以林果为主，突出金银花种植。1985 年，全村农业总产值 15.91 万元，比 1978 年增长 50.28%，年平均增长 7.18%，比前 18 年（1960—1978 年）3.1% 的年平均增长速度高出 4 个百分点。在粮田面积比

1978年减小2.2公顷的情况下，粮食总产创村史最高，达到3.6万千克；果园增加8公顷，年产干鲜果品295万千克，是前18年的总和，林果、畜牧成为经济支柱产业。

坚韧不拔的进取精神　清朝、民国年间，恶劣的自然环境，造就了一代又一代九间棚人吃苦耐劳、坚忍不拔的性格和艰苦创业的生活理念，为九间棚精神增添了丰富的物质因子。

中华人民共和国成立初期，面对一穷二白的困境，九间棚人用自己的双手，开山劈岭，创造了人均垒砌石坝305米、用石料91.44立方米的奇迹。至2020年，全村垒砌石坝总长8.89千米，总用石料2.67万立方米。

1983年秋架电，九间棚村只有一条羊肠小道，车上不了山，12米长900千克重的电杆只能用人抬上山，立电杆、拉电线全靠人力，共架设3000米高压线，家家用上了电。1985年修盘山公路，党员干部带头，只用5个月完成专家预算需要5年才能完成的工程。当时九间棚只有48户177口人，50个劳动力，在没有任何机械设备，工程之艰巨可想而知。数九寒冬，日夜苦干，一个冬天，修通长2800米、宽6米的盘山道，让汽车开上龙顶山。1986年，九间棚人从离村3000米外的梯门山悬崖峭壁间的卧龙洞引水上山，修建扬水站，当年的施工条件艰苦，施工需要在悬崖上打炮眼，放炮劈崖架管道，悬崖高30余米，人无法立足，刘嘉坤和党员们用绳子系在腰间，吊在悬崖上施工。往山上抬管道，石头滑，脚踩不牢，易发生滑脚事故，他们4人抬杆2人看路、看脚，一步一提醒，一步步地攀登。130天的奋战，建成扬程102.5米的二级扬水站，修3500米石砌渠，把梯门山泉水引进龙顶山天池。接着修建38个蓄水池，家家户户用上自来水，实现“路跟渠，渠带路，母子水池满山布，灌农田，浇果树，洗衣做饭水到户”的高山水利化。

凿岩找水（1984年11月 摄）

通过艰苦奋斗，九间棚初步改变了恶劣的生产、生活条件，出现“公路入云端，水渠绕山转，家家自来水，林果栽满山，户户电灯亮，人人笑开颜”的新景象。到1989年，九间棚人均收入850元。通过整山治水、发展林果、畜牧业，九间棚初步改变了贫穷落后的旧面貌，村民过上了丰衣足食的好日子。

吃苦奉献的协作精神　1990年7月，村“两委”做出进城办企业的决定。创业之始，一穷二白，架电、修路、治水，3年集体累计贷款52万元。进城创办企业需要资本投入，刘嘉坤将村“两委”干部重新分工，留下村党支部委员、村委会主任廉茂杰在山上主持工作，为村民提供生产、生活服务。带着骨干力量进城置地创办石材厂、机械配件厂、金银花茶厂。建厂靠贷款，用工付工资。3个月艰苦奋斗，山上完成秋收，城中建成九间棚花岗石厂，同步培训工人、购买石料，1991年1月1日正式投产，当年完成产值385万元，实现利税40万元，第二产业一跃超过第一产业。当年开始九间棚机械配件厂、金银花茶厂、塑料厂的建厂、招聘管理和技术工人。1993年，3个村办企业建设完成。山上农业生产连年丰收，城中4个集体企业稳步发展，1994年，全村完成总产值1371万元，其中农业产值31.5万元，工副业产值1250万元。

时代价值

九间棚精神，是九间棚村民干出来的。1989—2020年，全国各地的干部、群众逾1000万人先后登上龙顶山，学习九间棚人的创业精神。上海电影制片厂摄制的以九间棚为原型的电影《沂蒙山人》在全国播映，使九间棚成为全国农业战线上的一面旗帜。

精神实质　愿以民望为己任，敢于担当做脊梁，心存敬畏重清廉，奉献为民求发展。1961—1983年，集体生产出工出力，夏秋收获的原则是挑选上等的粮食先交公粮，完成国家税收，再留足种子粮、储备粮、饲料粮，最后按照人劳投工、投肥进行分配。好粮送给集体，好果送给亲朋，次的留给自己食用的品德影响了年轻一代。九间棚人日常的饭桌上多是粗茶淡饭，每有亲朋客人来，必倾家中所有，盛情相待。1991年9月20日，九间棚村进城创办的第一个企业——花岗石厂破土动工，刘嘉坤和2名村干部带着铺盖卷住进工地自搭的窝棚中，和20多名村民一同干了20天建起厂房，3名村干部谁也没拿1分钱的工资。1995—2020年，刘嘉坤被外界聘请宣讲九间棚精神，推广金银花种植技术推辞不掉收取的演讲费全部上缴村集体入账，用于老党员和困难户补助，购置一批政治、经济、科技类图书，建成党建书屋。

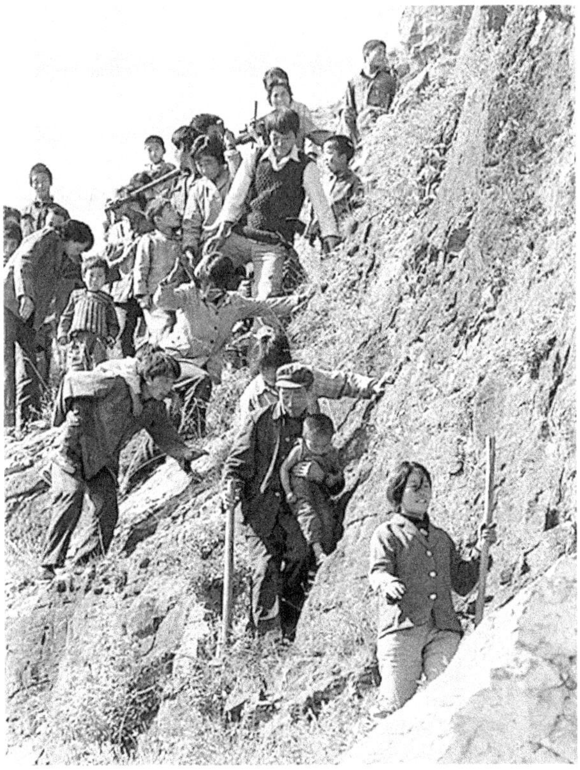

修路出工（1984年10月 摄）

中共十八大、十九大以来，九间棚人学习贯彻落实习近平总书记系列重要讲话精神，将九间棚精神赋予了“对党忠诚、为党分忧、为党尽责，为民造福”的政治担当和参与精准扶贫，发展金银花产业，为推进“两山理论”和新农村建设趟出新路子。

精神内涵　龙顶山是九间棚精神的孕育地，“开拓奋进”，九间棚精神的首句。从时代特征、精神本源、社会背景与逻辑关系上理解，改革创新是当代中国时代精神的核心内容，也是九间棚精神发展的动力。“开拓奋进”是九间棚精神的主题，高度凝练了中国共产党人改革创新、变革图强的先进思想意识，是中国共产党的生命力所在。正是这种秉性，使九间棚人率先在全国老区中实现脱贫，迎来了最好最快的历史新时期。2020年的大任务是九间棚村以金银花为媒，在西部、南疆建立金银花生产基地，精准扶贫的举动，就是开拓奋进。

“顽强拼搏”，是中国共产党领导下的沂蒙人民的作风，体现在自力更生、艰苦奋斗、顽强拼搏的韧劲。九间棚的主人翁地位决定了九间棚人把革命建设事业当成自己的事业，开拓奋进，艰苦创业。九间棚贫困的地理、自然条件和长期的文化积淀，造就了九间棚人含辛茹苦、吃苦耐劳、不屈不挠的精神品格。

“坚韧不拔”凝练了九间棚人的意志，正是这种秉性，使九间棚人面临困难，仰首崛起。九间棚村是一个高山顶上的村庄，在市场经济中碰到的困难多而复杂，刘嘉坤和党员们迎难而上，有一股不服输的精神，坚韧不拔，是刘嘉坤和九间棚村的党员最显著的本性。

“无私奉献”，是九间棚和沂蒙精神的核心，概括了九间棚人顾全大局、团结协作、公而忘私、自我牺牲、勇于奉献的价值取向，是中国共产党的凝聚力所在。在任何情况下，尤其是在关键时刻，总是以党和集体利益为重，挺身而出、无私奉献，充分体现了中国共产党人正确的价值观念和崇高的思想境界。

九间棚精神是中华优秀传统文化的重要标识，是九间棚人砥砺奋进的基因，战胜困难的保证。实现“两个一百年”奋斗目标和中华民族伟大复兴的中国梦，需要弘扬中华民族在长期发展进程中形成的宝贵精神。九间棚精神在改革开放和社会主义新农村建设中发挥巨大作用。新的历史条件下，要进一步弘扬九间棚精神，赋予其新的时代内涵。在具体实践上，落实习近平总书记要求“以‘绿水青山就是金山银山’为抓手推动金银花产业、乡村旅游业发展转型”，在精准扶贫中建立金银花高效生产基地，构建金银花产业体系。在扬长避短的审视中，对长短板的衡量更加客观，“短板”主要是发展速度、村域经济、资源利用、民生保障，“长板”主要有金银花、新大陆制药业、乡村旅游等资源优势。在工作部署中，打好打赢精准扶贫、绿化荒山、防范化解重大风险“三大攻坚战”。在战略目标上，争当“排头兵”，锁定九间棚在新时代的历史方位，在新农村建设中构建“九间棚高地”、树立“九间棚样板”。

九间棚精神的挖掘研究

1990年8月，莱西会议上中组部部长宋平的讲话，让与会者将九间棚的事迹传向全国。一个时期内，全国范围内兴起到九间棚参观学习的热潮。九间棚村成为中国农村改革开放具有影响的典型，新闻媒体中反映的九间棚村党员干部团结带领村民架电、修路、治水与艰苦自然环境斗争的气魄，建设新农村中体现出的坚韧不拔、无私奉献等品格，为九间棚精神的产生提供内涵支撑。

历史转折关头的新典型 1990年3月，李锦、刘德玉赶赴北京，专程向编辑部汇报九间棚村情况，并陈述九间棚的时代意义与推广价值。几经努力，调查最终得以刊发。调查报告被新华社内部刊物破例全文采用，提供给中央政治局领导参阅。之后，《人民日报》《农民日报》《半月谈》《瞭望》等刊物相继刊用报道九间棚的文章与照片，新华社随后刊发《九柱擎天》的通讯。

中共中央政治局委员、国务院副总理田纪云到九间棚村视察九间棚引水上山工程、山顶天池、果园和九间棚旧址。山东省委书记姜春云重视九间棚与“沂蒙精神”的宣传，出席在济南召开“沂蒙精神”报告会。中央政治局委员、国务委员李铁映，中央政治局候补委员、中央书记处书记温家宝相继到九间棚视察。

随着新闻宣传报道，九间棚的名字传遍神州，到九间棚参观学习的热潮骤然兴起，出现自“农业学大寨”之后没有过的农村参观潮。

李锦在九间棚村，目睹接待了几批从全国各地赶来学习的基层干部。陕西省米脂县有个贫困村，听说九间棚在极为恶劣的条件下发生的巨大变化，很想了解实情，全村凑起300元钱，让干部专程到九间棚学习。这个小伙子每天只吃一顿饭，赶到九间棚。他从山脚下一直爬到山顶，到村中一户一户地看，了解架电、修路、治水、整山造地的情况，记了厚厚一本子。据平邑县委九间棚接待站统计，1990—1991年，全国有186万人到九间棚参观学习，还有6个国家的客人到九间棚参观。有6位党和国家领导人到九间棚考察，30个省市与自治区的110位省部级干部、48所大学的师生到九间棚考察，举办调研班或开展夏令营活动。李锦和李敬堂拍摄的《九间棚之路》专题片录像带售出千余盘，李锦写的九间棚事迹材料汇编售出6万本。反映九间棚的电影、电视剧、报告文学、小说接连面世，理论研讨会连续开3次。

九间棚精神与沂蒙精神

新华社记者李锦编写的长篇调查《九根擎天柱》，得到中央领导批示。调查文章中反映的党员干部团结带领村民在战天斗地、创造家园过程中体现出的开拓进取、艰苦奋斗、坚韧不拔、无私奉献等品格，为沂蒙精神的产生提供了内涵支撑。从时间上看，就提出精神内涵而言，九间棚精神早于沂蒙精神。1990—1992年，九间棚村成为中国农村影响最大的典型之一。

1990年春，由九间棚村党支部书记刘嘉坤为主的临沂地区5位基层党支部书记组成“沂蒙精神”报告团在济南先后作7场报告，引起强烈反响，沂蒙精神走进齐鲁大地人们的心中。

1991年1月，新华社记者李锦随省委书记姜春云考察11天，在烟台东山宾馆汇报九间棚在全国的反响，并且提出召开沂蒙精神及研讨会的建议。同年5月10日，由省委宣传部、省社会科学联合会和临沂地委联合召开的山东省首届沂蒙精神理论讨论会在济南举行，李锦做《共产党人的力量所在》报告，介绍了九间棚精神与沂蒙精神的提出过程。

沂蒙精神的提出　1989年10月，九间棚精神被概括为“开拓进取、团结拼搏、坚韧不拔、无私奉献”。同年12月12日，李祥栋在《临沂大众报》发表《发挥老区优势，弘扬沂蒙精神》文章，首次将九间棚精神纳入“沂蒙精神”概念。沂蒙精神提出经过四个阶段。

第一阶段　沂蒙精神定位阶段，1990年2月2日，姜春云在莒南与王渭田等临沂地区领导一起将沂蒙精神概括为“立场坚定、爱党爱军、艰苦创业、无私奉献”。

第二阶段　改变阶段，2001年，有关专家曾经将沂蒙精神扩展为“爱党爱国、艰苦创业、改革创新、敢为人先、不懈奋斗、无私奉献”。

第三阶段　再定位阶段，2004年7月，沂蒙精神第三次研讨会提出“爱党爱军、开拓奋进、艰苦创业、无私奉献”。

第四阶段　升华阶段，2013年11月，国家领导人视察山东，接见刘嘉坤等代表。

从沂蒙精神的普遍性看，它的本质特征具有革命传承性特色。从九间棚精神的特殊性看，九间棚精神的表现形式更多地具有山区群众主体作用的一面。把沂蒙精神延伸到山区人民群众中，是继承，是一种发展，是一种升华，是沂蒙精神在更小空间、更深层次、更长时间的反映。中国共产党从登上历史舞台的那一天起，就将党和群众的关系，比之如鱼水，喻之为血肉，视之为种子与土地，紧紧依靠人民群众而不懈奋斗。在新的历史条件下弘扬九间棚精神，就是要始终把群众放在心中最高位置，紧紧地依靠群众，从群众期待中获得力量，从群众实践中汲取智慧，始终与群众同呼吸、共命运、心连心，使中国共产党的伟大事业发展获得最为强大的力量源泉。

从九间棚的现实性看，倡导弘扬九间棚精神，对于“不忘初心、牢记使命”教育具有现实意义。“为民”是初心的出发点和落脚点，“顽强拼搏”是奋斗的本质特征，“坚韧不拔”是对初心使命的基本要求。九间棚精神教育就是“不忘初心、牢记使命”教育，学习九间棚精神，宣传九间棚精神，研究九间棚精神，坚持党的群众路线，发扬党的优良传统和作风，推动基层党的建设。

第二节　发扬传承

建村以来，九间棚村民风淳朴，村民代代提倡尊老爱幼、家庭和睦、邻里团结、互帮互助。中华人民共和国成立后，村民孝敬老人、爱护幼小蔚然成风。特别是改革开放后，村“两委”提倡“两个文明”共同建设，人人讲道德，讲文明，讲礼貌，讲法制，树新风。1988年，村“两委”按照县委加强精神文明建设的要求，在村民中开展社会主义精神文明教育和创建文明村活动。1989—2020年，九间棚村被评为县、市、省、全国文明单位。

时代价值

2016年9月，九间棚村被山东农业大学定为山东农业大学继续教育基地。2017年6月，九间棚村被山东省委组织部、宣传部定为山东省沂蒙党性教育基地。2013年11月，国家领导人视察山东时，接见刘嘉坤，将沂蒙精神上升到全党精神的层面，对新时期弘扬沂蒙精神提出的新要求，特别是“水乳交融、生死与共”八个字，揭示了沂蒙精神的定位、历史作用、核心特质和实践要求，为弘扬传承沂蒙精神指明方向，提供了根本遵循。九间棚精神提出的时代背景，就是解决党群关系，巩固提高中国共产党执政的地位。

新时期，学习和弘扬九间棚精神，加强党性教育和国民教育，搞清楚“我是谁，为了谁，依靠谁”的问题，是广大党员干部解决好世界观、人生观、价值观问题，把理想信念转化为对奋斗目标的执着追求，对本职工作的不懈进取，对高尚情操的笃定坚持，对艰难险阻的勇于担当，进一步增强制度自信、道路自信，在思想上正本清源、固根守魂，在实践中迎难而上，奋发有为。

弘扬九间棚精神，坚持一切从实际出发，不断中华人民共和国成立思想，开拓进取，变中求新，变中求进，变中突破，善于用九间棚精神引导大众创业、万众创新，解决前进中的思路和问题，将九间棚精神所蕴含的“信仰、协作、拼搏”等内容，运用到发展金银花产业，精准脱贫，企业管理中去，促进经济社会发展，加快全面建成小康社会步伐。

在全党开展党的群众路线教育中，九间棚村的党员们回顾架电、修路、治水的历程，检讨在每一个战役中党员的作用，是否“一切为了群众，一切依靠群众”。2011 年，九间棚人均收入突破万元关，达到 10900 元。九间棚村的党员们在刘嘉坤的带领下，投资 2.2 亿元建起科技楼，请专家共同研发金银花新品种。2015 年 4 月，北花 1 号金银花新品种问世，至 2020 年，全村共推广栽种金银花 6667 公顷。

榜样的力量

1990 年，省委党校开办全省分管农业副县长培训班，邀请刘嘉坤讲课，并发给 100 元讲课费，回到村里刘嘉坤将 100 元课时费交到村会计手里记账公用。此后，刘嘉坤多次被省内外部门邀请得到的讲课费 30 余万元全部交到集体，用这笔款建立了九间棚村党建书屋，资助 8 名大中专学生。在他的带动下，村民委员会主任陈凡莉、村党委副书记廉士东及九间棚集团公司部门管理人员张建平、崔宝龙等均将外邀授课费交到集体记账公用。

让每一个村民有饭吃 1984—1990 年，村党支部书记刘嘉坤带领村民完成架电、修路、治水第一阶段任务，开垦荒山栽种经济果树 2 万株，55 户村民实现“家家自来水、户户电灯亮”，人均果树 100 棵，人均纯收入 885 元的温饱生活。1990 年，在莱西会议上中组部部长宋平表扬九间棚村，是新时期基层党组织带领群众脱贫致富的典范，并号召全国学习九间棚村。

1991 年 9 月，村党支部书记刘嘉坤实施工业富民强村计划，带领骨干力量进城办厂，先后投资 748 万元建起九间棚板材厂、九间棚机械配件厂，全村青壮年劳动力安排到村办企业务工，1993 年，九间棚板材厂、九间棚机械配件厂实现产值 640 万元，利税 68 万元，村民人均收入由 1984 年的 302 元提高到 1190 元，年均增长 90.89 倍。1994 年，为了解决务工村民农忙季节请假回村务农影响工业生产的问题，村“两委会”研究决定实行土地流转，将在企业务工的 37 户村民土地、果园由村民委员会按承包合同、市场价流转归集体，然后分包给在村务农的 21 户村民经营；使务工村民安心上班不再担心农业减收，务农村民加大投入，成片经营，增加收入。1996 年九间棚村被中组部表彰为“全国先进基层党组织”。

1996 年注册成立全县第一家旅游公司，建成旅游产品销售点，让 6 户村民承包经营。帮助 5 户村民建起农家乐，经营饮食、住宿。1997 年 9 月 1 日，刘嘉坤毅然自费走进北京大学光华学院拜经济学家厉以宁为导师学习经济管理。在学习中刘嘉坤建立北京九间棚科技园，汇集中科院、北京中医药大学等全国知名专家教授共同研培金银花品种，打造九间棚金银花产业。至 2020 年，刘嘉坤带领村民二次创业，累计投资 1 亿元，改造完善路、水、电、网络及旅游景区景点、停车场、A 级厕所、卫生室等基础配套设施，保护和修缮九间棚旧址、北海银行鲁南印钞厂朝阳洞分厂旧址、传统九间棚村石头房，建设游客中心、九间棚展览馆、自驾宿营地、农家乐民宿等景点和设施，2019 年 12 月，九间棚景区被评为国家AAAA级旅游景区。寿山生态科技农场推广应用“六不用”生产模式，生产绿色有机金银花、农产品，构建农产品和中药材可溯源机制，取得南京国环有机认证中心的有机认证转换证书。经过23年的发展、积累，九间棚集团公司形成农业、金银花产业、制药和生态旅游四个发展板块，打造集金银花良种研究选育与推广、金银花系列新产品、中药饮片、中成药品研发生产销售、乡村旅游、工程机械、电子商务等于一体的综合性企业集团，下属21家分（子）公司。2020年，实现总产值4.5亿元，利税3500万元，其中新疆九间棚农业科技有限公司和甘肃九间棚刘家峡科技发展有限公司利税分别超过1000万元。村民人均收入27800元。

进入新世纪，九间棚人开始新生活，老有所教，少有所养，生活充实，户户有余粮，家家有存款。学龄期少年坐在宽阔明亮的教室里接受义务教育，有文化、有能力的青壮年在村办企业或自谋职业施展才华，60～80岁的长者在九间棚景区摆摊设点，销售金银花系列产品、地产中草药、农产品、旅游产品等取得一份收入，同时享受国家和村集体老年人福利。九间棚村成为本村人不愿离开、城里人都向往的中国避暑小镇、中国幸福村、中国乡村旅游模范村、全国文明村镇、全国生态文化村、全国农业旅游示范点。

一根线杆、一座灯塔　1983年10月，九间棚人刚拾掇完秋，就在党支部书记刘德敬的带领下，担起架电进村的重担。800米高压线路需要竖立9根高压线杆，一根12米高压线杆900千克重，上山没有路，多处悬崖峭壁，运送高压线杆上山成为第一难题。刘嘉坤说，抬上去。党支部书记刘德敬从赵家庄骑上自行车从县城买来尼龙绳，大队长廉茂元砍来10根槐木杠子，大队管委会委员刘嘉坤选来12名青壮年劳动力，杠起槐木杠下山来到赵家庄路边高压线杆存放处。用架木、绳索缥紧高压线杆，刘嘉坤站在第一杠下，党支部书记刘德敬一声号令，900千克重的高压线杆，放到12人的肩膀上。3000米的路程要过9道沟壑、10道山梁，过沟壑不能将高压线杆放在沟沿上，肩扛怀抱、平行前进，上悬崖，不能将高压线杆放到峭壁上，前杠怀抱、后杠肩扛，2人用绳索牵引上拉，猿攀峭壁。

九间棚人并不怕难。在党员、干部的带领下，9根高压线杆用9天运到指定地点，在悬崖上凿坑、立牢，输电线终于牵上龙顶山。

一条路　一块碑　1984年10月，九间棚人打响了根治贫穷的第二个战役，修路。党支部书记刘嘉坤按照支部大会决议，将3500米长的路段按户通过抓阄的方式排定顺序，根据工程量、修筑难易程度，按人口丈量到户。工程分段包工，党员、干部挑最难的地段，群众包的地段如不满意，允许跟任何一个党员、干部对换。

修路工程艰巨，有的地方石灰岩崖壁要劈下6米多深，险要处还得筑7米来高的石坝，党员干部承包最危险最艰苦的路段。没有一件机械，仅靠铁锤、钢钎、人工作业，1.5米长的钢钎用上1个月，就只剩半米，2个月，全村人就打烂钢钎300多根，压断扁担50多条，通过艰苦奋斗，需要5年完成的工程，九间人用5个月完成。

一眼井、一生情　九间棚村十年十旱，缺水是制约九间棚发展的最大瓶颈。几十年来，九间棚老一辈千方百计筑坝修渠，拦蓄地表水，依然没有解决农田和果园灌溉问题，村民饮用水依然靠着几眼山泉维持着。21世纪初，刘丞铭在明知风险大、困难多的情况下，毅然拿出自己的10万元积蓄，多次邀请水文、地质专家到村考察、勘探，最后打井队说可以在村后马家岭凹处试一试。2017年3月30日，打井动工了，刘丞铭昼夜蹲在工地上，帮着打井队选井位、放线立杆，直打到260米深时，地下水突然喷涌而出。全村男女老少奔走相告。刘丞铭把这口井无偿地交给村集体，村民们都竖起大拇指称赞不已。

捐款建水库　2011年3月，九间棚村“两委”做出修建水库的决定，九间棚村民和九间棚集团公司及所属九间棚集团科技园、九间棚农业科技有限公司北京分公司、山东岐黄中药饮片有限公司、九间棚集团青海分公司、九间棚集团重庆分公司、九间棚集团云南分公司、九间棚集团

广州分公司、九间棚集团旅游公司205人捐款118700元，为九间棚村治水工程做出贡献。

捐款筑路　为打造新农村“四好”公路建设项目，天宝林场至两泉村旅游路接地庞路拓宽工程，范家台工作区和九间棚村“两委”、两泉村“两委”及驻村第一书记倡议，九间棚村旅游公司、天宝林场、山东环球公司、两泉村党员巾帼志愿服务队和各界爱心人士自愿捐款170900元筑路，其中，九间棚村“两委”捐款80000元，51名村民、员工捐款36900元。

发扬九间棚精神

弘扬九间棚精神，就是要求全村党员吃苦在前，享受在后。在九间棚村建设中，全体党员要旗帜鲜明讲政治，攻坚克难敢担当，拼搏奋斗务实干。在旅游业、金银花产业中再显身手。

建立田园综合体 整合旅游资源 培育红色文化　乡村振兴，实现小康必须建立领地产业，刘嘉坤提出发展金银花产业，发展乡村旅游业，培育红色文化的发展战略。2013年始，规划寿山农场，建立“六不用”金银花产业园，辐射配套发展保太、地方、临涧3处金银花种苗培育基地。租用天宝山国有林场、赵家庄、大圣堂等邻村土地28平方千米，发展九间棚田园综合体整合旅游资源。加强对红色文化遗址、石棚旧址的保护和利用工作，对原鲁南印钞分厂朝阳洞，八路军115师某营军用仓库、天宝山战斗遗址等红色景点改造，注重资源结合，培育红色文化。建立山东省沂蒙党性教育基地，扩大九间棚精神的文化内涵和影响。

乡村振兴　九间棚村按照省、市、县实施乡村振兴战略部署，以金银花产业为龙头，坚持农民主体地位，人与自然和谐共生原则，因地制宜，推动西部地区发展金银花“互联网+产业园+产品回收精加工”，多渠道增加农民收入，促进农村一二三产业融合发展。消除贫困、改善民生、实现共同富裕。让金银花成为千户万户的致富花。实现农村美、农民富的乡村振兴目标。

围绕美丽乡村建设和农业生态旅游，九间棚成立全县第一家村级旅游公司，围绕乡村休闲度假、红色文化教育、沂蒙风情体验、生态康体养生四个方面规划发展。并在县委、县政府的支持下，提出九间棚田园综合体建设规划，整合天宝山区旅游资源，强势推进九间棚景区快速发展。2005年，九间棚景区被评为“全国农业旅游示范点”。2019年12月，九间棚景区被全国旅游景区质量等级评定委员会评为“AAAA国家级旅游景区”。

精准扶贫　2012年3月7日，在全国人大十一届五次会议上，国家领导人听取了刘嘉坤的发言后，对九间棚建设“美丽乡村”和发展金银花产业的做法给予高度评价，称赞九间棚“虽然地处偏远，但风景这边独好”。

2013年，刘嘉坤召开党委会议，组织大家认真学习习近平总书记精准扶贫思想，强调在精准扶贫道路上，九间棚没有资金、人少力薄，但有全国先进的金银花品系苗木，组织人员深入西部及云南、贵州等地进行调查，在新疆、甘肃、云南、贵州建起4处九间棚金银花产业园，推广种植九丰1号、北花1号金银花6666.67公顷。

“精准扶贫”的含义就是将金银花种到贫困户的责任山上，将贫困户收获的金银花回笼到九间棚集团公司，加工生产为金银花茶、金银花成分系列药剂品、金银花系列生活用品。实现共同发展、共同脱贫致富，帮助10万金银花种植户年人均收入1000元以上。

传承沂蒙精神

1990年8月，中共中央政治局常委、中组部部长宋平在山东莱西召开的全国村级组织建设座谈会上，听取刘嘉坤的汇报后，对九间棚的做法给予肯定，中共中央把九间棚作为农村基层党组织的先进典型推向全国。

1989年11月21日，中共临沂地委宣传部发出《关于在全区广泛开展学习九间棚活动的意见》。1991年1月，中共临沂地委在全区基层党组织中开展创建“九间棚式党支部”活动，1992年7月，中共临沂地委表彰全区293个农村党支部为九间棚式的先进党支部。1993年6月，中共临沂地委命名全区281个农村党支部为九间棚式先进党支部。1994年6月，中共临沂地委表彰全区314个农村党支部为九间棚式的先进党支部。1995年6月，中共临沂市委表彰100个农村党支部为九间棚式的先进党支部。连续4年表彰“九间棚式先进党支部”988个。

九间棚精神进课堂

2019年，《沂蒙精神读本》进课堂，在两泉小学三年级，3名九间棚学子和37名学生共同朗读着读本，聆听着老师的解读。

九间棚人从史书上读懂了历史的教训，告诫子孙历史的教训不可忘记，祖辈穴居的石棚不可让子孙去穴居，尊习古人圣言“君子之为学也，将以成身而备天下国家之用也。”让子孙从学语始就知道爱国光荣，爱父母是正义、爱家是责任、爱集体是义务，学为国用，大孝是爱国。要把九间棚基因注入子孙的大脑中，让九间棚精神基因融化在子孙的血液中，并落实在行动上，永远保持老一辈九间棚人的本色。

社会家庭

九间棚人讲究族姓团结，逢年过节聚在一起，热衷向上追溯先人的业绩，把传统的美德接受下来，传承下去，增强了族性自豪感，陶冶了思想情操。

中华人民共和国成立前　九间棚农业生产方式原始，科学知识贫乏，社会风气、家庭文化、人文精神等保守传统。村民以自给自足的小农经济为主，生活贫困，一般家庭事务，大到建房、婚丧嫁娶，小到剃头等，均请家族中有威望的老人主持商解定夺，节省开销。

尊卑有序　晚辈尊重长辈，礼数较多，逢年过节，婚丧嫁娶等礼仪尤受重视。女子地位少低，较少参加祭祀、庆典等大的场合活动。

家庭生活　家庭人口较多，三世、四世同堂，和睦相处。九间棚人祖先迁入初期，人丁短少，因农业生产劳作需要，受“多子多福”“养子防老”“有儿穷不长，无儿富不久”“不孝有三，无后为大”等封建传统思想的影响，无节育繁衍。即使没有男丁，少有财产者也要嗣继1个，续传香火，多数家庭有六七口人。

男外女内，共渡艰日　穷日子须由全家人齐心协力，共渡难关。男人种地耕作，播种收割，悟性高者学习一门匠作手艺。妇女主持家务，多数是婆婆当家，每天做饭洗碗、洗衣缝补等家务，老人、孩子也力所能及协助浇水、播种、除草或烧火、推磨做饭等。

中华人民共和国成立后　九间棚村民生活富足、舒适，生活水平明显提高，保留了孝敬、勤劳、团结、热情等优良传统。子女孝顺，社区福利保障，老人们衣食无忧，安享天年。21世纪，敬老爱幼传统在社区蔚然成风，有孙子、孙媳侍奉爷爷、奶奶的，有女婿孝敬侍奉岳父岳母的，有弟侄侍奉照顾伯伯、叔叔的，有女儿、媳妇侍奉父母、公婆的，孝各有道。

1991年后，村民创业热情空前高涨，艰苦奋斗，大胆开拓，闯市场、闹商潮，在不同的领域做事创业，各领风采，涌现出了拾金不昧、勇斗歹徒、爱护集体财产、慈善捐助献爱心等社会主义精神文明新风气。

民情民性

随着社会的发展，世事变迁，九间棚民风亦随之演变。

勤劳朴实　做事谨慎　九间棚村民以农为主，有早起的习惯，起床后担水扫院、推磨压碾，随之扛起农具下地劳动，趁早凉爽多干农活。冬季地里无农活可干时，早晨起来背上粪箕子拾粪是常有的事。每年春种、夏锄、秋收等田间劳作，面朝黄土背朝天，春天往地里送粪，秋天从田间往家运收获的果实，全靠一双肩膀两条腿担出担进。庄稼上场之后的碾压、扬晒、翻储，哪一样都离不了体力的付出与辛劳。妇女在家操持家务，除必备的一日三餐外，全家老小的四季衣裳、鞋袜的缝制、修补，衣帽被褥的缝补浆洗，都是身体力行的分内之事，还有粮食捡簸、淘洗、晾晒、推磨压碾及抚养儿女等家务，一天到晚不得闲。多数家庭主张勤以修身，俭以养德。教导家人一粥一饭，要思来之不

易，半丝半缕应念物力维艰。

善良本分　待人宽厚　村民自古属守见贫苦亲邻须加温恤及居家戒争讼的古训，对穷苦人抱同情心，给予适当的救助。对上门乞讨者，糊豆、豆沫要给一碗半碗或一片地瓜干、一个玉米棒子。邻里间的子女发生小的纷争，大人或长辈发现后，总是先把自己的子女拉回家，教训开导一番后，两家的大人还要进行沟通，互相致歉，邻里之间和好依旧。

居家度日　节俭朴素　九间棚人在穿衣裳上是新三年、旧三年，缝缝补补又三年。兄弟姐妹间，弟妹穿兄姐没有穿破的旧衣裳，是不成文的规矩。衣裳、鞋袜都是自己手工裁制，为的是节省开支。在饮食方面，即便是能种小麦的富裕人家，也不是天天吃白面馍馍，多是家中来客人才吃白面。甚至家中来客人，也是客人吃白面，主人吃煎饼、窝窝。在一年的春、夏、秋三季因白天长，又是劳动季节，村民每天吃3顿饭，每到冬季昼短夜长，又是冬闲劳动强度相对小的季节，有的家庭改为两顿饭，既节省粮食，又节省柴火。蔬菜方面，村民家一年四季咸菜不断，家家都有一缸辣菜疙瘩或胡萝卜、小萝卜咸菜和自己种植的地蛋、茄子、豆角、南瓜。长辈要求晚辈每顿饭吃完后，要把饭碗扒拉干净，不允许有饭粒残留。每顿饭后的洗碗涮锅水，也不轻易倒掉，而是抓上一把糠一拌，作为猪或鸡的饲料。如饭做多了吃不完，下顿上火一热再吃。一旦发现剩菜、饭变酸，也舍不得丢弃，小米饭变酸之后，加一把面粉和在一起，发酵后烙成饼或蒸成馍食用，有的剩饭实在无法利用，才作为畜禽饲料处理。

出行方面，20世纪70年代前，交通不发达，村民走亲探朋、赶集上坡，一律靠步行。

用的方面，多数村民做到精打细算，物尽其用。在日常生活中洗脸、洗衣裳，主要用胰子和碱。为节省花销，有的村民用荞麦秸烧火做饭后，从中淋出含碱的灰水，用它洗衣服、煮稀饭等。使用的家具、器皿方面，如发现打破或开裂之类情况，也要千方百计地加以修复再用。有的用细麻绳缝补瓢，用细麻绳和高粱莛子上下两层串缝在一起做锅盖或放食物用的盖顶子，用高粱穗、麻绳扎成刷帚、扫帚。

与邻相处　克己礼让　在日常生活中，村民到邻居家串门，主家首先把旱烟匣子端上来，敬烟敬茶。每逢打墙盖屋、摇耧播种等大忙时节，邻里互相帮忙、变工，是祖辈留下来的传统做法。

热情好客　处事大方　有客上门，热情招待。即便是平时有何过节或恩怨，只要肯登门进家，便以礼相待。客人到家，不论自己手中有什么活计，都要放下，首先招待客人。平常自家中喝白开水，而客人一到，就把平时不舍得用的茶壶、茶碗、茶叶拿出来泡上茶水招待客人。

与人交往　坦诚守信　村民在日常生活中少不了物品、银钱借贷，一般情况下是不写借据的，但不会发生赖账不还的现象。有的人家到约定的借期还不了借账，便会自动向第三方借款，按预定还款日期归还贷方，目的在于不失信用。

扶危济困　舍己救人　1984年，村民刘立全踊跃参军，荣立三等功。2000—2019年，村民廉吉祥、刘丞瑞、刘正国等义务献血，以实际行动弘扬九间棚精神。

顾全大局　急公好义　清末、民国年间，村民靠吃泉水，日积月累，泉中淤泥堆积，需要掏泉泥。掏泉泥的活既辛苦又危险，还是义务工。村民刘德功不畏困难，争先下泉掏泥。1948年，村民刘学民、刘学选、张玉林分别将自己的儿子刘德付、刘德成、张德功送入部队，他们的行动成为村民的榜样。

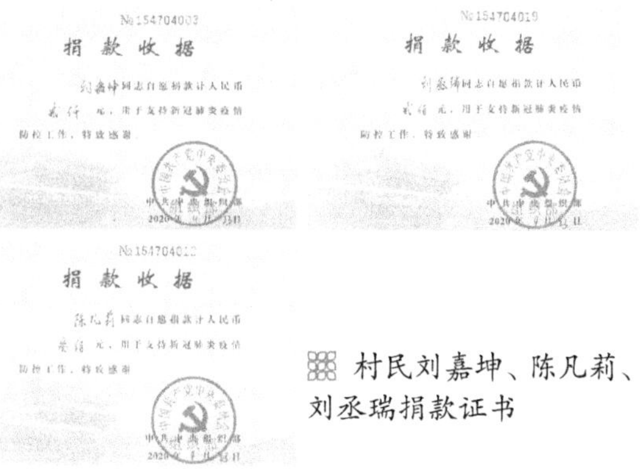
捐款收据

捐款收据

捐款收据

村民刘嘉坤、陈凡莉、刘丞瑞捐款证书

助人为乐　互助合作　自建村迄今，九间棚人注重街坊邻居互相帮助和全村一盘棋的传统，不管是打墙盖屋，还是红白事，都是众人出手互相帮助。1950—1970年，村民垒墙盖屋，基本不用现钱，都是街坊邻居、亲戚本家的帮忙，从石窝里起出石头，东家借楔棒、西邻借担草盖上顶，今年给你盖，明年帮他建。谁家亡人出不起殡，村里有助丧会，从全村募捐钱粮招待亲朋，打发老人入土为安。谁家生了孩子，街坊邻居都主动送鸡蛋、红糖、米等，好让产妇过个“好月子”，这个传统一直延续至今。

崇尚知识　热爱文艺　九间棚人祖上就注重文化知识，刘氏族谱有“耕读继世”的家训。中华人民共和国成立后，建立九间棚小学，村中适龄儿童入学率达到99%。1978年至2020年，九间棚村有4人考取大学本科，16人考取大学专科。

村民基本道德行为

2014年，开展道德讲堂，让全体村民通过学唱《文明礼仪》歌曲、看一部《礼仪之邦》短片、诵读一段《弟子规》《道德经》等经典、讲一个《文明礼仪小故事》活动，提高文明礼仪的养成，让宣讲人体行身教、点评人传教引导告诉村民做一个文明人很容易，就是尊老爱幼，不说脏话，不乱扔垃圾，不损坏公物，从小事做起，引领文明风气，创建文明村庄，争做文明村民！至2020年，九间棚村道德讲堂共开课23次，进行唱国歌、唱村歌、十唱共产党、富而思源、金银花开九间棚等20个主题宣讲活动，65%的村民参与其中。

2015—2020年，九间棚村道德讲堂成立道德评议小组。年终评议建档立卡，评议结果与党团员评优定格，十星级文明农户评选及好婆婆、好媳妇、好青年等评选活动挂钩，对评出的好人好事通过光荣榜褒扬。对评议差的农户建立帮促制度，开展针对性谈话、劝诫，促其改正。

第三节　精神文明建设

龙顶山，凝聚诚爱孝仁能量；善行义举，营造文明厚德九间棚。村民有信仰，发展有希望，建设有力量。建村以来，九间棚人在国家体制下发展生产，繁衍生息，创造物质、精神财富，由刘、廉、张三大姓氏，延续九间棚村文明，在21世纪到来之际，成为全国、省、市、县文明村，全国学习的楷模。

九间棚村宣传栏

除陋习　立新风

中华人民共和国成立后，取缔神汉、巫婆、赌博等好逸恶劳的不良习气，村民在政府倡导下，破除迷信，提高文化素质，普及科学知识，迷信之风大有收敛。社会风气蔚然向上。

放足　中华人民共和国成立后，党和政府提倡妇女放足，从此，近千年的传统恶习根绝。

禁毒　清末民国初，村内有种植罂粟观赏花蕊的，仅是少量栽种，无吸食者。中华人民共和国成立后，自1952年起杜绝种植。

禁赌　赌博工具有麻将、牌九、纸牌、骨牌等。清末、民国时期，赌风盛行，政府不加制止。因九间棚村小人少，村民辛勤耕种尚不得温饱，无钱嗜赌。中华人民共和国成立后，严令禁赌，庙会设赌之风始息，赌风渐绝。

传统教育

九间棚人历来重视精神文明，敬祖先、睦邻居、族姓团结，各姓氏家族都曾利用《诸子家训》《孝经》《弟子规》等对子女进行培养教育。许多老人利用各种机会特别是晚间或节日的机会，不失时机地宣传爱国思想和正直、勇敢、济危扶困的典故，传承中华民族的传统文化。村民在潜移默化中逐渐形成勤劳善良、崇尚节俭、尊老爱幼、勇敢坚定、团结和睦的良好传统。

中华人民共和国成立前的九间棚文明建设，无固定的组织和形式，多由村民自发进行。中华人民共和国成立后，特别是改革开放后，九间棚的文明建设走向健康发展的道路，村“两委”采用办培训班、会议、文艺宣传等形式，广泛开展传统美德、社会公德、思想道德、家庭和睦、尊老敬老等方面的教育，社会新风逐步建立。

学习雷锋活动　1963年，九间棚村民热烈响应，以团员青年为主体带动村民开展“学雷锋，做好事”“清理公共卫生”“义务劳动”“开展社会主义劳动竞赛”“勤俭节约”等活动，全村团员青年组织起来，参加义务劳动，宣传新风尚，全村社会风气焕然一新。

新旧对比教育　中华人民共和国成立后，九间棚村开展新旧对比教育。1964年，以团员青年为主开展“破四旧，立四新”活动。1976年，开展“吃忆苦饭，感新社会甜”活动。2006年，开展“富而思源”活动等，用大量生动的文字和实物材料，向村民进行新旧社会的对比教育，使广大村民进一步认识到新旧社会两重天，从而更加拥护共产党，热爱新社会。

移风易俗　九间棚村在历史上形成良好的村风民俗，同时也存有一些旧的风俗习惯。在精神文明建设中，坚持“批判地继承”，对优良传统习俗加以继承和发扬，对一些陋习糟粕则移风易俗。

喜事新办　旧时，在婚姻家庭问题上，九间棚有“娃娃亲”“亲上亲”（姑舅亲、姨娘亲）、童养媳等陈规陋习。在婚礼方面，不少人奉行大操大办。中华人民共和国成立后，九间棚把改革旧的婚姻习俗、推行喜事新办作为重要内容，坚决杜绝一切形式的娃娃亲、童养媳、换亲、转亲等封建旧婚俗。并通过计划生育宣传等，废止“五代以内的直系血亲和旁系血亲”的近亲结婚。在婚礼问题上，九间棚坚决反对大操大办，提倡婚事新办。改革开放后，九间棚社区的一般婚礼均按照喜庆、文明的原则进行。

丧葬改革　九间棚村民曾长期信奉“入土为安”的古训，把丧葬作为一项重要的礼俗对待。一般村民要在生前看“穴地”“修寿坟”，卒后则有亲属隆重发丧。中华人民共和国成立后，提倡丧事从简，反对大操大办。1975年5月，九间棚村按照上级要求，推行殡丧改革，由土葬改为火葬。村成立红白理事会，主持丧葬事宜。1986—2019年，全村火化率100%。对骨灰盒的处理仍采用深埋、入土为安的方法。

破除迷信　封建迷信活动曾给村民带来诸多危害。中华人民共和国成立后，九间棚重视破除迷信。2000年后，九间棚村从宣传健康、文明、科学的生产、生活方式入手，在广大村民中开展破除迷信的思想教育，使全体村民逐步提高抵制封建迷信活动的自觉性，反对迷信崇尚科学已在村内蔚然成风。

思想道德建设　以敬报天地之恩，以孝报父母之恩，以义报友朋之恩。九间棚在发展农耕经济的同时，发展市场经济，聚集四方财富，传承思想道德，弘扬爱国、爱家正气。

村民意识教育　1990年后，党支部利用党员干部电化教育系统组织全村党员干部和村民收看孔繁森、韩素云等典型人物事迹，并组织党员干部到罗庄区沈泉庄村学习王廷江带领村民走共同富裕道路的事迹，教育党员干部立党为公，执政为民，要有吃苦奉献精神，当好九间棚创业的带头人。

村民素质教育　村“两委”通过志愿者活动、“争做文明村民”等多种形式、多种渠道，加强村民素质教育，使全村干部群众在思维方式、价值取向及生活行为等方面实现转型。2007年，开展“迎奥运，创建平安村”“创建文明村”等活动，要求村民讲文明、讲礼貌、讲卫生、讲秩序，积极参与卫生死角清理和街道绿化、亮化工作。开展“三学一做”（学习文明用语、学习文明规范、学习礼仪知识，做文明村民）活动，在村内设立宣传栏3处，引导村民学习行为规范。

文明诚信教育　2007—2015年，村“两委”开展“规范优质服务，热情文明待客”、文明服务“十必须十不准”活动，倡导“敬业爱岗，诚实守信，办事公道，服务村民，奉献社会”的职业道德新风尚。

“四德”教育　建立社会公德长效管理机制，一是在青少年中开展社会公德教育，利用节假日组织学生擦洗公共服务设施、做环境卫生监督员、保护公共设施小分队，逐步使社会公德意识从小养成；二是发挥党政干部带头作用，将“四德”行为贯穿于日常工作中，学“四德”，守“四德”，培养良好的社会主义职业道德观；三是发挥社区志愿者和离退休人员的作用，组织维护社会“四德”志愿者队伍。

村民文明公约　热爱祖国，建设村庄，艰苦奋斗，开拓进取；文明礼貌，助人为乐，遵纪守法，见义勇为；爱岗敬业，诚实守信，尊老爱幼，邻里团结；夫妻和谐，勤俭持家，尊师重教，崇尚科学；计划生育，移风易俗，绿化美化，保护环境。

九间棚村民“十不”　一不随地吐痰、乱堆果皮、纸屑、烟头；二不乱倒垃圾，乱堆杂物；三不乱堆柴草、土堆、粪堆；四不乱设摊点，影响交通和卫生；五不乱贴、乱涂，乱设广告和标语；六不乱搭、乱建，有损居容；七不损坏绿化苗木、草坪，乱占绿化用地；八不乱占宅基地、公益用地，改变粮田用途；九不乱停车辆，挤占道路；十不浪费资源，提倡节约。

九间棚村民“十要”　要热爱、建设九间棚；要遵纪守法，维护公道；要尊老爱幼，邻里和睦；要勤俭节约，反对浪费；要去除陋习，倡导文明；要爱绿护家，美化环境；要讲究卫生，防病除害；要关心集体，爱护公物；要尊重知识，娱乐健康；要低碳环保，绿化生活。

文明创建

九间棚村民崇尚文明礼教，民族传统意识浓厚。中华人民共和国成立后，村民逐步树立了爱国主义、集体主义和共产主义道德风尚，社会秩序安定，村民团结友爱，齐心协力建设九间棚家园。2010年，村“两委”制定《文明村创建目标和实施方案》，在全村开展“文明居创建活动”和开展文明和谐村民评选表彰活动。

文明村创建　1999年后，村“两委”把创建文明村活动作为一项系统工程，坚持以发展促创建，以创建促发展。先后建起文化活动中心，配备图书室、阅览室、文体活动室、荣誉室。制定创建规划和文明公约，全体党员在精神文明建设中充分发挥“十带头”作用，在村主要街道建起宣传栏、板报、宣传橱窗等，广泛宣传党的方针、政策。在全体村民中广泛开展“学劳模、树标兵、比奉献、争做有理想、有道德、有文化、有纪律的‘四有’新人”活动。使全村的文明建设生动活泼、扎实深入地开展。在精神文明建设活动中，九间棚村始终坚持发展学校师生的示范带动作用。1998年，九间棚村开展“美在农家”活动，至2019年，全村75%的家庭达到“美在农家”示范标准，被授予平邑县“美在农家”示范村。

九间棚村文明村创建活动以村党组织为核心，以村民代表大会为决策层，以村民委员会为执行层，以村民议事委员会为监督议事层，以“群众参与文体搭台”为纽带。在具体工作方法上坚持为村民经济上解困，生活上解忧，精神上解闷。

组织机构　成立以党委书记刘嘉坤为组长的3人“创建领导小组”，执行村管理、教育、服务和监督职能，制订《村民守则》《村民公约》《五好文明家庭条件》《村民日常行为规范》，规范“社会保险”“医疗卫生”“民事调解”“综合治理”服务窗口，主动为村民解决实际问题。

创建工作思路和重点　坚持文明创建同村工作相结合，同队伍建设相结合，同依法行政相结合的总体思想，把加强作风建设，打造服务型管理模式作为新一轮创建工作的重点，真抓实干，务求实效。

创建省级卫生村　2005年，按照市、县卫生村庄创建标准，围绕“三个文明”建设，成立以村党总支书记刘嘉坤为组长的创建领导小组。按照创建省级卫生标准目标要求，开展创建省级卫生村活动，村“两委”在上级党委、政府和有关部门的具体领导下，以“三清七集中”为突破口，村集体绿化。以“四改、四化、五有、六好”（四改，即改路、改厕、改灶、改圈；四化，即环境净化，街道亮化，村庄绿化，整体美化；五有，即有农民培训场所，有文化娱乐场所，有标准化卫生所，有老年活动中心，有社区服务中心；六好，即基层组织健全、组织建设好，农业生产发展、经济效益好，邻里关系和谐，村风、民风好，文化教育到位、农民素质好，保障体系完善、公益服务好，综合治理达标、社会治安好）为标准，以群众文明意识提高为着力点，以改善群众生活条件为重点，以促进社会主义和谐发展为目的，采取措施，使新农村建设工作扎实推进。

文明户、村民评选　1999—2019年，村“两委”共举办2届文明户评选活动，评选十星级文明户20户，75%的家庭被评为“五好家庭”，并进行挂牌褒奖。

九间棚文明户评选标准　1999年九间棚村“两委”制订文明户评选十条内容。

政治思想好。爱祖国、爱人民、爱劳动、爱科学、爱社会主义，拥护中国共产党，关心国家大事，坚决执行党的路线、方针和政策，积极参加各级组织的政治和科学文化学习、技能培训。

遵纪守法好。积极参加普法学习，自觉遵守国家的法律、法令、法规；自觉遵守村规民约，自觉履行公民的义务，依法维护公民的权力；不赌博、不偷盗，不寻衅闹事，不打架斗殴，不投机倒把、违法经营，不看淫秽录像和黄色书刊；不参加非法宗教活动。

生产经营好。制定家庭奔小康规划、措施，落实了致富门路；履行合同，完成生产经营计划和定购任务，积极缴纳税款；按规定完成义务工和建设工；爱护土地、矿产、水利、山林等资源，不侵占集体和他人耕地，不搞掠夺性经营；爱护国家、集体和他人财产。

道德品质好。维护社会公德，遵守公共秩序，勇于同坏人坏事做斗争；家庭和睦，邻里团结互助，尊老爱幼，孝敬父母，赡养老人，男女平等，不歧视残疾人，不虐待老人、妇女、儿童。

教育子女好。爱护子女，严格要求子女；适龄儿童按时入学；支持帮助子女学科学、学文化；支持教育子女助人为乐，为“两个文明”建设做贡献。

移风易俗好。不包办、买卖婚姻；婚丧嫁娶不大操大办；自觉实行殡葬改革；自觉革除陈规陋习；不搞封建迷信。

计划生育好。自觉执行计划生育政策，无违背计划生育规定的现象；节育措施落实，晚婚晚育，优生优育，无计划外生育。

文明礼貌好。讲文明、有礼貌；生活情趣高尚，语言、行为符合文明道德要求，有高尚的理想追求。

家庭卫生好。庭院优美，院落整齐，院内清洁卫生；门口及周围街道无粪便垃圾，无杂物脏物，防病措施和卫生设施具备；庭院经济和美化绿化好。

勤劳致富好。依靠勤劳、守法致富，科技致富，人均收入在全村平均水平以上；勤俭持家；力所能及地帮助他人致富，走共同富裕的道路。

文明户评选标准　1997年九间棚村十星级文明户评选内容：爱党爱国、遵纪守法、计划生育、科技致富、讲究卫生、邻里团结、尊师重教、移风易俗、勤劳持家、助人为乐。参照上述十条标准共评选出15户文明户，占村民总户数的25%。村“两委”进行挂牌褒奖。

好媳妇、好婆婆评选　1986年，开始评选好婆婆、好媳妇工作，2012—2019年，举办2届好婆婆、好媳妇评选表彰活动。

1986年好婆婆：廉茂俊、廉德兰、孙付兰、李月荣。好媳妇：廉茂红、刘月凤、庄立兰、庄立月、庄立花、李中英、王桂花、刘中英。

2012年好婆婆：廉茂红、庄立月、刘月凤、庄立兰。好媳妇：李忠霞、庄丽、王桂英、田丽。

2015年度十星级文明户：文明标兵15户、文明进步奖15户、鼓励奖10户。

2016年好婆婆：陈本霞、李京爱、李忠霞、庄里花。

好媳妇：王爱琴、周雯雯、蒋迎迎、左丽娟。

四德工程　社会公德、职业道德、家庭美德、个人品德四个方面是一个有机的统一体，共同构成一个完善的道德体系。村“两委”在实施“四德工程”中将“法治”和“德治”相辅相成，密切配合，处理好道德与经济、文化、社会的关系和传承与创新的关系，将继承传统美德与弘扬时代精神结合起来，用“爱、诚、孝、仁”，打造九间棚“四德工程”。

社会公德　社会公德的主要内容：文明礼貌、助人为乐、爱护公物、保护环境、遵纪守法。是村民社会生活中最起码、最简单的行为准则，是社区“两委”要求社区村民增强社会公德意识，自觉地以社会责任感考虑自己的行动，遵循社会群体利益和他人利益的公共规范。

职业道德　主要内容是爱岗敬业、诚实守信、办事公道、服务群众，奉献社会。鲜明地表达职业义务、职业责任以及职业行为上的道德准则，从本职业的交流活动实际出发，采用制度、守则、公约、承诺、誓言、条例以及标语口号等形式，说教村民养成职业道德的习惯。

家庭美德　核心要求是尊老爱幼、男女平等、夫妻和睦、勤俭持家、邻里团结。尊敬老人，孝敬父母；爱护幼年子女，关心下一代，是九间棚自古以来推崇的一项家庭美德，也是社会主义家庭美德的重要规范。

个人品德　个人修养，是社会公德的扩大，只有个人具备优良品德修养才能由己及人，才能由己及家庭和集体。村民要树立爱国主义、集体主义、社会主义思想，自觉地用道德规范言行，有效地提高践行四德的素质和能力。

围绕“四德工程”建设，村“两委”建设宣传栏、电子显示屏、道德墙和善行义举榜，在村民中开展“我向父母献爱心”家庭实践活动，“传递邻里亲情，共建文明家园”主题活动，“塑造形象从我做起，懂礼知仪明荣辱”活动，教导村民“讲社会公德，做一个守规矩的人，讲职业道德做一个负责任的人。”

社会新风　建村以来，全村各族姓团结友好、互相尊重、互相帮助，形成良好的文明村风，如打墙盖屋、婚丧嫁娶都互相帮忙，从不计报酬。一家有灾有难，大家都伸出援助之手，帮其渡过难关。

男女平等　封建社会重男轻女，民国时期虽提倡男女平等，但旧习根深蒂固，难以根除，无论在政治、教育、社会或家庭，妇女仍受歧视。中华人民共和国成立后，政府大力提倡男女平等，维护妇女合法权益，由于国家法制健全，妇女得到彻底中华人民共和国成立，教育普及，婚姻自主，妇女参加劳动同工同酬等原因，男女平等逐渐变为现实。

接受教育　清末、民国时期，九间棚村适龄女童入学的较少。中华人民共和国成立后及中华人民共和国成立初期的识字班，改革开放以来的科技培训，全村广大妇女踊跃参加。1966 年，村民刘甲莲是九间棚村第一个走进学堂读书的女性。1970—2020 年，全村适龄女孩入学率达到 99%，均能读到初中毕业。1978 年恢复高考，至 2019 年，全村涌现出女大学生 6 人。

参加劳动　中华人民共和国成立前，妇女一般不参加田间劳动，1958 年后，全村广大妇女都参加集体劳动。特别是实行农业生产责任制后，妇女劳动力成为耕种责任田，家庭副业、参与经商的主力军。2005—2020 年，全村 85% 以上的 16 ~ 50 周岁的女性有工作岗位。

尊老爱幼　中华人民共和国成立后，各级党、政组织对村民进行“五讲四美三热爱”活动。村民王桂花、陈本霞照顾婆婆的事迹成为村民学习的榜样。

勤劳俭朴　九间棚历史上崇尚勤劳俭朴，有了积蓄就去置地建房，好给子孙留下一份家产。改革开放后，九间棚人视勤劳俭朴为传家宝，务农、经商，积蓄资本，建设家园。

刘氏家规　九间棚村刘氏传有家规，代代传承。村中刘氏长者回忆起来，仍有现时意义。吃饭前要礼貌性地招呼长辈，待长辈坐下说吃饭时才能吃，不许拿筷子敲碗，吃饭时不许吧嗒嘴儿、不许筷插碗儿、不许搅菜碟、不许吃饭咬着筷子、夹菜不许过盘中线、喝糊饣豆时不许西里呼噜出声，看书时不许斜楞眼儿，坐姿不许罗着锅儿，会客不许捋袖管、不许挽裤腿、不许抖动腿儿、不许称长辈为你、不许当众咋呼、不许说瞎话，做客时不许塔拉鞋出门、不许叉腰或叉着腿、不许乱翻东西、不许进没人的房间、不许做人家的床、不许压人肩膀、主人动筷子后客人才能动，待客时不许壶嘴对着客人、不许反着手给客人倒水或倒酒、茶水不能倒满、酒水不能倒不满、客人在不扫地，出门要说一声，回家要跟长辈打招呼，站不倚门，话不高声，做事不能无故拖延，要懂得孝敬父母和长辈。

九间棚村的第一 第一位共产党员刘德付，1944 年加入中国共产党。

第一任党支部书记刘德敬，1961 年 4 月至 1985 年 3 月任职。

第一任大队长刘德功，1960 年 12 月至 1963 年 12 月任职。

第一任村委会主任张如意，1984 年 10 月至 1987 年 3 月在任。

第一任民兵连长刘甲胜，1961 年 4 月至 1966 年 10 月任职。

第一任妇代会主任刘甲英，1963 年 3 月至 1964 年 12 月任职。

第一任团支部书记廉茂增，1963 年 7 月至 1974 年 1 月任职。

第一个看电影的村民刘德付，时间是 1936 年秋天，在费县政府门前，由山东省民众教育馆电影放映队放映黑白电影《渔光曲》。

第一名女初中生刘甲莲，1974 年毕业于地方第八中学。

第一名赤脚医生张宗德。

第一名高中学生刘甲莲、刘甲青，1976 年毕业于地方中学。

第一名大学生刘伟，1996 年 9 月考入合肥大学财经专业学习。

第一名研究生刘永萍，2012 年 6 月暨南大学微生物学专业毕业。

第一个骑上自行车的人廉茂增（1964 年）。

第一户建起三代瓦房的是刘德敬，1979 年 11 月投入 210 元兴建 3 间石头墙瓦房。

第一户建起 2 层楼房的是刘甲训，1987 年投入 3.2 万余元，建起 240 平方米 2 层楼房。

第一个买上摩托车的是刘立杰（1993 年 8 月，野马牌 7800 元）。

第一户拥有黑白电视机的是刘甲训（泰山牌黑白 14 英寸，1984 年 1 月用 320 元购买）。

第一个户拥有彩色电视机的是刘甲才，1985 年 6 月，用 1080 元购买青岛牌 14 英寸彩电 1 台。

第一个拖拉机手是刘立合，时间为 1985 年。

第一个拥有汽车驾驶执照的驾驶员是刘立合，时间为 1990 年 10 月。

第一台缝纫机是 1982 年 3 月刘甲艳结婚时，妻子王少梅的陪嫁。

第一个购买家用轿车的是刘甲才，时间为 1996 年。

第一个拥有收音机的是廉茂元，时间为 1968 年 3 月。

第一个使用大哥大的是刘甲才，1996 年，用 13000 元从济南购买大哥大 1 部。

第九章　社会生活

九间棚村地处龙顶山上，山野广袤，土劣田薄，物产贫乏，民风淳厚俭约而又通达思变，良好的风尚历代相袭。衣食住行节俭朴素，饭食以煎饼、窝头、稀饭、糊饵为主。民国年间房屋以石头墙草苫房为主，当代以石混瓦房、楼房、别墅为主。礼仪庆典崇尚庄重严肃，交往习俗以礼让谦和为先。岁时节日风俗，形式祥和温馨、欢庆娱乐为主，如春节的拜年、元宵节的上灯等，是一年最隆重的节日。婚嫁丧葬习俗，传承中多变化，富有时代气息，而复旧浪费之风渐长，在280年的建村史上，形成许多繁文缛节，如结婚有拜堂，生孩子有过满月，丧葬礼俗虽有变革，但披麻戴孝、土葬等习惯仍沿用。随着社会经济的发展，时代的进步，民情风俗也发生了变化。特别是改革开放后，民情更加通达，风俗愈重礼仪，美德良风发扬光大，建立在社会主义物质文明和精神文明基础上的新风俗正在逐步形成。村民命名了九间棚，用勤劳的双手和智慧，创建了九间棚精神。

2015年九间棚迎新春过大年社火

剪纸——沂蒙婚俗

剪纸——五福临门

迎春联欢会

舞龙过大年

第一节　村民生活

清末、民国年间，九间棚村民生活状况：“垦荒拓地，播种五谷，土瘠物绌，只斥（仅）糊口，穴居石棚，缺衣少食。”村民从祖辈留传下来的传统生活习惯迄今仍有保留，只是质量提高，内涵丰富。中华人民共和国成立后，特别是改革开放后，社会经济快速发展，村民生产、生活环境及衣食住行乐等均发生了巨大的变化。

村民收入

1963年，村民人均纯收入12.6元。1977年，达到53.2元。改革开放后，经济发展，村民收入显著提高。1980年，村民人均纯收入128元。1987年，战胜旱灾、雹灾，人均收入达到750元。1990年，村民人均纯收入885元。1992年始，九间棚村经济发展迎来高速增长期，全村集体经济、民营经济快速发展，村民收入渠道进一步拓宽，人均纯收入高速增长。1992年，村民人均纯收入突破千元大关，达到1087元。进入21世纪，村办企业转换经营机制，金银花产业和经济林果带动村民收入大幅增长。2011年村民人均纯收入突破万元大关，达到10900元。2020年，村民人均纯收入28700元，是1963年的2278倍。

村民消费

村民消费主要体现在衣着、膳食、添置生产用具、生活用品、房屋建设、出行工具等方面。中华人民共和国成立前，村民消费水平较低，占总收入的15%左右，中华人民共和国成立后，村民消费水平逐年提高，至20世纪90年代村民消费水平显著提高，占人均总收入的35%以上。人民公社时期，社会上流传村民向往的“楼上楼下电灯电话”“喝牛奶、吃面包”的生活梦想，至20世纪末已成为现实。

生活消费　清末、民国年间，部分村民在正常年份仅能维持最低生活水平，过着“半年糠菜半年粮”的生活。干旱歉年每逢春季，旧粮吃净，新粮未下来（俗称“青黄不接”）之际，部分村民只能靠挖野菜充饥。

九间棚人养成节俭的习惯，生活中处处注意节俭，布衣素食，一年中除年节、中秋节较少食肉。多数村民户日常的菜肴仅为自家煮制的“咸菜豆子”（盐水煮熟的大豆），就餐时放在碗中，由家人一个个夹取，尽管家中粮食成囤（用茓折子围成，每囤约装粮千斤）、地瓜干成垛，但平时较少食小米发糕、高粱饼子，多以糊饵、稀饭为主，目的是为了积累资金增置田产，村民俗称“从牙缝里刳擦几个钱置半亩地”。村民把土地看作赖以生存的命根子，世世代代垦荒造地。

1957年，土地由私有制过渡到集体所有制。1961年后，九间棚大队集体依靠农、林、牧业，逐步壮大集体经济，先后建起粉坊、面子坊，村民收入逐年增多。1983年，实行家庭联产承包责任制后，调动了村民个体经营的积极性，村民在务农的同时经商，通过商贸业、饮食服务业、建筑业等途经增加收入，改善生活。

衣着消费　在穿着方面，中华人民共和国成立前，村民穿的衣服、鞋袜，全靠自己动手缝制。1970年，有的青年人开始穿起制服（村民开始把裁缝做的衣服称制服），村民身上的衣料也由土布变成了洋布（机织布）、花格布、印花布。脚上的布袜子换成洋袜子（机织袜），身上贴身的红兜兜变成了背心。1980年后，衣服面料年年有变化，斜纹布、咔叽布、花达呢等进入村民的衣柜中，春秋时节秋衣、绒衣也穿在村民身上，个别青年人还穿起色泽鲜艳的毛衣、脚下蹬上轻松自如、穿着随意的球鞋。年轻人以能穿上的确良、涤卡、针织面料衣服为荣。穿皮鞋的人较少，有皮鞋的人平时舍不得穿，只是在走亲戚、去城里办事穿一下。过年串门抖抖新后就收起来。1990年后，村民穿皮鞋的越来越多，由过去过年过节穿，逐渐演变为全年穿，冬有皮棉鞋，夏有皮凉鞋。不仅中青年人穿，孩童也穿，中青年村民，从有不穿皮鞋的。

1980年后，随着布票停止使用，村民衣着逐渐由穿得暖向穿得好、穿得时尚、穿得上档次转化。在衣服制作上，由手工缝制、自家缝纫机制作，到向送裁缝铺制作、直接购买品牌成衣转变。2000年后，每人每年都要添置几件新衣服，尤其是过春节。年年添置新衣服，年年穿不坏，每家每户的衣柜塞得满满当当。新三年，旧三年，缝缝补补又三年和大孩穿后给小二，小二穿过给小三，衣服上补丁摞补丁的现象，成为村民们的记忆。

纳鞋底（2015年12月 摄）

食品消费　中华人民共和国成立后，村民的消费水平不断提高，多数村民的主食消费经历了粮菜、野菜—煎饼、窝头—小米饭—白面馒头、大米饭合理搭配的发展过程。

1959—1961年，三年经济困难期间，村民遭受自然和人为的双重灾难。1959年、1960年连续2年大旱，在自然灾害来临之际，不少村民只好到地中拣烂地瓜充饥，村民吃食堂要吃菜窝头（地瓜面加干菜或金银花，吃时需用双手紧紧捧住，否则窝头即散碎落地），半数以上村民因营养不良患“水肿病”。在此情况下，人民政府对九间棚村民的生活给予帮助。1962年、1963年分别拨给九间棚村100千克供应粮，使九间棚人渡过暂时的生活困难。1964—1970年，村民中有1/3农户每年吃国家的救济粮，少则每年每人20千克，多者50千克。1975年后，村民生活水平逐年提高。1991年，村“两委”带领村民进城办厂，经济不断发展，生活水平不断提高，“衣着讲品牌，饮食讲营养，家具讲高档，出行坐汽车，住房讲舒适”，已初步实现生活现代化。

20世纪70年代，村民的生活状况是一五零、一二五，具体说就是大队每个社员每年每人150千克粮食，15市尺布票，1千克醋，2千克食盐，5千克面粉；150千克原粮中，高粱、谷子占1/3、地瓜干占2/3。村民的饭食普遍是早晨高粱面糊饵，中午地瓜干煎饼，晚上地瓜干、绿豆、豇豆混着煮。1980年后，村民的膳食结构发生变化，村民可以花钱买到议价小麦、议价大米等细粮，打破地瓜干挂帅的一日三餐局面。1990年后，随着流行35年的粮票取消，粮食销售上的双轨制不复存在。村民可以根据自己的需求，买卖换回所需要的粮食。1990年后，村民不仅吃白面、大米，而且要吃精粉、特一粉、品牌粳米。过去的高粱面、地瓜干，却成为村民调剂口味、降低血脂的好食粮。绿豆、豌豆、红小豆等各种小杂粮应有尽有，2天不吃重样饭是平常的事情。

1980年前，村民们遇有盖屋、垒墙，儿娶女嫁之类劳累众人的大事，多数是托关系从食品站购买一套猪下水（即猪头、蹄爪、肠、肚、肝、心、肺），再购买一些白菜、萝卜，招待帮忙的左邻右舍。1985年后，猪、牛、羊肉敞开供应，鸡、鸭、鱼、虾走上村民餐桌，九间棚人的菜盘子越来越丰盛。20世纪70年代前，村民基本没有吃鱼的习惯，现时多数家庭主妇会烧鱼。结婚、生日办喜筵档次不断提高。

1985年前，集体有苹果园，山楂、梨，满山有树不闻果子香，水果在村民生活中是很少出现的。现在，村民的橱柜里、冰箱里，一年四季应时水果不间断。

20世纪40—60年代，一般农户家中每天吃饭只炒1次萝卜条或白菜，其余两顿饭吃咸菜。2000年后，一日三餐顿顿炒菜。过去5口之家每月用油盐酱醋各1千克，如今炒菜用花生油，一个月需要5千克。

1985年前，村民养鸡下蛋不舍得吃，积攒起来要换油盐酱醋，母鸡被喻为农家的小银行。2000年后，每户一个月消耗2～3千克鸡蛋不为多，5口人户，一个月耗用5千克鸡蛋、5千克猪肉、2千克牛（羊）肉、3千克花生油，在九间棚村为正常户。

蒸地瓜面窝窝头（2011 年 10 月 摄）

交通通信消费 1983年前，村民出远门走亲戚，进县城赶集，往返途中全靠两条腿。在村民的印象中，出门花钱乘车是不可思议的事。1985年村路修通，多数村民户买上自行车。改革开放前，村民通信靠书信，较少打电话、拍电报的。1990年后，出门的交通费、联系通信费在家庭生活支出中占的比重逐年增长。村民消费观念和消费结构发生变化。2015年，九间棚村10户村民调查，共支出交通费、通信费6820元，平均每户支出682元，人均支出227元。

日用品消费 中华人民共和国成立前，村民生活贫困，经济拮据，购买力低下。一般农户除购买一些布匹、食油、煤油、肥皂之类的必需品之外，其余就是逢年过节、亲戚来往，婚丧大事送礼之类开支。村民生活十分节俭，普通人家连香皂都舍不得买，只在结婚时才给新人买一块。冬使胰子夏使碱，是村民的口头禅，到冬天洗脸使用猪胰子（即用猪胰脏的肥油与碱混合打砸后揉制成块状使用），夏天使用碱面，连胰子都舍不得使用。

中华人民共和国成立后，农民生活明显改善，购买力增强，消费水平逐年提高。概括起来说，叫作20世纪50年代蒸蒸日上；60年代稍有改善，提高缓慢；70年代大步向前；80年代后突飞猛进，成倍翻番。50年代，村民的消费情况出现了显著的变化，首先是毛巾、肥皂取代了粗手布、猪胰子，搪瓷洗脸盆取代了陶瓷洗脸盆，竹皮暖水瓶进入百姓家。带玻璃罩的煤油灯代替了豆油灯，夜间出门手中的油鳖子换成了马提灯、手电筒。过去，农民上地干活，收工回家看太阳、看天色，1963年，村民张玉敬妻子从东北迁回九间棚村，带回一只双铃马蹄表。小学生上学，最初使用石板、石笔，包袱皮当书包，变化为铅笔、钢笔、圆珠笔。中华人民共和国成立前，村民的形象是席帽荚子头上戴，腰里插杆旱烟袋。中华人民共和国成立后，部分村民开始抽纸卷的旱烟。

手电筒

马蹄表

70年代，村民对电费这个概念较为陌生，家庭开支中也没有电费这一项。1983年12月，九间棚村架通电，通电工程中埋电杆、架线、购置变压器等费用由集体承担，入户电表、闸刀、开关、明线、灯泡各用户承担，各用电户按实际消耗交纳电费，村民才对电费有了印象。

20世纪50—70年代，农业生产增长速度慢，生活消费品单调匮乏，村民消费水平较低。当时，细粮（面粉、大米）、棉布、食油实行按人供应，日常生活用的棉线、糖、茶等凭票供给，肉、奶等食品只在春节、中秋，方可凭副食券买到，村民只能靠集体养猪宰杀后分配一点。日常消耗品中的铁锁、脸盆、香皂、肥皂、暖水瓶等均要按人供应。

自行车、手表、缝纫机是结婚时必备的“三大件”。家中八仙桌上摆1台电子管收音机或1台三五牌座钟，是村民生活中的理想，但在当时的环境下，购买以上东西，是比较困难的。1辆金鹿自行车需要153元，另加一张自行车供应票。每个村民一年分红不到40元，更难的是一票难求。

80年代，村民家中有立柜、高低柜，被认为是时尚高档家具。2000年后，立柜、高低柜逐步淡出人们的视线，取而代之的是组合柜、新式梳妆台、电视柜等。当时村民中流行的四句话叫“电视是带彩的，洗衣机带甩的，电扇是带摆的，抽烟带嘴的”。新成家的年轻人，各式家具一应俱全，楼上楼下满满当当，与父辈们成家时的一张桌子一张床，另加一只大木箱相比较，真有天壤之别。

1990年，九间棚较好的家庭，有晶体管收音机，14英寸黑白电视机，每到夜晚，门庭若市，人们争相观看，时隔不久，“凯歌”“金星”“飞跃”17英寸黑白电视机相继出现在村民家中。电视机、收录机、洗衣机取代自行车、手表、缝纫机，成为新的家庭三大件。1995年后，上述三大件又变成彩电、冰箱、双桶洗衣机。2000年后，液晶电视、饮水机、微波炉、电磁炉、电饭煲、电暖器、电热毯、电热蒸汽熨斗、电脑等一批新型家电，相继进入村民家庭。1990年，每户村民一年交10元电费不算少，2010年，每户每年交100元电费不为多。

1970年前，对于九间棚的农家子弟来说，平时能吃到一块水果糖是一件十分荣幸的事。在村民的印象中，只有每年春节或结婚典礼上才有机会吃到水果糖，平时是没有这种口福的。日常，有孩童向大人提出买糖要求，长辈们多半会回答“省下1分钱还能买1两盐，炒上一把黄豆吃就行了”。由此不难看出，村民消费水平的低下。

婚姻消费　婚姻是人生中的一件大事，每个人平时省吃俭用，但在结婚时会倾其所有，毫不吝啬，总想把婚事办得风光一些、体面一些。中华人民共和国成立初，男方给女方扯上两身新衣服，置两床新被褥，就可以结婚。娶亲时有的坐轿子，有的坐木推车，但婚礼仪式隆重、热闹。结婚全部开销也不过100元。1990年后，随着村民收入增加，生活水平提高，结婚开支水涨船高。婚前男方送给女方的东西也从银手镯，变化为金戒指、金耳环、金项链，结婚支出上升到5万~10万元。

1985年，村里的青年人结婚，女方除要几身衣服外，自行车、手表、缝纫机这三大件是必不可少的。1995年后，上述三大件逐步演变为冰箱、彩电、全自动洗衣机，增加三金：金项链、金耳环、金戒指。2010年后，一动一栋（汽车、楼房）成为男青年结婚的基础。

1980年，男方送女方彩礼100元就算多的，到1990年上升到2000元，2000年上涨为1万元，2010年飙升至31800元。

1980年前，青年人结婚，其舅父、姑父、姨父、姐夫等主要亲戚，支付10元礼金就算多的，一般朋友、弟兄，每人支付1~5元礼金，还有的几人合伙购买一挂镜，上写购买人的姓名，以作纪念；也有几人合买一对铁皮彩色暖水瓶或搪瓷脸盆；以上合伙购物的行为叫作凑份子。进入21世纪后，礼金年年看涨，由10元、20元、50元上升到100元、200元、600元、1000元，不仅数额提高，而且范围扩大。礼尚往来支出已经成为家庭消费的重要组成部分。

理发消费。清光绪年后，男性蓄满发，剃前额，留长辫子，40岁后留胡须。村中始有“剃头匠子”职业，均为男性服务，剃前额、刮脸每次费用需用2~3个铜钱。民国后期，剪去辫子，发式多种多样，有分头、平头、齐肩披发等。中华人民共和国成立后，男式发式以分头、平头为主，理发、刮脸每次费用0.05~0.1元。20世纪80年代，出现美容服务，多和浴池（村民俗称澡堂子）相连。90年代后，理发业兴旺，男式理发、刮脸，女式理发、烫发、美容等，消费逐年增长。1990年，男式理发每次费用0.2元，刮脸每次费用0.1元，年消费2~3元。2000年，男式理发每次费用2~3元，刮脸每次费用1元，年消费30~50元。2020年，男式理发每次费用10元，刮脸每次费用5~10元，年消费180~240元。男性染发、烫发每次费用30~50元。女性理发有烫发、染发、美容等项目，2000年，烫发每次费用10~15元，染发每次费用15~20元，美容每次费用20~30元，人均年消费200~300元；2020年，烫发每次费用30~50元，染发每次费用30~100元，美容每次费用50~100元，人均年消费500~600元。有的男性每年理发消费300~500元，女性每年美容、染、烫发消费1000~1500元。

其他消费　在探友、访友、探视病人等社

交活动方面，20 世纪 80 年代大多数是带 1 千克挂面、0.5 千克红糖或 10 个鸡蛋。90 年代演变为送一箱牛奶、几瓶水果罐头或固体饮料、麦乳精等礼品。21 世纪初开始送盒装牛奶等高档补品。社交活动成为九间棚村民支出的一项重要内容。

1980 年前，一般村民平时是不喝酒的，即便家中来了客人，为招待客人之计，也只是打几两散装白酒，酒资不过几角钱。20 世纪 80 年代后，散酒逐步被瓶装酒取代。90 年代后，大多数村民已不喝散装白酒，有的村民家中不仅有名酒，有的家庭还贮藏着外国酒。啤酒，也开始被九间棚村民们关注，尤其被青年人青睐。

1980 年前，家中来客，主人用铁茶壶给客人冲金银花代茶。1990 年后，用白质瓷壶、不锈钢茶壶给客人冲饮料或红茶、绿茶。进入 21 世纪后，客人上门主人用饮水机、紫砂壶给客人冲泡茉莉花、龙井、铁观音茶水。

1980 年前，村民家中没有自行车。1985 年后，自行车普遍进入村民家中，作为主要交通工具，赶集进城，探亲访友都要用。1990 年后，木兰、嘉陵摩托车开进村民家中。2000 年后，家用面包车、轿车的主人逐渐也扩展到九间棚人。

1984—1995 年，村民家中照明用具多数是普通白炽灯泡，少数人家安装有日光灯。2000 年后，青年人写字台上摆上台灯。墙壁上装上各式各样色彩不同的壁灯。1988 年后，村民开始建造二层楼房，楼房竣工之后装修，灯饰占重要位置。客厅、卧室、卫生间、厨房、楼梯等不同房间，装饰各式各样、色彩迥异的灯具。灯饰一项费用，少则 1000 元，多则数千元。家中只点一盏、两盏灯泡照明的人家，倒显得不合时宜。

20 世纪 80 年代前，村民们打电话交流感情或办理业务的较少，一般村民有事联系，近则捎口信，远则靠写信。村里只有大队书记家安装 1 部磁石电话，为集体安装办理公务专用，村民在外或者他人有急事要办，只能把电话打到书记家。90 年代，先富裕起来的村民，率先安装家用电话。2005 年，九间棚村 50% 的村民户安装家用程控电话。普及的另一种通信工具是 BB 机和手机，青年人以腰别 BB 机、手拿大哥大为荣。随着科技进步，BB 机被手机所替代，而手机的功能越来越齐全，可视手机、照相手机、智能手机等。笔记本电脑、家用电脑也摆放在村民的桌子上。1990 年前，几乎与村民不沾边的电信费用，如今成为村民一项为数可观的必要开支。

1980 年前，村民使用卫生纸的极少，大部分村民使用草纸、废报纸。1985 年后，卫生纸进入寻常百姓家。1990 年后，常见村民手提整袋的卫生纸。

改革开放前，村民为温饱所困扰，一年里头很少去平邑城，去过济南、北京的人更是少。有人能去一趟北京，逛一下王府井，在天安门前拍一张照片留念，感到是一件十分荣耀的事，周边的人也十分羡慕。改革开放后，随着生活水平提高，交通便利，村民有了外出旅游的意识。部分富裕起来的村民走出山东，游向全国。九间棚村人学习外地旅游经验，在龙顶山建起九间棚旅游公司，2005 年被评为国家 AA 级旅游景区，2019 年 12 月晋升为国家 AAAA 级旅游景区。

1992 年前，村中农家子弟到求学年龄，都在九间棚小学就读，其目的是就近读书，省钱省事。1995 年后，一部分先富裕起来的村民开始注重在教育方面的投资，舍得在下一代人身上花钱。首先，把自己的子女送入地方镇、平邑县城幼儿园，接受双语教育。幼儿园学习结束后，支付相应的择校费，送入自己认为师资力量强、教学质量好的学校就读。

1990 年，村民全年生活消费人均 228.25 元，其中用于吃饭 113.5 元，占 49.73%，用于衣着 40.5 元，占 17.74%，日用品 25.1 元，占 11%，医疗卫生、文化娱乐、书报杂志费 49.15 元，占 21.53%。平均每人全年消费粮食 173 千克，蔬菜 57 千克，花生油 3.3 千克，肉类 11.5 千克，食糖 1 千克，卷烟 55 盒，酒 5 千克。

2018 年村民家庭主要耐用消费品拥有量情况表

表 9-1 单位：台、个

名称	数量	名称	数量
彩电	113	固定电话	17
影碟机	7	移动电话	173
洗衣机	41	计算机	19
电冰箱	72	照相机	8
空调机	63	电动车	93
抽油烟机	30	摩托车	12
微波炉	21	货运汽车	2
高压锅	26	家用汽车	65
电饭锅	15	沙发	237
煤气灶	64	电风扇	165
电饼铛	53	豆浆机	24
电磁炉	11	乐器	8
太阳能或电热水器	83	收录音机	51

说明：表中部分统计含有村集体拥有数

2019 年，平均每一村民全年消费粮食 170 千克，蔬菜 95 千克，花生油 6 千克，肉类 23 千克，食糖 2 千克，卷烟 50 盒，酒 6.5 千克。

住房消费 1980 年前，村民建房都是石木结构的草房，户型一般为 3 间正房 1 间锅屋。每间面积 3.5 × 2.8 米。建新房的程序为备石料、木料、苫草、买石灰、请石匠，先挖地槽、垒墙、上梁立檩、拉笆苫草，黄土加石灰泥墙。

1980 年后，建房消费成为九间棚村民的第一大开支消费，村民 80% 的收入、积蓄用在建房上。2001 年，建造一栋 260 ~ 300 平方米的二层楼房，需 18 万 ~ 20 万元（不含地基费）。

2005—2019 年，九间棚人实施四代住房建设，拆掉石头草房建起楼房，住房面积从 1960 年的人均 6 平方米，到 2020 年人均 40 平方米，电视、冰箱、洗衣机，家用轿车进入村民户家庭，村“两委”为全体村民办理社会基本养老保险、医疗保险，使村民老有所养，病有所医，生活水平达到小康水平。

保险消费 1985 年前，村民们对保险普遍陌生，除少数养汽车、跑运输的专业户对意外事故保险有所了解之外，绝大多数村民对保险理赔不甚了解，尤其对人寿保险更觉得生疏、新奇。1990 年后，随着改革深化，村民的视野不断扩大，思想逐步中华人民共和国成立，部分村民开始对房屋等投保，参加财产保险。

在经济发展、收入增加的前提下，村民的养老观念由养儿防老逐步转变为参加人寿保险、以房产养老等多元结构。村民参加人寿保险，其险种有按月交付、按年交付等不同种类，按个人意愿参加。2015 年，全村有 22 人缴纳社会养老保险。

2019 年，村委会为全体村民支付养老保险、医疗保险费 4.38 万元，人均 150 元。村民自行投保学生平安保险、人身伤害保险、车辆强险等 1.84 万元，人均 105 元。

服饰装束

穿衣 九间棚村古属鲁国，自古以来讲究礼仪，村民在长期的历史发展中形成一套穿衣礼俗。清道光年后，村民不论男女，都用土织粗棉布手工缝制衣裳，单褂、夹袄和棉衣都是同一样式，上衣为对襟式和右大襟式两种，男士多为直领对襟式，缀 5 颗、7 颗、9 颗纽扣不等，前襟两则各缀一个布口袋。褂子大到臀部以下。男士礼服为“大褂”，长到脚脖，大襟自右向左掩，边缘钉缀绳结疙瘩扣，左胸前和腋下钉扣袢，袢外侧有小幅“掩襟”，扣扣后重叠于大襟里边，以免扣扣处闪缝露肌肤。

民国年间，九间棚人衣着俭朴，不尚华丽。男女均着土布，花色单一，以青、蓝、黑为主。式样受清代服装影响，男女单、棉上衣多带大襟，高圆领，以肥大为美，布结扣子，男左女右。女子上衣镶花边，过膝褂子，一般穿右大襟式，内襟上缝制一个口袋。下身穿大档裤子，绾折束腰。青壮年妇女多用红绿带子扎腿，老年人用青色、黑色带子，俗称“扎腿带子”（长约 0.8

米、宽约0.1米，两头带穗）扎起来，从下头开始，一层层地绕缠，末了将剩余带头掖进缠圈内压住，不能露腿脚。天气冷时，男性老年人也有扎腿保暖的。富裕人家穿长袍马褂。

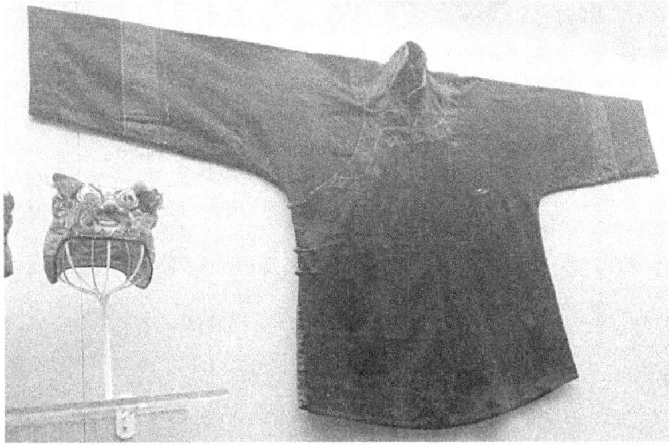

民国时期女式大襟褂子

裤子，男女同为大腰裤，裤子裆部肥大，俗称“大裆裤”。穿后把裤腰向一边缅倒，用布腰带捆束在腰间，叫束腰。夏天，男女穿戴有别，男人可以打赤背，穿半袖褂，而女人须穿长袖褂，不能外露胳膊。下衣也一样，男人可以穿短裤（裤衩子），女人则必须是长裤扎腿。服色多染青、蓝两种。冬季，村民大襟式短袄，因弯腰时盖不住臀部，腰外扎一条腰布保暖。村民穿袄一直到春天。春秋季节，穿单裤单褂，天凉时加坎肩，戴毡帽，穿纳底圆口布鞋，小脚妇女穿布底尖鞋，穿棉布短褂、小袄、长裤。民国年间，白洋布、花格布普及城乡，冬季，男子时兴穿棉大衣，俗名“大氅”。夏季以穿背心、衬衫为时尚。

中华人民共和国成立后，男性不再穿大襟褂子、大档裤子，改为对襟，先改为中山装，后改为中华人民共和国成立服。青年妇女也不再穿大襟褂子、大档裤子，改为对襟褂，里边着内衣、衬衫、乳罩等。女士裤子经过两个阶段变革，先由大档裤子改为右侧开门西裤，后由侧开门西裤改为前开门，与男士基本相同，不用带子扎腿。只有少数老年女性仍穿大襟褂子、大襟袄。男穿橡胶底布鞋，女穿绣花、割花鞋。学生穿学生制服，穿胶底或布底鞋。

20世纪60—70年代，村民穿中山服单衣、棉衣，冬天加穿秋衣、秋裤，有条件的穿毛衣、毛裤和列宁式大衣。这一时期棉布凭票供应，如添加背面的则需用几个人的布票，有结婚的亲戚朋友需凑几家的布票才能满足需要，村民穿补丁的衣服很平常，成年人、孩子穿的朴素。“文化大革命”期间，黄、绿色军便服、军鞋、军帽特别流行。

80年代，穿着蓝、灰、腈纶、涤纶中山服、国防服，黄胶鞋，颇具时代感。90年代后，人民生活水平不断提高，九间棚村民衣着有了很大变化，服装的款式新颖多样，花色繁多。流行服装有各式皮、呢大衣，风衣，西服，羽绒服，牛仔服，毛衣，背心。女式裙子，有连衣裙、百褶裙、西服裙、筒裙、“一步裙”、超短裙等。21世纪初，村民的穿着由原来的简单化向品质化转变，老年人穿着更俏。男性随时势戴流行的鸭舌帽、礼帽、毛线帽，穿流行的皮鞋、凉鞋、旅游鞋。男性青年穿西装、休闲服，夏天穿短袖衬衣或T恤衫，冬天穿呢子服、皮衣、羽绒服。女性服饰花样更多，职业女性一般穿西服，社会女性穿戴五花八门，夏装一般是对襟单褂，内着手工或针织内衣，下着裙装或短裙、超短裙，或低腰裤、露脐装等。秋冬装由原来的棉袄到呢子大衣、羽绒服、翻毛皮大衣等。

布料　中华人民共和国成立前，村民衣料以自织纯棉织布（俗称老粗布或本地布）为主，多由女性用纺车将自产棉花纺成棉线，雇请织工（俗称织布匠）织成，富裕之家偶有购买绸、缎者。用粗布者需自染或请染坊染色（多为深蓝、浅蓝色），女性用布或衣服、被褥、门帘、包袱等用料还要印上梅花、兰草等花草图案，制成印花布加以装饰。也偶有用蚕茧捻线以织布者。1940年后，机织布（俗称洋布）进入村民家中，逐渐代替粗布，机织布有平纹、斜纹、咔叽、平绒、条绒等多样品种，当时村民多用咔叽和条绒布料做衣服。1970年后，化纤布料批量进入平邑市场。1980年后，衣料品种迅速增多，粗布淡出村民衣着用料。随着村民生活水平的提高，布料纷呈，纯棉、丝绸、毛皮衣料成为主流。

服色　九间棚人的服色多以黑、蓝色为基本格调。春、秋、冬三季，老年男子多喜着黑色，中青年男子多喜着浅蓝色。女性历来喜红、绿、蓝等服色，俗称“红到四十绿到老”。老年妇女多喜“毛蓝”色。清末民国初，九间棚村青年女性多穿自染蓝底白花衣服。中华人民共和国成立初期，花格布、花条布盛行。1950—1970年，村民多喜好蓝、浅蓝、灰色制服。“文化大革命”时期，盛兴军绿色服装。改革开放后，各类服色百花齐放，争奇斗艳。年青女性追求艳丽，青年男性也热爱穿红、黄等各色服装，中老年服色也趋向年轻化、多样化。

服式　清末民国初，富裕人家的男性多以长袍、马褂，“毡帽壳”（一种紧扣于头上的无沿圆帽，上有圆形疙瘩以方便摘戴）为时尚，发辫垂至腰间，下着自制棉布袜、铲鞋（俗称钩子鞋，是一种底帮均纳、鞋脸带钩、鞋后部钉有鞋页跟的布鞋），夏季劳作时赤裸上身，发辫盘于头上，挽起裤腿子。一年四季有单、棉之分，无样式变化。民国年间，一般村民身着对襟褂、粗布裤，脚穿自制粗布袜、千层底布鞋。冬季则穿对襟棉袄，下设两个对称的口袋（俗称嗨嗨），戴毡帽（俗称毡帽头子）或自制棉帽，脚穿粗布圆脸棉鞋，外扎围腰。从事推车、担担的村民，夏天一般扯三尺白布做披肩，冬天下穿大档棉裤。女性村民则穿带大襟的上衣，裤子肥大，老年妇女用黑带子紧扎裤腿，中青年女子则扎红绿色丝织带子，青年女子穿大襟袄褂，头扎双辫。

20世纪50—70年代染花布

20世纪60—70年代，盛行列宁服、中山装、“半大衣”，青年男性多戴学生帽、中华人民共和国成立帽。冬季少年女孩多戴“满头抹”，男孩多戴“虎头帽”，均于帽顶两端著铃铛一对，青年女性多围红、绿花巾。鞋子有中华人民共和国成立鞋、球鞋、皮鞋、布鞋、凉鞋、棉鞋等多种样式，塑料凉鞋、塑料底布鞋流行。1970年后，呢线袜逐渐增多。1980年后，村民服饰日新月异，西服盛行，呢子大衣、羽绒服应有尽有。之后，村民的服饰出现个性化、时尚化的趋势，大多“穿衣讲高档”“量体裁衣”。牛仔服、迷彩服、蝙蝠衫、各式裙子、高跟皮鞋等流行。2000年后，村民着装已根据日常工作、休闲、会客和运动各种不同的需要而随时变化，从衣料、款式、服色、做工等方面进行严格挑选和合理搭配。年轻人更是根据自身的条件，进行美容美发后搭配各类各色服饰，时时透露出青春和时代气息。

衣着　清末、民国年间，村民多穿手工纺制自染的粗布（俗称土布），一般有青、蓝、黑、白四色，男女均穿大襟褂子，女式大襟褂子多镶沿条，年轻妇女为红、绿色，老年妇女为蓝色。富裕人家夏有单衣，冬有棉衣，贫穷人家没有季节性衣服，往往是拆了棉衣改单衣，而且补丁摞补丁。中华人民共和国成立初期，村民穿戴简单，做衣服用的都是土布、手工缝制。夏天穿短褂长裤，成年男性多数穿短裤、布背心、搭肩布，头戴“席葭子”（用高粱梃子皮或芦苇编的遮阳防雨的大帽子）参加劳动。女青年穿长袖衣裳，裤脚、大襟有花边。女性老人冬天穿小红袄，外套深蓝褂外罩，春秋穿粗布大襟褂、大裆裤、布鞋，冬天穿齐臂襟袄（旧志称鹑衣），腰束布腰带，大裆棉裤，有的袄内衬一件褂子，大多数是空心袄，颜色为青色或蓝色。春秋一般穿印花粗布大襟褂、大裆裤，中老年妇女裤腿扎带子。男性上衣一般在前襟下方缝一挎袋（口袋）外露，女性一般在内襟缝一布袋。不论单衣、棉衣全是布结扣子，即上衣扣子用圆布条编成疙瘩，缝缀5

个或 7 个（单数）。

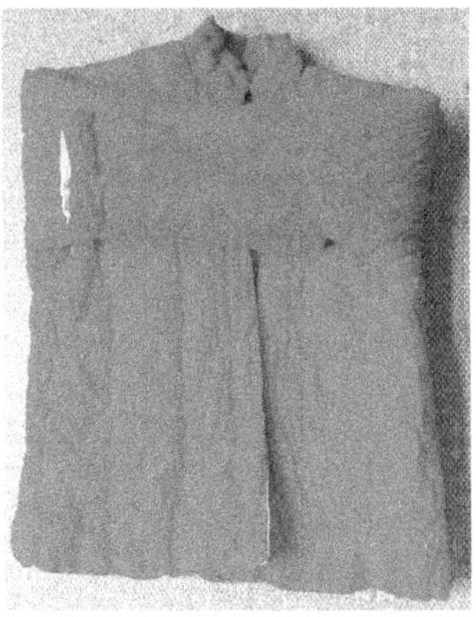

20 世纪 60 年代红棉袄

中华人民共和国成立初期，纺织业的崛起，淘汰了旧式织布机，村民把机织布称为“洋布”，从此穿上“洋布”衣裳。20 世纪 60 年代后，布料质量、品种提升，线呢、花大呢、条子绒等中档布料占主导地位，村民穿衣问题彻底解决。

20 世纪 50—70 年代，针织背心、汗衫、春秋衣裤、绒裤、绒衣等成为普通百姓的常用服装，衣料多以机织棉布为主，但花色增多，女装男性化盛行。

80 年代，衣着观念发生变化，服装的质料、款式、花色日趋新颖，多向高中档发展，尤其青年男女，穿衣多注重质量和花色式样，穿西服系领带成为中青年的时尚。夹克服、各种风衣、外套、毛衣、毛裤，太空棉、纯棉制羽绒服，羊毛衫、冰丝衫、T 恤衫、筒裤、喇叭裤、老板裤、牛仔裤、紧身裤、连衣裙、长裙、超短裙等面市，特别是女装、童装，款式新颖、颜色鲜艳、穿着时尚。

90 年代后，农村经济快速发展，村民生活逐渐富裕，想到的是首先装饰自己的外表。市场上有的高级面料、毛料、针织、皮料等各式衣物，各式中、高档皮鞋，村民的衣柜里皆有。村民从床上用品到身上衣裳、饰物焕然一新。

鞋袜　九间棚人的鞋袜随着时代的变迁而不同，布鞋主要分男式、女式和童鞋三类，单鞋、棉鞋两种。清光绪年间，村中女性缠足，穿尖顶鞋，老年女性秋冬多戴一正方形头帕，中青年女性一年四季头不着帽，未婚女性头扎单辫或双辫。

男式布鞋　民国前多为铲鞋，千层底、3 页实纳帮，左右各 1 页，前脸 1 页上翘，因象铲子故名“铲鞋”，又因像牛鼻梁，又叫“牛鼻梁鞋”。棉鞋为高帮，布套棉，左右两页合成，也有三页的棉“铲鞋”。中华人民共和国成立后，男式布鞋多为圆口一片帮。

鞋底是用旧布抹上浆糊一层层粘在一起，晒干后照鞋样剪下来，多层叠在一起（约 0.01 米厚），罩上面布，用针锥扎孔，针穿麻线依次缝紧，俗称纳鞋底。20 世纪 50—70 年代，每到夏天，宅旁树荫下，大姑娘、小媳妇三五成群，搓麻线、纳鞋底、做布鞋，成为妇女交流感情、增加友谊的场所。

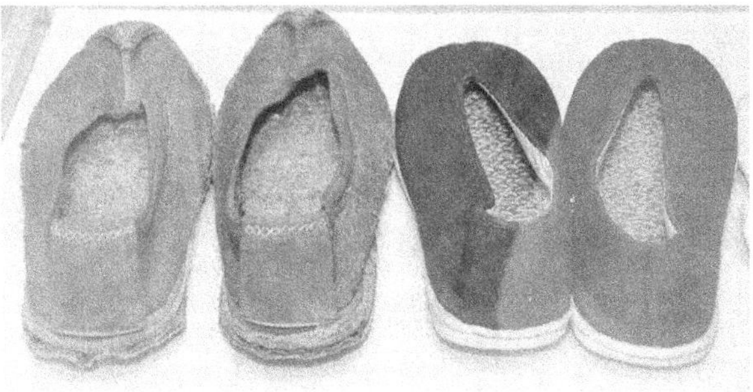

男式布鞋，铲鞋（左），圆口布鞋（右）

鞋帮，用青布罩外白布贴里，中间一层鞋底用的多层黏合布用糨糊黏合、晾干，用棉线纳帮，经缝纫加工后上在布鞋底上。布鞋怕水怕潮。棉鞋缝制时帮、底填层棉花，照上里子布，按做布鞋的方法做成。

女式布鞋　清朝、民国年间，女子穿纳底绣花鞋或割花鞋，女式布鞋一般在鞋帮前脸绣花或割花，其他工序相同，俗称绣花鞋。女鞋做工精细，绣花、纳帮，鞋帮、前脸绣花样式多种，有全帮绣花的，也有只前脸绣花的，还有用花线“缝护头子的”，俗称“割花”，方法是将两片鞋帮面对面迭起，中间夹“隔头”后固定，一片鞋帮的一面贴上选中的花样，用花线纳制花样，然后用刀割开，剔去“隔头”便成“栽绒”式的“护头花”。花线有用棉线染的，也有用丝线染的。绣花用丝线，割花多用棉线，所以在民国年间管卖花线的叫“卖丝绒”的。年轻的女孩也有不穿绣花鞋的，而是用红绿花布做鞋面，前头钉一绒球或吉祥饰物，美观、大方。

童鞋　清朝、民国年间，儿童穿猫头鞋，俗称虎头鞋。蓝布或花布做帮，前头绣虎头样，脚跟帮上缝一条线绳或布条绕前系紧。

民国前，因生产力落后，生活贫困，光穿布

鞋做不起，就掺杂草鞋。有“浅帮草鞋”，圆口，垒草编成，做工精细，可穿较长时间；有“草鞋垫子”，无帮，只有底和绊，前绊套于母趾，后绊系于脚脖。还有用苘麻做原料编织成的草鞋。草编的棉鞋，俗称草窝子（白草、白茅草编成）。冬天有条件的村民穿棉鞋，贫困家庭的人穿草窝子。布鞋、绣花鞋，布底布帮，既不耐磨又怕水，遇到雨天，为了爱护布鞋有的光着脚，手提着鞋走路。

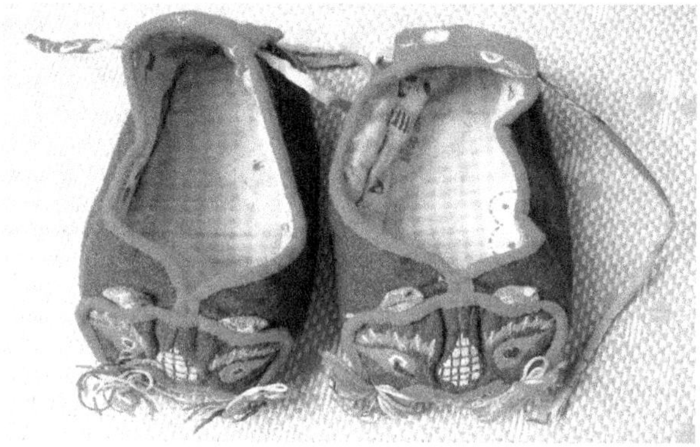

虎头鞋

草鞋

蒲草童鞋

20世纪50年代后，因做鞋用料、工艺的变化，制鞋业现代化，呱嗒、木制水鞋、油鞋及“冤鞋子”等自然退出历史舞台，女式绣花鞋改为机绣，千层底鞋也较为少见。60年代后，穿胶底鞋的人群增多，中华人民共和国成立鞋、球鞋（胶底帆布帮）占据市场主流，穿布底鞋的慢慢减少。70年代，村民少数人穿皮鞋，穿布鞋的都是买的，鞋底带一层胶。夏天，村民大多数穿皮呱嗒子，即用木推车、自行车的废旧车外带为材料，经皮匠量脚裁底、盘带，用几个鞋钉钉牢即成，简易、耐穿，一双皮呱嗒子可穿两个夏天。至80年代中期，呱嗒子被兴起的轻便大方、价廉物美的人造革凉鞋、塑料凉鞋替代。男女均穿塑料凉鞋或皮革凉鞋。

改革开放后，穿鞋水平又上一个台阶，男女老少均以穿皮鞋、休闲鞋、旅游鞋、运动鞋为主，样式多样。老年人有穿皮鞋的，也有穿运动鞋、布帮胶底鞋的。女士穿的鞋花样最多，靴子、船鞋、鱼嘴鞋、凉鞋等，高跟皮鞋流行半个世纪，有矮跟、中跟、高跟三类，跟高0.02 ~ 0.12米。儿童鞋更是种类繁多，水鞋多为塑胶材料样式、种类较多，经应时实用。

袜子　20世纪50年代前，青年男女穿自做白布袜，线纳袜底，并纳半帮和后跟，老年妇女用包脚布子缠脚。中华人民共和国成立后，因妇女参加农业生产，自做布鞋、袜者渐少，改穿线织袜。村民除冬季穿袜子外，大多数人春、夏、秋不穿袜子。70年代后，男子多穿尼龙底粗纱筒袜，妇女穿细纱针织袜或弹力尼龙袜。多到商店购买。纳底布袜被尼龙袜、锦纶丝袜所替代，长年穿着。老年妇女也除去裹脚布，换成尖头布袜。2000年后，袜子一般都是棉线或化纤的，有弹力，耐摩擦，特别是女袜种类、颜色、样式繁多，有单袜、棉袜、长筒袜、连裤袜等。

巾帽　巾帽的样式跟发型相关，随时代、风俗而变化。清朝时期，男人留全发，束于头顶窝成发髻，用布包裹，用簪子别住，称为“头巾”，冬天戴毡帽，儿童戴虎头帽。未婚、年轻女子束云髻，戴首饰，冬天围头巾。已婚、老年妇女则窝发于脑后，用网子套上、簪子别住，叫“绾纂”，冬天戴有护耳的棉帽。

清光绪年间，男人将头前部头发剃去，只留后半部扎辫子，垂于身后或盘于头上，春秋戴“瓜皮单帽”，俗称“帽壳子”，六瓣或八瓣，顶上缀个红纽，俗称“红疙瘩”，老年男性则是黑疙瘩，冬戴毡帽或皮帽。女士发型与帽式同明朝变化不大。

民国年间，民国政府废除清朝的发式，男士一般剃光头或留短发，个别老年人将辫子齐耳剪掉。头发短了，头皮易受凉或受太阳晒，村中男性冬春多戴毡帽，青年男性头戴瓜皮小帽或礼帽，有的则开始围长围巾（俗称围脖）。老年人冬天戴棉帽，夏天戴草帽或席荚子，六角型，中间起鼓带尖，平、凹结合处缝“席荚格勒”，佩

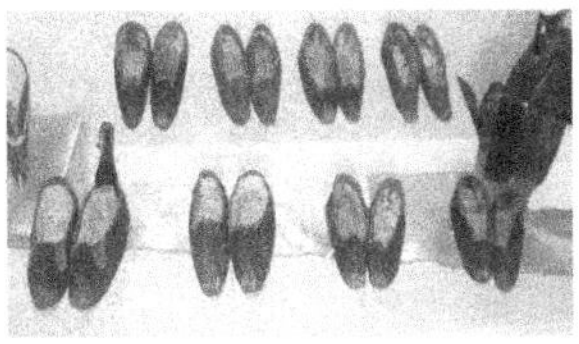

女式布鞋

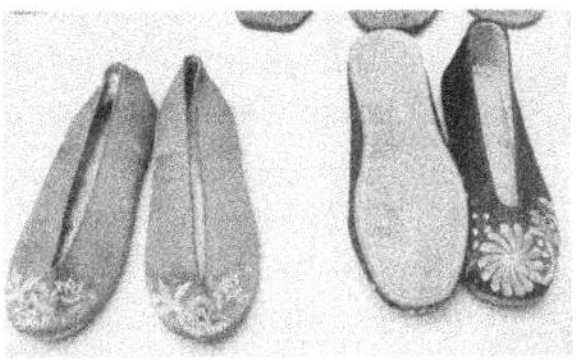

20世纪50年代女式绣花鞋

戴时穿窄布条或绳系于下巴，以遮雨、蔽阳，田间地头树下休息时，可坐在腚下当垫子。女士发型，未婚、年轻女子扎辫子，一条或两条，辫稍系红（绿）头绳，戴首饰，冬天围头巾，俗称“围巾”，多为红、绿色。已婚、老年妇女则绾纂，戴护耳棉帽。儿童不分男女，冬天都戴虎头帽。一般是黑布或蓝布的，前面用红、绿、黄等颜色布块、花线做虎头装饰，后面长，可遮住脖子防寒。

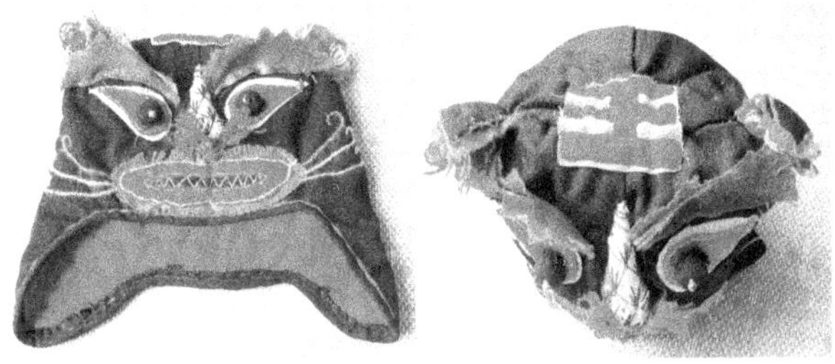

虎头帽

中华人民共和国成立后，多数村民春秋季节光头不戴帽，部分青少年戴帽壳子，即瓜皮帽，由青丝布做成，硬壳，圆弧形，顶上装饰一红疙瘩，适合春秋带。少数人戴礼帽。冬天一般村民带“土耳其”帽，手工编织，筒型、顶上饰配一绒球，卷起来是个圆帽，放开是个长筒，中间有2个眼睛孔，天冷时可拉下来护着耳朵。老年男子戴毡帽，一般冬季和春秋戴。年轻的戴棉帽，三扇，前面一扇是装饰好看的，两边两扇是用来护耳朵的，上翻固定，可以翻卷。富裕的有戴皮帽子，帽耳扇翻上去朝外好看，翻下来毛朝里护脖颈和耳朵、腮帮子。长围巾、方巾在农村中流行，以青蓝色为主，老年妇女时兴戴青色平绒帽。

随着妇女地位的提高和参加生产劳动的需要，多数中青年妇女已没有多余的时间梳理长发，不管“大辫子”还是“纂”，干脆剪成短发，或齐耳的、齐脖的，梳理、洗涤都极为方便。冬春围头巾花色多样，质料多种，有丝绸、纯棉、化纤、混纺等。老年妇女“扎围布”，黑色或青色方布折成三角形围在头上，两角系于下巴；中青年女子围围巾，也有少数戴棉帽子。

20世纪60年代始，村民冬天戴的帽子有栽茼、兔皮毛、羊皮毛的，样式都是“三大扇”。春秋戴中华人民共和国成立帽，前边帽檐能遮阳，颜色有黑色、深蓝色、黄色、藏青色等，面料有华达呢、毛呢等多种，男女老少都喜爱。

随着现代发型由短到长的兴起，村民开始用围巾、围脖、纱巾、连衣帽代替帽子，这样既保证了发型的外观美，又保暖。女青年一般戴毛纺或毛线织的帽子，外罩纱巾。多数老年妇女也戴毛纺或毛线织的帽子，只是款式、颜色稍逊，更显庄重。

装束　九间棚人的装束包括首饰、发式等。传统儿童饰物有金银手镯、长命锁、香荷包、五色线及桃木刻制饰物等。男子日常饰物多为婚时所备布绣花束腰带及花烟包、旱烟袋等，妇女饰物多为簪子、头钗、镯子、戒指、耳环、耳坠、发髻网子、发卡及瓦拢子等类。

首饰　中华人民共和国成立前，一般村民没有什么饰物，大多村民买不起首饰，只有闺女出嫁时才能佩戴银质或铜质手镯和耳坠、戒指、簪子。婴儿出生后戴银或铜质手镯、锁子（长命锁）。除了银首饰之外，还有铜、玉、琉璃、人造玛瑙等制成的手镯、项链、耳环等。少数人有由其姐、妹或未婚妻为其做的绣花烟荷包。

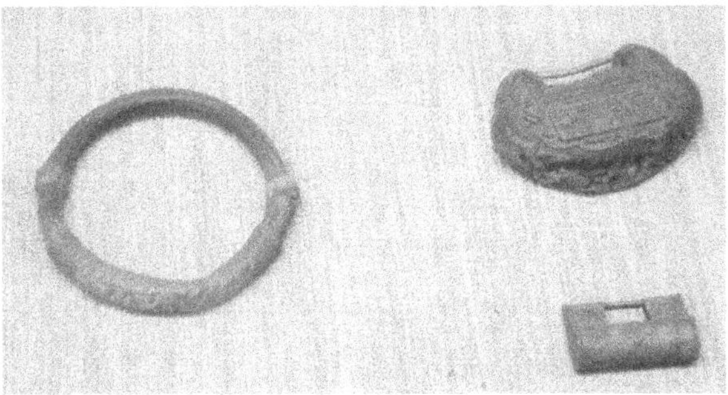

手镯（清代幼儿佩戴饰物）、长命锁（民国时期幼儿佩戴饰物）

改革开放后，传统首饰流行，村民开始佩戴金、银、珍珠、水晶、玛瑙、宝石（钻石）等高档饰品。项链、变色眼镜等已成为青年男女的流行饰物。村里各家不管是老太太、媳妇还是青年女子大多数有金、银首饰，部分有钻石等贵重首饰。

发式　清朝时期，男子蓄满发，留长辫子，中年开始留胡须，老年蓄须。辛亥革命后，民国政府号召铰辫子，全村个别留辫子的男子铰辫子也有的留短发或剃光头。男童额前留囟毛，有的于脑后留一撮赖羊毛。女童须留偏毛，少女扎小辫，单辫或双辫。已婚妇女盘纂于脑后，网发，青壮年妇女多盘圆纂，额前留汗绺子，老年妇女多为长纂。

中华人民共和国成立后，男子发型逐渐多样化，有光头、平头、分头、背头，青年男子开始留“洋头”（留发较短，分式）。改革开放以来，男青年开始留大背头，头发向后边梳。

清代铜镜（左），20 世纪 60—80 年代铁框玻璃镜子（右）

镜子，梳妆用品

20 世纪 80 年代，男子发型更是多样化，特别是少部分男青年发型以披肩发、扎马尾、烫染发为时髦。部分老年人剃光头，留胡须者渐少。

女子蓄发，从清朝中后期起，差异较小，清代年间幼女梳小辫，未婚青年女子留一条长辫子，结婚后窝纂（把头发盘在后脑勺成圆饼状，罩上网子，再用簪子别住）。老年妇女把头发在后脑勺窝一鬏，然后罩上发网，用簪子别住、定型。青年女子扎双辫。50 年代，女青年找个中华人民共和国成立军对象很荣耀。60 年代，中老年妇女部分有留“帽缨子”的。自此以后，老年妇女渐渐把纂去了，中青年妇女烫发、染发。改革开放以来，女子的发型，如烫发、披肩发、短发、盘发、扎散辫子，式样各异。

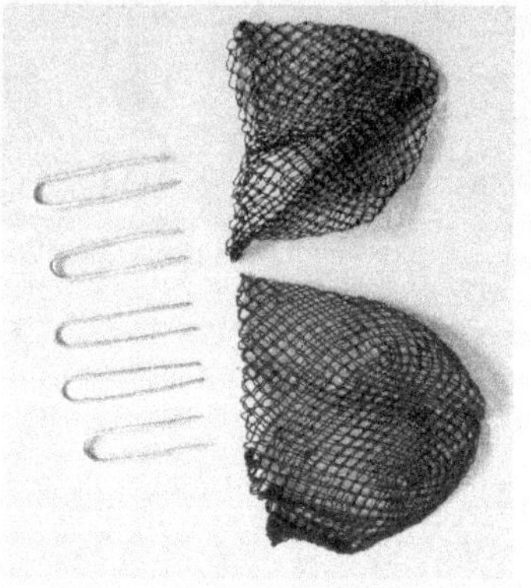

发网、网叉、簪子，中、老年女性绾纂、固发用物

20 世纪末至 21 世纪，村中青年男女对发型的追求越来越时尚。

服饰支出。清朝中后期，村民服饰多为手工自行缝纫而成，布料也多是家庭纺线，聘织匠加工而成，成本低。只有官服、婚礼服、学子服有缝纫作坊制作出售，清光绪初年，一套秀才行装（有长袍、马褂、褡肩、长靴、布袜、配饰共 6 件组成），市场售价 1 两银子。五口之家村民户均服饰支出 2 块银圆。民国年间，一套礼服市场售价 1 块银圆。20 世纪 50 年代，村民服饰支出处在低水平状态，人均 2.4 ~ 2.8 元。改革开放初期，村民服饰支出提高，人均 9 ~ 12 元。20 世纪 90 年代，村民服饰支出人均 20 ~ 25 元。2015 年，九间棚村 10 户村民抽样调查，人均服饰支出：儿童 150 ~ 160 元，小学生人均服饰支出 170 ~ 185 元，中学生人均服饰支出 180 ~ 200 元，青年男性人均服饰支出 270 ~ 280 元，青年女性人均服饰支出 370 ~ 380 元，中老年人均服饰支出 130 ~ 150 元。这个时期，九间棚人均服饰支出稍低于全县平均数。

饮食

自建村迄今，村民日常饮食习惯一日三餐。

早、午的主食是煎饼，晚饭多吃糊饳、小米稀粥。中等以上人家吃高粱、地瓜干煎饼，贫困人家吃地瓜干糠菜煎饼。小菜以渣豆腐为主，辅以咸菜、辣椒、咸菜豆子。多数中老年人有饮酒、吸烟、喝大叶茶的习惯。节日食物。春节吃饺子，二月二吃炒豆，清明吃鸡蛋，端午节吃粽子，八月十五吃月饼等，待客吃面条、馒头，婚丧待客吃馒头。世代相沿。

清末、民国年间，多数村民家庭贫困，过着“半年糠菜半年粮”的生活。为节约口粮，有的村民冬季只吃两顿饭。中华人民共和国成立后，传统家庭主食为煎饼、窝窝头（用地瓜干面、玉米面、高粱面等做成），辅以糊饳（玉米面做成）、稀粥（小米做成）。因村民户经济状况不同，饭菜质量差异较大，缺粮户往往是“秫秫（高粱）糊饳照人影，瓜干煎饼两把捧”，渣豆腐看不见豆子沫。多数村民为节省粮食，调节饭食，农忙时吃稠，农闲时吃稀，秋收后，在地窨子存放部分鲜地瓜，多数切片晒成地瓜干，用作常年主食。

20世纪50年代，生活水平有所提高，但改观较小。1958年，办食堂一般吃的是季节粮，从春天开始，以地瓜为主，带秫秫糊饳。高粱收获吃窝头，秋天吃地瓜，粮食调剂吃的时候较少。1964年，全大队粮食总产3.97万千克，扣除公粮、种子粮、饲料粮，人均155千克，其中大豆5.7千克。1965年，生活好转，但面粉较少，只有在过年、过节及来客人时才能吃到一点。副食还是以白菜、萝卜、咸菜等素菜为主，肉、蛋较少。村民喂几只鸡下蛋也舍不得吃，还得拿到山下集市上换取油盐火柴。如果家里来亲戚，以自家种的蔬菜为主，炒上3个鸡蛋、打二两散装白酒待客。那时用钱买豆腐叫“端豆腐”或“割豆腐”，用豆子换的叫“换豆腐”。用钱买盐、买酒、买煤油等叫称盐、装酒、打煤油，用鸡蛋换的叫换盐、换酒、换煤油。为备荒村民有冬贮干菜的习惯，多为地瓜秧子、萝卜缨子、辣菜缨子、扁豆皮子、豆角等，收获季节水煮、晒干收藏，冬春食用。

20世纪70年代，开展“农业学大寨”运动，大搞农田基本建设，谷子、地瓜产量逐年提高，村民不但能吃饱，饭食质量也不断提高。主食、副食以地瓜干煎饼，玉米糊饳或小米稀饭为主。村民以煎饼、糊饳、渣豆腐、咸菜为家常饭食。因集体饲养羊群，每年村民可吃到4～5次羊肉。

改革开放后，多数村民“两个月种田，一个月过年，九个月去挣钱”，日子就像芝麻开花节节高，进入以米（大米、小米）、面食为主食，以鸡、鱼、肉、蛋为副食的时代。90年代后，人们在吃饱的基础上，开始吃好，馒头、包子、饺子、面条已成家常便饭，偶尔还吃点菜包、窝头，当作“改善生活”吃“稀罕”。

地瓜干

地瓜秧

干扁豆

窝头

主食　清末、民国时期，村民的主食为地瓜、高粱、谷子等做成的煎饼，有的村民每年打谷时从不扬场，担心除去秕谷、谷糠后粮食不够吃。每年春、夏、秋三季都要提着筐篮到野外剜野菜，糠菜相伴为食。灾荒年份，甚至以树皮、树叶为食。1959年集体“吃食堂”时，村民还吃“糠窝窝”。20世纪60年代，村民以地瓜干和小杂粮为主食。其做法是将各类原粮碾碎、泡透后，磨成糊状烙成饼、蒸成窝头。2005年前，户户有石磨，以人力推磨磨成煎饼糊子，然后支起鏊子，烧柴火摊煎饼。也有将各类原料制成窝头、饼子等食用。蒸窝头一般在锅屋内支锅生火，并以风箱催火，用箅子蒸制或直接将饼子环贴锅壁上（俗称“锅贴子”），锅内做汤、粥。村民就餐时，素来伴以稀饭或糊饲。民国年间，稀饭多用小米、高粱米，现多用小米、大米、小杂粮等熬制而成。面食有馍馍（馒头）、水饺、油饼、面条等，多为年节或待客食用，平时将白面珍藏瓮中、罐内。喂养婴儿多在摊煎饼或烧柴火做饭时团一面团，包于桑叶之中，再于灰火中烧熟嚼细喂之。1990年后，面粉、大米食品成为家庭主食。村民的主食有煎饼、馒头、米饭、烧饼等。

地瓜　1980年前，地瓜是村民的主食，主要是储存鲜地瓜或秋天收获时切片晒制成地瓜干煮食、做稀饭或剁碎磨糊烙成煎饼等，农业合作化后，因种植面积扩大，大多数切干晒干后磨面烙煎饼、蒸窝头、做大包子等。在艰苦的生活实践中，村民摸索出了多种食用方法，有地瓜干面面条、地瓜干面大包子、地瓜饭、金银卷（地瓜干面、白面、高粱米面三合一发面卷，内夹豆腐或菜类）、地瓜淀粉粉皮、粉条、地瓜干面糊糊、拔丝地瓜、地瓜蔓豆沫、地瓜干酒等。

煎饼　一日三餐，九间棚人习惯煎饼的存在，煎饼是九间棚人偏爱的主食，不管是贫穷时代以高粱、地瓜为主食的时代，还是现在的米、面为主食的年代，村民都习惯把这些粮食想方设法做成煎饼，哪怕是掺糠食菜的时候也不例外，有的烙成纯小米、高粱、白面或混合杂粮二合一、三合一、数料合一的煎饼，有的加上两把大豆。杂粮和大豆的配比烙制的煎饼劲道，长时间放置口感不散。

烙煎饼　地瓜干、米粮等料用碾破碎后，浸泡，用石磨或机械钢磨磨成细糊，放于盆中，稍作发酵或不发酵，支上鏊子，点燃柴草将铁鏊子加热，用勺取糊，随后用“辟子”或小巧的木（竹）耙均匀地刮之，用力轻者，煎饼厚、却软，用力重者，煎饼薄、则脆。旧时，用石磨磨糊，做成糊面团双手在铁鏊子上滚动，后用“辟子”刮平。改革开放后，村民的生活水平有较大提高，做煎饼的技术有较大改进和创新，选料上增加大豆、大米、花生、芝麻和柿子、胡萝卜、芹菜等蔬菜，品种繁多，风味多样。

烙煎饼（2018年1月 摄）

面食　有馒头、面条、水饺、包子、花卷、油饼、火烧等十多个花样品种。馍馍（馒头），用面粉经发酵后做成，松软可口。可中华人民共和国成立前九间棚人很少吃得起，主要原因是九间棚村山地薄、缺水不适宜种植小麦。1970年，大队播种小麦0.5千亩，单产27千克，留取种子100千克，村民人均分配0.5千克。村民视小麦为细粮，家家都有，但不多，用起来十分节省，大多是待客或过年过节、打墙盖屋时作招待饭食。

副食　主要有稀饭、糊饲、渣豆腐、年糕、发团、点心等。

稀饭　稀饭是村民最普遍的吃法，一般家庭天天做稀饭，一年四季不断。有小米稀饭、高粱米稀饭、五谷杂粮都有。20世纪80年代前，村民以小米稀饭为主，抓上一把小米，一把绿豆放在锅里，再放上一定数量的水，盖上锅盖，用柴火烧开后小火炖烂即成。

糊饲　糊饲是村民最经常的吃法，一般家庭户村民天天做，一年四季不断。用地瓜面、小米面、高粱米面等，用水搅稀，根据人口、饭量烧上半锅水，待水煮沸时，将稀糊倒入锅中，煮沸即成。生活困难的时候喝地瓜饭糊饲、菜糊饲，春荒紧缺的时候烙不起煎饼，糊饲就当主食。现糊饲的花样多，有咸糊饲、菜糊饲、大米面糊饲、小米面糊饲（俗称茶汤）、五谷杂粮都可磨成粉面做成糊饲。

年糕　黍米（俗称饭谷、粘谷）面做成，有的里面掺上枣、豇豆、小豆等，专供春节食用，以示吉利、生活年年高的兆头。

点心 民国前，一般村民家庭吃点心（糕点）的机会较少，只有过节、办喜事时偶尔能吃到。点心品种有桃酥、月饼、金钱饼、百合酥、茗姜等。现在点心品种上百样，村民常用的点心有饼干、桃酥、蛋糕、油果等。

菜肴 九间棚村民食菜，多因家境和生活习惯而异。旧时，一般农户多以咸菜或小咸鱼（俗称靠鱼子）为主。无论贫困、富裕，村民一年四季都做咸菜，有香椿芽、萝卜、辣菜咸菜等。多数村民的宅院前后栽种几棵香椿树，每年春季腌制香椿芽咸菜，以其枝叶和汁水佐饭。夏天做酱麸子（大豆为主料腌制而成）、晒豆酱。秋天腌辣菜疙瘩、胡萝卜、萝卜、辣椒、豆角、茄子等。多数老年妇女积累了一定的咸菜腌制经验，腌制的咸菜，特别是香椿芽、辣菜疙瘩，其色、香、味俱佳。

九间棚村民喜食猪肉（村民一般所说的肉即指猪肉）、鸡肉、羊肉，其次为牛，兔肉等。猪肉除平时招待客人用外，一般均待春节时才可“杀猪过年”。咸鱼中以白鳞鱼、鲜鱼中以鲤鱼为上品，多为年节时食用或馈赠。一般家中炒菜很少用油。20世纪90年代后，村民家家以白面馒头、各类肉制品为家常便饭。

渣豆腐，用地瓜秧、大豆面熬煮而成

渣豆腐 主要原料为黄豆和青菜，青菜主要用小白菜、大白菜、萝卜、胡萝卜、菠菜或田野里的苦菜、荠菜、七菜（小蓟）等。九间棚村民家家会做，做法是把豆子用水泡至饱胀，用石磨磨成稀糊或用碾压成碎粉，将青菜先用热水烫或用盐沥其水，剁为细末（萝卜、胡萝卜可切成细条），一齐入锅，用文火烧开、煮熟，再以个人的口味放盐调味，干稀均可。渣豆腐是九间棚人的专利，又当饭又当菜。九间棚村上等的渣豆腐有大豆（碎粉）加辣菜缨子炒制而成，还有豆面加菠菜、苦菜、胡萝卜、萝卜、白菜分别炒制而成，用花生米（碎粉）加菠菜、胡萝卜、萝卜、白菜分别炒制而成或合炒更有一番香味。将干辣椒用火烤至干黄，花生米用锅炒熟晾干与辣椒混合，再放入少许盐、花椒用石臼捣细倒入盘中，渣豆腐原汁原味，辣椒酱香辣开胃，食之满头大汗。

豆腐条。将豆腐切成0.02米厚，0.05 ~ 0.08米长的条块放入盘中，花生油50克放入铁锅中文火烧至七成开，放入花椒、辣椒炒成干黄，再放入葱、姜翻炒两次后置入热锅一边，后放入备好的豆腐条，中火炒制四面发黄，最后放入盐拌炒在一起，装盘上桌。

辣菜 村民喜欢种植辣菜疙瘩，主要是腌咸菜或做炒菜、焖菜。

辣菜、辣菜疙瘩咸菜

蔬菜 胡萝卜主要是煮食、做调和菜等。此外，就是干菜，如地瓜秧、米豆皮子、辣菜缨子、萝卜缨子等。蔬菜大棚问世后，反季节蔬菜一年四季都能吃到。村民常吃到的蔬菜还有土豆、冬瓜、南瓜、豆角、西红柿、韭菜、茄子、包菜等。只是菜的质量大为提高，1990年前，做菜以菜为主，少油缺肉。2000年后，炒菜油多、肉多、蛋多、精料多，鸡、鱼、肉、蛋成了菜肴的主要成分。

饮品 清末、民国年间，一般村民无饮酒、饮茶习惯，仅待客时才用茶。有些家境宽裕的老年人早晨喝大叶茶，晚饭时饮酒。

中华人民共和国成立后，能喝到的饮品是茶

和白酒，白酒都是高酒精度的（52 ~ 65 度），酒量小的喝不了。改革开放后，饮料品种、数量剧增。低度白酒、果酒、啤酒、葡萄酒、香槟酒、保健酒等花样繁多，果汁、豆奶粉、芝麻糊、可乐、牛奶等，适合幼儿、老年人、女性各层次人群的都有。20 世纪 80 年代部分村民喝散白酒，90 年代饮酒者渐多，饮茶者较为普遍。一般家庭经常备有，随喝随取，凡有喝酒嗜好的人，午、晚餐饮两盅。喝茶更是如此，计划经济时期喝茶多是大叶茶、金银花，有的村民采摘自然地产的金银花，苦菜、石竹子、孛孛丁、野菊花、野麦子、槐树豆等，经炒制作为防暑降温饮品，田间劳动归来，冲上一壶，喝上几杯，原汁原味，降温解暑。

村民炒制金银花茶（2016 年 4 月 摄）

改革开放后，村民一般都喝红茶、绿茶。多数村民家中的茶壶里冲上了铁观音、大红袍、龙井、信阳毛尖等茶，成为时尚。

野菜　中华人民共和国成立前，野菜是贫困村民因粮食少，不可不吃的充饥食材，有荠菜、车前、刺蓟菜、苦菜子、孛孛丁、灰菜、马苋菜等 30 多个品种，多是开水炀后加蒜泥凉拌或用水洗净后调入糊中做成菜糊饾，或加入地瓜面、高粱面中做成菜窝窝。20 世纪 70 年代后，村民粮食充足，告别了野菜充饥的时代。2010 年后，九间棚人在鸡鱼鸭、肉蛋奶丰厚的生活中，又将野菜重新搬上了餐桌，且花样多，讲究饮食保健。

荠菜　春天村民食用荠菜之鲜美，常做凉拌荠菜、荠菜饺子、荠菜馄饨、荠菜豆腐羹等。

荠菜（左）

凉拌荠菜（右）

槐花　四月槐花开，正是贫困人家的口粮青黄不接的时候，妇女、少年采摘槐树上挂满枝头的槐花洗净后做汤、拌菜、做饼、焖饭，有时还用槐花蒸包子、包饺子。

槐花（左）、槐花饼（右）

马齿苋　村民称为“长寿菜”，因为春夏秋均可采食，采摘多了，还可用开水煮沸后，凉晒干到冬天食用。因马齿苋含酸类物质较多，吃的时候会觉得稍有些酸味。用酱汁拌成凉菜，上面丢一点儿炒熟的芝麻，不仅味道清爽，还有丰富的营养价值。马齿苋炒鸡蛋，为村民待客美味。

马齿苋（左）

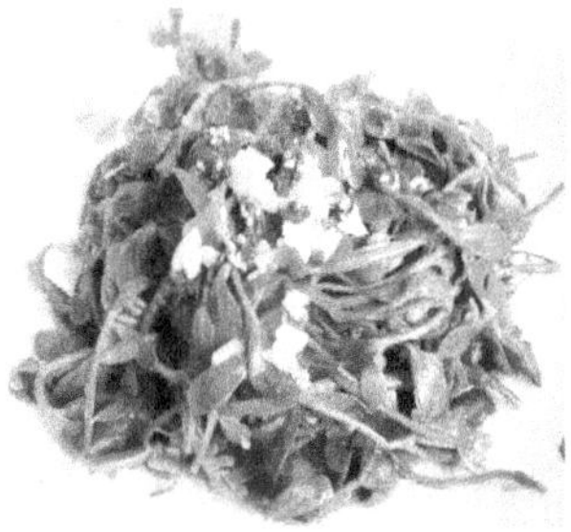

凉拌马齿苋（右）

村民常食用的野菜还有苦菜、蒲公英、桔梗、灰菜、野蒜、野韭菜、蓬子菜、蓟菜等。

宴席　九间棚人豪爽、热情，每遇有客或年节都要置办宴席（俗称“摆酒席”）。传统的宴席制作方法大致有炒、炖、炸、拌等。招待客人菜数必须为双数，一般六、八样不等。重要客人需“十大碗”（10 个菜）。

九间棚村最隆重、正规的席为招待“贵客”（即第一次“认门”的女婿）所设的席（俗称大席），每桌8人。正式席开始前先上点心（即挂面、卤子，1人1碗），4个或8个点心盘子，有桃酥、油果、蛋卷等。然后正式开席，所上菜数量有“十样或十二样”（每样用一个盘）整鸡、整鱼（鲤鱼）各1盘。要先上4个凉菜，开宴后依次连续上8个大盘。上菜时，必须有专人持红色“托盘”（木制长方形盘）双手奉上。上菜的顺序为头鸡（表示祝愿客人事事吉利）、二鱼（鲤鱼，表示祝愿客人年年有余）、三合菜（表示祝愿客人和和美美），其余菜可酌情上，但最后两个炒青菜和丸子必须等客人再三“催饭”后方可上。菜的摆放有讲究，每道菜必须先放到贵客面前，而且鸡冠要朝上。鸡头要朝向贵客，表示对贵客的尊重。鱼要头向东。每道菜须由贵客先动筷，其他人方可随之。客人停筷，陪客者须得殷勤劝进，鸡头须由长辈吃掉。

贵客席坐姿有讲究。宴席要安排在正房当中（一般为北屋正中），用八仙桌一张，正面为上座，左边者为首席，由贵客就座，其他人按照辈分、年龄和以左为上的格局依次就座。与上座相对的席位一般由辈分、年龄较小者就座，负责安排菜位、斟酒、倒茶、敬烟等，席间要频频向客人敬酒，由亲属按辈分、年龄从低到高依次进行。敬酒要有两人，一人把盏，一人手托铺有红布（纸）的小托盘进行。也有同席者视其情况敬酒的（俗称“插空儿”）。按照“酒分量饮”的原则，对同辈或下辈的敬酒贵客可以选择喝或推辞。但对于长辈的敬酒，客人则应起立双手接过并酌情喝，直至酒足饭饱尽兴而罢。

九间棚村民的一般宴席大多也按贵客席的程序进行，但许多程序可以简化。旧时男女、父子不同席，近来此俗已有变化。除因“白事”（丧事）举行的宴席外，一般宴席可以父子、男女同席，也可以猜拳行令以助酒兴。迎送新亲、贵客及婚嫁的宴宾饮食，较为讲究。除烟茶款待外，在用饭上，贵客初来多吃面条，寓意“常（长）来常（长）往”，通常不吃水饺，认为吃水饺把客人的嘴给“捏”上了，对人不礼貌。红事、白事用饭多为馒头。用菜无论多少，均为双数，通常8～10个菜，荤素搭配，但必有鸡鱼肉蛋。席间备以白酒或红酒。随着经济条件的提高，农村宴宾饮食也多以丰为荣，尽心待客。

饮食支出　清末、民国年间，村民人均饮食支出占全年总收入的5%。20世纪50—60年代，村民饮食支出10～15元，占全年总收入的5%～10%。70年代，村民饮食支出35～40元，占全年总收入的20%～21%。90年代，村民饮食支出210～230元，占全年总收入的15%～16%。2010年，10户村民抽样调查，人均饮食支出1050～1100元，占全年总收入的17%～18%。2020年，10户村民抽样调查，人均饮食支出2100～2300元，占全年总收入的14%～15%。

女性生活

女性在旧时为社会地位低的群体，女性从小就要受到“三从”“四德”的封建传统教育，识字者较少，且从小要学习做家务和从事“女工”（针线技巧）。女性一般幼时扎耳朵眼、扎“羊角辫”，至15岁后即扎独辫（俗称大辫子）垂于脑后，新婚时则要“开脸”，并梳起发髻（俗称“绾纂”）。一般女性婚前均在家中操持家务，较少外出，做到“大门不出、二门不到”。清朝年间，九间棚村妇女自幼缠足（俗称“裹脚”）。旧时九间棚村女性自小只有乳名，且乳名多限于妮子、花、玲、香等字，多无按行辈的学名（俗称大号），婚后则在丈夫姓氏之后加上本人姓氏称为“××氏”。

旧时女性生活　女性在旧时的婚姻生活中地位低，婚姻全由“父母之命，媒妁之言”，有的未成年女性被迫当“童养媳”，社会舆论要求女性丧夫后须守寡，不得再婚。女性结婚后，如丈夫不满意，可依“七出之条”（即只要有“无子、淫佚、不事舅姑、口舌、盗窃、妒忌、恶疾”七种情况之一的，丈夫可单方面强迫妻子离异）写出一纸“休书”，将其休掉。旧时女性结婚后，即在家庭中处于从属地位，被人称为

“×× 他老婆”“×× 家里”或被称为“办饭的”。旧时，女性生育处于自然状态。九间棚村民历来对老年女性多加尊重。

女性争取自由　中华人民共和国成立，要求妇女不再缠脚。九间棚妇女的生活走进新的历史阶段，改变世世代代“围着锅台转”的传统，纷纷走出家门，参加集体劳动，在家庭生活中，强调男女平等。女性开始按照本家族的行辈取名，妇女逐步成为政治、经济和家庭生活中的“半边天”。

当代女性　中华人民共和国成立后，九间棚妇代会组织广大妇女参加集体生产劳动、开展“维权”（维护妇女儿童合法权益）、“美在家庭”等项活动，引导广大妇女在“三个文明”建设中发挥生力军的作用。女性在政治上享有同男子一样的权利，在上学、就业、就医方面也都享有同样的权利，在一至十二届村民委员会换届选举中有四届 6 人次当选，其中陈凡莉连续 2 届当选为村民委员会主任。

现代女性有自己工作、事业、收入，经济、人格上独立，不受男性约束，注重个人修养与知识积累，把生活当成一项艺术来经营，注重化妆、润肤、美容，希望保持青春、靓丽，工作中有着自己的理想与目标，对生活和家庭更加热爱，兴趣爱好更加的广泛。

第二节　居住习俗

九间棚村民以四世同堂为荣，儿孙满堂不析产，几代人同住一院。其院落面积大小不一，内有正房和偏房，一般坐北朝南，堂屋（北屋）3 间，两明一暗，人口多的家庭有建 4 间、5 间正房的，偏房有东屋、西屋、南屋之别，以东屋居多，一般 1 ~ 2 间，南屋用作锅屋（厨房），房屋为石头墙体、木板门、木窗棂（不开后窗），起脊式草顶。正房从地面到檐口 2.2 ~ 2.5 米，房宽 3 ~ 3.5 米，偏房屋脊、茅檐都要低于正房。正房多设双扇门，偏房为单扇门，窗小而棂密，多为九棂窗。院落布局多依地势建房筑墙，方向以日照时间长短而定。大门多东南向，安柴门或挑檐门楼，富裕者建双扇大门连过道，内衬影壁墙。院内无井窖。厕所、栏圈、仓囤、石磨等以大门方位而定，多数村民的栏圈建在院外。建房时多请人看地理，择吉日，并有诸多忌讳。村民建房多在农闲季节进行，有帮工帮料之俗。亲邻故旧多于搭地基、上梁苫屋时前往帮工。新房上梁时，燃放鞭炮，并于脊檩贴“上梁大吉”，用红线系皇历本及新筷子 1 双。新房落成，款待工匠及乡邻。

民国时期

村民的居住条件较差，一般人家房屋是石头墙草房 3 间，东西各 1 间厢房，结构高度不足 3 米，室内宽度不足 4 米，木板门、木棂子窗，石头干查墙，房屋低矮、狭窄、潮湿、阴暗，撒气漏风。厢房与堂屋相比要低、矮。堂屋正间安放吃饭桌用于吃饭、待客，正间屋门两边是锅灶，锅灶旁边是风箱、水缸。厢房做厨房、做仓库；人均居住面积不足 4 平方米。多数户无厢房，厨房、仓库均在堂屋中。

木床，一般家庭 2 ~ 3 张，大床用于娶新媳妇，等孩子长大又该娶媳妇了，老人便把大床腾出来，洗刷晾晒后用大漆一刷，再娶新媳妇，自己换一张小床用。媳妇有了孩子，小时自己搂着，稍大后，有钱的买一张小床，钱少的就木橙或石块垒个“床腿”，上面用树枝绑个床光，便是一张床。不管什么床，铺头都是三大件，秫秸箔子、麦秸苫子、秫秸席，没有钱买秫秸席就睡谷秸苫子。有的户无力搭张土床，只用石块垒个方形，里面铺上山草就是睡觉的床。

20 世纪

居住习俗是住草房、睡木床。居住讲究隔代不同房，儿大避母，女大避父，儿女渐大分室而居。若两代同住一院，长辈住正房东间，儿女住西间，中间为客厅。三代以上同住一院，则长辈住正房，儿孙辈住偏房。1911—1965 年，村民居住二代住房，石头墙草苫房结构，3 米宽，4 米长，多数村民户是3间北屋30多平方米，木板门、木棱子窗户，人口多的村民建有1间耳屋、1间厢房作锅屋（厨房）。

1965—1990年，村民居住三代住房，建房标准有所提高，房屋基础加深、加固，砌基础使用石灰砂浆，稳固性增强。房屋高度一般3米左右，长4米，宽4.5米。墙的四角和梁下砌砖柱或石柱，檐子用平瓦，屋头用砖瓦做成，俗称“四不漏茅”。门窗开始使用玻璃材料，屋内采光好，宽畅明亮，房顶大多是“罗汉衣”式，多数村民户建有1间耳屋、1～2间厢房及猪圈、院墙、大门形成院落或四合院；每户主房面积50～60平方米。

20世纪40—50年代的二代民房

1990—2000年，村民居住四代住房，房屋设计日益讲究，单设厨房，玻璃门窗内设纱窗，地面铺红砖、瓷砖。房高4米，宽度5～8米不等。水泥混合砂浆砌筑，抹灰。水泥地面，清洁卫生。木制或钢制、塑钢窗、玻璃门窗，加宽加高，采光好，密封严实，空间大，宽敞明亮。提高了房屋的使用效果。

21世纪

村民居住四代住房，学习城市居民楼房设计理念建起二层楼房，室内装修瓷地板砖、木地板、木墙裙、铝合金门窗、装饰线等，面积在200～300平方米，内设有卧室、客厅、厨房，自来水入室。人均住房面积达到50平方米。

九间棚集团公司在县城开发建设九间棚新村，建设新楼房6栋150户，部分村民迁居，公司上班，小区居住，同城里人一样的生活。

年轻一代人通常是婚前就需要父母建设独门独户的住宅或在县城购买商品房，结婚后就与父母分居，男方父母为儿子成家在县城购买商品房成为村民的沉重负担。

2000—2019年，全村有23户村民建起别墅式二层楼房，卧室、客厅、厨房、餐厅分设，地面用瓷砖或大理石、地板铺设，屋内装饰考究，门窗多用铝合金及塑钢。53户村民在县城在购买楼房。

21世纪初村民四代住房

建房支出

建房支出，历代为九间棚人第一大支出。清朝、民国年间，村民多为半辈子的积蓄，才能建上2～3间石头墙草房。民国初年，一口3间石头墙草房，造价需要6块银圆，是一位壮年劳动力5年的劳动报酬。1965年，全大队有5户社员建设房屋17间，人均建房支出35元，占人均总收入的128.7%。1980年，全村人均建房支出61元，占人均总收入的80.3%。1990年，全村人均建房支出675元，占人均总收入的52.1%。2000—2020年，全村有30户村民新建楼房23栋3500平方米，瓦房7位420平方米，共投入资金395万元，人均支出1.35万元。

第三节　生活用具

清末、民国年间，一般农家有木床、橱、桌、凳、箱、柜等生活用具。村民加工粮食主要用石碾、石磨，计量粮食主要用升、斗、秤。赶集时一般用背搭子，用粗布制成，两个大兜，一前一后背于肩上，分装、运输物品多时则用托子与两个窝篓子或筐头子，形成一副挑子。

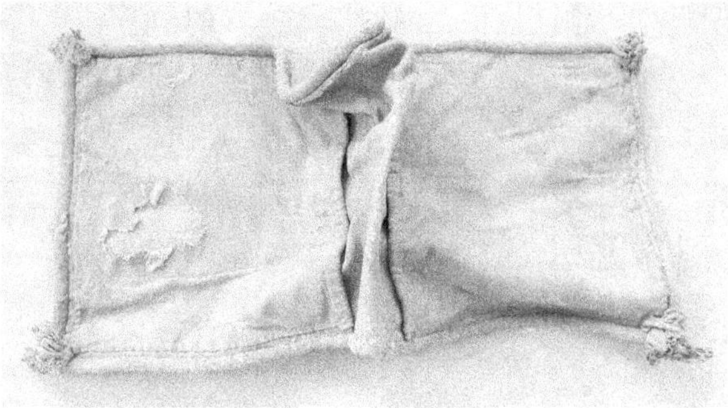

背搭子，装物工具

家具

清末、民国年间，九间棚人的室内家具一般有“四大件”“六大件”，包括柜、八仙桌子、椅子、小杌等，另有针线篮子、烟盒子等。在摆设上一般是房内正中八仙桌子、太师椅，稍富裕者在八仙桌后置放条仙儿，两边摆放橱、柜、衣架、箱等用具，其中柜须置于床头，俗称“床头柜”。东山墙下安床、“炕”。贫困家庭仅有木制吃饭桌、小凳。村民睡觉的床档次不等，富有人家睡的是顶子床，床的上部有顶盖，四周有木刻装饰花纹，宽大、木质好，床前有脚榻（矮凳子，供上下床用）。

中华人民共和国成立后，村民的家具逐渐增多，除八仙桌子、条仙儿等无大变化外，增添沙发、立橱、写字台、书橱、席梦思床等新式实木家具和真皮家具。普通人家的床简单实用，好的用椿木、槐木做成，4 根木腿，2 个木床光，3 ~ 5 根床撑，上面铺上秫秸粑子，再铺床苫子，一领苇席，称“笆光子”床。

改革开放后，建房标准不断提高，家庭用品档次和数量相应增多，铁床（防震用床）、木床、八仙桌、茶几、沙发、衣柜、菜橱、写字台等塞满屋子。床上用品有铺有盖。女孩出嫁时兴 4 铺 4 盖（4 床被子、4 床褥子）4 大件（手表、缝纫机、自行车、收音机，俗称“三转一响”）。80 年代初，电视机、收录机陆续进入家庭。90 年代起，彩电、电冰箱、电脑、洗衣机、油烟机、席梦思、梳妆台、真皮沙发、摩托车、电动车等进入村民家。

21 世纪后，更多的新式家具普及，有电脑桌、红木壁柜、实木沙发、玻璃储柜等，材料新异，油漆精美，花纹仿真，风格多样，轻巧美观。

杌子

柜

太师椅

小八仙桌

20 世纪初村民家庭用具

炊具

中华人民共和国成立前，村民的炊具主要有锅、鏊子、盆、罐、壶等。炉具有风箱助燃的大炉子（俗称“炭炉子”），有黄泥糊砌成的泥巴炉子（俗称柴火炉子），少数家庭在卧室内有连接火炕的土炉（俗称炕炉子）。鏊子为村民户户必备的摊煎饼用具，平放地下，支起三脚，或支在专用摊煎饼炉子上。清朝年间的炊事用罐为口小肚大双耳陶罐，有小耳罐，用于煮稀饭、粥。中耳罐，用于泉中取水。另有各类陶盆做洗菜、淘谷等用。同时有盛粮的大小瓮、囤。家用水壶多用黑白铁板手工打制，用葫芦剖开制作水瓢。村民日出而作，日落而息，晚间一般不照明，偶有照明者则点油灯。置一带灯碗的灯台，碗内放棉油、豆油，1940 年后用煤油。1960 年后，随着卫生观念的确立，炕炉子逐渐废用，拉炉子逐渐开始改为燃煤的“站炉子”或煤球炉子。炊灶多用土坯砌柴草灶、配风箱、铁锅、秫秸莛盖顶、锅铲、饭勺（有铜、铁、木质）、黑瓷餐具等。村民做饭以烧柴为燃料，现今多为烧煤或液化气。村民家中一般都有一盘三条腿的铁鏊子用来烙煎饼。炊具器皿多为条编、木质、陶瓷、塑料及少数玻璃制品。2000 年后，多数村民用上高压锅、电饭锅等，改变过去那种“铁锅、柴灶、葫芦瓢，土陶、黑瓷、木饭勺”为炊习俗。

20世纪80—90年代，村民多使用蜂窝煤炉子，21世纪初已由烧用无烟煤、蜂窝煤改为液化燃气灶，部分家庭使用电磁炉、微波炉。鏊子在一般家庭中也逐步被淘汰，电烤箱、电饭锅、高压锅已普遍使用，各类塑料水桶和钢精、铝合金、玻璃厨具逐步时兴。精制的玻璃、细瓷、五金等食具、茶具、酒具，一般每户都有，年轻村民还在小康楼内安装整体厨具，使厨房向新潮流发展。

村民做饭、炒菜都用生铁锅，锅的型号从小到大有四印小耳朵锅、（直径0.4米）、五印、八印、十印、十二印等，锅盖用秫秸梃子、麻线穿钉而成。烙煎饼用的鏊子有六印、八印两种，支灶烧柴。盆子大多数用泥瓦盆，有小窝儿盆、三盆、四盆、大盆之分；缸有泥缸和瓷缸两种，主要用途盛粮食，瓷缸一般腌咸菜、存放水用。吃饭一般用黑碗。

民国年间，村民用泥瓷壶或铁壶烧开水，瓷罐或竹子皮暖水瓶盛开水。20世纪60年代用黑瓷碗，烧火以柴草为主。80年代后村民用白瓷碗，烧火用煤炭、柴草，90年代后用铝壶、不锈钢壶烧开水，喷花铁皮、不锈钢或塑料皮暖水瓶盛开水。塑料制品开始盛行，塑料盆、茶盘、碗具及铝制锅、盆、瓢、勺、不锈钢制盆、锅等先后进入村民家中，部分村民使用高压锅。90年代始，高压锅、电饭煲、微波炉、液化气灶、电水壶、电炒锅、豆浆机、冰箱、电烤箱等相继入户。更多的新式厨具进入厨房，高档数控燃气灶经济实用，轻巧美观。

20世纪60年代至21世纪初
九间棚村民家庭用具“三大件”一览表

表9-2

时代	三大件
20世纪60年代	杌子、八仙桌、柜
20世纪70年代	自行车、手表、缝纫机
20世纪80年代	高低柜、收音机、电视机
20世纪90年代	组合柜、洗衣机、电冰箱
21世纪初	空调、电脑、汽车

水具

清末、民国年间，九间棚人使用的水具分汲水、运水、储水三部分。

汲水用具　水抽子、水车。

运水用具　勾担、泥罐、瓷罐、水筲、水桶等。

储水用具　水缸、水罐、水筲、水桶。

饮具　有茶壶、茶碗、燎壶、电开水壶、暖水瓶（竹、铁壳、塑料、不锈钢）、水嘟噜、酒壶酒盅等。

纺织工具

1970年前，九间棚村纺织工具有纺线车子、织布机，均是人工操作。

织布机　木制，由机架、撑（chèng）子、撑框、梭、杼、综、提线梁、踏板和座床子组成。与织机配套的有绞车子、钎杆、综刷子。

19世纪的民用织布机

纺线车子　木制，线绳传动，分车架、摇轮、轴座和轴子、挡片组成，用来纺线和“打栌椁子”。

19世纪的纺线车子，20世纪村民李明珍在纺线

20世纪村民家庭生活用具

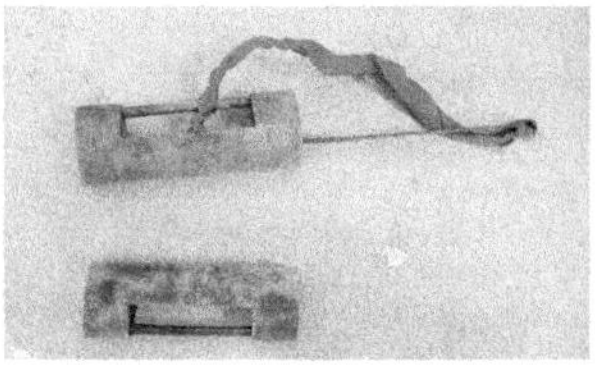
铜锁

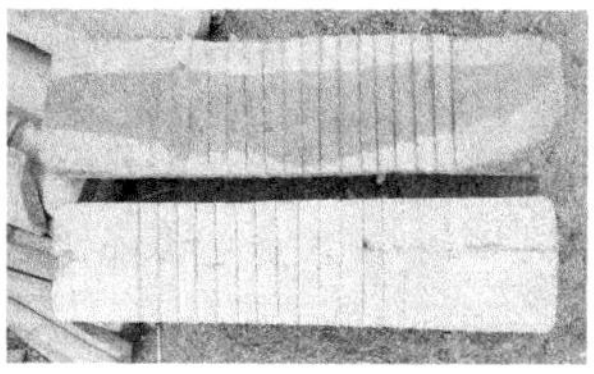
搓板

油娄

茶壶、黑瓷碗

过床子、篦子

泥盆

泥罐子

水具

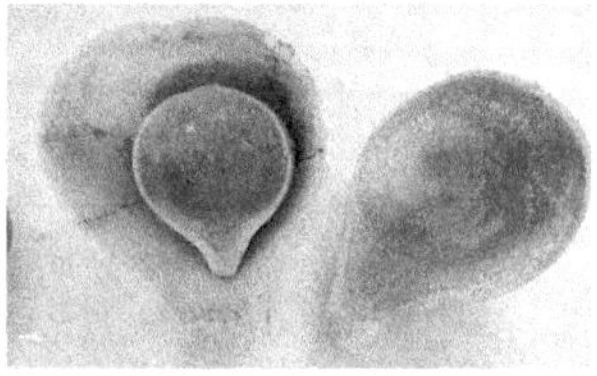
瓢头子

罩子灯、乙烷灯

扫帚

刷帚

风箱

盖顶子

簸箕

苑子、簸篮子

洗脸盆（铜质）

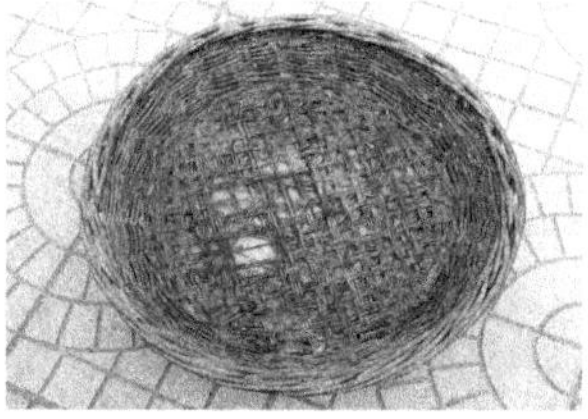
筛子

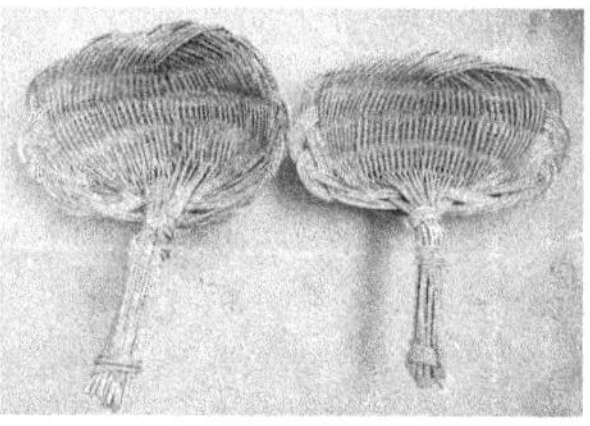
笊篱

茶壶

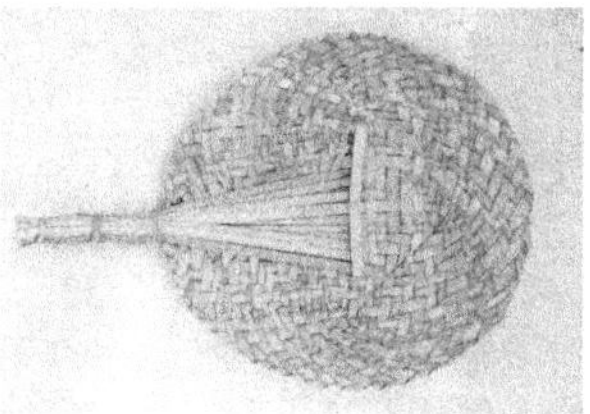
蒲扇

蒲团

花笼筐

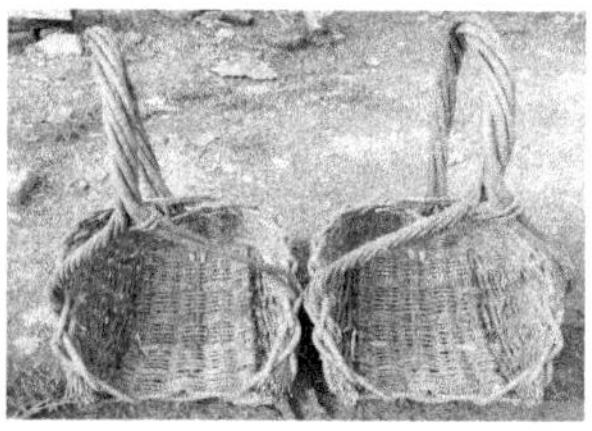
粪机子

筢子

鸡筐子

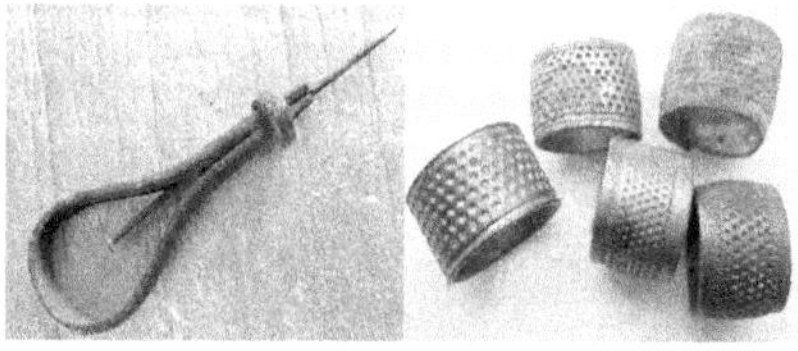
针锥、顶针子

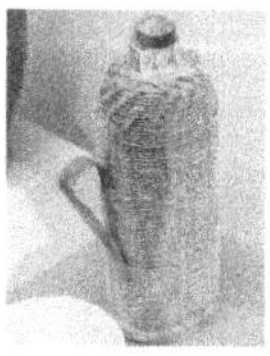
竹皮暖水瓶

粮食粉碎用具

旧时粮食粉碎、加工多用石碾、石磨、椎、臼、铡刀，20世纪60年代后用磨面机、粉碎机。

碾　石质，由碾盘、碾砣、立轴、碾架四部分构成。碾砣在人工推动下，绕着立轴在碾盘上转动，进行破碎粮食等物品。一般安置于露天、地势平坦宽敞、向阳避风、道路通达的中央位置。20世纪80年代前为村民主要破碎加工粮食用具，1965年集体副业购进磨面机、粉碎机后，为辅助破碎加工粮食用具。2020年，村内共有石碾2盘，分别安置平顶山凤凰园、刘甲伦宅旁，碾盘、砣为石灰岩质、木架。

石碾。20世纪70年代前，粮食及农副产品的破碎工具

槽碾　粮食破碎用具，由碾槽、碾砣两部分组成，中华人民共和国成立初期，村中有4个，分别位于平顶山、栗树棚、马家岭，其中有2处碾槽为天然石灰岩凿成，砣身用一块圆形石块做成，中间方（圆）孔镶一木柄（轴），由人工操作运用杠杆、旋转、惯性原理。舂米时，一般需要2人，一人滚动碾砣，一人搅拌碾槽内的谷米，熟练者也可一人完成。20世纪50年代因效率低下，多被石碾、石磨替代。

马家岭槽碾（2019年6月 摄）

磨　由两块圆柱形的石盘和圆形磨盘三部分组成，上磨盘中间低，周围高，居中一侧有一个半径0.05～0.06米的圆孔，为送入粮食等谷物的进孔，下面打制斜型齿，居中有一个半径0.02米、深度0.02米的圆孔。外侧180度各有一个半径0.02米的圆孔，安装磨拐，用磨套连接磨棍，人工推磨用的。下磨盘固定在圆形磨盘上，上面打制斜型齿，居中有一个半径2厘米、深度2厘米的圆孔，固定圆木磨棋，与上磨盘圆孔扣合。人工推动上磨盘，向入孔内投入粮食，破碎的粮食粉末就旋转着落在磨盘上。20世纪80年代九间棚村90%以上的村民家中有石磨。

石磨

臼　舂米或捣物用的器具，有大小之分，多用石头或木头制成，中间凹下样子跟盆相似，大臼用于破碎粮食。20世纪60年代，村民家家有1个小臼，用于捣蒜等，臼为石质，杵为石质或木质。

铡刀　用来切碎农作物秸秆、饲草等物的工具，由铡墩、铡刀和铡轴组成，铡墩为木质，中间纵缝叫侧口，缝边钉有铁条，条上有齿，防止铡草时向一头滑动，使用杠杆原理，饲草在进入铡缝时被切断。

20 世纪 60—80 年代
九间棚村村民生产、生活用具一览表

表 9-3

种类	名称
农具	杈、扒耙、扫帚、木锨、铁锨、镢头、镐头、镰刀、锄、犁、耙、豁犁子、石砘、扁担、耩子、托子、筐头子
厨具	黑碗、瓷碗、茶壶、瓦盆、瓦罐、木勺子、泥饭盆、豆油壶、瓷缸、水瓢、笊篱、瓷勺、菜刀、菜板、饭铲子
席具	草蒲团、凉席、蒲扇、草席子
成衣工具	针、线、布、尺子、剪刀、鞋样子
运输工具	木推车、地排车、筐头子、粪篓
文具	毛笔、砚台、墨盒、纸、铅笔、石板、橡皮、书包、蜡笔、钢笔、圆珠笔
生活用具	纺线车、钥子、织布机、针线筐、桌子、杌子、柜、油灯、烟盒子

1982—2020 年九间棚村村民家庭生产、生活用具一览表

表 9-4

种类	名称
农具	镢头、铁锨、镐头、锄、拖拉机、电动机、柴油机、汽油机、离心水泵、脱粒机、喷雾器、机动喷雾器
厨具	细瓷碗、不锈钢铲子、黑陶壶、不锈钢盆、不锈钢勺子、抽油烟机、电磁炉、电饭锅、电炒锅、菜刀、电冰箱、微波炉
席具	竹凉席、草凉席、蒲扇
成衣工具	针、线、布、尺子、剪刀、缝纫机、锁边机、烫衣板、熨斗、衣架

续表 9-4

种类	名称
运输工具	木推车、地排车、三轮车、摩托车、汽车、电动车、拖拉机、装载机
文具	毛笔、砚台、墨盒、纸、铅笔、钢笔、橡皮、书包、彩笔、圆珠笔、中性笔、
生活用具	刮胡刀、吹风机、饭桌、茶几、椅子、打气筒、壁柜、电灯、台灯、手电筒
通信工具	电脑网络、手机、小灵通、BB 机、电话

燃料

中华人民共和国成立前后，村民生活用燃料主要是柴火（干草、树叶、树枝），做饭取暖两用。多数家庭置备捡拾柴草用的笆篓，有竹笆、铁笆。

村民取暖用柴草、火盆（瓦盆用草泥糊成，里面放糠，碎柴煸着）。20 世纪 90 年代烧土暖气，21 世纪后用空调。

家用电器

铡刀

1983 年前，村民无家用电器。村民户收音机、手电筒均是蓄电池供电。1984 年全村通电后，村内交流用电收音机、黑白电视机、电风扇、洗衣机等家用电器开始普及。1995 年，全村有黑白电视机 24 台，彩电 2 台，收录机 1 台，2000 年，村民家用电器已基本普及，彩电由开始的 14 英寸、18 英寸、21 英寸，更新为 25 英寸、50 英寸、60 英寸，并配有组合音响、影碟机等。高压锅、电饭锅、电饼铛、钢精锅、电视机、空调、洗衣机、太阳能热水器等较为普及。

九间棚村村民主要生活用品拥有情况表

表 9-5

品名	单位	购买年份	最高存量	2019 年存量
自行车	辆	1984—2019	50	25
两轮电动车	辆	1999—2019	65	55
两轮摩托车	辆	1984—2019	23	11
农用三轮车	辆	1984—2019	12	7
电动三轮车	辆	1990—2019	9	9
拖拉机	辆	1984—2019	4	2
运输用汽车	辆	1984—2019	3	2
家庭用轿车	辆	1995—2019	46	46
手表	只	1965—2019	104	101
座钟（挂钟）	只	1965—2019	51	49
收音机	台	1965—2019	32	19
收录机	台	1984—2019	56	12
VCD 影碟机	台	1990—2019	16	4
照相机	架	1980—2019	40	10
缝纫机	架	1959—2019	17	7
黑白电视机	台	1984—1995	15	8
彩色电视机	台	2000—2019	75	75
液晶电视机	台	2000—2019	60	60
电冰箱	台	1991—2019	70	70
洗衣机	台	1995—2019	60	57
电风扇	台	1984—2019	143	95
空调	部	1998—2019	50	50
电脑	台	2005—2019	6	6
煤气灶	台	1991—2019	65	65
微波炉	台	2005—2019	20	20
电磁炉	个	2005—2019	20	20
电饭锅	个	2002—2019	27	27
豆浆机	个	2005—2019	20	20
高压锅	个	1991—2019	46	46
电水壶	个	1991—2019	52	52
程控电话	部	1992—2019	61	10
移动电话	部	1995—2019	182	182
中低档乐器	件	2000—2019	3	3
健身器材	套	2005—2019	15	15
太阳能热水器	台	2000—2019	60	60
电热水器	台	2005—2019	30	30

雨具

20世纪50年代前，村民多以席荚子、蓑衣遮阳避雨，少数人家用油纸雨伞。60—70年代村民有了塑料布、尼龙布雨伞和橡胶雨衣、雨鞋兴起。80年代后各式尼龙折叠伞、各种原料的雨具应有尽有。

雨具：席荚子、蓑衣、雨披子、伞

代步工具　20世纪70年代前，多数村民不出远门，下山、上山全靠步行，个别村民出远门下山后以木推车、驴、自行车作代步工具。80年代修通路后，代步工具有木推车、自行车、小型拖拉机、农用三轮车、电动车、摩托车、汽车。

床上用品　民国年间，村民床上用品简单，一般人家只有席1领、“盖窝”（棉被）1床。有的村民睡地铺，在房角铺上谷秸、麦穰即可安身。有土炕的也只在炕上铺1领席片，有的1张席连续使用数年，最后只剩1领“破席茬子”，只有在新婚时购买红色新席1领。枕头多用粗布制成，内充高粱、荞麦壳或荆棵籽等物。冬季多用褥子或“草褥子”铺底，棉被1床。有的老年人用羊毛擀制的毡片作褥子隔寒取暖。20世纪70年代后，村民的床上用品基本做到冬有棉，夏有单。90年代后，凉席普及，棉被增加，富裕户有数床被子，冷时可加盖1床，俗称“压被子”。化纤蚊帐、绸缎被面、花褥单、毛巾被、羊毛毯等用品逐渐普及。部分家庭使用羽绒被。21世纪初，村民的床上用品讲究高档、新潮、美观，各种质地花色的床单、床罩等品种繁多，式样新颖。羽绒被、太空被、蚕丝被、真丝床单、亚麻凉席进入村民家庭。

已消失或正在消失的物品

村民在长期的生产、生活中，创造了丰富多样的生产工具、生活物品，随着历史的发展和进步，有部分落后的生产工具、生活物品被先进的生产工具、生活物品替代。

九间棚村已消失或正在消失的物品一览表

表9-6

名称	用途
席篓子	一种用秫秸糜子编制的篓子
火镰	用于打击火石以取火用的钢片
火纸门子	草纸卷成用于取火的纸卷
托子	运输物品用具
铲鞋	用土布、麻线做成鞋子
泥壶	烧水用的泥陶壶
风箱	炊火助燃用具
勾担	担水用具，类似扁担，两头有链钩
毛头	用棉线缠成的圆球，掷远近或转圈玩耍用具

续表 9–6

名称	用途
嘟噜子	装水用器皿
水罐	取水器具
火铲	将煤送入灶膛用具
假领	套在衬衣上的活领
柜	放衣柜
杌子	方木凳
八仙桌子	方木饭桌
太师椅子	木制座椅
烟盒子	木制，方形或长方形小木盒，盛放旱烟叶子
烟包子	绣花、布袋形，用于盛放旱烟叶子，口串花绳，系于烟袋杆上配套用
竹蒸笼	竹质、圆形，放置于水锅上蒸馒头、食物用
油灯	以煤油、豆油等为原料点燃照明用具；正宗的油灯有灯芯、灯盏、灯罩、灯座组成
火熨斗	用来熨平衣物的金属器具，已被电熨斗取代
钗子	有金钗和荆钗之分，妇女发髻固定物
发网	旧时妇女挽髻固定物，用长头发、马尾或尼龙线制成
铜镜	整容、正衣冠用，20 世纪 50 年代后被玻璃水银镜取代
摇篮	放置幼儿的篮子，悬起摇荡，现被多功能儿童车替代
木推车	木制，胶轮，运输工具
纺线车子	木制，20 世纪 70 年代淘汰
织布机	木制，20 世纪 70 年代淘汰
铬子	木制，铬线工具
青瓦	有平、凹多种，20 世纪 70 年代后被红瓦替代
碓臼	石质，粮食破碎用具，20 世纪 40 年代后被石碾、粉碎机替代
石夯	木把石砘，用于平整、夯实地面基础
分币	人民币种，有 1 分、2 分、5 分三种，2010 年后少见

续表 9-6

名称	用途
网兜	尼龙绳编成，比提篮轻巧，不怕水、不怕磨，收拢起来一把，放开可装很多物品，20 世纪 80 年代后被塑料袋替代
六六六	有机氯杀虫剂，因积累残毒不易分解被高效农药替代
染料	有靛青、靛蓝等种
油纸伞	20 世纪 70 年代后被尼龙伞替代
棒针	竹质，编织毛衣用
粮票、油票	出现在清朝，延续到民国，辉煌至中华人民共和国，20 世纪 90 年代初期退出历史舞台
蓑衣	有蓑草、蒲草、粽丝等多种，从大禹治水用于防雨至 20 世纪 80 年代被化纤、塑料制品替代
席荚子	秫秸篾或竹、草编，遮阳遮雨工具
木杆秤	一段木杆、一个秤砣、一个支点，合在一起就可以准确地衡量一个物体的重量
大哥大	20 世纪 80 年代兴起通信工具，不足 10 年即被芯片手机替代
汽油打火机	以汽油为原料，有机芯、钢轮、油壶、电石装置等组成；20 世纪 80 年代被气体打火机替代
石锁	石质，古人用来锻炼肌肉的体育器材
留声机	盛行 20 世纪 30—80 年代，80 年代后被 VCD、DVD、录像机取代
120 照相机	到 20 世纪 80 年代初，120 照相机仍是国内照相机市场主要机型，80 年代中期后被 135 彩色照相机取代
石磨	粮食粉碎用具
广播匣子	21 世纪被收音机替代
马蹄表	机械座钟，21 世纪被石英钟、电子表替代
托爬	苫屋用具

生活用品支出

清朝年间，村民生活用品支出无考。民国年间，村民基本生活用品多为自产，食盐、碗碟等用品也多是以富余粮食交换。1965 年，全大队人均生活消费品支出 3.3 元，占人均总收入的 9.7%。2000 年，全村人均生活消费品支出 74 元，占人均总收入的 21.3%，其中购买食品 220 元，洗涤、洗刷用品 17 元，家用电器 260 元。2020 年，全村人均生活消费品支出 5350 元，占人均总收入的 19.25%，其中购买食品 1070 元，洗涤、洗刷用品 150 元，家用电器、通信工具 930 元，厨房用具 110 元，家具 650 元。

第四节　社会福利　救助

清末、民国年间，九间棚村民只有纳税缴贡的义务，从无享受福利的权利。中华人民共和国成立初期，集体经济薄弱，发不起福利。改革开放后，村里经济不断发展，村“两委”根据年度收支情况，曾间断性的发给村民仲秋、春节过节费、物品。

福利

九间棚村民福利始于1957年，农业社时期，从公积金、公益金中提取部分资金对烈军属、五保户加以照顾。1962—1980年，集体有羊群，专人担任羊倌放牧，每年六月初六、七月十五、八月十五、腊月二十（农历）集体宰杀1 ~ 3只，大锅烀全羊，每户1份，全村喝羊汤。

1988年，集体积累增加后，每年春节向村民发放福利1次，并重点向老年人、残疾人、军烈属和困难户倾斜，实行重点照顾。

2005年1月，村“两委”向全村老年人、老党员、老干部和军属、困难户发放优抚金1000元。

村“两委”向村民发放福利（2016年2月　摄）

老年人福利　1995年春节，60周岁以上的每人50元。1996—1999年，55周岁以上每年每人360元。2000—2020年，55周岁以上每年每人600元。

残疾人福利　2020年，全村有残疾人6名，其中因病致残4人。1998年始，村集体对残疾人进行救助。2008—2019年，全村残疾人享受低保和500 ~ 1000元福利救助。

军烈属、复员退伍军人福利　九间棚村有拥军优属的传统，每年都按照上级标准为军烈属、复员退伍军人发放优抚金或福利。1982—2006年，乡镇实行优抚金统筹，村委会填报军烈属、复员退伍军人情况，由上级民政部门按标准进行优抚。2010年，义务兵优抚金1100元，2012年义务兵优抚金1400元，2015年义务兵优抚金1600元，2020年义务兵优抚金6700元。

养老保险

中华人民共和国成立前，村民年龄大，不能劳动时，靠子女养老，无子女的孤寡老人和残疾人无依无靠，靠乞讨和邻里接济生活。中华人民共和国成立后，党和政府关心老年人问题，对“五保”老人实行集体供养。

1995年始，村“两委”对全村1 ~ 55岁的购买养老保险，1岁的每年每人13元，54周岁每人每年3890元，全村共为164人购买养老保险，支出购买养老保险费68500元。2001年后，达到60岁的村民开始领取养老保险金。2019年，60岁的村民年领取养老保险金315元。

老年人生活

2020年，九间棚村60岁以上老年人53人，占人口总数的17.55%，其中80岁以上老年人12人，占人口总数的3.92%。老年人生活成为九间棚村民生活中的一个重要组成部分。

敬老传统　九间棚历来有敬老养老的优良传统。九间棚历史上村民多是数代同堂，年长者就是本家的家长，掌握本家的财、物处分权。晚辈则要对老人孝敬服从，每天早晚都要到“上房”（老人一般都住于本家中的堂屋内，俗称上房）请安并汇报有关事项。如有不敬者，不但本家老人要责罚，还会受到舆论谴责甚至不为村民所容。

日常生活　在日常生活方面，全家首先要保证老年人吃好穿好。旧时村民一般都做两样饭菜，好者先给老人享用。在老人被服、衣物等方面，总是将新棉花、新被面用于老人，而年轻者则用旧衣服、旧棉花改制自用。如老年人同意分家“单过”（独立生活），则要在析分田产时留出一定数量的土地（俗称“养老地”），以保证老人的晚年生活。

旧时村民生活困难，老年人多节衣缩食。对家中为自己格外做得好饭菜，老人一般都与年幼的晚辈一同食用，并自觉承担起看家护院、照顾家中孩童等职责，在日常的生产劳动中，也多主动做一些力所能及的看护庄稼、除草、掐谷穗等辅助性劳动，尽一切可能为家庭和社会创造财富。

中华人民共和国成立后，九间棚老年人的生活步入一个新的历史阶段，国家对孤独无依的老人实行定期救助。绝大多数老年人曾一度与子女共同生活在一起，子女继承发扬尊老敬老的传统，对老年人妥善赡养。多数家庭由老年人的儿子来赡养，如老人多子女，则轮流赡养。

农业合作化时期，孤寡老人的赡养由集体承担。对军烈属和无依靠老人实行代耕代种。1961年，九间棚大队对孤寡老年人实行“五保”（保吃、保穿、保住、就医、保葬），所有费用按照高于社员平均生活水平标准由大队统一支付，安排专人及时把粮食、布料、煤及木柴等定期送到“五保户”家中。每年春节、中秋节对“五保户”开展“送温暖”活动，帮助解决老年人的部分困难。1992年12月，村委会与全村16名被赡养人、赡养人签订《赡养协议书》，内容有十项，述明被赡养人的口粮田、责任田由赡养人各方均分耕种、管理、收获，被赡养人应承担的农业税、“三提五统”款由赡养人均担，被赡养人所需用的衣物、被褥和因病治疗医药费由赡养人承担，在物质、精神上给予关心体贴，使老人心情舒畅、晚年幸福。

九间棚村高寿老人（2016年2月 摄）

集体承担费用

1994年，村民“三提五统”费7130元，从集体经济中为村民代缴。

社会救助

邻里相帮，对困难户、病灾户实行救助，是九间棚村民的传统。

社会救济　1927—1935年，费县红十字会对部分灾民、孤贫人员进行救济。抗日战争和解放战争时期，人民政府在县、区设救济委员会，发动群众开展生产自救，发放救济粮、款、物救济困难户。

灾害救助　中华人民共和国成立后，党和政府重视社会救济工作。1960—1970年，全村年接受救济粮8300千克、救济款1550元、棉衣10件、棉裤5条、棉被15床，均按时发放到需要的村民手中。

统销粮　1960—1979年，国家实行粮食统购统销政策，对缺粮村、户实行定量、平价返销，以保障生活，20年中国家向村民供给统销粮2.7万千克，其中1963年供给返销粮810千克，1966年供给返销粮300千克，主要分配给缺粮户、贫困户，其中1961年供给救济粮250千克，社员人均分配2.5千克。

低保　2008年，平邑县按照国家政策，实行社会村民最低生活保障制度，由县民政部门按照村人口数分配低保名额，由村“两委”组织评出低保人员。村民最低生活保障分三个层次，分别为800元、1200元和1600元，2012年调整为1200元、1600元和2000元。2008年度，村民刘德山、李明珍、李忠英、刘甲训享受低保待遇。2015—2017年全村共有5人享受低保。2019—2020年，村民刘甲永、李明珍2人享受低保待遇。

捐赠　九间棚村民历来有乐善好施，扶贫帮困的良好习惯。中华人民共和国成立后，村民更是发扬先辈的传统，唐山大地震时捐献粮食130千克，汶川特大地震时捐献575元善款。1983—1985年，九间棚村民进行架电、修路、治水工程，村民平均承担资金137.6元。

第五节　生产习俗

清末、民国时期，村民重视农桑，崇尚勤劳耕作、节俭持家之风。村民一般遵循日出而作、日落而息的传统习惯。多数家庭一般是男耕作，女理家，妇女在家庭中主要从事“缝缝补补，饲养牲畜，推磨压碾，看孩子做饭。”中华人民共和国成立后，随着农业生产体制的变革，妇女从家务劳动中解放出来，成为生产活动中的“半边天”。随着经济体制改革和商品经济的发展，个体工商业户迅速发展。1991年，九间棚村工副商贸业兴村富民战略的确定，村民务工、经商者增多。全村工副业产值第一次超过农业产值。到2020年，全村工副业产值为农业产值的726倍。

小农生产

清末、民国时期，农业生产条件差，生产工具落后，村民劳动强度大。种地用土杂肥，有的村民年初二就忙于捣粪、运粪到田间。正月初十后，便开始田间生产劳作。送粪用手推车、地排车。讲究精耕细作，耕地要用牛拉犁耕，地头、地堰用镢刨锨剜。平整土地用耙，播种用耩子。“谷雨前后，种瓜种豆”，适时下种。田间管理以锄草、灭虫为主。“春争日，夏争时”，天不明就下地，天黑收工，早、午饭由妇女、老人或儿童送到地里吃。夏天，作物生长旺盛，村民忙于锄地锄草，搞好田间管理。高粱、玉米等一般锄过三遍定苗，习惯上追加一次农家肥。冬季农业生产较为轻松，有条件的村民从事副业生产，多数村民准备好镢头、锨、锤头，开荒垒坝造地。

集体生产

计划经济时期，农业生产以队为单位安排，劳动力、生产工具因春种、夏管、秋收、冬藏为特点安排，各尽所能，物尽其用，发挥集体力量的作用，农业生产抗御自然灾害的能力增强，讲究科学种田渐成风气。改革良种，精耕细作，化肥、农药、配方施肥，农作物产量大幅度提高。冬季大搞农田水利基本建设，调整农业产业和种植结构，推广应用科学种田技术和农业致富实用技术。特别是20世纪70年代后，化肥、农药的使用量逐年增加，割草积肥、养猪积肥的生产活动逐年减少。农忙季节，村民听令出工，包工计酬，一般早出工，晚收工，中午歇大晌，传统的生产习俗有了较大变化。

联产承包责任制

实行家庭联产承包责任制后，村民农业生产积极性得以最大程度发挥。农业劳动强度小，农作物产量高，收入大。春种、夏锄、秋收、冬藏，年复一年，周而复始。春节过后，常择“双日”，鸣放鞭炮“动工”，拾掇犁具、运肥、备耕。春种开始。收获季节农民劳作紧张，有抢收抢种之习，夏收、“三秋”及金银花采花时节，为最忙之时，村民常事前备足干粮，早、午饭多在田间地头吃。天气炎热时，早出工，晚收工，中午歇大晌。秋收完毕，便进入冬闲。平时劳作多为“仨畔儿”，早晨干一畔儿活后吃饭，上下午各一畔儿，有地头吸烟歇畔儿习俗。运庄稼多用扁担挑、木车推。1991年，村民进城经商，农业生产成为副业，多数劳动力转入工商贸易。1996—2018年，进行土地流转，全村8.6公顷土地先由35户农民承包经营，后由寿山农场统一承包经营，村民持股分红。

第六节　生活习俗

清末、民国时期，九间棚村人户少，抱团、协作精神强。中华人民共和国成立后，国家的政治、经济发生巨大变化，人民当家做主。从封建官僚私有制到社会主义的生产资料公有制，人民的政治权利得到保障，随着国民经济的发展和社会的进步，村民的衣、食、住、行、乐、医、教等条件不断完善并逐步提高。村民的精神面貌、生活习惯、民风民俗也正朝着更文明的方向发展。改革开放后，到处呈现出欣欣向荣、安居乐业、团结和谐的新景象。

称谓习俗

九间棚村称谓习俗沿袭父系家族为中心的旧俗，近支称为自家，远支称为本家，其他亲族中人称亲戚。

称谓　九间棚自建村迄今，村民的传统称谓没有大的变化，族人的称谓有太爷爷、太奶奶，爷爷、奶奶，爷（有的叫爹、大大、爸爸）、妈妈（有的叫娘）。媳妇随着丈夫称谓，大爷、叔、大娘、婶子、侄子、侄女、孙子、孙女、哥、弟、嫂子、弟妹（俗称“他婶子”）、姐、妹妹。亲戚称谓：姥爷、姥姥（有的叫姥娘）、舅、舅母（有的叫妗子）、姑姥娘、姑姥爷。姨姥娘、姨姥爷。姑姥娘的女儿及配偶叫表姨、表姨父。称舅舅的儿子叫表哥、表弟。称舅舅的女儿叫表姐、表妹。称表哥、表弟的配偶叫表嫂子、弟妹。称表姐的对象叫表姐夫（俗称哥）、表妹夫（俗称弟）。称爸爸的姥爷、姥姥叫老姥爷、老姥娘。称爸爸的舅舅、舅母叫舅老爷、妗奶奶。表兄弟的儿女称表兄弟及配偶叫表叔、表大爷、表大娘、表婶。称姑姑的配偶叫姑父。称爸爸的姑及配偶叫姑奶奶、姑老爷。称爸爸的姨及配偶叫姨奶奶、姨老爷。称姨的子女称表兄表弟（俗称哥、弟）、表姐、表妹（俗称姐、妹）。管丈人、丈母娘叫爸、妈或岳父岳母；称娘的舅及配偶叫舅姥爷、舅姥娘。称娘的姨及配偶叫姨姥爷、姨姥娘。

夫妻之间面称其名或老×（姓），丈夫对妻子背称家属、家里的、老婆，妻子对丈夫背称当家的、老头子、老公。兄弟姐妹及其配偶分别称哥哥、嫂子，弟弟、弟妹，姐姐、姐夫，妹妹、妹夫。夫对妻之兄弟姐妹及其配偶面称同妻，背称大舅子、大舅子媳妇，小舅子、小舅子媳妇，大姨子、大姨子男人，小姨子、小姨子男人，或背称连襟。妻对夫之兄弟姐妹及其配偶面称同丈夫，背称大伯（dà béi）头子、大伯嫂子，小叔子、小叔子媳妇，大姑子、大姑子姐夫，小姑子、小姑子妹夫；大伯嫂子、小叔子媳妇间背称妯娌。

同村人不论同姓或异姓都按辈分称呼，对长辈之友人，均仿亲族关系称呼，如称父母之同辈男士为大爷、叔叔，女士为姑、姨。对有一技之长的人尊称为师傅。

尊称与谦称　九间棚是一个有着200多年文明史的礼仪村庄，一些文明称谓沿用至今。如，父母称高堂、双亲，称呼别人的父母称令尊、令堂。称呼别人的兄妹为令兄、令妹。称呼别人的儿女为令郎、令爱，自称父母兄妹为家父、家慈，家兄、舍妹，称别人的庭院为府上、尊府，自称为寒舍、舍下、草堂。妻父俗称丈人，雅称岳丈、岳父、泰山，妻母称岳母。兄弟称昆仲、棠棣、手足，夫妻称配偶、老伴，妇女称巾帼，男子称须眉。老师称先生、恩师，学生称同学、同窗。

父母死后称呼上加“先字”，父亡称先父、先考，母亡称先母、先慈、先妣，同辈人死后加“亡”字，如亡妻、亡兄、亡妹。夫妻一方亡故称丧偶，夫死称妻为寡、孀，妻死称夫为鳏。

村民通常用“您、贵”字表示尊敬的称呼，如您贵姓？是问别人的姓；贵府，是指别人的住宅；贵庚，是指别人的年龄；贵干，是指别人做的事情。同贵字相近的是尊，同贵、尊相反的为贱、卑用作谦称；如贱子，自己的儿子；卑职，自己的职位。

类似以上尊称和谦称对应的还有大、小，贤、愚等。如称别人的著作为大作，谦称自己的为小可。称别人的儿子为贤郎，把自己的看法叫作愚见等。在对别人尊称的词语中，含“玉”字者较多，如，玉书，书信；玉友，朋友等。

交际习俗

九间棚人在待人接物方面有着严格礼数。在日常生活中历来重视人际关系，传承诸多交际习俗。

礼尚往来　村民传统的礼仪和经济上的往来至今相传。儿女嫁娶，不但亲戚、朋友来往，庄邻、本家也互相送礼（俗称封礼）。中华人民共和国成立前后，一般礼金1元或2元。随着生活水平的不断提高，封礼成倍增长，21世纪初，最少也要送60元、100元，一般200元或更多。生孩子还要送米糖，作为朋友往来的有送钱作礼金的。丧事，送殡这天，村民都去吊庄邻纸。吊庄邻纸一般就一刀纸，一管香，后来演变为吊钱，从最初的1元、2元到10元、100元不等。

打墙盖屋，要好的邻居能出人的帮工，或买些烟、酒之类的食品相送。

礼仪　旧时，礼仪繁多，有日常礼仪、交际礼仪，待人接物、宴席馈赠、待客、陪客等。

宴席礼仪　席位与座次。席位排座有民式、公式之分，民式餐桌摆放，桌纹正对南北，每桌8人，席位排列以上菜口为准，右侧前为1席，后为3席，左侧前为2席，后为4席，正前为5席、6席，上菜口处两席为7席、8席，属陪客席平时家庭用餐，长辈坐上席，晚辈坐下席。20世纪80年代后，圆桌席位座次采用公式，排列顺序一般是两陪客相对而坐，面对上菜口处为主陪，背对上菜口处为副陪，主陪右首为主宾，左首为次宾，副陪右首为3宾，左首为4席，1席、4席之间为5席，2席、3席之间为6席。

座次分亲戚、朋友、同族和宴席类别安排。亲戚中按舅、姑、姨等次序排席，外甥、外孙不算客，与自家子侄序齿排座。主人的朋友排上座，同族人按辈分从大到小排座，平辈、晚辈按年龄排座；婚宴中的客人及新郎、新娘排上座，寿宴时寿星排上座。

宴席菜肴　传统筵席分为一般招待、喜宴、丧事用宴等。一般招待是指平时亲戚朋友往来招待，主人根据客人多少定标准，但最少不能少于四个碗，有六个碗、十大碗。改革开放前，一般请厨师在自己家里办，21世纪后，大小筵席都到饭店，图的是个喜庆气氛。饮酒菜逐个上席，吃饭菜一次上齐，菜数为偶数。上菜次序：一般是“鸡打头，鱼居中，凉菜居尾”。改革开放后，是凉菜先上，接着上鸡、鱼，以示大吉大利、年年有余，鱼的摆放是“头朝北、尾朝南、肚朝东”，并有“客不翻鱼”之俗，然后是对虾、海参、鲍鱼等。饭以馒头、水饺、面条为主，取“团团圆圆”“长长远远”之意。

待客　九间棚人好客，见了人就亲，接待客人的礼仪可分为迎客、陪客和送客。

迎客　清末迎客作揖谦让，民国年间行鞠躬礼，迎客先脱帽后鞠躬。中华人民共和国成立后，行握手礼，相互问好，沿袭至今。礼毕，接过客人携带的礼物，礼让先行，为客人开门，请客人入室按宾主入座，奉烟敬茶，主动与客人攀谈。

陪客　陪客敬茶时，一般右手持壶，左手轻扶壶盖，在客人的右侧添茶水，忌壶嘴正对客人。茶水添至七八分满即可，村内有“满酒浅茶”之说。敬酒时按主客、次客、三客顺序依次斟满，以不溢出为准。菜肴上齐4个后开席，每上一个菜邀请客人饮酒1次，并为客人引领、布菜。若客人提出酒已喝足，陪者要视情况进行礼让，使客人酒即喝足又不过量为好；婚宴上的客人避免醉酒。用饭时，也以客为先，主随客便，吃饱为止，忌陪者先放下碗筷。席间，陪者主动与客人寒暄，忌冷场。客人讲话时，陪者专心恭听，忌精神不集中或插话。不在客人面前看表，打手机，训斥子女或频繁走动，以免客人误解。

送客　旧时送客，对客人携带礼物一般按四六或三七开将部分礼物留下，有的还要当面回赠礼品，尤其是正月探亲的礼品，全收下又不回赠礼品，视为失礼。20世纪90年代起，客人所带礼品大多是从商店购买的成套礼品，不便折送，一般是回赠其他礼品或作挽留，送至门外，握手道别，目送客人走远为止。

做客　探亲访友礼仪多，看望病人，一般在上午。看望长辈，一般要携带适当礼品，表示尊敬。到主人家门口叫门或敲门，进门时礼让再进。主人敬茶，手扶杯沿或双手端起，以示谢意。喝酒碰杯时，杯口尽量保持与敬酒人持平或略低，忌大声说笑、咳嗽、剔牙，座席时间不宜过长，宴罢忌长时间逗留。分别时主动与主人握手话别，请主人留步。

待匠　历代村民建房视为农家大事，除请木、泥瓦匠之外，亲朋好友、邻里乡亲多前去帮工，主人热情款待。中华人民共和国成立前后招待匠人多为1日2餐，2～6个菜，有荤有素，以窝窝头、煎饼为主食。20世纪70年代，多以小米饭或面食招待。上梁、完工日招待尤为盛情，加菜，还有烟有酒，有的还给赏钱，以示谢意。80年代始，村里建筑队承包建房，主家付工钱，少数包工包料，大多数是包工不包料，只在开工和完工时设宴招待。

酒宴礼俗　宴席座次有上、中、下之分，八仙桌以冲门的2个座位为上座，左座为首座，右座次之。两旁为四个中座，上座对面的为下座。入席时按辈分或年龄大小依次入座。主人敬酒由上而下。城镇或单位宴客，多为圆桌。有主陪、副主陪，主客、次客之分，主陪坐进门面对的中心位置，主客、次客分坐两边，副主陪坐主陪对面的位置，主客、次客分坐两边，其他客人分坐两边。酒席开始，先由主陪敬酒2杯，然后进行其他项目。吃饭前，往往要求将个人面前的酒一齐喝干，称为“门前盅”或“全家福”。

庆贺　分节日期间的礼尚往来，平常或特殊聚会等，亲属间遇喜事必贺，有贺婚礼、贺生育、贺升学、贺寿诞等，其他如入伍、乔迁、建房等，都可登门致贺。节日间亲戚的礼尚往来活动常见的有春节、中秋节等。

贺婚姻　男婚女嫁，亲戚朋友多赠衣物、床上用品、生活用品等。20世纪70—90年代多送礼金，俗称随份子。1970年时份子钱0.6～1元，1980年时份子钱2～4元，1990年时份子钱10～20元，2000年时份子钱100元，2010年时份子钱200元，特殊情况为600～1000元不等。一般在收到请柬，喝喜酒时送上，重要亲朋登门面呈。

贺生育　在婴儿出生后9～12天，婴儿的外祖母、姨、妗子等相邀前往贺喜，主要送婴儿包褥子、鸡蛋、红糖、小米、挂面等。婴儿家亲朋、街坊、邻居相关人员也要贺喜，所送喜礼多为挂面、鸡蛋。20世纪90年代后，朋友、同学、同事多送礼金，相邀喝喜酒。小儿周岁生日，置多种物品于前，以先拿之物品征卜成人后从事何种职业，俗称“抓周”。20世纪90年代。婴儿周岁“抓周”、穿虎头鞋、戴虎头帽、“长命锁”，穿外婆做的黄袄、黑裤（俗称百日裤），俗言有姑做鞋，姨买袜，姥姥做个大裤衩（开裆连背裤子），妗子买项嘎啦（长命锁之类）。少儿时期，逢生日长辈为其买蛋糕等佳食，赠以玩具和学习用品。

贺乔迁　俗称温锅，青年夫妇与父母分家，另立炉灶，迁居新家或另搬新居，亲戚朋友多要祝贺，俗称“温锅”、贺乔迁之喜。温锅多送豆芽、肉、鱼、豆腐、酒等。被祝贺者设宴款待。20世纪90年代后，城镇村民“温锅”多送礼金，到饭店设酒席共饮。

寿诞

俗称生日，60岁前叫“过生日”，60岁后称“做寿”，70岁以上称过“大寿”，80岁以上过生日叫“高寿”。逢十则称“庆大寿”。出嫁女儿，特在父母六十一岁时，送一只鸡（红公鸡）。六十六岁时，送一刀肉（块大块小，仅一刀），祝贺健康长寿。晚辈、亲戚给长辈做寿，出嫁女儿尤为看重给父母做寿。为老人祝寿可提前，不可推后，一般儿子提前几天，正日这一天儿子、女儿、儿媳、女婿及孙辈全聚，共为老人祝寿。吃面条、鸡蛋、蛋糕等以示纪念。九间棚村民的寿宴多是在家中摆设，一家人团聚在一起，共同举杯庆贺。21世纪后，随着村民生活水平的提高，有的村民的寿宴要到饭店里去吃。寿礼中时兴带生日蛋糕、送酒肉、衣服鞋帽、健身器材、礼金等，以表示敬老之心，祝老人老当益壮，健康长寿。

人到老年后，儿女不但要给老人过生日，还要按年龄做一些表示孝敬的活动，过年过节儿女孝敬老人，送衣、送物，逢到闰月年份，出嫁的闺女还要给父母买闰月袜子、闰月鞋、蒸面鱼，本命年穿红上衣，扎红腰带，寓意红红火火、健康长寿。

传统俗信

俗信是村民在长期的生产、生活中形成的理念，在村民生活中有一定的约束力，成为村人的禁忌。如贴门神既装点了节日的气氛，又寄托了村民驱邪灾、保平安的心愿，形成一种信仰。

动物和自然现象 自然现象的征兆，以气象最多，有的已成为村民预报式的气象谚语。如“八月十五云遮月，正月十五雪打灯”“火烧云，要刮大风”。春天下雨是好兆头，村民有“春雨贵如油”之说。秋天下雨，村民会说“一场秋雨一场寒”等。有些征兆是指天气变化对农业生产具有一定的影响，有一定的科学道理。

乔迁与析居

乔迁与析居是九间棚村民的家庭大事，历来重视并不断推陈出新。

乔迁 从旧房搬入新房叫乔迁，俗称搬家。旧时乔迁新居，村民一般都要在门上贴“与德为邻”“择仁而居”等对联。搬家要选好日子，一般讲究六、腊月不搬家。村民习惯天不亮就搬完。首先要把床、锅灶搬入新家，吃住在新家，其他物品可以慢慢搬。搬家开始，还要在新家放鞭炮、烧纸。搬入新家后，亲朋好友要带上烟、酒、糖、茶、鱼、肉、鸡、牌匾（字画）或钱等礼品去“温锅”，主人家设宴款待，共祝乔迁之喜。

析居 析居，也叫分家。是村民祖传下来的规矩。有两个以上男孩的，等孩子长大成人、娶妻生子后就要独立门户，盖房分居，另立锅灶。父母把锅、碗、瓢、盆、勺、筷、米、面、油、盐、酱、醋、菜置备齐，儿子起灶开炊。分家不但要分家产，还要分地，一般由舅舅主持分家，也有请本家辈分高、有威望的参加。现在析居的特点是给儿子盖上一所房子或买一套楼房，置备一套厨房用具即可。

开业 做生意、开店铺的人开市之日，开业要选吉日，预示生意兴隆，财源亨通。亲朋好友开业时前来捧场祝贺，有的送礼品、礼金，主人设宴款待。改革开放后，商家开业、开市邀请相关人士参加，张贴“开业大吉”条幅、宣传广告，发放宣传材料，扎彩门，摆花篮，燃放鞭炮、烟花等。开店铺的还要讲究门头的装饰，吸引更多顾客。

禁忌习俗

禁忌是村民对危险的事物所持有的忌讳心理及行为。主要分节日禁忌、婚丧禁忌、生育禁忌、生产禁忌、建筑禁忌、日常生活禁忌和其他禁忌等。多是村民在长期生产生活中形成的，其中多数忌讳已随时代变化在不断演化，一些有积极意义的忌讳至今仍在流行。

时令禁忌 春节期间禁忌繁多，春节前立春，不能在立春后打扫房屋，小孩不能在立春后剃头。春节蒸馒头裂了，不能说裂了，要说笑了。不能说“破、穷、死、断”等不吉利的字或词。碗、盆打碎了要说“岁岁平安”等。

婚嫁禁忌 旧时，新婚礼服要新，若着旧装则不吉利。做嫁衣要选择吉时，由福寿双全、儿女双全的妇女裁剪。忌白色、蓝色布料。

生育禁忌 孕期忌看丑陋形象，生孩子月内忌陌生人入室。孕妇忌食煎焦、烧烤、生冷食物。

生活宜忌 旧时九间棚村民的生活禁忌较多，出行有讲究，吃饭、穿衣戴帽、探视病人都有禁忌。

春季原则是少食油腻辛辣爆炒之物，多吃一些清肝养肝作用的食物等。夏季应多食祛暑益气、生津止渴、养阴清热作用的食物，多吃新鲜多汁的瓜果蔬菜，多食清淡、苦寒、易消化的食物。秋季饮食保健当以润燥益气、健脾补肝清肺为主，适宜多食生津养阴、滋润多汁的食物。冬季宜温补。

婴儿宜增添瘦肉、肝末、鱼末、米粥、果汁、饼干等。幼儿期消化能力逐渐增强，每天宜食用鱼、肉、蛋、豆制品、蔬菜、水果等配合食物，宜粗、细粮和荤素菜搭配。婴幼儿期均不宜食用生冷、坚硬、不洁、变质的食物与多糖类婴幼儿难消化的食物。

建筑禁忌　建房忌选坟场、绝地，忌向他家院中开后窗户，厢房不高于正房等。

其他禁忌　旧时，老一辈有一些讲究。父母亡故百日内不理发，不走亲访友，3 年内不贴红色对联。出嫁女忌在娘家过清明节、重阳节，出嫁女或其他亲属为亡故亲人上坟忌直接到坟前焚纸等。

第七节　岁时习俗

农历节庆习俗

传统节日　传统节日一般每月都有，其中反映生产的节日有立春、谷雨，村民有“谷雨前后，种瓜种豆”的谚语。祭奠祖先的节日有清明、七月十五、十月初一、冬至。喜庆丰收、合家团圆的节日有春节、八月十五，娱乐方面的节日有元宵节、七巧节等。

春节　农历正月初一，又叫阴历年，俗称“过年”，为九间棚村民一年中最大、最隆重、最热闹的传统节日。腊八节后，村民开始“忙年”（准备过年的物品），家家扫屋除尘、整理院落、洗涤理发，做新衣服，特别要给孩子做件新衣服，置办年货、磨面、烙煎饼等。九间棚人平时一般不买碗筷，过年时买新碗筷寓意增人添口。腊月二十三辞灶，腊月二十四扫舍去尘，腊月二十五推磨做豆腐，腊月二十六杀猪割年肉，腊月二十七打糕、蒸馍、写春联，腊月二十八宰鸡、赶年集，腊月二十九上坟祭祖（上坟的不请家堂），腊月三十下午请家堂、挂宗谱、立牌位、供奉祖先，备办美酒菜肴，全家人吃年饭，晚上守岁。大年初一，金鸡报晓，拜大年。正月十五，后演化为元宵节观灯。围绕春节，前后有一系列节目。

辞灶　腊月二十三日，傍晚“辞灶”，村民俗称“过小年”。俗语“腊月二十三，灶王老爷上天”。村民无论贫富，在腊月二十三这一天都要举行“辞灶”仪式，俗称“打发灶王爷上天”。

扫尘　每年腊月初八家家户户都要打扫、清洗各种器具，拆洗窗帘，洒扫六间庭院，掸拂尘垢蛛网，疏浚明阳沟水道。到处洋溢着欢欢喜喜搞卫生，干干净净迎新春的欢乐气氛。

贴春联　俗称对联、对子，红纸黑字，以工整、对偶、简洁、精巧的文字描绘时代背景，抒发美好愿望。旧时村民户在小年之后就开始贴春联，中华人民共和国成立后多在年三十上午贴春联。在贴春联的同时，村民多喜欢贴窗花和“福”字，用窗花装饰房屋，在屋门上、墙壁上、门楣上贴上“福”字，有的将“福”字倒着贴，意为福气、福运到了，寄托着村民对幸福生活的向往和美好未来的祝愿。还贴门笺，也叫过门子。用红（有大红、粉红两种）绿黄紫五色彩纸镂空而成，贴在门楣上，与春联匹配，相映生辉。有的村民户贴“门神”，门神是正气和武力的象征，多是钟馗、秦琼、关公等比较单调的主题形象。

除夕　农历十二月的最后一天（小月二十九，大月三十），俗称年三十。这天是人们最忙的一天，早上起来扫院子，在自家大门、屋门口烧纸或麦穰，寓意是将一年的蚊虫全部赶走或熏死，一年不受蚊虫叮咬之苦。接下来是贴对联、贴年画、挂门笺子、贴福字（如影壁墙上、磨、缸、粮囤、罐、床上、堂屋正面、门上、橱、柜、桌子上等），大门外贴“出门见喜”，院子里贴“满园春光”等。磨眼内插竹子，意“四季常青”。年夜饭是村民一年中最丰盛的一顿团圆饭。饭后一家人围坐在火盆或炉子前烤火取暖，说些吉利话，回顾一年的开心事等。除夕夜，有的人家一夜不睡，称谓“守岁、熬年”，直到初一凌晨。1984年后，吃年夜饭、观看中央电视台春节联欢晚会，已逐渐演化成村民的春节新习俗。

吃团圆饭 丰盛的饭菜摆满一桌，阖家团聚，共吃团圆饭。村民既享受美味佳肴，也享受欢聚一堂的快乐。团圆饭无论菜多菜少都要有鸡、鱼、豆腐、合子菜。还要喝酒，即使平时不喜欢喝酒的也要喝上一点。

包饺子 九间棚村民讲究全家人围坐在一起和面、包饺子。大年初一吃的饺子要在年三十晚上包出来。九间棚人认为“和面”的“和”字就是“合”的意思，饺子的“饺”和“交”谐音，“合”和“交”有相聚之意，所以用饺子象征团聚合欢，又取更岁交替之意，吉利、吉祥。饺子形似元宝，过年包饺子有“招财进宝”之意。九间棚村民过年包饺子，一般为素馅，求的是一年素气，就是新的一年顺利顺畅，别遇上不顺利的事。有的村民还特意在饺子中包上一枚洗净的硬币，谁吃到了就预示来年有“财运”。还有的包上糖，谁吃到了就预示来年有“甜头”。所以许多少年儿童盼着春节吃饺子，企盼着吃着甜的，咬着有钱的，图个快乐和开心。年饭后，妇女用豆腐、饺子压锅。

发纸马 春节时也有部分村民摆天地桌子，表示敬天敬地，保佑其一年平安吉祥、风调雨顺、五谷丰登。

“发钱粮”后小辈给长辈磕头拜年，祝长者多福多寿。长辈则给小辈“压岁钱”，盼儿孙长命百岁。而后全家共同食用素馅水饺作为新年的第一顿饭，祈盼新的一年素气、团圆、吉祥如意。

守岁 除夕之夜，九间棚人有守岁的习俗。全家围坐炉旁，点燃松木疙瘩取暖，品茶聊天，谈谈下一年的收获和来年的打算，20世纪80年代逐渐被烟煤炉代替。十二点的钟声一响，家家户户燃放烟花、鞭炮。九间棚村民有“开门爆竹”一说，即在年初一的早晨，起床、开门第一件事就是放爆竹，迎来开门红。春节是村民放烟花、鞭炮的日子，请家堂、送家堂放鞭炮，辞灶、发纸马放鞭炮，从除夕到年初二的每一顿年饭都要放鞭炮。一片辞旧迎新的景象。

拜年 旧时，发过纸马、吃过饺子，男性便打着灯笼，拿着香，开始拜年，路上遇到人互相问候“过年好”，拜年先从本支本族最长者家开始，进大门口就高喊拜年，进屋后，点着香，插入香炉，再烧纸，然后朝宗谱上的祖辈磕头，再给家中长辈一一磕头，有小孩给长辈磕头后，长辈要给压岁钱，磕头后年纪大者坐着，年小者站着，主人家为拜年的倒上茶水，吸烟的给烟吸，不吸烟的给糖吃。20世纪20—60年代，孙子、孙女给爷爷、奶奶拜年，奶奶拿不出压岁钱，只好拿出地瓜干来给拜年的孙子、孙女吃。

正月初一第一顿早饭，家家都是水饺。村民穿上新衣裳，打扮的整齐、靓丽，出门相互拜年，互相祝贺，请安问好，每至一家，要先向“家堂桌”磕头，再给长辈磕头，然后问候祝福，主人烟糖茶果热情招待。如果平时有矛盾，只要在家堂桌前磕了头，则前嫌尽释，和好如初。村民见面都说“过年好，新年发财”之类吉利话。一般是先本家，后外姓。旧时也有下山至外村拜年的。拜年结束，村民互相走家串户玩，青年人打牌、下棋，孩子们户外玩耍，气氛祥和欢乐。

1999年，县城九间棚新村建成，部分村民迁居。在老村的部分村民住上楼房，拜年的内容、时间、形式都有新变化，村民给亲朋、同事及远方亲友拜年用电话或发短信。正月初三起，亲友出村互访。正月十五前皆称拜年。

九间棚旧俗，自正月初三后另有“五魅日”“人七日”“牛日”、立春等节日，均要进行不同的祭拜活动。中华人民共和国成立后，此俗渐废，代之以来的是“年节走亲戚”，自正月初三始至正月十六日为高峰。

叫亲戚 主要是叫已出嫁的姑娘，也有叫未过门的媳妇一起吃喝玩乐。初三这天，过去面粉缺的时候也要吃饺子，有句俗语叫“初三捏一捏，打的粮食没处搁”。

中华人民共和国成立后，一些春节的陈俗逐渐破除，在小年（腊月二十三）至春节前开展拥军优属、走访老干部活动。村干部组织党员、团员、给烈军属挂光荣牌、贴春联、送年货。团员青年开展帮助烈军属、五保户打水、扫院子等活动。1990年后，村民插桃树条子，祭天地灶君、请家堂、放栏门棍、发纸马等习俗在村中已不多见。与此同时，中央电视台春节联欢晚会的举办，给古老的传统春节增加新的欢乐气氛，吃年饭、看春晚渐成新俗。

元宵节　俗称正月十五，亦称灯节、上元节，是一年中第一个月圆之夜，也是一元复始，大地回春的夜晚。“过十五”主要有祭祖、向祖茔送灯等，正月十四日起，家家户户用胡萝卜或小萝卜割成灯，放入食用油送往祖坟点燃，家中每个门口两边各放一盏灯，堂屋、锅屋灶王爷前放一盏灯。旧时正月十五日下午天黑之前，人们到祖茔给祖先们和已故亲人上香、“送灯”。

20世纪50—70年代，村民不挂灯笼，多数村民自制萝卜灯，用萝卜或胡萝卜切断、挖空，中间用黄草秆、棉花搓个捻子，灯内多置豆油或花生油燃之，由女性长者持灯逐一照小辈儿女的眼、嘴、耳等处，边照边说祝语。然后，将灯盏上供，分置门口、磨台、灶台、粮囤、栏圈等处，一些老年女性也在碾台、路口等处安置萝卜灯。村里的少年有将家中用旧的刷帚、锅盖等物带至平顶山，点燃后向空中抛扔，俗称扔“刷帚灯”，以图吉星高照，晚上儿童们放“滴滴金”，各家都要吃水饺，90年代后，各家兴吃元宵，以示团团圆圆。

改革开放后，村民经济水平提高，过节不但吃得好，玩得也好，挂红灯笼的越来越多，家家放鞭炮、烟花，一到晚上，到处都是爆竹声和五颜六色的烟花。2010年后，村民过十五只是延续扎灯习俗，多数人家买灯笼挂入家中。村民有的已不割萝卜灯，到市场上买各式各样的蜡烛灯、电池灯，有莲花、灯塔、元宝等式样，既美观庄重，又经济实用。元宵节晚上，全家人聚在一起，吃水饺、吃元宵，收看中央电视台正月十五闹元宵文艺节目。晚饭前在自家大门口或院内燃放鞭炮和各种礼炮、烟花等。

清明节　清明为二十四节气之一，前一天叫寒食日，多为落葬或立碑之日。清明节扫墓、上坟、屋檐插柳、柏枝。是日一早，各家各户插柳枝于门口、磨眼等处。旧时，村民在寒食节这天不动烟火，吃冷食。后改为“日出后不动烟火”，即日出前可动烟火，做好早饭，日落后做晚饭。现村民已不再讲究此俗。扫墓，俗称上坟，是清明的一项主要活动，村民都要到祖坟添土祭奠。20世纪60—80年代，九间棚小学师生利用清明节到烈士墓前扫墓，缅怀烈士丰功伟绩，并组织登山活动，使师生身心得到锻炼。20世纪末到21世纪初，清明节祭祖活动在九间棚越来越受到重视。

端午节　农历五月初五，俗称“五月端午”。端午节的习俗为戴五素线。清早家长给孩子的手脖、脚脖、手指系上五彩线（俗称长命线），意思是避蝎、蛇、蜈蚣、壁虎、蟾蜍等五毒。插艾蒿。端午清早到龙顶山拔艾蒿回家插在门口、门窗上意在“避邪”，也有的将艾蒿晒干当药用。戴香荷包，多为妇女、儿童佩戴，荷包有月牙形、元宝形、心形等，里面装有艾蒿叶子、香料等，戴在身上香气四溢，驱瘟避邪。

艾蒿香附荷包

中秋节　农历八月十五，中秋节是庆丰收的日子，是九间棚村民继春节后的第二大传统节日。此时，五谷相继成熟，天气宜人，远方学习、工作的游子赶回家与亲人团聚，月光下共吃水果、月饼庆丰收团圆。进入农历八月至节前，村民开始买月饼，亲朋之间相互馈赠，特别要给姥姥、舅舅、姑姑、姨、岳父母、娘家送。未婚女婿要送大礼，叫送节礼。是日晚饭家家力求做一顿丰盛的菜肴、包饺子，一家人围坐在一起共进大餐。吃月饼赏月的习俗一直延续不衰。

农历节日　有正月十六、二月二、六月六、九月九、腊八等。

正月十六日　为春节后走亲戚访友的高峰，是家庭女主人回娘家的日子，也是新女婿“认门”的日子。同时，是少男少女举行野炊的日子。

二月二　俗称“青龙节”，在九间棚村民中是一个比较重要的节日，俗语有“二月二龙抬头”之说，村民认为二月二这天正是农事开始之时，也是百虫出蜇蠢蠢欲动之时。民谚有“二月二龙抬头，炒蝎豆、打粮囤，祈盼粮钱财富大仓满、小仓流，生活幸福有奔头，事业成就更上一层楼”的祝语，寄托了九间棚人祈龙赐福，保佑风调雨顺和五谷丰登的愿望。

六月六　俗称半年。民国年间，凡放牧之人均于该日购置瓜果、纸香，到山神庙前敬山神，以求其驱逐狼、虫、虎、豹，保佑牲畜安全。清末，野兽时常出没石棚周围，特别是六月前后，林木繁茂，更是狼、虫等野兽频繁活动之时，俗称“六腊月，没管头”。为防兽害，村人于六月初六祭山神，老年妇女在十字路口“打路斋”，祈求人畜平安之意。20 世纪 60 年代前，出嫁的姑娘要把用面做成的鸡、鱼、寿桃等面食送给娘家孝敬父母。现在虽不送面食了，但还是要送些肉、鱼、蛋之类的食品给老人吃。村民还有的在这天吃伏羊肉、包水饺，像过其他节日一样做一席丰盛的大餐。集体经济时期，每年大队杀羊、支锅、煮全羊汤，每户分一份共庆半年。

七月七　俗称“女儿节”“七巧节”，相传这一天是牛郎织女相会之日。年轻女子多于晚间相聚，以穿针引线比手巧。

七月十五　民间俗称“鬼节”，虽有不同的表述形式，但有祭祀祖先和崇尚孝善的共同文化内涵。即日午时后，村民都扫墓祭祖。清朝、民国年间，多数村民到小圣堂祭祀天官、地官、水官，祈福粮棉丰收，家人安康。

重阳节　农历九月初九，又称老人节。改革开放前，九间棚人对此节不甚关注，少数人家有吃重阳糕的习俗。九、久相连，糕、高相谐，均含有万事皆“久”、皆“高”之意。1988 年 7 月 20 日，山东省人民政府把重阳节定为老人节后，九间棚村“两委”班子给享受五保的老人发放部分款物，让老人体会到和谐社会对他们的关心。此后，村人效仿，每逢老人节，老年人的子孙们为老人送衣物、食品等，聚集在老人身边，摆酒席、说祝酒词，祝老人健康长寿等。

腊八　农历十二月称为腊月，初八俗称“腊八”。腊月是一年中的最后一个月，是冬季最寒冷的日子，又是春季即将到来的时节，村人将收获的五谷杂粮掺在一起，煮粥共食，产生了腊月初八煮腊八粥，吃腊八粥的习俗。

腊月初八，村民做腊八粥有讲究，粥中的枣谐音为“早”栗谐音为“力”，就是早下力气争取明年五谷丰登。粥要煮的稠粘，粘的谐音“连”，意味连年丰收。九间棚方言中腊八的谐音“拉巴”，寓意多生育“拉巴”孩子。

清末、民国年间，村中少女有在清晨到龙泉边取冰敷扎耳朵眼的习惯。

时令习俗　为二十四节气中的节俗。

立春　俗称“打春”，是二十四节气中的第一个节气。村人旧有缝春鸡的习俗，即用花布缝制布鸡并缝于男女儿童的袖口，每人一对，意为祈求一年大吉大利。

冬至　俗称“过冬歇”，第一天家家上坟祭祖；第二天村民多用地瓜干面或荞麦面蒸包子，叫“蒸冬”，指望来年扬场时风顺。改革开放后，村民在冬至下午多食水饺，有冬吃饺子夏吃面（夏至日吃凉面条）之说。

阳历节庆习俗

改革开放后，主要有元旦、三八妇女节、植树节、五一劳动节、五四青年节、六一儿童节、八一建军节、教师节、国庆节等。

元旦　公历1月1日，俗称“阳历年”。元旦之意就是“初始的日子”，即一年的第一天，村民一般也像过传统节日一样，家家团圆，改善生活，欢庆新的一年的到来。

国庆节　村“两委”组织村民通过各种形式开展庆祝活动，村内青年男女多选择此日举行结婚典礼。

纪念节日　20世纪50年代后，国家法定的纪念日有国际劳动妇女节、中国青年节、国际儿童节、中国共产党成立纪念日、中华人民共和国成立纪念日、中国人民解放军建军节、教师节、植树节等。

第八节　婚育习俗

婚嫁

九间棚人的婚嫁习俗，基本上是沿袭传统的“六礼”，即纳采、问名、纳吉、纳征、请期、亲迎。

中华人民共和国成立前，男女婚姻之事决定于“父母之命，媒妁之言”。一般男的十五岁就可以娶妻，女的十六岁便可出嫁，称为“二八佳人”，视为婚育最佳年龄。如果十九岁还嫁不出去，便称为“老闺女”。中华人民共和国成立后，党和政府废除旧婚姻制度，实行婚姻自主、自由恋爱、自由结婚，移风易俗，喜事新办，婚姻习俗发生深刻的变化。1950年5月1日，颁布实施的《中华人民共和国婚姻法》规定男20周岁、女18周岁为法定婚龄，并实行结婚登记制度，不登记结婚为非法婚姻。1981年1月，重新修正颁布的《中华人民共和国婚姻法》，体现了国家实行计划生育的基本国策，法定婚龄改为男22周岁、女20周岁。

男婚女嫁，男方叫“娶亲”“娶媳妇”，女方叫“出嫁”“出门子”“嫁闺女”。说媒、访媒、纳彩、换帖、议亲、传柬、请期、下催妆等，婚嫁礼俗名目繁多。

说媒（纳采）　说媒，即纳采（意思是纳其采择之礼），男方父母向中意的女家表达求婚之意，为传统婚配第一礼。明、清朝代，一般男到十五六岁父母便忙着托人给说亲订婚，女的十四五岁就要定亲。说媒的人大多是亲戚朋友，也有专好说媒的人，俗称“媒人”或“媒婆”。改革开放后，称媒人为“介绍人”“红娘”，已不仅限于女性，较多热心的男性也参与其中，有的当起婚姻介绍所的老板，成为专职媒人。

20世纪50年代前，婚姻大多数由父母包办，男女双方没有自主权。媒人来往于男女双方之间，介绍情况，美言撮合，双方认可的话，便由男方出面，正式请媒人前往女方家商定定亲之事，女方则在对方门第高低、彩礼等方面进行抉择。

改革开放后，说媒主要流行三种方式：一是由熟悉男女双方情况的介绍人主动撮合，或是受一方委托提亲；二是男女双方自由恋爱，为求名正言顺，托一熟人当形式上的介绍人；三是由婚姻介绍所承担提亲职能。经介绍人提亲的男女，须约定时间见面，首次见面主要是男女双方互相在相貌、言谈举止等方面有一个感性认识，如见面后双方都有好感，以后则自行约会，双方互作全面、深入的了解，经过一定时间的交往，双方满意后，面见父母，征求父母的意见。

访媒　访媒，即问名（意在弄清楚女方的出身），为六礼中的第二礼。媒人说媒后，双方父母往往在暗地里托亲朋好友打听对方家境贫富、人品才貌及祖辈人的品行等情况，叫作访媒。多是男女双方家长各自暗访对方，认证对方条件是否符合自己的要求，并由媒人在双方家庭之间来回传递信息，约定时间。访媒的内容包括男方家境、人缘，男青年的外貌等。男方考察女方主要是女子的外貌、人品。

议亲　议亲俗称相亲，旧称纳吉，即在问名、访媒之后，经访媒、相亲，若双方满意，再请媒人赴女方家告知，定下婚事。

清朝、民国时期，九间棚村民为简化程序将纳吉并入纳采，合二为一。20世纪60年代初期兴起“见面”，在媒人的约定下，男女双方在某一地点“相看”，如双方都觉得合适，便由男方“递手帕”，即男方家给女方家送一块毛巾，里边包上信物或钱，女方收下就算议婚成功。到70年代流行男方给女方见面礼，最初为食品、日用品，后演变成金钱。80年代后见面礼的数量暗含了一些特别的意义，如99元或100元，为“见见面100块（元），握握手99（元）”。

定亲　旧称“传柬”，也称纳征。相亲成功后，先由家长请人查看男女双方是否相合，双方同意后举行定亲仪式。

传柬后，双方的婚姻关系便得到社会的公认，两家可互送节礼，互通庆吊。在清朝、民国年间，定亲后，如果男方因病或因故死亡，女方须终身守寡，再嫁则被视为不贞节行为。如果女方因病或因故死亡，则可以将尸体抬到男方家，在男方家门前举行简单的婚礼（拜堂时由一人抱鸡代替亡女），然后葬入男方家祖林。此后男方可以再娶，也可由亡女之妹填房，但亡女正房的名分不变，后娶的为妾（俗称小婆）。

民国时期，传统的“六礼”简化。男女到了成家的年龄，男方需要找媒人到女孩家提亲。女方有意，要选一个好日子，媒人通知双方约定一个地方，见面或相亲，相亲后如果双方满意，即留下联系方式互相了解一下对方，如合适就可以定亲。定亲要邀请主要亲戚到场吃定亲酒席。

20世纪80—90年代，人民政府提倡晚婚晚育，村中青年议亲年龄也一再推延，由40年代的女十六七岁，男十七八岁，推迟到20岁后。因政府倡导婚姻自主，由父母包办者渐少。但多数青年仍沿袭旧俗，先说媒，再访媒，认为合适，即约定地点见面相看、定亲，然后到“村委会”开取证明，带上身份证去政府民政部门登记结婚。

请期　就是商定亲迎的日子和准备亲迎前的工作，主要有送日子、催妆礼、装饰新房等。

结婚日期定后，男女双方各自进行结婚筹备。九间棚人称婚嫁为“公事”，要请一位懂得相关礼仪，深谙人情世故及待人接物之道且有较高威信的长者担任总管。婚事办得是否上档次，是否红火热闹，主家花钱多少是否妥当，亲家宾客是否满意，礼仪是否周到，全靠总管能力大小决定，因而高水平的总管在村中倍受村民尊敬。

送日子　喜日确定后，男方先要把喜房、喜床准备完毕。20世纪60—70年代，村中新建房屋多为婚房，但面积较小。80年代用架子床，90年代用席梦思床等。

日子定下后，女方要忙着置备嫁妆、衣被等，叫“忙嫁妆”。嫁妆根据家中经济情况定，贫困的家庭也要配送两件（柜、杌子），富裕户人家要打置柜、桌、橱、梳妆台等，有四件（柜、地八仙桌、杌子、脸盆架）、六件、八件、十件。女方还要给男方做压柜鞋，并通知自己的亲戚前来封礼祝贺。一般情况下父母均尽最大能力赔送女儿。

双方都要为新人套被子，因被子专供新人所用，俗称“喜被子”。九间棚村民套喜被子有许多讲究，数量上一定是双数，一定要用新布、新棉花。套被子时，棉絮里面要放一些红枣、栗子、花生，取“早立子，插着花生”之意。有的村民还在喜被子的四角缝上钱币，寓意富贵。男方家套的被子要有一床一头敞着口的（即不缝合），寓意新娘可以生男育女。铺床时应将敞开的一头放在男方睡觉的一头。套喜被子时村民有许多禁忌。

男女两家都要提前将喜日告知亲友，准备喝喜酒。亲友送喜礼，向男方家送喜礼叫“送彩礼”，向女方家送喜礼叫“填箱”，礼品以色为单位，一对鸡、一对鱼、一对肘子（带蹄子的猪腿，3.5 ~ 4.5千克的后腿为佳）、一刀肉（一般在猪腰部偏上，带肋骨，4 ~ 5千克）、1千克粉皮、1千克饼干（4包）等，都可算作一“色”礼。也有送喜帐（6尺，红绸或红布、花布）的，喜帐一般是送给男方家长的。喜帐的多少往往标志着结婚人家人缘的好差，因此至亲好友都送喜帐。礼品一般带有时代特色，从20世纪60年代的一个点心盒子（内装0.5千克饼干），到70年代的一双袜子、一条毯子，80年代的一对红暖水饼、搪瓷脸盆，90年代的一床被单、一床被套、被子。21世纪后，大多数送现金，60元、

100元、200元、1千元。

无论何种形式的喜礼，都要讲究吉利、喜庆，谐音不雅的物品，如钟表（终）、梨（离）、缎子（断子）等不能送，此外还讲究送礼送双数，寓意为成双成对。喜礼要记入账簿，俗称“喜薄”，以备将来还礼。

女方还要选择送亲的人选，一般习惯是大客2人，由女子的舅和大爷或叔父担任，送女客由其大娘、婶子或嫂子1人担任，小客不限。大客代表着女方的门第和声望，九间棚村有严格的限定，有新娘的舅父、伯父或叔父当大客，舅父、伯父、叔父已去世的由其长子代行其职。送亲婆一般由新娘本家的伯母、婶母或嫂子充当。“帮忙的”，即勤杂人员，其职责主要是抬送嫁妆，帮助请送客人，帮厨、上菜等。门户大的人家，一般是本家族人自动上门帮忙。门户小的人家，就要在关系比较密切的街访邻居中请，不请的人一般不贸然去帮忙。

催妆　婚期前天1～2天，选双日，男方家要向女方家送催妆礼，俗称下催妆。下催妆时要写催妆帖，男方请人根据女方的年庚，择定吉日良辰，然后把日期写在一张红纸上，俗称“婚单子”。派人送给女方叫“送日子”。有的是在传启时连日子一起给的叫“连日启”，亦称“一盒子抬”。九间棚讲究用六色礼（一种食品为一色），有面食、猪肉、双肘、双鱼，连同嫁衣（红棉袄、红棉裤、凤冠、红盖头）一起由媒人率人抬着送往女方家。盒盖上放两瓶井水，抬盒上还须贴幅内容诸如“未及迎娶先纳彩，将近于归早催妆”等字样的大红色对联，以示催促及时上妆，准备迎娶。女家收到催妆帖后，要开发喜钱，款待媒人和送礼人，将送来的礼品留下两样，其余退回。送催妆礼的同时，要问清女方家送亲到男方家的人数及性别，以便男方家安排招待。

加笄礼　在喜日的前一天，给待嫁的女子行加笄礼，俗称“上头”。清朝、民国年间出嫁女子行加笄礼，就是改变发式，将头发绾成一个发髻，用网子包住，后用簪子插定发髻（旧时女子扎辫子，结婚时即挽发髻谓之上头），表示女子已经成人。上头后还要开脸，俗称“绞脸”，由“全美人”（父母康在、儿女双全的女人）或女子的姑、嫂子等女眷，用香粉涂扑新娘面部，然后用红棉线交叉双手操作将面部的绒毛、汗毛绞去，具有美容的性质。现在的新娘开脸，一般到美容店去“化新娘妆”。

女子出嫁前，女方家一般要把至亲和填箱的亲朋请到家中吃喜酒，叫作“搬客”。亲朋到齐，吃罢喜酒，晚饭后为出嫁的女子暖轿。这一天晚上，新娘要向父母行“辞娘礼”，感谢父母养育之恩。

喜宴　操办酒席，每桌酒席上最重要的是鲤鱼，村民常把赴喜宴说是去吃大鲤鱼。女方家方面，女子出了娘家门后，即可送客。男方家，在喜日的前一天也要请客，请来的客人参加婚礼后再座席吃喜酒。

贴喜联　结婚的头一天，男方要请人写喜联，大门两边贴上红“囍”字，还要写喜条帐心，每条词语都是喜乐祥瑞，每个典故都是美满姻缘的象征。同时，洞房内墙上贴《百子图》《麒麟送子》等年画，幅棚、床帷子上贴剪纸图案，窗户上糊红纸，并贴上《喜鹊登梅》《梅生百子》等窗花，婚纱照挂在醒目的位置。一切要布置的热烈、喜庆，焕然一新。

支床　结婚用屋有铺芝麻秸的借芝麻开花节节高，向往婚后日子步步高。红纸包上4块新砖，分别垫在四个床腿下。床上被褥的四角都有放上钱、枣、花生、栗子，意思是“早生子”。

喜期的头天下午，出嫁姑娘，由叔、哥或弟陪同，到祖坟上坟，意思是告别祖先，出嫁他姓。掌灯时分，在一起玩的姐妹们前来话别，随后就是“装箱”，先由婶子、姑、姨或大娘，拿着用红纸捻沾油点着的灯，照照箱子、柜、橱等，意为驱逐邪恶。接着把所陪送的物品全部装好，姑姨至亲还要给压腰钱。

亲迎　亲迎是婚礼中最隆重、最复杂的一个环节。儿娶女嫁，邻居、亲朋都送礼祝贺。主要亲戚送礼必须有肉、鱼，加上其他礼物凑成四样，叫“四色礼”。凡是送礼的，主人都要请吃喜酒。结婚，男的叫“娶媳妇”，女的叫“出门子”。

待新娘的花轿（当代是车队）一到村头，由送亲的鼓乐手吹响喜乐，发出信号，通知迎亲的人，结婚的程序便开始了。

贴春联、送福（2016年2月 摄）

铺床　铺床要按查好的日子、时辰进行，在喜日的前一日晚上铺床，选聘儿女双全的女性2人合作完成，铺床时要用黄纸、红纸包砖垫床腿，以示“金砖铺床，人财两旺”（中华人民共和国成立后则多用红纸包床腿，以示吉庆）。褥子底下放红枣、栗子、花生（生男亦生女），床上压一根用红纸裹好的扁担（表示自此成家立业，挑起生活担子），床两头还要放红（男）绿（女）大枕头（俗称满床枕，长度为白布尺一尺四寸左右）一对。

铺床包含两项内容，铺男方准备的床上用品和铺女方准备的床上用品。一般先由男方请的丈夫健在、儿女双全且属相与新娘相合的婶子或嫂子两人，将男方准备的床单、褥子（俗称“铺”）、被子（俗称“盖”），一般人家是两铺两盖，铺到床上，其中一条敞着口未缝合的被子，放在上面，且敞着口的一头朝上首。女方嫁妆送到后，新娘娘家陪送的被褥（通常也是两铺两盖），则由女方陪嫁而来的女客与男方请的铺床人（俗称陪客）共同铺于床上。

迎娶　迎娶日期多由男方决定，20世纪80年代前，九间棚村的新媳妇多数是坐着手推车或走着进村的。20世纪90年代后，均是坐着轿车进村的。喜日早晨，嫁女按照时辰上好妆，由舅、叔（伯）、兄弟陪同护送，乘轿车前往男方家，此过程叫“发嫁”。

女方在娶亲队伍未到之前，做好接女婿准备。听到村头汽车响，放鞭炮迎接车队，按事先定好的路线，将彩车接到门口，按规定的方向停车，然后迎客人将女婿接到女方家（前面两人，一边一人）。新女婿进家后先要拜女方的祖先和父母，由迎客人陪着女婿吃饺子、鸡蛋（必须吃双数）。上车鞭炮一响，新人坐在太师椅上，由送女客扶起，两个毡前后的倒换着，新人在毡上走，一直走到车前，车前放一个升，升上放着一只糕，新人踏着升、糕进入车内落座。喇叭声声、车人成队，走向男方家。嫁女客及拿嫁妆的人上其他车辆同行。路遇大树、石桥、转弯等均撒“囍帖子”（红纸片写上“囍”“大吉”字，以示喜庆）。

送亲队伍接近男方家门时，即有人挑着大红爆竹，迎头点放起来，边放边后退，车队跟着缓缓前进，至男方门前爆竹放完，彩车停稳。女方大客即被男方陪客迎至客厅，按座次吃宴。

新郎手持鲜花将新娘迎下彩车，众人向新郎、新娘喷洒喜花，走至院中，准备拜天地。

迎娶习俗随着社会变革发生较大变化，1950年后，花轿、吹鼓手等习俗逐步废除。20世纪60年代，迎娶多用手推车，“文化大革命”时期时兴女方步行或骑自行车到婆家，80年代用拖拉机，90年代用轿车。迎娶轿车由男方筹备，一般是6辆或10辆，迎娶轿车的颜色一般是红色或黑色，有的是第一辆和最后一辆用白色，其他中间的为红色或黑色，说法是白头到老。嫁妆也可在迎娶日前安放在新房内。

拜堂，现在还要拜来宾，在拜天地前还要有证婚人、贺婚人发言，还要新人讲述恋爱经过等，使婚礼办得庄重大方，活泼喜庆，然后新郎、新娘入新房，观礼来宾同抢喜烟喜糖。

新娘被送入洞房后，坐帐前要喝宽心面。宽心面类似于面条，只是宽许多，面由新娘方准备，拜天地时下锅，面熟后新娘已入洞房，这时盛出四小茶碗，由勤杂人员用传盘端进新房，由两名上头婆子陪着新郎新娘喝。新娘碗的面上放一些半生不熟的，端进新房后，再先给公公婆婆各盛出一碗（祖父祖母健在者要先给祖父祖母盛上一碗），碗上放上筷子，端给他们喝，然后盛出一大盆，置于天井院内，围观之人纷纷争抢而食。洞房内，新郎新娘喝宽心面（俗称“催生饭”）时，同吃“宽心面”，表示二人从此同心生活，早生贵子。喝宽心面后，新娘要拿出一双从娘家带来的鞋，给新郎换上，新郎穿此鞋时后跟不能在新房里提，要趿拉着出新房后再提，新郎此后便不再进新房，直到晚上喝交杯酒时再进去。

坐床　俗称坐帐，新娘被送入洞房后，要按照婚单上规定的方向，朝着喜神的方位坐下；为旧时婚俗当中的重要组成部分，新娘入洞房，要脚踩红纸包着的升（旧制木制量具）上床，以示“步步高升”。再由送女客、迎女婆“撒帐”、共填枕头。

撒帐，是将栗子、红枣、花生等撒在新人的床上。撒帐时边撒边唱撒帐歌。

坐帐时实际已进入闹房阶段，亲戚朋友、街坊邻居往往前来观看新娘，让新娘点烟，向新娘要糖果、点心吃。也有的是来看嫁妆，看别人送的礼物。

婚宴　是一种庆贺形式，也是对送礼者的一种答谢，类别有贵宾席、新亲席、近亲席、朋情席。当新娘在洞房内做帐的时候，新郎及其家人正忙于招待宾朋。女家来客是贵客，俗称“大客”，须高规格招待。送亲客有男有女，一般男女不同席，男客一般由新郎的舅舅、叔或村干部作陪，女客一般由新郎的舅妈（俗称妗子）、媒人、铺床人作陪。大客席称“上席”，宴席规格要丰盛，一般为十大碗，或八八宴，男家礼节必须尽到，敬酒之后，还要开喜钱、喜烟，送红包。

除女方的送亲客外，男家的亲朋也要请来赴宴，俗称“喝喜酒”或“座席”。九间棚人多以小八仙桌为宴饮用桌，八仙桌的特点是桌的四条边长度相等，每条边前可坐2人，共8人。饭桌靠后墙（所坐之人面对屋门）的一侧为尊，女方“大客”要被请到上首落座，并且讲究“娘舅为大”，要让新娘的舅舅坐最尊贵位置，宴饮时饭菜讲究头鸡二鱼三合菜，一起上足4个菜后开宴，第几道菜是什么菜上几道菜后开始敬酒，都有讲究。陪客人席间要为大客斟酒夹菜，敬烟续茶，每上一道新菜，都要换到大客面前，总之，要礼貌周到，不失礼节。

在新媳妇进入洞房，女家来的客人被请到客厅安座之后，男方家长要到客厅向客人“谢风尘”。谢风尘时，司礼在一边高喊“喜主谢喜客的风尘”。这时喜客应离开座位迎上前去，与喜主对面而立接礼。喜主和喜客同时作揖而后同时迈左脚行礼，左脚恢复原位后，再作揖，而后同时迈右脚行礼，喜主退出客厅后，还要在客厅外向喜客作揖。此后，喜客要到喜主家里向喜主叩喜，叩喜时如果喜主一方有老人（指新郎的祖父、祖母）健在，喜客应跪下给老人叩头。叩喜时司礼在一边高喊“喜客给喜主叩喜”。其他细节一如谢风尘。因为谢风尘和叩喜时的动作在外人看来就像喜主和喜客在扛膀，所以九间棚称此礼节为“扛膀”礼。

改革开放后，婚礼多由礼仪公司主持，设主婚人、证婚人，新郎新娘穿礼服、披婚纱、戴胸花，在婚礼上新郎新娘拜天拜地，拜双方父母，夫妻对拜，互送戒指，喝交杯酒，宴席上向客人一一敬酒，客人以吉言祝贺。“大客”“送女客”饭后便准备离去。大客和送女客还要到新房里看一看，安慰一下新娘。并同男方父母坐一坐，道道接待之情，说一些公婆要多指教新娘的客气话，最主要的一项议程是定一下送新娘的具体日期，俗称“过对月”。大客、女客回来后，到女方家向其父母回报。

合卺　九间棚村民的婚礼，一般在晚上喝合卺酒（俗称交杯酒、同心酒、合婚酒），新婚夫妇合饮同心酒，象征夫妇合体相亲。这是夫妻第一次对面喝酒，通常有闹房者围观，因而气氛相当活跃。饮同心酒时即可闹房。

闹房 是婚礼不可缺少的一种习俗，从新娘进门开始，一直闹到半夜。他们围住新娘索烟要糖，说些俏皮话，造成欢乐气氛。喝同心酒时的闹房，一般是连同新郎一起闹。

改革开放后，村民的经济条件和思想观念不断变化，婚俗发生较大变化，陪送闺女的嫁妆也由老式家具转向多样化，如自行车、摩托车、缝纫机、电视机等，甚至有的还送小轿车。男女青年自由恋爱、订婚、结婚，手续简化，有的不查日子，选五一劳动节、国庆节、春节结婚的越来越多。还有的旅游结婚，省钱又省事。新娘结婚穿婚纱，新颖、时髦。婚礼的仪式一改旧俗，新娘进门时燃放鞭炮，录像。

婚后礼俗 婚后礼俗大致有磕头、庙见、回门、叫媳妇等项。

磕头 结婚第三天新郎新娘双双拜见新郎伯、伯母、叔、婶娘等亲戚。到近支挨家挨户磕头，有一人跟着拉毡，先是男的磕，后是女的磕，然后给应拜见的每人一双鞋（过去是新娘亲手缝制，现在则多为从商店里购买），所以又称此仪式为“拜鞋”或“磕头”。女的磕头后，都要给磕头钱，钱数多少，根据来往，尽量多给。

庙见 俗称上喜坟，行庙见之礼，意思是新人报到入宗。有祠堂的进祠堂，无祠堂的由本家兄嫂带领新郎、新娘到祖坟去焚香、烧纸钱（俗称上喜坟）。

回门 就是新郎陪同新娘回娘家拜会，当天返回。由一位近房弟弟或侄子挑着礼物，或新郎新娘自己带着礼物（鸡、鱼、肉三色，其他任意配一色，俗称四新礼），回到女方家，女家要准备一桌丰盛的饭菜招待贵客。陪客一般由新娘的舅舅、伯父、叔或村干部（让村干部提升女方的地位）作陪。筵席有讲究，一般用八仙桌，共设8座，新姑爷坐上席（女婿在岳父母家座席，一生只有这一次坐上席），陪客按辈分长幼就座。宴席的饭菜有讲究，有严格的定数。每上一道新菜，都要换到贵客面前，陪客人席间要为贵客斟酒、夹菜，敬烟、续茶，要礼节周到，体现女方为大家闺秀。

民国年间，村中刘姓兴“回门、过对月”，张氏、廉氏“回门”就不用“过对月”，当代都用“回门”，不再“过对月”。新婚满月后，新娘由兄弟叫回娘家过一段时间，称为“过满月”，然后由父亲送回，叫“送满月”。娘家要备好饭食、点心等礼品，用两只篼子分盛，有“成双团圆”“甜蜜幸福”之意。饭食一定要用新蒸的热馒头，象征着婚后的日子“热乎升腾”。另有一把“篦子”、一把“梳子”，谐音为“一辈子有福”。一应礼品反复查数，务必准确，然后装入篼子，带到婆家。婆家要隆重设宴款待客人，饭菜质量要上等的，陪客者也反复劝酒，唯恐失职不能尽主人之意。

回门礼一般是一对鸡，亦称“对月鸡”，一对鱼，一刀猪肉，两个象征圆满幸福的大锅饼，亦称“团圆饼”等。讲究一点的人家，可用盒子抬着。媳妇到婆家后，一直要过到满月，蜜月期间不能再回娘家，有“一月之内，不见两娘”的说法。

搬闺女 新娘第一次和娘家走亲戚，通常是娘家来接，俗称“搬闺女”。民国时期，一般是父亲去搬闺女，接时要推着车子，车子两边用木棍、染红的苘或麻绳绑着架子，上面铺有被子，车子一般不空着去，通常由新娘的娘家侄子“压车”。搬闺女的时间紧挨在回门之后，此时男家要准备丰盛的筵席招待亲家，新娘的父亲到男方亲家看一看。吃饭时要吃面条，意指亲情扯长拉不断。一般要在天傍黑时到家为好，讲究出嫁的闺女进家时看不清屋笆（实际上是天黑看不清）。新妇回娘家所带礼物，是蒸一篦子白面馒头，上用红颜色点花，另有点心、挂面、饼干之类，后来发展到只带白面，再后来则发展到带麦子（简朴里面透着实在）。新妇在娘家住一夜，次日一早送回婆家。女儿回婆家时，母亲去送，到亲家去说说知心话，亲戚关系越来越近。

20世纪80年代后，结婚的第二天新娘回门。待正月十六日，新郎、新娘带厚礼至女方家“认门”。“认门”这天，无论陪客长幼，新女婿须坐首席，并可到女方近亲属家小坐（吃点心）。90年代始，“归省”之俗渐除，新婚夫妇多在结婚第二天一同回女方娘家“认门”，当天返回，婚礼即告结束。

婚事新办　中华人民共和国成立后，九间棚人在婚礼问题上，反对大操大办，提倡婚事新办，杜绝一切形式的娃娃亲、换亲、转亲等旧婚姻，通过计划生育宣传等，使“五代内的直系血亲和旁系血亲”的近亲结婚废止。一般婚礼均按照喜庆、文明的原则进行。

花轿　婚车　1964年前，村民结婚新娘过门用4人抬花轿，九间棚村小没有花轿，用时租借赵家庄的花轿。民国年间，赵家庄花轿队4个股组成，村民刘德山占1个股，每逢喜事，由喜家通知轿头，刘德山在前一天晚上下山住到轿头家应召。“文化大革命”期间，村民结婚新娘过门步行或用木推车、自行车。1985年后，村路修通，村民结婚新娘过门用拖拉机、汽车，1990年后用面包车、轿车。2010年后，婚嫁车队数量、车辆品牌不断提高，一般6 ~ 10辆，且讲究车辆的颜色。

生育

得喜　生儿育女是家中一喜，故妇女怀孕后称“得喜”“有喜了”。妇女怀孕后，一般家庭开始对孕妇的劳动强度、膳食进行调整，尽量给孕妇增加营养，少从事重体力劳动，以保证胎儿正常发育。中华人民共和国成立初期，孩子多、劳动力少的家庭，孕妇的劳动并不轻，不但要照看孩子、做家务活，还要参加劳动，吃饭随一家人，没有特殊待遇。1976年后，实行计划生育、少生优生，加之生活水平的不断提高，妇女怀孕期间注重营养，定期查体，妇女保健水平显著提高。

添喜　家中有人生孩子叫“添喜”，生男孩叫“大喜”，生女孩叫“小喜”。中华人民共和国成立前，村中卫生条件差，生育知识水平低，婴儿出生率高、死亡率高。20世纪70年代前，村民生孩子都在自己家中，请接生婆接生。1950—1975年，妇女生孩子一般由村民刘王氏接生，后有廉茂俊。1975年，接生婆改称接生员，需经县卫生部门专业培训，持证上岗。80年代始，生孩子不再用接生员，而是到县、乡镇医院生产，确保母、婴健康、安全。

报喜　婴儿出生第三天，父亲到姥姥家“报喜”。姥姥家押回面、米、红糖、鸡蛋，给新妈妈养月子。

送米糖　女孩生后第9天，男孩生后第12天，产妇娘家人携米、面、鸡蛋、红糖、婴儿衣物、钱等送“米糖”。孩子姥姥家的米糖最多，有米、面、挂面、鸡蛋、红糖、小孩的衣裳、小袍褥、鞋、帽等，还要送“长命百岁”锁、手镯等。女方娘、兄弟、姑家、姨家、姐妹家都要尽力参加。男方近支大爷、大娘、叔、婶子、舅家、姑家、姨家、姐妹家都来送米糖，多是面条、红糖、衣帽之类。庄邻四舍有往来的也送米糖，多是鸡蛋、面条、红糖类食品，在孩子满月前任何时间都可以送，也不请酒、吃饭，只回赠红鸡蛋、糖果等。2000年后，生活水平实现小康，“米糖”愈来愈重，赠送婴儿的礼金由数十元、百元上升到千元，有渐趋铺张之势。

铰头　铰头日期，男孩自出生12天，女孩自出生9天。铰头前，准备好一个升，铰头剪子放在升中，升里面同放的还有一对葱、一对艾、一对香、一支笔、一方砚、一本书、一杆秤、一面镜子、一个小葫芦、一个算盘，现代不用算盘改用计算器。铰头时间是正午时分进行，不能提前，也不能拖后。孩子由其奶奶或大娘、婶子、姑抱着坐在板凳或椅子上。铰头人排序为：头剪是孩子的舅舅，剪掉孩子的少许头发，二、三剪比画一下即可，一般是孩子的姑姑、姨等；最后，妈妈铰手指甲、脚指甲，寓意手脚勤快、头脑灵活、不皮贱。

铰头完毕，把剪下来的头发用煎饼包起来给狗吃，说是免灾。接着往升里放铰头钱，先由孩子的姥爷、姥姥、舅舅放，然后由孩子的爷爷、奶奶放，其余凡来参加的人不分先后随意放，放前不点钱数。等所有人给完铰头钱后，由孩子的姑姑点数，钱点完后，为图吉利，要凑够后几位数为“6、8”的钱数，最后由孩子的爷爷补齐。这种风俗延续至今，只不过钱数成倍增加，亲戚朋友多，经济条件好的少则几十元，多则上千元；接着座席喝酒。20 世纪 80 年代前一般是请厨师在自家里办，现在大多都去饭店。酒后送客，每人一份糖果、点心、红鸡蛋，装红袋相送。铰头用的一对葱要栽于家中盆中，使之开花结籽，传宗接代。

养月子　产妇生完孩子后要养“月子”（30 天）。养月子期间，产妇要静养，不沾凉水，不可经常出屋，不干重体力活。但家里比较贫困、人手少的，产妇也得做饭、洗尿布等。中华人民共和国成立前后，瓜干为主食时期，一般人家养月子主食为小米加红糖，面食少，鸡蛋也不多，肉更少，照样粗粮饭菜。改革开放后，经济条件逐步好起来，以面粉、大米为主食的时代开始，米、面、鸡、鱼、肉、蛋不断，过去为坐月子人开小灶，现在改为一家人吃一样的饭食。

过满月　一般男婴在出生后的第 30 天，女婴则是第 29 天。意味着产妇已养好身体，恢复体力，可以参加正常劳动了。这天清早，要把红子取下来，一家人办一顿丰盛的饭菜，吃上一顿，月子结束。过去，一般家庭吃满月饭是做一锅小米干饭加红糖，一家人吃一顿，还要给婶子、大娘、要好的邻居送上一碗。翌日，娘家来人“叫满月”，把母子接到姥姥家住几天，俗称离尿窝子，并顺便带一把艾蒿。回家时，姥姥要送一只母鸡和一把勺子，寓意吉祥如意，此后，产妇可以出房下地干活，谓之“出月子”。

周岁　改革开放后，婴儿满周岁，要宴客庆贺，亲友、长辈馈赠衣物、玩具、首饰等。在这一天还要让婴儿抓周，即把算盘、秤、文房四宝等放在升里，让婴儿去抓，抓着什么就意味婴儿将来有这方面的才能。

退盘子　民国年间始，婴儿一般周岁后接种牛痘疫苗，臂上接种处会化脓结痂，俗称“盘子”。舅舅要带馓子、烧饼等物来看望，叫作“退盘子”。一般早春接种牛痘疫苗，麦收前退盘子。20 世纪 80 年代后，婴儿出生即接种卡介疫苗、乙肝疫苗，预防结核性脑膜炎和播散性结核病。

育婴　中华人民共和国成立前后，婴儿主要靠奶水喂养，母乳不够吃的用小米磨面做成的稀糊喂孩子。生活困难时期，哺乳期有一年的，也有两三年的。据说因生活清贫，延长哺乳期可防止受孕，因此孩子间隔年龄一般都在 2 ~ 4 岁。现在婴儿食品繁多，各种奶粉充当了婴幼儿的主食。有的母亲一年就给孩子断奶，俗称“掐奶”，还有的孩子妈妈为了追求体形美，孩子一生下来就喂奶粉，不用母乳喂养。

教子育女

起名

孩子起名，对九间棚村民来说，历来是一件大事。能为孩子取一个朗朗上口、意义深远、好听、好认又好写的名字，让一个好名字激励孩子一生，成为一个有益于社会的人，是为人之父母的最终目的。

起名规则　清朝前，村民的姓名较复杂，通常情况下除了姓和名外，还有字（表字）、号等。中华人民共和国成立后，采用一人一名制。

辈分排行起名　辈分字即班字世系，2014 年刘氏二修族谱时，规范 13 世至 42 世行辈：学德甲立庆，芳修世永昌，运开祯祥瑞，达道福泽长，启兴鸿志继，广传忠孝良。按辈分排行起名是一种十分讲究的家族文化习俗。

起名技巧与方法　九间棚人起名的技巧和方法较多，有按照班字取名、思想悟道取名、朴真构思取名、成语入名、美德润名、个性立异取名、嵌字组名、以征用地貌取名、以假借动植物取名、双关取名、色彩取名、双姓合璧取名、拆姓生名、拆字拆音取名等。辈分取名法是按家族世系牒谱规定的辈分起名，在名字中明确表示出他（她）在其家族世系中所属的辈分字。

乳名　俗称奶名、小名，是在少儿时所用的名字。九间棚人均有小名，都是在出生后不久取的。

继嗣

清朝、民国年间，兄弟之间一方无子，要过继兄弟的儿子为嗣。兄弟二人，如老大无子，老二有一子的，老二应把独生子过继给老大，九间棚人叫续长不续幼，灭门不灭长。兄弟几个均无子的，可以过继近支叔伯兄弟的儿子。长支无嗣的，要过继次支的男丁为嗣顶支，即使次支只有1个男丁也要过继为嗣。中华人民共和国成立后，这种继承习俗已渐废除。

第九节　殡葬习俗

九间棚村民曾长期信奉“入土为安”的古训，把丧葬作为一切礼俗中最重要的礼俗。中华人民共和国成立后，提倡丧事从简，反对大操大办。1975年5月始，按照政府要求，推行殡葬改革，由土葬改为火葬。

殡葬

做寿衣　寿材　民国年间，村民中在60岁后就把丧葬用的衣物准备好。寿圹多用料石，棺材多用松木、柏木、梧桐木等。寿衣有单衣也有棉衣，其料有棉、绸，忌用黑色、缎料，其色多蓝，镶黄、红、绿色。所准备的寿衣须是单数，意思丧事不能成双。做寿衣、寿材须在闰月之年。打制棺椁，用良木做棺，以檀木、柏木为上品。民风以厚葬为孝，故丧葬礼仪烦琐，封建色彩浓厚。

送终　老人病重弥留之际或生命垂危之时，病重老人的儿女停止野外劳作，在远方的直系亲属则须迅速赶回家，大家聚在老人身边，听其最后的遗言，陪伴老人走完最后的人生旅程，俗称“送终”。

穿寿衣　俗称小殓，老人去世，要穿好送老衣裳，寿衣一般提前做好，有的几年前就预备齐全。

备办丧事　九间棚村俗行“三天丧”。亡故当天，本家长者请“执事客”主办丧事。“丧局”根据丧主意见及条件而定。一般设执事1人，主持办理一切事务；另设内柜负责丧礼登记、厨师、举重、司礼、内务钱粮，外柜负责通报死讯、殡期、物品采购等。灵屋内不得有红色等喜庆颜色，不得露镜面。

第一天　孝子、近支族人及谊邻聚在一起，商议举丧事宜；预测来客数量，采购食物用品。厨师支锅立灶，买菜备酒，准备饭食。

送讣啃　俗称报丧，由1人执笔记录，分东、西、南、北四路，排定所送讣啃人的姓名、地址，俗称开路程单子，由外柜分工负责，及时送达。报丧是将亲人去世的消息告知亲朋好友的习俗，对远方的亲朋，要告知其开吊下葬的日期。一般是死后当天（晚上死的要等天亮），即安排专人到亲属家中告知亡讯和丧期。旧俗报丧者手拿一根系白布条的棍儿，按路单上开的村庄、人名，找到应接信儿的主家，报上亡者死讯和殡期。每到一家不能进门，有人来迎接时需向长辈行叩拜礼，被报丧者要安排报丧者就餐，并做好“吊丧”的准备。各路送讯人，将讣啃送达后回来向外柜及丧主回报。现代交通、通信工具发达，多数通过手机电话即可完成。

搭灵棚　由内柜组织人员完成，灵棚与设灵床的房屋相连，一般用箔、席、木棒等物扎于室外，灵堂门垂上帘子，迎门立一五色纸扎的金银宝库，库前摆放祭桌，祭桌前放一领席，灵棚前面两边贴上丧联，对面贴“奠”字，均用软笔书写白纸黑字。丧事帐心要求严格，语名、关系不可乱用。执客受丧主委托，按照一定程序，负责组织，指挥并完成好丧事的各项议程。

成服　女执客按计划缝制好孝服孝帽，九间棚村俗行五服制，有“重服（俗称成生）”“偏服（俗称散生）”之分。

戴孝守灵　父母丧亡，儿女披麻戴孝守灵。孝男剃发，戴斜角孝帽，以麻匹缠裹，俗称“披头”，额前坠有棉球，父母双亡的坠2个，亡1人的坠1个，身穿白孝衫，腰束苘绳拖地，白布包脚，穿草鞋（后改为布鞋，鞋面鞔上白布，死者配偶健在的，儿子、儿媳、女儿鞔鞋露后跟，死者配偶已故的全鞔，其余晚辈均露后跟），手拖柳木哀杖。孝女散发，儿媳和女儿顶褡头（白布缝制，上尖，前面遮脸，后边长），腰束苘绳，穿白袜白鞋，父母双亡时，褡头后面一样齐，只亡1人时，按照男左女右的习俗，长短相别，儿媳、侄媳妇、侄女的搭头外翻边，孙女、孙媳的翻里边，裤腿脚上扎白布带子，麻匹缠紧。侄、孙辈头带平角孝帽，穿白鞋。条件好的人家，男穿孝袍，女穿孝褂。曾孙辈孝帽中间钉蓝绫，元孙辈钉黄绫，来孙辈钉红绫。

哀杖与腰绳。哀杖与腰绳是架拉灵车的用意，哀杖棍是执事人砍的柳木棍，长短像手杖，儿女的哀杖中间裹一黄纸条，有斜度为宜，长子的最粗，次子的稍细，依此类推。腰绳用一细麻或苘搓成，也是长子的最粗，往后依次变细，上面用一细麻或苘绳系在腰间，拖在地上，父母均故用2根，亡1人用1根，儿女带活头疙瘩。持服习俗延续至今，但有弱化趋势，有的在父母故后只戴青臂纱，上缀白色“孝”字，佩戴时间不等。2006年后，九间棚由白事理事会办理。

幔鞋　父母去世1人，孝子鞋不幔严、留脚后散茬，侄辈幔鞋头，孙辈慢脚腰。父母均故，儿女幔整鞋散茬，侄孙辈不变。

破孝　破孝范围和标准都是丧主根据自己的经济情况而定，来吊唁的均给孝布或孝帽，叫“普孝”。一般人家只给闺女婿、侄女婿、孙女婿、外孙女婿等人孝帽、孝带。

送路　俗称烧“导头马”，人去世后，子女举家痛哭致哀。

第二天　民国前，孝子穿粗麻布，当代用白布替代，唯儿女头扎麻秕以示“披麻”，所穿孝服规格按五服制规格不同。

吊丧（吊孝）　吊丧是亲友对死者的祭奠、吊唁活动，是丧葬礼俗内容，一般在灵堂前举行。死者子女在接到信息后先要哭悼，然后问明死因，尽一切努力尽快奔丧，临到家时，要“望乡而哭”。出嫁的女儿，有的甚至一路哭来，到家后先要在灵前跪叩、哭悼，直到有人安慰才停止。儿子、儿媳在灵堂内跪候，其余孝子跪灵棚，死者兄弟站灵棚（一般站在灵堂前的上首，东南方向处），来吊唁的客先上吊簿，纸、帐子、桌子、钱等登记在吊簿上，后破孝，男的按人头每人一个孝帽，女眷每人一条手巾（白布制成），然后行礼。吊祭时，死者外甥、女婿先窜灵（到灵前磕头哭进），后再出来行礼。行礼次序与辞灵的次序相同，现在是谁来早谁先行。有桌、帐的待桌子摆好后行，行礼与辞灵时行礼的程序同，但也有的客行大礼，如三拜九叩，也有行鞠躬礼的。行礼时，执事客喊“客至”，里边儿女跪哭，客行礼毕，执事客喊“谢客”，里边儿女对外磕头；女客不行大礼，磕头哭进灵堂即回。

辞灵　第二天晚上进行“家奠”，俗称辞灵。由执客主持辞灵仪式，有1人负责来客祭礼登记。祭桌上摆放香炉、烛台，供上祭品（一般5碗）。所有近门亲戚、本家孝眷全部到场，灵前摆供桌（香案），20世纪90年代始挂死者生前照片（黑白放大像）。辞灵的顺序是至亲好友、宜邻家族、最后是男女孝眷。执客按亲戚的远近、辈分依次行礼。

第三天　接待四面八方吊唁之客，一早所有执事客全部到齐，分工就位，厨师也将宴席准备妥当。上午基本是接待前来吊唁的客人，午饭后进入埋葬死者的程序。

举纸　送殡之日早上举行，把白纸裁成条系在木棍上，从纸客那里请到丧主设灵堂家的大门口，连同死者牌位请到家，分别放到灵前供桌和灵堂上。

入殓　入殓就是将穿戴整齐的死者装入棺木，俗称大殓。棺材大都是

盒起子

事先做好的，整个过程要以席片等物遮盖，实行火化后，入殓改为遗体告别，棺材改为骨灰盒。

出殡　出殡的程序分发丧、下葬、圆坟、上三天坟、“五七”坟等。出殡日，接到丧信的亲友各持仪礼前来吊唁。“仪礼”有现金、火纸（冥纸）、铭旌（或花圈）、挽幛、“果桌”（合仪者通称“冥资四事”）等。乡亲四邻视情送纸、箔、香烛之外，大多送现金等表示悼念。若是至亲诸如亲家、兄弟、姐妹等多为铭旌、果桌，其他亲朋好友则花圈、挽幛等均可。亲友依次到灵棚内行跪祭礼，此跪祭者有主祭、同祭之分。孝子在灵堂内跪谢。至亲可在“执客”引导下“参灵”（进入灵堂哭祭）。客行礼完毕后，出席午餐。2000年前，一般都是丧主请厨师在自家办，之后，村民办丧事一般到酒店订饭菜送上门或到酒店安排；席散出殡。

发丧　是出殡安葬的最后仪式。出殡日期，一般认为农历逢三、六、九日最好。

路祭　棺材抬到村口处时，停住，架子工用支棍将棺材支住，举行路祭仪式。

落葬　也叫下葬，由孝子、举重者等共同完成。棺材到墓地后，孝子等先看一下墓穴是否合适，然后下棺（骨灰盒也一样）。

圆坟　此时要在墓前摆放祭品，孝男孝女人人依次手持点燃的香柱。

祭祀　即在安葬第三天上午由执事客引导，孝子及全体眷属参加祭奠、上坟添土，也有安葬、上三天坟同时进行的。三天坟是对亡者第一次郑重的祭奠，要摆桌子、烧纸、磕头，该参加的亲戚都要参加。

丧礼

守制　民国前，父母亡丧，子女要穿孝服，穿白鞋，服孝3年。妻子给丈夫服孝也是3年。3年内儿子不得出远门，妻子不能改嫁。叔伯亡，服孝2年。中华人民共和国成立后，移风易俗，丧事简办，穿服百日后即换服。

祭日　人亡之日俗称亡人祭日。每年祭日均由亲人至墓前祭奠，俗称“上祭日坟”，周年祭日奠尤为隆重，以后的祭日均需按时祭奠。

答谢助丧者　是一种充满答谢、白事喜办的氛围习俗。亲友和助丧者在完成丧葬之后，丧家设宴请众人吃饭，以示答谢。20世纪60年代，九间棚村提倡移风易俗，倡导文明新风，1977年始，推行火葬，由村红白理事会统一协调办理，实行火葬，骨灰深埋，留小坟头。村民已逐步形成厚养薄葬的新习俗。

架子队　1950—1976年，九间棚村与赵家庄一个架子队，占一个角，架子队员刘德山。1995年2月，由刘氏、张氏、廉氏三大宗族主持，置办木棒、麻绳等用具建成架子队，架子头刘德山。刘立青任账房，廉茂红、庄立月等女性负责丧服缝制等。均是四邻帮忙性质，其间主家管饭，没有报酬。1995—2019年，刘甲新任架子头。

1977年，村民廉德勤是第一个火葬者；到20千米外的费县火葬场火化。1977—1987年，改用殡葬专用车。1996—2009年每运送1名死亡人员运输费100元，2010—2019年每运送1名死亡人员运输费200元。

殡葬改革

旧葬习俗　土葬，是九间棚村民长期以来的殡葬习俗。清朝时期，村民治丧实行“入土为安”“棺椁必重”“葬埋必厚”“坟体必择吉地”等一套复杂、繁缛、铺张的封建迷信礼俗。民国时期，曾倡导新式葬礼，但旧葬礼俗依然盛行。

1953年前，土地私有制，村民的老来病卒，多土葬于自家土地中或宗族墓地，没有土地的葬于舍地。1976年后，改土葬为火葬，因殡仪馆建设达不到村民的意愿，使村民行火葬后仍进行土葬。仍存出殡发丧、摆供祭灵、烧香烧纸、扎制祭品、埋坟头等旧葬习俗。2000年后，村民生活节奏加快，工作繁忙，旧时的丧葬礼仪已不再遵循。村委会为做好全村的丧葬管理，主张厚养薄葬，俭省节约，移风易俗，倡树文明新风，为村民分忧解难、办实事，成立九间棚村白事理事会，制定章程。

理事会　1995年2月，九间棚村成立白事理事会。

会长：刘甲新

成员：刘甲全、刘立青、刘甲进

章程　村为提倡移风易俗，从俭办理白事的原则，从白理事会的组成、理事会的服务原则、墓地的管理安排等 20 条进行了规定，并行文告示。

改革内容　把棺材、鼓手、纸草、庄邻孝、帮忙孝去掉，以村“两委”名义给丧主购买花圈 1 个，表示对逝者的沉痛哀悼。

开追悼会　追悼会一般在丧家所设的灵堂或殡仪馆里举行，对村有贡献的由集体主持。

丧服　亡人安葬后，提倡不披麻穿白戴孝，只在胳膊上（男左女右）带一黑布或一“孝”字，表示老人去世，自己正在孝期，还表示对亡者的哀思、怀念。

墓地

中华人民共和国成立前，九间棚村宗族墓地有刘氏、张氏、廉氏 3 处，占地面积 0.5 公顷。

刘氏墓地　位于大地，清同治年间建立，至 2020 年，有坟茔 50 多座，占地面积 0.3 公顷。

九间棚公墓林（2020 年 10 月 摄）

廉氏墓地　位于平顶山家后，占地面积 0.1 公顷，2020 年，有坟茔 3 座。

张氏墓地　位于马家岭白蜡墩，占地面积 0.1 公顷，2020 年，有坟茔 20 多座。

第十章　人物 荣誉

九间棚村地处平邑县东南部天宝山区，民风通达、厚重，清乾隆六年（1741 年）建村，村民春耕夏播、秋收冬藏，邻里互助，繁衍传承，革命烈士保家卫国。中华人民共和国成立后，刘嘉坤带领村民架电、修路、治水，栽种金银花，勤劳致富，刘嘉坤被表彰为全国劳动模范，被选举为全国人大代表，中共十四大党代表。九间棚人在社会主义改造和建设中，创造九间棚精神。

九间棚村的发展得到了各级组织和世人的认可，先后获全国文明村、全国生态文化村、中国幸福村、全国生态文化村和省级文明村，临沂市先进基层党组织、市级文明村等 100 余项荣誉称号。

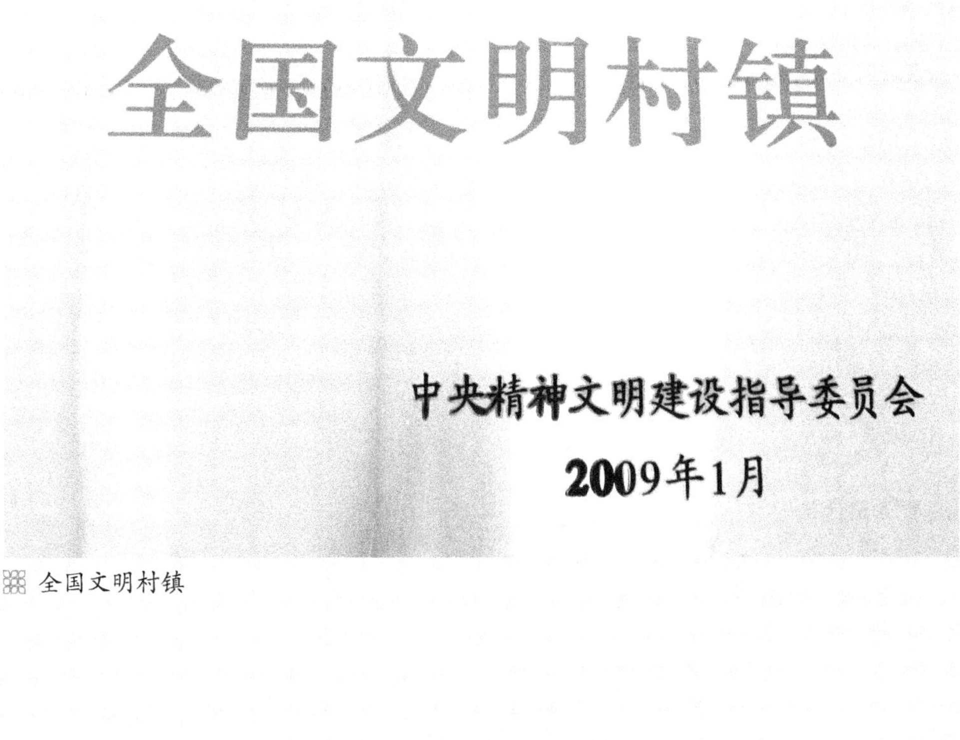

全国文明村镇

九间棚村获国家及省、市级荣誉（采撷15个奖牌）

第一节 人 物

收录九间棚村历任大队、村党支部（党总支、党委）委员，革委会委员、管委会委员、村委会委员，九间棚籍行政科级（部队营级）以上职务，中级以上职称知识分子，九间棚集团公司高管，受县级以上表彰的先进模范人物等。

人物简介

在任村“两委”成员　2020年，在任村“两委”成员6人，其中党委（支部）委员3人，村民委员会委员3人。

刘嘉坤　男，汉族，1954年5月14日出生，大专文化，1970年5月加入中国共产主义青年团，1976年10月，加入中国共产党。

1963年9月至1968年8月在九间棚小学读书，1968年9月至1970年7月在闸口联中读书，1970年8月至1978年11月任九间棚村团支部书记兼果树技术员，1978年12月至1984年12月任村民兵连长兼果树技术员，1985年1月至2000年12月任九间棚村党支部书记（其间，1987年8月至1992年11月任平邑县委委员，1992年12月至1998年2月任中共平邑县委委员、天宝山乡党委副书记，1994—1996年参加省委党校学函授班学习，1997年9月至1999年7月在北京大学光华学院学习，1998年3月至2000年12月任中共平邑县委委员、天宝山镇人大常委会主任兼党委副书记），2001年1月至2012年3月任九间棚村党总支书记、九间棚村第五届、第六届、第八届、第九届村民委员会主任、九间棚集团公司总经理（其间，2001年1月至2012年3月任中共平邑县委委员、地方镇人大常委会主任、党委副书记，2011年3月至2014年5月任县科协主任科员、2005年3月至2011年2月任临沂市金银花协会会长、主任委员），2012年4月至2020年12月任九间棚村党委书记、第十届村民委员会主任、九间棚集团（控股）有限公司董事长（其间，2012年2月至2019年12月任临沂市金银花协会会长、主任委员，2013年8月至2016年1月任山东省金银花行业协会党委书记、副会长）。1991年1月至2000年12月任九间棚村党支部书记、九间棚企业公司总经理。

1988年、1989年、1991年被临沂地委授予“优秀共产党员”称号，1990年6月被省委授予“优秀共产党员”称号，1990年被农业部、人事部授予“全国农业劳动模范”称号，1993年被临沂地委授予“模范农村党支部书记”称号，1995年被国务院授予“全国劳动模范”称号，1996年被省委授予“山东省扶贫开发先进工作者”“创五好奔小康模范农村党支部书记”称号，2001年被省委授予“山东省优秀共产党员”称号，2009年被评为“山东省100位为中华人民共和国成立和建设做出突出贡献英模人物”，2010年被评为“中国十大三农经济新闻人物”，2011年10月被第十一届全国村长论坛组委会授予全国十大杰出村官称号。

中共平邑县第七次代表大会代表，中共北京大学第十次大会代表，天宝山乡第九届人大代表，地方镇第十一届、十二届、十三届人大代表，平邑县第十届、十一届、十二届、十四届人大代表，临沂市第十七届、十八届、十九届人民代表大会代表，全国第九届、十届、十一届、十二届人大代表。

陈凡莉　女，汉族，1984年1月31日出生，大学毕业（山东师范大学汉语言文学专业），2018年2月加入中国共产党。

1992年9月至1997年8月在东贺庄小学读书，1997年9月至1999年8月在白马中学读书，1999年9月至2002年8月在平邑县实验中学高中部读书，2002年10月至2010年6月在沂蒙

钻石有限公司务工，2010年10月至2012年2月在岐黄药业提取厂务工，2012年3月至2013年8月任九间棚总公司行政部文员，2013年8月至2014年10月任九间棚村委办公室主任（其间，2013年3月至2015年7月在鲁东大学经济管理学专业函授学习），2014年11月至2020年12月任九间棚村第十一、十二届村民委员会主任（其间，2016年3月至2018年7月在山东师范大学汉语言文学专业成人函授班学习，2015年1月至2020年12月兼任九间棚旅游景区常务副总经理，2018年8月至2019年12月兼任九间棚村电商公司总经理）。

第十届平邑县政协委员。

2015年获得临沂市“三八红旗手”称号，2016年获得山东省“三八红旗手”称号。

廉　永　男，汉族，1973年12月14日出生，中专毕业（日照市职业学校市场营销专业），2010年8月1日加入中国共产党。

1981年9月至1986年8月在九间棚小学读书，1986年9月至1988年8月在闸口中学读书，1988年9月至1990年8月日照市职业学校读书，1990年9月至1993年10月务农，1993年11月至2017年2月在平邑机械厂工作，2017年2月至2018年1月任书记助理，2018年1月至2020年12月任村党支部委员，兼任村委会委员。

刘玉萍　女，汉族，1988年5月24日出生，大专毕业（德州职业学院新闻采编与制作专业）。

1995年9月至2000年8月在平邑回小小学

读书，2000年9月至2003年8月在平邑县第二中学初中部读书，2003年9月至2006年8月在平邑县第二中学高中部读书，2006年9月至2009年7月在德州职业学院读书，2009年8月至2015年1月在临沂民企工作，2015年6月至2018年1月在平邑县九间棚旅游开发有限公司工作，2018年2月至2020年12月任九间棚村民委员会委员、兼任九间棚旅游公司办公室主任。

廉士东　男，汉族，1962年6月23日出生，大专文化（费县师范学校），1987年12月加入中国共产党。

1970年9月至1978年8月在地方镇西遥村小学、联中读书，1978年9月至1980年8月在平邑第三中学读书，1980年9月至1982年7月在费县师范学校学习，1982年8月至1984年9月任地方中心校教师，1984年10月至2014年2月在地方镇工作，2014年2月至2012年4月在九间棚集团工作，2012年5月至2020年12月任九间棚村党委副书记、九间棚集团（股控）有限公司副总经理。

庄洪兵　男，汉族，1979年3月3日出生，高中文化，1999年9月加入中国共产党。

1987年9月至1992年8月在大圣堂村小学读书，1992年9月至1997年8月在平邑县第三中学初中部、高中部读书，1997年12月至2000年12月在部队服兵役、任班长，2001年1月至2002年8月在九间棚花岗石厂务工，2002年9月至2009年4月任九间棚公司总经理助理，2009年5月至2013年4月任平邑县九间棚旅游开发有限公司常务副总经理，2013年5月至2015年6月任九间棚村党委委员、九间棚集团寿山农场场长，2015年7月至2020年12月任九间棚村党委委员、新疆九间棚农业科技有限公司副总经理、总经理。

1999年获部队营嘉奖1次。

历任大队、村干部　收录历任大队（村）党支部委员、管（革）委会委员、村民委员会委员，按姓名笔画排列。

王　静　女，汉族，1980年2月出生，初中毕业。

1988年9月至1993年8月在赵家庄小学读书，1994年9月至1996年7月在范家台联中读书，1996年8月至2008年12月在赵家庄务农，2009年1月至2014年11月任九间棚村村妇代会主任，2014年12月至2018年2月任九间棚村第十一届村村委会委员、兼任村妇代会主任，2018年2月至2020年12月任九间棚村妇代会主任。

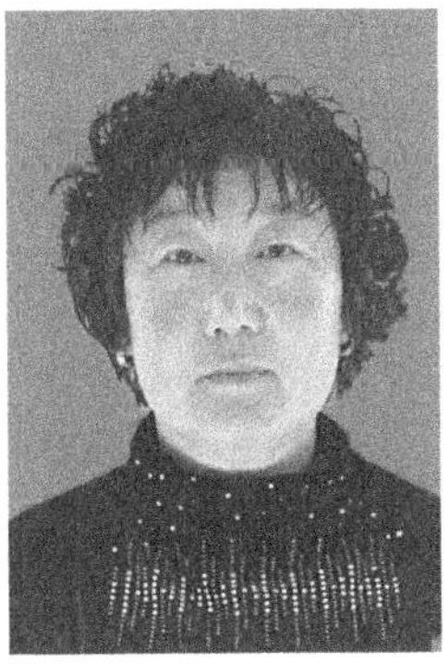

刘月凤　女，汉族，1960年8月29日出生，初中毕业，1995年7月加入中国共产党。

1971年9月至1976年8月在村小学读书，1976年9月至1978年7月在闸口联中读书，1978年8月至1988年2月在村务农，1988年3月至2007年9月任村党支部委员、兼任村妇代会主任，2007年10月至2014年12月任九间棚村第九、第十届村委会委员、兼任村妇代会主任，2018年12月至2020年12月在该村务农。

刘甲才　男，汉族，1958年12月29日出生，

初中毕业，1985年6月加入中国共产党。

1966年9月至1970年7月在村小学读书，1970年8月至1972年7月在闸口联中读书，1972年8月至1974年7月任九间棚小学民师，1974年8月至1976年7月在平邑县第八中学学习，1976年8月至1984年9月在村务农，1984年10月至1986年12月任九间棚村会计、民兵连长，1987年1月至1991年8月在天宝山乡经委工作，1991年9月至1993年8月在山东省农业干部管理学院学习，1993年9月至1994年1月任平邑县九间棚花岗石厂厂长，1994年2月至1999年8月任九间棚村党支部副书记、平邑县九间棚花岗石厂厂长，1999年9月至2000年12月任九间棚村党支部委员、平邑县九间棚花岗石厂厂长，2001年1月至2003年11月任九间棚村党总支副书记、平邑县九间棚花岗石厂厂长，2003年12月至2020年12月任九间棚村企业党支部书记、平邑县九间棚花岗石厂厂长。

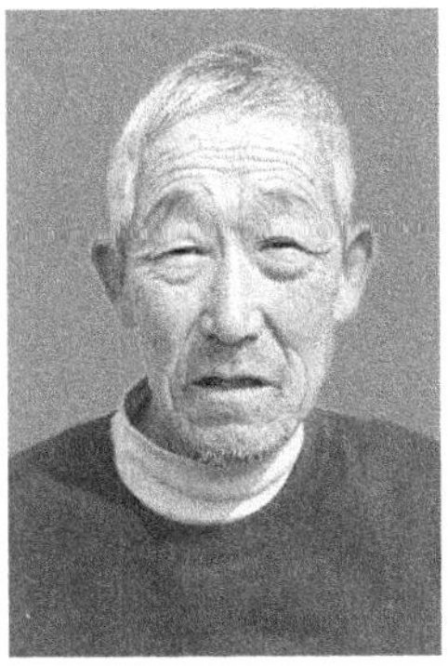

刘甲全　男，汉族，1949年6月5日出生，小学毕业，1970年5月加入中国共产党。

1958年2月至1963年12月在村小学读书，1964年1月至1968年2月在村务农，1968年12月至1971年2月在部队服兵役，1971年3月至1976年10月回村务农，1976年11月至1977年11月任九间棚大队大队长，1977年12月至2020年12月在该村务农。

刘甲华　男，汉族，1962年10月2日出生，初中毕业，1994年11月加入中国共产党。

1972年1月至1977年8月在村小学读书，

1977年9月至1979年7月在闸口联中读书，1979年8月至1985年4月在村务农，1985年5月至1987年3月任村团支部书记，1987年4月至1996年3月任九间棚村第二、三、四届村民委员会委员（其间，1991年1月至1996年3月兼任村石材厂会计），1996年4月至1999年12月任花岗厂驻河东区业务员，2000年1月至2001年1月在该村务农，2001年2月至2020年12月任九间棚机械有限公司副经理。

刘甲学　男，汉族，1954年5月14日出生，初中毕业，2003年5月加入中国共产党。

1964年9月至1969年8月在九间棚小学读书，1969年9月至1971年7月在闸口联中读书，1971年8月至1984年9月在村务农，1984年10月至1998年2月任村民组长，1998年3月至2002年3月在该村务农，2002年4月至2004年12月任九间棚村第七届村民委员会委员，2005年1月至2020年12月任九间棚机械有限公司副经理。

刘甲新　男，汉族，1963年3月16日出生，初中毕业，1993年3月加入中国共产党。

1972年1月至1977年8月在村小学读书，1977年9月至1979年7月在闸口联中读书，1979年8月至1993年3月在该村务农，1993年4月至1999年4月任九间棚村第四、第五届村民委员会委员，1994年5月至2007年3月任村党支部委员，2003年4月至2014年10月在该村务农，2014年11月至2017年11月任九间棚村党委委员，2017年12月至2020年12月任九间棚村建筑公司经理。

刘立青　男，汉族，1957年9月29日出生，中专文化，1993年3月加入中国共产党。

1967年9月至1972年8月在村小学读书，1972年9月至1974年7月在闸口联中读书，1974年8月至1979年3月任九间棚小学民师，1979年4月至2002年2月在该村务农，2002年3月至2004年12月任九间棚村第七届村民委员会主任，2004年12月至2007年10月任九间棚村第八届村民委员会委员，2007年11月至2020年12月在村务农。

刘嘉太　男，汉族，1959年11月11日出生，高中毕业，1992年7月加入中国共产党。

1968年9月至1973年8月在村小学读书，1973年9月至1975年8月在闸口联中读书，1975年9月至1978年7月在平邑县第八中学读书，1978年8月至1990年12月在该村务农、村电工，1991年1月至1994年12月在天宝镇司法所工作，1995年1月至1999年9月个体户，1999年10月至2000年12月任北京九间棚农业科技有限公司经理，2001年1月至2003年12月任九间村党总支委员，兼任九间棚金银花专业合作社党支部书记，2004年1月至2011年3月任九间棚村科技园有限公司副经理、党支部书记，2011年4月至2020年12月任北京九间棚农业科技有限公司经理、党支部书记。

刘德香 男，汉族，1929年10月14日出生，小学毕业，1972年6月加入中国共产党。

1939年1月至1944年12月在村放牛，1945年1月至1958年11月在村务农，1958年12月至1959年11月任赵家庄大队第五生产队（九间棚）副队长，1959年12月至1960年11月任和乐生产队副队长，1960年12月至1963年12月任九间棚大队保管员，1964年1月至1966年9月任九间棚大队大队长，1966年10月至2020年12月在该村务农。

刘德敬 男，汉族，1933年11月2日出生，小学毕业，1959年3月加入中国共产党。

1948年1月至1950年1月在赵家庄小学读书，1950年2月至1955年11月在村务农，1955年12月至1958年11月任村农业社会计，1958年12月至1960年11月任赵家庄大队第五生产队（九间棚）会计，1960年12月至1961年3月任九间棚大队会计，1961年4月至1985年1月任九间棚大队党支部书记，1985年2月至1986年12月任九间棚大队党支部副书记，1987年1月至2020年12月在该村务农。

廉茂杰 男，汉族，1955年3月23日出生，小学毕业，1988年1月加入中国共产党。

1964年9月至1969年12月在该村小学读书，1970年1月至1987年2月在该村务农，1987年3月至1998年3月任九间棚村第二、第三、第四、第五届村民委员会主任，1998年4月至2020年12月任北京九间棚农业科技有限公司副经理。

廉茂增 男，汉族，1945年8月出生，小学毕业，1972年6月加入中国共产党。

1955年9月至1960年12月在赵家庄小学读书，1961年1月至1966年8月在村务农，1966年9月至1976年11月任九间棚大队革委会主任，兼任大队民兵连长，1976年12月至1978年11月任九间棚大队民兵连长，1978年12月至1984年10月任九间棚大队大队长，兼任大队民兵连长，1984年11月至2020年12月任北京九间棚农业科技有限公司副经理。

九间棚集团公司管理人员

收录九间棚集团（控股）公司管理人员4人。

左丞玮 男，汉族，1976年6月27日出生，平邑县地方镇人，大专文化，2006年7月1日加入中国共产党。

1983年9月至1988年8月在闸口小学读书，1988年9月至1991年8月在天宝中学读书，1991年9月至1994年7月在平邑一中读书，1994年8月至2002年8月在北京中新企业务工，2002年9月至2005年7月在北京中新企业管理学院学习，2005年8月至2008年5月在平邑县九间棚农业科技园有限公司工作，2008年6月至2012年5月在鲁南制药集团股份有限公司工作，2012年6月至2013年7月任山东岐黄中药饮片有限公司会计，2013年8月至2017年2月任山东大陆药业有限公司副总经理，

2017年3月至2020年12月任山东新大陆制药有限公司副总经理。

刘丞铭 男，汉族，1983年12月27日出生，大专文化，2020年8月10日加入中国共产党。

1990年9月至1995年8月在两泉庄小学读书，1995年9月至2001年8月在平邑县第一中学初中部、高中部读书，2001年9月至2005年7月在中新企业管理学院房地产系、北京兴华大学计算机系学习，2005年8月至2008年9月在平邑县九间棚农业科技园有限公司工作，2008年10月至2010年12月任平邑九间棚新天地旅行社有限公司任总经理，2011年1月至2014年8月任九间棚集团岐黄中药、大陆药业中层管理人员，2014年9月至2020年6月任九间棚金银花茶业、龙顶山农场、九合农业公司总经理，2020年7月至2020年12月任甘肃九间棚刘家峡农业科技有限公司任执行董事。

刘丞瑞 男，汉族，1982年1月出生，高中毕业，2012年8月1日加入中国共产党。

1989年9月至1994年8月在两泉庄小学读书，1994年9月至2000年7月在平邑县第一中学初中部、高中部读书，2000年8月至2009年3月在沂蒙钻石有限公司工作，2009年4月至2013年4月任山东九间棚农业科技有限公司驾驶员，2013年5月至2018年10月任山东岐黄中药饮片有限公司总经理助理、副总经理，2018年11月至2019年10月任九间棚投资控股有限公司董事长助理，2019年11月至2020年12月任平邑县九间棚旅游开发有限公司常务副总经理。

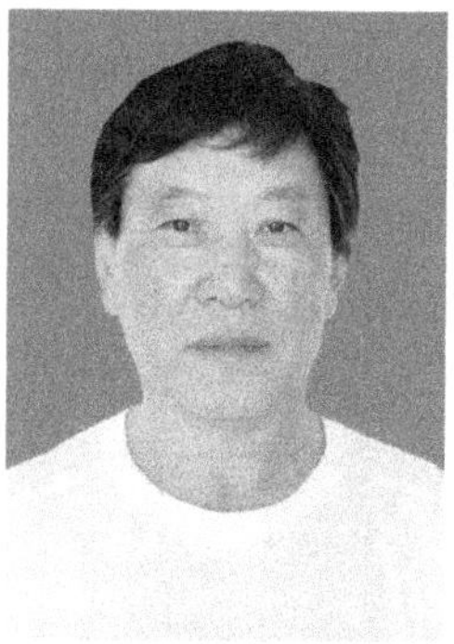

翟茂江 男，汉族，1958年9月20日出生，高中毕业，1986年7月加入中国共产党。

1966年9月至1971年8月在青阳庄小学读书，1971年9月至1973年8月在王崮山中学读书，1973年9月至1975年7月在平邑县第八中学读书，1975年8月至1986年3月任青阳庄团支部书记、果树技术员，1986年4月至1988年4月在天宝山乡关头厂厂长，1988年5月至1990年4月任天宝山乡冷藏厂厂长，1990年5月至1993年10月任天宝山乡纸箱厂厂长，1993年11月至2008年6月任九间棚塑料厂厂长，2008年7月至2009年8月任山东九间棚岐黄中药饮片有限公司总经理，2009年9月至2010年1月任九间棚集团药业有限公司总经理，2010年2月至2017年1月任九间棚集团大陆药业有限公司总经理，2017年2月至2019年12月任九间棚集团旅游开发有限公司总经理，政协平邑县第八届、第九届、第十届委员，第九届政协常委，2012年被评为平邑县劳动模范。

人物名录

表录人物57人，其中能工巧匠、种养能手16人，大学专科以上学历学子31人，2019年80周岁以上村民10人。

能工巧匠名录

1950—2019年，九间棚村能工巧匠有石匠、木匠、泥瓦匠等共有16人。

1945—2013年九间棚能工巧匠名录

表 10-1

姓名	技术特长	姓名	技术特长	姓名	技术特长	姓名	技术特长
刘德明	石匠	刘甲平	石匠	刘甲新	木匠	刘甲青	石匠
廉茂俊	接生婆	刘甲元	石匠	刘甲太	电工	刘　滨	电工
张宗德	村医	廉茂增	石匠	刘甲付	果树技术员	刘甲友	电工
张如意	村医	刘德田	石匠	刘立合	拖拉机驾驶员	刘甲文	拖拉机驾驶员

大学生名录

1991—2020年，九间棚村共有31人考取大学专科以上学校，其中大学4人。

1991—2020年九间棚村大学生名录

表 10-2

姓名	性别	考入时间	毕业时间	毕业院校	工作单位
刘甲才	男	1991年4月	1993年10月	山东省农业管理干部学院（保送）/ 大专	九间棚集团花岗石厂
刘甲青	男	1991年4月	1993年10月	山东省农业管理干部学院（保送）/ 大专	九间棚寿山生态科技农场
刘泽群	男	1996年9月	2000年7月	中国科学技术大学 / 研究生	济南邦德激光股份有限公司
刘嘉坤	男	1997年9月	1999年7月	北京大学光华管理学院 / 大专	九间棚村
周雯雯	女	2001年7月	2005年9月	临沂师范学院 / 大专	平邑西城实验小学
刘丞铭	男	2002年9月	2005年7月	北京兴华大学 / 大专	甘肃九间棚刘家峡农业科技有限公司
刘　超	男	2002年9月	2006年6月	湖北民族学院 / 大专	内蒙古蒙铁消防安全技术服务公司
刘王军	女	2004年9月	2007年7月	临沂师范学院 / 大专	平邑县九间棚农业科技园有限公司
续广丽	女	2004年9月	2007年7月	山东服装学院 / 大专	—
马凤芹	女	2006年9月	2009年7月	山东协和学院 / 大专	平邑润和机械有限公司
刘士宝	男	2006年9月	2009年7月	湖北民族学院 / 大专	山东北花农业科技有限公司

续表 10-2

姓名	性别	考入时间	毕业时间	毕业院校	工作单位
左丽娟	女	2006 年 9 月	2009 年 7 月	湖北民族学院 / 大专	—
刘云龙	男	2006 年 9 月	2009 年 7 月	烟台汽车工程职业学院 / 大专	平邑雷沃传动有限公司
刘　玉	男	2007 年 9 月	2011 年 6 月	山东艺术设计学院 / 大本	平邑润和机械有限公司
刘玉萍	女	2007 年 9 月	2010 年 7 月	德州学院 / 大专	平邑县九间棚旅游开发有限公司
刘艺萍	女	2008 年 9 月	2011 年 7 月	山东服装职业学院 / 大专	山东新大陆制药有限公司
刘加好	男	2009 年 1 月	2011 年 1 月	中央广播电视大学 / 大专	平邑县地方镇中心小学
刘永萍	女	2009 年 9 月	2012 年 7 月	暨南大学 / 研究生	广东澎湃中学
刘亚楠	女	2009 年 9 月	2016 年 7 月	湖北医药学院 / 大本	平邑县人民医院
胡淑贤	女	2010 年 9 月	2013 年 7 月	山东药品食品职业学院 / 大专	山东新大陆制药有限公司
刘　艳	女	2010 年 9 月	2012 年 7 月	潍坊职业学院 / 大专	晶简商贸有限公司
刘丞毓	男	2010 年 9 月	2013 年 7 月	临沂职业学院 / 大专	平邑县九间棚旅游开发有限公司
刘　洋	男	2011 年 9 月	2014 年 7 月	东营职业学院 / 大专	日照中海外有限公司
张　慧	女	2013 年 9 月	2016 年 7 月	山东外事翻译学院 / 大专	临沂市智企人力资源服务有限公司
陈凡莉	女	2016 年 3 月	2018 年 7 月	山东师范大学成人函授班 / 大本	九间棚村
刘洪汉	男	2018 年 9 月	在校生	青岛农业大学海都学院 / 大专在读	—
闫　坤	女	2020 年 9 月	在校生	闽江大学 / 大本在读	—
廉晓璐	女	2020 年 9 月	在校生	青岛科技大学 / 研究生在读	—
刘文涵	女	2020 年 10 月	在校生	山东女子学院 / 大本在读	—
刘曙涵	女	2020 年 10 月	在校生	长春科技学院 / 大专在读	—
张　雪	女	2020 年 10 月	在校生	山东外事职业大学 / 大本在读	—

统计时间：2019 年 12 月

长寿老人名录

2019年，九间棚村80周岁以上的村民有10人，其中男性4人，女性6人。

2019年6月九间棚村80岁以上老人名录

表10-3

姓名	性别	出生年月	子女姓名
刘德香	男	1929年10月14日	刘甲学　刘甲华
王启针	女	1932年6月14日	刘甲印　刘甲新
刘德敬	男	1933年11月20日	刘甲才　刘家好
刘德才	男	1935年2月20日	刘甲军　刘甲会 刘甲国　刘　朋
王恩兰	女	1935年4月14日	刘立堂　刘立杰 刘立才　刘立全
李秀荣	女	1935年5月16日	
刘德义	男	1935年12月14日	刘甲友　刘甲亮 刘甲德
李忠英	女	1937年3月26日	张如才
李明珍	女	1938年5月14日	刘甲金　刘甲宾
刘敬兰	女	1939年9月16日	张茹梅　张如英

在外工作者

收录行政副科级以上职务、中级以上技术职称的人员，按姓名笔画排列。

刘立全　男，汉族，1965年1月8日出生，大专文化（山东行政学院管理专业），1985年5月21日加入中国共产党。

1973年9月至1978年9月在九间棚小学读书，1978年9月至1980年6月在平邑县地方公社闸口联中读书，1980年7月至1983年9月在地方公社社办工厂工作，1983年10月至1987年12月在部队服役、任战士、班长，1988年1月至1993年3月任平邑县金矿试选厂车间主任，1983年4月至1994年1月任金矿采区调度，1994年2月至1995年5月任金矿二选厂副厂长，1995年6月至1997年9月任金矿一选厂厂长、党支部书记，1997年10月至2005年8月任金矿碳浆厂厂长、党支部书记，2005年9月至2010年4月任山东黄金归来庄矿业公司采掘车间主任，2010年4月至2014年3月任山东黄金归来庄矿业公司选矿车间主任、党支部书记，2014年4月至2020年12月任山东黄金归来庄矿业公司任总经理助理。

1986年6月在南方作战中荣立三等战功，1999年12月获（全泥氰化提金新工艺）临沂市科学技术进步一等奖，2000年2月获（全泥氰化提金新工艺）山东省黄金科学技术进步特等奖，2000年3月获（全泥氰化提金新工艺）国家经贸委黄金科学技术进步一等奖。2010年1月被评为山东黄金集团2009年度“优秀管理者”，2010年5月被评为平邑县“劳动模范”，2012年1月被评为山东黄金集团2011年度“创新管理者”。

刘加好　男，汉族，1964年6月25日出生，大专毕业（小学副高级教师）。

1972年9月至1977年8月在村小学读书，1977年9月至1980年7月在闸口联中读书，1980年8月至1994年9月任九间棚村小学民办教师（其间，1988年9月至1990年8月在平邑县教师进修学校中师函授学习），1994年9月至1996年8月任天宝山镇中心小学民办教师，1996年9月至1998年7月在费县师范学习，1998年8月至2003年8月任天宝山镇中心小学教师，2003年9月至2005年9月任地方镇中心小学教师、总务主任，2005年9月至2020年12月任地方镇中心校出纳员、中心校国有资产总管理员、基建项目主任（其间，2009年1月至2011年1月在中央广播电视大学专科《教育管理》专业学习）。

1991年9月被中共平邑县委、县政府评为优秀教师，1998年9月至2003年获临沂市教育局教学成果奖，2013年被临沂市教育局评为先进工作者。

刘　志　男，汉族，1962年7月19日出生，大专毕业（中国人民公安大学），1990年7月8日加入中国共产党。

1962年7月出生在内蒙古包头市，1970年9月至1980年9月在小学、初中、高中读书，1980年10月至1983年6月在包头市房管局工作，1983年7月至1985年6月在包头铁路客运段工作，1985年7月至2015年12月任呼和浩特铁路公安局工作，历任民警、所长、督察队长、保安公司总经理、保安管理处处长。2016年12月至2019年12月任内蒙古蒙铁保安服务有限公司董事长、总经理，内蒙古蒙铁消防安全技术有限公司、内蒙古蒙铁劳务派遣有限公司执行董事。

1993年被评为呼铁公安局优秀所队长，荣立三等功，2000年被评为全国铁路优秀人民警察。

刘　征　男，汉族，1957年5月31日出生，大专毕业，1978年8月加入中国共产党。

1957年5月出生在内蒙古包头市东河区，1966年1月至1975年9月在小学、初中、高中读书，1975年10月至1976年1月在包头房建公司工作，1976年2月至1980年3月在部队服役，1980年4月至1996年11月任包头铁路车务段、包头分局干部部、包头分局组织部、包头分局老干部工作，1996年12月至2016年11月任呼铁局包头工作部部长，2016年11月退休。

刘泽群　男，汉族，1979年1月12日出生，工程硕士（吉林大学），2014年6月加入中国共产党。

1987年9月至1992年8月在九间棚小学读书，1992年9月至1995年8月在闸口联中读书，1995年9月至1998年8月在地方中学读书，1998年9月至2002年8月在中国科学技术大学机械设计制造及其自动化专业读书，2002年9月至2005年7月在吉林大学机械工程专业读书、获工程硕士学位，2005年8月至2017年6月在山东临工工程机械有限公司工作、历任设计工程师、高级工程师、供应商发展经理，2017年7月至2020年1月任济南邦德激光股份有限公司供应链中心总经理助理，2020年3月至12月任广西柳工挖掘机有限公司任职高级项目采购工程师、中联重科股份有限公司担任土方机械供应链管理部副部长。

客籍人物

收录为九间棚村的发展做出一定贡献的客籍人物11人，市派驻九间棚村第一书记1人，按姓名笔画排列。

马九林　男，汉族，1975年4月3日出生，平邑街道人，大专文化（山东广播电视大学），2000年7月加入中国共产党。

1984年9月至1989年8月在红泉村小学读书，1989年9月至1992年8月在东阳中学读书，1992年9月至1996年8月在平邑实验中学读书，1996年9月至1998年7月山东广播电视大学临沂分校读书，1998年8月至2001年1月在天宝山镇工作，2001年2月至2003年1月在地方镇工作，2003年2月至2015年2月任九间棚集团办公室主任、副总经理，2015年3月至2017年10月任新疆九间棚农业科技有限公司总经理（其间，2016至2017在北京大学光华管理学院学习），2017年11月至2020年12月任九间棚集团公司副总经理。

王　磊　男，汉族，1974年9月1日出生，兰陵县卞庄镇人，大学（山东农业大学），2019年4月加入中国共产党。

1980年9月至1985年8月在兰陵县卞庄镇一小读书，1985年9月至1992年8月在苍山县第一中学初中部、高中部读书，1992年9月至1996年6月在山东农业大学经济管理专业学习，1996年7月至2013年9月任济南钢铁厂石门铁矿出纳员，2013年10月至2020年12月任平邑九间棚集团大陆药业公司常务副总经理。

邓　强　男，汉族，1967年11月7日出生，郯城县马头镇人，在职研究生（中国人民大学农业与农村发展学院），1993年12月加入中国共产党。

1975年9月至1981年8月在马头镇小学读书，1981年9月至1985年8月在马头镇中学读书，1985年9月至1992年7月在中国人民大学农业与农村发展学院学习，1992年8月至2010年1月任中国人民银行郯城县支行办事员、副行长、行长，2010年2月至2013年9月任中国人民银行平邑县支行行长，2013年10月至2020年12月任临沂市人民银行主任科员（其间，2013年12月至2017年8月市派九间棚村第一书记）。

2016年被评为临沂市优秀第一书记，平邑县政府为其记二等功。

刘守文　男，汉族，1964年4月出生，平邑县郑城镇人，1981年7月参加工作，1993年9月加入中国共产党。

1971年9月至1976年8月在魏庄公社水泉沟小学读书，1976年9月至1978年8月在魏庄公社水泉沟联中读书，1978年9月至1981年7月在临沂农校农学专业学习，1981年7月至1995年11月任平邑县农业局技术员、助理农艺师、农艺师、站长、科长（其间1988年7月至1991年7月在山东农业大学土壤农业化学专业，专科函授学习），1995年12月至2007年11月任平邑县纪委秘书兼会计、副局级检查员、主任（其间，1995年12月至2002年6月高教自学考试在山东大学法律专业学习），2007年12月至2014年8月任平邑县司法局副主任科员，2014年9月至2020年12月任山东至平律师事务所、北京市盈科（青岛）律师事务所、山东嘉鉴律师事务所执业律师（其间，2004年6月至2007年10月兼任平邑县九间棚农业科技园有限公司法律顾问，2007年11月至2020年12月任山东沂蒙山药业科技有限公司董事会秘书、山东九间棚农业科技有限公司常务副总经理、山东岐黄中药饮片有限公司副总经理、九间棚党委办公室主任、九间棚投资控股〈集团〉有限公司副总经理兼法律顾问、平邑县九间棚农业科技有限公司经理）。

李　锦　男，汉族，1952年7月3日出生，江苏省射阳县人，在职研究生，1974年10月加入中国共产党。

1968年11月至1970年11月到江苏省射阳县诚民村插队，1970年12月至1976年10月服兵役，1976年11月至1984年2月任新华社山东分社记者，1984年3月至1986年5月在中央党校学习，1996年6月至2000年5月任新华社西藏分社副社长，2000年6月至2010年5月任新华社山东分社副社长，2010年6月至2019年6月任中国企业报总编辑，2019年7月至2020年12月任长江商学院教授。

1989年6月到九间棚调研，撰写“九根擎天柱”通讯，对九间棚跟踪调查30年，宣传报道九间棚精神。

1967年9月至1972年8月在临沂县工农兵小学读书，1972年9月至1977年8月在临沂第一中学初中部、高中部读书，1977年9月至1978年11月在临沂县岔河公社西南坊村知青，1978年12月至1981年8月在临沂地区人民银行、工商银行工作，1981年9月至1983年6月在山东财经学院金融系学习，1983年7月至1997年10月在临沂地区（市）工商银行工作，1997年11月至2004年9月在中国远大集团工作（其间，1998年12月至2004年9月派驻欧洲工作），2004年10月至2015年9月任新鲁国际有限公司总经理，2015年10月至2020年12月任九间棚集团有限公司总经理。

沈　华　男，汉族，1961年10月15日出生，罗庄区沈泉庄人，大学（山东农业大学），1981年8月加入中国共产党。

1969年9月至1974年8月在沈泉庄小学读书，1975年9月至1979年8月在罗庄镇中学读书，1979年9月至1982年7月在山东农业大学读书，1982年8月至1998年2月任临沂地区农业科学院科研管理科科员、农艺师，1998年3月至2001年1月选派任新疆莎车农业局副局长，2001年2至11月，任临沂市农业科学院科研管理科科长、高级农艺师，2001年12月至2008年11月选派到平邑县九间棚村帮助工作，2008年12月至2019年10月任临沂市农业科学院中草药研究所所长、研究员，2019年10月内退。

杨文学　男，汉族，1963年2月2日出生，兰山区汪沟镇人，中专（费县师范），1981年8月参加工作，1992年6月加入中国共产党。

1970年9月至1975年8月在杨家峪村小学读书，1975年9月至1979年8月在汪沟镇中学读书，1979年9月至1981年7月在费县师范学校读书，1982年8月至1989年6月任费县竹元乡学校教师，1989年7月至2002年12月在费县电视台工作，2003年1月至2020年12月任《山东文学》一级作家。

中国作家协会会员，20世纪90年代初期，关注九间棚村发展，在《沂蒙长风》《家国情怀》等作品发表宣传九间棚精神的作品，主导将九间棚精神编入《沂蒙精神读本》。

张建平　男，汉族，1960年1月9日出生，临沂市兰山区人，大学文化，高级经济师，1991年3月加入中国共产党。

杨兴起　男，汉族，1962年9月15日出生，湖南省衡阳县人，高中毕业，1993年7月加入中国共产党。

1969年3月至1974年8月在衡阳县实验小学读书，1974年9月至1976年8月在衡阳县碧崖中学读书，1976年9月至1978年8月在衡阳县第三中学读书，1978年9月至1980年11月在衡阳县第三中学读书，1978年9月至1980年11月在湖南省郴州汽车修配厂职工，1980年12月至1985年12月在湖南省衡阳县农工商联合公司工作，1986年1月至1990年6月在广州军区后勤部企业局工作，1990年7月至2003年12月在翠竹企业集团工作，2004年1月至2006年12月在家养病，2007年1月至2015年9月在广州登宝厨业有限公司工作，2015年10月至2020年12月在九间棚集团公司大陆药业执行董事。

徐长青　男，汉族，1968年4月3日出生，郑城镇张庄人，博士后，1997年10月加入中国共产党。

1976年9月至1981年8月在张庄小学读书，1981年9月至1984年8月在郑城镇中学读书，1984年9月至1988年6月在山东林业学校学习，1988年7月至1992年3月任平邑县天宝山林场技术员，1992年4月至1995年8月任平邑县林业局森林保护站植物检疫员（其间，1991年9月至1994年6月在山东农业大学林学院函授学习），1995年9月至1998年6月在山东农业大学林学院教读硕士学位，1998年7月至2001年8月任临沂大学生物系讲师，2001年9月至2004年6月在中国科学院动物研究所攻读博士学位，2004年7月至2007年8月在中国科学院植物研究所植物生态学研究中心生态学博士后流动站，博士后，2007年9月至2019年12月任中国医学科学院药用植物研究所研究员（其间，2018至2019年在九间棚集团博士工作站工作）。

获得地板微波干燥杀虫灭菌法及装置、微波除草灭菌法及微波除草杀虫灭菌机、微波干燥杀虫灭菌装置、利用脱叶剂和仿生胶防治植物病虫害的方法等多项专利。

崔宝龙　男，汉族，1966年10月出生，平邑县卞桥镇人，大专文化，会计师，1987年7月参加工作，1994年4月加入中国共产党。

1974年7月至1979年6月在卞桥镇栏马小学读书，1979年9月至1982年6月在卞桥镇栏马联中读书，1982年9月至1985年6月在平邑县第一中学读书，1985年9月至1987年6月在临沂地区供销学校财会专业读书，1987年7月至2005年12月任平邑县粮食局下属粮食企业主管会计、副所长、所长（其间，1995年8月至1998年7月在山东工业大学企业管理专业函授学习），2006年1月至2008年6月因企业改制下岗、自谋职业，2008年7月至2020年12月任山东沂蒙山药业科技有限公司主管会计、山东九间棚农业科技有限公司主管会计、山东岐黄中药饮片有限公司主管会计、平邑县九间棚农业科技有限公司财务经理、九间棚投资控股（集团）有限公司财务总监。

蒋高明　男，汉族，1964年9月19日出生，平邑县卞桥镇人，博士、研究员。

1981年9月至1985年8月在山东大学生物系植物专业读书，1985年9月至1988年7月在中国科学院植物研究所攻读硕士学位，1988年8月至1990年8月任中国科学院植物研究所研究实习员，1990年9月至1993年7月在中国科学院植物研究所攻读博士学位（其间，1991至

1992年英国利物浦大学访问学者），1993年8月至12月任中国科学院植物研究所助理研究员，1994年1月至1997年12月任中国科学院植物研究所副研究员（其间，1995至1996年美国哥伦比亚大学生物圈二号访问学者），1998年1月至2000年12月任中国科学院植物研究所研究员，2001年至2004年12月任中国科学院植物研究所博士生导师、首席研究员（其间，2000年任世界自然保护联盟东亚地区保护区专家，2003年任亚洲发展银行贷款项目生物多样性组植物专家），2005年1月至2020年12月任中国科学院植物研究所博士生导师、首席研究员、山东省人民政府泰山学者特聘教授（其间，2007年任联合国大学干旱区问题特聘顾问，联合国教科文组织中国国家委员会副秘书长，2016—2020年被聘为九间棚集团科技顾问）。

第二节　人物传略

收录人物传略6人，已故村干部5人，在外工作者1人，按姓名笔画为序排列。

已故大队、村班子成员

刘德功（1917.6—1971.7），男，汉族，贫农，初识字。

1932年1月至1949年12月在村务农，1950年1月至1953年4月任九间棚庄长，1953年5月至1955年6月任九间棚互助组组长，1955年7月至1956年12月任九间棚初级社社长，1957年1月至1958年10月任赵家庄高级社副社长、兼任九间棚生产组组长，1958年11月至1960年11月任赵家庄大队副大队长，1960年12月至1964年12月任九间棚大队大队长，1965年1月至1971年6月在该村务农，1971年7月3日病逝。

诚信厚重，勤劳实干，热心为民，敢于担当。

刘德明（1930.6—2019.5），男，汉族，贫农，初识字，1960年3月加入中国共产党。

1939年1月至1942年5月在村务农，1942年6月至1948年12月任村儿童团长，1949年1月至1960年11月在村务农，1960年12月至1966年12月任大队党支部委员、大队管委会委员，1967年1月至1974年6月任大队党支部委员，1974年7月至2019年4月在该村务农，2019年5月3日病逝。

吃苦耐劳，石工精湛，做事全力以赴。

张如意（1963—2010）男，汉族，小学毕业，1985年6月加入中国共产党。

1970年9月至1975年8月在村小学读书，1975年9月至1977年8月在闸口联中读书，1977年9月至1979年7月在平邑第八中学读书，1979年8月至1982年3月在村务农，任村医，1982年4月至1984年10月任村团支部书记，1984年11月至1988年10月任九间村第一届村民委员会主任，1988年11月至2010年5月任村党支部副书记，2010年6月15日病逝。

思维敏捷，聪慧精明，做事笃稳。

廉茂元（1943—2018）男，汉族，小学毕业，1968年2月加入中国共产党。

1956年1月至1963年6月在村务农，1963年7月至1963年11月任村团支部书记，1963年12月至1968年12月服兵役，1970

年3月至1977年11月任村民兵连长，1977年12月至1978年11月任九间棚大队革委会主任，1978年12月至2018年11月在该村务农，2018年12月14日病逝。

思维敏捷，智慧精干，吃苦耐劳。

刘甲训（1936—2019）男，汉族，小学毕业。

1944年2月至1951年12月在大井头村小学读书，1952年1月至1960年12月在村务农，1961年1月至1963年12月任大队会计，1964年1月至1966年9月任大队管委会委员、兼任大队会计，1969年10月至1984年9月任大队会计，1984年10月至1987年3月任九间棚村民委员会委员、兼任村会计，1987年3月至1993年3月任九间棚村会计，1993年4月至2019年9月在该村务农，2019年10月病逝。

精于财会，做事细致。

在外工作者简历

收录在外工作者人物传略1人。

刘德新（1930.9.24—2000.12）男，汉族，高小毕业，1960年5月加入中国共产党。

1941年1月至1946年12月村儿童团员，1947年1月至1949年6月武装民兵，1949年7月至1956年5月华东军区战士、班长，1956年6月至1990年8月在大同铁路客运段、呼铁局包头客运段、包头工务段务农工作，1990年9月至2000年11月离休，2000年12月病逝。

秉正明理，吃苦奉献。

第三节　荣　誉

辑录集体荣誉和个人荣誉两部分，主要为中华人民共和国成立以来村（大队）集体和个人受国家、省、市、县、乡（镇）表彰奖励的荣誉称号。

集体荣誉

中华人民共和国成立后，九间棚村（大队）党组织（党支部、党总支、党委）和村政组织（大队管委会、革委会、村委会），在上级党组织领导下，发奋图强，建设家园，取得显著成绩，受到国家和省、市、县的表彰奖励71次。

国家级荣誉（含国家各部委办部门表彰）

1996年7月1日，九间棚村党支部被中共中央组织部表彰为全国先进基层党组织。

2009年1月，九间棚村被中央精神文明建设指导委员会评为全国文明村镇。

2006年10月，九间棚景区被全国旅游景区质量等级评定委员会评为全国AAA级旅游景区。

2011年9月，九间棚村被中国生态文化协会评为全国生态文化村。

2015年10月，九间棚景区被全国工农业旅游示范点评定委员会评为全国农业旅游示范点。

2019年12月，九间棚景区被全国旅游景区质量等级评定委员会评为全国AAAA级旅游景区。

省级荣誉（含省直部门表彰）

1990年6月，九间棚村党支部被中共山东省委表彰为全省先进党员活动室。

1991年6月，九间棚村党支部被中共山东省委表彰为全省先进党支部。

1998年7月，九间棚村被山东省精神文明建设指导委员会评为山东省文明村。

2002年3月，九间棚村被山东省扶贫开发办公室表彰为扶贫开发红旗单位。

2002年4月，九间棚村被山东省扶贫开发领导小组表彰为扶贫开发红旗村。

2007年6月，九间棚村党支部被中共山东省委组织部评为山东省基层党建工作示范点。

2009 年 1 月，九间棚村被山东省旅游行业协会、大众日报社评为 2008 山东十佳旅游特色村。

2015 年，九间棚村被山东省建设委员会评为山东省宜居村庄。

2016 年 9 月，九间棚村被山东农业大学定为山东农业大学继续教育基地；被山东省农业厅、山东省旅游局定为山东省休闲农业与乡村旅游示范点。

2017 年 6 月，九间棚村被山东省委组织部、宣传部定为山东省沂蒙党性教育基地。

市级荣誉（含市直部门表彰）

2018 年 7 月，九间棚村党委被中共山东省委组织部评为全省干事创业好班子。

2019 年 1 月，九间棚村被中共临沂市委宣传部、临沂市人力资源和社会保障局评为 2008 年度全市弘扬沂蒙精神先进单位。

2019 年 4 月，九间棚村党支部被中共临沂市委组织部、临沂市总工会、临沂市财政局评为沂蒙乡村振兴好支部。

2019 年 1 月，九间棚村被中共临沂市委宣传部、临沂市人力资源和社会保障局评为 2018 年度全市弘扬沂蒙精神先进单位。

县级荣誉（含县直部门、镇表彰）

1970 年 10 月，九间棚大队被平邑县人民政府表彰为全县林业先进单位。

1973 年 1 月，九间棚大队党支部被中共平邑县委、县人民政府表彰为农业学大寨先进单位。

1975 年 2 月，九间棚大队被平邑县人民政府表彰为全县畜牧先进单位。

1985 年 6 月，九间棚村党支部被中共平邑县委、平邑县人民政府表彰为先进党支部。

1990 年 2 月，九间棚村党支部被中共平邑县委表彰为 1989 年度先进党支部。

2009 年 2 月，九间棚村党支部被中共地方镇委、地方镇人民政府表彰为 2008 年度科学发展先进集体。

2012 年 3 月，九间棚村被平邑县“美在农家”活动领导小组评为全县“美在农家”示范村。

2018 年 5 月，九间棚村被中共平邑县委、平邑县人民政府表彰为“平安平邑建设”先进村。

个人荣誉

1961—2020 年，九间棚村民在建设社会主义新农村中，涌现出全国劳动模范刘嘉坤，山东省“五好家庭”刘德敬，山东省“三八红旗手”陈凡莉等先进模范人物，有 3 人 15 次受到市级以上表彰奖励。

国家级荣誉（含国家各部委办部门表彰）

1995 年，刘嘉坤被农业部、人事部授予“全国农业劳动模范”称号。

2011 年 10 月，刘嘉坤被第十一届全国村长论坛组委会授予全国十大杰出村官称号。

省级（含省直部门表彰）

1980 年，刘德敬、李月荣被山东省妇联授予“五好家庭”称号。

1990 年，刘嘉坤被中共山东省委授予“优秀共产党员”称号。

1996 年，刘嘉坤被中共山东省委授予“山东省扶贫开发先进工作者”称号。

2001 年，刘嘉坤被中共山东省委授予“山东省优秀共产党员”称号。

2016 年陈凡莉获得山东省“三八红旗手”荣誉称号。

省妇联五好家庭（刘德敬、李月荣）

市（地）级（含市直部门表彰）

1988 年、1989 年、1991 年，刘嘉坤分别被中共临沂地委授予“优秀共产党员”称号。

1993年，刘嘉坤被中共临沂地委授予“模范农村党支部书记”称号。

1996年，刘嘉坤被中共临沂市委授予“创五好奔小康模范农村党支部书记”称号。

2015年陈凡莉获得临沂市“三八红旗手”称号。

2019年4月，刘嘉坤被中共临沂市委组织部、临沂市总工会、临沂市财政局授予“沂蒙乡村振兴好支书” 称号。

县级（含县直部门、乡镇表彰）

1967年，刘嘉坤被评为平邑县学习毛主席著作积极分子，并参加全县学习毛主席著作积极分子经验交流大会。

2006年，刘嘉坤被中共平邑县委、县政府授予平邑县科技创新先进个人称号。

村（大队）表彰

九间棚村（大队）广大村民，在村“两委”班子的领导下，发奋图强建设美好家园，在不同的时期涌现出许多热爱集体的优秀村民，受到村民的爱戴和村党政组织的表彰。

大队表彰　1959—1983年，大队党支部、管（革）委会对农林牧副业生产先进个人、“五好”社员、学习毛主席著作积极分子进行表彰。

五好社员。刘德功、刘德香、廉茂元、刘德明、李月荣、刘甲英、廉茂红。

村委表彰　1985—2020年，村“两委”引导村民调整农业产业结构，发展副业生产，全村个体经济发展迅速，商贸经营户逐年增加，村“两委”顺事引导，对勤劳致富带头户进行表彰，同时对评选出的文明户进行表彰。

九间棚村部分荣誉采撷

九间棚村部分个人荣誉采撷

附　录

编修村志，是建村以来的一件前无古人的盛事，特别是九间棚村党委、村民委员会决定编纂《九间棚村志》，彰显村“两委”在编纂村志中所发挥的关键性、决定性作用。在规章制度中辑录1990年10月制定的《村民自治章程》及后制定的《村规民约》等，为平邑县出台较早的村级民主管理方案，为促进全县农村和村民自治管理开了好头，同时也使九间棚村的各项事业发展走上规范化、法制化管理轨道。既可展示九间棚村发展的轨迹，又为村“两委会”勇于开拓、大胆创新的工作业绩给予褒扬。

九间棚村（2018年9月 摄）

规章制度

收录村规民约、村民自治章程、村民代表会议议事规则、村科学技术普及协会章程、九间棚村古村落保护条例。

村规民约

第一章　总则

第一条　依照《中华人民共和国村民委员会组织法》的有关规定，为适应村委新时期自我发展和管理的需要，努力提高村民的法制意识和遵纪守法观念，实现村民自我管理、自我教育的目的，促进基层民主和社会主义物质文明、精神文明建设的发展，经全村党员、村民代表研究，并经全体村民代表讨论通过，制订本村规民约。

第二条　村民委员会负责对村域内村民进行法制宣传，教育村民依法履行应尽的义务，爱护公共财产，维护集体利益，人人都自觉成为遵纪守法的公民。

第三条　经民主选举产生的村委会成员，应是遵守宪法、法律、法规和国家政策，热心为村民服务，主持正义，办事公道的带头人。

第四条　村委负责制订村域内各项规章制度和管理规定，并公平的认真贯彻执行，接受群众的监督。

第五条　全体村民要认真学习村规民约，并严格遵照执行。

第二章　土地承包及开发建设

第六条　村委所属土地和道路使用权、经济建设开发权归集体所有，任何组织和个人不得侵占、买卖或以其他非法形式转让。

第七条　凡是承包集体土地兴建企业的，在合同期届满，不论什么原因达不成继续承包时，所承包土地上的建筑物、附属物及其他财产的处理，村委和承包者依折旧后的净值协商价处理。

第三章　旧村改造及村民住宅管理

第八条　村委有权对辖区内的旧房进行拆迁改造，拆迁改造应经县规划部门审批，得到批准后的拆迁建设应符合全体村民的利益，有利于提高村民的生活水平和生活质量，有利于村委经济发展和提高。

第九条　旧村拆迁改造应取得被拆迁人的同意，按上级有关拆迁补偿办法进行，并作出相应经济补偿。

第十条　在规划区以外的村民需要建房的，应按规划部门的审批程序报批，经规划部门批准取得准建证，未取得准建证擅自建设的，造成的一切不良后果自负。

第四章　经济建设及合同管理规定

第十一条　村委为提高全体村民的生活水平，有责任进行经济开发建设，保障经济收入来源的不断增长。

第十二条　村委设立专职合同管理人员，负责对村委所有经济活动签约、管理，建立合同档案。

第十三条　所有合同的订立，应在村委会指导下进行，任何人不得擅自签订经济合同。

第十四条　村委设专人对所签合同进行有效监督。

第五章　村委财务管理规定

第十五条　村委设立专职财务办公室，配备专业财会人员，依照《中华人民共和国会计法》的有关规定，进行记账和会计核算。

第十六条　根据本村实际制订财务预决算，发挥会计职能，执行集体财务制度，维护集体经济利益，加强集体经济管理的职能作用。

第十七条　村委财务科会计人员，必须对原始凭证进行审核，编制记账凭证。

第十八条　会计根据经过审核的原始凭证和记账凭证，按照会计制度的记账原则规定记账。

第十九条　财务室会计人员，对违犯村委财务规定的收、支不予办理。

第二十一条　财务科负责监督村委其他部门的所有经济活动，并配合理财小组、审计办公室进行有效的监督审计。

第六章　计划生育管理规定

第二十一条　村委成立计划生育领导小组，设立计划生育办公室、计划生育协会、计划生育服务室。

第二十二条　定期向育龄妇女宣传计划生育村民自治章程、避孕节育常识，发放避孕药具，提倡晚婚晚育，优生优育，做好各种记录。

第二十三条　符合《婚姻法》《计划生育条例》规定的，要按照《山东省计划生育条例》的有关规定办理审批手续。

第二十四条　加强未婚青年的管理，实行季度学习制度；15 岁以上（不包括在校学生）未婚青年应自觉签订晚婚晚育保证书，每个季度进行一次见面学习，不按时参加者，按村规民约规定处理。

第二十五条　严禁非法同居、未婚先孕、未婚生育、非法抱养、寄养孩子，违犯者一律按村规民约有关规定处理。

第七章　社会福利保障规定

第二十六条　村委有责任大力发展经济建设，增加公共积累，有义务随着集体经济发展逐步提高村民的社会福利保障水平。

第二十七条　社会福利保障项目的设立，村委随着社会不断改革和变化而作相应调整，按照社会主义市场经济规律，探索调整供给方式。

第二十八条　社会福利保障的提供要有利于促进村民遵纪守法、邻里团结、勤俭持家、孝敬老人和社会公德意识的提高。

第二十九条　村委依实际情况做出的福利标准，村民应接受并遵照执行；执行标准是否公正，同时接受村民的监督。

第八章　水电管理规定

第三十条　村委设立专职水电管理人员负责村域内旅游公司、村民用水、用电管理。

第三十一条　村委和水电管理办公室签订经济目标责任书，按照经济目标责任书进行管理。

第三十二条　水电管理人员对用水、用电户建立表卡记录制度，按一户一表一卡的管理方法进行用水、用电管理（电力部门直管用户除外）。

第三十三条　用水、用电户按水电管理人员的要求交付水电费，不得拖欠；水电的收费情况接受群众监督。

第三十四条　水电设施属集体资产，任何单位和个人不得破坏电力设施、偷盗水电，已经发生，根据情节轻重按用水、用电规定处理。

第九章　社会治安管理

第三十五条　为保障村域内的生产、生活秩序，村委设立社会治安综合治理办公室，健全治保、调解、普法、帮教、巡逻等机构。

第三十六条　教育村民学法用法、知法守法，维护社会治安秩序，做到不扰乱公共秩序，不打架斗殴，不辱骂他人，不酗酒闹事，不阻碍国家工作人员执行公务。

第三十七条　爱护公共财产是每个村民应履行的义务，在做守法公民的同时，敢于同违法行为做斗争，同少数破坏社会秩序的害群之马做斗争，保护国家、集体、个人财产的安全。

第三十八条　村民要做到不持有、携带枪支弹药、爆炸物和各种管制刀具；严禁制售、传播淫秽物品，严禁种植、吸食、贩运毒品，严禁赌博、嫖娼等不良风气行为的发生。

第十章　精神文明建设

第三十九条　村委成立红白理事会，专门负责辖区内村民红白事的料理，制订红白理事会章程。

第四十条　村民要破除迷信思想，移风易俗，树立社会主义新风尚，婚丧嫁娶一律新事新办。

第四十一条　村民要遵守社会公德，做到邻

里互尊、互敬、互谅、互助、团结和睦。

第四十二条　村民要自觉维护公共卫生，严禁在公共场所乱搭乱建，保持环境卫生，爱护绿化绿地、花草、树木，为建立文明村承担义务。

第四十三条　深入开展“文明家庭”“守法公民”及“好媳妇”“好婆婆”等评比活动，评选结果张榜公布，给予表扬和物质奖励。

第四十四条　大力开展文化体育活动，全体村民均应积极参加各种文体活动，陶冶情操，丰富业余生活，不断提高自身素质。

第四十五条　村委重视文化教育，提高幼儿园教学水平，所有适龄儿童要按时入学，普及义务教育，逐步提高村民文化素质。

第十一章　附则

第四十六条　本村规民约涉及国家法律、法规和上级政策的，按国家法律、法规和上级政策执行；村委以前制定的有关规定与本村规民约不一致的，依本村规民约为准。

第四十七条　村委依本村规民约所制订的部门管理规定不得与国家的法律、法规及有关政策相抵触。所制订的有关部门管理规定是本村规民约的有效补充。

第四十八条　本村规民约的解释权、执行权归九间棚村民委员会。

2009 年 12 月 10 日

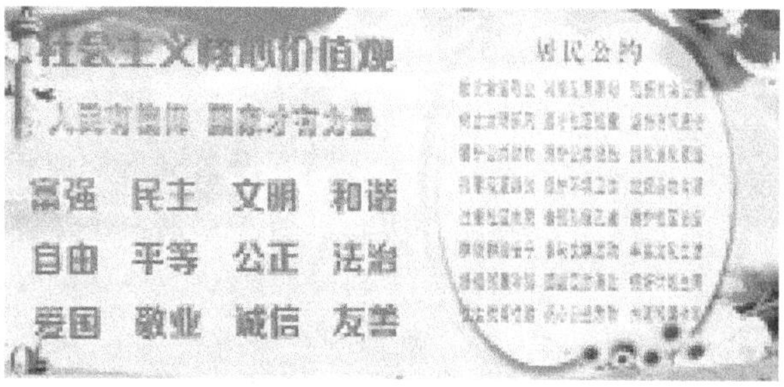

村民公约

村民自治章程

为使全村的经济建设乘着改革开放的东风进一步开拓发展壮大，为使全体村民的思想观念、精神状况、道德水平、文化素质与新时代的要求相适应，为使全体村民都能在团结安静、舒适的环境里生活，因此要求全体干部群众要以党的路线、方针、政策和国家的法律、法规为依据，互相监督，强化自我约束力，制定村民自治章程如下：

（一）全体党员干部及全体村民必须努力学习文化知识和科学知识，提高自身修养，严格履行宪法和法律赋予的职责、认真执行党的路线、方针、政策，为加快本村的改革开放和现代化建设做出贡献。

（二）村“两委”成员和全体工作人员要紧紧围绕建立社会主义市场经济体制，加大开放力度，解放思想、更新观念、实事求是、账务公开，自觉接受群众的监督，脚踏实地、开拓进取、努力工作，同全体村民一道竭尽全力把本村的改革开放和现代化建设推向前进，不辜负全村村民的期望。

（三）服从领导、听从分配，积极投入本村的基本建设，积极支持村“两委”的工作，为本村的经济发展出谋献策，做出贡献；积极参加村里召开的会议和各种学习活动，严格信守和履行各种合同、制度、保证认真完成各项工作和任务。

（四）人人都要关心、爱护公共财产和集体的一切设备、设施；关心支持集体事业的发展，坚决同一切不法行为和不法分子做斗争。

（五）尊敬老人、爱护子女、夫妻团结、家庭和睦，对于虐待老人、妇女、儿童的不法行为坚决抵制，对拐卖妇女、儿童的不法分子及时检举揭发，协同有关部门坚决打击。

（六）邻村相处要团结和睦、相互遵让、相互帮助，杜绝打架斗殴，严禁骂街叫巷；发扬社会公德，提高精神文明素质。

（七）适龄青年要响应政府的号召，积极应征入伍，接受祖国的挑选，参加拥军优属活动和各种军事训练和社会活动。

（八）自觉执行计划生育政策，关心和支持计划生育工作，充分认识到计划生育工作的重要性和必然性；不超生、不强生，严厉制止阻碍和破坏计划生育的行为。

（九）青年人要自尊、自信、自强，正确树立人生价值观念，努力学习科学知识，遵纪守法，热爱共产党，热爱社会主义；自觉执行“婚姻法”规定，晚婚晚育，严禁非法同居和非婚生育，自觉抵制腐朽、丑恶东西的侵蚀。

（十）认真贯彻学习土地管理法，执行乡建部门的规定和制度，不私占、不强占各种地基，不妨碍统一规划，确保村庄街道的畅通；维护环境卫生，防止各种污染，珍惜和保护耕地，不得随意挖土、取土，抵制一切破坏耕地行为。

（十一）土地相邻及宅基之间的界线各以界石为准，不准私自随便挪动。

（十二）充分利用耕地，搞好农业生产；提倡科学种田，适时抢收、抢种，实行科学管理，确保粮食丰产、丰收，经济林果、金银花丰产、丰收。

（十三）提倡移风易俗、喜事新办，勤俭节约，不准铺张浪费；丧葬改革一律火化，不得土葬。

（十四）牛、猪、鸡、鸭、鹅、羊一律圈养，不准撒放，不准糟蹋庄稼和啃坏树木。

（十五）学习科技知识，树立社会主义道德文明，破除封建迷信，严禁各种赌博行为，积极参加“扫黄”和“除六害”活动。

（十六）响应植树造林的号召，按上级有关规定和集体指定地点在零星空闲地适时栽种树木；在庭院内栽植花草，绿化美化环境；严禁私自垦山造地、植树。

（十七）上级布置的各项任务，如：粮食征购、农业税、土地承包费，建设工、义务工等，都应及时完成，不得以任何理由阻止和刁难这些工作的开展。

（十八）节约用水、电，爱护水、电设施，坚决执行有关用水规定和安全用电规定。影响水、电线路的树木，必须立即砍伐，否则，导致停电停水所造成的损失，应承担其责任。

（十九）在国家政策、法律允许的条件下搞活家庭副业，增加经济收入。

（二十）维护社会治安秩序，保护公民的人身安全，保障国家、集体、公民的财产不受侵犯，积极协助村委及公安机关维护整顿公共场所秩序，坚决同一切不法分子做斗争，并及时检举揭发。

（二十一）村自治章程及各种公约、制度，由群众监督，村委会、民调治安委员会执行，凡违反本章程者，由民调治安委员会按照村治安处罚规定中有关条款裁决处理，当事人必须在 3 日内按裁决处理决定交清罚款或赔偿损失，逾期不执行，每超 1 日加罚 50 元。

（二十二）本村民自治章程及各种公约制度，随本村发展变化随时修改和完善，超出本规定的按新条款执行。

本村民自治章程自签发即日起有效。

2000 年 12 月 10 日

九间棚村村民代表会议议事规则

第一章 总则

第一条 根据《中华人民共和国村民委员会组织法》《山东省实施〈村民委员会组织法〉办法》等法律法规的规定及村民自治章程，结合本村实际情况，制定本规则。

第二条 村民代表会议是经村民会议授权，行使村民自治权力的机构。

第三条 凡属于村民代表会议讨论决定的事项，均适用本议事规则。

第二章 会议的召开

第四条 村民代表会议每年召开 2 次，一般半年召开 1 次，由村民委员会负责召集。

第五条 有下列情况之一的，应当召开临时村民代表会议；临时会议的召开程序和议事规则与正常会议相同。

1. 有三分之一以上村民代表提议的。

2. 村民委员会会议决定的。

3. 上级部门责令召开的。

第六条 村民代表会议必须有三分之二以上村民代表出席方可举行。

第七条 村民代表会议举行时，村民代表无特殊原因，不得缺席；因病或其他特殊原因需请假的，应事先向村民委员会主任请假。

第八条　村民代表会议的议题一般由村民委员会提出，也可由10名以上村民代表联名或50名以上村民联名提出，联名提出议题的，应将议题于开会之日前10日提交村民委员会，并提供解决问题的设想、方案及有关材料。

第九条　村民代表举行会议，应在会议前5日，由村民委员会将开会日期和会议的议题告之村民代表，并提供有关材料，以便征求村民的意见。

第十条　村民代表会议审议有关部门的工作报告，村民委员会应通知有关部门负责人到会听取意见，回答询问。

第十一条　村民代表会议评议村民委员会成员时，该成员应当回避，并将评议结果报当地人民政府。

第十二条　村民代表会议决定的重大事项，由村民委员会向村民张贴公布。

第十三条　村民代表会议下设村务监督小组，监督小组在村党支部领导下开展工作，负责对村务公开全程监督，有权检查、审核公开内容、查对账务账目；对检查、监督中发现的问题提出处理意见。

第十四条　村务监督小组设组长1名，由3人组成。村务监督小组成员经党支部从村民代表中提名，由村民代表会议按村民代表会议议事规则规定的程序推选。

第十五条　村务监督小组成员应具备以下条件：

1. 年满25～60周岁。

2. 具有初中以上文化程度。

3. 热爱集体，做事公正。

第三章　审议、决定、表决

第十六条　村民代表会议审议村民委员会的工作报告，评议村委会成员的工作，讨论决定本村自治章程第九条规定的下列事项：

1. 本村建设规划，经济和社会发展规划、年度计划。

2. 镇统筹的收缴方法，村提留的收缴及使用。

3. 本村享受误工补贴的人数及补贴标准。

4. 村集体经济所得收益的使用（1000元以下由村委会主任审批；1000元以上，1万元以下包含1万元由村“两委”讨论决定，授权村委会主任审批；1万元以上由村民代表会议通过，授权村委会主任审批）。

5. 兴办学校、道路、水利等公益事业的经费筹集方案。

6. 村集体经济项目的立项、承包方案及村公益事业的建设承包方案（5万元以下由村委会提出方案，交村两委讨论决定；超5万元交村民代表会议讨论决定）。

7. 村民的承包经营方案。

8. 国家计划生育政策的落实方案。

9. 村民代表会议认为应由村民代表会议讨论决定的涉及村民利益的其他事项。

第十七条　村民代表会议决定的事项，应坚持民主集中制原则，按全体代表过半数通过。

第十八条　村民代表表决有关事项，视决定事项的性质，可选择采用无记名投票或举手通过的方式，表决结果应当场宣布。

第十九条　村民代表会议做出的决定或审议意见，由村委会负责落实，并在下次会议上汇报执行情况。

第二十条　村民委员会主任、村民委员会成员违反第十六条之规定，不经村民代表会议讨论通过违规决策、违规管理或擅自改变村民代表会议决定，给村集体经济造成损失的，按照当选后签订的协议和村民自治章程的有关规定，承担民事责任。

第四章　会议记录

第二十一条　村民代表会议安排专人负责记录，记录的内容要详细清楚，实事求是。

第二十二条　会议记录的内容要经参加会议的村民代表核对并签名。

第二十三条　会议记录要列入档案，妥善保管。

第五章　附则

第二十四条　本规则未作规定的，按有关法律、法规、规章执行。

第二十五条 本议事规则自村民代表会议通过之日起施行。

2000年12月10日

九间棚村科学技术普及协会章程

第一章 总则

第一条 九间棚村科学技术普及协会（简称科普协会）是在村党委、村委会领导下的科学普及工作者的群众团体，是镇科协的团体会员，在业务上受镇科协指导。

第二条 村科普协会坚持以邓小平理论和“三个代表”重要思想为指导，以提高村民素质和社会文明程度为中心，充分发挥和利用村现有的科普资源，弘扬科学精神，普及科学知识，传播科学思想，把科技发展的最新成果及时广泛地普及到农、副业生产中去。

第三条 倡导“献身、创新、求实、协作”的科学精神，遵循“联络、协调、指导、服务”的工作原则，加强上下贯通、左右衔接的科普网络的组织管理，从实际出发普及科学技术知识、科学思想、科学方法为广大村民群众服务。

第二章 机构

第四条 协会的领导机构是协会委员会，委员会设主任1人，副主任1人，委员若干人。

第五条 委员会成员由村内科普志愿者、科技工作者组成，委员会人数是会员总数的十分之一。

第六条 委员会成员由会员大会民主协商产生，任期3年。

第七条 委员会的职责

1. 在会员大会闭会期间，行使常设机构职权，处理日常事务；

2. 制定年度工作计划，组织开展村科普工作；

3. 审查吸收会员，维护会员合法权益，表扬、奖励有贡献、有成绩的会员；

4. 对有损害本协会名誉的会员，有除名权；

5. 讨论和处理会员提出的意见和建议；

6. 研究和决定其他必须由理事会决定的问题。

第三章 任务

第八条 组织本村的科普工作者和会员沟通科普信息，加强对外联系和合作，使科技知识能及时、广泛地在本村传播。

第九条 开展多种形式、丰富多彩、群众喜闻乐见的科普活动。宣传科学知识、科学思想、科学方法，弘扬科学精神，推广和普及科学技术成果，促进科学技术的繁荣和发展；促进科技人才的成长、交流；促使人们运用科学知识，指导村民现代生活。

第十条 发展金银花产业，推广金银花优良品种。

第四章 会员

第十一条 凡能遵守本会章程，具有下列条件之一者，经本人申请，团体或一名会员推荐，由委员会批准，均可成为本会会员。

1. 能坚持四项基本原则，热心科学普及工作，具有高中以上文化程度者。

2. 志愿宣传和推广科普知识，有一技之长的工作者和爱好者。

3. 本村有成就的在职或退休科技工作者。

4. 积极支持本协会工作的村内有关单位领导及村委干部。

第十二条 会员的权利

1. 有选举权、被选举权。

2. 优先参加本协会举办的各项活动，优先获得本协会提供的科普信息和资料。

3. 有优先获得协会给予学习、工作上帮助的权利。

4. 对本协会工作有建议批评和监督的权利。

5. 有退出协会的权利。

第十三条 会员的义务

1. 遵守协会章程，执行协会决议。

2. 积极完成协会委托的工作任务。

3. 积极参加协会组织的有关活动。

4. 关心村科普工作，并提出意见和建议。

第五章 协会经费

第十四条 本协会的经费来源

1. 本村和上级拨款。

2. 有关部门、单位、个人捐助。

3. 本协会举办的各种活动收入。

第六章 附则

第十五条 本章程自协会会员大会通过之日起生效。

2015 年 10 月 16 日

九间棚村古村落保护条例

第一章 总则

第一条 为了加强古村落保护，维护古村落传统风貌，传承优秀历史文化遗产，根据《中华人民共和国城乡规划法》《中华人民共和国文物保护法》等有关法律、法规的规定，结合本村实际，制定本条例。

第二条 古村落保护应当遵循整体保护、抢救第一、活态传承、合理利用、政府引导、社会参与的原则。

第三条 将古村落保护纳入全村经济和社会发展规划，加大对古村落保护的投入和扶持，建立古村落保护工作协调机制，处理古村落保护中的重大问题。

第四条 村民委员会负责以下保护工作：

1. 按照法律、法规和古村落保护规划的要求，做好古村落宣传和保护工作；

2. 组织制定村规民约，指导、督促村民按照古村落保护要求，保护文物古迹，合理使用古建筑；

3. 收集、保护已经坍塌、散落的古建筑的构件，并及时向镇人民政府和文化部门报告；

4. 对违反古村落保护规定和要求的行为，进行劝阻制止，并及时向镇人民政府报告。

第二章 保护和利用

第五条 对古村落应当实行整体保护，保持和延续其传统格局和历史风貌，不得改变与其相互依存的自然景观和环境。

古村落保护规划保护范围内的土地利用和各项建设，应当符合古村落保护规划的要求。

村民委员会应根据当地经济社会发展水平，按照古村落保护规划，完善古村落的基础设施、公共服务设施，改善村住环境。

第六条 禁止在古村落重点保护区内新建、扩建与古村落保护无关的建（构）筑物。

在古村落重点保护区内翻建、改建、修缮房屋，装饰、装修建（构）筑物，设置标识、临街广告等，应当符合古村落保护规划要求，并报规划等有关部门批准。

第七条 经规划等有关部门批准，在古村落风貌协调区内新建、翻建、改建、扩建房屋的，其色调、体量、高度、形式等应当符合整体风貌要求，并保证古村落重点保护区轮廓线和主要视线走廊不受影响。

第八条 村民委员会对古村落内有损毁危险的建筑进行普查登记，并将普查登记结果报文化部门。

第九条 古村落保护经费应当专款专用。审计、监察等部门应当加强监督。

第十条 古村落的村民可以以其所有的古建筑、房屋、资金等入股参与古村落保护和利用；鼓励其他单位和个人采用出资、捐资、捐赠、设立基金或者租用古建筑等方式参与古村落保护和利用。

第十一条 古村落风貌整治方案应当报规划部门批准后实施。古建筑抢救修缮应当符合文物、古建筑保护有关法律、法规的要求。

第十二条 村落内的建筑、房屋的集体土地使用权可以通过保留集体建设用地性质的方式流转；或者将集体土地征收为国有后依法出让，土地出让收益专项用于古村落保护。

第十三条 村民委员会应当收集、保护已经坍塌、散落的古建筑的构件，用于古建筑的修缮。

第十四条 村民委员会和村集体经济组织应当加强对古村落内村民的生产经营活动进行指导和管理。

鼓励古村落村民在古村落内村住，参与古村落内的生产经营活动，合理享有古村落保护开发收益。鼓励利用古村落发展文化产业和传统手工业，适度发展旅游业。

第十五条　古建筑可以依法作为资产向银行抵押贷款。

第十六条　规划部门应当会同文化、建设等部门建立古村落动态监测信息系统，对古村落的保护状况和规划实施进行动态监测，并对古村落保护利用情况进行年度评估。动态监测、年度评估意见纳入领导干部政绩评价体系，作为年度考核和评比的重要依据。

经动态监测、年度评估认定，因保护工作不力造成古村落资源破坏的，规划等主管部门应当及时提出警告；因开发利用造成古建筑和传统风貌、格局破坏性影响的，规划等主管部门应当发出濒危警示。

第十七条　村民委员会聘请古村落保护专家、村民任监督员。

鼓励建立古村落保护专业志愿者服务队伍，引导公众参与古村落保护和宣传工作。

第三章　法律责任

第十八条　违反本条例规定，有下列行为之一的，由规划、文化、建设等部门或者镇人民政府依照有关法律、法规的规定追究法律责任：

1. 在古村落重点保护区内新建、扩建与古村落保护无关的建（构）筑物的；

2. 擅自在古村落重点保护区内翻建、改建、修缮房屋，装饰、装修建（构）筑物，设置标识、临街广告等的；

3. 擅自在古村落风貌协调区内新建、翻建、改建、扩建房屋，或者房屋色调、体量、高度、形式等不符合整体风貌要求的；

4. 擅自移建零星古建筑的；

5. 破坏古村落的其他行为。

第十九条　市、县级人民政府有关部门、镇人民政府及其工作人员在古村落保护中，违反本条例规定，有下列行为之一的，由所在单位或者上级主管机关对直接负责的主管人员和其他直接责任人员依法给予行政处分；构成犯罪的，由司法机关依法追究刑事责任：

1. 未按照规定组织编制、修改、公布古村落保护规划的；

2. 未组织编制古村落内古建筑抢救修缮计划，未制定古村落保护具体实施方案的；

3. 未落实古村落保护经费的；

4. 未按照规划、计划和实施方案要求完成古村落风貌整治和古建筑抢救修缮工作，造成古村落格局破坏，或者古建筑坍塌、损毁的；

5. 未按照规定落实古村落消防安全责任的；

6. 未开展古村落动态监测、年度评估工作的；

7. 其他玩忽职守、滥用职权、徇私舞弊的行为。

2018 年 10 月 10 日

编后记

盛世修志，是中华民族光荣的文化传统。进入 21 世纪以来的九间棚村，无论是物质文化生活方面，还是精神文化生活方面，都进入到一个崭新的历史发展时期。九间棚村党委和村民委员会在深入落实科学发展观教育活动中，为促进村域经济和文化建设和谐发展，为子孙后代留下珍贵的文化财产，决定编纂《九间棚村志》。

《九间棚村志》编纂工作于2019年5月10日启动，先后三拟编目，五易文稿，历时26个月艰辛，编纂工作大体经历了准备、资料征集、编纂、内审、评审五个阶段。

准备阶段。2019 年 3 月，村“两委”酝酿编纂《九间棚村志》后，开始物色编纂人员，用 1 个月的时间，完成宣传发动、组建队伍、制定计划、设计编目等前期准备工作，为《九间棚村志》编纂工作夯实了基础。

资料征集阶段。2019 年 5 月 10 日至 2020 年 7 月 1 日，全体编纂人员按照《九间棚村志》编写提纲的要求，进行资料征集工作，实行一月一调度，半年一总结的方法，强调征集资料的重要性。在村委会主任陈凡莉的带领下先后查阅平邑县统计局档案资料，平邑县气象局档案资料，平邑县档案局档案资料，地方镇综合办公室、统计站、计生委等有关档案资料，并向县人大、县政协、县党史研究中心征集《平邑县人大志》、平邑县《文史资料》《平邑年鉴》等资料。同时与有关人员座谈 51 人次，征集 3 万余字口碑资料。

编纂阶段。2019 年 9 月至 2020 年 8 月，按照《九间棚村志》编委会办公室的工作部署，由主编完成长编稿的编写任务，计 12 章 64 节，辅以概述、大事记、附录、索引、编后记，共计 70 万字。

2020 年 9 月 1 日，《九间棚村志》编写人员进行集体通稿、修正、补充，并对有关章节目进行增删修正。由陈凡莉、孟彤、刘丞瑞负责补充入志素材。由主编总揽对所有入志稿件逐一审查把关，理顺篇目，把握体例，决定取舍，着力对史料进行考订校核，对志文增补删削，对结构体例撤并调整，进行总纂合成。于 2020 年 11 月 20 日，编印出《九间棚村志》征求意见稿。

内审、征求意见阶段。2020 年 10 月 30 日至 12 月 31 日。村志办将《九间棚村志》征求意见稿送发到征求意见人手中，并在陈凡莉的带领下对征求意见稿进行集体通稿，通过召开《九间棚村志》编、审委员会联席会、顾问委员会等形式，征集各种修改意见和建议。特别是省知名作家杨文学不辞辛苦，两次审阅全稿，提出百余条好建议，为提高志书质量铺下坚实基础。按照“广纳百言，择善而从，实事求是，以我为主”的原则，由主编对《九间棚村志》征求意见稿进行修正、补充和磨改，对各章节全面进行资料史实的再校核、体例结构的再推敲、语言文字的再斟酌以及交叉重复的再芟削，2020 年 12 月 28 日，村党委书记刘嘉坤听取编写人员对《九间棚村志》征求意见稿的修订情况汇报，针对志稿中的重点节目、节点进行讲解，提出修正意见。2021 年 1 月 30 日，《九间棚村志》编纂办公室召集刘嘉坤、陈凡莉、廉士东、甄德生、杨岩、韩苏蔚、刘加好等对志稿再次进行研讨，查找问题、提出意见，并对新华社山东分社原副社长、高级记者李锦的阅稿进行学习，与会人员共提出修正意见 77 条，主编全部进行采纳、补充。于 2021 年 2 月 28 日，编印完成《九间棚村志》送审稿。

历史上，九间棚村尚未编修过村志。村无档案室，档案资料不全，给村志编纂工作造成一定的困难。《九间棚村志》征求意见稿之所以能如期编纂完成，其一在于，九间棚村“两委”班子高度重视，当作一项文化工程纳入工作计划，除在人员、经费、办公条件等方面给予充分保证外，还经常过问进展情况，甚至参与其中。党委书记刘嘉坤亲自查证资料，村党支部原任书记刘德敬和原任村“两委”成员刘立青、刘甲才、刘甲全、刘月凤、廉茂杰，现任村委成员陈凡莉、廉永、刘玉萍，资料员刘丞瑞、王静及在外工作人员刘加好等都以对历史、对后人负责的精神，参与村志资料征集和认真审阅《九间棚村志》征求意见稿，提出宝贵的修改意见。其二在于县党史研究中心领导、专家的深情关注、悉心指导以及社会各界人士的热情帮助、鼎力支持。在编写过程中，县党史研究中心主任杨岩到村志办公室看望编写人员，指导编写工作。村志编委会办公室提出“倒计时、破常规、抓重点、保质量”的工作思路。“倒计时”，就是比照完成《九间棚村志》编纂工作的既定目标，把时间倒过来进行安排，狠抓序时进度，限期完成阶段性工作。“破常规”，主要指工作步骤和时间安排上不机械效仿别人的做法，注重实际，灵活穿插，做到征集资料、编写压茬进行。抢时间，初纂抢稿先搭框架不怕粗，分纂磨改反复斟酌不惜时，总纂合成精益求精不放松。“抓重点”，即始终把能显示村域特色、提升志书品位的章节抓住不放，倾注全力，使之出彩。“保质量”，是以出精品方志为“悬剑”，惕惕自厉，矻矻以求，决不因时间紧、困难多而粗制滥造，草率从事。其三在于，全体参与人员倾情投入，无私奉献，不辞辛劳、四方奔波、废寝忘食征集资料，不言苦，不言累，不言功。编修中多少通宵夜，个中繁复艰辛，难以言表，唯亲历者方可体味，谓之“字字皆心血，句句凝汗水”，实不为过。

送审、评审阶段。2021 年 2 月，《九间棚村志》送审稿正式向县党史研究中心送审，并在县党史研究中心的指导下向市党史研究院领导和方志专家特邀审查。2021 年 3 月 20 日，《九间棚村志》志稿评审会在九间棚集团科技楼会议室召开。千滴汗水一行字，万般辛苦一卷书。值《九间棚村志》付梓之际，谨向所有关心、支持九间棚村修志工作的领导、专家和村民表示衷心的感谢！

修志问道，开启未来。《九间棚村志》的编写和出版是九间棚村党委政治建设的大喜事，是九间棚村委会文化建设的大喜事，是九间棚村在改革开放的历史大潮中政治、经济、文化等各方面协调共进、和谐发展的突出表现。因九间棚村建村跨度两个多世纪，史料匮乏，虽经查档、走访、座谈、考证，向全体村民征集资料，由于时间紧迫，编辑人员水平、经验有限，村志中难免有遗漏和错误之处，衷心期望各位专家和读者批评指正，以祈在今后的工作中不断完善，不断进步。

编　者
2021 年 5 月